문재인·노무현 정부
경제정책 결정자 **8**인 評傳

진보 정부의
경제 권력

Economic Thinkers of the Moon Jae-in & Roh Moo-hyun Administrations

김동연	이정우
장하성	이동걸
김수현	정태인
김상조	이헌재

조해동 저

늘품플러스

진보 정부의 경제 권력
문재인·노무현 정부 경제정책 결정자 8인 評傳

2018년 12월 20일   초판 1쇄

글 조해동
펴낸곳 늘품플러스
펴낸이 전미정
책임편집 최효준
교정·교열 황진아
디자인 임수진 정윤혜
출판등록 2008년 1월 18일 제2-4350호
주소 서울 중구 퇴계로 182 가락회관 6층
전화 02-2275-5326
팩스 02-2275-5327
이메일 go5326@naver.com
홈페이지 www.npplus.co.kr
ISBN 979-11-88024-18-6   03320

정가 19,000원

© 조해동, 2018

조담(趙潭, 2004~)에게

이 책은 노무현 정부(참여정부) 시절인 2003~2004년부터 쓰기 시작했으니까, 햇수로는 약 15년 만에 출간된다. 처음에 쓰다가 중단한 이유는 "경제 공무원에 대한 얘기야 경제부 기자에게나 관심이 있지, 국민 중에서 관심 갖는 독자(讀者)가 있을까?"라는 회의(懷疑·의심을 품음) 때문이었다.

그 사이 노무현 정부의 뒤를 이어 문재인 정부라는 진보 정부가 출범했고, 정통 경제 관료와는 성격이 상당히 다른 사람들이 경제 정책을 담당하는 경우가 다시 늘었다. 책의 효용성(效用性·재화가 인간의 욕망을 충족시키는 성질)에 대한 의문은 여전하지만, 또 다른 진보 정부의 출범에 맞춰 노무현 정부 시절부터 묵혀온 원고에 새 정부 경제 정책 결정자들을 다룬 내용을 추가해 책을 낸다.

기자(記者)는 아주 특별한 경우를 제외하고는 '살아있는 사람'의 이야기를 다룬다. 살아있는 사람의 이야기를 다루는 책에는 근본적인 한계가 있다. 죽은 사람의 이야기도 솔직하게 쓰기 힘든데, 하물며 살아있는 사람의 이야기를 사실대로 쓰기란 사실상 불가능에 가깝다.

프랑스의 철학자 장 자크 루소(Jean Jacques Rousseau)는 "인간은 자신만 보는 일기장에도 100% 진실을 쓰지는 않는다"는 유명한 말을 남겼다고 한다. 자기 자신을 제외하고는 아무도 보지 않는다고 하더라도, 인간은 온전한 진실을 드러내는 것을 본능적으로 두려워한다는 뜻이다. 그래서 살아있는 사람의 이야기를 다루는 책은 대부분 찬양 일변도이거나, 무자비한 비난이나 비판, 그도 저도 아니면 쓸 가치가 없는 것을 쓴 경우가 많다.

그럼에도 불구하고 이 책을 쓰기로 결정한 것은 불완전하더라도 나름의 방식으로 최선을 다해 기록해 두면, 언젠가 정책 결정자나 연구자에게 참고 자료가 될 수도 있고, 독자들이 우리나라 경제 정책 결정자가 어떤 사람들인지 이해하는 데 조금이나마 도움이 될 것이라는 기대감 때문이었다. 과거 정책 결정자들의 성공과 실패에 대한 기록을 통해 개혁에 성공할 수 있는 교훈(敎訓)과 통찰(洞察·예리한 관찰력으로 사물을 꿰뚫어 봄)을 얻는데 기여할 수 있다면 그 또한 보람된 일일 것이다.

우리나라의 진보적인 경제 관료가 본격적으로 등장하기 시작한 것은 2003년 노무현 정부 출범 이후라고 봐야 한다. 노무현 정부에서 출발한 진보적인 경제 관료의 명맥(命脈·맥이나 목숨을 이어가는 근본)은 이명박·박근혜 정부라는 보수 정부에서도 수면 아래에서 면면히 이어지다가 문재인 정부가 출범하면서 좀 더 세련된 모습으로 역사의 전면에 재등장했다.

이 책은 문재인·노무현 정부의 경제 정책 결정자 8인에 대한 짧은 평전(評傳·개인의 일생에 대해 평론을 곁들여 적은 전기)을 모은 것이다. 사람을 주로 다루기는 하지만, 그와 연관된 정책에 대한 설명도 중간 중간 곁들여 경제 분야 종사자가 아니더라도 크게 어렵지 않게 읽을 수 있도록 했다.

각 장은 해당 인물에 대한 간단한 평문(評文·평가하는 글)으로 시작한다. '한 인물은 한 문장으로 요약한다'는 거창한 목표를 달성하지는 못했지만, 대부분 한 쪽 정도의 분량이다. 각 장 맨 앞의 평문을 본 뒤, 독자들은 그 장을 읽을지 말지 결정해도 무방할 것이다.

각 장의 글은 최대한 짧은 분량으로 쪼개 읽기 편하게 했다. 요즘처럼 책 읽기 어려운 시대에 긴 글을 맥락을 생각하면서 읽어달라는 것은 지나치게 공급자(供給者) 중심적 사고방식이다.

에피소드나 설명이 겹치는 부분도 있지만, 굳이 한 곳으로 합치지 않았다. 책을 읽다가 내용이 기억나지 않아 앞부분을 찾아봐야 하거나, 어려운 말이나 전문 용어가 나와 인터넷 검색 등을 하는 수고로움은 최소화할 수 있도록 했다. 전문 용어나 한자 등은 각주나 괄호 안에 최대한 쉽고 자세하게 설명을 달았다. 중·고등학생도 설명을 보며 읽으면 개요(槪要·대강의 요점)는 파악할 수 있도록 하는 것을 목표로 삼았다.

그동안 한국의 경제 관료에 대해서는 이런저런 책들이 있었다. 그러나 인터넷 검색만 하면 금방 알 수 있는 빤한 내용에, '특정 인물은 천재(天才)다' 라는 식의 황당무계한 찬양 일변도가 대부분이었다.

이 책은 과거의 폐습(弊習·나쁜 버릇)을 극복하고 나름의 방식으로 인물에 대해 최대한 객관적으로 평가하기 위해 노력했다. 책을 쓰면서 역사의 평가를 두려워하는 마음가짐을 잃지 않으려고 애썼다. 그러나 여러 가지로 부족함이 많을 것이다.

이 책에 실린 인물 중에서 자신에 대한 평가에 동의하지 못하는 사람도 있을 것이다. 필자 나름대로는 최선을 다했지만, 어차피 사람에 대한 평가는 주관적일 수밖에 없다는 말로 양해(諒解·남의 사정을 잘 헤아려 너그러이 받아들임)를 구한다. 또 이 책의 대상으로 선정됐다는 자체가 그 사람이 한 시대의 경제 정책을 표상(表象·어떤 일이 의식에서 나타남)하는 핵심 브레인(brain·인재)이라고 판단했기 때문이라는 말씀을 드린다.

이 책을 쓰는 과정에서 여러 가지로 도움을 주신 이병규 회장, 김병직 편집국장, 오승훈 부국장 겸 경제산업부장 등 문화일보 식구들에게 감사드린다. 자료 사진을 찾아준 박현수 조사팀장에게도 사의를 표한다.

20여 년 가까운 세월 동안 기획재정부 등 많은 경제부처를 함께 출입하며 다양한 시각과 의견을 제시해준 여러 매체의 선배, 동료, 후배들에게도 고마움을 전한다.

이 책의 초고(草稿·초벌 원고)를 읽고 좋은 의견을 제시해주고, 오류(誤謬·그릇되어 이치에 맞지 않는 일)를 바로 잡아준 기획재정부 기자단 간사단의 김영필(서울경제)·양영권(머니투데이)·이대혁(한국일보)·정원석(조선비즈) 차장에게 감사드린다. 기획재정부 기자단의 남승표(연합인포맥스) 차장과 박수진(문화일보), 조귀동(조선비즈) 씨도 초고를 읽고 잘못된 점을 교정(矯正·틀어지거나 굽은 것 또는 결점 등을 바로잡음)해줬다.

책을 만드는 과정에서 많은 도움을 준 ㈜늘품플러스 편집진에도 사의를 표한다.

마지막으로, 어머니(柳자 時자 子자)와 아내 이현주, 딸 조담 등 사랑하는 가족에게 감사 인사를 전한다. 가족은 이 책을 마칠 수 있도록 해준 원동력(原動力·어떤 움직임의 근본이 되는 힘)이었다.

그러나 이 책에 있을지도 모를 오류나 오식(誤識·잘못 앎)은 전적으로 필자의 책임이다.

2018년 12월 5일
정부세종청사에서
조 해 동

목차

제2장
장하성 문재인 정부 초대 청와대 정책실장
▬

제3장
김수현 문재인 정부 2대 청와대 정책실장(초대 사회수석)

제4장
김상조 문재인 정부 초대 공정거래위원장

제7장
정태인 노무현 정부 청와대 국민경제비서관

제8장
이헌재 노무현 정부 2대 부총리 겸 재정경제부 장관

제1장

김동연

문재인 정부 초대 부총리 겸 기획재정부 장관

ⓒ문화일보

김동연 약력

출생 1957년, 충청북도 음성

〈학력〉

미시간대학교 대학원 정책학 박사
미시간대학교 대학원 정책학 석사
서울대학교 행정대학원 행정학 석사
국제대학교 법학 학사
덕수상업고등학교

〈주요 경력〉

2017.06~2018.12	부총리 겸 기획재정부 장관(경제부총리)
2015.02~2017.06	제15대 아주대학교 총장
2013.03~2014.07	국무조정실장(장관급)
2012.02~2013.03	기획재정부 제2차관
2010~2012.02	기획재정부 예산실장
2009~2010	대통령실 국정기획수석실 국정과제비서관
2008~2009	대통령실 경제수석실 경제금융비서관
2008	제17대 대통령직인수위원회 기획조정분과 전문위원
2007~2008	기획예산처 재정정책기획관
2006~2007	기획예산처 산업재정기획단장
2005~2006	기획예산처 전략기획관
2002~2005	세계은행 선임정책관
2002~2003	미국 존스홉킨스대학교 국제대학원 풀브라이트 교환 교수
2002	대통령 비서실장 보좌관
1983~2002	기획예산처 사회재정과장, 재정협력과장, 재정경제원 과장, 대통령실 행정관, 경제기획원 대외경제조정실·예산실·경제기획국 사무관
1982	제26회 행정고시 합격
1982	제6회 입법고시 합격

〈출처: 네이버·연합인포맥스 인물정보 등〉

문재인 정부에서 첫 번째 경제 사령탑을 맡은 '흙수저 고졸 신화' 김동연 전 부총리 겸 기획재정부 장관은 '셀링 포인트(Selling Point·장점)'가 많은 사람이다.

그는 청계천 무허가 판잣집에서 어려운 유년 시절을 보내고, 덕수상고 재학 시절인 열일곱 살에 홀어머니와 동생들을 부양하기 위해 한국신탁은행에 취직했다. 그 뒤 8년간 주경야독을 하며 야간인 국제대(현 서경대)를 다녔고, 대학을 졸업하던 1982년 입법고시와 행정고시에 동시에 합격했다.

그는 명문고·명문대 출신이 즐비한 옛 경제기획원(EPB)과 기획예산처, 기획재정부에서 예산실장·2차관 등 요직을 두루 거쳤다. 문재인 대통령이 박근혜 정부에서 장관급 국무조정실장을 역임한 그를 문재인 정부 초대 경제부총리로 발탁한 것은 그의 흙수저 고졸 신화가 문재인 정부와 '코드'가 잘 맞는다고 느꼈기 때문일 것이다.

엄격히 말하자면, 김 전 부총리는 문재인 정부의 경제 철학을 대표할 만한 사람이라고 얘기하기는 어렵다. 문 대통령과 당선 전에 얼굴 한번 본 적이 없기 때문이다. 이에 따라 김 전 부총리를 제쳐 두고, 문재인 정부의 경제 철학을 대표하는 인물로 장하성 청와대 초대 정책실장이나 김상조 공정거래위원장, 김수현 청와대 2대 정책실장, 홍장표 전 청와대 경제수석 등 다른 사람을 꼽는 경우도 많다.

그러나 대통령과 지근거리에 있어서 권력이 강하다고 해도, 우리나라의 경제 정책은 기본적으로 경제부총리가 이끌어 가는 것이라고 봐야 한다. 청와대에서 근무하는 대통령의 참모(또는 비서)란 근본적으로 일을 할 만한 수족(手足)이 부족하기 때문에 경제 정책을 총괄하는 게 사실상 불가능하기 때문이다.

따라서, 문재인 대통령이나 정권 실세(實勢)들이 인정을 하든, 안 하든 문재인 정부 1기 경제팀의 총괄 사령탑이 김 전 부총리라는 사실은 부인할 수 없다. 그가 내놓은 정책이 문 대통령과 코드가 맞았는지, 안 맞았는지, 한국 경제의 발전에 도움이 됐는지, 안 됐는지 등에 대한 역사의 평가(評價)가 남았을 뿐이다.

흙수저 중의 흙수저

김동연 전 부총리가 아주 어려운 환경에서 입신양명(立身揚名·출세하여 이름을 세상에 떨침)에 성공했다는 사실은 대한민국에서 모르는 사람이 드물다. 언론에 보도도 많이 됐고, 그 자신이 책과 칼럼 등을 통해 여러 번 밝히기도 했다.

1957년 충북 음성에서 태어난 김 전 부총리는 아버지를 일찍 여의고 청계천 무허가 판잣집에서 자랐고, 판잣집마저 철거된 뒤에는 천막에서 공부하며 학창 시절을 보냈다. '가난하지만 똑똑한' 학생들이 많이 갔던 옛 덕수상업고등학교(덕수상고)를 다녔고, 열일곱 살에 홀어머니와 동생들을 부양하기 위해 안정적인 직장인 은행(옛 한국신탁은행)에 취직해 호구지책(糊口之策·겨우 먹고 살아가는 방책)을 해결해야 했다. 그는 어려운 환경에서도 학업을 포기하지 않고 야간인 국제대(현 서경대)를 다니면서 학업을 이어갔고, 대학을 졸업하던 1982년 스물다섯 나이에 입법고시와 행정고시에 동시에 합격했다. '고시 신화(神話)'를 주축으로 한, 개천에서 용 난 대표적인 케이스다.

김동연과 글

김 전 부총리가 2017년 경제부총리가 된 뒤 여기저기서 책을 썼다며 추천사를 써달라는 부탁이 많이 들어왔다고 한다. 실제로 인터넷 서점 등에 찾아보면 그가 추천사를 써준 책이 꽤 눈에 띈다.

대개 경제부총리가 써주는 추천사는 특별한 경우를 제외하고는 '밑에서' 알아서 쓴다. 현재 경제부총리실에는 비서실 외에 정책보좌실이 따로 있다. 박근혜 정부 초기 현오석 전 부총리 시절 "정무 감각이 너무 없다"는 말을 하도 많이 듣자 만든 조직이다.

그런데 김 전 부총리 취임 이후 보좌진이 써준 추천사가 수정 없이 통과된 적은 한 번도 없었다고 한다. 공직에 있을 때나, 없을 때나 김 전 부총리는 신문 칼럼 등 글쓰기를 좋아했다. 어쩌면 그에게는 책이 가난하고 암울한 삶을 오늘날까지 이끌어준 '유일한 희망'이었기 때문인지도 모른다.

본인이 얘기하는 '김동연'

남이 써주는 글을 자신의 이름으로 그대로 내는 것을 싫어하는 김동연 전 부총리의 성격은 부총리 겸 기획재정부 장관에 취임한 뒤 기획재정부 홈페이지에 써놓은 '장관 약력'에서도 그대로 드러난다. 지난 20여 년간 기획재정부(옛 재정경제원, 재정경제부 포함) 홈페이지에 실린 수많은 경제부총리 약력 중에서, 김 전 부총리의 약력이 가장 본인이 직접 쓴(또는 고쳐 쓴) 티가 역력하다. 그가 쓴(또는 고쳐 쓴) 약력은 '김동연이 생각하는 김동연'을 고스란히 드러내 준다는 측면에서 한 번쯤 살펴볼 필요가 있다.

'유쾌한 반란'의 전도사
김동연 부총리 겸 기획재정부 장관은 '유쾌한 반란'의 전도사이다. 반란은 현실을 극복하고 변화시키려는 가장 적극적인 의지의 표현이라며 자신을 둘러싼 환경, 자기 자신, 그리고 우리 사회에 대해 건전한 반란을 일으켜야 한다고 강조한다. 남이 시켜서가 아니라 자기 스스로 하고 싶어 하기 때문에 '유쾌'하다는 메시지로 청년들과 소통하는 것을 좋아한다.

3무(無)인생, 3유(有)인생
김 부총리의 이러한 생각은 어느 언론에서 표현했듯이 "돈, 학력, 인맥이 없는 3무(無) 인생이었지만 꿈과 열정, 사회를 변화시키려는 의지와 행동이 있는 3유(有) 인생"이란 그의 인생 역정과 32년간 해 온 공직 생활에 그대로 나타났있다. 김 부총

리는 힘든 가정형편 때문에 청계천 무허가 판잣집, 그 집마저 철거된 뒤에는 천막 속에서 학창 생활을 보내기도 했다. 어려운 형편 때문에 진학한 덕수상고를 졸업하기도 전에 직장 생활을 시작했으며 일과 병행해서 야간 대학인 국제대학을 다녔다. 대학을 졸업하던 해에 행정고시와 입법고시를 동시에 합격해 '고졸 신화'로도 이름이 알려져 있다. 이후에도 자신에 대한 반란과 학업에 대한 도전은 멈추지 않았다. 서울대학교 행정대학원 석사에 이어 국비 장학금과 미국 정부의 풀브라이트 장학금을 받아 미시간대학(University of Michigan)에서 정책학 석사와 박사[학위, 인용자]를 취득했다.

예산실장, 기획재정부 차관, 국무조정실장

경제기획원 사무관으로 시작한 공직 생활 내내 '사회 변화에 대한 기여'라는 철학을 가지고 사회에 대한 건전한 반란을 실천하기 위해 노력해 왔다. 자신을 정책 결정론을 전공한 학도(學徒)로서 현실 세계에 개업했다고 생각하고 우리 경제와 사회문제 해결을 위한 정책 결정과 집행을 위해 소신을 다해 왔다. 정부 최초의 국가 장기발전전략인 '비전 2030'을 수립했고, 글로벌 금융위기 때는 대통령 경제금융비서관으로 경제위기 극복에 기여하였다. 국가 예산의 편성과 집행을 책임지는 기획재정부 예산실장과 차관을 지내면서 재정 건전성을 지키기 위한 노력을 경주하였다. 장관급인 국무조정실장으로 국정 전반과 전 부처를 조율하고 국무회의 전심(前審)인 차관회의 의장을 지냈다. 이런 공직 생활 중 헌신으로 홍조근정훈장을 받았다.

사회적 이동성(Social Mobility)

김 부총리는 국제화, 사회적 이동성(social mobility), 문학과 문화 분야에도 깊은 이해와 관심을 가지고 있다. 미국 존스홉킨스(Johns Hopkins)대 국제대학원(SAIS) 방문 교수와 세계은행(IBRD) 프로젝트 매니저 등을 역임하면서 국제 협력 사업과 연구에 적극 참여해 왔다. 소외 계층의 청소년과 젊은이들에게 계층 이동의 사다리를 만들어 건강한 사회를 만들기 위한 강연과 봉사 활동 등도 지속해 오고 있다. 동·서양 소설 등 고전 완역판 읽기, 영화와 소극장에서의 연극·뮤지컬 관람, 글쓰기를 즐기며 오랫동안 일간지에 고정 칼럼을 연재하기도 했다.

<출처: 기획재정부 홈페이지(http://www.mosf.go.kr/mi/mh/mhhis.do?menuNo=9020200, 2017년 11월 23일 검색)>.[1]

---

1   이 글의 전재(轉載·한 군데에 이미 내었던 글을 다른 데로 옮겨 실음)를 허락해 준 김동연 전 부총리 겸 기획재정부 장관에게 감사드린다.

학력 콤플렉스의 끝, 풀브라이트와 미시간대

입법고시, 행정고시에 합격한 뒤 '우리나라 경제 부처의 꽃'이라고 할 수 있는 옛 경제기획원(EPB·Economic Planning Board)에서 공무원 생활을 할 수 있었지만, 김 전 부총리의 '학력 콤플렉스'에 종지부를 찍은 것은 국비 장학금과 미국 국무부가 주는 풀브라이트 장학금을 동시에 받고, 미국 미시간대(University of Michigan)에서 정책학 박사 학위를 받은 때일 것으로 짐작된다.

야간 국제대를 나온 뒤 서울대 행정대학원에 진학했지만, 예나 지금이나 서울대 행정대학원은 행정고시 합격생 대부분이 한 번씩 거쳐가는 학교이기 때문에 김 전 부총리가 다른 사람과의 '차별성'을 내세우기는 어려웠을 것이다.

김 전 부총리 본인도 '한국 공무원 최초의 풀브라이터(풀브라이트 장학금 수혜자)'라는 사실을 칼럼 등을 통해 자랑스럽게 밝히곤 했다. 한국 공무원 중에서 처음으로 풀브라이트 장학금을 받고, 미국 서부의 명문 미시간대 정책학(Public Policy Studies) 박사 학위를 받았다는 사실은 그에게 큰 자신감을 심어준 것으로 보인다.

김동연, '예산(豫算)맨'

많은 사람들이 김동연 전 부총리의 약력을 보고 한 번쯤 의아하게 생각했을 것이다. 경제부처에서 수십 년을 근무하고, 경제부총리까지 한 사람이 공식적으로는 대학 이후 한 번도 경제나 경영 관련 분야를 전공하지 않았기 때문이다.

김 전 부총리는 덕수상고를 마친 뒤 국제대 법학과를 나왔다. 그 뒤 서울대 행정대학원을 나왔지만, 행정대학원은 미래의 행정가를 키우기 위한 과정이지 경제 분야에 집중하는 학교라고 보기 어렵다. 김 전 부총리는 미국 유학을 가서도 정책학으로 석·박사 학위를 받았다.

그러나 김 전 부총리의 정책학 박사 학위 논문은 본인의 전공 분야인 한국의 예산 편성 및 결정 과정이 주요 사례 연구로 포함돼 있다. 정식으로 경제학이나 경영학을 공부한 것은 아니지만, 정책학의 분야로 예산 편성 과정 등을 자세히 다뤘던 것이다.

조직에서의 힘과 정책 결정

김동연 전 부총리의 미시간대 박사 학위 논문 제목은 '조직에시의 힘과 정책 결정(Power and Decision Making in Organizations, 1993년)' 이다. 누구에게나 박사 학위 논문은 사고의 원형(原形)을 보여준다는 측면에서 중요하다. 김 전 부총리의 박사 학위 논문 제목만 보면, 조직에서의 힘과 정책 결정 과정에 대한 일반론(一般論)을 다룬 것처럼 보인다. 그러나 사실은 한국 예산 결정 과정에서 나타나는 힘과 정책 결정 프로세스를 이론과 사례 연구(case study)를 통해 분석한 것이다.

김 전 부총리의 논문에는 우리나라의 예산 편성 과정, 옛 경제기획원의 조직 구성, 심지어 역대 예산실장들의 정부 내 최종 직위까지 표로 정리돼 있다.

김 전 부총리의 박사 학위 논문은 정치학과 행정학, 정책학 등의 연구를 망라하고 있다는 측면에서 여러 학문 분야를 넘나들고 있다. 이런 특성이 김 전 부총리가 경제부총리로 활동할 때 경제 관료 특유의 편협함을 뛰어넘는 유연하고, 현실적인 사고를 할 수 있는 바탕이 된 것으로 보인다.

반듯한 사나이

박사 학위 논문 맨 앞에 있는 '감사의 글(Acknowledgement)'을 보면, 그가 어떤 스타일의 사람인지 어느 정도 알 수 있다. 감사의 뜻을 표한 범위와 방법, 순서 등 모든 것에 필자의 의도가 들어있는 경우가 많기 때문이다. 대개의 학위 취득자들은 감사의 글을 몇 번씩 읽으면서 빠진 사람은 없는지, 순서는 적절한지 등에 대해 고민하곤 한다.

김동연 전 부총리의 박사 학위 논문 맨 앞에 있는 감사의 글은 한국인치고는 꽤 긴 편이다. 유학을 떠나고, 과정을 마치고, 논문을 쓰는 과정에서 만난 사람들과 한국에 있는 직장(옛 경제기획원) 상사, 동료, 후배 등을 빼곡하게 망라하고 있다.

그의 감사의 글 마지막 부분은 부모가 차지하고 있다. 그는 "25년 전에 사망한 나의 아버지에게 크게 신세지고 있다"며 "그는 내 마음속에(in my mind) 아직도 살아있다"고 말한다.[2] 그리고 나서 마지막 부분에 그는 이렇게 썼다.

> "나의 어머니에게, 나는 어떤 말로도 감사를 표현할 길이 없다. 내가 할 수 있는 것이라곤 이 감사의 글 마지막 문장에 그녀를 언급하는 것뿐이다.(To my mother, I cannot express any words of thanks. All I can do is [to, 인용자] refer to her in the last sentence of this acknowledgement.)"

참으로 김 전 부총리는 어려운 환경에서도 반듯하게 자란, 어떤 측면에서는 기적적으로 반듯하게 자란 사람이라는 생각을 지울 수 없다.

---

2   김 전 부총리의 아버지는 김 전 부총리가 11살 때 사망했다. 김동연, 『있는 자리 흩트리가-나와 세상의 벽을 넘는 유쾌한 반란』(경기 파주: 쌤앤파커스, 2017), 앞날개(지은이 김동연).

아버지와 아들(1)

이미 서술한 바와 같이 김 전 부총리는 11살 때 아버지를 여의었다. 김 전 부총리 자신이 묘사한 바에 따르면 그의 아버지는 이런 사람이었다.

> "공부는 짧았지만 젊어서 사업을 크게 일으켰던 분. 내가 시험에서 일등이라도 놓치면 어김없이 회초리를 들 정도로 엄하셨던 분. 어려운 사람 도와주길 퍽이나 좋아했던 분. 수해가 나면 늘 어린 나를 앞세우고 신문사에 가서 수재의연금을 내시던 분. 혼자되신 할아버지를 어린 나이 때부터 극진히 모셨다는 더없는 효자. 몹시 추운 겨울날 등굣길에 내가 오들오들 떨자 '춥지? 춥지 않게 해줄게.' 하며 불러주셨던 '꽃집의 아가씨는 예뻐요~. 그렇게 예쁠 수가 없어요~.'라는 박자 빠른 노래."
>
> (김동연, 『있는 자리 흩트리기』, 12쪽)

김 전 부총리의 아버지가 실제로 어떤 사람이었는지 우리는 알 길이 없다. 그러나 한 가지는 확실한 것처럼 보인다. 그는 '현재의 김동연'이 추구하는 '또 다른 자아(the other ego)'다. 정신분석학적으로 말하자면, 그에게 아버지는 '그의 다른 이름', 그가 현재 추구하는 아버지이자, 남편이자, 아들이다.

아버지와 아들(2)

김동연 전 부총리의 삶을 더욱 드라마틱[3]하게 만든 것은, 2013년 10월 7일, 스물일곱이던 큰 아들을 잃었다는 점이다. 김 전 부총리의

---

3 '드라마'라는 말은 그리스어에서 행동(act)을 뜻하는 'δρᾶμα(드라마)'라는 말에서 왔고, '내가 한다(I do)'는 의미의 'δράω(드라오)'라는 말과 명사화 접미사 '-μᾱ(마)'가 합친 말이다. 널리 알려져 있다시피, 고전적 의미의 드라마는 '희극(comedy)'과 '비극(tragedy)'의 2가지 양태로 나타난다. 위키피디아의 '드라마'(https://en.wikipedia.org/wiki/Drama); dictionary.com의 '드라마'의 어원(http://www.dictionary.com/browse/drama?s=t) 참조.

큰 아들은 미국에서 대학(워싱턴대)을 마치고, 직장[워싱턴D.C.에 있는 미주 개발은행(IDB)]을 다니던 중 급성 림프구성 백혈병으로 사망했다.

놀라운 일은 그가 큰 아들을 가슴에 묻고도, 자신의 내밀한 가정사를 포함한 책(『있는 자리 흩트리기』)을 펴내고 마음속에 있는 이야기를 끄집어냈다는 것이다. 가장 큰 이유는 "생전에 아이와 함께 책을 쓰자는 약속은 지켜야겠다는 생각이 들었기 때문"이라고 한다.[4]

이 일은 말하기는 쉽지만, 본인이나 가족에게는 정말 고통스러운 일이었을 것이다. 그러나 그는 그 일을 해냈고, 그가 그 일을 해냄으로써, 그 자신과 가족 모두가 큰 아들의 죽음을 이겨 내고, 현실에 굳건한 교두보를 확보할 수 있었던 것으로 보인다.

그런 측면에서, 어쩌면 김 전 부총리에게 '11살 때 여읜 아버지'는 곧 자기 자신이며, '스물일곱 나이에 떠나보낸 큰 아들'일지도 모른다.

문재인 대통령의 당선

2017년 5월 9일, 박근혜 전 대통령의 탄핵으로 앞당겨 치러진 19대 대통령 선거에서 더불어민주당의 문재인 후보가 41.1%의 득표율로 당선됐다. 2위인 자유한국당의 홍준표 후보(24.0%)와의 격차가 17.1% 포인트나 났으니 '압도적 승리'라고 불러도 무방할 것이다.

사실 19대 대선은 민주당 후보나 문재인 후보가 이겼다는 말보다는 한국당 후보나, 홍준표 후보가 패했다는 표현이 더 적절할 지도 모르겠다. 박근혜 전 대통령의 주변을 둘러싼 표현 중에 러시아의 요승(妖僧) 라스푸틴[5]의 이름까지 나온 순간, 선거는 사실상 끝났고, 선거 운동은

---

4   김동연, 『있는 자리 흩트리기-나와 세상의 벽을 넘는 유쾌한 반란』, 20쪽.
5   그리고리 예피모비치 라스푸틴(Grigori Yefimovich Rasputin)은 제정 러시아 말기 파계

어떤 측면에서는 큰 의미는 없는 것이었다. 어차피 정권은 상대적인 진보(進步) 쪽으로 넘어가는 게 기정사실이었고, 야당 중에서 가장 큰 세력을 갖고 있던 민주당의 문재인 후보가 당선될 가능성이 높다는 것을 믿지 않는 사람은 없었다.

야당의 승리를 점친 경제부처 분위기

문재인 후보의 당선이 확실시된다는 것을 파악한 경제 부처도 물밑에서 조용하게 움직이고 있었다. 문재인 후보의 공약 사항을 미리 살펴보고, 공약 이행을 위한 재원(財源) 조달 방안 등을 가늠하는 등의 활동이 포착된 것이다.

그러나 대선 결과가 공식 발표되기 전에 공무원이 선거 결과를 예단해 움직인다는 사실이 드러날 경우 공직 인생 자체가 끝날 수도 있기 때문에 모든 일은 매우 은밀하게 진행되고 있었다.

공무원들은 만에 하나를 대비해 특정 후보뿐만 아니라 모든 후보의 공약을 분석했다. 특정 후보가 유력하다고 해도, 한국 현대사를 살아오면서 '어떤 일이 벌어지더라도 대비할 수 있어야 한다'는 것쯤은 일찍이 깨우쳤기 때문이다.

경제부처, 특히 경제 정책을 총괄하는 기획재정부 공무원의 입장에서는 문재인 정부 첫 경제부총리(공식 명칭은 '부총리 겸 기획재정부 장관')가 누구인지를 맞추는 것이 가장 중요했다. 그가 바로 자신의 인생을 좌우할 인사권자였기 때문이다.

수도사이자 심령술사로 황제 니콜라이 2세의 신임을 얻어 필설로 형용하기조차 어려울 만큼 방탕한 생활을 하면서 엄청난 권력을 행사했다. 서부 시베리아의 관문인 튜멘주(Tyumen Oblast) 토볼스크(Tobolsk) 근교의 포크로브스코예(Pokrovskoye) 출신으로 알려져 있다. 네이버 지식백과(인명사전, '라스푸틴')(http://terms.naver.com/entry.nhn?docId=879593&cid=43671&categoryId=43671, 2018년 11월 8일 검색).

문 대통령의 경제자문그룹

문재인 대통령의 후보 시절, 노무현 전 대통령 시절보다는 훨씬 많은 경제 전문가들이 주위에 포진해있었다. 참여정부(노무현 정부의 별칭)를 거치면서 경제 분야에서 나름대로 진보적인 색채를 지닌 인재풀(pool·이용 가능 인력)이 그만큼 넓어진 것이다.

대선 후보로 나서면 주변에 똑똑한 사람뿐만 아니라 어중이떠중이, 사기꾼 등 오만가지 사람들이 들끓는다. 한 표가 아쉬운 입장에서는 해되는 짓만 하지 않으면 대부분의 사람들을 품으려고 한다. 좋은 말로 하면 '책사(策士·계책에 능한 사람)'들이고, 나쁜 말로 하면 권력을 잡으면 한자리하려고 '줄 대는 사람'들이다.

문 대통령의 후보 시절 경제 분야 참모들은 다양했다. 우선 김대중 (DJ)·노무현 정부에서 장·차관을 한 '10년의 힘'(70여 명)과 조윤제 서강대 교수(소장), 박승 전 한국은행 총재(자문위원장), 한완상 전 한성대 총장(상임 고문), 조대엽 고려대 교수(부소장) 등이 참여한 싱크탱크 '국민성장'(900여 명)이 있었다.

김수현 세종대 교수(주택·부동산), 김현철 서울대 교수(국제경영), 이동걸 동국대 교수(금융) 등이 참여하는 '비상경제대책단'도 있었다.

문재인 정부 출범 이후 문 대통령의 후보 시절 경제 분야 참모의 상당수가 청와대나 내각, 공공 기관 등의 주요 직책에 중용됐고, 앞으로도 문재인 정부 5년 동안 핵심 포스트(지위)를 맡을 인재풀 역할을 할 것으로 예상된다.

예상치 못한 경제부총리

2017년 5월 9일 대선 결과가 나온 순간부터 경제부처 공무원들은 문재인 정부의 첫 경제부총리가 누군지 맞추기 위해 안테나를 곤두세

왔다. 그게 자신들의 출세와 직결돼 있었기 때문이다.

2017년 5월 21일 문재인 대통령이 첫 경제부총리로 김동연 당시 아주대 총장을 지목했을 때, 인선 배경에 고개를 끄덕인 사람은 있었지만 사전에 이를 예측한 사람은 거의 없었다. 김동연 전 부총리는 문 대통령과 친하기는커녕, 대통령에 당선되기 전까지는 일면식조차 없었기 때문이다.[6]

심지어 김 전 부총리는 아주대 총장 시절, 행사 참여차 아주대를 방문해 인사하겠다는 문 대통령을 포함한 여·야 유력 대선 후보들을 만나지도 않고 돌려보낸 적도 있다.

문 대통령의 대선 후보 시절 참모 그룹을 중심으로 차기 경제부총리를 찾고 있던 언론이 김 전 부총리를 쉽게 후보로 끄집어내지 못한 것도 이해할 만한 일이었다.

40여 년 만에 처음 해본 백수

김동연 전 부총리는 2014년 7월 박근혜 정부에서 국무조정실장 (장관급)을 그만둔 뒤 11~12월쯤 장관 입각 제의를 다시 받았지만, 사양했다. 그 뒤 2015년 2월 아주대 총장에 취임할 때까지 경기도 양평에 있는 작은 집을 구해 40여 년 만에 처음으로 '백수 생활'을 했다.

김 전 부총리는 이 시기를 "가장 돌아가고 싶은 시절"이라고 회고했다. 그는 "17세(덕수상고 재학 시절)부터 일을 시작한 뒤 처음으로 쉬어본 시기"라며 "집사람과 함께 양평으로 내려가 전원생활을 하면서 가장 마음이 편했다"고 말했다. 이 시절에 그는 전화조차 받지 않았다고 한다. 국무조정실장 사표를 낼 때 90%쯤 잘한 일이라고 생각했는데, 막상 사표를

---

6   김동연 전 부총리, 문화일보 인터뷰(2017년 11월 24일, 정부서울청사).

내고 양평에서 생활하면서 120%쯤 잘한 일이라고 생각했다고 그는 회고했다.

처음 부총리 제의를 받았을 때는 고사(固辭)

문재인 정부 출범 이후 김동연 전 부총리가 처음 부총리 제의를 받았을 때는 고사(固辭)한 것으로 알려졌다. 그가 부총리 자리를 사양한 이유에 대해 자세히 밝힌 적은 없지만, 문화일보와의 인터뷰에서 "어려운 상황이라는 걸 잘 알고 있었기 때문에 잘할 수 있을까에 대한, 제 실력에 대한 반성 같은 것 때문에 그랬던 게 있었다"고 말했다.

취임 후 5개월쯤 지난 뒤에는 "문재인 정부 초반에는 여러 가지 상황이 좀 정리가 덜 됐거나, 서로 간에 다소 커뮤니케이션에 애로가 있었지만, 그 뒤에는 생각하는 바대로 의견을 제시하고 소신껏 일할 수 있는 여건이 점차 만들어지고 있다"고 나름대로 긍정적으로 평가했다. 그러나 김 전 부총리를 가까운 거리에서 지켜보는 사람들이 보기에는 경제부총리로 활동할 수 있는 여건이 여전히 잘 갖춰져 있지는 못했다는 평가가 지배적이다.

문재인 정부 1기 경제팀

김동연 전 부총리 취임 당시 문재인 정부의 경제팀은 '노무현 정부 데자뷔(deja vu·처음인데도 경험한 적이 있다고 느끼는 현상)'라는 얘기가 나올 만큼 노무현 정부 출범 초기와 유사했다.

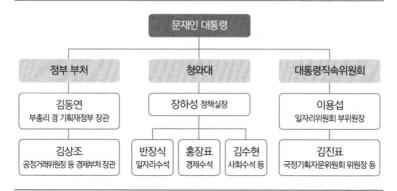

〈문재인 정부 1기 경제팀〉

* 2018년 6월 26일 청와대 경제수석은 윤종원 수석으로, 일자리수석은 정태호 수석으로 각각 교체.
* 2018년 11월 9일 청와대는 부총리 겸 기획재정부 장관은 홍남기 국무조정실장, 청와대 정책실장은 김수현 청와대 사회수석으로 각각 교체한다고 발표.
* 국정기획자문위원회는 2017년 5월 22일 활동을 시작한 뒤 7월 14일 해단식을 갖고 활동 종료.
* 2018년 4월 2일 일자리위원회 부위원장에 이목희 전 국회의원 임명.

　문재인 정부 1기 경제팀은 노무현 정부 1기 경제팀처럼 '관료파+개혁파'의 조합이었다. 첫 경제부총리에는 김 전 부총리가 포진했지만, 청와대 정책실장에는 대표적인 개혁파인 장하성 고려대 교수가 자리를 잡았다. 노무현 정부 1기 경제팀도 관료 출신인 김진표 전 경제부총리(현재 더불어민주당 의원)와 개혁파인 이정우 전 청와대 정책실장(현재 경북대 명예 교수)으로 구성됐다.[7]

　굳이 다른 점을 찾자면, 김동연 전 부총리는 옛 경제기획원 출신이고, 김진표 전 부총리는 옛 재무부 출신이라는 점 정도다. 그러나 노무현 정부에서나 문재인 정부에서나 잘 나가는 관료 대부분은 옛 경제기획원 출신이다. 왜냐하면, 진보 정권은 속성상 '관치(官治)'의 화신(化身·

7　조해동, '엘리트주의 파괴 관료+개혁파 人事…盧정부 데자뷔?' (문화일보, 2017년 5월 22일).

추상적인 특징이 구체화 또는 유형화된 것)'으로 불리는 옛 재무부 출신에 대한 일종의 알레르기 같은 것이 있기 때문이다.

역사상 가장 개혁적인 경제팀

문재인 정부 1기 경제팀은 1948년 대한민국 정부 수립 이후 가장 개혁적인 경제팀이라고 불릴 만했다. 사실상 김동연 전 부총리를 제외하고는 내각에 관료 출신은 눈을 씻고 찾아봐도 없었다.

장하성 전 청와대 정책실장과 함께 임명된 김상조 공정거래위원장은 우리나라의 대표적인 '재벌 개혁파 교수' 중 한 명으로 꼽히는 인물이다. 그 밖에도 내각에 더불어민주당 출신인 김부겸 행정안전부 장관, 김현미 국토교통부 장관, 김영춘 해양수산부 장관, 김영주 전 고용노동부 장관, 홍종학 중소벤처기업부 장관 등이 줄줄이 포진했다.

한양대 교수 출신인 백운규 전 산업통상자원부 장관도 문재인 정부에서 발탁된 인사이기 때문에 김 전 부총리의 말을 고분고분 들을 이유를 찾기는 어려운 사람이었다.

사회 분야를 둘러봐도 경기도 교육감 출신인 김상곤 전 부총리 겸 교육부 장관(사회부총리)을 필두로, 노무현 정부에서 청와대 비서관을 한 김은경 전 환경부 장관 등 '개혁파'가 즐비했다.[8]

---

8   2018년 8월 30일 단행된 문재인 정부 첫 개각에서 부총리 겸 교육부 장관(사회부총리)에 유은혜 더불어민주당 의원, 송영무 국방장관 후임에 정경두 합동참모본부 의장, 고용노동부 장관에 이재갑 근로복지공단 이사장, 여성가족부 장관에 진선미 민주당 의원, 산업통상자원부 장관에 성윤모 특허청장이 각각 임명됐다. 그 뒤 문재인 대통령은 그해 10월 5일 환경부 장관에 조명래 한국환경정책평가연구원 원장을 지명했다. 홍승희, '국방 정경두·교육 유은혜·여성 진선미…文대통령 2기 내각 닻 올려'(서울경제, 2018년 8월 30일, http://www.sedaily.com/NewsView/1S3K9PG7HH, 2018년 10월 8일 검색); 김보협·김정수, '문 대통령, 새 환경부 장관에 조명래 지명'(한겨레신문, 2018년 10월 5일, http://www.hani.co.kr/arti/politics/bluehouse/864674.html#csidx2e47e0330e31bf49efdeb6c498fdab3, 2018년 10월 8일 검색).

재정경제부 차관을 지낸 김 전 부총리의 옛 직장 상사 김광림 자유한국당 의원이 문재인 정부 출범 이후 국회 기획재정위원회에서 "정통 관료 출신이라고는 김동연 부총리 말고는 전무하다"고 얘기했을 만큼 김 전 부총리는 대부분 생면부지인 인사들에게 포위돼 있었다. 김 전 부총리 취임 직후부터 "과연 경제팀 사령탑으로서 제대로 역할을 할 수 있겠느냐"는 말이 나왔던 이유다.[9]

취임 50여 일 만에 터져 나온 김동연 거취론(去就論)

결국 문재인 정부 1기 경제팀의 불협화음은 김동연 전 부총리의 거취(去就·직장 따위에서의 신퇴) 문제로 비화했다. 김 진 부총리 취임 후 50여 일 만에 '경제부총리의 거취가 문제시 된다'는 취지의 칼럼이 언론 지상(紙上)에 게재됐다. 필자가 문화일보의 '뉴스와 시각'이라는 칼럼에 '흔들리는 경제부총리의 거취(去就)'라는 글을 게재한 게 2017년 7월 25일이었으므로, 부총리 취임(2017년 6월 9일) 이후 50여 일 만이었다. 이 칼럼 이후 '김동연 패싱(passing·건너뛰기)'에 대한 숱한 칼럼과 기사가 양산되기 시작했다.[10]

김부겸 장관과 추미애 대표가 앞장 선 세법 개정

취임 50여 일 된 경제부총리의 거취 문제를 제기하는 칼럼이 신문 지상에 게재된 이유는 법인세와 소득세 인상을 포함한 세법 개정 때문이었다. 김부겸 당시 행정자치부 장관은 2017년 6월 20일 경제관계장관

---

9   조해동, '참여정부 인사 혼선의 教訓'(뉴스와 시각)(문화일보, 2017년 5월 19일).
10   조해동, '흔들리는 경제부총리의 去就'(뉴스와 시각)(문화일보, 2017년 7월 25일).

회의를 주재한 김동연 전 부총리 면전에서 "새 정부의 100대 국정 과제를 달성하기 위해서는 증세(增稅)가 불가피하다"며 "소득세율 조정 등 증세 문제에 대해 정직하게 얘기하고 국민 토론을 요청해야 한다"고 말했다.[11]

추미애 당시 민주당 대표는 그해 6월 20일 문재인 대통령 주재 국가 재정전략회의에서 한 걸음 더 나아갔다. 추 대표는 "과세표준 2000억 원을 넘는 초(超)대기업에 대해서는 법인세율(22%)을 25%로 인상하자"며 "소득 재분배를 위한 고소득자에 대한 과세 강화 방안으로 현행 40%인 5억 원 초과 고소득자의 소득세율을 42%로 높여야 한다"고 제안했다.

타 부처 장관과 여당(與黨·현재 정권을 잡고 있는 정당) 대표가 사실상 '세법 개정안'을 발표하는 상황에서 경제부총리가 설 자리는 찾기 어렵다. 김 전 부총리는 그 즈음 취임 이후 최대 위기를 맞았다.

마지막 결정타는 대통령으로부터

김동연 전 부총리에게 '마지막 결정타'를 날린 사람은 인사권자인 문재인 대통령이었다. 추 당시 대표가 운을 떼자 문 대통령은 국가재 정전략회의 마무리 발언을 통해 증세 문제와 관련, "이제 확정해야 할 시기"라며 "증세를 하더라도 대상은 초고소득층과 초대기업에 한 정될 것"이라고 말했다. 사실상 증세를 하겠다고 쐐기를 박은 것이다. 며칠 전까지 "법인세 등의 명목세율 인상은 없다"고 누차 강조해 온 김 전 부총리는 졸지에 '허언(虛言)이나 하는 사람'으로 전락했다.

김 전 부총리가 이끄는 기획재정부는 우리나라에서 유일무이하게

---

11 행정자치부는 그 뒤인 2017년 7월 20일 정부조직법이 국회 본회의를 통과하면서 행정 안전부로 명칭이 바뀌었다.

세제(稅制)를 다루는 당국이었는데, 김 전 부총리 말의 권위가 완전히 땅에 떨어진 것이다. 이런 상황이면, 경제부총리가 더 이상 자리를 지킨다는 게 사실 의미가 없었다. 필자는 칼럼 마지막 부분에 이렇게 썼다.

"김 부총리의 장래는 그와 대통령의 선택에 달려있다. 그동안 경제부총리 역할을 제대로 하지 못하는 사람이 오래 자리를 지킨 경우는 없었다. 우리나라처럼 제왕적 대통령 중심제 국가에서 경제부총리가 제 역할을 할 수 있느냐, 없느냐의 키는 대통령이 쥐고 있다. 김 부총리는 지금, 경제부총리 역할을 제대로 할 것인지, 며칠 더 자리만 지키다가 하차(下車)할 것인지 갈림길에 서 있다."[12]

대통령의 선택

필자의 칼럼이 게재된 즈음 '김동연 패싱(건너뛰기)'이라는 말이 언론의 유행어가 됐다.[13] 사실 필자의 칼럼은 김 전 부총리를 향해서 쓴 것이라기보다는 대통령의 선택을 촉구하려는 의도가 강했다. 이런 식으로 경제부총리의 역할을 제한하려면 차라리 경질하고 '믿을 수 있는 사람'으로 바꾸는 것이 옳고, 김 전 부총리를 계속 기용할 것이면 그에게 힘을 실어주는 게 바람직하다는 생각이었다.

사실 그 시점에서 대통령의 선택은 상당 부분 예측 가능한 것이었다. 취임 50여 일 만에 경제부총리를 경질하면 새로운 경제부총리를 찾아야

---

12 조해동, '흔들리는 경제부총리의 去就'(뉴스와 시각)(문화일보, 2017년 7월 25일).

13 필자는 영어 전문가는 아니지만 개인적으로는 영어 조어법에도 잘 맞지 않는 '김동연 패싱(passing·건너뛰기)'이라는 말을 잘 쓰지 않는다. 과거 미국에서 일본을 경시하는 말투로 '저팬 배싱(Japan Bashing·일본 때리기)'이라는 말이 유행한 적이 있는데, 이것을 본떠 '배싱(bashing)' 대신 '패싱(passing)'이라는 말을 임의로 넣은 게 아닌가 추측되지만, 국적불명의 조어법이라는 생각에는 변함없다. 한국 언론은 그 뒤에도 이런 작법(作法)을 따라 미국이 외교적으로 우리나라를 무시하고 건너뛴다는 의미로 '코리아 패싱'이라는 말을 쓰기도 했는데, 이 역시 국적 불명의 용어로 보인다.

하는데, 국회 인사 청문회 절차 등을 고려하면 몇 개월간의 경제부총리 공석(空席)이 불가피한 일이었다. 더욱이 경제부총리라는 자리는 행정에 대한 정통한 이해와 새 정부의 경제 철학에 대한 인식의 공유가 필수불가결한 자리이기 때문에 대안(代案)을 찾기도 현실적으로 쉽지 않은 일이었다. 대통령의 선택은 많은 사람들이 예상한 대로 김 전 부총리에게 힘을 실어주는 것으로 발현(發顯·속에 있거나 숨은 것이 밖으로 나타나거나 그렇게 나타나게 함)됐다.

대통령의 '김동연 힘 실어주기'(1) – 혁신성장

문재인 대통령의 '김동연 패싱(건너뛰기)'에 대한 첫 번째 반응은 2017년 9월 26일 국무회의에서 나왔다. 문 대통령은 이날 국무회의 모두 발언을 통해 "혁신성장은 새 정부의 성장 전략에서 소득주도성장 못지않게 중요하다"며 "소득주도성장이 수요 측면에서 성장을 이끄는 전략이라면, 공급 측면에서 성장을 이끄는 전략이 혁신성장"이라고 밝혔다.

대통령의 입에서 혁신성장이라는 말이 공식적으로 처음 천명(闡明·사실이나 입장 따위를 드러내서 밝힘)되는 순간이었다. 모든 매체의 기자들이 주시하고 있는 국무회의 모두 발언에서 대통령이 혁신성장을 언급한다는 것은 장하성 전 청와대 정책실장을 포함한 문재인 정부의 개혁파들도 혁신성장을 국정 핵심 어젠다(의제·議題)로 추진하는 데 동의했다는(또는 용인했다는) 뜻이다. 이로써, 문재인 정부 내에서 김 전 부총리가 혼자서 주장해온 혁신성장이 마침내 공식 어젠다가 됐다.

그 뒤 문재인 대통령은 2017년 11월 28일 청와대에서 이낙연 국무총리와 각 부처 장·차관 및 여당 지도부가 참석한 가운데 '혁신성장 전략회의'를 주재했다. '김동연 어젠다'인 혁신성장은 이로써 대통령과 국무총리, 각 부처 장·차관과 여당 지도부까지 참석한 상황에서 정부·여당의 공식 경제 어젠다로 추인(追認·과거로 소급해서 그 사실을 인정함)됐다. 이날 김 전 부총리는 대통령 앞에서 '캥거루 출발법'이라는 다소 감상적인 프레젠테이션을 했다. 제왕적 대통령제하에서 대통령의 신임 없이는 사실상 아무 일도 할 수 없는 김 전 부총리의 처지가 '캥거루'였을지도 모를 일이다.

> "제가 오늘 발표드릴 제목은 '캥거루 출발법'입니다. 제목이 조금 생소하시죠? 1896년도에 제1회 아테네 올림픽 100m 결승전 모습입니다. 그전에는 보시는 왼쪽 편 (사진, 인용자)처럼 모두 서서 출발했는데, 미국의 토마스 버크라는 선수가 (화면에 있는) 저와 같은 폼(자세, 인용자)으로 출발했습니다. 영어로는 '크라우치 스타트'라고 하는데, 우리말로는 '캥거루 출발', 이렇게 얘기하는 것 같습니다. 결과는 어땠을까요? 아테네 올림픽 100m 우승자는 바로 저 캥거루 출발법을 했던 토마스 버크였습니다."[14]

대통령의 '김동연 힘 실어주기'(2) – 사람 중심의 경제

문재인 대통령은 혁신성장을 새로운 경제 어젠다로 받아들인 뒤 문재인 정부의 경제 철학을 '사람 중심의 경제'로 통합했다. 사람 중심의 경제라는 최상위 목표 아래에 '세 가지 과제'로 일자리와 소득주도성장, 혁신성장, 공정경제가 존재한다는 것이다.[15]

그동안 문재인 대통령의 경제 철학이라고 불리는 'J노믹스'에 있던 2가지 축, 즉 소득주도성장과 공정경제에 혁신성장이라는 새로운 노선이 추가된 것이다.

14　김동연 전 부총리, '캥거루 출발법' 프레젠테이션 동영상(http://www.ktv.go.kr/content/view?content_id=545648, 2018년 6월 11일 검색).
15　문재인 대통령, '2018년도 예산안 및 기금운용계획안 제출 국회 시정연설' (2017년 11월 1일).

그러나 여기서 주목해봐야 할 것은 새로운 최상위 목표로 추가된 사람 중심의 경제다. 혁신성장이 추가된 것도 김 전 부총리의 입장에서는 큰 성과라고 할 수 있지만, 사람 중심의 경제라는 목표가 소득주도성장이나 공정경제보다 상위(上位) 개념이라는 점에 주목할 필요가 있다.

이론적인 얘기이기는 하지만, 사람 중심의 경제라는 최상위 목표에 부합한다면, 소득주도성장이나 공정경제와 다소 어긋난다는 비판이 제기되더라도 '제3의 길'을 갈 수 있는 가능성이 열린 것이다. 필자가 알기로는 문재인 정부 출범 이후 처음으로 사람 중심의 경제라는 생소한 용어를 쓴 사람이 김 전 부총리다.

김동연의 노련함, 대선 경제 어젠다를 통합하다

필자는 새 정부 경제 철학의 최상위 목표에 사람 중심의 경제가 자리하는 과정을 관료의 '노련한 매뉴버(shrewd maneuver)'라고 부르곤 한다. 영어로 매뉴버라는 말을 사전에서 찾아보면, '군대나 전함(戰艦) 등의 계획된 움직임이나 전개(a planned and regulated movement or evolution of troops, warships, etc)'라고 정의(定義)돼 있다.[16]

우리나라와 같은 제왕적 대통령제하에서 관료, 특히 경제 관료는 대선 과정에서 경제를 잘 모르는 대통령이 선거 전략으로 내세운 공약을 받아들여서 경제 정책을 펼칠 수밖에 없다. 따라서 경제 관료에게 대통령의 선거 공약은 '주어진 조건'이다. 그것이 경제학적으로, 현실적으로, 말이 되든 안 되든 간에 관료에게 대선 공약을 바꿀 수 있는 힘은 없다.

---

16 http://www.dictionary.com/browse/maneuver?s=t.

그러나 대통령의 선거 공약은 대부분 표(票)를 의식한 것이기 때문에 그대로 시행하기에는 무리한 경우가 많다. 따라서 경제 관료는 대통령의 공약에 담긴 '뜻'을 받들면서도, 현실 정합성을 높이기 위해 대선 공약을 미세하게 수정할 수밖에 없다. 관료의 '노련한 매뉴버'라는 말은 이런 과정을 설명하기 위해 군사학이나 정치학, 외교론에서 많이 사용하는 용어를 필자가 차용해 만든 말이다.

어찌됐든 김 전 부총리가 만든 사람 중심의 경제라는 경제 철학의 최상위 목표는 대통령을 포함한 문재인 정부의 개혁파 실세들에게 받아들여졌고, 경제 분야 국정 최고 어젠다로 올라서는 데 성공했다.

사람 중심의 경제(1)

사람 중심의 경제라는 말이 '타협의 산물'이라는 점은 이미 설명했지만, 경제학 용어로는 부실하기 그지없는 말이다. 이런 용어가 국정 어젠다가 된 것은 소득주도성장과 함께 아마 우리나라가 유일할 것이다.

문재인 정부의 사람 중심의 경제를 현재까지 가장 자세히 설명한 사례를 찾으라면, 문재인 대통령이 2017년 11월 1일 국회에서 한 '2018년도 예산안 및 기금운용계획안 제출 국회 시정연설'일 것이다.

문 대통령은 이날 시정연설에서 "'사람 중심 경제'는 경제 성장의 과실이 모두에게 골고루 돌아가는 경제"라고 정의(定義)했다. 그러면서 사람 중심 경제의 핵심으로 일자리와 소득주도성장, 혁신성장, 공정경제라는 세 개의 축(軸)을 제시했다.

많은 경제 전문가들은 문 대통령이 J노믹스(문재인 대통령의 경제 철학)의 핵심으로 사람 중심 경제를 내세우는 연설을 들으면서 "그러면 우리가 그동안 '사물(事物) 중심 경제'라도 해왔다는 것인가?"라고 자문(自問)했다. 정의가 너무나 추상적이었기 때문이다.

문 대통령의 시정 연설에서 사람 중심 경제에 대한 대척점(對蹠點·지구 위의 한 지점에 대하여, 지구의 반대쪽에 있는 지점)으로 제시된 것은 '재벌대기업 중심 경제'다. 문 대통령은 "재벌대기업 중심 경제는 빠르게 우리를 빈곤으로부터 일으켜 세웠다"며 "2차 세계대전 이후 세계 어느 나라도 이루지 못한 놀라운 경제 발전을 가능하게 했다"고 평가했다. 그러나 그는 "(재벌대기업 중심 경제는) 정체된 성장과 고단한 국민의 삶이 증명하듯이 더 이상 우리의 미래를 보장하지 못 한다"고 말했다. 다른 것은 그렇다고 쳐도, 재벌대기업 중심 경제는 논리적으로 사람 중심의 경제와 대립되는 개념이 될 수 없다.

사람 중심의 경제가 세계적인 방향?

문재인 대통령은 사람 중심의 경제가 여러 국제기구에서도 화두(話頭)라고 강조했다. 그는 "우리가 가려는 방향에 세계도 공감하고 있다"며 "주요 20개국(G20) 정상회의, 국제통화기금(IMF), 경제협력개발기구(OECD), 다보스 포럼에서도 양극화 해소와 포용적 성장, 그리고 사람 중심 경제가 화두였다"고 말했다. 또 "유엔총회도 '사람을 중심으로(Focusing on people)'를 주제로 삼았다"고 강조했다.

그러나 제72차 유엔총회 토론 주제인 '사람을 중심으로-지속 가능한 세상에서 모든 사람을 위한 평화와 품위 있는 삶을 위한 노력(Focusing on People-Striving for Peace and a Decent Life for All on a Sustainable Planet)'은 경제 영역에만 국한된 얘기라고 보기는 어렵다. 또 최근 국제기구가 양극화 문제 해소와 포용적 성장 등을 강조하는 추세라는 것이 사람 중심 경제가 한 나라의 경제 분야 국정 철학의 핵심이 될 만하다는 근거가 되기에는 부족한 게 사실이다.

사람 중심의 경제(2) – 경제학적으로 황당하거나 어정쩡한 말

사람 중심의 경제라는 말은 불필요한 오해를 불러일으킬 가능성도 있다. 한국 현대사나 북한을 공부한 사람들은 알겠지만, 과거 북한에서 김일성주의 주체 철학을 '사람 중심의 철학'이라고 부르면서, 주체 경제를 '사람 중심의 경제'라고 부른 사례가 있기 때문이다.

경제학적으로 이론적 근거가 명확하지 않고, 오해의 소지마저 있는 이런 용어를 굳이 국정 경제 철학의 핵심 용어로 쓸 필요가 있는지는 의문이다. 과연 한국의 경제 관료들은 외국에 나가서 사람 중심 경제를 영어나 다른 나라 언어로 뭐라고 번역하는지 자못 궁금하기도 하다.

더욱이 전 세계적으로 우리나라는 그동안 가장 '사람 중심 경제'를 해 온 나라로 통한다. 세계적으로 저명한 경제학자들에게 물어보면 하나 같이 "한국이야말로 변변한 자원이나 자본도 없이 높은 교육열과 인적 자원만으로 경제 발전에 성공한 대표적인 사례"라고 말한다. 그게 재벌 중심 경제든, 아니면 다른 것이든 우리나라가 그동안 사람 중심 경제를 해 온, 세계에서 가장 대표적인 국가 중 하나라는 사실은 의심할 여지가 없다.

그런 측면에서 문재인 정부가 내놓는 경제 어젠다의 최고 목표인 사람 중심의 경제는 경제학적으로 볼 때 좋게 얘기하면 어정쩡하고, 나쁘게 말하면 황당한 용어다. 다만, 김 전 부총리를 비롯한 경제 관료들이 굳이 이 용어를 경제 분야 국정 핵심 어젠다로 꺼내든 것은 문 대통령의 대선 공약(일자리와 소득주도성장, 공정경제)과 혁신성장을 합쳐서 새로운 통합적인 목표를 제시하기 위한 고육지책(苦肉之策)이 아니었을까, 짐작할 뿐이다.[17]

---

17   조해동, '사람 중심 경제는 또 뭔가'(뉴스와 시각)(문화일보, 2017년 11월 10일).

포용적 성장(inclusive growth)의 부상

문재인 대통령은 2018년 6월 26일 홍장표 전 청와대 경제수석을 경질하고, 윤종원 경제협력개발기구(OECD) 대사를 임명한 뒤부터 '포용적 성장(inclusive growth)'이라는 말을 경제 철학의 전면에 내세우기 시작했다.

사실 포용적 성장의 부상은 윤 수석이 임명될 때부터 어느 정도 예견된 일이기는 했다. 우리나라에서 소득주도성장의 주창자로 불려온 홍 전 수석을 경질하고, 그 자리에 윤 수석을 임명했다는 사실 자체가 소득주도성장이 다소 뒤로 밀리고 포용적 성장이 전면에 부상할 것이라는 점을 암시하는 대목이었기 때문이다.

윤 수석은 청와대 경제수석으로 임명되기 전에 OECD 대사로 있으면서 언론 기고 등을 통해 포용적 성장의 중요성을 강조해왔다. 문 대통령도 윤 수석을 임명하기 전에 윤 수석이 강조해 온 포용적 성장이 본인의 경제 철학과 부합할 수 있을지 고민했을 것이다.

문 대통령의 포용적 성장 정의

포용적 성장은 OECD 등에서 꽤 오랫동안 연구해 온 개념이고, 국제 사회에서도 통용될 수 있는 용어다. 소득주도성장이라는, 국제 사회에서 '듣지도, 보지도 못한 가설'과는 상당히 수준이 다르다는 얘기다.

문재인 대통령이 포용적 성장이라는 말을 쓰자 언론은 "문재인 정부가 그동안 성과가 없었던 소득주도성장을 사실상 폐기하고, 경제 철학의 핵심을 포용적 성장으로 바꿨다"고 보도했다. 결국 김의겸 청와대 대변인은 문 대통령의 발언이라면서 문 대통령이 사용한 포용적 성장의 의미를 다음과 같이 밝혔다.

"포용적 성장은 신자유주의와 대비되는 개념으로 사용한 것이다. 신자유주의는 익스클루시브 그로스(exclusive growth)다. 배제적 성장이다. 성장의 수혜층이 소수에 그치고 다수가 배제되는 구조다. 이런 배제적 성장으로는 경제가 지속될 수 없고, 성장에 걸림돌이 된다. 반대로 포용적 성장, 인클루시브 그로스(inclusive growth)는 두루 많은 사람에게 성장의 결과가 배분되고, 두루 혜택을 누리는 성장이다. 포용적 성장은 큰 개념이고 포괄적인 개념이다.

그 포용적 성장을 구현하기 위한 구체적인 방식으로 소득주도성장, 혁신성장, 공정경제가 있는 것이다. 애초 소득주도성장은 ILO(국제노동기구, 인용자)에서는 임금주도성장으로 명명됐다. 그러나 우리나라는 700만 명에 이르는 자영업자가 있다. 임금주도만으로는 다 포괄할 수가 없어서 홍장표 전 경제수석의 건의에 따라서 소득주도성장으로 명명한 것이다"

[김의겸 (청와대, 인용자) 대변인 브리핑, 2018년 7월 24일][18]

김 대변인은 문 대통령의 설명을 마친 뒤 "우리 수석님, 또 관련 분들에게 조금 취재를 했는데, 포용적 성장에 대한 정의가 있는데, 이것은 OECD에서 사용하는 개념인데 어떻게 보면 학술적 정의"라며 다음의 설명을 이어갔다.

"1차적 분배, 임금 등을 통한 1차적 분배에서는 개입하지 않는다. 시장자유에 맡긴다. 그러나 2차적 분배, 세금이라든지, 재정, 연기금 이런 2차적 분배에서는 개입을 한다. 그를 통한 소득 재분배의 역할을 하는 것이 학술적인 용어로서의 포용적 성장이다, 라는 것입니다. 이것이 통상적인 개념이고, (문재인) 대통령이 써 온 포용적 성장이라는 개념은 이미 2012년 첫 번째 대통령 출마 선언할 때, 그때 포용적인 성장이라는 말을 쓰기 시작했다고 합니다. 그리고 이 개념에는 대기업과 중소기업, 정규직과 비정규직, 부자와 빈자뿐만 아니라 남북 문제까지도 포괄하는, 포괄적 적용

---

18   김의겸 (청와대, 인용자) 대변인 브리핑(2018년 7월 24일, http://www1.president. go.kr/articles/3918, 2018년 8월 4일 검색).

되는 개념으로 포용적 성장이라는 개념을 썼고, 그래서 포용적 성장은 상위 개념이고, 그리고 하위 개념으로서 아까 얘기했던 소득주도성장, 혁신경제, 공정경제 이런 것이 하위 개념으로 볼 수 있는 것이다, 이런 정도입니다."

[김의겸 (청와대, 인용자) 대변인 브리핑, 2018년 7월 24일]

경제학에 대한 공부까지도 필요 없고, 경제에 대한 상식만 있어도 납득하기 어려운, 말도 안 되는 뒤죽박죽 설명이었다.

청와대 설명의 난맥상

김의겸 청와대 대변인의 설명이 끝난 뒤 기자들과의 질의·응답이 이어졌다. 논리가 없으니까 우격다짐 식으로 밀어 붙인다고 얘기할 수밖에 없는 수준의 질문과 답변이 오갔다. 뒤 페이지 박스에 그대로 옮긴다.(문맥이 이어지지 않는 부분도 있지만, 원문을 가능한 한 그대로 실었다.)

질의·응답에서 나온 내용을 요약하면, "문재인 대통령이 얘기하는 포용적 성장은 경제협력개발기구(OECD)에서 이야기했던 개념과는 다를 수밖에 없고, 문 대통령이 2012년부터 지금까지 6년 동안 그 개념을 써 온 맥락 속에서 이해해 달라"는 것이었다. 김 대변인은 "(포용적 성장은) 소득주도성장과 대치되는 개념이 아니다"라고 강조했다.

그러나 문 대통령의 포용적 성장과 OECD의 포용적 성장이 어떤 측면에서, 어떻게 다른지에 대한 설명은 없었다. 또 문 대통령이 "포용적 성장을 구현하기 위한 구체적인 방식으로 소득주도성장, 혁신성장, 공정경제가 있다"고 말했는데, 포용적 성장과 소득주도성장, 혁신성장, 공정경제의 관계가 어떻게 설정돼 있는지에 대한 얘기도 없었다.

사실 문 대통령이 이날 내놓은 설명은 '사람 중심 경제' 자리에 '포용적 성장'을 넣은 것에 불과했다. 문 대통령은 2017년 11월 1일 국회에서 한 '2018년도 예산안 및 기금운용계획안 제출 국회 시정연설'에서 "'사람 중심 경제'는 경제 성장의 과실이 모두에게 골고루 돌아가는 경제"라고 정의(定義)했다. 그러면서 사람 중심 경제의 핵심으로 일자리와 소득주도성장, 혁신성장, 공정경제라는 세 개의 축(軸)을 제시했다.

그러면 '사람 중심 경제'와 '포용적 성장'은 어떤 관계인가? 같은 것인가, 아니면 다른 것인가? 도무지 알 수가 없다. 이게 현재 우리나라에서 정부가 경제 철학을 내놓는 수준이다.[19]

---

19 윤종원 청와대 경제수석은 1960년 경남 밀양에서 태어나 서울 인창고와 서울대 경제학과를 나왔고, 미국 캘리포니아대 LA캠퍼스(UCLA)에서 경제학 박사 학위를 받았다. 국제통화기금(IMF) 이코노미스트와 선임자문관, 상임이사로 근무했고, 경제협력개발기구(OECD) 대사까지 지내 국제 경제계에 폭넓은 인맥을 자랑한다. 행정고시 27회에 합격해 옛 재정경제부 종합정책과장, 기획재정부 경제정책국장 등 경제정책 라인의 핵심 경력을 두루 거쳐서 국제 경제뿐만 아니라 거시경제·금융 등의 분야에도 조예가 깊다. 기재부 경제정책국장으로 재직할 당시 '브라운백 미팅(간단한 점심 식사를 곁들인 토론 모임)'을 만들어 공무원뿐만 아니라 학계·언론계 인사 등과 교류할 만큼 지적(知的)이고, 업무 추진력이 강하다. 따라서 윤 수석이 포용적 성장이 무엇인지 정확히 몰라서 청와대의 포용적 성장 브리핑이 부실하다고 얘기할 수는 없다. 윤 수석이 포용적 성장이 무엇인지 정확히 알고 있다고 하더라도, 그것과 기존의 소득주도성장, 혁신성장, 공정경제 등의 관계를 어떻게 설정할지는 '전문성의 영역'이라기보다는 '정치적 영역'에 가깝기 때문일 것이다. 윤 수석이 직면한 청와대 참모로서의 '정치적 현실(political reality)'이 청와대의 부실한 브리핑으로 이어졌다고 보는 게 옳을 것이다. 윤 수석도 김동연 전 부총리처럼 문재인 대통령이 이미 내놓은 대선 공약 등을 '주어진 조건'으로 받아들이면서, 본인의 뜻을 펴기 위해 '노련한 매뉴버(shrewd maneuver)'를 할 수밖에 없는 상황에 직면해 있다는 뜻이다. 이미 서술한 적이 있지만, 영어로 매뉴버라는 말을 사전에서 찾아보면, '군대나 전함(戰艦) 등의 계획된 움직임이나 전개(a planned and regulated movement or evolution of troops, warships, etc)'라고 정의(定義)돼 있다.
우리나라와 같은 제왕적 대통령제하에서 관료, 특히 경제 관료는 대선 과정에서 경제를 잘 모르는 대통령이 선거 전략으로 내세운 공약을 받아들여서 경제 정책을 펼칠 수밖에 없다. 그러나 대통령의 선거 공약은 대부분 표(票)를 의식한 것이기 때문에 그대로 시행하기에는 무리한 경우가 많다. 따라서 경제 관료는 대통령의 공약에 담긴 '뜻'을 받들면서도, 현실 정합성을 높이기 위해 대선 공약을 미세하게 수정할 수밖에 없다. 관료의 '노련한 매뉴버'라는 말은 이런 과정을 설명하기 위해 군사학이나 정치학, 외교론에서 많이 사용하는 용어를 필자가 차용해 만든 말이다. 이 장 앞부분의 절(節·글의 내용을 여러 단락으로 서술할 때의 한 단락) '김동연의 노련함, 대선 경제 어젠다를 통합하다' 참조.

〈질의 응답〉

— **기자**: 제가 쓴 기사는 아니지만 어쨌든 나왔던 기사를 보면 지금 말씀해 주신 것을 이해를 하더라도 결국은 포인트가 그거인 것 같거든요. 그러니까 1차적 분배에는 관여하지 않는다. 그것이 포용적 성장인데 지금 최저임금이라는 것이 사실은 1차적 분배에 관여를 하는 거잖아요, 정부가. 그래서 1차적 분배에 관여를 안 하고 대신 세금이나 이런 것으로 2차적으로 관여를 하게 되면 기업들 부담이 덜해지기 때문에 정부 기조가 바뀐 거 아니냐는 것이 지금 대체로 언론사 논조인 것 같은데, 그 부분에 대해서는 그러면 해석이 크게 틀린 것이 아닌 것으로 느껴지거든요. 그러니까 어차피 포용적 성장이라는 것이 1차적 분배에 개입을 안 하는 정의라면, 지금 정부가 포용적 성장으로 간다면 최저임금이나 이런 부분은 최소화하겠다는 의미로 이해할 수 있는 부분인데, 이거 어떻게 되는 건가요?

▲ **대변인**: 일단 최저임금 문제는 최저임금심의위원회의 자율적 판단에 맡겨져 있습니다. 그러나 대통령께서 최저임금을 끌어올리겠다, 라고 하는 의지를 포기한 적은 없습니다. 단지 현재적인 조건과 상황에서 어려움이 있기 때문에 그 공약을 지키지 못한 데 대해서, 2020년까지 만 원이라고 하는 공약을 지키지 못할 것 같은 데 대해서 사과를 했던 것이고, 하지만 대통령께서도 소득주도성장, 최저임금을 끌어올리는 문제의 방향, 원칙, 기조에는 흔들림이 없다, 라고 하는 것을 말씀을 하셨습니다.

— **기자**: 정리하면 포용적 성장이지만 1차적 분배에 관여할 수 있다는 말씀이신 것이죠?

▲ **대변인**: 지금 그러니까 개념을 다시 한 번 정리하지만, 기자님이 얘기하시는 포용적 성장을 쓰는 것은 다시 학술적인 용어로서의 포용적 성장을 얘기하는 거잖아요. 그 개념이 아니라는 거예요, 일단. 그 개념이 아니다, 이 정도까지 합시다.

— **기자**: 정리를 하면 소득주도성장에 대치적 개념이나 혹은 그 반대나…*(말 끊김, 인용자)*

▲ **대변인**: 대치되는 것이 아니라는 겁니다.

— **기자**: 그게 아니고 그것을 포괄하는 상위개념의 포용적 성장이다?

▲ **대변인**: 네.

— **기자**: 그 개념을 아까 선거운동 할 때 쓰셨다고 했는데, 취임 이후에 안 쓰다가 취임 이후에 쓰신 게 언제냐면 G20 *(주요 20개국, 인용자)* 가서 앙헬 구리아 OECD 사무총장을 만났을 때나, G20에 오셨을 때 잠깐 이게 우리 OECD의 포용적 성장이 제가 추구하는 사람 중심 경제와 (안 들림)이 있다. 그렇게 말씀하시면서 언급하신 것이 거의 유일하거든요. 지난 1년 이상 사용 안 하시다가 지금 시점에 그 말씀을 다시 끄집어낸 것은 뭐 때문인지.

▲ 대변인: 그것은 그렇게 볼 수 있죠. 이미 진도가 나간 것입니다. 포용적 성장이라는 말로써 이야기를 하다가 그것보다 더 구체적인 각론으로 이미 들어갔기 때문에 이미 지나간 것이죠, 포용적 성장은. 더 구체적인 내용들을 가지고 이야기를 해 오셨던 것이고, 그래서 G20에서 그런 이야기를 하셨다면 아마 그런 취지로 말씀을 하신 것일 겁니다. 다른 나라에 가서 다른 나라 대통령 앞에서 소득주도성장 이렇게 말하면 알아듣습니까, 그러니까 포용 성장을 얘기를 했을 테고, 어제 말씀하신 그 문구 딱 한 번 쓰셨는데 제가 지금 적어오지는 않아서 제 기억에 의하면 문맥이 그렇습니다. 신자유주의를 언급하면서 바로 포용 성장이라는 말을 썼습니다. 그러니까 신자유주의와 어떤 등치되는 개념으로써, 등가의 개념으로써 포용적 성장을 쓴 것입니다.[등치(等値·두 개의 명제가 동일한 결과를 가져오는 일)의 개념과 등가(等價·같은 값이나 가치)의 개념의 뜻을 고려하면 문맥이 이치에 닿지 않음, 인용자]

— 기자: 앞으로도 자주 쓰실 일은 없을 그런 표현인가요.

▲ 대변인: 지금은 훨씬 더 구체적인 각론에서 우리가 고민하고, 해법을 찾아가고 있는 시점이기 때문에 이미 포용석 성상이라는 전세가 되어 있는 것이죠. 그래서 그 이야기를 다시 돌아가서 할 이유는 별로 없어 보입니다.

— 기자: 경제학자들이 그동안 윤종원 수석님 오시고 이제 포용적 성장이라는 개념이 다시 나왔을 때, 경제학자들이 대부분 포용적 성장과 소득주도성장은 개념이 다르다고 분류를 해왔거든요. 그러니까 포용적 성장은 이른바 공급 쪽 사이드를 여전히 중시하는 주류 경제학에 가까운 면이 있고, 반면에 소득주도성장은 수요 쪽 사이드를 강조하는 면이 있어서 그 두 개가 등치돼서 계속 개념이 쓰여지는 것에 대해서 좀 이상하다는 지적들도 많이 해왔는데, 어제 대변인께서 그게 상위개념이고 그 하위의 각론이 소득주도성장이나 세 가지 이야기하셨는데, 그 개념이 경제학자들 사이에서는 잘 맞지 않는다는 얘기들이 많이 나오고 있는데, 그런 부분들에 대해서는 어떻게 보세요?

▲ 대변인: 아까 제가 드린 말로 저는 답변이 됐다고 생각을 하는데, 일단 개념이라고 하는 것이 순수한 결정체로써의 개념은 없다고 생각을 합니다. 익스클루시브 그로스(exclusive growth)라고 하는, OECD에서 썼다면 우리나라가 우리나라 정치적인 상황, 사회적인 현실에서 그 개념을 들여올 때는 그 개념이 우리 사회에 맞게 변형이 될 수밖에 없는 것이죠. 그런 의미에서 OECD에서 이야기했던 개념과 우리가 받아들였을 때의 개념은 다를 수밖에 없는 것이고, 그리고 모든 개념에는 역사적 맥락이 묻어 있는 것입니다. 역사적 맥락을 빠뜨리고 아까 얘기했던 순수한 결정체로써의 개념은 없다고 생각을 하고요.
문재인 대통령이 2012년부터 지금까지 6년 동안 그 개념을 써 온 맥락 속에서 이해를 해 주시기 바랍니다. 그래서 경제학자들 사이에 그 맥락을 사산한 채, 빠뜨린 채 보면 '내가 배운 OECD에서, 책에서 본 개념은 지금 이거하고 좀 다르네' 그렇

포용적 성장의 개념

포용적 성장이라는 개념의 뿌리는 미국 민주당 싱크탱크인 브루킹스연구소가 2006년 4월 내놓은 양극화 해소 정책 '해밀턴 프로젝트'라고 한다. 해밀턴 프로젝트는 경제 성장이 장기적으로 지속되려면 성장 과정에서 소외되는 계층이 없어져야 한다고 강조했다.[21]

포용적 성장에 대한 국제적인 논의는 2008년 글로벌 금융위기 이후 '부익부 빈익빈(富益富 貧益貧)'이 갈수록 심해지는 세계 경제의 현상과 맞물려 확대됐다. 전통적으로 국제통화기금(IMF)보다 개발도상국이나 빈곤 계층에 큰 관심을 보여 온 세계은행(World Bank)은 2009년 '포용적 성장의 체계와 적용' 보고서를 발표했다.

세계은행은 이 보고서에서 포용적 성장을 "장기적으로 지속 가능하고, 노동력 대부분을 포괄하며, 광범위한 부문에 걸쳐 이뤄지는 경제 성장"이라고 정의했다. 그 뒤 IMF, 경제협력개발기구(OECD) 등 많은 기관에서 포용적 성장에 대한 연구 보고서를 내놨다.

한국경제신문이 정리한 주요 국제기구·연구기관이 제시한 포용적 성장의 개념은 다음과 같다.

---

20   김의겸 (청와대, 인용자) 대변인 브리핑(2018년 7월 24일, http://www1.president. go.kr/articles/3918, 2018년 8월 4일 검색).

21   유승호, '포용적 성장의 핵심은 분배 아닌 균등한 기회' (유승호 기자의 Global insight) (한국경제, 2018년 7월 27일, http://news.hankyung.com/article/2018072776391, 2018년 8월 5일 검색). 이 책의 포용적 성장에 대한 설명은 유 기자의 글을 포괄적으로 참조했다. 유 기자의 설명은 경제학계의 전반적인 인식과도 맥락이 통한다.

〈주요 국제기구·연구기관이 제시한 포용적 성장의 개념〉

OECD	사회 전체에 공정하게 분배되고 모두에게 기회를 제공
IMF	남녀가 동등한 기회를 얻고 빈곤층과 중산층이 번영에 동참
세계은행	장기적으로 지속 가능하고 노동력 대부분을 포괄하며 광범위한 부분에 걸쳐 이뤄지는 경제성장
브루킹스연구소 (광범위한 성장)	보다 많은 사람에게 혜택이 돌아가고 개인의 경제적 안정을 제고하는 경제성장
유엔개발계획(UNDP) (포용적이고 지속가능한 성장)	불평등과 사회적 배제를 해결하며 경제적·사회적·환경적 격차를 해소

자료: 유승호, '포용적 성장의 핵심은 분배 아닌 균등한 기회' (한국경제, 2018년 7월 27일)

포용적 성장에 대한 오해(1)

한국경제신문은 포용적 성장의 개념이 변천해 온 사례를 추적하면서 "포용적 성장론은 경제 성장의 혜택을 받지 못하는 계층이 있다고 지적하면서도, 성장의 필요성 자체를 부정하지 않는다"며 "오히려 성장해야 불평등을 줄일 수 있다고 강조한다"고 지적했다. 또 "포용적 성장은 복지 정책 등 사회적 안전망의 필요성은 인정하지만, 그것이 궁극적인 해결책은 아니라고 본다"며 "세계은행은 2009년 보고서에서 '소득 재분배 정책은 단기적으로 활용될 수는 있지만, 장기적으로 답이 되지 못한다'고 지적했다"고 밝혔다.

세계은행은 "포용적 성장은 동등한 경쟁의 장을 마련하고, 고용 기회를 늘려 경제 규모를 키우는 것"이라고 설명했고, 국제통화기금(IMF)은 포용적 성장을 하기 위해 △교육 기회 확대 △정규직과 비정규직 간의 격차 해소 △여성 경제 활동 참가율 제고 등을 제안했다고 한다.

포용적 성장에 대한 설명을 장황하게 하는 것은 포용적 성장이 기존의 성장 이론과 정면으로 배치되는 것이라고 보기 어렵다는 점을 지적하기 위해서다. 포용적 성장은 기존 성장 이론의 단점을 보완해 '모두가 골고루 잘 살 수 있도록 해야 한다'는 주장을 담고 있는 것이라고 보는 게 옳다.

그런 의미에서 문 대통령이 주장하는 것처럼 포용적 성장은 '상위 개념'이고 소득주도성장 등은 '하위 개념'이라는 식의 설명은 성립할 수 없다. 소득주도성장은 기존의 성장 이론을 정면으로 거부하고 소득 증대를 통해 소비를 진작시켜서, 궁극적으로 성장을 유도한다는 개념이기 때문이다. 더욱이 최저임금의 급격한 인상 등을 통해 인위적으로 소득을 늘리겠다는 발상은 포용적 성장과 결합되기 어렵다.

포용적 성장에 대한 오해(2)

포용적 성장은 잘 짜인 이론 체계가 아니라 '좀 더 많은 사람에게 성장의 과실(果實)이 돌아가도록 하는 성장 방식'이라는 의미의 느슨한 주장에 불과하다는 얘기도 있다.

윤희숙 KDI 국제정책대학원 교수는 "포용적 성장은 잘 확립된 이론 체계가 아니라 '모든 이가 성장에 참여할 수 있는 성장 방식'이라는 의미의 느슨한 수사(rhetoric)에 불과하다"고 지적한다. 그는 "(포용적 성장은) 뚜렷한 정의도, 정해진 내용도 없다"며 "따라서 포용적 성장을 추구한다는 말은 좋은 나라를 만들기 위해 노력한다는 말과 크게 다르지 않다"고 강조한다.[22]

---

22 윤희숙, '간판만 바꿔 달면 소득주도성장의 실패가 가려지는가'(조선일보, 2018년 7월 24일, http://news.chosun.com/site/data/html_dir/2018/07/23/2018072302882. html?utm_source=naver&utm_medium=original&utm_campaign=news, 2018년 8월 5일 검색). 윤희숙 KDI 국제정책대학원 교수는 미국 컬럼비아대에서 재정복지정책을 전공해

'느슨한 또는 열린 수사(修辭)'를 경제 철학으로 내세울 경우 구체적인 정책을 어떻게 설계하느냐에 따라 경제 철학의 성패(成敗)가 엇갈린다. 아무리 좋은 말이라고 하더라도 그 말을 현실에서 실행할 수 있는 정책을 개발하는 데 실패한다면, 결국 그 경제 철학도 실패할 수밖에 없기 때문이다.

문재인 정부가 집권 초기에 내놓은 소득주도성장이 '선거 전략'으로는 꽤 그럴 듯 해보였지만, 실제 정책으로 추진되는 과정에서 일자리와 소득 분배를 악화시킨 역설적(逆說的) 결과를 불러온 게 대표적인 사례다.[23]

김동연과 2018년 예산

2017년 5월 문재인 정부 출범 이후 정권의 의도대로 경제를 이끌어나가는 데 가장 큰 걱정거리는 여소야대(與小野大·여당이 작고 야당이 크다는 뜻)인 국회 상황이었다. 첫 번째 과제는 새해 예산안의 국회 통과였다. 세상의 다른 모든 이치와 마찬가지로 돈 없는 정책은 실효성이 없기 때문이다.

미국의 워터게이트 사건을 파헤친 워싱턴포스트지(紙)의 기자 밥 우드워드와 칼 번스타인에게 워터게이트 스캔들이 닉슨 대통령과 직접적으로 연관된 사건이라는 사실을 알려준 익명의 정보원 '딥 스로트 (Deep Throat·직역하면 '깊은 목구멍'이라는 뜻)'가 일러준 "돈을 좇아라!"라는

경제학 박사 학위를 받았으며, 한국개발연구원(KDI) 선임연구위원, 국민경제자문회의 자문위원 등을 역임했다. 윤 교수는 최근 조선일보에 칼럼을 게재하고 있는데, 보수적인 색채로 경제 칼럼을 쓰는 인사 중에서 '떠오르는 스타'라는 평가를 받고 있다.

23   문재인 정부가 출범 초기에 대표적인 경제 철학으로 내세운 '소득주도성장'의 개념과 소득주도성장이 일자리와 소득 분배를 오히려 악화시킨 과정에 대해서는 이 책 2장(장하성 문재인 정부 초대 청와대 정책실장)을 참조.

유명한 말처럼, 정부 정책도 돈 없이는 되는 일이 없다. 그런 측면에서 돈(예산)의 흐름을 좇는 것이 바로 정책의 흐름을 좇는 일이다.[24]

예산 국회, 정부·여당의 압승

2017년 연말에 진행된 2018년 예산안 심의는 여소야대(與小野大·여당이 작고 야당이 크다는 뜻)의 구도 속에서 정부·여당의 고전(苦戰)이 예상됐다. 국회 예산결산특별위원회(예결위) 구성을 봐도 제1야당 자유한국당에는 옛 경제기획원(EPB) 예산총괄과장 출신의 '예산 전문가' 김광림 의원과 '깡'이 좋은 변호사 김도읍 의원(한국당 예결위 간사) 등으로 구성된 팀이 여당인 더불어민주당 구성원들을 실력이나 배짱에서 모두 압도한다는 평이 지배적이었다.

'예산 당국(예산을 직접 맡아보는 기관)'인 기획재정부 예산실의 구성을 봐도, 예산실에서 사무관·과장 등으로 일한 경험이 많지 않아 실전 경험이 다소 부족하다는 평가를 받아온 구윤철 전 예산실장 등의 화력(火力)이 야당에 비해 다소 달린다는 평이 많았다. 구 전 실장은 예산 심의 과정에서 문재인 정부 청와대 초대 정무수석이었던 전병헌 씨의 전화를 받고 한국e스포츠협회 예산을 증액해줬다는 의혹이 불거져 검찰에서 진술을 해야 하는 상황에 몰리는 등 마음고생까지 해야 했다.[25]

---

24 워터게이트 사건은 1972년 6월 R. M. 닉슨 대통령의 재선을 위해 비밀공작반이 워싱턴 D.C.의 워터게이트빌딩에 있는 민주당 전국위원회 본부에 침입해 도청 장치를 설치하려다 체포된 정치적 사건을 말한다. 후일 '딥 스로트'는 당시 연방수사국(FBI)의 2인자였던 윌리엄 마크 펠트(William Mark Felt·1913~2008)였다는 사실이 밝혀졌다. 위키피디아(워터게이트 사건, https://ko.wikipedia.org/wiki/%EC%9B%8C%ED%84%B0%EA%B2%8C%EC%9D%B4%ED%8A%B8_%EC%82%AC%EA%B1%B4, 2017년 12월 16일 검색).

25 구윤철 전 기획재정부 예산실장(1급)은 1965년 대구 출신으로 대구 영신고와 서울대 경제학과를 나왔으며, 미국 위스콘신대에서 공공정책학 석사 학위를 받았다. 노무현 정부 때 대통령직인수위원회에 이어 청와대 행정관, 국정상황실장과 인사비서관(1급) 등을 역임하면서 4년 가까이 청와대에서 근무했다. 이런 이유 때문에 이명박·박근혜 정부에서 좌천성 인사로

이에 따라 예결위와 예산안등조정소위원회(조정소위), 여야 간사 등 극소수로 구성된 조정소위 내의 '소소(小小)위원회'까지는 한국당의 완력이 앞서는 것처럼 보였다.

그러나 예결위 차원에서 여야 협의가 지지부진하고, 2018년 예산 안이 법정 기한(12월 2일)을 넘기자 여·야 원내대표들이 담판을 벌이는 과정에서 한국당은 민주당에 '완패(完敗)'했다. 최저임금 인상분의 일부를 재정에서 지원하는 '일자리 안정자금', 공무원 수 증원 등 핵심 이슈에서 대부분 정부·여당 안이 크게 반영됐기 때문이다. 한국당이 2018년 예산 심의 과정에서 지리멸렬했다는 사실에 대해서는 이론(異論)의 여지가 없다.

고생하다가 박근혜 정부 말기 기재부 예산실에서 직급을 국장급으로 낮춰 사회예산심의관과 예산총괄심의관을 역임했다. 구 전 실장이 예산실장이 된 사연도 흥미롭다. 한때 그에 대해서 '노무현 정부 때 청와대에서 오래 근무했지만 전형적인 TK(대구·경북) 인사이기 때문에 문재인 정부 출범 이후 호남 인맥에 밀려 예산실의 꽃이라는 예산실장을 하지 못할 가능성이 있다'는 말도 나돌았다. 그러나 문재인 정부 출범 직후인 2017년 여름 추가 경정 예산 보고를 하기 위해 청와대에 들어갔다가, 문재인 대통령의 "아니 아직도 정부에 계셨어요?"라는 말한 마디에 그 자리에서 예산실장으로 확정됐다고 한다. 문 대통령의 말은 본인이 노무현 정부 청와대에 근무하고 있을 때 1급(국정상황실장, 인사비서관)을 한 사람이므로 벌써 장·차관을 하고 공직을 떠났을 것이라고 생각했는데, 직급이 오히려 낮아져 기재부 국장(예산총괄심의관)이 돼 보고를 하러 오자 놀라서 한 말이라고 한다.

구 전 실장은 '2019년도 예산안'(정부안)을 청와대에 보고하는 과정에서도 유명한 일화를 남겼다. 그가 예산실장 자격으로 2019년도 예산안을 보고하면서 "내년 예산으로 각종 시설에 머물고 있는 미혼모들의 처우를 대폭 개선하겠다. 미혼모들이 아기 때문에 일을 나가고 싶어도 나갈 수 없는 형편인데, 내년 예산에서는 그런 분들에 대한 지원을 전폭적으로 강화하겠다"고 말하자, 갑자기 보고를 받던 문 대통령과 청와대 참모들이 일제히 박수를 치기 시작했다고 한다. 세종 관가(官街)에서는 "문재인 정부 출범 이후 일자리 증가 폭 둔화와 저(低)소득층의 소득 감소 등 경제 지표가 좋지 않아서 경제 관료가 청와대에서 박수받는 일은 매우 드문데, 2019년 예산안 보고 과정에서 박수를 받은 것으로 볼 때 구 전 실장이 향후 개각 등에서 중용될 가능성이 크다"는 얘기가 나오기도 했다. 구 전 실장은 2018년 12월 14일 기획재정부 2차관으로 승진했다.

야당, 지역구 사회간접자본(SOC) 예산 챙겨

자유한국당이나 옛 국민의당은 문재인 정부의 핵심 사업에서 대폭 양보하는 대신 지역구 민원 예산(일명 '쪽지예산')을 크게 얻었다. 물론 이런 부분 때문에 2018년 예산안이 국회를 통과한 뒤 야당이 크게 비판받기도 했지만, 나름대로 '실리(實利)'를 챙긴 것이다.

실제로 문화일보가 국토교통부 소관 예산 중에서 100억 원 이상 증액된 26개 예산(지역 분류 곤란 3개 예산 제외)을 지역별로 분류해 시산(試算)한 결과, 옛 국민의당이 더불어민주당에 '협조'하는 대신 집중적으로 확보한 호남 지역 SOC 예산이 6건, 2822억 원이나 증액됐다. 그 뒤를 이어 한국당의 주요 지지 기반인 영남 지역 SOC 예산도 10건, 2134억 원 늘었다. 수도권도 8건, 1366억 원 늘어 상대적으로 '좋은 성적'을 거뒀고, 충청 지역의 경우 4건, 1031억 원의 SOC 예산을 챙겼다. 그러나 강원·제주 등은 100억 원 이상 증액된 국토부 소관 SOC 예산이 전혀 없는 것으로 나타났다.[26]

대통령의 피자 선물

문재인 대통령은 2017년 12월 6일 정부·여당의 뜻이 상당 부분 반영된 내년 예산안이 국회를 통과하자 '예산 당국'(예산을 직접 맡아보는 기관)인 기획재정부 직원들에게 통 크게 350판의 피자를 배달시켰다. 이날 오후에 배달된 피자는 정부세종청사 인근에 5개의 가맹점을 보유하고 있는 중견 업체 '피자마루'에서 만든 것이었다.

청와대는 출입 기자들에게 보낸 문자 메시지를 통해 피자마루를 선

---

26 조해동·박수진, 'SOC 예산 나눠먹기 리바이벌'(문화일보, 2017년 12월 6일).

택한 이유에 대해 "상생 협력을 통한 브랜드 운영과 현지화 전략으로 해외 진출을 준비 중이고, 사랑의 1만 판 피자 나눔, 가맹점과의 상생과 동행 약속을 실천 중인 피자업체"라고 밝혔다.

세간에서 '이니(문 대통령의 애칭) 피자'라고 명명된 피자마루 피자는 문 대통령이 기재부에 제공했다는 사실이 알려진 뒤 매출이 크게 늘기도 했다.

예산실·세제실 직원에게는 '10만 원 짜리 피자'

그러나 기획재정부 예산실·세제실 직원들에게 대통령이 하사한 피자는 '10만 원짜리 피자'로 일러지기도 했다. 왜냐하면 과거에는 새해 예산안이 통과되고 나면, 대통령 특수활동비(정보 및 사건수사, 이에 준하는 국정 활동을 수행하는 데 있어 직접적으로 소요되는 경비)로 예산실·세제실 직원들에게 새 돈 10만 원을 넣은 봉투를 하사(下賜)하는 관례가 있었는데, 2017년에는 이런 관례가 없어지고 대신 피자가 배달됐기 때문이다.

청와대는 피자 구입비의 출처도 '업무추진비'라고 분명하게 밝혔다. 박근혜 정부에서 많은 문제를 일으킨 청와대 특수활동비가 아니라 업무추진비로 피자를 구입했다는 뜻이다. 박근혜 정부에서 청와대 특수활동비가 잘못 사용된 사례가 드러나면서 문재인 정부 출범 이후 기재부 예산실 출신인 이정도 총무비서관이 솔선수범하는 차원에서 청와대 특수활동비를 크게 줄였고, 대통령 하사금도 자연스럽게 사라졌다.

기재부 예산실·세제실 직원들이 대통령 하사금을 받지 못한 사실에 대해 대외적으로 불만을 토로한 적은 없다. 다만, 해마다 예산철이 되면 한 달 이상 집을 비우는 예산실·세제실 직원들이 새해 예산안이 국회를 통과한 뒤 귀가하면서 "아빠(또는 엄마)가 고생했다고 대통령께서 주신 돈이야"라면서 자녀들에게 건네던 돈이었기 때문에, 돈의 많고 적음을 떠나서 아쉬워하는 직원도 더러 있었다.

기재부 예산실·세제실 직원 중 일부는 "그게(대통령 하사금이) 오랫동안 집을 비운 엄마(또는 아빠)가 배우자나 자녀에게 줄 수 있는 작은 위안이기는 했다"고 말했다.

그렇게 사연 많은 2018년 예산안이 국회를 통과하면서 김 전 부총리는 초기의 위태로운 사태를 수습하고, 문재인 정부의 경제 정책이 본격적으로 반영된 '2018년 경제정책방향'을 발표하면서 새로운 마음으로 새해를 맞는데 성공했다.

'2차 경제 컨트롤타워 논란' 점화되다

2017년 숱한 '김동연 패싱(건너뛰기)' 논란을 겪은 뒤 경제부총리로서 김동연 전 부총리의 '위상'은 안정되는 것처럼 보였다. 그러나 2018년 5월 말 문재인 대통령 주재로 열린 '가계소득동향 점검회의'와 '국가재정전략회의'를 계기로 '2차 경제 컨트롤타워(사령탑) 논란'이 벌어졌다.

2018년 5월 29일 문 대통령 주재로 청와대에서 열린 가계소득동향 점검회의는 우리나라에서 이런 명칭으로 열린 최초의 회의였다. 이 회의가 대통령 주재로 열리게 된 이유는 통계청이 발표한 '2018년 1분기 가계동향조사(소득 부문)'에서 충격적인 결과가 나왔기 때문이다.

통계청 조사 결과, 문재인 정부 출범 이후 일자리 확대와 저(低)소득층의 소득을 늘리기 위해 온갖 노력을 기울였음에도 불구하고, 저소득층의 소득이 늘기는커녕 사상 최대의 감소율을 기록하면서 줄었고, 소득 격차는 사상 최대 수준으로 벌어졌다.[27]

---

27 통계청의 '2018년 1분기 가계동향조사'(소득 부문)을 둘러싼 일련의 해프닝은 이 책

문 대통령 주재로 열린 가계소득동향 점검회의가 끝난 뒤 김의겸 청와대 대변인은 서면 브리핑을 통해 "앞으로 장하성 (청와대, 인용자) 정책실장이 주도해 관련 부처 장관들과 함께 경제 전반에 대해 자유롭게 토론하고 문제의식을 공유하는 회의를 계속 개최해 나가기로 했다"고 밝혔다.

"청와대 정책실장이 주도하는 회의에 부총리가 참석한다는 건가?"

김의겸 청와대 대변인의 말을 전해 들은 기획재정부 출입 기자들은 귀를 의심했다. 경제 부처에서는 "그럼 장관급인 청와대 정책실장이 주재하는 회의에 부총리인 김동연 부총리 겸 기재부 장관이 참가자 중 한 명으로 참석한다는 말인가?"라는 질문이 나왔다. 한 마디로 정부 조직의 근간(根幹)을 무시한 코미디 같은 얘기였다.[28]

2장(장하성 문재인 정부 초대 청와대 정책실장)을 참조.

28   우리나라 정부조직법(2018년 6월 8일 일부 개정) 제14조(대통령비서실)에는 "대통령의 직무를 보좌하기 위해 대통령 비서실을 둔다"(1항), "대통령비서실에 실장을 두되, 실장은 정무직으로 한다"(2항)라고 규정돼 있다. 같은 법 제15조(국가안보실)에는 "국가안보에 관한 대통령의 직무를 보좌하기 위하여 국가안보실을 둔다"(1항), "국가안보실에 실장 1명을 두되, 실장은 정무직으로 한다"(2항)라고 규정돼 있다. 따라서 대통령 비서실장과 국가안보실장은 모두 정부조직법에 근거를 둔 직책이다. 그러나 대통령 정책실장에 대한 규정은 정부조직법에는 없고, 대통령비서실 직제(대통령령 제28539호, 2017년 12월 29일 시행)에 근거를 두고 있다. 대통령 비서실 직제 제3조의2(정책실)에는 "대통령의 국가정책(통일외교안보에 관한 사항은 제외한다)에 관한 사항을 보좌하게 하기 위해 대통령 비서실에 정책실을 둔다"(1항), "정책실에 실장 1명을 두되, 실장은 정무직으로 한다"(2항)라고 규정돼 있다(본조 신설, 2017년 5월 11일). 따라서 대통령 정책실장은 비서실 내에 소속돼 있기 때문에 서열상으로 '비서실장 아래'라고 봐야 한다. 대통령 비서실장과 정책실장의 직급은 '대통령비서실 직제'에 '별표'로 붙어있는 '대통령비서실 공무원 정원표'에 따라 규정돼 있는데, '대통령비서실장(장관급)', '정책실장(장관급)'으로 명시돼 있다. 국가안보실의 구성은 별도의 국가안보실 직제(대통령령 제26182호, 2015년 4월 3일 시행)에 명시돼 있고, 국가안보실장의 직급은 국가안보실 직제에 '별표'로 붙어 있는 '국가안보실 공무원 정원표'에 '국가안보실장(장관급)'으로 규정돼 있다. 따라서 대통령 비서실장, 국가안보실장, 정책실장의 정확한 직급은 장관이 아니라, 장관

김 대변인은 자신의 발언이 문제가 되자 당초 "앞으로 장하성 (청와대, 인용자) 정책실장이 주도해~"라는 말에서 '주도해'를 빼고, "장 실장과 관련 부처 장관들이 함께~"로 수정했다.

그러나 이 말도 웃기기는 마찬가지였다. 정식 장관도 아니고 '장관급'이었던 당시 장 실장과 경제부총리가 함께 회의를 한다면 "김동연 부총리 겸 기재부 장관이 관련 부처 장관 및 청와대 경제팀과 함께~"가 되는 게 상식적이기 때문이다. 청와대에 근무하는 사람들이 얼마나 '청와대 중심적인 사고'를 하는지, 또 내각에 있는 김 전 부총리를 얼마나 무시했는지가 부지불식간에 드러난 것이다.

3개의 경제 컨트롤타워

김의겸 청와대 대변인의 발언으로 논란이 벌어진 뒤, 장하성 전 실장과 김동연 전 부총리의 '관계'를 묻는 질문이 이어지자 청와대 관계자는 "청와대 참모들과 김 부총리 사이에는 문제가 전혀 없다"며 "역할 분담을 해서 김 부총리가 혁신성장을 책임지고 맡아서 추진하기로 했다"고 말했다. 요컨대 '소득주도성장'은 장 전 실장이 맡고, 김 전 부총리는 '혁신성장'을 책임지고 맡아서 추진하기로 했다는 얘기다.

이즈음 경제 부처에는 "우리나라에는 경제 컨트롤타워가 3개"라는 우스갯소리가 나돌았다. '소득주도성장 컨트롤타워'는 장 전 실장, '혁신성장 컨트롤타워'는 김 전 부총리, '공정경제(또는 경제민주화) 컨트롤타워'는 8개 경제 부처 차관들을 모아 한 달에 한번 '경제민주화 관계부처 회의'를 주재하는 김상조 공정거래위원장이라는 얘기였다.

급이다. 위에서 인용된 법령의 원문은 국가법령정보센터(http://www.law.go.kr/)에서 찾아볼 수 있다.(2018년 6월 15일 검색)

그런데 경제를 잘 모르는 청와대 참모들이 간과한 게 하나 있었다. 소득주도성장, 혁신성장, 공정경제는 나눠질 수 없이 모두 연결돼 있다는 사실이다. 생각해 보라. 비행기를 조종하는데 조종실(cockpit)이 3개 있고, 각자 조종을 하면 비행기가 정상적으로 날 수 있겠는가. 말도 안 되는 얘기를 한 것이다.

문재인 정부의 최애(最愛) 그룹은 LG?

문재인 정부가 등장한 뒤 재벌 그룹은 긴장감에 휩싸였다. 노무현 정부 출범 직후와 비슷한 상황이었다. 그러나 재벌 그룹 중에서도 형편에 따라 상황이 많이 달랐다.

문재인 정부가 가장 선호하는 재벌 그룹으로 LG를 꼽는 데는 이견(異見)이 없다. 문재인 대통령은 2018년 5월 17일 서울 강서구 마곡지구에 있는 'LG 사이언스 파크'를 두 번째 방문했다. '혁신성장보고대회' 참석을 위해서였다. 그해 4월 20일 'LG 사이언스 파크 개장식'에 참석해 "(미국의) 실리콘밸리가 안 부럽다"고 말한 지 한 달 만에 또 다시 그 곳을 찾은 것이다. 문재인 정부 출범 이후 대통령이 기업 행사장을 두 번 방문한 곳은 LG 사이언스 파크가 유일한 것으로 알려졌다. 대통령이 아직 한 번도 방문하지 않은 그룹도 숱했다.

김동연 전 부총리가 처음으로 찾은 재벌그룹도 LG였다. 김 전 부총리는 2017년 12월 12일 LG그룹을 방문해 구본준 LG그룹 부회장 등과 만났다.

진보 정부와 LG그룹은 특수 관계?

진보 정부의 LG그룹에 대한 '총애'는 이번이 처음이 아니다. 2003년 출범한 노무현 정부도 당시 LG필립스LCD(현 LG디스플레이)의 경기 파주 공장에 대한 파격적인 규제 완화 정책을 발표해 재계를 깜짝 놀라게 했다.

노무현 정부가 LG그룹을 총애한 데는 노 전 대통령의 아들인 건호 씨가 LG전자에 근무했던 것도 영향을 미쳤을 것이다. 그러나 그보다는 진보 정부가 여러 가지 측면에서 삼성그룹을 불편해 하는 것은 예나 지금이나 마찬가지고, 상대적으로 총수 일가의 경영 철학이 삼성그룹과는 상당히 다른 LG그룹에 대해 긍정적인 평가를 하고 있다는 분석이 나온다.

특히 문재인 대통령은 2018년 5월 20일 숙환으로 별세한 구본무 LG그룹 회장의 빈소가 마련된 서울 종로구 대학로 서울대병원 장례식장에 장하성 전 청와대 정책실장을 보내 애도의 뜻을 전했으며, 꽃바구니 형태의 조화를 보내기도 했다.

김동연, 현대자동차, SK그룹 등 방문

대통령의 심기를 살필 수밖에 없는 김동연 전 부총리가 삼성을 방문하기 전에 찾았던 다른 그룹은 현대자동차그룹(2018년 1월, 정의선 부회장), SK그룹(2018년 3월, 최태원 회장), 신세계그룹(2018년 6월, 정용진 부회장) 등이었다.

김 전 부총리는 현대차그룹을 방문한 뒤 2018년 6월 8일 열린 제1차 혁신성장관계장관회의에서 '전기·수소차 보급 확산 방안'을 내놓기도 했다.

SK그룹은 "오래 전부터 사회적 기업 확산을 위해 노력해 온 점이 문재인 정부와 코드가 맞는다"는 얘기가 나온다. 김 전 부총리는 2018년 3월 SK그룹을 방문한 자리에서 SK그룹이 후원하는 사회적 기업에서 만든 '모어댄' 가방을 구매하기도 했다.

모어댄은 자동차 시트를 만들고 남은 가죽이나 폐자동차의 가죽 시트를 업사이클링(Upcycling·재활용품에 디자인 또는 활용도를 더해 가치가 높은 제품으로 재탄생시키는 것)해 가방 등을 만드는 업체다.

문 대통령과 이재용 부회장의 만남

문재인 정부 출범 이후 정부와 삼성그룹과의 관계는 냉랭하기 그지없었다. 삼성그룹 총수인 이재용 삼성전자 부회장은 '박근혜·최순실 국정농단 사건'의 공범으로 기소돼 1심에서 징역 5년을 선고받았지만, 2심에서 징역 2년 6개월에 집행유예 4년을 선고받아 구속 353일 만에 풀려났다. 2018년 7월 기준으로 이 부회장은 대법원 판결을 기다리고 있었다.

이런 상황에서 문재인 대통령은 2018년 7월 9일 인도 뉴델리 인근 노이다 공단에서 열린 삼성전자 신공장 준공식장에서 이 부회장을 만났다. 문 정부 출범 이후 두 사람의 첫 만남이었다. 이 부회장은 준공식장에 도착한 문 대통령이 차에서 내리자 앞으로 다가가 '90도 인사'를 시작으로 5초 남짓한 시간동안 4차례나 연거푸 인사를 하며 영접했고, 악수도 이어졌다.[29]

---

29 이재용 삼성전자 부회장이 문재인 대통령과 만나 90도로 허리를 숙이며 인사를 하는 모습은 인터넷에서 큰 화제가 됐다. 일부 네티즌들은 '폴더 인사'라는 용어를 쓰기도 했다. 정유미, '이재용, 문 대통령에 4차례 허리 숙여 인사…5분 별도 만남'(SBS뉴스, 2018년 7월 10일, http://news.sbs.co.kr/news/endPage.do?news_id=N1004841387&plink=ORI

이날 문 대통령은 나렌드라 모디 인도 총리의 제안에 따라 지하철을 타고 이동한 뒤 다시 차를 타고 삼성전자 신공장 준공식장에 도착했다. 문 대통령은 준공식장에서 휴식을 위해 대기실에서 쉬고 있다가, 대기실 밖에서 기다리고 있던 이 부회장을 불러 5분간 따로 만났다. 이 자리에서 문 대통령은 "삼성전자 노이다 신공장 준공을 축하한다"며 "한국에서도 더 많이 투자하고, 일자리를 더 많이 만들어 주기를 바란다"고 당부했다. 이 부회장은 "대통령께서 멀리까지 찾아주셔서 여기 직원들에게 큰 힘이 됐다"며 "감사하고, 더 열심히 노력하겠다"고 화답했다.[30]

문 대통령과 이 부회장의 만남은 문재인 정부가 악화한 고용 지표 등 경제 난국을 헤쳐 나가기 위해 삼성그룹과의 관계 정상화가 불가피하다는 판단을 내린 상징적인 신호로 해석됐다. 그러나 진보 진영에서는 "타당하지도, 적절치도 않은 '이상한 만남'"이라는 비판의 목소리가 터져 나왔다.[31]

&cooper=NAVER, 2018년 8월 4일 검색).

30 월간조선 뉴스룸, '인도에서 처음 만난 문재인 대통령과 이재용 삼성 부회장, 무슨 얘기 나눴나'(월간조선, 2018년 7월 10일, http://monthly.chosun.com/client/mdaily/daily_view.asp?idx=4513&Newsnumb=2018074513, 2018년 8월 4일 검색).

31 "전성인, 文-이재용, 타당치도 적절치도 않은 '이상한 만남'"(CBS 라디오 '시사자키 정관용입니다', 2018년 7월 18일, http://www.nocutnews.co.kr/news/5002733, 2018년 8월 4일 검색). 이날 대담에 참여한 전성인 홍익대 경제학과 교수는 우리나라의 대표적인 진보 학자 중 한 명이다. 2018년 7월 18일 '촛불혁명의 완수를 기원하는 지식인 일동' 이름으로 발표된 300명이 넘는 진보 지식인 공동 선언도 주도했다. 최현준, '진보 지식인 323명 문재인 정부, 사회경제 개혁 포기 우려'(한겨레신문, 2018년 7월 18일, http://www.hani.co.kr/arti/economy/economy_general/853753.html#csidx49a70e6fd1355669cb99fcf1799c0ae, 2018년 8월 4일 검색).

김동연, 삼성 방문 번번이 무산

김동연 전 부총리의 삼성그룹 방문 계획은 취임 직후부터 검토돼 왔다. 그러나 이재용 삼성전자 부회장의 재판이 이어지는 등 제반 여건이 성숙되지 않아 번번이 무산돼 왔다. 김 전 부총리의 삼성그룹 방문이 현실이 되기 위해서는 정부 내의 공감대가 형성돼야 할 뿐만 아니라, 삼성 측에서도 그럴 만한 여건이 됐다고 판단해야 가능한 일이었다.

외부에서 보기에 삼성그룹은 "문재인 대통령, 혹은 문재인 대통령과 매우 밀접한 관계에 있는 '직접적 대리인'과 관계 개선을 위한 확실한 '실타래'를 풀기 전에 경제부총리를 만나는 것은 시기상조"라는 시각을 갖고 있었던 것으로 보인다.

삼성 측은 이재용 삼성전자 부회장의 재판이 진행 중인 상황에서 정부와 삼성과의 관계를 경제 문제에 국한해서 풀어내기는 어렵다고 판단한 것으로 분석된다. 이런 여러 가지 이유 때문에 김 전 부총리 취임 이후 기획재정부와 삼성그룹 간에 '물밑 접촉'은 지속적으로 있었지만, 김 전 부총리와 이 부회장의 만남은 성사되지 않았다.

김 부총리의 삼성 방문 계획 발표

김동연 전 부총리가 삼성그룹 방문 계획을 공식적으로 처음 밝힌 것은 2018년 7월 26일 기획재정부 기자단과 만난 자리에서였다. 이날 김 전 부총리는 기재부가 그해 7월 30일 세제발전심의위원회(세발심) 전체회의 시간에 맞춰 엠바고(보도 유예)를 해제할 예정이었던 '2018년 세법 개정안'을 사전 브리핑하기로 돼 있었다.

그런데 기재부는 기자단에 "부총리가 전달할 메시지가 있는데, 세법 개정안 엠바고 시점(7월 30일)까지 늦출 수 없으니, 해당 부분만 엠바고에서 제외해 달라"고 요청해왔다. 그러나 기재부 기자단은 "공식 브리핑 장소에서 발언한 내용을 일부는 엠바고를 정하고, 일부는 엠바고에서 제외할 경우 큰 혼선이 빚어질 수 있다"며 "공식 브리핑 장소에 들어가기 전에 복도에서 현안 관련 발언을 하면, 그 부분은 엠바고에서 제외하겠다"고 수정 제의했다.

이에 따라 김 전 부총리는 이날 세법 개정안 사전 브리핑에 앞서 기재부 3층 브리핑룸 앞 복도에서 현안 관련 메시지를 발표했다. 그는 "오는 8월 초 삼성을 방문할 계획"이라고 밝혔다. 기자들이 '이재용 삼성전자 부회장을 만나느냐?'고 질문하자 "두고 보시죠"라며 시인도 부인도 하지 않았다.

김 전 부총리는 이날 "조만간 한 대기업에서 3조~4조 원 규모, 중기적으로 15조 원 규모의 투자 계획이 발표될 것으로 알고 있다"고 말했다. 김 전 부총리가 구체적인 기업 이름은 밝히지 않았지만, 김 전 부총리의 발언 직후 해당 기업이 SK하이닉스임이 밝혀졌다.

설비 투자가 고꾸라지고 있는 상황에서 김 전 부총리는 대기업의 투자 계획을 미리 언론에 알려 개인적인 위상도 높이고, 경제 주체들에게 긍정적인 메시지를 전달하고 싶었던 것으로 보인다.

일부 언론의 삼성 투자·고용 계획 보도

김동연 전 부총리가 단순히 '8월 초'라고 밝힌 삼성전자 평택 캠퍼스 방문 날짜가 8월 6일이라는 사실이 드러나면서 언론의 취재 경쟁이 불붙기 시작했다. 일부 언론은 "삼성전자가 일자리·투자 확대를 강조하는 정부 방침에 맞춰 채용 확대, 100조 원 규모의 중·장기 투자 계획과 함께 협력 업체와의 상생 경영, 인공지능(AI)·4차 산업혁명 관련

혁신 생태계 조성 등 '4대 패키지'를 내놓을 것으로 알려졌다"고 보도
했다.[32]

그러나 삼성이 김 전 부총리의 방문에 맞춰 대규모 투자·고용 계획
을 발표할 것이라는 보도가 잇따르자 "정부가 기업의 팔을 비틀어
투자와 고용을 강요한다"는 비판이 제기됐다. 조선일보의 한 칼럼은
"팔 비틀린 기업은 정부가 준비한 '투자 쇼' 무대에 매번 이런 식으로
동원돼온 게 한국의 엄연한 현실"이라며 "요즘 재계에서는 '경제부총
리가 일수 도장 받으러 오는 사람 같다'는 말까지 나돈다"고 썼다.[33]
언론이 사전에 취재해서 보도하고, 그 보도를 바탕으로 비판까지 나오
는 상황이었다.

기획재정부의 원죄(原罪)(1)

김동연 전 부총리는 삼성그룹과의 만남이 미뤄지는 사이 2017년
12월 LG그룹의 구본준 부회장, 2018년 1월 현대자동차그룹의 정의선
부회장, 3월 SK그룹의 최태원 회장, 6월 신세계그룹의 정용진 부회장
등과 만났다.

김 전 부총리가 2017년 12월 12일 처음으로 LG그룹을 방문했을
때는 기획재정부가 기업의 투자 계획 등을 발표하지 않았다. 당일
김 전 부총리와의 면담 이후 LG그룹에서 자체적으로 "내년(2018년)에

---

32 신은진·강동철, '100조 원 투자 등 4대 패키지 들고 이재용 부회장, 金 부총리 만날
    듯'(조선일보, 2018년 7월 31일). 그러나 삼성전자가 김 전 부총리 방문 이틀 뒤인 8월 8일
    실제로 발표한 '삼성전자 투자·고용·상생협력 계획'에는 향후 3년간 총 180조 원을 신규
    투자하고, 4만 명을 직접 채용하겠다는 내용이 담겼다. 이승관, '삼성, 3년간 180조 원 투자·
    4만명 채용…국내 투자만 130조(종합)'(연합뉴스, 2018년 8월 8일, http://www.yonhap
    news.co.kr/bulletin/2018/08/08/0200000000AKR20180808081151003.HTML?i
    nput=1195m, 2018년 8월 18일 검색).
33 이성훈, '투자 쇼에 동원된 기업'(데스크에서)(조선일보, 2018년 8월 2일).

19조 원을 투자하고, 1만 명을 고용하는 한편 협력사와 상생 협력을 위해 8500억 원 규모의 기금을 조성하겠다"고 밝혔을 뿐이다.

당시만 해도, 세종 관가(官街)에서는 "LG그룹이 김 부총리의 방문을 계기로 손님을 대접하는 차원에서 '성의'를 표시한 것"이라는 해석이 지배적이었다.

그러나 김 전 부총리가 2018년 1월 17일 현대자동차그룹을 방문한 뒤 기재부는 '현대자동차그룹과의 현장소통 간담회 주요 논의 내용'이라는 '사후 보도자료'를 통해 "현대차그룹은 로봇·인공지능(AI)을 포함한 5대 신산업 추진 계획을 발표하고, 향후 5년간 이들 분야에 약 23조 원을 투자하고, 4만 5000명 채용 목표를 세웠다"고 밝혔다. 정부와 기업의 '공동 보도자료' 형태를 취하기는 했지만, 정부 보도자료에 기업의 투자·고용 계획이 포함된 것이다.

이때부터 일이 꼬이기 시작했다. 기업이 투자하고, 고용하는 것은 해당 기업이 알아서 결정하고 발표해야 하는데, 정부의 공식 보도자료에 기업의 투자·고용 계획이 담기기 시작한 것이다. 기재부 실무진 입장에서는 경제부총리가 해당 기업을 방문한 시점에 최대한 성과가 있었다는 점을 강조하고 싶었겠지만, 정도(正道)를 벗어났다는 비판을 받을 일을 자초한 것이다.

기획재정부의 원죄(原罪)(2)

김동연 전 부총리가 대기업을 방문할 때마다 해당 기업의 투자·고용 계획이 발표되고, 정부 보도자료에 관련 내용이 포함되는 관행은 그 뒤에도 이어졌다.

2018년 3월 14일 SK그룹을 방문했을 때는 "SK그룹은 향후 3년간 80조 원 투자, 2만 8000명의 일자리 창출을 추진한다"는 내용이 포함됐다. 그해 6월 8일 신세계그룹을 방문했을 때는 "신세계그룹은 향후 3년간 오프라인 매장 확대, 디지털 혁신(스마트 카트, 인공지능 쇼핑) 도입에 6조 원, 신(新)사업 발굴에 1조 원 등 총 9조 원을 투자하고, 향후 3년간 투자계획에 따라 3만 명 이상을 신규 채용하고, 임금 하락 없는 근무시간 단축(주 35시간), 비정규직 정규화를 추진한다"는 내용이 담겼다.

김 전 부총리가 LG, 현대자동차, SK, 신세계그룹을 찾을 때마다 해당 기업이 대규모 투자·고용 계획을 발표하면서, 김 전 부총리의 방문을 앞두고 삼성그룹도 대규모 투자·고용 계획을 내놔야 한다는 압박감을 느꼈을 가능성이 있다.

그러나 박근혜 정부의 '최순실 국정농단 사건'에 연루돼 그룹의 사실상의 오너(소유자)인 이재용 삼성전자 부회장이 재판을 받고 있던 상황에서 삼성그룹은 이 같은 '보여주기식 발표'가 썩 달갑지는 않았던 것으로 보인다.[34]

작용(作用)과 반작용(反作用)(1)

김동연 전 부총리의 삼성 방문을 앞두고 언론에서 "삼성이 김 부총리의 방문에 맞춰 100조 원이 넘는 투자 계획과 일자리 확대 방안 등을 내놓을 것"이라는 보도가 쏟아지고, "경제부총리가 일수 도장 받으러 오는 사람 같다"는 칼럼까지 나오자 기획재정부의 처지는 매우

---

[34] 삼성 홍보담당 임원은 조선일보와 한겨레신문이 김 전 부총리가 기업을 방문할 때마다 투자와 고용 규모를 발표하는 것에 대한 비판적인 보도를 하기 전에 기획재정부 기자단 간사를 맡고 있던 필자에게 전화해 행사 당일 현장 취재 기자단 구성 문제 등을 협의하면서 "삼성은 김 부총리의 이번 방문에 맞춰 발표할 게 전혀 없다"고 강조했다. 당시 필자는 '삼성이 이번 김 부총리 방문에 맞춰 투자와 고용 규모를 발표하지 않으려고 하는구나'라는 인상을 받았다. 필자의 기억으로는 통화가 이뤄진 날은 김동연 전 부총리의 삼성전자 평택캠퍼스 방문 5일 전인 2018년 8월 1일이었다.

곤궁해졌다.[35]

2018년 8월 2일, 김 전 부총리의 삼성 방문 4일 전 기재부 공무원들은 이미 "삼성이 투자·고용 계획 발표를 할지, 안 할지 미정(未定)"이라며 한발 물러서는 모습이었다.

기재부에서는 "조선일보가 '경제부총리가 일수 도장 받으러 오는 사람 같다'는 심한 표현까지 쓴 칼럼을 게재한 배경에 삼성그룹이 있는 것 아니냐"는 소문까지 나돌고 있었다. '삼성이 보수 매체인 조선일보를 동원해 언론 플레이를 한 것 아니냐?'는 의심이었다. 물론 세종 관가(官街) 일각에서 제기된 이런 의문이 사실인지, 아닌지 확인된 적은 없다.

작용(作用)과 반작용(反作用)(2)

이런 상황에서 2018년 8월 3일 오전 11시 50분, 김동연 전 부총리의 삼성 방문을 불과 사흘 앞두고 더 심한 보도가 나왔다. 진보 매체인 한겨레신문은 '단독'이라며 "청와대가 김동연 경제부총리(부총리의 오기, 인용자) 겸 기획재정부 장관의 삼성 방문과 관련해, 정부가 재벌에 투자·고용을 구걸하는 듯한 모습을 보이는 것은 바람직하지 않다는 우려를 전달한 것으로 확인됐다"고 보도한 것이다.[36]

한겨레신문은 "청와대 관계자는 '정부 관계자가 삼성전자 공장을

---

35   신은진·강동철, '100조 원 투자 등 4대 패키지 들고 이재용 부회장, 숲 부총리 만날 듯'(조선일보, 2018년 7월 31일); 이성훈, '투자 쇼에 동원된 기업'(데스크에서)(조선일보, 2018년 8월 2일).

36   곽정수·최현준, '청와대, 김동연에 "삼성에 투자·고용 구걸 말라" 제동'(한겨레신문, 2018년 8월 3일 11:50, 수정 2018년 8월 3일 22:10, http://www.hani.co.kr/arti/economy/economy_general/856104.html#csidxbc9578a3aa2427fb65966e5ce9731c7, 2018년 8월 5일 검색).

방문하는 것 자체는 아무 문제가 없지만, 김 부총리가 방문하는 당일 삼성의 투자·고용 확대 계획을 발표하면 마치 정부가 재벌의 팔을 비틀거나 구걸하는 것처럼 국민이 오해할 수 있다'고 말했다"고 보도했다.

김 전 부총리는 보수 매체인 조선일보에 이어, 진보 매체인 한겨레신문으로부터도 "김 부총리 방문 당일 삼성이 투자·고용 확대 계획을 발표하면 마치 정부가 재벌의 팔을 비틀거나 구걸하는 것처럼 국민이 오해할 수 있다"는 취지의 지적을 받은 셈이다.

특히 한겨레신문은 진보 세력이 사실상 장악하고 있는 '청와대 관계자'를 기사에 끌고 들어왔고, '청와대, "김동연에 삼성에 투자·고용 구걸 말라" 제동'이라는 자극적인 제목을 달았다.

작용(作用)과 반작용(反作用)(3)

국어사전을 찾아보면 '구걸(求乞)'의 뜻은 '돈이나 곡식, 물건 따위를 거저 달라고 빎'이라고 나온다. '거지'를 찾아보면 '남에게 빌어먹고 사는 사람'이라고 돼 있다.[37]

한 나라의 경제부총리가 조선일보 칼럼에서는 '일수 도장 받으러 오는 사람', 한겨레신문 기사에서는 '구걸하는 사람', 다른 말로 하자면 '거지'라는 식으로 표현된 것이다.

김동연 전 부총리는 우리나라 경제 관료치고는 '관치(官治)'를 그렇게 좋아하는 편이 아니다. 옛날부터 관치는 금융 등을 다루는 옛 재무부(MOF·Ministry of Finance) 출신들에게 많이 나타나는 반면, 아이디어를 중시하는 옛 경제기획원(EPB·Economic Planning Board) 출신에게는

---

37 네이버 국어사전의 '구걸' 및 '거지'(https://ko.dict.naver.com/detail.nhn?docid=4067300, https://ko.dict.naver.com/detail.nhn?docid=1517600, 2018년 8월 5일 검색) 참조.

자주 나타나는 속성이 아니라는 게 정설(定說)이다.

　어려운 환경에서 상고와 야간 대학을 나와 은행을 다니며 주경야독해 행정고시에 합격, 경제부총리까지 오른 김 전 부총리로서는 견디기 힘든 상황이었을 것이다. 김 전 부총리는 한겨레신문 기사가 나온 2018년 8월 3일 밤 7시 39분 '한겨레 「청와대, "김동연에 삼성에 투자, 고용 구걸 말라" 제동」 기사 관련 부총리 입장'이라는 개인 입장문을 냈다.

　경제부총리가 인사 청문회 등에서 개인이나 가족 비리 의혹 등이 제기될 경우, 개인 입장문을 내는 경우는 아주 가끔 있었지만, 개인이나 가족 비리 의혹도 아닌 공무상의 일로 개인 입장문을 낸 것은 전례를 찾기 힘든 일이었다.

　김 전 부총리는 개인 입장문을 통해 "삼성전자 방문 계획과 관련해서 의도하지 않은 논란이 야기되는 것은 유감"이라고 밝혔다. 그는 "(한겨레, 인용자) 보도 내용 중 사실 관계나 정부 방침과 다른 점도 있지만, 특히 기사에서 인용된 일부 표현('구걸'로 추정, 인용자)은 적절치 않다고 생각한다"며 "국민들이 바라는 혁신성장과 일자리 창출에 전혀 도움이 되지 않는다"고 강조했다. 아래는 개인 입장문 전문이다.

한겨레 「청와대, "김동연에 삼성에 투자·고용 구걸 말라" 제동」 기사 관련 부총리 입장

삼성전자 방문 계획과 관련해서 의도하지 않은 논란이 야기되는 것은 유감이다. 보도 내용 중 사실관계나 정부 방침과 다른 점도 있지만, 특히 기사에서 인용된 일부 표현은 적절치 않다고 생각한다. 국민들이 바라는 혁신성장과 일자리 창출에 전혀 도움이 되지 않는다.

지금의 경제 상황 하에서 이런 논란에 에너지를 낭비할 여유가 없다. 우리 경제 운용 책임을 지고 있는 입장에서 혁신성장과 일자리 창출을 위해서 할 수 있는 최선을 다하는 데도 시간이 부족하다.

저를 포함한 경제부처 장관들이 우리경제 활성화를 위해 경제 주체들을 만나는데 그 대상을 가릴 일이 아니다. 부총리 취임 이후 현장을 40회 방문하는 등 시장과의 소통을 위해 지속적으로 노력해왔다. 주로 중소·벤처기업을 만났고, 이번 주(週)만 해도 어려움을 겪고 있는 소상공인과 자영업자들을 세 차례 만났다. 시장과 소통하고 경제 주체들의 목소리를 듣기 위해서다.

대기업은 4번 만났지만 투자나 고용 계획에 대해 간섭한 적이 없다. 정부는 과거와 같은 방식으로 대기업에 의지해 투자나 고용을 늘리려는 의도도, 계획도 전혀 없음을 분명히 밝힌다. 투자나 고용 계획에 대한 의사 결정은 기업이 자율적으로 판단해 결정하는 것이다. 정부는 모든 경제 주체가 신바람 나게 일하고, 우리 경제가 혁신을 통해 역동적으로 성장할 수 있도록 시장 여건과 생태계를 조성하는데 정책 역량을 집중하고 있다.

반면, 대기업의 바람직하지 않은 지배 구조나 불공정 거래는 투자나 고용과는 관계 없이 지속적으로 개선되도록 노력하겠다는 것이 정부의 분명한 입장이다.

이제는 이런저런 논란에서 벗어나 혁신성장과 우리 경제의 지속가능한 발전을 위해 모두가 합심하여 노력해야 할 때이다.[38]

싱겁게 끝난 김 전 부총리의 삼성 방문

김동연 전 부총리는 2018년 8월 6일 오전 10시 경기 평택시 고덕면 삼성전자 평택캠퍼스를 예정대로 방문했다. 모두의 예상대로 삼성의 투자·고용 계획 발표는 없었다. 김 전 부총리는 방문이 끝난 뒤 "이재용 삼성전자 부회장이 바이오산업 규제 완화를 요청했다"고 말했다. 그는 "(삼성전자가 요청한 바이오산업 규제 완화에 대해) 일부 규제는 전향적으로 해결을 약속하는 등 적극적으로 검토하겠다"고 밝혔다.

그는 "삼성이 일자리나 고용 등에 대해 진정성을 갖고 굉장히 구체적인 사업 계획을 준비하고 있는 것으로 안다"며 "(일자리나 고용에 대해)

---

38 기획재정부, '한겨레「청와대,"김동연에 삼성에 투자·고용 구걸 말라"제동」기사 관련 부총리 입장'(2018년 8월 3일). 이 글의 전재(轉載·한 군데에 이미 내었던 글을 다른 데로 옮겨 실음)를 허락해 준 김동연 전 부총리 겸 기획재정부 장관에게 감사드린다.

발표할 내용이나 시기에 대해서는 전적으로 삼성에 달려있다고 생각하고, 그리 멀지 않은 시간 내에 바깥에 이야기할 것이란 기대는 해보는데 전적으로 삼성에 달린 일"이라고 강조했다.

김 전 부총리는 또 "제가 얼마 전 기획재정부 기자들과 질문을 주고받는 과정에서 SK하이닉스 언급을 한 적이 있다"며 "그때 회사 이름은 밝히지 않고, 조만간 한 회사가 이 정도 규모의 발표를 할 것 같은데, 라고 말씀드렸다"고 운을 뗐다.

그는 "그때 포인트는 그 기업이 투자하겠다는 의사 결정을 하기까지 관계 부처 간 규제 문제 때문에 해결해야 할 점이 있었는데, 부처 간 협의와 조율을 통해 그 문제가 잘 해결됐다는 것을 이야기하기 위해 얘기한 것"이라고 말했다. 기업 투자를 정부 측에서 먼저 발표한 데 대한 '일종의 변명'이었다.

온갖 사연을 남긴 김 전 부총리의 삼성전자 방문은 김 전 부총리와 이재용 부회장의 사진만 남긴 채, 삼성 측의 투자와 고용에 대한 발표도, 정부와 기업이 혁신성장을 위해 노력할 것이라는 메시지를 경제 주체들에게 전달하지도 못한 채 싱겁게 끝나고 말았다.

사실 재계에서는 김 전 부총리가 우리나라 재계 서열 1위인 삼성을 방문해 이재용 부회장을 만나는 것을 계기로 문재인 정부의 혁신성장과 규제 완화를 위한 '터닝 포인트(turning point·전환점)'가 마련될 것이라는 기대감이 있었다. 그러나 김 전 부총리에게 '일수 도장 받으러 오는 사람'(조선일보), '구걸이나 하는 사람'(한겨레신문)이라는 인상만 남긴 채 씁쓸하게 끝났다.

진보 정부 첫 경제부총리가 관료 출신인 이유

대한민국 정부 수립 이후 사실상 처음으로 수립된 진보 정부라고 할 수 있는 노무현·문재인 정부에서 첫 번째 경제부총리가 관료 출신이 아닌 경우는 없었다.[39] 진보 정부가 경제부총리로 특별히 관료 출신을 원했기 때문은 아니었다. 오히려 진보 정부가 들어서면 개혁파들은 관료 출신, 특히 '모피아(Mofia)'로 알려진 경제기획원·재무부 출신 관료를 '기득권 세력'으로 보면서 끊임없이 견제했다.[40]

그러나 진보 정부에서도 관료 출신을 경제부총리에 앉힐 수밖에 없었던 이유는 우리나라에서 경제 정책을 입안하고, 추진할 수 있는 사실상 유일한 집단이 관료라는 인식이 있었기 때문이다. 문재인 정부가 출범한 직후에도 기획재정부를 제외한 다른 모든 부처 장관에 시민단체나 교수 출신을 앉혔지만, 부총리 겸 기재부 장관(경제부총리)만은 관료 출신인 김동연 전 부총리를 임명했다. 진보 정부가 경제부총리를 관료 출신 중에서 고르기는 했지만, 관료 출신 중에서는 가장 '코드'가 맞는 인물을 찾으려고 노력한 것도 사실이다.

---

39 진보 정부에 김대중 정부를 포함시켜도 결과는 마찬가지다. 김대중 정부 출범(1998년 2월) 이후 초대 재정경제부 장관은 관료 출신인 이규성 장관(재임기간 1998년 3월~1999년 5월)이었다. 이 장관은 고등고시 행정과 12회 출신이다.

40 '모피아(Mofia)'라는 말의 출발점은 '옛 재무부(MOF·Ministry of Finance)'와 갱조직 '마피아(Mafia)'의 합성어였다. 흔히 옛 재무부 사람들의 '끈끈한 패거리 문화'를 나타내는 속어(俗語)로 쓰였다. 그런데 옛 재무부가 없어진 뒤 지금은 옛 재무부 업무를 기획재정부(MOEF·Ministry of Economy & Finance, 국제금융·세제 등 담당)와 금융위원회(국내 금융 담당)가 나눠서 맡고 있다. 이에 따라 현재 모피아라는 말은 옛 경제기획원과 재무부 출신, 혹은 옛 경제기획원과 재무부의 명맥을 잇는 인사들을 광범위하게 지칭하는 말로 사용되고 있다.

관료 출신 경제부총리의 궤적(軌跡)

진보 정부, 특히 진보 정부의 첫 번째 관료 출신 경제부총리는 업무 뿐만 아니라 업무 외적으로도 엄청난 부담을 가질 수밖에 없다. 국민 이 선택한 진보 정부의 대통령이 기존 관료 집단의 정책과는 상당히 다른 공약을 내걸고 당선되는 경우가 많기 때문이다. 대부분의 경우 진보 정부의 관료 출신 경제부총리는 대통령과 과거에 사적인 인연이 없다.

이에 따라 진보 정부가 출범하고 3~6개월쯤 지나면 청와대를 중심 으로 대통령 주변에 포진하고 있는 개혁파와 경제부총리가 갈등(경제 부총리의 1차 위기)을 빚게 된다. 그러나 정권 출범 직후이기 때문에 경제 부총리를 갑자기 경질하는 것은 대통령에게도 부담이 매우 크다. 다시 인사 청문회 등 복잡한 절차를 거쳐 새로운 사람을 임명한다고 하더 라도, 경제 정책을 총괄하는 경제부총리가 오랜 기간 '공석(空席)'이 돼 국정의 차질이 불가피하기 때문이다. 따라서 대부분의 경우 첫 번째 갈등은 봉합(縫合)된다.

그 뒤 일정 기간(1차 안정화 시기)은 경제부총리와 청와대의 개혁파 참 모들이 적극적이지는 않더라도, 나름대로 손발을 맞춰 대통령 공약을 중심으로 정책을 추진하게 된다. 그러나 경제 현실(現實)을 현장에서 책임지는 경제부총리와 대선 과정에서부터 대통령 주변에 머물며 공 약을 만들어온 청와대 경제팀과의 갈등은 숙명적으로 재발할 수밖에 없다. 취임 1년 정도의 시기가 되면 경제부총리에게 2차 위기가 찾아 온다. 여기서 대통령이 경제부총리를 경질하면, 이 시점에서 경제부총 리는 바뀌게 된다.[41]

---

41 노무현 정부 초대 경제부총리였던 관료 출신 김진표 전 부총리의 재임 기간은 2003년 2월부터 2004년 2월까지 딱 1년이었다. 김 전 부총리는 그 뒤 고향인 경기 수원에서 출마해

경제부총리가 2차 위기를 극복할 경우 1년 이상 재직하게 된다. 그러나 1년이 지난 시점에는 정권의 필요에 따라 언제든지 바뀔 가능성이 있다. 과기의 경우를 보면, 사전 예고 없이 개각 직전에 청와대에서 교체 가능성이 흘러나오면서 갑자기 낙마(落馬·'말에서 떨어진다'는 뜻에서 '선거에서 떨어지거나 관직에서 물러난다'는 의미로도 쓰임)하는 경우가 많았다.[42]

물론 우리나라에서 진보 정부가 들어선 사례가 많지 않고, 대통령과 경제부총리의 퍼스낼리티(personality·성격)에 따라 크게 영향을 받기 때문에 일반화할 수는 없다. 단지, 일종의 경향(傾向) 정도로만 참고할 수 있을 것이다. 뒤에 나오는 그래프는 진보 정부 관료 출신 경제부총리의 궤적을 단순화해서 만들어본 것이다.[43]

17대 국회의원(열린우리당, 경기 수원시 영통구)에 당선됐으며, 2005년 1월~2006년 7월까지 제6대 부총리 겸 교육인적자원부 장관(교육부총리)을 지냈다. 김 전 부총리의 후임 역시 관료 출신인 이헌재 전 부총리(재임 기간 2004년 2월~2005년 3월)였다. 노무현 정부에서 청와대 등에 포진한 '386(30대, 80년대 학번, 1960년대에 출생한 운동권 출신 인사들을 지칭하던 말)'들과 숱한 논쟁을 벌인 이헌재 전 부총리에 대해서는 이 책 8장을 참조.

42 진보 정부의 관료 출신 경제부총리가 경질된다고 하더라도, 그 뒤 아무런 직책을 맡지 않는 경우는 드물다. "관료 출신 경제부총리가 완전히 팽(烹)당했다"는 소문이 나면 공직 사회가 흔들릴 가능성도 있고, 다른 관료 출신 인사들이 정부에 입각하려고 하지 않을 수도 있기 때문이다. 대개의 경우, 경제부총리에서 물러난 뒤에도 일정한 직책을 맡는데, 그게 실질적인 권한이 있는 자리인 경우도 있지만, 명예직에 가까운 자리인 경우도 있다. 노무현 정부 초대 경제부총리였던 김진표 부총리처럼 정계(政界)로 진출한 사례도 있다.

43 진보 정부에서 관료 출신이 아니라 대통령과 '코드'가 맞는 시민단체나 학자 출신이 경제부총리에 임명될 경우, 청와대나 여당과의 관계는 훨씬 부드러울 것이다. 그러나 경제부총리는 사실상 우리나라 모든 부처의 정책을 꿰뚫고 있어야 하고, 경제 주체들의 움직임을 간파하면서 정책을 수립하고 집행할 수 있는 자질이 필요하기 때문에 아직까지 진보 정부에서도 관료 출신이 아닌 사람이 경제부총리를 맡은 적은 없다. 노무현 정부의 경제부총리 4명(김진표 부총리, 이헌재 부총리, 한덕수 부총리, 권오규 부총리)이 모두 관료 출신이었고, 문재인 정부의 초대 경제부총리도 관료 출신 김동연 전 부총리였다. 김 전 부총리 후임자로 청와대가 선택한 사람도 관료 출신인 홍남기 문재인 정부 초대 국무조정실장(장관급, 행정고시 29회)이었다. 그러나 역사를 거슬러 올라가면, 비(非)관료 출신이 경제 수장(首長)을 맡은 사례가 전혀 없었던 것은 아니다. 학자(서울대 교수) 출신으로 김영삼 정부에서 제3대 부총리 겸 재정경제원 장관을 역임한 한승수 부총리(재임 기간 1996년 8월~1997년 3월)와 조순 부총리 겸 경제기획원 장관(재임 기간 1988년 12월~1990년 3월) 등이 있었다. 아주 오래 전으로 거슬러 올라가면 군인 출신인 송요찬 경제기획원 장관(제2대, 재임 기간 1962년 3월~1962년 6월)도 있었지만, 근래에는 관료 출신이 아닌 사람이 경제부총리를 맡은 적이 없다.

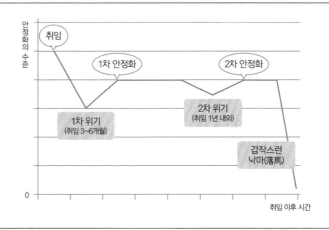

〈진보 정부 경제부총리의 궤적(관료 출신의 경우)〉

안정화의 수준

취임

1차 안정화

2차 안정화

1차 위기
(취임 3~6개월)

2차 위기
(취임 1년 내외)

갑작스런
낙마(落馬)

0

취임 이후 시간

경제부총리 교체의 시기 문제

청와대는 2018년 11월 9일 김동연 전 부총리와 장하성 전 청와대 정책실장을 동시에 교체하겠다고 발표했다. 이 같은 청와대의 발표는 세종 관가(官街)의 예측을 완전히 벗어난 것이었다.

2018년 7~8월부터 세종 관가에서는 연말쯤 경제팀 교체를 기정사실로 하고 후임자 하마평(下馬評·관리의 이동과 임명 등에 관한 세간의 풍설)이 무성했다. 당시 세종 관가에서는 "김 부총리는 2019년도 예산안이 국회를 통과한 직후인 2018년 12월이나 2019년 1월쯤 교체 발표가 날 것"이라는 관측이 지배적이었다.

세종 관가의 전망은 다음 2가지 팩트(fact·사실)에 기반을 두고 있었다. 첫째, 예산안 법정 기한이 12월 2일이고, 둘째, 우리나라 경제총괄 부처의 명칭이 기획재정부로 바뀐 2008년 2월 이후 '예산 당국(예산을 직접 맡아보는 기관)'의 수장인 경제부총리를 국회 심의 중에 교체한 사례가 한 번도 없었다는 것이었다.

이런 이유 때문에 국회 예산 심의가 본격적으로 시작된 상태에서 나온 청와대의 경제부총리 경질(更迭·어떤 직위에 있는 사람을 다른 사람으로 바꿈) 발표는 많은 사람을 놀라게 했다.[44]

"전쟁터에 나간 장수의 등 뒤에 칼을 꽂는 격"

2018년 11월 초 청와대와 더불어민주당 등 여권(與圈·현재 정권을 잡고 있는 세력)이 김동연 전 부총리 경질 발표가 임박했다는 정보를 계속 흘리면서 하루가 멀다 하고 언론에서 관련 기사가 나왔다. 세종 관가(官街)에서는 "전쟁터에 나간 장수의 등 뒤에 칼을 꽂는 것과 같다!"는 격앙된 반응이 나왔다.[45]

그해 11월 5일부터 국회 예산결산특별위원회, 기획재정위원회 등 상임위원회가 일제히 열리면서 내년 예산안 심의가 본격적으로 시작됐지만, '정부 측 대표 선수'로 예산안 심의에 참가하고 있는 김 전 부총리는 교체론이 불거져 나오면서 협상력을 완전히 상실했다.

특히 '예산 당국(예산을 직접 맡아보는 기관)'인 기획재정부의 경우, 김 전 부총리뿐만 아니라 1·2차관, 차관보급(1급) 등에 대한 연쇄 인사설까지 터져 나오고 있었다. 공무원 조직이든, 민간 조직이든 인사설이 불거지면 일이 손에 잡히지 않는 것은 똑같다. 다들 '어느 쪽에 줄을 서야 하나'만 살피기 때문이다.

세종 관가에서는 "내년 예산안 심의를 앞두고 예산 당국의 수장(首長)

---

44 조해동, '두 번째 경제부총리의 어려움'(뉴스와 시각)(문화일보, 2018년 11월 5일).
45 조해동, '장관 교체설, 차관 이동설 예산심의 戰意 잃은 기재부'(문화일보, 2018년 11월 5일).

인 김 부총리의 힘을 빼면 그게 모두 문재인 정부와 대통령의 부담으로 돌아가는데, 이런 시점에 청와대와 민주당 등 여권에서 김 부총리 교체론을 흘리는 것은 도끼로 제 발등 찍는 것"이라는 말도 나왔다.

이헌재 전 부총리의 사례(事例)

세종 관가(官街)의 반응은 "김동연 부총리를 교체해서는 안 된다"는 게 아니었다. 세종 관가에서는 이미 2018년 7~8월부터 "2018년 연말이면 김 부총리 등 경제팀이 바뀔 것"이라는 전망이 지배적이었다. 다만, 김 전 부총리를 교체할 것이면 '예산 시즌'이 시작되기 전에 단행하든지, 아니면 예산 시즌이 끝난 뒤에 하는 게 상식적인데 청와대가 현명하지 못한 판단을 하고 있다는 것이었다.

당시 세종 관가에서는 노무현 정부 시절 이헌재 전 부총리 겸 재정경제부 장관이 물러나는 과정이 회자(膾炙·회와 구운 고기라는 뜻으로 널리 사람의 입에 자주 오르내림)되고 있었다.

이 전 부총리는 재임 기간 노무현 정부 청와대 등에 포진해 있던 '386(30대, 80년대 학번, 1960년대에 출생한 운동권 출신 인사들을 지칭하던 말)'들과 격렬하게 다퉜다. 그런 상황에서도, 이 전 부총리는 새해 예산안이 통과한 2004년 12월 31일 김광림 당시 재정경제부 차관(현 자유한국당 의원)을 통해 청와대에 사표를 제출했다. 정권 내에서 아무리 불화가 커도 새해 예산안은 통과된 뒤에 사표를 내든지, 교체를 하든지 하는 것이 인간에 대한 예의(禮儀)이고, 국가와 경제를 위하는 것이라는 믿음이 있었기 때문이다.

"경제위기 아닌 정치적 의사 결정의 위기"

김동연 전 부총리는 교체 발표 직전인 2018년 11월 7일 국회 예산 결산특별위원회에 출석해 "경제가 지금 위기라는 말에 동의하지 않지만, 어떻게 보면 경제에 관한 정치적 의사결정의 위기인지도 모른다"고 말했다.

많은 언론은 김 전 부총리의 이 발언을 평소 이견(異見)을 보여 온 장하성 전 청와대 정책실장에 대한 비판을 넘어 문재인 대통령을 포함한 정권 최고위층의 경제 정책 결정 과정을 정면으로 비판한 것이라고 해석했다.

보수 매체인 조선일보는 "청와대 관계자는 '김 부총리의 의도가 무엇인지 잘 모르겠지만 김 부총리 거취가 행정의 영역에서 자꾸 정치의 영역으로 넘어가는 것은 바람직하지 않다'고 말했다"고 보도했다. 조선일보는 또 "민주당 관계자는 '김 부총리가 경제가 아닌 정치를 생각하는 것은 아닌지 의구심이 든다'고 했다"고 전했다.[46]

김동연의 해명

김동연 전 부총리의 '정치적 의사 결정의 위기'라는 발언의 파장이 커지자, 2018년 11월 8일 기획재정부는 '보도참고 자료'를 통해 김 전 부총리의 말을 다음과 같이 해명하고 나섰다.

> □ 부총리의 발언은 현 경제상황에서 **경제구조개혁·규제개혁 입법 등 정치적 의사결정 과정**에서 **여·야를 뛰어넘는 협치가 무엇보다도 중요**하다는 취지의 발언이었습니다.

---

46   정우상, '김동연, "경제위기 아닌 정치적 의사 결정의 위기"'(조선일보, 2018년 11월 8일).

□ 이와 관련, 부총리는 2018.11.8.(목) 제6차 예산결산특별위원회에서 0시 15분경 윤후덕 의원의 질의에 다음과 같은 취지의 답변을 하였습니다.

- 현재 한국경제는 금융 위기·외환 위기·재정위기 등의 **'경제위기' 상황은 아니고**, 경제에서는 심리가 중요하기 때문에 **정책 당국자가 '위기'라는 말을 표현을 하는 것에 대해서는 조심할 필요**

- 개인적으로는 경제가 위기가 아니라 **경제에 관한 정치적 의사 결정의 위기**라는 생각
  - 예를 들어 **규제개혁입법, 경제구조개혁입법** 등이 경제 분야에서 **정치적 의사결정을 필요로 하는 주요 내용**들임
  - 경제에 여야가 따로 없으며 이런 의사결정에서 머리를 맞대고 책임 있는 결단이 필요

- **여야정 협의체**도 이제 가동된 만큼, 외람되지만 **경제에 있어 여야 간 연정 수준의 협력이 필요**하다고 생각함. 주요 사안에 대해 **여야 간 서로 협의**하고 필요하다면 **치열한 토론을 거쳐 우리 경제의 갈 길을 잡았으면 좋겠음**

[기획재정부 보도참고 자료, '2018.11.8.(목) 조선일보, 경향신문 "김동연, 경제위기 아닌 정치적 의사결정의 위기" 제하 기사 관련', 2018년 11월 8일][47]

김 전 부총리는 2018년 11월 8일 하루 종일 똑같은 해명을 했지만, 정치권에서든 시장에서든 그의 해명을 별로 진지하게 받아들이는 것 같지는 않았다. 필자가 아는 한, 김 전 부총리는 본인의 말이 불러올 파장(波長·일이 미치는 영향)을 모른 채 입 밖으로 말을 뱉을 사람이 아니다. 그가 그 말을 사전에 준비했는지 여부는 알 수 없다. 그러나 필자는 평소 그가 말을 할 때 본인의 말이 어떻게 해석될지 충분히 알고도 남을 사람이라고 생각해왔다.

---

47 기획재정부 보도참고 자료, '2018.11.8.(목) 조선일보, 경향신문 "김동연, 경제위기 아닌 정치적 의사결정의 위기" 제하 기사 관련'(2018년 11월 8일, http://www.moef.go.kr/ nw/nes/detailNesDtaView.do?searchBbsId1=MOSFBBS_000000000029&searchNttId1=MOSF_000000000022527&menuNo=4010200, 2018년 11월 10일 검색).

"정계 진출을 생각해 본 적은 없다"(1)

김동연 전 부총리는 청와대에서 후임 경제부총리와 청와대 정책실장 발표가 난 2018년 11월 9일 김수현 신임 청와대 정책실장(전 청와대 사회수석)과 면담한 뒤 기자들을 만나 "정계 진출을 생각해 본 적은 없다"며 "남은 기간 끝까지 최선을 다하는 것이 공직자의 도리라고 생각한다"고 말했다.

그는 정치권의 '러브콜(원래는 백화점 등에서 단골 고객들을 상대로 하는 일종의 편법 세일을 일컫는 용어였으나, 우리나라에서는 특정 인물에게 자신의 집단에 합류할 것을 요청하는 행위를 뜻하는 말로도 널리 사용됨)'을 받아본 적이 있느냐는 질문에 대해서는 "그런 러브콜을 받아본 적도 없고, 정치를 생각해본 적도 없다"고 부인했다.

"정계 진출을 생각해 본 적은 없다"(2)

어떤 사람이 정치에 나설지, 나서지 않을지는 그 자신의 의사도 중요하지만, 시대정신(時代精神·한 시대의 사회 전체를 지배하는 정신)의 요구도 완전히 무시할 수는 없다.[48]

본인이 정치를 하지 않겠다고 밝혔음에도 불구하고, 시대의 요구가 있다는 이유로 정치를 시작한 사례도 허다하다.

김 전 부총리는 후임자에 대한 청와대 인사 발표가 난 2018년 11월 9일 부인과 함께 경기도 광주에 있는 큰아들의 묘소(墓所)를 방문했다

---

[48] 독일의 철학자 헤겔(Georg Wilhelm Friedrich Hegel, 1770~1831년)은 '시대정신(時代精神·Zeitgeist)'을 역사의 과정과 결부시켜 개개의 인간 정신을 넘어선 보편적 정신 세계가 역사 속에서 자기를 전개시켜 나가는 각 과정에서 취하는 형태로 봤다고 한다. 네이버 지식백과(시대정신, 두산백과)(https://terms.naver.com/entry.nhn?docId=1117909&cid=40942&categoryId=31500, 2018년 10월 26일 검색).

고 한다. 김 전 부총리 측근들은 "2013년 10월 급성 림프구성 백혈병으로 먼저 떠나보낸 큰아들이 공직자인 아버지를 자랑스럽게 생각했기 때문에 경제부총리 직을 내려놓는다는 사실을 알리기 위해 큰아들의 묘소를 찾은 것"이라고 전했다. 앞으로 만약 김 전 부총리가 정치를 하게 된다면, 그때도 아마 그는 경기도 광주에 있는 큰아들의 묘소에 그 사실을 고하러 가게 될 것이다.

장하성

문재인 정부 초대 청와대 정책실장

ⓒ문화일보

장하성 약력

출생 1953년, 광주광역시

〈학력〉

펜실베이니아대학교 대학원 경영학 박사
뉴욕주립대학교 대학원 경제학 석사
고려대학교 경영학 학사
경기고등학교

〈주요 경력〉

2017.05~2018.11	청와대 정책실장
2015.07~ 2016.06	제25대 한국금융학회 회장
2013.05	정책네트워크 내일 소장
2010~	고려대학교 경영대학원 교수
2008	한국재무학회 회장
2006.07~2008	국제지배구조네트워크 이사
2005~2010	고려대학교 경영대학원 원장
2005~2010	고려대학교 경영대학 학장
2002~2003	한국금융학회 부회장
1998	한국증권학회 이사 / 참여연대 경제민주화위원회 위원장
1997	금융개혁위원회 자문 위원
1996	미국 워싱턴대학교 경영대학 객원 교수
1990~	고려대학교 경영대학 교수
1986~1990	미국 휴스턴대학교 재무학과 교수

〈출처: 네이버·연합인포맥스 인물정보 등〉

문재인 정부 출범 직후 청와대에서 정책을 총괄하는 역할을 맡은 장하성 초대 정책실장(장관급)은 김상조 공정거래위원장과 함께 우리나라의 대표적인 '개혁 아이콘'으로 손꼽힌다. 그는 한국 사회에서 '경제 민주화'라는 개념 자체가 낯설었던 1996년 참여연대에 경제민주화위원회를 만들어 시민운동을 했다. 2006년에는 '장하성 펀드'라고 불리는 라자드 한국기업지배구조펀드(KCGF)를 만들어 소액 주주 운동을 펼치기도 했다.

김대중 15대 대통령 당선자의 국민의 정부 경제 개혁 정책 총괄 책임자와 안철수 18대 대통령 예비후보의 '진심캠프' 국민 정책본부장을 맡아 경제 정책을 설계한 경험도 있다. 장 전 실장이 김대중 당선자와 안철수 예비후보 주변에서 활동했다는 것은 그가 기본적으로 정치권에서 활동하는데 관심이 있는 사람이라는 뜻이다. 다른 말로 하자면, 그가 자신의 뜻을 펼치기 위해서는 어떤 식으로든 정치(政治)와 연결될 필요가 있다는 생각을 오래 전부터 갖고 있었다는 뜻이다. 실제로 장 전 실장은 자신의 저서에서 "(한국 사회에서) 변화를 만드는 궁극적인 방법은 정치"라고 결론 내리기도 했다.[49]

장 전 실장에 대해 평가하는 것은 아직 이르다. 문재인 정부가 출범한 지 만 2년이 채 되지 않았고, 장 전 실장이 주도적으로 추진한 정책의 공과(功過)를 판단하는 데도 시간이 필요하기 때문이다. 그러나 장 전 실장이 문재인 정부 초기, 대통령과 가까운 거리에 머물면서 정책을 조언하고, 정책 결정에 막강한 영향력을 행사했다는 사실에 대해서는 이견(異見)이 없다. 사실 그는 문재인 정부 초기 경제 정책의 성패(成敗)에 경제부총리(부총리 겸 기획재정부 장관)와 함께 가장 큰 책임을 지고 있는 사람이다. 따라서 그는 문재인 정부의 경제 정책 성적표에 대해 잘했으면 잘한 대로, 못했으면 못한 대로 책임을 질 운명을 피할 수 없다.

---

[49] 장하성, 『왜 분노해야 하는가-한국 자본주의Ⅱ 분배의 실패가 만든 한국의 불평등』(서울: 헤이북스, 2015), 414쪽.

명문가에서 태어난 수재(秀才)(1)

　장하성 전 청와대 정책실장은 독립운동가, 장관, 국회의원, 대학 교
수 등을 다수 배출한 호남의 명문 집안 출신이다. 정확한 얘기인지는
알 수 없지만, 언론 보도에 따르면 장 씨 집안의 역사는 장 전 실장의
증조할아버지인 장진섭 씨부터 시작됐다고 한다.[50]

　장진섭 씨는 구(舊)한말 전남 신안 장산도 일대에 염전을 일구며 논
밭을 많이 보유한 만석꾼 부호였다고 한다. 그의 아들, 즉 장진섭 씨의
후손 1세대는 독립운동에 투신한 사람이 많은 것으로 알려져 있다.
첫째 아들인 장병준 씨는 일본 니혼대 법과를 졸업했으며, 김구 선생
의 측근으로 대한민국 임시 정부 외교부장을 지냈다고 한다. 장 전
실장의 할아버지이자, 장진섭 씨의 둘째 아들인 장병상 씨는 보성전문
(고려대의 전신)을 거쳐 일본 메이지대를 졸업했다고 한다. 장병상 씨는
독립운동을 하다가 투옥돼 해방 이후 풀려난 것으로 알려져 있다.

　셋째 아들 장홍재 씨는 1929년 광주 학생 운동에 참여하는 등 독립
운동을 하다가 일제의 고문으로 어린 나이에 사망했다. 넷째 아들인
장홍염 씨는 휘문학교와 중국 베이징국민대학을 나온 뒤 만주에서 독
립군으로 활동했으며, 해방 이후에는 친일파의 민족반역 행위를 조사
하고 처벌하는 반민족행위특별조사위원회(반민특위) 검사와 제헌 국회
의원을 역임했다고 한다.[51]

---

[50]　문수빈, '(인물)공직자윤리위원회 위원장 장하진 집안, 3대에 걸친 천재 집안?' (2017년
7월 21일, 아시아경제, http://www.asiae.co.kr/news/view.htm?idxno=2017072113
350211556, 2018년 2월 15일 검색). 장하진 전 국회공직자윤리위원회 위원장(전 여성가족
부 장관)은 장 전 실장의 친누나다.

[51]　이런 이유로 장하진 전 국회 공직자윤리위원회 위원장은 장병준선생기념사업회 회장을
맡고, '장병준 평전'을 출간한 것으로 보인다. 반민족행위특별조사위원회(반민특위)는 1948년
부터 1949년까지 일제강점기 친일파의 반민족행위를 조사하고 처벌하기 위해 설치했던 특별
위원회다. 양병훈, '전남 서남해 지역서 독립운동 '장병준 평전' 나왔다' (한국경제, 2016년
4월 20일); 네이버 지식백과(반민족행위특별조사위원회)(한국민족문화대백과, https://terms.

명문가에서 태어난 수재(秀才)(2)

장진섭 씨의 후손 2세대에도 걸출한 인재가 많았다. 장병상 씨의 첫째 아들 장정식 씨는 전남대 의대 교수, 장 전 실장의 아버지이자 둘째 아들인 장충식 씨는 한국은행에 다니다 도의원을 지낸 것으로 알려졌다. 셋째 아들 장영식 씨는 장면 정부에서 경제비서관을 한 뒤 한국전력 사장과 미국 뉴욕주립대 교수를 지낸 것으로 전해졌다. 막내 아들인 장재식 씨는 국세청 차장, 주택은행장을 거쳐 14~16대 국회 의원을 역임했고, 김대중 정부에서 산업자원부 장관을 지냈다.

3세대로 분류되는 장 전 실장의 누나 장하진 씨는 문재인 정부 출범 이후 국회공직자윤리위원회 위원장으로 일했고, 노무현 정부에서 초대 여성가족부 장관을 지냈다. 장 전 실장의 동생인 장하경 씨는 광주대 사회복지학부 교수로 재직하고 있으며, 또 다른 동생인 장하원 씨는 하나금융경영연구소 소장 등을 지냈다.

장 전 실장의 사촌이자 장재식 전 산업자원부 장관의 두 아들인 장하준 씨와 장하석 씨는 영국 케임브리지대 교수로 재직하고 있다. 장하준 씨는 케임브리지대 경제학과 교수이며, 『사다리 걷어차기』 등의 저서로 '레온티에프상(賞)', '뮈르달상' 등을 수상한 세계적으로 유명한 개발경제학자다. 한국인으로는 드물게 과학 철학을 전공한 장하준 씨의 동생 장하석 씨도 온도에 대한 과학적 상식에 의문을 제기한 『온도계의 철학』을 저술해 과학철학의 노벨상으로 불리는 러 커토시상을 받았다.[52]

---

naver.com/entry.nhn?docId=556458&cid=46626&categoryId=46626, 2018년 10월 9일 검색).

52 필자는 그동안 주로 정부 부처를 담당해 왔기 때문에 대학(고려대)과 시민단체(참여연대 등) 활동을 주로 해 온 장하성 전 실장과 별다른 인연이 없지만, 그의 사촌인 장하준 교수와는 다소 인연이 있다. 필자는 2000년 영국 런던 출장길에 케임브리지대를 방문해 장하준 교수와

명문가에서 태어난 수재(秀才)(3)

장하성 전 실장의 네이버 인물정보를 검색하면 출생지가 광주로 나온다. 그의 누나인 장하진 전 여성가족부 장관이나 동생인 장하원 전 하나금융경영연구소 소장의 출생지도 광주인 것으로 봐서 형제 대부분이 광주에서 태어난 것으로 보인다.

장 전 실장의 누나인 장 전 장관의 경우 전남여고를 나온 뒤 대학을 입학할 때가 돼서야 서울로 올라와 이화여대를 다닌 것으로 알려졌다. 그러나 장 전 실장이 광주에서 고등학교를 나오지 않고 경기고로 진학한 것은 어린 시절 공부를 잘해 일찍부터 서울로 유학을 보낸 게 아닌가 짐작된다.

장 전 실장과 동생인 장하원 전 소장은 모두 고려대를 나왔다. 장 전 실장은 1978년 고려대 경영학과를 졸업했고, 장 전 소장은 1984년 고려대 경제학과를 마쳤다.

장 전 실장은 모교인 고려대에 대해 남다른 애정을 갖고 있는 것으로 보인다. 그는 2016년 9월 3일 네이버 열린연단 강의(기업의 사회적 책임)를 하면서 모교인 고려대에 대한 절절한 애정을 표현한 바 있다.

> "사실 제가 젊었을 때, 어렸을 때라고 해야겠지요, 경제 민주화라는 문제를 화두로 1996년에 소수의 학자들과 사회 이슈화하고 싶어서 활동했을 때, 거의 미친 사람 취급을 했죠. (중략) 다행히 제가 (속해 있는, 인용자) 고려대 전통이 교수들이 무엇을 하든, 학문의 자유라고 할까요, 그 사람의 생각의 자유를 보장해서 불이익을 주지 않는 대학에 속해 있기 때문이지, 사실은 일반 다른 대학에 있었다면 쫓겨났을 겁니다."
>
> [장하성, 네이버 열린연단 강의(기업의 사회적 책임) 토론]53

인터뷰를 한 적이 있는데, 장 교수에 따르면 케임브리지대로 직접 와서 장 교수를 인터뷰한 한국인은 당시 조선일보 파리특파원이었던 김광일 씨에 이어 필자가 두 번째였다고 한다. 그때 인터뷰를 계기로 필자가 한국은행을 출입할 때 만든 기자들의 공부 모임인 '한국 경제를 생각하는 기자들의 모임'(한국언론진흥재단 지원)에 장 교수를 초청해 토론회를 개최하기도 했다.

그는 왜 반(反)재벌 세력이 됐을까?

장하성 전 실장의 집안 내력을 살펴보면, 그의 집안은 누대에 걸친 부유한 명문가이고, 그 자신도 공부를 잘했다는 사실을 알 수 있다. 굳이 남들에게 '미친 사람' 소리까지 들어가면서 반재벌 시민 사회 운동을 하지 않아도 기득권 세력으로 안주하기에 부족함이 없었다는 뜻이다. 그는 최근 강연에서 경제 민주화 운동을 하면서 겪은 어려움을 다음과 같이 진솔하게 털어놓은 적이 있다.

> "한국 사회의 최대 권력이라고 하는, 또 정권은 계속 바뀌어도 경제 권력은 바뀌지 않고 확대됐기 때문에, 특히 삼성·SK·LG·현대 이런 그룹들에 문제 제기를 하고···. 아마 대한민국에서 이건희 (삼성, 인용자) 회장, 재벌 그룹을 상대로 소송을 가장 많이 한 사람이 저('제'의 오류, 인용자)가 아닐까 싶은데요. 친구 다 떨어지고요. 정말로, 동창회 같은 데 가기가 불편하고, 왜냐면 친구들이 다 그런 데서, 당연히 그런 데서 자기 삶을, 직장을 갖고 있고요. 친척들도 아주 불편해 하고요···."
>
> [장하성, 네이버 열린연단 강의(기업의 사회적 책임) 토론]

장 전 실장은 이런 '친구 다 떨어지고, 친척들도 아주 불편해하는' 일을 왜 하게 됐을까? 본인이 이 문제에 대해 명쾌하게 답변한 것을 찾지 못했으므로 제반 상황을 미루어 짐작할 수밖에 없다. 일제의 폭압 속에서도 독립운동을 해 온 집안 내력, 집안의 뿌리가 전남 신안이고 본인이 태어난 곳이 광주라는 지역적 배경에 개인적 소신이 복합적으로 반영된 결과라고 유추하는 것이 상식적인 것 같다.

---

53 장하성 실장의 네이버 열린연단 강의(기업의 사회적 책임)와 토론은 네이버 인터넷 사이트에서 볼 수 있다.(https://tv.naver.com/v/1189327; https://tv.naver.com/v/1127283/list/93306, 2018년 11월 11일 검색).

그러나 한 가지 사실은 명확히 해둘 필요가 있는 것으로 보인다. 유난히 경제학(또는 경영학) 전공자가 많은 장 씨 집안 아들 모두가 장전 실장 같은 반재벌주의자는 아니라는 것이다. 예컨대, 그의 사촌인 장하준 케임브리지대 교수는 재벌의 폐해를 신랄하게 지적하지만, 한국의 재벌을 죄악시하는 것에 대해서는 명백히 반대한다. 반재벌이 집안 내력까지는 아니라는 뜻이다.[54]

장하성은 빨갱이?

장하성 전 실장은 최근 강의에서 과거 본인이 경제 민주화 운동을 할 때 "잘 나가는 삼성을 왜 발목 잡느냐? 니 빨갱이냐?"는 질문을 많이 받았다고 말했다. 그러면서 그는 청중들이 웃자 "웃을 일이 아니다"라며 "정말 심각했고, 그런 무모한 짓도 했다"고 덧붙였다. 요컨대, 현재의 그가 보기에 과거의 그가 한 일은 다소 무모한 일도 있었다는 뜻이다. 장 전 실장은 "펀드(장하성 펀드)를 만들어서 투자를 통한 변화라도 한번 (해보려고 했던 것은, 인용자) 사실 사적인 경험, 시도"라고 말했다.[55]

그렇다면 그가 현재 추구하는 이념적 지향점은 무엇일까? 이 부분은 매우 예민한 문제이므로 그가 강의에서 한 말을, 다소 길지만 그대로 옮긴다.

---

54 장하준 교수는 "한국 재벌은 분명 고칠 점이 많지만, 그렇다고 재벌을 완전히 버리면 한국 경제는 성장을 이끌 핵심 동력을 잃게 된다"고 강조한다. 그는 "현재 재벌의 문제가 많기는 하지만, 고치고 수선해서 쓸 생각을 해야지 죄악시하면 국민 경제에 엄청난 해악을 끼칠 것"이라고 말했다. 조해동, '성장 잠재력 복원해야 분배도 가능-장하준 英케임브리지大 교수가 보는 2006년 한국 경제' (문화일보, 2005년 12월 29일).

55 장하성, 네이버 열린연단 강의(기업의 사회적 책임) 토론(http://openlectures.naver.com/contents?contentsId=110006&rid=2907&lectureType=ethics, 2018년 2월 15일 검색).

"사회주의 이상이 아직 살아 있고, 자본주의는 갈수록 진화를 하고 있기 때문에 지금의 주어진 경제 상황에서, 그것이 자본주의적 성격의 것이든, 사회주의적 성격의 것이든, 그 사회의 보다 나은 발전과 통합을 위해 필요한 제도들을 우리가 받아들이는 것으로 가야 되겠죠. 예를 들면 많은 사회주의적 요소로 보이는 연금이랄지 사회 복지 같은 제도들이, 사실 유럽의 역사를 보면, 오히려 보수적인 정권이 (권력을, 인용자) 잡았을 때 도입이 되는, 그것은 뭐냐면 결국 사회적인 통합을 이루기 위한 정치적인 선택으로 이루어진 경우들이 많았기 때문에 그러지 않았나 생각이 듭니다.

저는 체제적으로 당연히 자본주의 시장 경제 틀이지만, 지금 북구(北歐)의 사회 민주주의를 보면 정치적 민주주의가 자본주의랑 어떻게 결합되고, 궁극적으로 강연 초에 말씀드린 대로 편하게 국민을 잘 살게 하는 것이 무엇이고, 잘 살게 한다는 것을 어떻게 정의할 거냐 하는 문제를 분배의 정의(正義)의 문제로 본다면, **어쩌면 제 개인적으로는 조금 더 자유주의적 평등주의라고 할까요, 공동체주의까지는 안 갈지 몰라도, 좀 더 적극적인 평등 가치를 추구하는 정치적 선택이 필요하지 않을까** (생각합니다, 인용자). 단순한 진보, 보수의 문제가 아니라 개인적 선택과 공동체의 가치를 어떻게 조화롭게 하느냐에 있어서 **결국은 우리 사회의 가장 열악한 위치에 있는, 가장 소외받는, 가장 혜택받지 못하는 계층의 최소한의 수준을 높여가는 사회 민주주의적인 접근이 지금 정치적 선택의 제 개인적인 방향성이 아닌가, 그렇게 생각하고 있습니다.**"

[장하성, 네이버 열린연단 강의(기업의 사회적 책임) 토론, 강조는 인용자]

장 전 실장의 위와 같은 언급으로 볼 때, 그가 추구하는 이념적 지향점이 사회 민주주의적인 접근이라는 사실을 유추하는 데는 별다른 무리가 없는 것으로 보인다. 특히 그는 북구(北歐)의 사회 민주주의를 매력적으로 생각하는 것으로 추정된다. 사실 현대 자본주의가 초기 자본주의 모습에서 상당히 벗어나 사회주의적인 요소를 많이 흡수했고, 현재의 사회주의도 자본주의적 요소를 많이 받아들인 게 사실이기 때문에, 장 전 실장의 이 같은 접근은 어떤 측면에서는 자연스러운 것처럼 느껴지기도 한다.

따라서, 장 전 실장은 현재의 한국 자본주의에 대해 깊은 불만을 갖고 있고, 이 같은 불만을 사회 민주주의적인 요소를 끌어들여 해결책을 모색하려는 강한 동인(動因·어떤 사태를 일으키거나 변화시키는 데 작용하는 직접적인 원인)을 갖고 있는 것으로 추정된다.

그의 대안, 정치(政治)적 선택

장하성 전 실장의 이념적 지향점이 사회 민주주의라고 하더라도, 그가 자신이 추구하는 바를 한국 사회에서 어떻게 달성하려고 하느냐는 또 다른 문제다. 본업이 대학 교수인 만큼 학자로서 대안을 제시할 수도 있고, 정당이나 정부에 투신해서 해결책을 모색할 수도 있다. 장 전 실장이 이미 해왔듯이 시민단체 활동을 할 수도 있을 것이고, 혁명 등 극단적인 방법을 선택할 수도 있을 것이다.

그는 이에 대해서도 비교적 분명하게 자신의 입장을 밝혀왔고, 이것이 문재인 대통령과 큰 인연이 없었음에도 그가 청와대 정책실장직을 수락한 이유를 설명해 주는 단초가 될 수 있을 것으로 보인다.[56]

"저는 정당보다는 국민에게 '이렇게 하시오'라고 말하고 싶습니다. 한국의 현재 주어진 권력 구조에서는 국민에게 '제발 대통령 좀 제대로 뽑으십시오!'(라고 말하고 싶습니다., 인용자) 다시 말하면 어떤 정책이, 우리가 그것을 시행했을 때 기존의 문제를 다 해결하지는 못합니다. 그러나 지금보

---

[56] 장하성 전 실장은 청와대 정책실장직을 수락하기 전에 문재인 대통령과 직접적인 인연은 없었다는 게 정설이다. 장 전 실장 자신도 문 대통령이 청와대 정책실장 발표를 하는 자리에서 "전혀 계획도 없었고, 의도하지도 않았는데 오늘 이 자리에 서게 됐다"고 말했다. (문 대통령의 청와대 정책실장 발표 후 소감, 2017년 5월 22일, http://tv.naver.com/v/1701906, 2018년 2월 15일 검색).

다는 나은 결과를 내기 위해서 정책을 시행하는 거고, 또 세상의 환경이 변하면 그 정책이 또 새로운 문제를 만들기 때문에 정책은 끊임없이 진화해야 되고, 변화해 가야 되는 건데, 우리가 어떤 불평등의 문제다, 불공정의 문제다, 또는 뭐 아주 구체적인 개인의 어떤 삶의 문제다, 예를 들어 이번(2016년, 인용자) 여름에 논의됐던 전기요금의 문제다, 이런 정책은 제가 좀 단순하게 말씀드리면 얼마든지 만들 수 있습니다. (중략) 문제는 그러한 정책을 선택하고, 국민 눈높이에서 우리 사회가 지향하는 공동체의 가치에 맞는 정책을 선택하고, 그것을 실천하는 정치적 리더십의 문제라고 저는 오히려 보기 때문에, 정치가보다는 국민에게 '제발 우리가 함께 잘 사는 나라를 만들 의지와 진정성과 그것의 실천력 있는 대통령 좀 뽑으십시오, 이렇게 말을 하고 싶습니다."

[장하성, 네이버 열린연단 강의(기업의 사회적 책임) 토론][57]

결국 논리적으로 장 전 실장은 제왕적 대통령제를 갖고 있는 우리나라에서 자신의 이상을 실현하기 위해 문재인 대통령의 '직할 라인'인 청와대 정책실장직을 수락했다고 볼 수 있다. 문재인 대통령이 '국민이 제대로 뽑은 대통령'에 근접한다는 개인적인 판단도 있었던 것으로 보인다. 그런 의미에서 장 전 실장에게는 자신의 이상을 실현시키는 데 도움이 되는 '국민이 제대로 뽑은 대통령'이 중요한 것이지, 그 대상이 안철수 18대 대통령 예비후보이든, 문재인 19대 대통령이든 그게 그렇게 중요한 문제는 아니었을 수 있다.

---

57 장하성 전 실장은 같은 강의에서 다음과 같이 말하기도 했다. "개인적 경험과 논쟁의 결과로 스스로 결론을 내린 것은 '주어진 것은 받아들여야 한다. 이상적인 변화 수단은 없다. 결국은 정치적인 선택을 하는 것 외에는 현실적으로, 다시 말하면 민주주의라는 절차를 통해서 이 변화를 끌어내는 것 이외에는 현실적인 수단과 방법을 우리가 갖고 있는 것은 아니다'(라는 것이었다, 인용자)"고 고백했다.

장하성 사단(師團)

장하성 전 청와대 정책실장에 대한 대통령의 신임이 두터운 것으로 알려지면서 언론에 '장하성 사단'이라는 표현이 등장하기도 했다. 경제계에서는 외환 위기 당시 금융감독위원장, 부총리 겸 재정경제부 장관 등을 역임한 이헌재 씨의 주변 사람들을 일컫는 '이헌재 사단'이라는 용어 이후 참으로 오랜만에 등장한 표현이다.[58]

장 전 실장 본인에게 물어보면 "장하성 사단은 없다"고 주장할지도 모르지만, 어차피 'ㅇㅇㅇ 사단'이라는 표현은 본인이 붙이는 게 아니고 주위에서 지켜보는 사람들이 만들어 주는 것이다.

장하성 사단이라는 말이 본격적으로 나오게 된 계기는 문재인 대통령이 제공했다. 문 대통령은 2017년 7월 21일 최종구 금융위원장에게 임명장을 주는 자리에서 "우리 정책실장님이 아주 강력하게 추천했는데, 콤비를 이뤄서 잘해주기를 부탁드린다"고 말했다.

어느 정부에서나 요직(要職)에 누가 임명되면 누가 추천했느냐에 대해 각종 설(說)이 흘러나오기 마련이지만, 장 전 실장의 경우 대통령이 공개적으로 발언을 했기 때문에 설이 아니라 사실로 확인됐다. 적어도 최종구 금융위원장 인선 과정에서 장 전 실장이 강력하게 추천했다는 사실은 대통령의 입을 통해 분명히 드러난 것이다.

경기고, 고려대 라인의 양대 축(軸)(1)

장하성 라인은 흔히 경기고와 고려대의 2가지 축을 중심으로 형성돼 있다는 평가가 나온다. 장 전 실장이 전공한 금융 분야에서 경기고

---

58   이헌재 전 부총리 겸 재정경제부 장관에 대해서는 이 책 8장을 참조.

라인은 한국 사회에서 오랫동안 강력한 영향력을 행사해 왔다. 일본과 유사한 형태의 관치 금융이 오랫동안 지배해 온 한국 금융에서 옛 재무부 이재국(理財局) 라인의 핵심이 경기고 출신들이었기 때문이다.[59]

옛날부터 경제 부처 등에서 회자되는 얘기 중에 "우리나라 대학 가운데 선·후배 간에 가장 끈끈하게 끌어주고, 밀어주는 대학이 고려대, 성균관대"라는 말이 있다. 또 우스갯소리이기는 하지만 "서울대 출신은 한 명, 한 명이 하나의 라인이기 때문에, 다른 말로 하자면 서울대 출신은 서로 경쟁자이기 때문에 '서울대 라인'이라는 말 자체가 존재하지 않고, 연세대 출신은 학풍(學風)이 개인 취향을 중시하고, 무리지어 몰려다니는 것을 좋아하지 않기 때문에 '연세대 라인'이라는 게 형성되지 않는다"는 말도 있다. 물론 출신 대학을 중심으로 사람을 재단(裁斷)하는 것은 과도한 단순화이고, 어느 대학을 나왔든 개인의 품성에 따라 집단을 만드는 것을 좋아하는 사람도 있고, 그렇지 않은 사람도 있기 때문에 크게 신빙성이 있는 얘기는 아니다.

59　이미란·정지서, '장하성 인맥 금융권 장악하나…경기고·고대 라인 급부상' (연합인포맥스, 2017년 9월 6일, http://news.einfomax.co.kr/news/articleView.html?idxno=34108 19, 2018년 10월 13일 검색). 한국 금융에서 '경기고 라인'이 과거부터 현재까지 엄청난 영향력을 행사해온 것은 일제 식민 시대의 잔재(殘滓·쓰고 남은 찌꺼기)라는 지적이 있다. 일본제국주의(일제·日帝) 시절 경성제일고보(京城第一高普·경기고의 전신), 경성제이고보(京城第二高普·경복고의 전신) 등으로 고등학교를 1, 2, 3 등의 숫자로 줄을 세우고, 고등학교를 들어가기 위해 어려운 입학시험을 봐야 했던 시절 형성된 '패거리 또는 집단 문화'의 전통이 이어지면서 한국 금융에 '경기고 전성시대'가 오랫동안 유지돼왔다는 얘기다. 이런 식의 성적 순 줄 세우기를 할 때 가장 우수한 인재로 분류되는 게 경성제일고보(경기고의 전신)-경성제대 법학부(서울대 법대의 전신)를 나온 사람이다. 일본이나 우리나라나 경제 부처 장관 중에서 유독 서울대 법대나 도쿄대(東京大) 법대를 나온 사람이 많은 이유도 전공보다는 성적이 좋은 대학과 학과(법대 우선)의 우월성에 높은 점수를 주던 전통 때문이다. 다만 시간이 흐르면서, 또 고등학교 평준화 등의 영향으로 요즘에는 고등학교나 대학, 또 대학 전공에서 법대 우선주의 등을 따지는 경향이 점점 옅어지는 추세다. 특히 법학전문대학원(로스쿨) 제도가 도입되면서, 법학전문대학원이 개설된 학교에서는 학부(대학) 과정 법학과는 더 이상 신입생을 받지 않고 있으며, 서울대도 2018년에 학부 과정 법학과를 완전히 폐지했다고 한다. 유기림, '서울대 법대 2018년 폐지…120년 역사 끝나' (뉴스1, 2012년 12월 13일, http://news1.kr/articles/?933691, 2018년 10월 9일 검색) 등 참고.

경기고, 고려대 라인의 양대 축(軸)(2)

'장하성 사단' 고려대 라인의 대표적인 인물은 최종구 금융위원장이다. 장 전 실장은 고려대 경영학과, 최 위원장은 고려대 무역학과를 나왔다. 나이는 장 전 실장이 더 많다. 최 위원장의 경우 문재인 대통령이 임명장을 주는 자리에서 "우리 정책실장님이 아주 강력하게 추천했다"고 공개적으로 말했으니 장하성 라인으로 분류된다고 해도 본인도 부인할 수 없을 것이다.

확인된 얘기는 아니지만, 장 전 실장은 문재인 정부 초대 금융위원장 후보로 경기고 후배인 김석동 전 금융위원장을 추천했다는 얘기가 있다. 그러나 이명박 정부에서 금융위원장을 역임한 김 전 위원장에 대해 여당인 더불어민주당과 시민단체 등에서 강한 반대 의견이 쏟아지자, 최종구 위원장을 다시 추천했다는 것이다.[60] 이게 사실이라면, 장 전 실장은 금융위원장 후보를 한 명 추천했다가 상황이 여의치 않자 다른 사람을 추천할 만큼 대통령에게 큰 신임을 얻고 있었다는 뜻이다.

장 전 실장은 경기고 동문인 최흥식 전 금융감독원장의 인선에도 영향력을 행사했다는 말이 나온다. 당시 금융감독원장 후보로는 김조원

---

[60] 김석동 전 금융위원장은 2003년 '카드 대란(大亂)' 대책을 마련하는 과정에서 '관치 금융' 논란이 일자 "관(官)은 원래 치(治)하기 위해 존재한다"는 유명한 말을 남겼다. 좋게 생각하면 김 전 위원장의 배포를 보여주는 말이지만, 이 말로 인해 그에게는 '관치의 화신(化身·추상적인 특징이 구체화 또는 유형화된 것)'이라는 별명이 따라다닌다. 아무리 장하성 전 실장이 대통령에게 추천했다고 해도, 노무현 정부의 정신을 이어받았다고 주장하는 문재인 정부가 김 전 위원장을 금융위원장에 다시 앉히기가 여러 가지로 쉽지는 않았을 것이다. 시민 단체와 더불어민주당 일부 의원들도 청와대에 '김석동 불가론'을 강하게 주장한 것으로 전해지고 있다. 장 전 실장이 김 전 위원장을 문재인 정부 초대 금융위원장에 실제로 추천했는지는 불확실하지만, 만약 그랬다면 시민운동을 해 온 장 전 실장의 그간의 행보와 별로 어울리지 않는 행동이라는 논란이 제기될 가능성도 있다. 변휘, '[기자수첩]필요한 관치를 주저할 때' (머니투데이, 2018년 1월 14일, http://news.mt.co.kr/mtview.php?no=20180114151 31016432, 2018년 3월 11일 검색) 참조.

전 감사원 사무총장이 유력하다는 말이 있었지만, "금융 분야 전문성이 부족하다"는 평가가 나오면서 최 전 원장으로 바뀐 것으로 알려졌다. 김 전 사무총장은 노무현 정부 시절 청와대에서 문재인 대통령이 민정수석을 할 때 공직기강비서관으로 함께 일한 인연이 있다고 한다.[61]

소문이 사실이라면, 결과적으로 장 전 실장은 우리나라 금융감독의 양대 포스트(직책)인 금융위원장과 금융감독원장 후보를 모두 대통령에게 추천할 만큼 막강한 권력을 행사했다는 뜻이 된다. 장 전 실장이 경제계 인사 전반에 영향력이 있었던 게 사실이지만, 경제 분야 중에서도 장 전 실장이 전공한 게 금융(재무)이므로 이 분야의 인사를 많이 알고, 추천하는 게 어떤 측면에서는 자연스러운 일이었을 것이다. 그러나 가끔 '불협화음'을 불러온 사례가 있었던 것도 사실이다.

경기고, 고려대 라인의 양대 축(軸)(3)

장하성 전 실장은 경기고·고려대 동문인 김승유 전 하나금융지주 회장과도 친분이 깊은 것으로 알려졌다. 김 전 회장은 이명박 정부

---

61 김조원 전 감사원 사무총장은 2017년 10월 한국항공우주산업(KAI) 사장에 선임됐다. 김동현, 'KAI, 오늘 이사회서 김조원 신임 대표이사 사장 선임'(연합뉴스, 2017년 10월 25일, http://www.yonhapnews.co.kr/bulletin/2017/10/25/0200000000AKR20171025056200003.HTML?input=1195m, 2018년 10월 9일 검색). 최흥식 전 금융감독원장은 금융감독원장으로 임명된 후 오래되지 않은 2018년 3월, 하나금융지주 사장으로 재직할 당시 친한 대학 동창의 아들이 하나은행 신입 행원 채용에 응시하자 그의 이름을 인사 부서에 전달한 의혹을 받았다. 최 전 원장은 "외부에서 채용과 관련한 연락이 와서 단순히 이를 전달했을 뿐 채용 과정에는 일절 관여하지 않았다"고 밝혔지만, 채용 과정에 관여하지 않았다고 하더라도 금융회사의 채용 비리에 채찍을 휘둘러야 할 금융감독원장이 불미스러운 특혜 채용 의혹에 연루됐다는 비판에서 벗어나지 못했다. 만약 장 전 실장이 최 전 원장을 대통령에게 추천한 것이 사실이라면, 이는 추천자인 장 전 실장에게도 부담스러운 일이었을 것이다. 김기혁·황정원, '최흥식 채용청탁 해명했지만 제3기관 나서 의혹 해소해야'(서울경제, 2018년 3월 11일, http://news.naver.com/main/read.nhn?mode=LSD&mid=shm&sid1=101&oid=011&aid=0003241053, 2018년 10월 9일 검색). 결국 최 전 원장은 2018년 3월 14일 취임 6개월 만에 금융감독원장에서 물러났다. 역대 금융감독원장 중 최단 기간 재임 기록이었다.

시절 '금융권 4대 천왕'으로 불리면서 금융계를 쥐락펴락했다.[62]

　장 전 실장이 청와대 정책실장으로 막강한 권력을 행사했을 때 금융계에서는 일선에서 물러난 김승유 전 회장이 막후에서 영향력을 행사하는 게 아니냐는 분석이 나온 적도 있다. 그러나 김 전 회장은 워낙 고령(1943년생)이기도 하거니와, 문재인 정부의 구성원들과 '색깔'도 잘 맞지 않기 때문에 금융권 일에 별로 나서지 않는 것으로 전해졌다.

　장 전 실장은 문재인 정부 초대 한국산업은행 회장에 취임한 이동걸 노무현 정부 금융감독위원회 부위원장(차관급)과도 경기고 동문이다. 일각에서는 이 회장과 장 전 실장이 경기고 동문이라는 이유로 이 회장의 인선에도 장 전 실장이 영향력을 행사하지 않았겠느냐는 얘기도 나온다. 그러나 이 회장은 본인과 문 대통령의 인연만으로도 산업은행 회장 자리 정도는 충분히 앉을 만한 사람이라는 게 중론(衆論)이다. 노무현 정부 인수위원회 경제1분과 인수위원을 거쳐 금융감독위원회 부위원장 등을 역임한 이 회장과 문 대통령이 알고 지낸 기간은 장 전 실장보다 훨씬 긴 것으로 알려져 있다.[63]

62　이명박(MB) 정부 시절 '금융권 4대 천왕'은 김승유 하나금융지주 회장, 이팔성 우리금융 회장, 어윤대 KB금융 회장, 강만수 산은금융지주 회장 등을 일컫는다. MB 정부 시절 금융권 4대 천왕 중에서 김승유·이팔성·어윤대 회장 등 3명은 고려대 출신이고, 강만수 회장은 서울대 법대를 나온 관료 출신으로 이명박 전 대통령의 대표적인 경제 참모였다. 4대 천왕 중에서 절반인 김승유·어윤대 회장은 경기고를 나왔다.

63　경기고 입학 연도 기준으로는 장하성 전 실장과 이동걸 한국산업은행 회장이 68회, 최흥식 금융감독원장이 67회라고 한다. 장 전 실장과 이 회장은 모두 경기고 68회인데, 장 전 실장이 고등학교 시절 몸이 좋지 않아 졸업을 1년 늦게 해서 일부 언론에서는 69회라고 보도하는 경우도 있었다. 그러나 이 회장은 2018년 6월 필자와의 식사 자리에서 "경기고 동문회에서는 모두 장 실장을 68회로 인정한다"고 말했다. 권세진, '청와대 경제 실세는 장하성? 변양균?' (월간조선, http://monthly.chosun.com/client/mdaily/daily_view.asp?idx=2167&Newsnumb=2017112167, 2018년 6월 14일 검색) 참조. 이 회장에 대해서는 이 책 6장 참조.

문 대통령의 삼고초려(三顧草廬)

확실치 않지만, 일부 언론에 따르면 문재인 대통령은 장하성 전 실장을 청와대 징책실장에 임명하기 위해 삼고초려(三顧草廬·유비가 제갈공명을 세 번이나 찾아가 군사로 초빙한 데서 유래한 말로, 인재를 맞기 위해 참을성 있게 노력한다는 뜻)했다고 한다.[64]

문 대통령은 김대중 전 대통령 시절 'DJ노믹스'(김대중 전 대통령의 경제 철학) 입안에 참여한 실력을 눈여겨보고 2012년 대선 때 장 전 실장에게 정책에 관해 도와 달라고 요청했다고 한다. 그러나 장 전 실장은 당시 안철수 후보를 선택해 '안철수의 진심캠프본부장'을 맡아 안 후보의 경제 정책을 총괄했다.

그 뒤 문 대통령이 더불어민주당 대표를 맡고 있던 2016년에도 장 전 실장을 비상대책위원장으로 영입하기 위해 직접 전화까지 했지만, 장 전 실장은 거절한 것으로 알려졌다. 장 전 실장은 2017년 대선에서도 전면에 나서지는 않았지만, 안철수 후보를 물밑에서 도왔다는 얘기가 있다. 문 대통령을 특별히 지지했다고 보기 어렵다는 뜻이다. 그러나 대선이 끝난 뒤 문 대통령이 다시 장 전 실장에게 전화를 걸어 청와대 정책실장 자리를 제의했고, 마침내 동의를 받아낸 것으로 알려졌다.

문 대통령이 장 전 실장을 영입하기 위해 삼고초려를 했는지, 사고초려(四顧草廬)를 했는지는 불분명하지만, 청와대 정책실장을 맡기 전 장 전 실장이 문 대통령과 특별한 인연이 없었던 것은 분명해 보인다.

---

64   김성휘·이재원, '자본주의 고쳐쓰자, 진보 학자, 청와대 역사도 다시 쓴다-[the300][런치리포트-파워피플 사용설명서] 장하성 靑정책실장①'(머니투데이, 2017년 6월 15일, http://the300.mt.co.kr/newsView.html?no=2017061415047643529&ref=http%3A%2F%2Fsearch.naver.com, 2018년 6월 14일 검색).

삼성 저격수[65]

장하성 전 실장이 대중 앞에 처음으로 모습을 드러낸 것은 외환 위기 직전인 1997년 3월 제일은행 주주 총회에서 주주 대표 소송에 나서면서부터다. 당시 장 전 실장에게 소액 주주들이 호응하면서, 1998년과 2012년 1심과 항소심에서 장 전 실장과 소액주주들이 모두 승소했다.

장 전 실장은 또 1997년 이후 삼성그룹의 내부 거래와 지배 구조 문제를 집중적으로 제기한 것으로 알려져 있다. 1998년, 1999년 삼성그룹 계열사 주주 총회에서 부당 내부 거래를 지적하거나, 지배 구조 개선을 위해 정관 개정을 요구하면서 10시간 안팎의 '마라톤 주주 총회'를 이끈 일화는 유명하다.

특히 그는 이건희 삼성 회장 등을 상대로 '에버랜드 전환 사채(CB) 인수를 포기하게 함으로써 제일모직에 손해를 입혔다'고 소송을 제기해 130억 원 안팎의 배상 판결을 이끌어내기도 했다.[66]

물론 그는 '삼성 저격수'로 이름을 날리면서 값비싼 비용을 치렀다. 앞에서 서술한 것처럼 그는 "아마 대한민국에서 이건희 (삼성, 인용자) 회장, 재벌 그룹을 상대로 소송을 가장 많이 한 사람이 저('제'의 오류, 인용자)가 아닐까 싶은데요"라며 "친구 다 떨어지고요, 정말로, 동창회 같은데 가기가 불편하고, (중략) 친척들도 아주 불편해하고요"라고 말했다.[67]

---

65 이 책에는 '삼성 저격수'라는 별명을 갖고 있는 사람이 모두 3명 나온다. 2장에 나오는 장하성 문재인 정부 초대 청와대 정책실장, 4장에 나오는 김상조 문재인 정부 초대 공정거래위원장, 6장에 나오는 이동걸 한국산업은행 회장(노무현 정부 금융감독위원회 부위원장) 등이다. 이들 3명은 모두 특정 시점에 삼성과 치열한 다툼을 벌이면서 '삼성 저격수'로 불렸다.

66 황재하, '법원, 삼성SDI, 장하성 교수 등에 소송 비용 지급하라'(연합뉴스, 2017년 4월 12일, http://www.yonhapnews.co.kr/bulletin/2017/04/11/0200000000AKR20170411175900004.HTML?input=1195m, 2018년 6월 14일 검색).

67 장하성, 네이버 열린연단 강의(기업의 사회적 책임) 토론(http://openlectures.naver.

청와대의 코미디언

　명문가 출신에 미국 펜실베이니아대에서 경영학 박사 학위를 받고, 고려대 교수를 오랫동안 역임했으며, 국내 최대 재벌 기업인 삼성 저격수로 유명한 장하성 전 실장이 '청와대 만담가(漫談家·재미있고 우스운 말로 사회를 풍자하는 사람)'라는 사실은 지금은 널리 알려진 얘기다.

　문재인 대통령이 주재하는 청와대 내부 회의에서도 장 전 실장은 분위기가 엄숙해지면 곧잘 농담을 던져 좌중을 웃음바다로 만드는 것으로 전해졌다. 다만, 청와대의 특성상 장 전 실장이 회의석상에서 던진 농담이 외부에 알려지는 사례는 많지 않다.

　그러나 장 전 실장이 문 대통령을 수행해 해외 출장을 떠났을 때 했던 농담은 외부에 비교적 자세히 알려져 있다. 청와대가 순방 성과를 홍보하기 위해 의도적으로 기자들에게 자세히 전했기 때문이다.

　장 전 실장이 대통령 앞에서도 청와대 만담가 역할을 할 수 있었던 것은 개인적인 성격 탓도 있겠지만, 나이가 문 대통령과 동갑(1953년생)이고, 청와대 참모 중에서 가장 나이가 많은 편에 속하며, 직급도 가장 높기 때문으로 풀이된다.[68]

"돈 갖고 오면 불려 드릴게"

　장하성 전 실장은 2017년 9월 유엔 총회 참석차 미국 뉴욕을 방문 중인 문재인 대통령을 수행했다. 문 대통령은 뉴욕에서 '뉴욕 금융경제

---

com/contents?contentsId=110006&rid=2907&lectureType=ethics)(2018년 6월 14일 검색).

68　청와대 실장 중에서 나이는 정의용 국가안보실장이 1946년생으로 단연 많고, 그 뒤를 이어 장 실장(1953년생, 문재인 대통령과 동갑), 임종석 비서실장(1966년생) 순이다(네이버 인물정보 기준, 2018년 3월 11일 검색).

인과의 만남'을 개최해 한국 경제 전반에 대해 설명했고, 이날 행사에
는 미국 재계의 큰손(Big Shot)들이 대거 참석했다.

이날 참석한 정부 인사인 윌버 로스 미 상무부 장관은 로스차일드
펀드 회장으로 재직한 바 있고, 2016년 포브스지가 선정한 억만장자
232위에 오른 인물이라고 한다. 또 로이드 블랭크페인 골드만삭스
회장, 제이미 포레스 씨티그룹 회장, 대니얼 핀토 JP모건 기업 금융
및 투자은행 부문 최고경영자(CEO), 데이비드 루빈스타인 칼라일 회장
등도 참석했다.

이날 경제설명회 사전 환담 진행을 맡은 장 전 실장은 회의 마지막
에 "돈을 가져오세요. 당신 돈을 더 불려드릴게요(Bring the money. I'll
make your money bigger.)"라는 농담을 던져 참석자들을 박장대소하게
했다고 한다. 아마 월가의 투자자들에게 이날 행사 중에서 가장 기억
에 남았던 얘기가 장 전 실장의 이 말이었을 것이다. 왜냐하면 월가
투자자들의 궁극적인 관심은 결국 돈을 버는 것이기 때문이다.

장 전 실장이 이런 말을 할 수 있었던 것은 그가 미국에서 경영학으
로 박사 학위를 받았기 때문만은 아닐 것이다. 오히려 그가 2006년
'장하성 펀드'라고 불리는 라자드 한국기업지배구조펀드를 만들어
소액 주주 운동을 펼치는 과정에서 펀드를 직접 운용해본 경험이 있기
때문이라고 봐야 할 것이다. 그는 한국 대학 교수 중에서 나름대로
직접 펀드를 운용해본 경험이 있는 극소수의 인물 중 한 명일 것이다.[69]

69   김지환, '뉴욕 한국경제설명회서 돈 불려주겠다고 농담한 만담꾼 장하성' (경향신문,
2017년 9월 21일, http://news.khan.co.kr/kh_news/khan_art_view.html?artid=2017
09211731001&code=910203, 2018년 3월 11일 검색).

"오, 와튼 스쿨, 똑똑한 사람"

장하성 전 실장의 농담을 대중에게 널리 알리는 계기가 된 것은 2017년 7월 3일 청와대가 공개한 미국 확대 정상 회담 분위기를 상세히 전한 발표다. 청와대에 따르면, 한국과 미국의 확대 정상 회의 초반 도널드 트럼프 대통령을 비롯한 미국 측 인사들이 "한·미 자유 무역 협정(FTA) 발효 후 미국의 대한(對韓) 무역 적자가 두 배 이상 증가했다"며 압박에 나섰다. 이에 대해 문재인 대통령을 비롯한 우리 측 인사들은 "한·미 FTA 체결 후 미국 자동차의 한국 수출이 356% 증가했다" 등 구체적인 근거를 제시하며 대응했다.

그런데 이 과정에서 장 전 실장의 유머가 자칫 서먹할 수도 있었던 회담 분위기를 반전시키는 데 큰 역할을 했다고 한다. 장 전 실장은 회담 중반에 갑자기 "미국 측의 이해를 돕기 위해 통역 없이 영어로 이야기하겠다"고 말했다고 한다. 이에 트럼프 대통령은 "오, 와튼 스쿨 (출신), 똑똑한 사람(Oh~ Wharton School, a smart guy)"이라고 농담을 던져 장내에 웃음이 터졌다고 한다. 미국 펜실베이니아대 경영대학원(와튼 스쿨)에서 경영학 박사 학위를 받은 장 전 실장은 트럼프 대통령과 동문이다.[70]

---

70 도널드 트럼프 미국 대통령은 1968년 미국 펜실베이니아 경영대학원(와튼 스쿨) 학부 과정에서 경제학 학사 학위를 받았고, 평소 와튼 스쿨 출신이라는 점을 자랑스럽게 생각해왔다고 한다. 그러나 미국의 정치 전문 '폴리티코'에 따르면, 트럼프 대통령은 뉴욕의 포드햄대를 다니다가 와튼 스쿨 3학년으로 편입했다고 한다. 1885년 창간한 펜실베이니아대 학생 신문인 '데일리 펜실베이니안(The Daily Pennsylvanian, https://www.thedp.com/)'에 따르면 트럼프 대통령은 우등생 명단에 이름이 없고, 친구도 별로 많지 않았다고 한다. 그럼에도 불구하고, 트럼프 대통령은 2015년 8월 NBC의 시사프로그램 '미트 더 프레스(Meet the Press)'에 출연해 "난 그 들어가기 힘들다는 와트 스쿨에 입학했어. 훌륭한 학생이었지.(I went to the Wharton School of Finance, the toughest place to get into. I was a great student.)"라고 자찬했다. 또 그해 12월 대통령 후보 경선 연설에서는 "나는 아주 고학력자(I'm very highly educated)"라고 당당하게 말했다. 와튼 스쿨 홈페이지의 소개글 (https://www.wharton.upenn.edu/wp-content/uploads/125anniversaryissue/trump. html)과 인터넷 기사 (http://www.thedp.com/article/2017/02/trump-academics-at-

장 전 실장은 "제 저서가 중국어로 출판될 예정이었는데 사드(THAAD·고고도미사일방어체계) 때문인지 중단됐다"며 "(중국 때문에) 더 큰 피해를 보고 있는 것은 우리다"라고 농담을 했다. 이에 윌버 로스 미국 상무장관이 "그러면 미국에서 영어로 출판하라"고 응수하자, 트럼프 대통령이 "장실장 책이 번역되면 미국 무역 적자 폭이 더 커질 테니 안 된다"고 받아치면서 회담장 분위기가 밝아졌다는 것이다.[71]

"지적으로 생기셨네요"

미국 펜실베이니아대 경영대학원(와튼 스쿨)에서 박사 학위를 받은 장하성 전 실장은 트럼프 대통령의 딸 이방카 트럼프 백악관 보좌관이 2018년 2월 방한했을 때도 '학연' 덕을 봤다. 트럼프 대통령뿐만 아니라 이방카 보좌관도 와튼 스쿨 출신이었기 때문이다.

위키피디아에 따르면, 이방카 보좌관은 트럼프 대통령처럼 워싱턴 D.C.의 조지타운대를 2년 다닌 뒤, 펜실베이니아대 와튼 스쿨로 편입해서 경제학 학사 학위를 받았다. 특히 이방카 보좌관은 학업에 두각을 나타내지 못한 트럼프 대통령과 달리 '우등(cum laude)'으로 학부 과정을 마친 것으로 알려졌다.[72]

이방카 보좌관은 2018년 2월 23일 청와대 상춘재에서 진행된 문재인 대통령과의 만찬에서 장하성 전 청와대 정책실장이 와튼 스쿨

wharton), '와튼 스쿨 출신 자랑한 트럼프, 알고 봤더니…' (팩트올, 2017년 7월 7일, http://factoll.com/page/news_view.php?Num=4268, 2018년 10월 10일 검색) 등 참조.

71　손희정, '장하성, 뼈 있는 농담으로 트럼프 대통령 상대' (매일경제, 2017년 7월 4일, http://news.mk.co.kr/newsRead.php?year=2017&no=446532, 2018년 10월 10일 검색).

72　Wikipedia(Ivanka Trump)(https://en.wikipedia.org/wiki/Ivanka_Trump, 2018년 6월 14일 검색).

을 나왔다고 얘기하자 "지적으로 생기셨네요"라고 말했다고 한다.

장 전 실장이 미국 대학(휴스턴대 재무학과)에서 조교수 생활을 잠깐 하기는 했지만, 특별히 미국 내 인맥이 있는 것으로 알려지지는 않았는데 뜻밖의 학연으로 트럼프 대통령과 그의 딸 이방카 보좌관 등과 '연결고리'를 만든 셈이다.

청와대의 재력가

문재인 정부 출범 직후 청와대 공직자들의 재산이 공개됐을 때 장하성 전 실장은 무려 93억 1962만 7000원의 재산을 신고해 주변을 깜짝 놀라게 했다. 물려받은 것으로 추정되는 전남 해남 등의 논밭과 건물뿐만 아니라 본인과 배우자가 소유한 주식이 50억 원을 넘었다. 장 전 실장은 선대부터 호남의 만석꾼 부호였으니, 재산이 많은 것이 당연하게 느껴지기도 했지만, 처음 재산을 공개했을 당시 본인과 배우자가 보유한 수많은 종류의 주식이 큰 화제가 됐다.

장 전 실장이 주식을 많이 보유한 것에 대해서는 2가지 설이 있다. 첫 번째는 장 전 실장이 장하성 펀드(라자드 한국기업지배구조펀드)를 만들어 소액 주주 운동을 펼치는 과정에서 주식을 많이 소유하게 됐다는 설이다. 많은 사람이 믿고 있는 주장이다.

그러나 장 전 실장을 잘 아는 지인(知人)에 따르면, 장 전 실장이 큰돈을 벌게 된 것은 장하성 펀드 때문이 아니라고 한다. 그의 설명에 따르면, 장 전 실장의 친척 동생이 오래 전에 인터넷 회사를 만들었는데, 초기에 자금이 부족했다고 한다. 그래서 당시 장 전 실장과 그의 동생 장하원 전 하나금융경영연구소 소장 등이 일정 금액을 갹출해서 사업 자금을 빌려줬다고 한다(공식적으로는 빌려준 것인데, 사실은 못 받을 수도 있다고 생각하고 줬다고 한다). 그 뒤 회사 경영이 어느 정도 궤도에 오르면서, 그

친척 동생은 가장 먼저 친척에게 빌린 돈을 갚았다고 한다. 그때 장 전 소장을 포함한 다른 형제들은 모두 돈을 돌려받았는데, 장 전 실장만 "내가 빌려준 돈은 돈 대신 회사 주식으로 주고, 그 대신 그 돈으로 더 투자도 하고, 경영에 필요한 데 쓰라"고 했다는 것이다. 그런데 그 뒤 그 회사가 엄청난 '대박'을 쳤고, 다른 곳에 인수·합병(M&A)되는 과정에서 엄청난 현금을 받게 됐다고 한다. 이에 따라 그 회사 주식을 대규모로 보유하고 있던 장 전 실장도 엄청난 목돈을 만지게 됐다는 것이다.

장 전 실장은 청와대 정책실장이 된 뒤 보유하고 있던 주식을 많이 내다 팔았다. 청와대 정책실장 취임 직후 장 전 실장과 배우자 등이 보유하고 있던 주식의 가치는 무려 53억 7005만 8000원에 달했지만, 2018년 3월 29일 관보에 게재된 유가 증권 평가액은 1562만 2000원에 불과했다. 팔 수 있는 주식 거의 대부분을 매도한 것이다. 주식을 매도한 뒤 장 전 실장의 재산은 96억 294만 2000원으로 취임 당시 (93억 1962만 7000원)보다 2억 8331만 5000원 늘었다.[73]

비정한 형, 동생을 해외로 보내다

장하성 전 실장이 청와대 정책실장에 임명된 뒤 동생인 장하원 전 하나금융경영연구소 소장은 본의 아닌 장기 외유(外遊)를 떠났다고 한다. 장 전 소장은 미국에도 체류하고, 베트남에도 체류하면서 투자 활동

---

73   정부공직자윤리위원회공고제2018-5호(2018년도 정기재산변동 신고사항 공개, 대통령 비서실), 제19224호 / 관보(그2) / 발행일: 2018. 3. 29./ 4페이지/ 954.9KB (http://gw anbo.mois.go.kr/user/search/searchReadPage.do?A=A&pFrom=&pTo=&pFrom2 =&pTo2=&pToRadio=0&pPastQuery=&pageIndex=1&searchPageRowCnt=&sear chMore=&pDbNo=12&pQuery=%EB%8C%80%ED%86%B5%EB%A0%B9%EB% B9%84%EC%84%9C%EC%8B%A4, 2018년 6월 23일 검색).

등을 하고 있다는 게 장 전 소장을 잘 아는 지인(知人)의 전언이다.

장 전 소장이 장기 외유를 떠나게 된 것은 형인 장 전 실장이 "국내에 있으면, 온갖 투자 관련 사람들이 네게 접근하려고 할 것이고 잡음(雜音)이 날 수 밖에 없으니, 외국에 나가 있으라"고 말했기 때문이라고 한다. 장 전 실장이 과거에 장하성 펀드를 운용한 적이 있고, 장 전 소장도 하나금융경영연구소 소장을 역임하는 등 국내외 자본 시장에 아는 사람이 많기 때문에 한국에 있으면 온갖 사람들이 접근할 게 틀림없다고 장 전 실장이 생각했다는 것이다.

문재인 정부 출범 이후 노무현 정부에서 국내언론비서관 등을 역임한 양정철 씨가 장기 외유를 떠난 것과 비슷한 이유다. 장 전 실장 형제를 잘 아는 지인은 필자에게 "장 전 소장은 외국에 머물다가 명절 때나 돼야 국내에 잠깐 들어왔다가, 금방 다시 해외로 나갔다"고 말했다. 그러나 장 전 실장이 청와대 정책실장에서 물러났으니 장 전 소장도 더 이상 장기 외유에 나설 필요는 없을 것으로 보인다. 장 전 실장이 청와대 정책실장으로 재직하던 시절 "대학 교수 출신으로는 드물게 주변 정리가 생각보다 깔끔하다"는 얘기가 나왔다.

소득주도성장

'소득주도성장'이라는 말은 장하성 전 실장이 만든 용어가 아니다. 문재인 정부 출범 이후 첫 청와대 경제수석을 맡았던 홍장표 부경대 교수가 국제노동기구(ILO) 등에서 사용하는 '임금주도성장(Wage-led growth)'을 자영업자가 많은 한국 현실에 맞춰 변형시킨 것이라는 게 지배적인 해석이다.[74]

---

[74] 홍장표 부경대 교수는 문재인 대통령이 국회의원이던 시절 국회의원 문재인과 은수미가

그러나 문재인 정부가 출범한 뒤 일자리 확대와 소득주도성장을 이끈 총책임자는 장 전 실장이라고 봐야 한다. 장 전 실장이 홍 전 수석 등을 이끌고 청와대 내의 정책을 총괄했기 때문이다.

문재인 정부는 출범 직후 1년 반 남짓한 기간 동안 일자리 확대와 저(低)소득층의 소득 증대를 위해 17조 원이 넘는 돈을 추가로 쏟아 부었다. 2017년 취임 직후 '일자리 추가 경정 예산'(추경, 약 11조 원)과 2018년 '청년 일자리 추경'(약 3조 8000억 원), 최저임금 인상에 따른 부작용을 막기 위한 '일자리 안정자금'(2018년, 약 3조 원) 등이 대표적이다. 그러나 천문학적인 돈(재정)을 쏟아 부었는데도, 일자리 사정은 나아지기는커녕 점점 나빠지기만 했고, 2018년 1분기 가계 소득 지표는 문자 그대로 '사상 최악'이었다.

'2018년 1분기 가계동향조사 결과'(소득 부문)

통계청은 2018년 5월 24일 '2018년 1분기 가계동향조사 결과'(소득 부문)를 발표했다. 통계청의 조사 결과는 충격적이었다. 문재인 정부는 출범 이후 일자리와 저소득층의 소득을 늘리겠다면서 소득주도성장을 국정 제1과제로 내세워 왔기 때문에 집권 세력의 충격은 더욱 컸다.

2014년 7월 10일 국회 의원회관 제1세미나실에서 공동 주최한 '중산층을 키우는 진보의 성장 전략 소득주도성장의 의미와 과제' 세미나에서 '한국경제의 대안적 성장 모델 모색' 이라는 발제문을 발표했다. 그 뒤 홍 교수는 정치권 등에 '한국에서 소득주도성장에 관한 최고의 전문가' 로 소개되면서 문재인 정부 출범 이후 첫 청와대 경제수석으로 발탁됐다. 당시 홍 교수 외에도 이상헌 국제노동기구(ILO) 연구조정관(2018년 6월 현재 ILO 고용정책국장)이 '소득주도성장론의 의의와 국제 사회의 대응 전략' 이라는 발제문을 발표했다. 이들은 그 뒤 문재인 정부의 소득주도성장론이 위기에 빠질 조짐이 보이면 가장 적극적으로 나서서 비호하는 역할을 하게 된다. 홍 교수와 이상헌 ILO 연구조정관 등의 글은 문재인 대통령의 블로그(https://blog.naver.com/moonjaein2/220056173408)에서 찾아볼 수 있다.(2018년 6월 14일 검색) 홍 교수는 문재인 정부 첫 청와대 경제수석으로 발탁됐다가, 2018년 6월 26일 윤종원 경제협력개발기구(OECD) 대사로 교체됐다.

2018년 1분기 가계동향조사 결과, 소득 하위 20%(1분위)와 20~40%(2분위) 가계의 소득이 늘기는커녕 2003년 통계 작성 이후 가장 큰 폭의 감소율을 기록했다. 소득 상위 20%(5분위)의 소득을 하위 20%(1분위) 소득으로 나눈 5분위 배율(균등화 처분가능소득 5분위 배율, 전국 2인 이상)도 5.95배로 사상 최대치를 기록했다.

간단히 말해, 저소득층의 소득은 사상 최대의 감소율을 기록하면서 줄었고, 소득 격차는 사상 최대 수준으로 벌어진 것이다.

문재인 대통령과 청와대는 '패닉(공황)' 상태에 빠졌다. 문재인 정부 출범 이후 일자리 창출과 최저임금 인상, 소득주도성장이 정부 차원에서 추진된 것은 사실이지만, 사실은 장하성 전 실장을 필두로 한 청와대 경제팀이 주도했다고 봐도 과언이 아니었다. 그런데, 결과가 기대한 것과 정반대로 나오자 청와대 경제팀은 패닉 상태에 빠질 수밖에 없었다. 엄청난 패닉 상태에서 청와대 경제팀은 새로운 논리 개발을 위해 다급하게 움직이기 시작했다. 그러나 그런 다급함은 사태를 더욱 악화시켰다.

청와대, 노동연과 보사연에 SOS(조난 신호)를 치다

청와대가 SOS를 친 곳은 한국보건사회연구원과 한국노동연구원이었다. 통계청은 자료를 배포한 다음 날인 2018년 5월 25일 한국보건사회연구원에 가계동향조사 결과의 '원자료(마이크로데이터)'를 넘겼다. 노동연구원의 홍민기 선임연구위원은 보건사회연구원으로부터 5월 26일 오후 늦게 원자료를 넘겨받았다.[75]

---

75 필자와 홍민기 한국노동연구원 선임연구위원과의 전화 통화.(2018년 6월 2일) 문재인 정부 청와대가 급박한 상황이 되자 과거 정부에서 주로 경제 분석을 의뢰하던 한국개발연구원(KDI)이 아니라, 보건사회연구원과 노동연구원에 분석을 의뢰한 것도 시사점이 있다. 자타가

청와대 경제팀은 문재인 대통령에게 노동연구원 분석 결과를 보고했고, 문 대통령은 이를 토대로 그해 5월 31일 청와대에서 대통령 주재로 열린 국가재정전략회의에서 "소득주도성장과 최저임금의 긍정적 효과가 90% 이상"이라는 통계청의 발표 내용과는 정면으로 배치되는 발언을 했다.

그는 또 청와대 경제팀의 보고에 기초해 "저소득층 가계 소득이 감소한 게 소득주도성장 실패라거나 최저임금의 급격한 증가 때문이라는 진단이 성급하게 내려지고 있는데, 정부가 잘 대응하지 못하고 있다는 생각이 든다"고 내각을 질책했다.

기획재정부 기자단 발칵 뒤집혀

김의겸 청와대 대변인을 통해 문재인 대통령의 발언이 전해지자, 우리나라 경제 정책을 총괄하는 기획재정부 출입 기자단(통계청 담당 겸임)이 발칵 뒤집혔다.[76] 문 대통령의 발언에는 우리나라에서 새로운

공인하는 한국 최고의 '경제 싱크탱크'인 KDI는 미국 유학파가 압도적으로 많고, 한국 주류 경제학계의 흐름을 대표하는 국책연구기관이다. 반면 보건사회연구원과 노동연구원의 일부 박사들은 문재인 정부의 정책 기조인 소득주도성장에 찬동하는 경향이 강한, 문재인 정부 입장에서는 '장점(長點)'이 있는 것으로 전해졌다. 문재인 정부와 '코드'가 잘 맞는 것으로 알려진 인물은 보건사회연구원의 강신욱 선임연구위원(문재인 정부 두 번째 통계청장), 노동연구원의 이병희·홍민기 선임연구위원 등으로 알려졌다.

76   우리나라 기획재정부 출입 기자단(또는 등록 기자단)은 옛 경제기획원(EPB)과 재무부(MOF) 기자단의 맥을 잇고 있으며, 우리나라 경제 정책을 가장 폭넓게 취재한다. 대부분 언론 사에서 기재부 출입 기자들은 기재부가 담당하는 경제 정책, 예산, 세제, 국제 금융 등을 담당하면서, 산하 기관인 통계청, 관세청, 국세청, 조달청 등의 업무를 함께 취재한다. 각 언론사 기재부 기자들은 팀을 이뤄 공정거래위원회, 국토교통부, 해양수산부, 농림축산식품부 등을 함께 맡는 경우도 많다. 이에 따라, 기재부 출입 기자 중 선임 기자는 경제 정책 팀장의 역할을 하며, 기재부뿐만 아니라 경제 부처 전체의 흐름을 파악해 정책 관련 기사의 방향을 조율한다. 또 중요 경제 사안이 발생할 경우, 청와대 경제수석실을 포함한 청와대의 정책 관련 조직의 움직임도 출입 기자는 아니지만 실질적으로 파악하고 분석하는 역할을 담당한다. 현재는 금융위원회가 독립 기관으로 떨어져 나갔지만, 과거 재정경제원, 재정경제부 시절에는 국내 금융도 기재부 출입 기자(당시에는 재정경제원, 재정경제부 출입 기자)가 맡는 영역이었다.

통계가 나올 때 가장 먼저 분석해 기사를 작성하는 기재부 출입 기자들이 한 번도 들어보지 못한 내용이 포함돼 있었기 때문이다. 기재부(통계청) 기자단이 대통령이 발언한 통계의 출처가 무엇인지 알지 못하는 일은 수십 년에 한 번 있을까, 말까 하다고 해도 과언이 아니다. 문 대통령은 다음과 같이 말했다.

"특히, 최근 일자리 증가 속도가 우려할 만큼 둔화된 가운데 (2018년, 인용자) 1분기 가계 소득 동향에서 소득 하위 20% 가구의 소득이 오히려 감소하여, 소득 상위 20% 가구와의 소득 격차가 더 벌어졌다는 통계가 발표됐습니다. 빠르게 진행되는 고령화와 생산가능인구(15~64세 인구, 인용자)의 감소, 음식숙박업과 영세 자영업자들의 어려움, 건설 경기의 부진, 조선 산업과 자동차 산업의 구조 조정 등 여러 요인들이 더해졌습니다.

올해 최저임금 인상이 미친 영향에 대해서도 더 시간을 가지고 심도 있게 검토해 볼 필요가 있습니다. **더 분명한 것은 고용 근로자들의 근로 소득은 전반적으로 증가했고, 그 가운데 저임금 근로자의 소득이 회복돼 증가해 개인 근로 소득의 불평등이 개선된 반면, 고용에서 밀려난 근로 빈곤층의 소득이 하락했다는 사실입니다. 그 결과 근로자는 모든 분위에서 소득이 증가했으나 근로자 외 가구의 소득 감소가 가구 소득 격차 확대의 중요 원인이 된 것으로 분석됩니다.**

고용 근로자들의 근로 소득 증가와 격차 완화, 그리고 중산층 가구의 소득 증가는 올해 최저임금 인상의 긍정적 효과입니다. 이는 올해 최저임금 인상을 결정할 때 우리가 기대했던 효과가 나타나고 있는 것이라고 할 수 있습니다.

그러나 한편으로 그로 인해 저임금 근로자의 고용이 줄거나 근로 시간이 줄어들어 소득을 감소시킬 가능성이 있다면 그것은 최저임금 인상의 부작용일 수 있으므로 정부는 그에 대한 보완 대책을 강구하지 않으면 안 될 것입니다. 이 부분에 대한 철저한 점검과 함께 소득 하위 계층, 특히 고령층의 소득 감소에 대한 대책을 더 강화해주시길 특별히 당부 드립니다."

[(전문)2018 국가재정전략회의 문재인 대통령 모두 발언, 강조는 인용자][77]

기획재정부 출입 기자, 국가통계포털의 모든 자료 전수 조사

문재인 대통령의 발언이 전해진 뒤, 기획재정부 출입 기자들은 통계청이 운영하는 국가통계포털(KOSIS, http://kosis.kr)을 샅샅이 뒤졌다. 대통령이 국민에게 직접 발표할 정도면, 분명 어딘가에 근거가 있을 것이라고 생각했기 때문이다.

대통령 중심제, 특히 우리나라처럼 '제왕적 대통령 중심제'를 채택하고 있는 나라에서 대통령 말의 무게는 상상할 수 없을 만큼 엄청나다. 기재부 출입 기자의 입장에서는, 대통령이 언급할 정도로 중요한 통계를 놓친 것이라면, 엄청난 업무상 과실이고, 회사에서 책임 문제가 불거질 가능성도 배제할 수 없는 상황이었다.

기재부 기자들은 통계청이 내놓은 보도를 위한 자료(보도 자료)가 아니라, 국가통계포털에서 우리나라 전체 가구의 소득뿐만 아니라, 전체 가구를 '근로자 가구'와 '근로자 외 가구'로 나누고, 다시 소득 5분위(전체 가구를 소득 구간별로 5개로 나눈 것), 10분위(전체 가구를 소득 구간별로 10개로 나눈 것) 시계열(時系列·어떤 관측치 또는 통계량의 변화를 시간의 흐름에 따라 포착하고 계열화한 것) 자료 등으로 분류해 전수 조사했다.

소득도 경상 소득과 비(非)경상 소득으로 나누고, 경상 소득을 다시 세분화해 근로 소득, 사업 소득, 재산 소득, 이전 소득 등으로 나눠 통계가 작성되기 시작한 2003년부터 전체 기간을 대상으로 샅샅이 분석을 진행했다.

그러나 결과는 국가 공식 통계 어디에서도 대통령이 발언을 뒷받침할 만한 통계를 찾을 수 없었다는 것이다. 어떤 식으로 분석해 봐도

---

77 [전문]2018 국가재정전략회의 문재인 대통령 모두 발언(연합뉴스, 2018년 5월 31일, http://www.yonhapnews.co.kr/bulletin/2018/05/31/0200000000AKR20180531130000001.HTML?input=1195m, 2018년 6월 14일 검색).

대통령의 발언은 '오류'이거나, 우리나라 통계 당국이 제공하는 공식 통계로는 입증할 수 없는 '제3의 수치'를 사용하고 있다고밖에 볼 수 없었다.

쏟아지는 대통령 발언에 대한 비판

상황이 이렇게 되자 문재인 대통령의 발언에 대한 언론의 비판이 쏟아졌다. 특히 문 대통령의 발언이 나온 이후 김의겸 청와대 대변인이 "통계청에서 나온 자료를 더 깊이 구체적으로 들여다 본 내용"이라면서 "비공개 자료"라고 말하며 해당 통계를 공개하지 않은 것이 상황을 더욱 악화시켰다. 이와 관련, 통계청은 "우리는 청와대에 (문 대통령의 발언과 관련된) 통계를 제출한 적이 없다"며 "통계청에 대외적으로 공개하지 않는 통계 따위란 없다"고 단언했다.[78]

그런데 진보 성향의 한겨레신문은 2018년 6월 2일 6면(사회)에 '최저임금 인상 효과 90% 문 대통령 발언 근거는…'이라는 단독 기사에서 국책연구기관의 한 관계자를 인용해 "통계청의 올해 1분기 가계동향조사 원자료(마이크로데이터)를 개인 단위로 쪼개 임금을 분석하면, 최저임금 인상 등에 따른 임금 상승 효과를 추정해볼 수 있다"며 "문 대통령에게도 이런 분석 결과가 보고된 것으로 알고 있다"고 보도했다. 한겨레신문은 이런 방식으로 분석한 기관이 노동연구원이라는 사실을 밝혔다.[79]

---

78 예컨대, 최종석·이민석, '文대통령이 말한 최저임금 90% 효과, 靑 구체적 통계 내용은 공개 못해'(조선일보, 2018년 6월 2일); 김영필·이태규·서민준, '文 의 90% 효과 잘못된 통계서 나왔다'(서울경제, 2018년 6월 2일) 등 참조.
79 방준호, '최저임금 인상 효과 90% 문 대통령 발언 근거는…'(한겨레신문, 2018년 6월 2일). 한겨레신문이 대통령 발언의 근거로 노동연구원 분석 결과를 제시하자 "김의겸 청와대 대변인(전 한겨레신문 기자)과의 특수 관계 때문에 청와대가 의도적으로 우호적인 신문에 자

기재부 출입 기자들은 한겨레신문이 보도한 당일, 취재를 통해 통계청의 원자료를 분석한 사람이 노동연구원의 홍민기 선임연구위원이라는 사실을 알아냈다. 남은 문제는 '홍 위원이 분석한 결과가 과연 대통령의 발언을 뒷받침하는 근거가 될 수 있느냐'였다. 그 시점에서, 청와대는 코너로 몰리고 있었다.

노동연구원 분석의 문제점(1)

홍민기 한국노동연구원 선임연구위원은 2018년 6월 2일 토요일 밤 필자와의 전화 통화에서 "이번에 분석한 결과는 통계청이 제공한 '가구 단위'의 마이크로데이터(원자료)를 '개인 자료'로 재구성해 분석한 것"이라며 "임금 노동자만 추려내 분석한 것이고, 자영업자는 포함돼 있지 않다"고 밝혔다. 그는 "청와대에서 요청이 와서 자료를 제공한 것이 맞다"며 "과거에 연구할 때 만들어 놓은 '코드'가 있어서 이번에 자료를 분석하는데 10분 정도 밖에 걸리지 않았다"고 말했다.[80]

홍 위원의 분석 결과를 문재인 대통령의 "최저임금의 긍정적 효과가 90% 이상"이라는 말과 직접적으로 연계시키는 것에는 크게 봐서 2가지의 근본적인 '결함'이 있었다. 첫 번째 문제는 '표본 대표성' 문제다. 통계청은 그해 6월 2일 공식 자료를 통해 아래와 같이 밝혔다.

료를 흘린 게 아니냐"는 얘기도 나왔다. 방 기자는 김 대변인이 한겨레신문에 재직할 당시 김 대변인과 함께 '최순실 국정농단 사건'을 파헤치는 '한겨레 특별취재팀' 팀원으로 활동했다. 그러나 2018년 6월 2일 자 기사에서 한겨레신문은 기사의 소스(출처)로 '청와대 관계자'가 아니라 '국책연구기관의 한 관계자'를 인용했다. 청와대가 자료를 정말 흘렸는지는 알 수 없지만, 일단 기사에서는 그 같은 의심이 부인된 셈이다. 한겨레 특별취재팀의 활동에 대해서는 다음을 참조. 김의겸, '최순실 게이트-탄핵-정권교체 '숨은 의인' 입 열다'(한겨레신문, 2017년 5월 16일, http://www.hani.co.kr/arti/politics/polibar/794923.html#csidxbf01558b1 3363aa9ed0ffad1273638b, 2018년 6월 10일 검색).

80 필자와 홍민기 노동연구원 선임연구위원과의 전화 통화(2018년 6월 2일).

"통계청이 (국책연구기관에, 인용자) 제공한 마이크로데이터는 '가구 단위' 자료임.

○ 근로소득은 가구주, 배우자, 기타 가구원으로 구분되어 있으며, 통계청은 표본 대표성을 고려하여 가구 단위로만 통계를 작성, 공표함.

○ 이번 연구 결과(노동연구원 연구 결과, 인용자)의 경우 해당 연구기관에서 분석 필요에 맞춰 개인 자료로 재구성해 사용한 것으로 추정됨."

[통계청 설명 자료, '가계동향조사(소득 부문) 마이크로데이터 제공 여부에 대해 설명하고자 함', 2018년 6월 2일][81]

그러면, 통계청은 '표본 대표성'을 고려해 '가구 단위'로만 작성, 공표하는 통계를 노동연구원 연구자가 임의로 개인 자료로 바꾸어 분석했을 때 '통계의 유의미성'(표본 대표성 등을 고려할 때 의미 있는 통계라는 사실)을 확보할 수 있을까. 이에 대해서는 많은 논란이 제기될 수 있다.

홍 위원은 문화일보와의 전화 통화에서 "2016년에 '불평등 지표 개선 연구'라고 하는 연구를 한 적이 있는데, 당시 통계청 가계동향조사에서 개인 자료를 재구성해 '개인 임금표'를 만들어 경제활동인구조사나 국세 통계와 비교해 본 적이 있다"며 "비교해 보니, 가계동향조사가 다른 조사에 비해서 국세 통계랑 훨씬 더 가까웠고, 그래서 제가 '가계동향조사가 임금 분포에 대해서는 다른 조사보다 정확한 정보를 준다고 할 수 있다'는 결론을 쓴 바 있다"고 말했다.

홍 위원 주장의 핵심은 과거에 통계청의 가계동향조사에서 개인 자료를 재구성해서 '개인 임금표'를 만들어 분석해 봤더니, 정확도가 높은 국세청의 국세 통계와 가까워서 통계적 유의미성이 있다고 판단했다는 것이다. 그러나 과거 연구에서 국세 통계와 비슷한 결과가

---

81 통계청 설명자료, ''가계동향조사(소득 부문)' 마이크로데이터 제공 여부에 대해 설명하고자 함'(2018년 6월 2일, http://kostat.go.kr/portal/korea/kor_nw/4/1/index.board?bmode=read&bSeq=&aSeq=368264&pageNo=2&rowNum=10&navCount=10&currPg=&sTarget=title&sTxt=, 2018년 11월 10일 검색).

나왔다고 해서, 지금도 반드시 그럴 것이라고 단언하기는 어렵다.

노동연구원 분석의 문제점(2)

두 번째 문제는 더욱 치명적이다. 홍민기 한국노동연구원 선임연구위원은 "이번 분석 대상은 임금 노동자만 추려낸 것이며, 자영업자는 포함돼 있지 않다"고 밝혔다. 그러나 문재인 정부 출범 이후 최저임금의 급격한 인상으로 '직격탄'을 맞은 것은 임금 노동자라기보다는 자영업자라는 것이 그동안 학계·언론계의 정설(定說)이었는데, 분석 대상에서 자영업자를 아예 제외했다는 것이다.[82]

사실 통계청의 중요 통계가 나온 뒤 국책연구기관이나 대학 등에서 마이크로데이터(원자료)를 활용해 분석을 하는 것은 흔한 일이고, 어떤 측면에서는 권장할 만한 일이다. 실제로 정부 부처가 통계청 마이크로데이터를 활용해 분석한 내용을 '정책 참고자료'로 활용하는 사례가 많고, 대학 등에 재직하는 연구자들이 통계청 마이크로데이터를 활용해 학술 논문을 발표하는 경우도 많다.

다만, 통계청의 마이크로데이터를 임의로 재구성해서, 자영업자는 제외하고 임금 노동자만을 대상으로 분석한 결과를 바탕으로 일국의 대통령이 "최저임금 인상의 긍정적 효과가 90%"라는 취지의 발언을 한 것은 '있을 수 없는 일'이라는 지적이 제기될 수밖에 없었다.[83]

---

82 통계청에 따르면, 2018년 4월 기준으로 우리나라의 전체 취업자(2686만 8000명) 중에서 자영업자(569만 6000명)와 무급가족종사자(112만 9000명) 등 비임금 근로자(682만 5000명)가 차지하는 비중은 25.4%에 달한다. 통계청, '고용동향'(2018년 4월), 35쪽(종사상지위별 취업자).

83 문재인 대통령의 '발언 파문'이 확산한 배경에는 경제에 대한 지식이 부족한 김의겸 청와대 대변인의 부정확한 브리핑도 상당히 영향을 미친 것으로 보인다. 김 대변인은 대통령 발언이 나온 직후 대통령 발언의 근거에 대한 질문이 쏟아지자 처음에는 '비공개 통계'라고 했다. 그러나 실제로는 대통령 발언의 근거는 비공개 통계가 아니었다. 우리나라 통계 당국인 통계청

진보·보수 언론 한 목소리로 대통령 발언의 부정확성 지적

대통령의 발언이 언론에서 직접 공격받는 상황이 벌어지자 청와대 경제팀이 나섰다. 사안의 전문성을 고려해 소득주도성장의 '주창자'라는 홍장표 전 청와대 경제수석이 2018년 6월 3일 직접 청와대 출입 기자들 앞에 나온 것이다.

홍 전 수석은 이날 청와대 출입 기자들에게 '6·3 경제수석 기자 브리핑 설명 자료'라는 것을 배포했다. 그는 홍민기 한국노동연구원 선임연구위원이 분석한 결과를 여러 장의 컬러 패널까지 동원하면서 자세히 설명했다. 그러나 출입 기자, 정확히 말하자면 청와대 출입 기자가 아니라 기획재정부 출입 기자들의 반응은 싸늘했다. 홍 전 수석은 청와대 출입 기자들 앞에서 브리핑하고 있었지만, 실제로 그의 브리핑을 듣고 있는 것은 세종특별자치시에 있는 기재부 출입 기자들이었고, 홍 전 수석의 말에 신빙성이 있는지 없는지를 각 언론사에서 최종적으로 판단하는 것도 기재부 출입 기자들이었다.

흔히 정치 이슈에 대해서는 '보수 언론'과 '진보 언론'의 반응이 상반되는 경우가 많다. 하물며 당시 청와대 경제수석이 국정 최고 책임자인

은 '비공개 통계'를 따로 보관하지 않는다. 통계청이 일정 수준의 자격 요건을 갖춘 사람에게 제공하는 마이크로데이터(원자료)는 비공개 통계라고 부를 수 없다. 통계청의 마이크로데이터는 '통계적 유의미성'이 없어서 함부로 외부에 공개하지 않고 전문적인 자격을 갖춘 연구원이나 대학 교수 등에게만 선별적으로 제공하는 '원자료'일 뿐이다. 통계청의 마이크로데이터를 분석한 결과는 '국가 공식 통계'라고 할 수 없으며, 연구자 개인(또는 해당 연구기관)의 '연구 결과'일 뿐이다. 김 대변인은 또 "(대통령이 발언한) 최저임금의 긍정적 효과가 90%라는 것은 소득 하위 10%를 제외하고는 모두 근로 소득이 증가하는 효과를 보였다는 것"이라고 청와대 출입 기자들에게 설명한 적도 있지만, 기재부 출입 기자들이 국가통계포털(KOSIS)의 시계열 자료를 분석한 결과, 이것도 사실이 아닌 것으로 밝혀졌다. 김 대변인이 기자들에게 전한 말이 논란을 가라앉히기는커녕 오히려 증폭시키면서, 결국 2018년 6월 3일 홍장표 전 청와대 경제수석이 직접 청와대 출입 기자 앞에 나와 대통령 발언의 배경을 브리핑했다. 전슬기, '"최저임금 긍정 효과 90%" 미스터리…靑 설명대로 계산해도 그런 통계는 없어'(조선비즈, 2018년 6월 1일, http://biz.chosun.com/site/data/html_dir/2018/06/01/2018060102342.html, 2018년 10월 10일 검색) 등 참조.

대통령의 발언에 대한 설명을 한 것에 대한 반응이라는 측면을 고려하면, 보수 언론과 진보 언론의 평가가 다를 가능성이 컸다. 그러나 홍 전 수석의 설명과 그에 따른 문 대통령 발언의 진위를 따지는 데는 보수 언론, 진보 언론이 따로 없었다. 모두 한 목소리로 홍 전 수석의 브리핑 내용이 문 대통령의 "최저임금 인상의 긍정적 효과가 90%"라는 발언의 근거가 될 수 없다고 지적했다.[84]

진보, 보수를 막론하고 경제 분야 기자들이 이렇게 일치된 의견을 보인 것은, 적어도 경제 문제에서, 특히 통계와 관련된 사안에서 공식 통계를 왜곡하거나 확대 해석하는 일은 결코 있어서는 안 된다는 최소한의 공감대(共感帶)가 있었기 때문이다. 이런 과정을 거쳐 문 대통령의 "최저임금 인상의 긍정적 효과가 90%"라는 말은 사실상 부인(否認)됐다.

장하성 전 실장 등 청와대 경제팀 문책론 급부상

청와대 참모가 대통령에게 부정확한 보고를 하고, 대통령이 잘못된 보고를 근거로 전 국민에게 잘못된 내용을 발표까지 했으면, 해당 참모는 책임을 지는 게 마땅하다.

청와대 참모는 기본적으로 '비서(祕書)'다. 비서가 대통령에게 절대로 하지 말아야 할 게 '잘못된 내용'을 보고해서, 대통령이 전 국민에게 부정확한 내용을 발표하도록 하는 일이다.

---

84 대표적으로 조선일보와 한겨레신문의 두 기사를 참조. 정우상, '文대통령이 참조한 소득통계 최저임금 직격탄 맞은 자영업·실직자는 뺀 자료였다'(조선일보, 2018년 6월 4일); 정은주, '최저임금 혜택 못 본 하위 10%에 주목, 영세 자영업자 소득 감소는 설명 못해'(한겨레신문, 2018년 6월 4일). 문재인 대통령의 발언 근거가 한국노동연구원 자료임을 단독 보도한 한겨레신문은 2018년 6월 4일 자 기사에서 "하지만 전문가들은 최저임금 인상의 효과를 임금 근로자로만 좁혀서 해석하는 것은 한계가 있다고 지적한다"고 밝혔다. 이로써, 대통령의 발언은 보수 언론뿐만 아니라 진보 언론에서도 '근거가 부족한, 부정확한 발언'으로 사실상 결론이 났다.

⟨대통령 비서실 조직도⟩

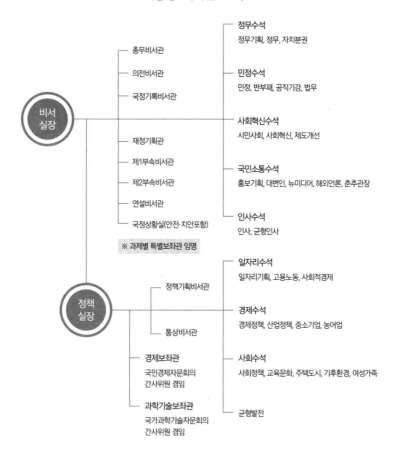

⟨국가안보실 조직도⟩

자료: 청와대 홈페이지(http://www1.president.go.kr/about/organization, 2018년 12월 15일 검색).

당시 청와대의 정책 분야는 모두 장하성 전 정책실장이 관장하고 있었다. 청와대 정책실장 산하에는 경제수석, 일자리수석, 사회수석, 경제보좌관 등이 포진하고 있다.

장 전 실장이 청와대 정책실을 책임지는 수장(首長)의 역할을 하고 있었기 때문에 언론은 문재인 대통령의 발언과 관련, 장 전 실장을 문책해야 한다는 지적을 내놨다.[85] 청와대 경제팀의 부실한 보고로 대통령이 국민에게 잘못된 정보를 전달한 사실은 그 후로도 장 전 실장에게 큰 부담이 됐다.

홍장표 당시 청와대 경제수석 사실상 경질

문재인 대통령은 2018년 6월 26일 청와대 수석 및 비서관들에 대한 인사를 단행하면서 홍장표 당시 경제수석을 사실상 경질하고, 그 자리에 윤종원 경제협력개발기구(OECD) 대사를 임명했다. 반장식 일자리 수석도 경질하고, 정태호 정책기획비서관을 일자리수석으로 임명했다.

홍 당시 경제수석은 바로 내치지는 않고 정책기획위원회 산하에 소득주도성장특별위원회를 만들어 위원장으로 임명했다.

임종석 청와대 비서실장은 "그동안 소득주도성장의 이론적 틀을 짜 왔던 홍장표 경제수석을 정책기획위원회 산하 소득주도성장 특별위원장으로 선임함으로써 소득주도성장의 정책을 더욱 구체화하고, 중장기적 밑그림을 탄탄하게 그리라는 특명을 부여했다"고 설명했다.

그러나 경제계에서는 '문 대통령이 홍 경제수석을 사실상 경질했다'

---

85   대표적으로 다음 글을 참조. 김영필, '대통령 눈·귀 가린 통계, 커지는 장하성 책임론'(서울경제, 2018년 6월 5일); 조해동, '경제계 靑 경제팀, 부정확 통계 報告 책임 물어야'(문화일보, 2018년 6월 4일) 및 '통계 농단, 청와대 사과해야'(뉴스와 시각)(문화일보, 2018년 6월 11일).

는 해석이 지배적이었다. 그도 그럴 것이, 문 대통령에게 "최저임금 인상의 긍정적 효과가 90%"라는 부정확한 보고를 해서, 대통령이 국민에게 그 같은 말을 하도록 만든 실무 책임자가 홍 전 수석이었기 때문이다.

그러나 경제계의 많은 사람들이 경질을 요구한 것은 홍 전 수석이 아니라 장하성 전 정책실장이었다. 장 전 실장이 해당 통계 해석에 얼마나 관여했는지는 불분명하지만, 청와대에서 정책을 총괄적으로 책임졌던 것이 장 전 실장이었기 때문에 장 전 실장이 책임지는 게 맞는다고 생각했기 때문이다.

그러나 문 대통령은 장 전 실장 대신 홍 전 수석을 사실상 경질하는 선에서 사태를 마무리지었다. 대통령으로서는 김동연 당시 경제부총리가 건재한 상황에서 장 전 실장을 경질할 경우 '개혁파'와 '관료파' 간에 '힘의 균형추'가 한 쪽으로 지나치게 기운다고 판단했을지도 모를 일이다.

장하성은 통계에 무지하다?(1)

문재인 정부 출범 이후 통계는 경제 정책의 핵심 중의 핵심으로 급부상했다. 그런데 고려대 경영대 교수 생활을 오래 한 장하성 전 실장에 대해 "통계를 잘 모르는 사람"이라는 평가도 모자라 "통계 왜곡의 정점에 선 인물"이라는 극단적인 평가까지 나온다.[86] 이런 평가는 과연 사실에 부합하는 것일까?

---

[86] 송홍근, '"장하성이야말로 통계 왜곡 정점 선 인물"-통계 독립성 '황고집' 황수경 왜 잘렸나, 〈신장섭 싱가포르국립대 교수〉'(신동아, 2018년 9월 26일, http://shindonga.donga. com/3/all/13/1471121/1, 2018년 10월 12일 검색).

장 전 실장은 고려대 교수 시절이던 2017년 5월 17일 자신의 페이스북에 글을 하나 올렸다고 한다. 청와대 정책실장으로 임명되기 불과 나흘 전이었다. 그는 "1990년부터 2016년까지 26년간 국내총생산(GDP)이 260% 늘어날 동안 기업 총소득은 358%, 가계 총소득은 186% 늘어났다"고 한국은행 통계를 인용했다고 한다.

그런데 그 뒤 그는 "가계 평균소득은 90% 늘어나는데 그쳤다"며 통계청의 가계동향조사 통계를 끼워 넣었다고 한다. 그러고는 가계 총소득(186%)보다 가계 평균소득(90%)이 훨씬 적게 늘어난 것은 소득 불평등이 확대됐기 때문이라고 주장한 것으로 알려졌다. 이 같은 사실은 다음 날(2017년 5월 18일) 경향신문에 보도됐다.[87]

장하성은 통계에 무지하다?(2)

경향신문에 장하성 전 실장이 자신의 페이스북에 올린 글에 대한 기사가 나오자 통계청은 설명 자료를 냈다. 언론에 통계에 대해 논란의 소지가 있는 내용이 나오면 통계청은 보도 해명 자료, 보도 참고 자료, 설명 자료 등을 낸다. 언론 보도에 대해 통계청의 입장을 표명하는 것 중에서 '설명 자료'는 가장 강도가 약한 것이었다. 통계청은 설명 자료를 통해 다음과 같이 지적했다.

---

87   이정재, '장하성, 통계 갖고 장난 말라' (이정재의 時視各角)(중앙일보, 2018년 8월 30일, https://news.joins.com/article/22926140, 2018년 10월 12일 검색); 박병률, '기업총소득이 358% 늘어날 때 가계 총소득은 186% 증가 그쳐 계층 간 소득 격차도 더 벌어져'(경향신문, 2017년 5월 17일, http://biz.khan.co.kr/khan_art_view.html?artid=20170517 1813001&code=920100, 2018년 10월 12일 검색).

<언론보도 내용>

□ '각 경제주체의 지난 26년 총소득증가율 분석' 기사에서 "가계 평균 소득 증가율은 90%로 가계 총소득 증가율(186%)의 절반에 불과했다. 이는 가계 총소득에서 소득상위계층이 차지하는 비중이 커지고 있다는 뜻이다"라고 해석

<설명내용>

□ 가구원 수가 줄어들 경우 가계 평균 소득 증가율이 가계 총소득 증가율보다 낮아지게 되므로, 두 수치의 차이를 가계 소득 계층 간 불평등 확대에 관한 근거로 사용하는 것은 맞지 않음
 • 가구 수가 동일한 경우 두 수치의 증가율은 동일하며, 실제 우리나라의 평균 가구원 수는 '90년 3.7명에서 '15년 2.5명으로 크게 감소하여 가계 평균 소득 증가율을 둔화시키고 있음

□ 또한, 기사에서 인용한 두 통계는 각각 작성 범위와 개념 등이 다른 통계에서 나온 수치로 직접 비교하는 것은 부적절함
 • 가계 평균 소득 증가율(90%)은 '가계동향조사' 도시 2인 이상 가구당 실질 소득 월 평균 금액의 변화이며, 가계 총소득 증가율(186%)은 '국민계정' 가계 부문 실질 소득 총 금액의 변화를 나타냄
 [통계청 설명 자료, 「기업총소득이 358% 늘어날 때 가계 총소득은 186% 증가에 그쳐 계층 간 소득 격차 더 벌어져」 기사 내용에 대해 설명하고자 함.-경향신문 '17. 05. 18.(목) 22면 경제-'(2017년 5월 18일).]88

통계청이 표현은 점잖게 했지만, 장 전 실장이 작성 범위와 개념 등이 다른 통계에서 나온 수치를 직접 비교하는 오류를 범했다고 지적한 것이다.

---

88 통계청 설명 자료, '「기업총소득이 358% 늘어날 때 가계 총소득은 186% 증가에 그쳐 계층 간 소득격차 더 벌어져」기사 내용에 대해 설명하고자 함.-경향신문 '17. 05. 18.(목) 22면 경제-'(2017년 5월 18일, http://kostat.go.kr/portal/korea/kor_nw/4/1/index.board?bmode=read&bSeq=&aSeq=360698&pageNo=5&rowNum=10&navCount=10&currPg=&sTarget=title&sTxt=, 2018년 11월 10일 검색).

장하성은 통계에 무지하다?(3)

　장하성 전 실장이 페이스북에 올린 글은 생각보다 큰 파장을 낳았다. 그는 청와대 정책실장으로 재직하던 2018년 8월 26일 소득주도 성장 등 정부의 정책 방향과 목표에 대해 설명하기 위해 청와대 출입 기자들과 기자 간담회를 열었다. 그는 모두 발언을 통해 다음과 같이 말했다.[89]

> "우리나라는 실제 개인 소비 비중이 지난 10여 년간 OECD(경제협력개발기구, 인용자) 국가 중에서 항시 최하위였습니다. 오랫동안 우리 경제는 국내 수요가 경제 성장을 견인하지 못하는 구조를 가지고 있었습니다. 2000년을 기점으로 작년(2017년, 인용자)까지 우리 경제는 약 90% 성장을 했습니다. 1인당 국민 소득은 약 72%가 늘었습니다. **그러나 가계 총소득은 70% 늘었고, 더욱 심각한 것은 평균 가계 소득은 경제 성장률의 절반에도 미치지 못하는 32% 증가에 그쳤습니다.**"
>
> [강조는 인용자, 장하성 정책실장, '기자간담회 모두 발언'
> (청와대 브리핑, 2018년 8월 26일,
> http://www1.president.go.kr/articles/4077, 2018년 10월 12일 검색)].

　장 전 실장의 이날 모두 발언은 고려대 교수 시절이던 2017년 5월 17일 자신의 페이스북에 올린 글에 나오는 통계 기간을 26년에서 17년으로 줄였을 뿐 분석의 구조가 동일했다. 이정재 중앙일보 칼럼니스트는 장 전 실장의 이날 모두 발언 이후 "장 실장은 1년여가 지났지만 '통계 장난'을 그만두지 않았다"고 혹평했다. 그는 "당시(2017년 5월 17일)엔 몰라서 그랬을 수도 있다"며 "이번엔 뻔히 알면서 했다"고 비판했다.[90]

89　청와대, '장하성 정책실장, 기자간담회 모두 발언' (청와대 브리핑, 2018년 8월 26일, http://www1.president.go.kr/articles/4077, 2018년 10월 12일 검색).

신동아 보도에 따르면, 신장섭 싱가포르국립대 교수는 "장하성 실장이야 말로 통계 왜곡의 정점에 서 있는 인물"이라며 "학자 시절부터 분배 관련 통계를 제멋대로 해석했다"고 말했다. 신 교수는 장 전 실장이 2015년에 쓴『왜 분노해야 하는가』라는 책을 대표적인 사례로 꼽으면서, "과학적으로 분석한 후 도달한 결론인 듯 포장했으나 통계를 왜곡해 비교한 괴담(怪談) 수준"이라고 혹평했다고 신동아는 보도했다.[91]

장하성·김동연 논쟁의 출발 – 최저임금의 급격한 인상

문재인 정부 1기 내각에서 가장 많은 논쟁을 한 사람은 아마 장하성 전 청와대 정책실장과 김동연 전 부총리 겸 기획재정부 장관일 것이다. 경제 정책에서 '개혁파'를 대표하는 장 전 실장과 '관료파'를 대표하는 김 전 부총리의 충돌은 어떤 측면에서 이해할 만한 것이기는 했다. 문재인 정부 출범 이후 두 사람은 눈에 띄는 곳에서, 눈에 띄지 않는 곳에서 끊임없이 충돌했다. 두 사람이 충돌했던 첫 번째 이슈는 최저임금 인상이 경제, 특히 고용에 미친 영향이었다.[92]

---

90   이정재, '장하성, 통계 갖고 장난 말라'(이정재의 時視各角)(중앙일보, 2018년 8월 30일, https://news.joins.com/article/22926140, 2018년 10월 12일 검색).

91   송흥근, '"장하성이야말로 통계 왜곡 정점 선 인물"-통계 독립성 '황고집' 황수경 왜 잘렸나, 〈신장섭 싱가포르국립대 교수〉'(신동아, 2018년 9월 26일, http://shindonga.donga.com/3/all/13/1471121/1, 2018년 10월 12일 검색).

92   최저임금위원회에 따르면, 최저임금 제도란 "국가가 노·사 간의 임금 결정 과정에 개입하여 임금의 최저 수준을 정하고, 사용자에게 이 수준 이상의 임금을 지급하도록 법으로 강제함으로써 저임금 근로자를 보호하는 제도"다. 우리나라 헌법 제32조 제1항에는 "국가는 법률이 정하는 바에 의하여 최저임금제를 시행하여야 한다"고 규정돼 있다. 이 조항은 1987년 '6월 민주항쟁'의 결과로 그해 10월 29일 전면 개정된 소위 '1987년 헌법'에 처음으로 포함됐다. 최저임금의 정의에 대해서는 다음을 참조. 최저임금위원회, '최저임금제도란?'(http://www.minimumwage.go.kr/info/infoSigni.jsp, 2018년 10월 13일 검색).

문재인 정부는 2017년 5월 출범하자마자 2018년 1월부터 적용되는 최저임금을 16.4%나 한꺼번에 올렸다. 최저임금을 올리면 '저(低)소득층 소득 증가→한계 소비 성향(추가로 벌어들인 소득 중에서 소비되는 금액의 비율·Marginal Propensity to Consume)이 큰 저소득층의 소비 증가→경제 성장'의 선순환(善循環) 구조가 나타날 것이라는 게 장 전 실장을 포함한 개혁파들의 생각이었다. 이게 소위 말하는 '소득주도성장'의 핵심이었다.

그러나 최저임금을 이렇게 급격히 올릴 경우 자영업자가 대규모로 직원을 해고하면서 '고용 대란'이 일어날 가능성이 있다는 것을 개혁파와 관료파 모두 알고 있었다. 그래서 재정(국민 세금)에서 약 3조 원 규모의 '일자리 안정자금'을 만들어 소상공인 및 영세 중소기업 '사업주'에게 돈을 주기로 했다. 일자리 안정자금의 최대 특징은 근로자에게 지급하는 돈이 아니라, 속된 말로 '사람 자르지 말라(=직원 해고하지 말라)'고 사업주, 즉 사장님한테 지급하는 돈이라는 점이었다. 참으로 세계에서 유례를 찾기 힘든 제도였다.[93]

최저임금을 받는 근로자를 고용하고 있는 소상공인 및 영세 중소기업 사업주들이 직원을 해고하지 않고 고용을 유지한다면 최저임금 인상으로 근로자들의 소득이 늘어날 것이라는 게 개혁파들의 계산이었다. 이론적으로는 그럴 듯한 생각이었다. 그러나 개혁파들은 현실 세계는 이런 단순 계산보다 훨씬 복잡하다는 사실을 모르고 있었다. 현실을 잘 모른 채 '좋은 뜻'만 갖고 정책을 만드는 교수·시민단체 출신 '개혁파'들의 한계가 적나라하게 노정(露呈·겉으로 모두 드러내어 보임)

---

93 일자리 안정자금 홈페이지(http://jobfunds.or.kr/)에 따르면, '최저임금 해결사' 일자리 안정자금이란 "최저임금 인상에 따른 소상공인 및 영세 중소기업의 경영 부담을 완화하고 노동자의 고용 불안을 해소하기 위한 지원 사업"을 뜻한다. 그런데, 이 정의(定義)에는 심각한 문제가 있다. 정상적인 한글에서는 '일자리 안정자금=사업'이 될 수 없다. 그래서 위의 정의의 마지막 말인 '사업'은 '돈' 또는 '자금'이라는 말로 바꿔야 문맥이 통한다. '지원 사업'을 '지원금' 또는 '지원하는 돈'이라고 고쳐야 한다는 뜻이다. '최저임금 해결사 일자리 안정자금이란?'(http://jobfunds.or.kr/intro/about.html, 2018년 10월 13일 검색).

되는 순간이었다.

최저임금위원회의 구성

우리나라의 최저임금을 '독립적으로' 결정한다는 최저임금위원회는 최저임금법 12조에 근거를 두고 설치된 고용노동부 소속 기관이다. 최저임금위원회 사무실은 2018년 10월 13일 현재 세종특별자치시 한누리대로 422 고용노동부(정부세종청사 11동) 4층에 있다.

최저임금위원회는 근로자 위원 9명, 사용자 위원 9명, 공익 위원 9명(최저임금위원회 상임위원 포함) 등 총 27명으로 구성돼 있다.

이밖에 고용노동부 근로기준정책관, 산업통상자원부 산업정책관, 기획재정부 경제구조개혁국장 등 3명이 특별위원으로 참여하고 있다. 특별 위원은 최저임금법 제16조에 따라 관계 행정 기관 공무원 중에서 3명 이내의 범위 내에서 둘 수 있고, 위원회 회의에 출석해 발언할 수 있다.

이 같은 위원회 구성에 따라 최저임금위원회에서 논의를 하면 대부분 사용자 위원(9명)과 근로자 위원(9명)의 의견이 팽팽히 맞서는 경우가 대부분이고, 결국 공익 위원(9명)의 뜻에 따라 결정되는 사례가 많다.

최저임금위원회 공익 위원의 구성

최저임금위원회에서 최저임금을 심의·의결하는데 영향력이 큰 공익 위원은 2018년 10월 13일 현재 류장수 부경대 경제학부 교수(최저임금위원회 위원장), 김성호 최저임금위원회 상임 위원(고용노동부 공무원), 김혜진 세종대 경영학부 부교수, 권혜자 한국고용정보원 연구 위원, 강성태 한양대 법학전문대학원 교수, 이주희 이화여대 사회학과 교수, 백학영

강원대 사회복지학과 부교수, 오상봉 한국노동연구원 연구 위원, 박은정 인제대 공공인재학부 부교수 등 9명이다.[94]

경제계에서는 "진보 정권이든, 보수 정권이든 최저임금위원회 공익 위원을 정권과 '코드'가 맞는 인사로 구성하는 경향이 있다"는 얘기가 많다. 어떤 측면에서는 어렵게 대통령 선거에서 이긴 뒤, 고용노동부 소속 기관인 최저임금위원회의 위원장과 공익 위원을 새로운 정부와 성향이 비슷한 인사로 충원하는 것은 자연스러운 일인 것처럼 보인다.

이러다보니 최저임금위원회가 대외적으로는 최저임금을 독립적으로 결정한다고 하지만, 실제로는 '정권의 의도(意圖)'가 최저임금에 반영될 수밖에 없다는 얘기가 나온다.

최저임금위원회는 공식적으로 부인하겠지만, 문재인 정부 출범 (2017년 5월) 이후 최저임금위원회가 2018년 최저임금을 16.4%나 인상 하고, 2019년 최저임금을 다시 10.9%나 인상한 배경에는 새로운 정부 (문재인 정부)의 강력한 의지가 있었다는 해석이 제기되는 이유다.[95]

주먹구구식 최저임금 인상

청와대 경제팀을 포함한 문재인 정부 개혁파들의 생각과는 달리 경제라는 게 그렇게 단순하지 않다는 사실은 2018년 16.4%나 인상된

---

94 최저임금위원회 인터넷 홈페이지의 '위원회 구성'(http://www.minimumwage.go.kr/ about/aboutAllMember.jsp, 2018년 10월 13일 검색).

95 이와 관련, 보수 매체인 조선일보는 "(문재인 정부) 최저임금위원회 공익 위원 9명 중 8명이 정부 편"이라는 취지의 보도를 하기도 했다. 근거는 최저임금위원회 공익 위원 9명 중 8명은 이런저런 '정부 기구 소속'이라는 것이었다. 이기훈, '최저임금委 공익 위원 9명중 8명이 정부편'(조선일보, 2018년 10월 12일, http://biz.chosun.com/site/data/html_ dir/2018/10/12/2018101200331.html?utm_source=naver&utm_medium=original &utm_campaign=biz, 2018년 10월 13일 검색). 그러나 최저임금위원회 공익 위원 상당수 가 당시 정부와 유사한 입장을 가진 인사들로 채워진 것은 보수 정권인 이명박·박근혜 정부에 서도 비슷했던 것으로 보인다.

최저임금이 적용된 뒤 금방 드러났다. 무엇보다 문재인 정부 개혁파들이 주도한 최저임금의 급격한 인상은 절대적으로 준비가 부족한 상태에서 시행됐다는 평가를 받았다.

자본주의 경제에서 정부가 '가격 변수'인 최저임금을 한 해에 16.4%나 인상하는 것 자체도 문제지만, 인상을 하더라도 발생할 수 있는 악영향을 차단할 방안을 미리 치밀하게 점검했어야 했는데, 전혀 그렇지 못했다는 것이다.

최저임금 시행 초기, 소상공인이나 영세 자영업자뿐만 아니라 근로자들마저 4대 보험 가입 등이 싫어서 일자리 안정자금을 많이 신청하지 않았다는 사실은 거론하지 말자. 일자리 안정자금 신청자가 예상보다 많지 않자 정부가 온갖 유관 기관 등을 동원해 신청을 독려했고, 그에 따라 부적격자에 대한 지급 등 누수(漏水·물이 새는 일)에 대한 우려가 크다는 점도 일단 차치해 두자.

그러나 2018년 최저임금의 급격한 인상이 불러올 부작용을 막기 위해 약 3조 원에 달하는 일자리 안정자금까지 지급했는데도, 취업자 증가 폭(전년 동월 대비)이 급감한 사실에 대해서는 정부가 별로 할 말이 없는 게 사실이다.

정확히 얘기하면 일자리 안정자금만 투입한 게 아니다. 문재인 정부 출범 직후 2017년 11조 원 규모의 '일자리 추가 경정 예산(추경)', 2018년 3조 8000억 원 규모의 '청년 일자리 추경' 등 정부가 일자리 확충을 위해 쏟아 부은 재정(국민 세금)의 규모는 천문학적이었다. 그러나 효과는 없었고, 2018년 2월부터 취업자 증가 폭이 급감하면서, 저(低)소득층 소득도 급격히 감소했다. '일자리 정부'를 내세우면서, 대통령이 청와대에 '일자리 상황판'까지 만든 상황에서 정부가 도저히 견디기 힘든 일이 발생한 것이다.

추락하는 취업자 증가 폭

2017년 월평균 31만 6000명이었던 전년 동월 대비 취업자 증가 폭은 2018년 들어 1월에는 33만 4000명으로 호조세를 보였으나, 2월 10만 4000명을 시작으로 10만 명대 아래로 떨어졌다. 특히 7월(5000명)과 8월(3000명)에는 1만 명 밑으로 추락해 충격을 줬다. 다행히 '추석 효과' 등으로 9월에는 4만 5000명으로 다소 늘었지만, 전반적으로 고용 상황이 좋지 않은 것은 여전했다.

취업자 증가 폭이 급감하자 정부에 비상이 걸렸다. 2017년 5월 문재인 대통령이 취임한 뒤 '업무지시 1호'로 대통령 직속 일자리위원회를 만들 만큼 일자리에 공을 들여왔는데, 취업자 증가 폭이 커지기는커녕 오히려 줄었기 때문이다.

장하성 전 정책실장을 포함한 청와대 경제팀과 김동연 전 부총리 겸 기획재정부 장관 등은 시급히 원인을 분석하고, 대책을 만들어야 했다. 핵심은 취업자 증가 폭 급감의 '원인'에 대한 분석이었다. 원인이 정확히 분석돼야 대책을 만들 수 있기 때문이었다.

장하성-김동연, 1차 논쟁

장하성 전 청와대 정책실장과 김동연 전 부총리 겸 기획재정부 장관이 처음으로 맞붙은 것은 '2018년 1분기 가계동향조사'(소득 부문)가 나온 직후인 2018년 5월이었다.

통계청의 2018년 1분기 가계동향조사 결과는 참혹(慘酷·비참하고 끔찍함)했다. 저(低)소득층 소득이 늘기는커녕 사상 최대의 감소율을 기록하면서 줄었고, 소득 격차는 사상 최대 수준으로 벌어졌다. 그해 5월 29일 청와대에서 문재인 대통령 주재로 '가계 소득 동향 점검회의'

가 소집됐다. 우리나라 역사상 대통령이 가계 소득 동향 점검회의라는 이름으로 주재한 첫 회의였다.

이날 회의는 외부에 공개되지 않았다. 김 전 부총리는 이날 회의에서 "올해(2018년, 인용자) 1분기 소득 하위 20%(1분위) 소득이 감소한 데는 여러 가지 요인이 있겠지만, 최저임금 인상 등의 영향이 있을 수 있으므로 열린 마음으로 검토하는 것이 필요하다"는 취지의 발언을 한 것으로 알려졌다.

'소득주도성장'이나 '최저임금 인상의 필요성' 등을 부인한 게 아니라, 최저임금 인상을 너무 급격하게 하면 예기치 못한 부작용이 발생할 수 있으므로 모든 가능성을 열어놓고 검토할 필요가 있다는 점을 강조했다는 것이다[96].

그러나 김 전 부총리가 이런 의견을 내놓자 장하성 전 실장을 비롯한 청와대 참모들과 노동조합·시민단체 출신 장관들이 떼로 달려들어 김 전 부총리의 의견을 반박한 것으로 전해졌다. 세종 관가(官街)에는 "김 부총리가 보좌진 한 명 없이 청와대 회의에 갔다가 속된 말로 '다구리(부랑배의 은어로 '몰매'를 이르는 말)'를 당했다"는 소문이 퍼졌다.

김 전 부총리는 이날 보좌진 한 명조차 대동하지 않은 채 혈혈단신(孑孑單身·의지할 데 없이 외로운 홀몸)으로 회의에 참석한 것으로 확인됐다. 그는 한 발자국도 물러서지 않은 채 기재부 간부들과 미리 검토한 '기

---

[96] 그 뒤에도 김동연 전 부총리는 최저임금의 무리한 인상에 반대하는 발언을 이어갔다. 김 전 부총리는 2018년 7월 14일, 2019년 최저임금이 2018년에 비해 다시 두 자릿수(10.9%)나 인상된 8350원으로 결정되자 또 다시 '작심 발언'을 내놨다. 그는 그해 7월 16일 한국은행 본관에서 이주열 한국은행 총재와 회동한 뒤 기자들과 만나 "(2019년) 최저임금의 두 자릿수 인상은 올해 하반기 경제 운용에 부담으로 작용할 수 있어 우려된다"고 말했다. 그는 "(더불어민주당 등 여권 일각에서 제기되는) 내년도(2019년, 인용자) 일자리 안정자금을 3조 원을 초과해 (지원, 인용자)하는 것에 대해서 부정적"이라고 강조했다. 권혜민·구경민, '김동연의 작심발언 "최저임금 인상 고용 영향 현실화 조짐"'(머니투데이, 2018년 7월 16일, http://news.mt.co.kr/mtview.php?no=2018071608355812237, 2018년 10월 13일 검색).

재부의 분석과 입장'에 담긴 내용을 끝까지 주장했다.[97]

1차전은 김동연의 패배(敗北)?

2018년 5월 29일 열린 '가계 소득 동향 점검회의'에서는 김동연 전 부총리 겸 기획재정부 장관이 사실상 일방적으로 당했다는 평가가 지배적이었다. 청와대와 내각, 어디를 둘러봐도 김 전 부총리의 우군 (友軍)이라고 불릴 만한 사람은 없었다. 특히 청와대 내부 고위직 중에서는 김 전 부총리 편을 들어줄 사람은 전무(全無)한 실정이었다.

가계 소득 동향 점검회의 이틀 뒤인 5월 31일 다시 청와대에서 대통령 주재로 국가재정전략회의기 열렸다. 이날 회의에서 문재인 대통령은 "소득주도 성장과 최저임금 인상의 긍정적 효과가 90%"라는 유명한 말을 내놨다.

누가 봐도, 장하성 전 실장을 포함한 개혁파의 승리이고, 김동연 전 부총리를 포함한 관료파의 완패(完敗)였다. 우리나라 같은 제왕적 대통령 중심제 국가에서 최종 심판은 결국 대통령이기 때문이다.

만약 경제 분야가 아니라 다른 분야였다면, 김 전 부총리가 사임하고 상황은 종료됐을 것이다. 그러나 경제 분야의 문제는 대통령이 심판으로서 최종 결정을 내렸다고 해도, 그렇게 쉽게 끝나는 것은 아니었다.

앞에서 기술(旣述)한 것처럼, 문 대통령이 국가재정전략회의에서 발언한 "소득주도성장과 최저임금의 긍정적 효과가 90%"라는 말은 한국노동연구원의 분석 등에 근거를 둔 것이었는데, 노동연구원의 분석을

---

97 조해동, '文 정책 방향 의심 괘씸죄?···할 말 하다 코너 몰린 김동연' (문화일보, 2018년 5월 31일, http://www.munhwa.com/news/view.html?no=2018053101070203015 001, 2018년 10월 31일 검색).

대통령 발언의 근거로 삼는 것은 통계학적으로나 경제학적으로 부정확하다는 지적이 진보·보수 언론 가리지 않고 봇물처럼 터져 나왔다. 일부에서는 "책임을 물어 청와대 경제팀을 경질해야 한다"는 주장도 나왔다. 결국 문 대통령은 6월 26일 홍장표 당시 청와대 경제수석을 사실상 경질했다.

장하성-김동연, 2차 논쟁

장하성 전 청와대 정책실장과 김동연 전 부총리 겸 기획재정부 장관은 문재인 정부 출범 이후 쉬지 않고 대립했다. 따라서 두 사람 간에 몇 차례의 논쟁이 있었는지에 대해서는 논란의 여지가 있다.

그러나 장 전 실장과 김 전 부총리가 '화해의 제스처(gesture·마음에 없이 남에게 보이기 위한, 형식뿐인 태도)'를 취하기 위해 출석한 것으로 보이는 국회 예산결산특별위원회(예결위)에서 두 사람이 또 다시 '시각 차'를 드러낸 것을 2차 논쟁이라고 불러도 큰 무리는 없을 것이다.

2018년 8월 22일, '김 앤 장(김동연 전 부총리와 장하성 전 실장을 세간에서 함께 부르던 속된 말)'의 불화설이 정점을 향해 달려가는 상황에서 장 전 실장과 김 전 부총리는 나란히 국회 예결위에 출석했다. 국회 예결위에 출석한 적이 거의 없는 장 전 실장이 나온 것은 누가 봐도 불화설을 미봉(彌縫·일의 빈 구석이나 잘못된 것을 임시변통으로 이리저리 꾸며대어 맞춤)하려는 의도가 분명해 보였다.

예상대로 두 사람은 웃으면서 함께 사진도 찍고, "정책 선택에 있어서는 의견 차이가 있는 경우가 있었다"며 "그러나 현재까지는 호흡을 잘 맞추고 있다"고 마치 짜기라도 한 것처럼 이구동성(異口同聲·여러 사람의 말이 한결같음)으로 말했다. 장 전 실장은 "(청와대 정책실장을) 맡은 이후 장관회의를 단 한 차례도 주재(主宰·중심이 되어 맡아 처리함)해 본 적이 없다"며

"경제사령탑은 당연히 김 부총리"라고 '립 서비스(lip-service·입에 발린 말)'까지 했다.[98]

장하성-김동연, 메꿀 수 없는 간극(間隙·틈)

2018년 8월 22일, 장하성 전 청와대 정책실장과 김동연 전 부총리 겸 기획재정부 장관은 불화설을 진정시키기 위해 국회 예산결산특별위원회에 나란히 나왔지만, 국회의원들의 질의가 이어지자 두 사람의 견해차는 또 다시 드러났다.

장 전 실장은 '2018년 연말에 고용 상황이 회복될 것으로 보느냐'는 질문에 "생산가능인구(15~64세, 인용자)가 줄이드는 과정에서 과거처럼 매달 취업자 수가 20만~30만 명 늘어나는 것은 기대할 수 없다"고 말했다. '올해 정부(기획재정부, 인용자) 취업자 수 증가 목표치인 18만 명 달성이 가능할 것으로 보는가'라는 질문에는 "10만~15만 명이 정상적인 취업자 수 증가라고 생각한다"고 말했다. 정부의 취업자 수 증가 목표치 달성이 어렵다고 간접적으로 말한 셈이다.[99]

장 전 실장은 '연말까지 (고용 회복을, 인용자) 못하면 정치적 책임을 질 것이냐'는 질문에 "저는 정치적 책임이 아니라 정책적 책임을 지는 자리(에 있다, 인용자)"라면서 "연말까지 모든 정책 수단을 동원해 일자리를 창출하겠다"고 답변했다.

---

98   최고야·문병기, '장하성, "경제사령탑 당연히 김동연 부총리"…고용 전망엔 여전히 이견' (동아일보, 2018년 8월 23일, http://news.donga.com/3/all/20180823/91635166/1, 2018년 10월 13일 검색) 등 참조.

99   기획재정부는 2017년 12월 27일 '2018년 경제정책방향'을 통해 2018년 취업자 수 증가 폭을 32만 명으로 예상했다가, 2018년 7월 18일 '하반기 이후 경제여건 및 정책방향'에서 18만 명으로 대폭 낮췄다.

반면 김 전 부총리는 "고용 상황은 이른 시간에 회복되기 어려울 것"이라며 "소득주도성장만을 강조하는 분들은 소득주도성장 정책으로 해결할 사회 구조적 문제를 혁신 성장이 심화시킨다고 본다"며 소득주도성장론자를 향해 '뼈 있는 말'을 하기도 했다.[100]

기획재정부 장관의 평균 재임 기간은 1년 7개월

청와대 정책실장의 평균 재임 기간을 살펴보기에 앞서 기획재정부 장관을 기준으로 경제팀 수장(首長)의 평균 재임 기간을 살펴보자.[101]

옛 재정경제부에서 기획재정부로 부처 이름이 바뀐 2008년 2월 이명박 정부 출범 이후 박근혜 정부가 끝날 때까지 6명의 기획재정부 장관(2013년 3월 이후에는 부총리 겸 기획재정부 장관)의 평균 재임 기간은 약 1년 7개월(18.7개월)이었다.

윤증현 전 장관(2년 4개월), 박재완 전 장관(1년 9개월) 등 비교적 오래 자리를 지킨 일부 장관과 1년 동안 상대적으로 짧게 자리에 머문 강만수

---

100 임도원, '장하성 靑 정책실장 "고용목표 실패하면 정책적 책임지겠다"' (한국경제, 2018년 8월 23일, http://news.hankyung.com/article/2018082272921, 2018년 10월 13일 검색).

101 노무현 정부까지 유지되던 재정경제부(Ministry of Finance & Economy·MOFE)라는 부처 명칭이 기획재정부(Ministry of Strategy & Finance·MOSF)로 바뀐 것은 이명박 정부가 출범한 2008년 2월이었다. 이명박 정부 초대 기재부 장관은 강만수(2008년 2월~2009년 2월) 씨, 차관은 최중경(2008년 3월~2008년 7월) 씨였다. 기재부의 영문 명칭(MOSF)도 강만수 장관·최중경 차관 시절에 만들어졌다. '강 고집'과 '최 고집'으로 유명한 두 사람은 "부처 영어 명칭에 '전략(Strategy)'이라는 말을 넣으면 군사첩보기관처럼 보일 수 있다"는 주변의 만류에도 불구하고, 영문 명칭을 'Ministry of Strategy & Finance(MOSF)'로 밀어 붙였다. 이명박 정부 시절 만들어진 기재부의 영문 명칭 'MOSF'는 문재인 정부 출범 이후인 2018년 8월 1일 'Ministry of Economy & Finance(MOEF)'로 바뀌었다. 10년 전 옛 재정경제부의 영문 명칭 'Ministry of Finance & Economy(MOFE)'에서 'Economy'와 'Finance'의 위치만 바뀌었을 뿐 다시 제자리로 돌아온 것이다. 조해동, '군사첩보기관 같다 잇단 지적에 기재부 영문 명칭 변경' (문화일보, 2018년 8월 1일, http://www.munhwa.com/news/view.html?no=2018080101071803015001, 2018년 10월 11일 검색).

전 장관을 제외하면, 대부분 1년 4개월~1년 6개월 동안 장관직을 수행했다.

노무현 정부 시절 부총리 겸 재정경제부 장관의 사례를 살펴봐도 상황은 비슷하다. 다만, 당시에는 경제부총리의 '평균 수명(壽命·생물이 살아있는 연한)'이 최근보다 더 짧았다. 노무현 정부에서 김진표 전 부총리는 1년, 이헌재 전 부총리는 1년 1개월, 한덕수 전 부총리는 1년 4개월, 권오규 전 부총리는 1년 7개월 동안 각각 재임했다. 노무현 정부 경제부총리의 평균 재임기간은 15개월(1년 3개월)이었다.

재임 기간이 길다고 반드시 부총리 업무를 잘 했고, 많은 업적을 남겼다고 보기는 어렵다. 정권 말에 하는 일 없이 자리만 지켰거나, 후임자가 인사청문회에서 낙마(落馬)하는 등의 사유로 자리에 머문 경우도 많기 때문이다. 단임(單任·원래 정해진 임기를 다 마친 뒤에 다시 그 직위에 임용하지 않음) 대통령 중심제에서는 정권 후반부로 갈수록 경제부총리(또는 기획재정부 장관)가 별로 하는 일 없이 자리만 지키는 기간이 늘어나는 경향이 있다.

노무현 정부 정책실장 평균 재임 기간은 10개월

청와대에 장관급 정책실장을 처음으로 만든 노무현 정부에서 청와대 정책실장의 평균 재임기간은 약 10개월(9.8개월)이었다. 이정우 전 정책실장이 10개월, 박봉흠 전 정책실장이 6개월, 김병준 전 정책실장이 1년 11개월, 권오규 전 정책실장이 1개월, 변양균 전 정책실장이 1년 2개월, 성경륭 전 정책실장이 5개월 동안 각각 재임했다.[102]

---

102 위키백과(대한민국의 대통령비서실 정책실장, https://ko.wikipedia.org/wiki/%EB%8C%80%ED%95%9C%EB%AF%BC%EA%B5%AD%EC%9D%98_%EB%8C%80%ED%86%B5%EB%A0%B9%EB%B9%84%EC%84%9C%EC%8B%A4_%EC%A0

노무현 정부 청와대 정책실장 중에서 확실한 '개혁파'라고 부를 수 있는 사람은 이정우 초대 정책실장과 성경륭 6대 정책실장(문재인 정부 출범 이후 제7대 경제인문사회연구회 이사장) 정도였다. 그러나 성경륭 6대 정책실장은 정권 마지막 5개월 동안 청와대 정책실장을 맡았기 때문에 실제로 활동할 수 있는 여지가 별로 없었다.

3대 김병준 정책실장(2018년 12월 15일 현재 자유한국당 비상대책위원회 위원장)은 다소 색채가 애매하다는 평가를 받았고, 나머지는 모두 관료 출신이었다.

이명박 정부에서는 청와대 정책실장이 차관급으로 격하(格下·자격이나 등급, 지위 따위의 격이 낮아짐)됐다. 윤진식 초대 정책실장(2009년 9월 1일~2010년 5월 25일), 백용호 2대 정책실장(2010년 7월 16일~2011년 12월 12일), 김대기 3대 정책실장(2012년 8월 13일~2013년 2월 24일) 등이 있었지만, 차관급으로 직급이 낮아지고 청와대 정책실장이 없었던 시기도 있어서 별로 여론의 주목을 받지는 못했다.

장하성 정책실장의 재임 기간은 1년 6개월

장하성 전 실장은 2017년 5월 21일 문재인 정부 초대 청와대 정책실장에 임명돼 2018년 11월 9일 자리에서 물러났다.

문재인 대통령은 2017년 5월 21일 장 전 실장의 임명과 김동연 전 부총리 지명 사실을 동시에 발표했다. 장 전 실장은 임명 즉시 업무를 시작했지만, 김 전 부총리는 인사 청문회를 거쳐야 했기 때문에 그해 6월 9일 취임했다.

%95%EC%B1%85%EC%8B%A4%EC%9E%A5, 2018년 11월 10일 검색).

물러날 때는 순서가 반대였다. 청와대는 2018년 11월 9일 장 전 실장과 김 전 부총리의 동시 교체를 발표했다. 장 전 실장은 청와대의 교체 발표 즉시 자리에서 물러났지만, 김 전 부총리는 후임자(홍남기 문재인 정부 초대 국무조정실장)가 인사청문회를 통과한 뒤 12월 10일에야 자리에서 물러날 수 있었다.

장하성 전 실장은 청와대 정책실장에 1년 6개월간 머물렀다. 노무현 정부 청와대 정책실장의 평균 재임기간이 약 10개월(9.8개월)이었다는 사실을 고려하면 상대적으로 오래 자리를 지킨 셈이다.

경제부총리와 청와대 정책실장은 '패키지(묶음)'

세종 관가(官街)에서는 오래 전부터 노무현 정부의 초대 청와대 정책실장과 경제부총리 교체 과정을 고려할 때, 장하성 전 실장과 김동연 전 부총리가 동시에 교체될 것이라는 전망이 우세했다.

노무현 정부 출범 초기에도 김진표 전 부총리 겸 재정경제부 장관과 이정우 전 청와대 정책실장은 사사건건 충돌했다. 노무현 정부가 출범한지 10개월쯤 지난 후 이정우 전 실장이 먼저 장기 과제를 담당하는 정책기획위원장으로 자리를 옮겼고, 그 뒤 얼마 지나지 않아 김진표 전 부총리도 국회의원 출마를 위해 정치권으로 떠났다.

세종 관가(官街)에서는 오래 전부터 "진보 대통령은 '관료파'와 '개혁파' 중에서 어느 한쪽 손을 일방적으로 들어주기 어렵다"는 분석이 지배적이었다. 진보 대통령이 관료파의 손을 일방적으로 들어주면 자신의 지지 기반인 개혁파가 돌아설 것이고, 개혁파의 손을 일방적으로 들어주면 향후 관료를 장관으로 충원하기 어려워질 뿐만 아니라 관료 집단 전체가 '사보타주(일이나 공부 따위를 게을리 함)'에 나설 가능성이 있기 때문이다.

세종 관가의 이 같은 분석은 2018년 11월 9일 청와대가 장 전 실장과 김 전 부총리를 동시에 교체한다고 발표하면서 정확히 맞아떨어졌다.[103]

장하성 전 정책실장에 대한 평가(1) – 소득주도성장 사령관

장하성 전 실장이 청와대 정책실장에서 물러난 지 얼마 안 된 상황이기 때문에 그에 대한 평가를 하기는 다소 이르다. 그러나 현 시점에서 그에 대한 잠정적인 평가를 모색해 본다면 다음 몇 가지 점을 특기(特記·특별히 기록함)할 수 있을 것으로 보인다.

문재인 정부 초대 청와대 정책실장을 맡았던 장 전 실장의 역할을 한 마디로 요약한다면 '소득주도성장 추진을 위한 실무 사령관'이었다는 말이 어울릴 것 같다.

소득주도성장이라는 말은 그가 아니라 홍장표 전 청와대 경제수석이 국제노동기구(ILO) 등에서 사용하는 '임금주도성장(Wage-led growth)'을 자영업자가 많은 한국 현실에 맞춰 변형시킨 것이라는 해석이 지배적이다.

그러나 소득주도성장이라는 말을 누가 만들었던 간에 문재인 정부 출범 직후 소득주도성장을 현장에서 실제로 실행한, 또는 실행하려고

---

103 조해동, '김동연과 장하성의 進退'(문화일보, 2018년 8월 21일, http://www.munhwa.com/news/view.html?no=2018082101033003015001, 2018년 10월 14일 검색). 세종 관가(官街)에서 오랫동안 돌던 장하성 전 실장과 김동연 전 부총리의 동시 교체가 기사로 처음 나온 것은 2018년 10월 11일이었다. 강태화·위문희, '김동연·장하성 투톱 연말 동시 교체 검토'(중앙일보, 2018년 10월 11일, https://news.joins.com/article/23036617, 2018년 10월 14일 검색). 그러나 김의겸 청와대 대변인은 2018년 10월 11일 브리핑을 통해 "중앙일보 보도는 오보(誤報)"라고 주장했다. 그러나 청와대가 장 전 실장과 김 전 부총리의 교체 발표(2018년 11월 9일)를 하는 데까지 걸린 시간은 중앙일보의 첫 보도 이후 채 한 달이 걸리지 않았다.

노력한 사람이 장 전 실장이었다는 사실에 대해서는 별로 이견(異見)이 없다.

장하성 전 정책실장에 대한 평가(2) – 정책실장의 요건(要件·필요한 조건)

문재인 정부 출범 초기에 펼쳐진 소득주도성장이 과연 성공한 정책이었는지에 대한 논란은 잠시 접어두자. 어차피 문재인 정부가 끝날 때쯤 문재인 정부의 소득주도성장은 역사의 평가를 받게 될 것이고, 다음 대선 등을 통해 국민의 표(票)를 통한 정치적인 판단도 내려질 것이다.

다만, 여기서는 앞으로 민간에서 전문가를 정부 요직에 발탁할 때 경제학자인지, 경영학자인지 정도는 구별할 필요가 있다는 점을 지적하고자 한다.

장하성 전 실장은 미국 펜실베이니아대 대학원에서 경영학 박사 학위를 받은 저명한 경영학자다. 그러나 청와대 정책실장이 하는 일의 대부분은 경영학의 영역이 아니라, 경제학(특히 거시경제학)의 영역이다.

청와대 정책실장은 고용, 소득, 성장 등 거시경제, 법인세·소득세·종합부동산세 등 각종 세제(稅制)와 재정(財政), 우리나라 국가신용등급의 변동 등을 포함한 국제금융 등 경제학 제반 분야에 대한 높은 전문성과 식견(識見·학식과 견문)이 필요한 자리다. 또 복지·환경·여성 등 사회 분야에 대한 넓은 시야와 높은 안목을 필요로 한다.

그러나 장 전 실장이 전공한 것은 경영, 그 중에서도 재무경영이다. 재무경영도 청와대 정책실장직을 수행하는데 큰 도움이 되는 것이 분명하지만, 청와대 정책실장직을 수행하는데 가장 많이 활용되는 지식과 경험은 거시경제 등 경제학과 관련된 분야다. 따라서 앞으로 청와대 정책실장을 민간에서 발탁할 경우, 거시경제 등 경제 분야의 전문성을 우선적으로 고려할 필요가 있는 것으로 보인다.

장하성 전 정책실장에 대한 평가(3) - 통계와 경제 전망

필자는 장하성 전 실장이 인용한 통계를 둘러싼 논란이 제기되고, 문재인 대통령이 청와대 정책실에서 올라온 보고를 바탕으로 발언한 내용에 대해 언론계와 학계에서 "부정확한 정보에 근거하고 있다"는 지적이 제기된 것은 심각한 문제라고 본다.[104]

장 전 실장이 2018년 여름 "(올해) 연말이면 고용 상황이 개선될 것"이라는, 당시 믿는 사람이 거의 없던 전망을 내놓은 것도 다소 성급했다는 지적이 있다. 청와대 정책실장에게는 현장에서 고용, 소득, 성장, 재정 등 많은 경제 지표를 오랫동안 다뤄본 경험이 필요하다는 뜻이다.

청와대 정책실장은 '대통령의 참모' 중 한 명이다. 동서고금(東西古今·동양과 서양, 옛날과 지금을 통틀어 이르는 말)을 막론하고, 대통령의 참모는 대통령이 실수를 하지 않도록 돕는 일이 가장 중요하다. 그런데 청와대 참모진의 보고를 기반으로 한 대통령의 발언이 정확성이 부족하다는 지적을 받는 것은 용납되기 어려운 일이다.

---

104 장 전 실장의 통계 인용을 둘러싼 논란에 대해서는 이 장에 서술된 "가계 평균 소득 증가율은 90%로 가계 총소득 증가율(186%)의 절반에 불과했다. 이는 가계 총소득에서 소득 상위계층이 차지하는 비중이 커지고 있다는 뜻이다"라는 장 전 실장의 글을 인용한 언론 보도에 대한 통계청 설명자료 등을 참조. 또 이 장 앞부분에 기술된 문재인 대통령의 "최저임금의 긍정적 효과가 90%"라는 발언이 부정확한 정보에 근거하고 있다는 언론계와 학계의 지적 등을 참조.

장하성 전 정책실장에 대한 평가(4) - '경제 투톱은 없다'

문재인 정부 1기 경제팀을 서술할 때 가장 많이 등장한 용어 중하나가, 영어 작법(作法)상으로도 어설프기 그지없는 '경제 투톱(Two Top)'이라는 말일 것이다. 장하성 전 실장과 김동연 전 부총리를 동시에 지칭하는 이 말에 문재인 정부 초기 경제 정책의 난맥상(亂脈相·이리저리 흩어져서 질서나 체계가 서지 아니한 일의 양상)이 고스란히 담겨있다.

대통령중심제든, 의원내각제든, 그 밖의 다른 정치 체제를 가진 국가든 정책의 수립과 집행은 내각(內閣·국무위원들로 구성돼 국가의 행정을 담당하는 행정중심기관)이 하는 것이다.

대통령중심제 국가에서 국정의 중심은 당연히 대통령이다. 내각은 대통령의 지시를 받아, 또는 대통령의 재가(裁可·안건을 결재하여 허가함)를 받아 정책을 확정하고 집행한다. 청와대 참모진은 대통령의 판단을 돕는 역할을 할 뿐이다.

청와대는 2018년 11월 9일 장 전 실장 등에 대한 교체를 발표하면서 "경제부총리가 경제의 원톱"이라고 밝혔다. 그러나 경제 정책은 말로 하는 게 아니다. 대통령이 직접 행동으로 보여줘야 시장이 믿을 수 있을 것이다.

제3장

김수현

문재인 정부 2대 청와대 정책실장(초대 사회수석)

©문화일보

김수현 약력

출생 1962년, 경상북도 영덕

〈학력〉

서울대학교 환경대학원 도시및지역계획학 박사
서울대학교 공과대학원 도시공학 석사
서울대학교 도시공학 학사
경북고등학교

〈주요 경력〉

2018.11~	청와대 정책실장
2017.05~2018.11	청와대 사회수석
2014.08~2017.02	서울연구원 원장
2008.03~	세종대학교 도시부동산대학원 교수
2007.09~2008.02	환경부 차관
2006.02~2007.09	대통령비서실 사회정책비서관
2005.06~2006.02	대통령비서실 국민경제비서관
2005.06~2006.02	국민경제자문회의 사무차장
2003.05~2005.06	대통령비서실 국정과제비서관
1999.06~2003.05	서울시정개발연구원 연구위원
2001.08~2002.12	서울시정개발연구원 도시사회연구부 부장
1994.04~1999.05	한국도시연구소 연구부 부장

〈출처: 네이버·연합인포맥스 인물정보 등〉

김수현 문재인 정부 2대 청와대 정책실장(장관급)은 문재인 정부의 민간 출신 청와대 참모진 중에서 가장 행정 경험이 많은 사람이다. 그는 2003년에 출범한 노무현 정부 청와대에서 4년 넘게 근무했고, 2007~2008년에는 환경부 차관으로 공직 경험을 쌓았다.

그러나 김 실장을 가장 유명하게 만든 것은 노무현 정부 부동산 정책의 '설계자(architect)'였다는 점일 것이다. 노무현 정부 부동산 정책이 실패했다면, 가장 큰 책임은 그에게 있다. 노무현 정부 부동산 정책에 긍정적인 측면이 있다면, 그것도 상당 부분 그의 몫일 것이다.

김 실장은 문재인 정부가 출범한 2017년 5월부터 청와대 사회수석으로 근무하다가, 2018년 11월 장하성 전 실장의 뒤를 이어 2대 청와대 정책실장에 발탁됐다.

그가 노무현 정부에 이어 문재인 정부에서도 부동산, 환경, 보건복지 정책 등을 컨트롤하는 '실세 중의 실세'라는 데 이의(異議)를 제기하는 사람은 없다. 더욱이 2018년 11월 청와대 정책실장에 임명되면서, 그의 업무 영역은 사회뿐만 아니라 경제 부문까지 확대됐다.

현대 국가에서 사회 문제는 경제 문제와 동떨어져 있지 않다. 예컨대, '최저임금을 얼마나 인상하느냐' 하는 것은 사회 문제이기도 하지만, 동시에 경제 문제다.

문재인 정부 출범 초기 김 실장이 청와대 사회수석을 맡았을 때도 공식 직함은 사회수석이었지만, 실제로는 경제 문제에도 깊숙이 관여하고 있다는 평가가 많았다. 그가 차관급인 청와대 사회수석을 맡았던 시절에도 "실질적인 영향력은 장하성 청와대 정책실장보다 못하지 않다"는 말이 나왔다. 그랬던 그가 이제, 청와대 정책실장이 됐다. 문재인 정부 중반부 이후의 정책은 사실상 그가 책임지고 있다고 해도 과언이 아니다.

김 실장은 문재인 정부 출범 이후 청와대 정책실 참모 중에서 가장 먼저 임명될 만큼 대통령의 큰 신임을 받고 있다. 그래서 "문재인 정부 청와대에서 가장 오랫동안 대통령과 함께 일할 사람"이라는 평가를 받아왔다.

그동안 김 실장에게 맡겨진 가장 큰 짐은 부동산 가격 안정이었다. 그러나 청와대 정책실장이 되면서 그의 짐은 더욱 무거워졌다. 외교·안보·국방 등 극히 일부 영역을 제외한, 사실상 모든 분야가 그의 관할이 된 것이다.

김 실장을 '문재인 정부 경제 참모 중에서 가장 실패를 많이 해본 사람' 이라고 불러도 본인조차 크게 반론을 제기하지 않을 것이다. 그가 노무현 정부 시절 경제·사회 정책의 부족함에서 얼마나 많은 '교훈(教訓)'을 얻고, '대안(代案)'을 찾았느냐에 앞으로 문재인 정부 경제·사회 정책의 성패가 달려있다고 해도 과언이 아니다.[105]

경북고를 나온 진보(進步)

김수현 실장은 1962년 7월 1일 경북 영덕에서 태어나 TK(대구·경북) 지역의 수재들이 모인다는 경북고(대구 소재)를 졸업했다.[106] 공대(서울대 공대 도시공학과)를 나온 경제 참모라는 점이 이채롭다. 역대 정권을 살펴봐도 경제 참모는 대부분 상대나 법대 등 인문·사회 계열 출신이 많고,

---

105 김수현 정책실장이 노무현 정부 시절 가장 크게 실패했다고 평가받는 분야가 부동산 정책이다. 그래서 지금까지도 국민에게 '김수현' 이라는 이름 석 자는 '부동산 정책 담당자'로 각인(刻印·마음이나 기억 속에 뚜렷하게 새겨짐)돼 있다. 그가 주도한 노무현 정부의 부동산 정책에 대해서는 그 자신도 부정적인 평가를 내린 적이 있다. 그는 노무현 정부 청와대 사회정책비서관 시절인 2006년 11월 1일 서울 구로구 연동로 성공회대 특강에서 "현재까지의 성적표로 본다면 참여정부(노무현 정부, 인용자)의 부동산 정책이 기대한 만큼 효과를 거두지 못한 것은 사실" 이라고 말했다. 그는 본인의 발언이 '참여정부의 부동산 정책이 실패했음을 자인했다' 는 식으로 보도되자, 그해 11월 2일 청와대 브리핑을 통해 "강의에 앞서 기자들에게 세 번씩이나 강의실에서 나가줄 것을 요청했다"며 "그러나 한 명의 기자가 남아 있다가 발언 취지와 진의가 심각하게 왜곡된 채 전달됐다"고 주장했다. 당시 그가 '참여정부의 부동산 정책은 실패했다' 고 말하지는 않았지만, '기대한 만큼 효과를 거두지 못한 것은 사실' 이라고 발언한 것은 분명하다. 김 실장이 노무현 정부의 실패 경험에서 얼마나 많은 깨달음을 얻었고, 대안(代案)을 찾았는지가 앞으로 문재인 정부의 경제·사회 정책 운용에 중요한 변수가 될 것으로 보인다. 조해동, '부동산 대책 주도 청와대 2인 김수현 비서관, 정문수 보좌관' (문화일보, 2006년 11월 3일) 참조.

106 지역으로 사람을 나누는 게 별 의미는 없는 일이지만, 문재인 정부에는 예상과 달리 TK 출신 진보 인사가 제법 많다. '호남=진보', '영남, 특히 TK=보수' 라는 세간의 등식이 잘 들어맞지 않는다는 뜻이다. 청와대의 김 실장 외에 내각에는 '골수 개혁의 아이콘', 경북 구미 출신의 김상조 공정거래위원장 등이 있다. 김 위원장에 대해서는 이 책 4장을 참조.

공대를 나온 경우는 흔치 않다. 박사 학위는 1996년 서울대 환경대학원에서 받았다.

김 실장은 대학을 마친 뒤 1994~1999년 한국도시연구소 연구부장으로 활동하면서 도시 빈민 운동을 한 것으로 알려져 있다. 그가 제도권으로 들어온 것은 1999년 서울시정개발연구원(서울연구원의 전신) 연구위원을 하면서부터다. 김 실장은 학자로 출발한 뒤 현실을 연구한 게 아니라, 현장(도시빈민운동)에서 토대를 닦은 뒤 공부의 길로 들어섰다는 뜻이다. 그만큼 기본이 단단한 사람이라는 뜻이기도 하고, 그렇기 때문에 '노무현 정부에서 부동산 정책을 망친 사람'이라는 혹평을 들으면서도, 아직까지 낙담하지 않고 문재인 정부에서도 한결같이 부동산을 포함한 각종 정책과 관련된 길을 걸을 수 있는 것인지도 모르겠다.

노무현 정부 청와대에서만 4년

김수현 실장은 노무현 정부 청와대에서 2003년 5월 국정과제비서관을 맡은 것을 시작으로, 국민경제자문회의 사무차장, 국민경제비서관, 사회정책비서관 등의 보직을 두루 맡으면서, 단 한 번의 단절도 없이 2007년 9월까지 4년 4개월을 근무했다.

노무현 정부뿐만 아니라 역대 어느 정부에서도 공무원과 민간인을 통틀어 한사람이 청와대에 4년 이상 근무한 경우는 찾기 어렵다. 노무현 대통령 임기가 5년이었는데, 그는 4년 4개월을 청와대에서 참모로 보좌했고, 나머진 기간은 환경부 차관으로 내각에서 일했다.

김 실장이 노무현 정부 청와대에서 처음 2년 1개월 동안 근무한 국정과제비서관(2003년 5월~2005년 6월)의 경우는 이해할 수도 있다. 노무현 정부의 국정과제 또는 공약(公約) 이행 상황을 점검하는 일은 직업 공무원이 하기 어려울 수 있기 때문에 대선 과정에서 공약 수립에 관여해

온 김 실장에게 맡겼다고 볼 수 있다.[107]

그러나 청와대 국민경제비서관은 역대 정권에서 경제 총괄부처(현재는 기획재정부)의 핵심 공무원이 맡는 게 관례였다. 국민경제비서관은 거시 경제, 재정, 세제, 국제 금융 등 경제 전반에 대해 해박한 지식과 대안 을 마련할 수 있는 출중한 자질을 갖춰야 업무를 수행할 수 있기 때문 이다. 그러나 노무현 정부는 당시 최대 이슈였던 부동산 정책을 담당 하던 김 실장을 8개월 동안 국민경제비서관(2005년 6월~2006년 2월)에 기용하는 파격을 선보였다. 그 뒤 김 실장은 전공을 찾아 사회정책비 서관(2006년 2월~2007년 9월)에 기용됐다.

노무현 정부 말기 김 실장을 환경부 차관(2007년 9월~2008년 2월)에 임명한 것은 마지막 지전까지 와버린 정권이 그에게 '최후의 배려'를 한 것으로 보인다. 김 실장은 2003년 2월 출범한 노무현 정부에 그해 5월에 들어가서, 이명박 정부가 출범한 2008년 2월까지 만 4년 9개 월 동안 공무원으로 일했다. 참으로 역대 정부 어느 '어공'('어쩌다 공무 원'의 준말)에게도 찾아보기 어려운 경력이다.[108]

기획재정부 공무원, "말이 통하는 사람!"

문재인 대통령은 2017년 5월 9일 19대 대통령 선거에서 당선됐으 며, 그 다음 날인 5월 10일 취임 선서를 하고, 바로 대통령직 수행을 시작했다. 그 뒤 나흘이 지난 2017년 5월 14일 다른 수석들과 함께 김수현 전 사회수석(2대 정책실장)을 임명했다. 김 전 수석은 문재인 정부

---

107 청와대 비서관의 직급은 '1급'이다. 1급은 차관 바로 아래 직급으로, 일선 부처에서는 흔히 '차관보급'으로 불린다.
108 '어공'은 '어쩌다 공무원'의 준말로, 외부 인사로 정부에 참가한 사람을 지칭하는 속어다. 반대말은 '늘공'으로, '늘 공무원(=직업 공무원)'의 준말이다.

출범 직후 임명된 정책 관련 수석 중에서 1년 6개월여가 지난 2018년 11월까지 청와대에 남아있었던 유일한 사람이었다.

문재인 정부는 2017년 5월 출범 직후 '일자리 추가경정예산(추경)' 편성에 나섰다. 당시 청와대에는 정책실장도, 일자리수석도, 경제수석도 공석(空席)이었다. 그래서 당시 기획재정부 예산실 공무원들은 김 전 수석과 추경에 대해 협의했지만, 크게 불편함을 느끼지 않았다고 한다. 김 전 수석이 노무현 정부에서 국민경제비서관을 하면서 거시 경제나 재정, 세제 등의 분야에도 나름대로 실력을 쌓았기 때문이다.[109]

청와대 초대 정책실장과 경제수석이 임명된 뒤에도 기재부 공무원들이 김 전 수석에게 보고하는 일은 계속됐다. 경제 문제와 사회 문제가 밀접하게 연관돼 있는 경우가 많았기 때문이다. 예컨대, 2018년 1분기 소득 하위 20%(1분위)의 가계 소득은 통계를 작성하기 시작한 2003년 이후 가장 큰 감소율을 기록했다. 이에 대한 대책을 마련하는 것은 경제 문제이기도 하지만, 저(低)소득층의 소득 증대 방안이라는 측면에서 사회 문제이기도 했다.

청와대 '실세 중의 실세'

문재인 정부 출범 직후 권력의 흐름을 좇는 데 기민한 기획재정부 공무원들은 "문재인 정부 청와대 정책 라인의 최고 실세가 누구냐?"라고 물으면, 일부는 장하성 전 정책실장을 꼽았지만, 일부는 김수현 전

---

109 문재인 정부는 출범한 지 딱 한 달이 지난 2017년 6월 5일 11조 2000억 원 규모의 '일자리 추가경정예산안'을 국무회의를 거쳐 확정한다. 문재인 정부의 일자리 추경은 그해 7월 22일 국회를 통과했다. 국회를 통과한 일자리 추경 규모는 11조 원이었다. 기획재정부, '일자리 창출과 일자리 여건 개선을 위한 총 11.2조 원의 추가경정예산안 편성'(보도자료)(2017년 6월 5일).

사회수석이라고 답변했다. 위계질서로 보면 '장관급'인 장 전 실장이 당연히 '차관급'인 김 전 수석의 상사이며, 청와대 직제상 정책실장은 일자리수석·경제수석·사회수석·경제보좌관·과학기술보좌관 등을 총괄 지휘한다.

그러나 권력의 흐름에 민감한 경제 부처 공무원들은 청와대 보고나 청와대에서 정책 결정이 내려지는 과정 등을 살펴보면서 누가 실세인지 빠른 속도로 간파해 내는 놀라운 능력을 갖고 있다. 경제 부처 공무원들이 내린 결론은 "김 전 수석이 나서는 것을 좋아하지 않아서 그렇지, 실질적으로는 정책실장 못지않은 파워를 갖고 있다"는 것이었다.

청와대 정책 라인에서 대통령과 가장 가까운 사람

김수현 실장은 현재 청와대 정책 라인의 '어공'('어쩌다 공무원'의 준말) 중에서 가장 문재인 대통령과 가까운 사람으로 평가받고 있다. 그럴 수밖에 없는 게, 문 대통령도 노무현 정부 청와대에서 민정수석 2번, 시민사회수석 한 번에 이어 마지막에는 비서실장으로 거의 5년 가까이 근무했다. 문 대통령과 김 실장이 노무현 정부 청와대에서 4년 이상 한 지붕 아래에서 근무했다는 뜻이다. 친해지지 않으려고 해도 안 친해지기 힘든 구조다.

문재인 정부가 출범하자마자 청와대 사회수석으로 임명됐던 김 실장은 문재인 정부에서도 1년 7개월 이상(2018년 12월 기준) 대통령과 함께 근무하고 있다. 따라서 김 실장이 2018년 12월 기준으로 문 대통령과 청와대에서 함께 근무한 기간을 모두 따지면 6년이 넘는다.

반면 장하성 전 정책실장이나 홍장표 전 경제수석 등은 임명되기 전에 문 대통령과 알고 지낸 기간이 오래되지 않은 것으로 알려졌다. 특히 장 전 실장은 임명되기 전까지 문 대통령과 별다른 인연이 없었던

것으로 전해진다.[110]

"제왕적 대통령중심제에서 모든 권력은 대통령과의 거리(距離)에서 나온다"는 말이 있다. 과거의 사례를 살펴봐도, 대통령과 독대(獨對)를 하지 못하고 거리를 좁히지 못한 고위 공무원이 그 자리를 오래 지킨 경우는 별로 없었다.[111]

이런 측면에서 본다면, 김 실장은 현재 청와대 정책 라인 중에서 누구보다도 문 대통령과 가까운 거리에 있는 사람이고, '가까운 거리'는 '큰 권력'이라는 말과 동의어(同義語)다. 세종 관가(官街)에서는 이런 이유 때문에 "문재인 정부에서도 김 실장이 앞으로도 오랫동안 청와대나 내각에 근무할 가능성이 크다"는 전망이 나온다.

---

110 장하성 문재인 정부 초대 청와대 정책실장에 대해서는 이 책 2장 참조. 홍장표 전 청와대 경제수석(부경대 교수)은 국회의원 문재인·은수미가 2014년 7월 10일 국회의원회관 제1세미나실에서 주최한 '중산층을 키우는 진보의 성장 전략, 소득주도성장의 의미와 과제' 토론회에서 발제를 맡았다. 홍 전 수석은 이날 '한국 경제의 대안적 성장모델 모색'이라는 발제를 했는데, 이를 계기로 문재인 대통령에게 '소득주도성장을 최초로 체계화한 경제학자'로 각인된 것으로 보인다. 이날 행사에는 또 이상헌 당시 국제노동기구(ILO) 연구조정관(2018년 6월 현재 ILO 고용정책국장)이 '소득주도성장론의 의의와 국제 사회의 대응 전략', 은수미 의원이 '소득주도성장의 정치적 기획: 모든 권리는 모두의 권리'라는 발제를 각각 했다. 당시 행사의 토론자로는 홍종학 의원(2018년 11월 현재 중소벤처기업부 장관), 이병희 한국노동연구원 선임연구위원, 김남근 변호사(당시 참여연대 집행위원장), 정건화 한신대 교수, 이창곤 한겨레 사회정책연구소 소장 등이 참가했다. 이날 세미나에 발제자, 토론자로 참석했던 사람 중 상당수는 문재인 정부가 출범한 뒤 소득주도성장론이 위기를 맞을 때마다 직·간접적으로 무대 전면에 등장한다. 당시 발제문 등은 문재인 대통령의 블로그(https://blog.naver.com/moonjaein2/220056173408)에서 찾아볼 수 있다.(2018년 6월 14일 검색)

111 독대(獨對)라는 말은 일반인은 거의 쓰지 않는데, 아직도 공직 사회에서는 널리 쓰인다. 독대를 사전에서 찾아보면 '벼슬아치가 다른 사람 없이 혼자 임금을 대하여 정치에 관한 의견을 아뢰던 일'이라고 나온다. 여기서 핵심은 '다른 사람 없이'라는 말이고, 공무원이 대통령과 독대할 경우 대개 대통령이 그 사람을 크게 신임한다는 뜻으로 해석된다. 네이버 국어사전, '독대'(https://ko.dict.naver.com/detail.nhn?docid=9952400, 2018년 6월 30일 검색).

'부동산 대책의 화신(化身)'

노무현 정부는 출범 직후부터 부동산 대책을 문자 그대로 쏟아 냈다. 김 실장 본인의 글을 기초로 분석해 보면, 노무현 정부는 5년 동안 크고 작은 부동산 대책만 17번 내놨다. 참으로, 부동산으로 해가 뜨고 부동산으로 해가 지던 시기였다.[112]

노무현 정부 최초의 부동산 대책은 정권이 출범한 지 3개월 후인 2003년 5월 23일 나온 '주택가격 안정 대책'이었다. 이때부터 2007년 1월 31일 노무현 정부 마지막 부동산 대책인 '1·31 대책'까지 무려 17번의 크고 작은 부동산 대책 발표의 대장정(大長程)이 시작된다.[113]

노무현 정부의 부동산 대책을 이 책에서 다시 정리할 필요는 없을 것이다. 사실, 김 실장이니까 정리할 수 있는 것이지, 너무나 어수선하고 복잡해 당시 정부의 부동산 대책이 정확히 무엇인지 파악하고 있는 사람도 별로 없었다.

다만, 노무현 정부에서 도입된 종합부동산세(종부세) 등 부동산 보유 단계 과세 강화나 총부채상환비율(DTI) 규제 등은 현재도 시행되고 있으므로, 현 시점에서 이슈를 논의하는 과정에서 필요할 경우 노무현 정부 당시의 논의 과정을 설명하도록 하겠다.[114]

---

112 김수현 실장은 노무현 정부가 끝난 뒤 당시 부동산 정책에 대해 이런저런 책을 펴냈다. 김 실장이 쓴 글 중에서 노무현 정부 부동산 정책의 전개 과정을 가장 간결하게 정리한 것으로 다음 글을 참조. 김수현, '투기와의 전쟁을 넘어 시장 개혁과 주거 복지로: 참여정부 부동산 정책이 남긴 것', 이정우 외, 『경국제민의 길, 참여정부 경제의 겉과 속』(서울: 굿플러스북, 2015), 233~283쪽.

113 김수현, '8·2 부동산대책'(청와대 브리핑, 2017년 8월 2일). 김 실장은 이날 청와대 브리핑에서 "노무현 정부에서 크고 작은 부동산 대책이 17번 발표됐다"고 말했다. 그러나 김 실장의 글('투기와의 전쟁을 넘어 시장 개혁과 주거 복지로: 참여정부 부동산 정책이 남긴 것')에는 부동산 대책이 14개만 나온다. 대책이 하도 많아서 자잘한 것까지 대책으로 보느냐, 큰 것만 계산하느냐에 따라 대책의 수가 달라질 만큼 부동산 대책이 많이 발표됐다는 사실을 역설적으로 보여준다. 김 실장의 청와대 브리핑은 청와대 홈페이지에 떠있다.(http://www1.president.go.kr/articles/401, 2018년 7월 1일 검색)

노무현 정부 부동산 정책에 대한 평가(1)

이제 와서 되돌아보는 입장이 되니까, 노무현 정부 부동산 정책에
대해 여러 가지 얘기가 나오지만, 노무현 정부 당시 국민 대다수는
'(노무현 정부의) 부동산 정책은 완전히 실패했다'고 평가했다.

우리나라에서 노무현 정부 부동산 정책에 대해 가장 먼저 반성과
평가를 해야 할 사람이 있다면, 그것은 바로 김수현 실장일 것이다.
김 실장 본인의 설명과 평가를 가장 먼저 살펴볼 필요가 있다는 뜻이
다. 노무현 정부의 임기가 끝난 지 한참 지난 뒤인 2011년, 그는 스스
로 아래와 같은 설명을 내놨다.

> "노무현 대통령께서 서거하신 지 2년이 지났다. 연민과 애절함을 넘어서
> 최근 하나 둘 당시 정책에 대한 재평가도 진행되고 있다. 복지 확대의
> 틀 안에서 국가 운용 비전과 재정 전략을 짠 '비전 2030'이 새로 주목받
> 고 있으며, 동반 성장과 사회 통합은 이명박 정부마저 화두로 삼기에 이
> 르렀다. (중략) 그러나 부동산만은 아직 응어리진 마음이 풀리지 않고 있
> 다. 당연히 집값을 잡을 수 있을 것으로 기대했고, 또 노 대통령께서도
> 수차례 호언했지만 끝내 집값이 천정부지로 올랐기 때문이다."[115]

114　총부채상환비율(DTI·Debt to Income ratio)은 주택을 구입하려는 사람이 주택담보대
출을 받을 때 채무자의 소득으로 대출 상환 능력을 점검하는 제도다. DTI는 금융 회사에 갚아
야 하는 대출금 원금과 이자가 개인의 연소득에서 차지하는 비중을 의미하며, 이는 부동산
담보물의 크기만으로 대출 한도를 결정하는 기존의 주택담보대출비율(LTV·Loan To Value
ratio)과 다르다. DTI 기준이 엄격하게 적용되면 담보 가치가 높더라도 소득이 충분치 않으면
대출받을 수 없다. 사실 소득이 충분하지 않으면 돈을 빌릴 수 없다는 것은 금융에서 '상식(常
識) 중의 상식'에 속하는 것인데, 우리나라는 너무나도 많은 실패를 겪은 후에야, 마치 무슨
대단한 제도라도 되듯이, 영문 약자 'DTI'로 통용되는 이 제도를 부동산 금융에 도입했다.
용어 설명은 네이버 무역용어사전(https://terms.naver.com/entry.nhn?docId=985088
&cid=42093&categoryId=42093, 2018년 6월 30일 검색) 참조.

115　김수현, '참여정부(노무현 정부, 인용자)는 왜 집값을 못 잡았나?', 김수현, 『부동산은
끝났다-우리 삶에서 가장 중요한 곳, 다시 집을 생각한다』(경기 파주: 오월의 봄, 2011),
72~76쪽. 이 글은 원래 한국미래발전연구원 칼럼(2011년 5월 20일)으로 실렸던 글이라고
한다.

김 실장은 노무현 정부가 수차례의 호언(豪言·의기양양하여 호기롭게 하는 말)에도 불구하고, 집값을 잡지 못했다는 사실을 인정하고 있다.

노무현 정부 부동산 정책에 대한 평가(2)

김수현 실장의 글을 보면, 그는 노무현 정부 부동산 정책이 실패한 가장 큰 이유를 '거품 시대'라는 새로운 시대의 변화를 읽지 못했기 때문이라고 분석한다. 그는 거품을 만든 원인으로 '근본적으로 달라진 부동산과 금융의 관계'를 들고 있다.

과거에는 어떤 집과 담보 대출이 일 대 일로 엮여 있었지만, 당시에는 과도한 담보 대출이 복잡한 금융 상품 뒤에 가려져 버렸다는 것이다. 이른바 주택저당증권(MBS), 부채담보부증권(CDO), 신용부도스와프(CDS)와 같은 자산유동화 관련 금융 상품들 때문에 그렇게 됐다는 것이다.[116]

---

116 주택저당증권(Mortgage Backed Securities·MBS)은 금융 기관이 주택을 담보로 만기 20년 또는 30년짜리 장기 대출을 해준 주택저당채권을 대상 자산으로 발행한 증권으로, 자산담보부증권(ABS)의 일종이다. '주택저당채권 담보부증권'이라고도 불린다. 부채담보부증권(Collateralized Debt Obligation·CDO)은 회사채나 금융 기관의 대출 채권, 여러 개의 주택담보대출을 묶어 만든 신용파생상품이다. CDO는 부동산 활황기였던 2006년에는 미국 등에서 1조 달러어치가 발행될 정도로 큰 인기를 끌었는데, 2007년 미국 주택담보대출 연체율이 높아지면서 가격이 폭락해 투자자들에게 큰 손해를 입혔다. 신용부도스와프(Credit Default Swap·CDS)는 부도가 발생하여 채권이나 대출 원리금을 돌려받지 못할 위험에 대비한 신용파생상품을 말한다. 영문 첫 글자를 따서 CDS라고 하며, 부도의 위험만 따로 떼어내어 사고 파는 신용파생상품이다. 예를 들면, A은행이 B기업의 회사채를 인수한 경우에 B기업이 파산하면 A은행은 채권에 투자한 원금을 회수할 수 없게 된다. A은행은 이러한 신용위험을 피하기 위하여 C금융 회사에 정기적으로 수수료를 지급하는 대신, B기업이 파산할 경우에 C금융 회사로부터 투자 원금을 받을 수 있는 계약을 체결하는 것이다. 이런 파생 상품은 기본적으로 호황기에는 수익을 극대화시켜주지만, 불황이 닥치면 손실도 극대화된다. 특히 이런 상품은 매우 높은 수준의 금융공학에 대한 이해가 필요하기 때문에 일반인들은 상품 구조 자체를 알기 어렵다. 일반인들이 이들 상품에 대해 투자했다가 큰 손실을 보는 이유는 "남들이 수익률 좋다고 하니까 무턱대고 따라하다가"가 대부분이다. 일부에서는 미국 월가의 투자 은행과 펀드 매니저 등이 자신들의 보너스를 극대화하기 위해 만들어낸 상품이라는 해석도 있다. 실제로 이런 측면이 있다는 사실을 부인하기 어렵다. 그러나 2008년 미국의 서브프라임 모기

간단히 말해, '부동산의 증권화'라는 새로운 세계가 빚어낸 일인데, 미국의 경제학자들과 마찬가지로 우리나라의 이른바 시장 전문가들도 이런 정도의 거품은 아무도 예측하지 못했다는 것이다. 그는 "(이 같은 일은) 2005년(김 실장이 노무현 정부에서 국민경제비서관을 하면서 한창 부동산 대책을 내놓던 시기, 인용자)을 전후해서 부동산 시장 전문가들을 두루 만나봤던 내가 직접 경험한 일이기도 하다"고 회고했다.117

요컨대, 가장 핵심적인 변수는 부동산의 증권화라는 새로운 시대적 흐름을 읽는 것이었는데, 이것에 실패했기 때문에 노무현 정부 시절 부동산 정책이 실패했다는 뜻이다.

김 실장은 이 같은 '외생 변수' 외에, 여러 글에서 '황색 언론', '부동산 토호' 등의 폐해와 "분양가상한제·원가공개·후분양제를 화끈하게 시행하지 않아 (노무현 정부의 부동산 정책은) 실패할 것"이라고 공공연히 비난한 진보 세력 등 '내생 변수'도 거론하고 있다. 그는 결국 "우군(友軍)이 없었다"며 "모두 이러저러한 이유로 참여정부(노무현 정부, 인용자)가 실패할 것이란 저주를 퍼부을 때였다"고 쓸쓸하게 과거를 돌아봤다.118

김 실장의 말처럼 보수 진영에서도, 진보 진영에서도 비판받은 노무현 정부의 부동산 정책은 정치적으로 대통령 지지율을 급락시킨 주요인

지 사태 당시에는 리먼 브라더스를 포함한 많은 투자 은행(Investment Bank)도 엄청난 손실을 입었으며, 일부는 파산하기도 했다. 이 글의 MBS, CDO, CDS 등에 대한 용어 설명은 네이버 지식백과 등을 참조했다.

117 김수현, 『참여정부(노무현 정부, 인용자)는 왜 집값을 못 잡았나?』, 73~74쪽.

118 김수현, 『참여정부(노무현 정부, 인용자)는 왜 집값을 못 잡았나?』, 75쪽. '(아파트) 후분양제'란 "주택 건설이 어느 정도 진행된 후 수요자가 직접 주택을 확인하고 분양 받는 제도로, 선분양제에 대응되는 개념"이다. 후분양제는 노무현 정부 대통령직인수위원회(인수위)에서 검토하면서 처음으로 정책 전면에 등장했으며, 2003년 봄 노무현 정부 인수위 시절 문화일보가 단독 기사로 보도하면서 세상에 널리 알려졌다. 조해동, '인수위, 아파트 後분양 추진'(문화일보, 2003년 1월 17일, http://www.munhwa.com/news/view.html?no=20030117 01010124160003, 2018년 7월 28일 검색). 그러나 한국 분양시장에 혁명적 변화를 불러올 수도 있었던 아파트 후분양제는 현실적인 여러 제약 때문에 노무현 정부에서 제대로 시행되지 못했고, 현재까지도 전면적으로 도입되지 못하고 있다.

중 하나라는 지적을 받으면서 역사의 뒤안길로 멀어져갈 수밖에 없었다.

노무현 정부 부동산 정책에 대한 평가(3)

김수현 실장의 말처럼 당시 '부동산의 증권화'라는 새로운 시대적 흐름을 미국이나 우리나라에서나 정확하게 파악하지 못한 것은 사실이다. 부동산의 증권화가 한국 부동산 시장의 거품 확산에 영향을 미쳤다는 사실도 부인할 수 없다.

그러나 필자는 노무현 정부 부동산 정책 실패의 원인이 과연 파생상품의 확대 재생산 때문이었는지에 대해서는 회의적이다. 무엇보다도 당시 부동산 대출을 중심으로 한 파생금융상품은 금융 선진국인 미국 등 일부 국가에서는 크게 확산된 게 사실이지만, 우리나라의 경우 부동산 파생상품이 시장에 큰 영향을 미쳤다고 하기는 어렵기 때문이다. 이런 주장을 하려면 본인의 주장을 뒷받침할 수 있는 데이터(자료)를 제시해야 한다. 김 실장의 얘기는 사후적(事後的) 분석의 이점(利點·이로운 점)에 지나치게 의지한 것이라는 생각이 든다.

노무현 정부 부동산 정책에 대한 평가(4)

노무현 정부 부동산 정책 실패의 가장 주요한 원인은 시장을 내리누르려는 강압적인 정책, 특히 세금 부과를 통한 대책에 지나치게 의존했기 때문으로 보인다. 부동산 시장 안정을 위해 너무 부동산 시장만 쳐다보면서 대책을 구상했던 것도 실패의 원인 중 하나로 분석된다.

세계 경제사적으로 보면, 가장 강력한 부동산 대책은 결국 통화신용당국(중앙은행)의 통화(금리) 정책이다. 그러나 기본적으로 기준 금리의 변동은 경제 전 분야에 영향을 미친다. 다른 말로 하자면, 통화신용정책의 파급 효과는 모든 분야에 침투(all-pervasive)한다는 뜻이다. 기준 금리를 급격하게 높이면 부동산 값은 금방 잡을 수 있을 것이다. 그러나 경기 전체에 악영향을 미치면서 성장률 등 거시경제 지표가 무너지기 때문에 경제 정책 결정자들이 쉽게 선택할 수 있는 '옵션(선택지)'이 되기 어렵다. 물론 부동산 시장 안정만을 위한 것이 아니라, 다른 제반 조건이 갖춰졌을 때는 통화 당국이 기준 금리를 인상할 수 있을 것이고, 결과적으로 오른 금리가 부동산 시장의 안정에 기여할 수 있을 것이다.

통화신용당국이 통화(금리) 정책을 부동산 시장 안정만을 위해 결정하기는 어렵기 때문에 부동산 금융의 '돈줄'을 죄기 위해 나온 것이 주택을 구입하려는 사람이 주택담보대출을 받으려고 할 경우 소득으로 대출 상환 능력을 점검하는 총부채상환비율(DTI) 등 부동산 금융 규제였다. 다만, 우리나라는 도입 시기가 너무 늦었다.

노무현 정부에서 총부채상환비율(DTI)이 실제로 적용된 것은 2006년 11월 15일 내놓은 '부동산 시장 안정화 방안' 이후다. 그 뒤 2007년 1월 두 번의 대책을 더 내놓고, 노무현 정부 부동산 대책 발표 행진은 대단원의 막을 내렸다. 그러나 부동산 시장은 이미 헝클어질 대로 헝클어진 상태였고, 정권은 종국(終局·끝판)을 향해 치닫고 있었다.

김 실장이 별로 좋아하지 않는 '공급을 늘리는 대책(공급확대 정책)'도, 부동산 경기를 인위적으로 부양해 경제 성장률을 높이겠다는 의도가 아닌 정도였다면, 좀 더 충분히 포함시키는 게 노무현 정부 시절 집값 안정에 도움이 됐을 것이다.

※ 김수현 문재인 정부 2대 청와대 정책실장이 얘기하는 '부동산의 증권화'의 부작용이 가장 심각하게 발현된 것이 2008년 미국에서 발생한 '서브프라임 모기지 사태'다. 아래 글은 필자가 서브프라임 모기지 사태로 리먼 브라더스 등 미국 투자회사의 파산이 현재화하기 직전인 2008년 초 독자들의 이해를 돕기 위해 쓴 글이다.

1. 서브프라임 모기지란 무엇인가

최근 신문을 읽는 독자들 중에서 '서브프라임 모기지'라는 낯선 용어 때문에 당황한 경험을 가진 분들이 꽤 있을 것이다. 영어 사전을 찾아보면 '프라임(Prime)'이라는 말은 '뛰어남이나 자질, 가치에 있어서 으뜸인(First in excellence, quality, or value)' 또는 '순위를 매길 때 가장 높은(First in degree or rank)'이라는 뜻이다. 그래서 미국에서는 신용 등급이 가장 좋은 사람들에게 제공한 주택담보대출을 '프라임 모기지(우량 주택담보대출)'라고 부른다. 이 말에 영어의 '아래'라는 의미의 '서브(Sub)'가 결합한 것이 '서브프라임 모기지'다. 직역하자면 '프라임 모기지 아래에 있는 모기지'다. 그런데 서브프라임 모기지를 이렇게 직역할 경우 프라임 모기지가 무엇인지 잘 모르는 국내 독자들에게는 생소한 용어가 될 가능성이 높기 때문에 일반적으로 국내에서는 '비우량 주택담보대출'이라고 쓰고 있다.

참고로 미국 주택담보대출 중에서 프라임 모기지와 서브프라임 모기지 사이에 있는, 신용 등급이 중간 정도 되는 주택담보대출을 '알트 에이(Alt-A)'라고 부른다. 프라임 모기지 중에서 대출 금액이 많은 것은 크다는 의미에서 '점보(Jumbo)'라고 부르기도 한다.

2. 서브프라임 모기지 부실의 원인은

서브프라임 모기지 부실의 원인을 이해하기 위해서는 미국 금리에 대해 조금 얘기할 필요가 있다. 앨런 그린스펀 전 미국 연방준비제도이사회(연준·FRB) 의장 재직 시절 미국의 기준 금리인 연방기금금리는 사상 최저 수준인 1.00%(2003년 6월 26일~2004년 6월 29일)까지 떨어졌다. 금리가 이렇게 사상 최저 수준으로 낮아지면서 시중에 풀리는 돈(유동성)도 급격하게 늘었다. 이에 따라 시중에 풀린 돈이 부동산으로 몰리면서 부동산 가격이 급등했다. 이런 상황에서 미국 금융 회사들은 신용도가 낮은 사람들에게까지 주택담보대출을 무분별하게 늘렸다. 서브프라임 모기지 액수가 엄청나게 늘어난 것도 바로 이 시기다. 문제는 2004년 6월 30일 미 연준이 다시 금리를 올리기 시작하면서 발생했다. 저금리 기조가 오래 지속되면서 부동산 등 자산 가격이 지나치게 올라 경제 운용을 하기 어려워지자 정책 당국이 금리를 올리기 시작했던 것이다. 그래서 2년 뒤인 2006년 6월 30일에는 미국의 기준 금리인 연방기금금리가 5.25%까지 올랐다. 이처럼 단기간에 금리가 급등하자 주택담보대출을 받은 사람들의 이자도 급격히 늘기 시작했다. 반대로 중앙은행이 금리를 올리면서 시중의 돈이 줄자 부동산 가격은 하락하기 시작했다. 이자 부담이 늘어도 부동산 가격이 오르면 부동산을 담보로 금융 회사로부터 추가 대출을 받을 수 있지만, 이것마저도 불가능해졌다. 결국 신용도가 낮은 서브프라임 모기지에서

부터 연체율이 오르기 시작하면서, 미국 전체가 서브프라임 모기지 부실을 둘러싼 금융위기에 휩싸이게 된 것이다.

3. 부실 규모는 얼마나 되나

서브프라임 모기지 부실 규모는 아직도 정확히 파악되지 않고 있다. 부실 규모가 나날이 늘고 있기 때문이다. 최근 추산으로는 3000억~4000억 달러(약 282조~376조 원) 정도 될 것이라는 게 지배적인 전망이다. 서브프라임 모기지 부실이 이처럼 천문학적으로 늘어나게 된 이유는 씨티그룹, 메릴린치 등 미국 월가를 대표하는 투자 은행들이 신용도가 낮은 서브프라임 모기지를 기반으로 다양한 파생상품을 만들었기 때문이다. 이들이 만든 파생상품은 구조가 너무나 복잡해 전문가들조차 이해하기 어려울 정도다. 과도한 단순화의 위험은 있지만 축약적으로 설명하면 아래와 같다. A라는 회사는 서브프라임 모기지를 제공한 뒤 이를 파생상품으로 만들어 B라는 헤지펀드에 판다. 이럴 경우 A사는 주택담보대출로 돈이 나갔지만, 대출해준 자금의 상당수를 회수할 수 있게 된다. A사는 이를 기반으로 다시 다른 사람에게 주택담보대출을 해줄 수 있게 된다. 파생상품을 인수한 B라는 헤지펀드도 이를 근거로 또 다른 파생상품을 만들어 예컨대 C라는 사모펀드에 판다. 이런 과정을 계속 거치게 되면 주택담보대출 한 건에서 수많은 파생상품이 나오게 된다. 문제는 이렇게 파생상품이 많아지면 이익을 볼 때는 엄청난 이익을 볼 수 있지만 손실을 보게 될 때도 손실 규모가 천문학적으로 늘어난다는 점이다. 이번 서브프라임 모기지 부실이 금융위기로 비화하고, 미국 경기의 침체 가능성까지 높이게 된 이유도 바로 이 파생상품 때문이다.

자료: 조해동, '10문 10답 뉴스 깊이보기-서브프라임사태 무엇이 문제인가?' (문화일보 2008년 1월 19일) 중 일부 발췌.

문재인 정부에서도 불안 징후 보인 부동산 시장

문재인 정부 출범 이후에도 서울 등 일부 부동산 가격이 폭등할 조짐을 보였다. 그러자 문재인 정부는 정권 출범 이후 한 달여 남짓한 기간이 지난 2017년 6월 19일 '주택시장의 안정적 관리를 위한 선별적 맞춤형 대응 방안'을 발표했다.[119]

---

119 관계부처 합동, '주택시장의 안정적 관리를 위한 선별적 맞춤형 대응 방안' (2017년 6월 19일).

대책의 핵심은 조정 대상 지역으로 지정된 서울(25개구), 부산 5개구, 세종 외에 경기 광명, 부산 기장군 및 부산진구 등 3개 지역을 조정대상지역으로 추가 지정하는 것이었다. 또 조정 대상 지역에 대해 주택담보대출비율(LTV)과 총부채상환비율(DTI)을 10%포인트씩 낮추고, 조정대상지역의 집단 대출 중 잔금 대출에는 DTI 50%를 신규 적용하는 것 등이었다.

조정대상지역은 주택법과 주택공급규칙 별표에 근거를 두고 있는 제도로, 주택 가격, 청약 경쟁률, 주택 보급률 등과 관련해 일정한 정량 요건의 어느 하나에 해당하는 지역 중 청약 과열이 발생하였거나, 청약 과열 우려가 있는 지역을 선정해 지정된다.

그러나 문재인 정부의 '6·19 대책'은 나오자마자 시장에서 무시됐다. 한마디로, "현실을 전혀 모르는 탁상공론 수준"이라는 반응이 지배적이었다.[120]

돌아온 김수현, 문재인 정부에서 다시 부동산 키를 잡다

김수현 실장은 남들 앞에 나서는 것을 그렇게 좋아하지 않는다. 김실장이 청와대 정책실장으로 임명되기 전 사회수석으로 활동하면서

---

120 '6.19 대책'에 대해서는 재미있는 에피소드가 있다. 2017년 6월 정부의 부동산 대책이 발표되기 며칠 전, 고형권 전 기획재정부 1차관은 제주에서 열린 아시아인프라투자은행(AIIB) 연차총회에 참석하러 왔다가 기재부 기자단과 만났다. 며칠 후 부동산 대책을 발표하는 주체 중 한 명이었던 고 전 차관에게 기자들의 부동산 대책에 대한 질문이 쏟아졌다. 그러나 엠바고(보도 유예)가 설정된 상태에서(=기자가 당국자의 얘기를 들어도 기사를 쓸 수 없는 상황에서), 고 전 차관의 답변이 시작된 지 불과 3~4분쯤 지난 뒤 기재부 기자단은 "그만 해도 되겠다"고 고 전 차관의 말을 잘랐다. 고 전 차관은 "이번 대책(6·19 대책)이 나름 의미가 있다"고 주장했지만, 기자단은 단박에 "그것 가지고는 안 되고, 조만간 부동산 대책을 다시 내놓게 될 것"이라는 말을 남긴 채 더 이상 부동산에 대해서는 묻지 않았다. 노무현 정부 시절이나, 문재인 정부 시절이나 기자들이 몇 분만 들으면 결과를 알만한 것을 공무원은 잘 모르는(또는 잘 모르는 척 하는) 것은 별로 바뀐 게 없다. 그리고 얼마 지나지 않아 문재인 정부는 그해 8월, '8·2 부동산 대책'을 내놨다. 6·19 대책 발표 이후 채 두 달이 지나지 않은 시점이었다.

기자들 앞에 나선 것은 손에 꼽을 정도였다. 그가 청와대 사회수석으로 처음 공식 브리핑에 나선 것은 2017년 5월 22일 '4대강 보(洑·둑을 쌓고 흐르는 물을 막아두는 곳) 처리 방안 대통령 지시 관련 브리핑'이었다.

그러나 당시 브리핑은 '대통령 말씀'을 전하는 수준이었고, 사회수석으로서 본격적으로 브리핑을 한 것은 그해 8월 2일, 소위 '8·2 부동산 대책' 발표 직후였다. 대부분의 기자들은 '마침내 장막 뒤에 숨어있던 실세(實勢)가 모습을 드러낸 것'이라고 받아들였다.

그가 모습을 드러낸 이유는 자명했다. 현 상황을 방치하면, 노무현 정부의 부동산 정책 실패의 길을 다시 걸어갈 게 눈앞에 뻔히 보였기 때문이다.

김수현, 기자 앞에서 일장 연설을 하다

김수현 전 청와대 사회수석은 2017년 8월 2일 김현미 국토교통부 장관과 고형권 전 기획재정부 1차관 등이 정부서울청사에서 '8·2 부동산 대책'을 공식 발표한 뒤 청와대 출입 기자들 앞에 나섰다. 기자들이나 부동산 시장 관계자들 모두 형식적으로 맨 앞에 김현미 장관이 나섰지만, 누가 실질적으로 8·2 대책을 주도했는지 알고 있었다. 모든 사람의 관심이 김 전 수석의 말에 쏠렸다.

김 전 수석은 대부분 부동산을 잘 알지 못하는 정치부(청와대) 기자들 앞에서 일장 연설을 했다. 『부동산은 끝났다』 등 본인 책 소개까지 했다. 청와대 공식 브리핑에는 다음과 같이 나와 있다.

<참여정부 부동산 정책의 실패를 고찰하다>

참여정부(노무현 정부, 인용자) 청와대 비서관으로서 4년 반 부동산 정책 결정 과정에 참여했습니다. 참여정부 부동산 정책이 실패했다면, 상당한 책임이 있습니다. 참여정부가 왜 실패했는지, 또는 어떤 실패였는지 되돌아볼 필요가 있습니다.

당시 아파트 가격이 굉장히 많이 올랐습니다. 크고 작은 부동산 대책이 17번 발표됐습니다. 그럼에도 불구하고 많이 올랐으니 명백한 실패입니다.

부동산 가격은 사실 참여정부 이전부터 오르고 있었습니다. 국민의 정부는 모든 규제를 풀어서라도 경기를 부양해야 하는 절박한 상황이었습니다. 참여정부 출발 당시 거의 모든 부동산 규제가 다 풀려있던 상황이었습니다.

참여정부는 강력한 수요억제, 공급확대 정책을 펼쳤습니다. 그래도 집값은 잡히지 않았습니다. 2006년 LTV(주택담보대출비율, 인용자), DTI(총부채상환비율, 인용자) 등 유동성 규제에 나선 뒤에야 2007년부터 안정되기 시작했습니다.

실상 2008년 글로벌 금융 위기의 도화선이 된 전 세계 과잉 유동성이 문제였습니다. 수요 공급 정책만으로 부족했습니다. 수요 억제, 공급 확대에 더해 대출 규제로 유동성을 잡고서야 시장이 진정됐습니다.

실패해놓고 죄송하지만, 다른 나라와 같은 최악의 파국은 맞지 않았습니다. 2008년 이후 각국이 경험한 폭락은 없었습니다. 그러나 수요 공급이라는 전통적 패러다임에 머물러 강도 조절에 실패한건 분명히 인정합니다.

지난 10년, 참여정부가 만들었던 부동산 규제가 풀렸습니다. 빚내서라도 집을 사라는 정책 메시지가 있었습니다. 최근 집값 급등의 원인은 다양합니다.

작년 11월 지난 정부도 '11·3 대책' 등 집값 잡기에 나섰습니다. 2008년 전 세계 부동산 거품 붕괴는 100년에 한 번 온다고 했습니다. 그런데 2015년 말부터 전 세계 주요 도시에서 부동산 가격이 다시 오르고 있습니다.

수요 공급의 문제와 별도로 과도한 양적 완화에 따른 머니게임 조짐도 있습니다. 세계 흐름을 볼 때, 시장을 방치할 수 없는 상황이라 판단했습니다. 그래서 참여정부 시절의 강력한 정책에 더해 대출 규제까지 강화하게 됐습니다.

<공급에 대한 우려, 보유세 문제>

공급이 적으면 다시 오른다는 우려가 있습니다. 원론적으로 시장을 이기는 정부는 없습니다. 노태우 정부는 단군 이래 가장 많은 주택을 공급했다고 했습니다. 당시 연간 60만호 넘게 공급됐습니다. 지난 정부는 장기적으로 매년 주택이 얼마나 필요한지 조사했는데 연 39만호라고 했습니다. 그런데, 지난 몇 년 70만호 넘게 공급된 해도 있습니다. 지난 3년, 단군 이래 최대 규모가 공급됐습니다.

공급 물량이 많아, 집값이 안정될 거라는 예측도 있었습니다. 수도권 포함해서 지방에서 연말이나 내년에 입주할 물량이 사상 최대치입니다. 그래도 강남은 부족하지 않느냐고 하는데, 최근 강남권 재건축은 지난 몇 년, 평균의 3배까지 허가됐습니다. 단순히 수요 공급 문제가 아닙니다. 현재 강남 등 일부 지역은 지극히 비정상적입니다. 불이 나서, 불을 진화해야 하는데, 거기에 왜 집 안 짓느냐고요. 지금은 불을 끌 때입니다. 불이 꺼지면, 적절한 형식, 적절한 장소, 적절한 대상으로 공급이 본격화될 것입니다. 주거복지로드맵이 9월에 발표됩니다.

일각에서는 왜 보유세가 포함되지 않았냐고 합니다. 이른바 '종부세 트라우마(정신적 외상, 인용자)'를 얘기합니다.

양도세는 '발생한 소득'에 부과하는 세금입니다. 보유세는 '정규 소득'에서 내야 합니다. 조세 저항이 더 심한 것은 분명합니다. 소득이 발생하지 않았는데 세금에 손대는 것은 충분히 고민해야 하는 문제입니다.

어떤 경우도 예단하고 있지 않습니다. 보유세의 속성에 대해서 새 정부는 잘 이해하고 있습니다.

〈마무리〉

참여정부 부동산 정책 실패에 대한 성찰을 담았습니다. 〈꿈의 주택정책을 찾아서〉라는 책도 냈는데, 네덜란드는 공공 임대 주택의 높은 비중에도 불구하고 집값 상승에 따른 가계 부채가 심각합니다.

주거 복지가 아무리 잘되어 있어도 시장 관리는 다른 문제입니다. 수요 공급만으로 가격이 결정되지 않는 시장이 있다는 것, 여러 가지 걱정하는 분들에게 권해드리고 싶습니다.

이번 대책은 국토교통부에서 준비했습니다. 정부 부처는 참여정부에서 했던 여러 가지 경험들을 축적하고 있습니다. 당시의 혹독한 경험을 거치면서 어느 정도 준비되어 있었습니다. 앞으로 일어날 일에 대해서도 다른 나라가 어떤 일을 겪었는지 함께 보면서, 잘 대처하겠습니다.[121]

---

121 청와대, '8·2 부동산 대책' (청와대 뉴스룸, 2017년 8월 2일, http://www1.president. go.kr/articles/401, 2018년 7월 14일 검색).

투기과열지구, 투기지역, 조정대상지역

우리나라의 부동산 정책을 이해하려면 복잡한 용어의 '터널'을 통과해야 한다. 매우 복잡하게 얽히고설켜 있는 용어를 이해하지 못하면 도대체 무슨 얘기를 하는지 알기가 어렵다. 우선, 국토교통부 주택정책과에서 내놓은 자료를 토대로 투기과열지구, 투기지역, 조정대상지역을 표로 정리한다.

〈투기과열지구, 투기지역, 조정대상지역의 개념〉

Ⅰ. 투기과열지구(주택법 제63조제2항)

☐ 지정절차
- 주택가격의 안정을 위하여 **필요한 경우** 주거정책심의위원회 심의를 거쳐 일정한 지역을 투기과열지구로 지정하거나 해제

☐ 지정요건(주택법 제63조제2항)
- **주택가격상승률이 물가상승률보다 현저히 높은 지역**으로서 그 지역의 청약경쟁률·주택가격·주택보급률 및 주택공급계획 등과 지역 주택시장 여건 등을 고려하였을 때 주택에 대한 투기가 성행하고 있거나 성행할 우려가 있는 지역 중 아래 기준을 충족하는 곳
- **세부요건(주택법 시행규칙 제25조)**
  - 주택공급이 있었던 직전 2개월간 해당 지역에서 공급되는 주택의 청약경쟁률이 5대 1을 초과하였거나 국민주택규모 이하 주택의 **청약경쟁률이 10대 1을 초과한 곳**
  - 주택의 분양계획이 지난달보다 30퍼센트 이상 감소하였거나, 주택건설사업계획의 승인이나 건축허가 실적이 지난해보다 급격하게 감소하여 주택공급이 위축될 우려가 있는 곳
  - 신도시 개발이나 주택의 전매행위 성행 등으로 투기 및 주거불안의 우려가 있는 곳으로서 다음 각목의 어느 하나 해당하는 경우
    - 시·도별 주택보급률이 전국 평균 이하인 경우
    - 시·도별 자가주택비율이 전국 평균 이하인 경우
    - 해당 지역의 주택공급물량이 입주자저축 가입자 중 주택청약 제1순위자에 비하여 현저하게 적은 경우

Ⅱ. 투기지역(소득세법 104조의2)

□ 지정요건 : [①+②] 또는 [①+③]을 충족하는 경우
① 직전월 가격상승률 > 전국소비자물가상승률×130%
② 직전 2개월 평균 가격상승률 > 직전 2개월 평균 전국가격상승률×130%
③ 직전 1년간 가격상승률 > 직전 3년간 연평균 전국가격상승률
　• 위 요건 충족지역으로서 당해 지역의 부동산가격상승이 **지속될 가능성**이 있거나 **확산될 우려**가 있다고 판단되는 경우

□ 지정절차
　• **국토교통부장관**의 지정 요청에 따라 기획재정부 **부동산가격안정심의위원회** 심의를 거쳐 **기획재정부장관이 지정**

Ⅲ. 조정대상지역(주택법, 주택공급규칙 별표)

□ 선정기준
　• 투기과열지구 지정요건 중 정량요건의 일부를 준용하여 과열이 발생하였거나, 발생할 우려가 있는 지역을 선정

> △ 주택가격, 청약경쟁률, 주택보급률 등과 관련하여 **다음 정량요건의 어느 하나에 해당하는 지역** 중 청약과열이 발생하였거나, 청약과열 우려가 있는 지역
> - 1) 주택가격상승률이 물가상승률보다 현저히 높은 지역
> - 2) 청약경쟁률이 5대 1을 초과하였거나, 국민주택 규모 이하 주택 청약 경쟁률이 10대 1을 초과한 곳 (투기과열지구 준용)
> - 3) 주택의 전매행위 성행 등으로 주택시장 과열 및 주거 불안의 우려가 있는 곳으로서 다음 어느 하나에 해당하는 곳 (투기과열지구 준용)
>
> * ① 시도별 주택보급률이 전국 평균 이하, ②시도별 자가주택비율이 전국 평균 이하

자료: 국토교통부, '투기과열지구·투기지역·조정대상지역 설명 자료'[122]

---

[122] 이 자료는 국토교통부 인터넷 홈페이지에서 찾아볼 수 있다.(http://www.molit.go.kr/USR/NEWS/m_71/dtl.jsp?lcmspage=1&id=95079498, 2018년 11월 13일 검색).

문재인 정부 출범 초기부터 강력한 대책 내놓다

김수현 전 수석의 말처럼, '8·2 부동산 대책'은 "참여정부(노무현 정부, 인용자) 시절 강력한 정책에 더해 대출 규제까지 강화하는" 센 정책이었다. 정부 공식 자료에 따르면, (박근혜 정부의) '11·3 대책' 및 문재인 정부의 '6·19 대책'과 '8·2 대책'의 차이점은 "투기과열지구, 투기지역 지정 등으로 특정 지역에 투자·투기 수요가 과도하게 유입되는 것을 즉각 차단하고, 세제·금융·청약·분양제도, 투명한 거래 질서 등의 강화를 통해 다주택자의 단기 투자 유인을 억제하고, 실수요 중심의 시장 질서를 확고하게 할 수 있는 포괄적이고 종합적인 방안"이라는 점이었다.[123] 노무현 정부 말기 부동산 대책에서 나왔던 정책이 문재인 정부에는 정권 출범 후 불과 3개월 만에 나온 셈이다.

문재인 정부가 출범 초기에 이렇게 강력한 대책을 내놓을 수 있었던 가장 큰 이유는 김 전 수석이 청와대 브리핑에서 밝힌 것처럼 "참여정부(노무현 정부, 인용자)에서 혹독한 경험을 거치면서 어느 정도 준비되어 있었기" 때문이다. 8·2 대책의 핵심은 아래의 표로 요약된다.

〈8·2 대책에 따른 조정대상지역, 투기과열지구, 투기지역의 영향〉

	조정대상지역	투기과열지구	투기지역
기존	■ **청약1순위 자격제한** - 5년내 당첨사실이 있는 자의 세대에 속한 자 - 세대주가 아닌 자, 2주택 이상 소유 세대에 속한 자 ■ **민영주택 재당첨 제한** ■ **재건축 조합원당 재건축 주택공급수 제한**(1주택)		■ **양도세 가산세율 적용** - 1세대가 주택과 조합원 분양권을 3개 이상 또는 비사업용 토지를 보유한 경우 양도세율 +10%p

---

123 관계부처 합동, '실수요 보호와 단기 투기수요 억제를 통한 시장 안정화 방안 Q&A' (2017년 8월 2일, http://www.molit.go.kr/USR/NEWS/m_71/dtl.jsp?lcmspage=1&id=95079498), 3쪽(2018년 11월 13일 검색).

	조정대상지역	투기과열지구	투기지역
	■ 전매제한 - 소유권이전등기시 (서울, 과천·광명)/ 1년6개월(성남) ■ 단기 투자수요 관리 - 중도금대출보증 발급요건 강화, 2순위 신청시 청약통장 필요, 1순위 청약일정 분리 ■ LTV, DTI 10%p 하향 (투기과열지구·투기지역 外)	■ 전매제한 - 소유권이전등기시 ■ 재건축 조합원 지위양도 금지(조합설립인가 후) ■ 민간택지 분양가상한제 적용 주택의 분양가 공시	■ 주담대 만기연장 제한 ■ 기업자금대출 제한 ■ 농어촌주택취득 특례 배제 - 농어촌주택도 양도세 주택수 산정 시 포함
신규 추가 또는 효과 강화 (8.2 대책)	■ 청약1순위 자격요건 강화 - 청약통장 가입후 2년 경과 + 납입횟수 24회 이상 ■ 가점제 적용 확대(조정대상지역 75%, 투기과열지구 100%) ■ 오피스텔 전매제한 강화(소유권이전등기시까지) 및 거주자 우선분양 적용(20%) {{colspan}}		■ 주담대 건수 제한 - 차주당1건 → 세대당1건
	■ 양도세 가산세율 적용 - 2주택자 +10%p - 3주택자 이상 +20%p ■ 다주택자 장기보유특별 공제 적용 배제 ■ 1세대 1주택 양도세 비과세 요건 강화 - 2년 이상 거주요건 추가 ■ 분양권 전매시 양도세율 50%로 일괄 적용	■ 재개발·재건축 규제 정비 - 재개발 등 조합원 분양권 전매제한 (소유권이전등기시) - 정비사업 분양 (조합원/일반) 재당첨 제한(5년) - 재건축 조합원 지위 양도제한 예외사유 강화 ■ 거래 시 자금조달계획, 입주계획 신고 의무화 - 거래가액 3억원 이상 주택	
		■ LTV·DTI 40% 적용(주담대 1건 이상 보유세대 30%, 실수요자 50%) {{colspan}}	
적용 지역	**40개 지역** 서울(전역, 25개구), **경기** **(과천·성남·하남·고양·광** **명·남양주·동탄2), 부산(해** **운대·연제·동래·부산진·** **남·수영구·기장군), 세종**	**27개 지역** 서울(전역, 25개구), 경기(과천), 세종	**12개 지역** **서울(강남·서초·송파·강동** **·용산·성동·노원·마포·양** **천·영등포·강서), 세종**

* 주담대=주택담보대출, LTV=주택담보대출비율, DTI=총부채상환비율.

자료: 국토교통부, '조정대상지역, 투기지역, 투기과열지구 지정효과 비교'[124]

8·2 대책의 지역별 영향을 집합 형태로 표기하면 아래의 그림과 같다. 이에 따라 서울의 11개 구(강남, 서초, 송파, 강동, 용산, 성동, 노원, 마포, 양천, 영등포, 강서)와 세종시는 조정대상지역, 투기과열지구, 투기지역에 대한 규제를 모두 적용받게 됐다.[125]

조정대상지역

성남, 하남, 고양, 광명, 남양주, 동탄 2,
부산(해운대, 연제, 동래, 수영, 남, 기장, 부산진)

투기과열지구

서울(구로, 금천, 동작, 관악, 은평, 서대문, 종로, 중, 성북, 강북,
도봉, 중랑, 동대문, 광진), 과천시

투기지역

서울(강남, 서초, 송파, 강동, 용산, 성동, 노원, 마포,
양천, 영등포, 강서), 세종시

---

124 국토교통부, '투기과열지구·투기지역·조정대상지역 설명자료,' 3쪽(참고1: 조정대상지역, 투기지역, 투기과열지구 지정효과 비교). 이 표는 인터넷에서 검색이 가능하다.(http://www. molit.go.kr/USR/NEWS/m_71/dtl.jsp?lcmspage=1&id=95079498, 2018년 11월 13일 검색). 이 표도 복잡하지만, 현실은 이것보다 더 복잡하다. '투기과열지구와 투기지역이 아닌 조정대상지역', '투기지역이 아닌 조정대상지역과 투기과열지구', '조정대상지역, 투기과열지구, 투기지역 모두 해당' 등의 사례가 존재할 수 있기 때문이다. 이 같은 사례에 대해서는 같은 자료 참고2(지역별 적용 효과)를 참조.

125 국토교통부, '투기과열지구·투기지역·조정대상지역 설명자료,' 4~5쪽. 문재인 정부는 그 뒤에도 '8·2 대책 후속 조치'(2017년 9월 5일), '가계부채 종합대책'(2017년 10월 24일), '주거복지 로드맵'(2017년 11월 29일), '임대주택 등록 활성화 방안'(2017년 12월 13일) 등을 줄줄이 발표했다. 그러나 2018년 '9·13 주택시장 안정 대책'이 나올 때까지 큰 뼈대는 8·2 대책에서 제시된 것을 유지했다. 특히 문재인 정부가 내놓은 가계부채 종합 대책에서 신DTI(총부채상환비율)와 총부채원리금상환비율(DSR·Debt Service Ratio) 등을 도입한 것은 부동산 금융에도 큰 영향을 미쳤다. 기존 DTI는 대출원리금을 계산할 때 신규 주택담보대출 원리금과 기존 주택담보대출 등의 이자 상환액만 포함했지만, 신DTI는 기존 주택담보대출 원금까지 포함하는 방식으로 바뀌었다. 신DTI는 2018년 1월1일부터 적용됐다. 2018년 3월부터 순차적으로 금융회사에 적용된 DSR은 금융기관의 주택담보대출뿐만 아니라 신용대출 등 모든 원리금 상환액을 소득으로 나눈 지표를 기준으로 대출금을 산정하게 된다. 문재인 정부의 종합부동산세(종부세) 강화 방안의 도입 과정은 별도로 기술한다.

보유세 인상

문재인 정부의 부동산 정책을 결정지을 중요한 변수는 보유세 인상이다. 크게 봐서 부동산 보유 단계의 과세는 국세인 종합부동산세(종부세)와 지방세인 재산세로 나뉜다. 국세인 종부세는 기획재정부가 담당하고, 지방세는 행정안전부와 각 지방자치단체가 담당한다.

재산세는 건축물, 선박, 항공기 등을 소유한 사람 모두가 내야 하는 지방세(시·군·구세)다. 행정안전부의 '2017년 지방세 통계 연감'에 따르면, 2016년 과세분 건수만 해도 3238만 3362건에 달한다. 비과세분까지 합치면 5193만 3303건이다. 재산을 갖고 있는 사람이 비과세 대상이 아니라면 누구라도 내야 하는 세금이다. 예컨대, 80세 고령자가 본인 소유의 집 한 채만 갖고 있어도 내야 하는 게 재산세이기 때문에 잘못 건드리면 엄청난 '조세 저항(抵抗)'에 직면할 수밖에 없다.

이에 따라, 노무현 정부에서 뿐만 아니라 문재인 정부에서도 일단 상대적으로 부유한 사람들이 내는 세금인 종부세 개편에 총력을 기울이면서 재산세 개편 등은 후순위로 미뤘다. 부동산 보유단계의 세금인 재산세(지방세)와 종부세(국세) 과세 체계는 매우 복잡한데, 현행 체계는 다음과 같다.

〈우리나라의 보유세 과세 체계〉

구 분	재 산 세(지방세)	종합부동산세(국세)
납세 의무자	매년 6.1일 현재 재산의 소유자	매년 6.1일 현재 과세기준금액*을 초과하는 재산 소유자 * 과세기준금액 〈주택: 6억원 / 토지 종합합산: 5억원 / 토지 별도합산: 80억원〉 * 1세대1주택자(단독명의)는 9억원

과세기준금액 표:

주택	토지	
	종합합산	별도합산
6억원	5억원	80억원

* 1세대1주택자(단독명의)는 9억원

구 분	재 산 세(지방세)	종합부동산세(국세)
과세대상	주택, 토지, 건축물, 선박, 항공기	주택, 토지(종합합산·별도합산 토지)

과세방법

재산세			종합부동산세		
주택	토지	건축물	주택	토지	
물건별 과세	관내 합산 과세	물건별 과세		종합합산*	별도합산**
			전국 인별 합산		

공정시장가액비율(과세표준)

재산세			종합부동산세		
주택	토지	건축물	주택	토지	
공시가격의 60%	공시지가의 70%	시가표준액의 70%	(공시가격 - 6억원)의 80%	(공시지가 - 5억원)의 80%	(공시지가 - 80억원)의 80%

과세구간 및 세율

재산세

주택		종합합산토지		별도합산토지	
과세표준	세율(%)	과세표준	세율(%)	과세표준	세율(%)
6천만 이하	0.1	5천만 이하	0.2	2억 이하	0.2
1.5억 이하	0.15	1억 이하	0.3	10억 이하	0.3
3억 이하	0.25				
3억 초과	0.4	1억 초과	0.5	10억 초과	0.4

종합부동산세

주택		종합합산토지		별도합산토지	
과세표준	세율(%)	과세표준	세율(%)	과세표준	세율(%)
6억 이하	0.5	15억 이하	0.75	200억 이하	0.5
12억 이하	0.75				
50억 이하	1.0	45억 이하	1.5	400억 이하	0.6
94억 이하	1.5				
94억 초과	2.0	45억 초과	2.0	400억 초과	0.7

구 분	재 산 세(지방세)	종합부동산세(국세)
1세대 1주택자 공제	-	고령자 세액공제(60세 이상, 10~30%) 장기보유자 세액공제(5년 이상, 20~40%)
비과세	임시사용 목적의 건축물로서 1년 미만인 것 등	장기임대주택(8년 이상, 수도권 6억원, 지방 3억원 이하), 사원기숙사 등
납부방법	부과 고지	부과 고지(신고·납부 가능)

* 종합합산토지 : 나대지, 잡종지, 농업법인 외 법인·단체 소유 농지, 기준면적 초과 목장용지 등
** 별도합산토지 : 일반건축물의 부속토지, 물류시설, 주차장, 공장용지(도시지역 내) 등

고령자공제		장기보유공제	
연 령	공제율	보유기간	공제율
60세 이상 65세 미만	10%	5년 이상 10년 미만	20%
65세 이상 70세 미만	20%		
70세 이상	30%	10년 이상	40%

자료: 기획재정부, '종합부동산세 개편 방안'[126]

문재인 정부, 재정특위를 만들다

문재인 정부는 노무현 정부의 '전철(前轍)'을 답습해 대통령 직속의 수많은 위원회를 만들었다. 이에 따라 만들어진 많은 위원회 중 하나가 대통령 직속 정책기획위원회 산하에 설립된 재정개혁특별위원회(재정특위)다. 대통령 직속 정책기획위원회가 이미 위원회인데, 그 안에 또 재정특위를 만든다는 것은 상식적으로는 납득하기 어려운 일인데, 문재인 정부는 이런 일을 자주 벌였다.[127]

재정특위는 문재인 정부 출범 직후부터 만든다는 말은 많았지만, 실제로 출범한 것은 2018년 4월 9일이었다. 그 뒤 재정특위는 2018년 4월 9일부터 6월 14일까지 10여 차례 조세소위원회를 개최해 종합부동산세(종부세) 등의 개편 논의를 했고, 6월 22일 '바람직한 부동산 세

---

126 기획재정부, '종합부동산세 개편 방안'(2018년 7월 6일).

127 이와 유사한 사례가 문재인 정부 초대 청와대 경제수석을 하다가 물러난 홍장표 부경대 교수가 경제수석에서 물러나자마자 대통령 직속 정책기획위원회 산하 소득주도성장특별위원회 위원장을 맡은 것이다. 위인설관(爲人設官·어떤 사람을 위해 일부러 벼슬자리를 마련함)의 대표적인 사례라고 할 만하다. 국민 세금으로 이런 식의 위인설관을 하는 것은 앞으로 없어져야 할 잘못된 관행이다. 강지남, '홍장표 경제수석 물러나…소득주도성장 펑크 났나'(동아일보, 2018년 7월 14일, http://news.donga.com/3/all/20180714/91051402/1#csidxcbcc 21ef12c0bf6b5e10cd8c67a1998, 2018년 10월 14일 검색) 참조.

제 개편 방안' 토론회를 개최한 뒤 7월 3일 '(2018년, 인용자) 상반기 재정 개혁 권고안'을 확정해 정부에 제출했다.[128]

재정특위 위원들의 성향

대통령 선거가 끝나고 새로운 세력이 집권해 청와대에 위원회를 구성할 경우 새로 선출된 대통령과 '노선(路線)'이 비슷한 사람들로 채워질 수밖에 없다. 김대중 정부나 이명박 정부, 박근혜 정부 가릴 것 없이 청와대에 생기는 위원회의 구성원들은 당시 대통령과 '코드'가 잘 맞는 사람들이었다.

이런 사실은 어떤 측면에서는 자연스러운 일이기도 하다. 새로 선출된 대통령이 자신의 구상을 현실화하기 위해서 만드는 게 위원회인데, 본인과 생각이 다른 사람을 뽑을 이유가 없기 때문이다.

그러나 재정특위의 '2018년 상반기 재정개혁 권고안'이 나온 뒤, "재정특위의 권고안이 참여연대가 2018년 3월에 요구한 과세안과 거

---

128 재정특위의 명칭이 결정되는 과정에 재미있는 뒷얘기가 있다. 우리나라 조세 정책을 담당하는 기획재정부 세제실은 당초 특위 명칭에 '조세'라는 말을 반드시 넣어야 한다고 강력히 주장했다. 그러나 문재인 정부 청와대에서 새로 생긴 재정기획관을 맡고 있던 박종규 씨가 "조세도 재정의 일부이므로 조세라는 단어는 넣을 필요가 없다"고 우겼다고 한다. 이에 따라 특위 명칭에 조세라는 말은 들어가지 못했다. 조세도 재정의 일부라는 박 기획관의 주장이 맞는 말이기는 한데, 재정특위에서 가장 관심을 끄는 사안이 종합부동산세(종부세) 인상 등 세제 문제였기 때문에 재정특위의 명칭은 그 후로도 많은 사람들에게 '이상한 작명(作名)'이라는 얘기를 들었다(실제로 재정특위가 2018년 7월 3일 내놓은 '(2018년, 인용자) 상반기 재정개혁 권고안'에는 재정 분야 개혁에 대한 내용도 있었지만, 이를 기사화한 매체는 드물다). 박 기획관은 경제부총리를 지낸 조순 서울대 명예 교수가 외삼촌이고, 한국개발연구원(KDI) 연구위원을 지낸 박우규 전 SK경영경제연구소 소장이 친형이라고 한다. 2001년 한국조세연구원 연구위원으로 재직하던 당시 자신이 작성한 공적자금 보고서의 배포가 금지되자, 스스로 배포한 뒤 파문이 커지자 민간 연구기관인 한국금융연구원으로 자리를 옮겼다. 필자의 기억으로는 당시 조세연구원장이 옛 재정경제부 기자실을 찾아 직접 해명 겸 사과를 했을 만큼 파장이 만만찮았다. 손진석, '박종규 재정기획관 내정자' (조선일보, 2017년 6월 28일, http://biz.chosun.com/site/data/html_dir/2017/06/28/2017062800245.html, 2018년 7월 15일 검색) 참조.

의 같다"는 지적이 나오면서 논란이 벌어졌다.[129]

특히 보수 성향의 조선일보는 재정특위 조세소위원회 위원 14명의 성향을 분석해 증세론자(增稅論者·조세액을 늘리거나 세율을 높이자는 주장을 하는 사람) 7명, 중립 또는 증세 부분 찬성 7명이라는 보도를 내놓기도 했다.

조선일보 분석에 따르면, 증세론자는 강병구 재정특위 위원장(전 참여연대 조세개혁센터 소장), 구재이 세무법인 굿택스 대표(전 참여연대 조세개혁센터 부소장), 김우철 서울시립대 세무학과 교수(전 예산정책처 조세분석심의관), 홍종호 서울대 환경대학원 교수(전 한국환경경제학회 회장), 박훈 서울시립대 세무학과 교수(경실련 재정세제위원장), 신승근 한국산업기술대 교수(기획재정부 준정부기관 경영평가단 위원), 이우진 고려대 경제학과 교수 등 7명이다.

조선일보가 중립 또는 증세 부분 찬성론자로 분류한 사람은 김병규 기획재정부 세제실장(당연직), 허용석 삼일회계법인 상임고문(전 재정경제부 세제실장), 박명호 홍익대 경제학부 교수(전 한국조세재정연구원 장기재정전망센터장), 이창희 서울대 법학전문대학원 교수(한국세법학회 회장), 주만수 한양대 경제학부 교수(전 한국지방재정학회 회장), 최병호 부산대 경제학과 교수(재정특위 조세소위원회 위원장, 한국지방재정학회 부회장), 최봉길 세무사최봉길사무소 대표(법무법인 화우 세무 고문) 등 7명이다.[130]

---

129 김일규, '참여연대 세제 건의서 그대로 베낀 재정특위'(한국경제, 2018년 7월 5일, http://news.hankyung.com/article/2018070474541, 2018년 7월 15일 검색).

130 이준우·이민석, '재정특위 증세 3종 세트, 넉달 前 참여연대 건의서와 판박이'(조선일보, 2018년 7월 6일, http://biz.chosun.com/site/data/html_dir/2018/07/06/2018070600007.html?utm_source=naver&utm_medium=original&utm_campaign=biz, 2018년 7월 15일 검색).

정부, 종부세 정부안 발표 서두르다

재정특위의 안은 일종의 '권고안'일 뿐이다. 재정특위가 공식 정부 부처가 아니기 때문이다. 그러나 재정특위는 대통령 직속 정책기획위원회 산하에 설치된 위원회이기 때문에 국민 입장에서는 재정특위 안을 '정부 안'으로 받아들일 수밖에 없었다. 대통령 직속 위원회를 많이 만들면 나타날 수밖에 없는 혼선이 재연된 것이다.

이 같은 혼선을 우려한 기획재정부 세제실은 재정특위의 권고안이 나오고 불과 3일 후인 2018년 7월 6일 '종합부동산세(종부세) 개편 방안'을 발표했다. 종부세를 포함해 정부의 모든 세법 개정안을 해마다 7월 말~8월 초에 내놓는 그해 '세법 개정안'을 통해 발표해온 관행을 깬 것이다. 기재부가 재정특위 안이 정부 안으로 굳어질 우려가 있다고 보고, 세법 개정안 발표와 별도로 서둘러 '진짜 종부세 정부 안'을 내놓은 것이다.

재정특위 안과 정부 안의 차이(1)

재정특위 안과 비교할 때 정부 안은 현재 80%인 공정시장가액비율(세금을 매기는 기준인 과세 표준을 계산할 때 적용하는 공시 지가의 비율)을 2019년과 2020년 각각 5%포인트 높여 90%까지만 인상하기로 한 것이 가장 큰 차이점이다. 재정특위가 매년 5%씩 높여서 사실상 100%까지 올리라고 한 것에 비해서는 급격한 세 부담 증가를 줄인 것이다.

정부는 나대지, 잡종지 등 종합합산토지의 경우 재정특위가 권고한 것처럼 0.25~1%포인트 세율을 인상하는 안을 받아들였다. 그러나 일반 건축물의 부속 토지, 공장용지(도시지역 내) 등으로 구성되는 별도합산토지에 대해서는 전 구간에 걸쳐 0.2%포인트 세율을 인상하라는 재정특위의 권고를 받아들이지 않고, 현행 세율을 유지하기로 했다.

이와 관련, 김동연 전 부총리 겸 기획재정부 장관은 "별도합산토지는 대부분 상가·빌딩, 공장 등의 부속 토지로 생산 활동과 관련돼 있어 경제에 부담으로 작용할 가능성을 감안해 현행 세율을 유지하기로 했다"고 밝혔다.

이 밖에 정부는 세금을 매기는 기준인 과세 표준(과표)이 6억 원을 초과하는 3주택 이상을 보유한 사람에 대해 현행 종합부동산세율에 0.3%포인트의 '징벌적 추가 세율'을 물리기로 했다.

또 재정특위 권고안은 과표 6억~12억 원의 경우 세율을 0.75%에서 0.8%로 0.05%포인트 높이라고 권고했지만, 정부 안에서는 0.85%로 0.1%포인트 높였다.

〈종부세 개편 방안: 재정특위 권고안과 정부 안 비교〉

구분		특위 권고안	정부안
공정시장 가액비율		▪ 연 5%p씩 인상 ▪ (소수의견) 현행 유지	▪ 연 5%p씩 90%까지 인상 ('19) 85% → ('20) 90%
세율	주택	▪ 과표 6억원 이하 현행 유지 ▪ 과표 6억원 초과 <u>0.05%p~0.5%p</u> 인상 * (6억 이하) 0.5% → 0.5% (-) (6~12억) 0.75 → 0.8% (+0.05%p) (12~50억) 1 → 1.2% (+0.2%p) (50~94억) 1.5 → 1.8% (+0.3%p) (94억 초과) 2 → 2.5% (+0.5%p) ▪ 다주택자 세부담 강화 방안 검토	▪ (좌동) ▪ 과표 6억원 초과 <u>0.1%p~0.5%p</u> 인상 * (좌동) →(6~12억) 0.75 → 0.85% (+0.1%p) (좌동) ▪ (3주택 이상자) 과표 6억원 초과 0.3%p 추가과세
	종합 합산 토지	▪ 0.25p%~1%p 인상 * (15억 이하) 0.75 → 1% (0.25%p) (15~45억) 1.5 → 2% (0.5%p) (45억 초과) 2 → 3% (1%p)	▪ (좌동)

구분		특위 권고안	정부안
	별도 합산 토지	■ 전 구간 0.2%p 인상 * (200억 이하) 0.5 → 0.7% 　(+0.2%p) 　(200~400억) 0.6 → 0.8% 　(+0.2%p) 　(400억 초과) 0.7 → 0.9% 　(+0.2%p) ■ (소수의견) 현행 유지	■ 현행 유지

자료: 기획재정부, '종합부동산세 개편 방안'[131]

재정특위 안과 정부 안의 차이(2)

　정부 안과 재성특위 안 보두 종합부동산세(종부세) 증세(增稅)의 영향을 받는 전체 인원은 34만 9000명(2016년 기준, 주택 27만 4000명, 종합합산토지 6만 7000명, 별도합산토지 8000명)으로 같다. 그러나 정부 안의 세수 증대 효과는 7422억 원(주택 1521억 원, 종합합산토지 5450억 원, 별도합산토지 451억 원)인 반면, 재정특위 안의 세수 증대 효과는 6798억~1조 881억 원(주택 897억 원, 종합합산토지 5450억 원, 별도합산토지 451억~4534억 원)이었다. 정부 안과 재정특위 안의 세수 증대 효과 최대치의 차이는 주택 종부세 세수 증가분은 정부 안이 다소 큰 반면, 별도합산토지의 세수 증가분에서 정부 안이 재정특위 안보다 크게 낮아졌기 때문이다.

　이런 이유 때문에 종부세 정부 안 발표 이후 시민단체 등에서 "정부 안이 재정특위 안보다 많이 후퇴했다"는 얘기가 나오기도 했다. 그러나 기획재정부는 대부분 상가·빌딩, 공장 등의 부속 토지로 생산 활동과 밀접히 관련돼 있는 별도합산토지의 세율을 올릴 경우 향후 경기에 악영향을 미칠 수 있다는 우려를 갖고 있었다.

131　기획재정부, '종합부동산세 개편 방안'(2018년 7월 6일), 4쪽.

(단위 : 만 명, 억 원)

구 분	인원* ('16년 기준)	세수효과	
		특위 권고안	정부안**
주 택	27.4	+897	+1,521 (+624)
종합합산토지	6.7	+5,450	+5,450 (-)
별도합산토지	0.8	+451~+4,534	+451 (-)
합 계	34.9	+6,798~+10,881	+7,422 (+624)

* 국세통계연보, ** ( )는 재정특위 권고안(별도합산토지 세율 현행 유지 시) 대비 증가
자료: 기획재정부, '종합부동산세 개편 방안'132

난데없이 터져 나온 금융소득종합과세 강화 논란

재정특위가 2018년 7월 3일 '(2018년, 인용자) 상반기 재정개혁 권고안'을 내놓은 뒤 언론의 관심은 종합부동산세(종부세)가 아니라 금융소득종합과세에 쏠렸다. 종부세 문제는 그동안 공청회 등을 통해 상당 부분 언론에 이미 노출된 상태였다. '이미 나온 얘기를 또 쓰는 것'을 가장 싫어하고, '새로운 것(뉴스)'을 좇는 언론의 속성상 새로운 이슈가 필요했다.

재정특위는 권고안을 통해 "현재 2000만 원인 금융소득종합과세 기준금액을 1000만 원으로 내리라"고 밝혔다. 이럴 경우 금융 상품에 투자해 한 해 1000만 원이 넘는 수익을 거둔 사람의 소득세율이 14%(지방소득세를 더하면 15.4%)에서 종합소득세세율(6~42%)의 적용을 받아 최고 42%(지방소득세를 더하면 46.2%)로 올라간다.

재정특위는 권고안을 통해 "2016년 귀속(歸屬·재산이나 권리, 영토 등이 특정한 사람이나 단체, 국가의 것이 됨) 기준 금융소득 1000만~2000만 원 구간

---

132 기획재정부, '종합부동산세 개편 방안'(2018년 7월 6일), 6쪽.

의 인원이 약 31만 명으로, 대상 확대 시 과세 대상자 수가 신고인원 9만여 명에서 40만여 명으로 증가될 것으로 전망된다"고 밝혔다. 증세에 반대하는 여론은 "금융소득종합과세 강화로 과세 대상자 수가 31만 명 증가하면 가족까지 포함하면 실제로는 100만여 명 이상이 영향을 받는 셈"이라고 재정특위 권고안을 몰아붙였다. 여론은 급박하게 움직였다. 노무현 정부에서 어설프게 증세(增稅)를 추진하다가 정권의 지지율이 급락했던 트라우마(정신적 외상)가 다시 작동하기 시작했다.

재정특위의 논리

금융소득종합과세는 1996년 최초 시행 후 2002년 부부합산 과세에서 개인별 과세로 바뀌었고, 2013년에는 기준금액이 4000만 원에서 2000만 원으로 축소됐다. 부부합산 과세에서 개인별 과세로 전환한 것은 과세 약화이고, 기준금액 하향조정은 과세 강화 효과를 내는 것이었다.

재정특위는 "금융소득의 상위계층 쏠림 현상이 심각해 소득금액 상위 10%(2012~2016년 귀속 기준)가 이자를 가져가는 비중이 90.5%, 배당을 가져가는 비중이 94.1%에 달하고, 가계저축률이 지속적으로 증가해 저축 증대라는 정책 목표도 이미 달성됐으므로, 금융소득종합과세 기준금액을 낮출 필요가 있다"고 주장했다.

재정특위의 논리에 오류가 있다고 말하기는 어렵다. 재정특위가 금융소득종합과세 기준금액 인하를 통해 지적하고 싶었던 것은 한국 사회의 '소득 불평등' 문제 외에 '자산(資産) 불평등' 문제를 조속히 해결해야 한다는 점이었다.

'강단 경제학자'들은 소득 불평등의 문제를 개선해야 한다고 자주 주장하지만, 한국에서는 이미 자산 불평등이 더 이상 자연스럽게 개선되기를 기대하기 어려울 만큼 심각한 문제로 부상한 게 사실이었기 때문이다.

전 세계 대부분의 나라에서처럼 자산 불평등을 일으키는 가장 중요한 2가지 요소가 부동산과 금융소득이다. 재정특위 권고안은 종부세 인상을 통해서 부동산에 대해, 금융소득종합과세 강화를 통해 금융소득에 대해 자산 불평등을 개선할 필요가 있다고 주장한 것이다.

준비되지 않은 기구의 준비되지 않은 발표

증세(增稅)는 이해 관계자들이 매우 복잡하게 연루돼 있기 때문에 사회 구성원 다수를 설득해낼 수 있는 매우 정교한 전략이 필요하다. 과거의 경험으로 볼 때, "이게 옳으니까 해야 한다"는 식의 주장은 정부 정책에 직접적 영향력이 없는 대학 교수나 시민·사회단체 구성원이야 할 수 있는 일이지만, 정부 정책 당국자 입장이 됐을 때는 상황이 완전히 다르다.

증세는 대통령을 포함한 정권적 차원의 '결단(決斷·딱 잘라 결정하거나 단정을 내림)'이 필요한 경우도 많고, 정권적 차원에서 결단했다고 하더라도 어떤 과정을 거쳐, 어떻게 공개하고, 어떤 방식으로 추진할 것인지에 대한 구체적인 전략이 없으면 엄청난 혼란만 일으키고 실패하는 경우가 많다. 그게 우리나라뿐만 아니라 전 세계에서 증세를 단행한 많은 국가의 사례에서 발견할 수 있는 교훈이다.

그러나 재정특위는 주로 대학에서 학생을 가르치거나, 시민·사회단체에서 활동하는 사람들로 구성됐다. 솔직히 말해, 재정특위 구성원들이 권고안을 내면서 증세 방안이 제대로 실천되지 않으면 본인들이 끝까지 책임지겠다는 각오로 이 같은 방안을 냈는지도 의심스럽다.

증세, 언제 터질지 모르는 폭탄

우리나라 세제 당국인 기획재정부 세제실은 재정특위에서 금융소득종합과세 강화 방안에 대해 지속적으로 반대했다.[133]

기재부가 반대한 것은 금융소득종합과세 강화 방안 자체를 거부한다기보다 종합부동산세(종부세) 강화 방안을 내놓는 상황에서 면밀하게 조율도 되지 않은 금융소득종합과세 강화 방안을 함께 발표하는 것이 어떤 후폭풍을 불러올지 가늠하기 어려웠기 때문으로 보인다.

기재부의 모든 문제는 부총리 겸 기재부 장관이 총괄하고, 1차관(경제정책·세제·정책조정 등 담당)도 세제 문제에 관여하지만, 실무적인 총괄은 1급(차관보급) 고위 공무원인 세제실장이 담당한다. 기재부 세제실은 기재부 내에서도 위계질서가 엄격하기로 유명하며, 높은 전문성 때문에 세제실에는 오랫동안 세제를 담당해온 공무원들이 많다.

세제실, 일제히 움직이다

재정특위 권고안이 발표되고 금융소득종합과세 강화 방안이 언론에 대서특필된 2018년 7월 4일 오전, 최근 몇 년 동안 한 번도 움직이지 않았던 기획재정부 세제실 라인이 조직적으로 움직이기 시작했다. 오랫동안 세제를 다루면서 '연말정산 파동' 등 세제를 둘러싼 온갖 일을 경험해온 세제 라인은 "현 상황에서 즉각 대응하지 않을 경우, 혼란이 걷잡을 수 없이 증폭될 가능성이 크다"고 판단한 것으로 알려졌다.

---

133 재정특위 조세소위원회에는 기획재정부 세제실장(1급)이 당연직 위원으로 참여한다. 기재부 세제실장은 우리나라 조세 정책을 총괄 조정하는 핵심 고위 공무원으로, 세제가 갖고 있는 고도의 전문성 때문에 과거에는 '세제(稅制) 장관'이라고 불렸을 만큼 막강한 영향력을 행사했다.

내부 정리를 마친 기재부 세제실 공무원들은 7월 4일 오전 역할 분담을 한 뒤 일제히 우리나라 조세 정책을 담당하는 기재부 출입 기자단 소속 기자들과 접촉하기 시작했다. 기재부 세제실의 메시지는 단순하고 확고했다. "금융소득종합과세 강화 방안은 적어도 올해 세법 개정안에는 반영되지 않는다"는 것이었다.

기재부 세제실의 메시지를 전달받은 기재부 출입 기자단도 바쁘게 움직이기 시작했다. 통신 매체에는 '기재부, 내년 금융소득종합과세 확대 어렵다···재정특위 권고에 반대', '종부세 인상·금융소득종합과세 확대 동시 이행 권고에 정부 난색' 등의 기사가 줄줄이 뜨기 시작했다.[134]

세제실의 '액션', 청와대의 반응은?

기획재정부 세제실이 2018년 7월 4일 오전 조직적으로 움직이면서 기자들의 관심은 청와대의 반응에 쏠렸다. 만약 청와대가 세제실의 움직임에 반대하는 입장을 밝히면, 그 순간 정부 공식 조직 내부에서 이견(異見)이 노출되는 것이고, 문재인 정부 출범 이후 가장 극단적인 형태의 국정 혼선 사례로 비화(飛火·어떤 일의 영향이 직접 관계가 없는 다른 데에까지 번짐)하는 것이었다. 세제실 공무원들의 일신상의 '안위(安危)'에도 영향을 미칠 수 있는 중요한 순간이었다.

청와대의 공식 반응은 다음 날인 7월 5일 나왔다. 김의겸 청와대 대변인은 춘추관 정례브리핑에서 "누구도 그 기구(재정특위)에 과세권을

---

134 이율, '기재부, 내년 금융소득종합과세 확대 어렵다···재정특위 권고에 반대' (연합뉴스, 2018년 7월 4일, http://www.yonhapnews.co.kr/bulletin/2018/07/04/0200000000 AKR20180704074700002.HTML?input=1195m, 2018년 7월 28일 검색) 등의 기사를 참조.

부여한 적이 없다"며 "과세권은 어디까지나 정부가 책임지고 입법으로 해결할 문제"라고 말했다. 그는 "지난 (7월, 인용자) 4일 김동연 기재부 장관이 한 말과 기재부 관계자가 한 이야기와 청와대 입장은 차이가 없다"며 "서로 조율돼 나온 이야기"라고 했다.

김 대변인은 "만약 정부에서 지난(7월, 인용자) 4일 그 문제에 대해 입장을 밝히지 않았을 경우, 오늘 아침(신문, 인용자) 지면이 어땠을까"라 며 "'31만 명이 세금 폭탄을 맞게 됐다', 이렇게 기사가 나가지 않았을 까, 그런 점까지 고려해 달라"고 말했다. 청와대가 짧은 시간에 이 사 안에 대해 '정무적 판단'을 했다는 사실을 보여주는 대목이다.[135]

세제실의 액션에 대해 청와대가 "서로 조율돼 나온 이야기"라고 밝 히면서 금융소득종합과세 강화 방안은 순식간에 '없던 일'이 됐다. 그 러나 기재부 출입 기자들이 아는 범위 내에서는, 기재부 세제실이 움 직인 7월 4일 오전까지 기재부와 청와대 간의 조율은 없었다.

경제부총리와 기획재정부 세제실의 조율?

기획재정부 세제실이 2018년 7월 4일 오전 일사분란하게 기재부 출입 기자들에게 "금융소득종합과세 강화 방안은 적어도 올해 세법 개정안에는 반영되지 않는다"는 메시지를 전달하기 전에 당시 조직의 수장(首長)이었던 김동연 전 부총리 겸 기재부 장관에게 보고하고 교감 (交感)했는지에 대해서도 논란이 있다.

왜냐하면 김동연 당시 부총리 겸 기재부 장관은 7월 4일 오후 인천 중구 공항동로 BMW 드라이빙센터에서 혁신성장 관계장관회의를 마

---

135 박정엽, '靑, 재정특위 금융소득 과세 확대안 일축…자문기구일 뿐' (2018년 7월 5일, http://news.chosun.com/site/data/html_dir/2018/07/05/2018070501303.html, 2018년 7월 28일 검색).

친 뒤 기자들과 만나 "재정특위 권고안에 대해 직접적인 코멘트는 이르며, 금융소득종합과세 등에 대해서는 좀 더 검토를 하겠다"고 기재부 세제실과는 뉘앙스가 다른 발언을 내놓았기 때문이다.

기재부 세제실이 이날 오전 "금융소득종합과세 강화 방안은 올해 세법 개정안에는 반영되지 않는다"고 확고부동한 입장을 이미 밝힌 상태에서, 김 당시 부총리의 발언은 기재부 세제실의 입장보다는 훨씬 유화적이었다.

이와 관련, 기재부 세제실은 7월 4일 오전 입장을 정하고, 김 전 부총리에게 이 같은 사실을 보고하려고 했으나 연락이 닿지 않자 사안의 중요성을 감안해 '선(先)조치, 후(後)보고'한 것으로 알려졌다.

일부에서는 세제실이 움직인 것을 나중에 알게 된 김 전 부총리가 "그냥 '충분한 검토가 필요하다'는 정도로 얘기하면 되지 그렇게까지 할 필요가 있었느냐?"고 '다소 질책성 발언'을 했다는 말도 들린다. 그러나 경위야 어쨌든, 기재부 세제실의 움직임을 청와대가 옹호하면서 이 사안은 '한 칼에' 정리가 됐으며, 결과적으로 세제실의 판단은 옳았던 것으로 결론이 났다.[136]

---

136 금융소득종합과세 강화 여부를 둘러싼 논란이 정리되는 과정에 2018년 3월 임명된 김병규 기획재정부 세제실장(1급)의 '개인 캐릭터'도 상당히 큰 영향을 미쳤다는 얘기가 나온다. 김 실장은 1965년 경남 진주 출신으로 진주고-연세대 경제학과를 나왔으며, '독일병정 같다'는 말을 자주 듣는 '세제(稅制)맨' 답지 않게 사고가 유연하고, 소신이 강한 것으로 알려져 있다. 기재부 노동조합이 선발하는 '닮고 싶은 상사'에 연속으로 선정되는 등 조직 내부의 평판이 좋고, 세제실 인사치고는 상당히 '튀는 인물'이라는 평가가 많다. 행정고시 34회로, 세제실장에 임명될 때 행시 선배들을 제치고 파격적으로 발탁돼 주목받았다. 기재부 세제실 주장대로, 금융소득종합과세 강화 방안은 정부가 2018년 7월 30일 발표한 '2018년 세법 개정안'에는 포함되지 않았다. 기재부, '2018년 세법 개정안(보도자료)'(2018년 7월 30일).

유연탄에 대한 세 부담 인상 및 주택임대소득세 강화

　재정특위는 "연료 사용량 기준으로 액화천연가스(LNG)에 대한 개별소비세(개소세)는 현행대로 유지하고 유연탄에 대한 개별소비세를 현행 LNG 수준을 고려해 인상하거나, 유연탄에 대한 개소세를 인상하되 전기 요금 인상 등의 부담을 고려해 LNG에 대한 제세(諸稅·여러가지 세금) 부담을 인하하라"고 권고했다. 재정특위의 이 같은 방안은 '2018년 세법 개정안'에 유연탄에 대한 세금을 올리되, LNG에 붙는 세금을 내려 전기 요금에는 변화 요인을 발생시키지 않는 방향으로 반영됐다. 이에 따라 2019년부터 유연탄 대 LNG의 제세 부담금 비율이 1:2.5에서 2:1로 바뀐다.

　주택임대소득세 과세 강화 방안도 정부의 세법 개정안에 주택임대소득 분리과세 적용 시 기본 공제를 등록 사업자의 경우 400만 원으로 유지하되, 미등록 사업자의 경우 200만 원으로 축소하는 방향으로 반영됐다. 또 월세 수입자와의 과세 형평을 위해 임대 보증금 과세 배제 소형 주택 규모를 현행 3억 원, 60㎡에서 2억 원, 40㎡로 줄였다.

　재정특위의 "분리과세 시 기본 공제 등으로 전세 보증금은 약 12억 원 이상인 경우만 과세되고 있어 기본공제금액(400만 원)이 너무 높고, 1~2인 가구 증가 등으로 주거 필요 면적이 점차 축소되고 있어 현행 소형 주택 특례는 기준에 대한 재검토가 필요하다"는 주장이 일부 받아들여졌다.

'8·2 대책', '약발' 끝나다

　문재인 정부는 정권이 출범한지 3개월이 채 안된 2018년 8월 2일 부동산 시장 규제의 종합판이라고 할 수 있는 '8·2 대책'을 내놨지만,

1년이 못돼서 "약발이 끝났다"는 얘기가 나오기 시작했다. 2018년 7월부터 서울 주택 가격이 급등했기 때문이다.[137]

우리나라 부동산 대책은 사실 '서울 주택 가격 대책'이라고 해도 과언이 아니다. 지방 집값은 오르기는커녕 떨어지는 곳이 대부분이기 때문이다.

정부 자료에 따르면, 전국 주택가격상승률(전월대비)은 2018년 5월 -0.03%, 6월 -0.02%, 7월 -0.02%, 8월 0.02%였다. 거의 제자리걸음이었다.

그러나 서울 주택가격상승률은 2018년 5월 0.21%, 6월 0.23%, 7월 0.32%, 8월 0.63%로 치솟았다. 반면 지방 주택가격상승률은 2018년 5월 -0.13%, 6월 -0.12%, 7월 -0.13%, 8월 -0.17%로 하락세가 점점 가팔라지고 있었다.

더욱 심각한 것은 서울 아파트 값이 빠르게 상승하면서, 서울 인근 지역으로 가격 상승세가 확산하고 있다는 것이었다. 9월 첫째 주 주택가격상승률은 경기 과천 1.38%, 광명 1.01%, 분당 0.79%, 구리 0.69% 등 급등세를 기록했다.

부동산 전문가들은 "8·2 대책의 약발이 다했다"는 진단을 내놓고 있었다. 정부도 더 이상 방치할 수는 없었다. "노무현 정부 '시즌 2'가 시작됐다(=문재인 정부가 집값을 잡는 데 실패했다)"는 말까지 나오고 있었다.

---

137 김순환, '약발 다한 8·2 대책과 궁극의 규제'(김순환 기자의 부동산 깊이보기)(문화일보, 2018년 8월 3일, http://www.munhwa.com/news/view.html?no=2018080301033703008001, 2018년 8월 19일 검색).

'8·2 대책'의 트라우마(trauma·정신적 외상)

정부의 부동산 대책 발표가 임박하면서 우리나라 경제 정책을 총괄하는 기획재정부 기자단의 움직임도 바빠졌다.

2017년 '8·2 대책'은 김현미 장관을 포함한 국토교통부가 발표를 주도했다.(이 말이 국토부가 대책을 주도해서 만들었다는 뜻은 아니다. 대책은 김수현 당시 청와대 사회수석이 전체적으로 조율했다는 게 부동산 업계의 대체적인 인식이다.)

그러나 김현미 장관 등이 8·2 대책을 발표한 뒤 김동연 전 부총리 겸 기재부 장관은 '김동연 패싱(passing·건너뛰기)'이라는 말에 시달려야 했다. 김 전 부총리가 경제 부처 수장(首長)으로 제 역할을 못하고 있다는 뜻이었다.

이에 따라 기재부는 2018년 9월 "이번에는 효과가 없다고 욕을 먹는 한이 있더라도 반드시 김 부총리가 부동산 대책을 발표해야 한다"고 강력히 주장했다. 김 전 부총리와 기재부가 대책 발표를 주도하게 되면, 기재부 기자단도 덩달아서 주도적으로 기사(記事)를 처리할 수밖에 없는 상황이었다.

기재부가 경제 총괄부처라는 이유로 모든 주요 사안에 대한 발표를 직접 하게 되면, 기재부 기자단은 1년 365일 내내 엄청난 기사 부담에 시달릴 수밖에 없다. 그래서 기재부 기자단은 주무 부처가 따로 있는 상황에서 경제부총리나 기재부가 앞장 서서 발표하는 것을 별로 좋아하지 않는 편이었다. 하지만 2018년 9월에는 김 전 부총리와 기재부가 자신들이 주축이 돼 부동산 대책을 발표하겠다고 강력히 나서는 바람에 기재부 기자단도 어쩔 수 없이 그 흐름을 좇아가고 있었다.[138]

---

138 2017년 8·2 대책을 국토교통부가 중심이 돼 발표하는 것으로 결정되기 전에 '어느 부처가 주도해서 발표할 것이냐?'에 대해 약간 설왕설래가 있었다. 그러나 과거부터 기획재정부가 '경제 총괄부처'라는 이유로 주요 사안 발표를 도맡을 경우, 주무 부처의 사기가 떨어지는 등 부작용이 많았다. 기재부 기자단 입장에서도, 기재부가 주요 사안 발표를 도맡으면 너무

"엠바고(보도 유예)를 설정하지 않습니다!"

2018년 9월 초부터 언론에서 부동산 대책과 관련된 확정되지 않은 보도가 나오기 시작했다. 대책 발표일은 9월 13일로 정해졌다.

'9·13 부동산 대책'의 주무 부처가 어디가 될지, 엠바고(보도 유예) 설정은 어느 부처 기자단이 주도적으로 할지 등이 결정되지 않은 상황에서 기획재정부 기자단은 9월 11일 "이번 부동산 대책과 관련해서 어떤 엠바고(보도 유예)도 설정하지 않기로 결정했다"고 밝혔다.

중요한 대책 발표가 예정돼 있는 상황에서 갑자기 자료를 주고 '배포 시 보도' 또는 '즉시 보도'를 할 경우, 보도 과정에서 실수가 나올 수도 있고, 깊이 있는 해설을 할 시간이 부족하다.

이에 따라 정부의 큰 대책 발표는 엠바고를 설정한 상태에서 2~3일 전에 미리 자료를 배포하고 브리핑을 한 뒤 여러 꼭지의 기사를 미리 써뒀다가, 엠바고가 해제되는 시점에 맞춰 일제히 보도하는 게 상례(常例·보통 있는 일)였다. 그런데 기재부 기자단은 그것을 하지 않겠다고 결정한 것이다.

기재부 기자단은 공지문(公知文)을 통해 "시장 상황이 급변하고 있고, 엠바고를 설정하고 사전에 자료를 제공받았다가 '(기재부) 기자단이나 기자단과 관련된 제3자가 미공개 정보를 이용해 시세 차익을 올렸다'는 의혹이 제기될 경우, 기자단 전체가 조사나 수사를 받을 가능성을 배제할 수 없다는 우려가 제기되고 있다"고 지적했다.

기재부 기자단은 "이에 따라 기재부 기자단은 정부의 공식 브리핑 시점에, 전 국민과 동일한 시간에 관련 자료를 제공받고 즉시 기사화

일거리가 늘어나 부담이 컸다. 이에 따라 2017년 8·2 대책 발표 당시 기재부 기자단은 정부 측에 "국토부가 주축이 돼 대책을 발표하고, 국토부 기자단이 보도 관련 엠바고(보도 유예) 설정 등을 주도하는 게 바람직하다"는 의견을 제시한 바 있다.

하기로 했다"고 천명(闡明·사실이나 입장 따위를 드러내서 밝힘)했다. 기자단으로서는 상당한 불편함을 감수하더라도, 만에 하나 있을지 모르는 여러 가지 오해의 가능성을 근본적으로 차단할 수 있는 방안을 선택한 것이다.[139]

결국 '오보(誤報) 사태' 터지다(1)

중대하고 복잡한 사안을 다루는 기사를 엠바고(보도 유예) 없이 실시간으로 보도하는 것은 발표 주체와 언론 매체 모두 상당히 부담스러운 일이다. 순간적인 실수로 '대형 오보(誤報)'를 할 가능성이 있기 때문이다. '9·13 대책'도 마찬가지였다. 9·13 내책은 엠바고가 없었으므로, 정부가 보도 자료를 배포할 때부터 누구나 보도할 수 있었다. 그러나 언론은 정부 공식 발표 하루 전, 5시간 전, 3시간 전, 1시간 전, 10분 전에도 취재 경쟁을 한다. '1보(첫 번째 보도) 경쟁' 또는 '속보(速報·빨리 알림) 경쟁'을 하는 통신·인터넷 매체는 단 1초라도 자료를 먼저 받아, 다른 회사보다 잠시라도 빨리 기사를 내보내기 위해 피 말리는 경쟁을 한다.

2018년 9월 13일 정부가 내놓을 부동산 대책의 공식 발표 시간은 14시 40분이었다. 그런데 '국가기간뉴스통신사'인 연합뉴스는 2018년 9월 13일 14시 26분, 즉 공식 발표 불과 14분 전에 '1주택자 종부세

---

139 2018년 1월 가상 화폐에 대한 국무조정실(총리실) 보도 자료가 사전에 유출된 일이 있었다. 경찰 수사 결과, 각기 다른 언론사 기자 3명이 자료를 사전에 유출했다는 사실이 밝혀졌고, 해당 기자들도 모두 유출 사실을 인정했다고 한다. 이와 관련, 김성재 총리실 공보실장은 2018년 7월 12일 "(이번 사태가, 인용자) 우리 출입기자에 의한 것으로 밝혀진 것은 매우 유감"이라며 총리실 출입기자단에 적절한 조치를 요청했다. 성혜미, '가상화폐 정부 자료 유출자, 공무원 아닌 기자 3명 확인'(연합뉴스, 2018년 7월 12일, http://www.yonhapnews.co.kr/bulletin/2018/07/12/0200000000AKR20180712122900001.HTML?input=1195m, 2018년 11월 4일 검색).

부과기준 공시가격 9억→6억 원 이상으로 확대(속보)'라는 기사를 내보냈다. 속보는 매우 중요한 사실을 빨리 알리기 위해 기사 본문 없이 제목만 한 줄로 간단히 정리해서 내보내는 뉴스를 말한다. 그러나 연합뉴스의 속보는 정부 대책에 포함되지 않은 것이었다.

정부 공식 발표 시간 불과 14분 전에 국가기간뉴스통신사인 연합뉴스가 속보로 오보를 내보내면서 대혼란이 일어났다. 여러 인터넷·방송 매체가 연합뉴스를 베껴서 오보를 보도하기 시작했기 때문이다. 일부 방송매체에서는 기획재정부 출입기자가 아닌 뉴스제작PD가 독단적인 판단으로 연합뉴스의 오보를 베껴서 '자막 뉴스'를 내보냈다가 공식 사과 방송을 하기도 했다. "정부 공식 발표를 불과 14분 남겨놨는데, 설마 오보를 냈겠느냐?"는 안이한 생각이 부른 참사(慘事·비참한 일)였다.

결국 '오보(誤報) 사태' 터지다(2)

오보의 결과는 심각했다. 국민 전체가 민감하게 반응하는 부동산 관련 정부 발표를 다루는 기사에서 오보가 나왔기 때문이다. 청와대 홍보 라인이 긴박한 속도로 움직이기 시작했다. 일부에서는 "청와대 고위층이 방송 뉴스를 보다가 격노(激怒·격렬하게 화를 냄)해 즉각 해명하라고 지시했다"는 말이 돌기도 했다.

기획재정부에서 부동산 대책 브리핑을 하던 담당 국장도 브리핑 중에 고형권 전 기재부 1차관의 전화를 받고 실무자에게 "당장 해명자료를 만들라"고 지시를 내리기도 했다.

연합뉴스는 2018년 9월 13일 15시 1분 3초에 '[전문취소]경제(1주택자 종부세 부과기준 공시가격…)'을, 같은 날 15시 8분 4초에 '〈삭제〉1주택자 종부세 부과기준 공시가격 9억→6억 원 이상으로 확대(속보)'라는 기사를 내보냈다. 연합뉴스가 쓴 기사 전문(全文·문장의 전체)을 취소하고, 삭제한다고 밝힌 것이다.

그러나 파장은 여기서 그치지 않았다. 연합뉴스를 그대로 베껴 방송을 내보낸 방송사들은 사과 방송을 해야 했고, 연합뉴스를 보고 인터넷에 속보를 올린 매체들도 기사를 삭제하는 등 야단법석을 떨었다.[140]

마침내 모습을 드러낸 '9·13 주택시장 안정 대책'

2018년 9월 13일 14시 40분 문재인 정부의 두 번째 부동산 종합대책인 '9·13 주택시장 안정 대책'이 마침내 모습을 드러냈다. 예상대로 종합부동산세(종부세) 강화, 주택담보대출비율(LTV) 축소 등 금융 대책, 임대사업자에 대한 혜택 축소, 주택공급 확대 등이 망라된 종합 대책이었다. "절대 물러서지 않겠다"는 문재인 정부의 의지가 드러나는 대책이었다.

전문가들은 "9·13 대책을 차질 없이 실행하고, 미국 연방준비제도이사회(FRB)의 정책금리 인상에 발맞춰 우리나라도 기준금리를 꾸준히 인상하면 서울 부동산 가격을 잡을 수도 있을 것"이라는 전망을 내놨다. 그러나 일부에서는 "건설 경기가 나빠지면서 거시경제 지표가 지속적으로 악화하는 상황에서 정부가 강력한 부동산 안정 대책을 지속적으로 추진하기는 쉽지 않을 것"이라는 분석이 나오기도 했다.

---

140 이날 연합뉴스가 정부 공식 발표를 불과 14분 앞두고 왜 이런 대형 오보(誤報)를 했는지는 아직까지 미스터리다. 공식 발표를 14분 앞둔 상황이면, 정부 관계자들이 기자의 질문에 말을 해주기 어려운 상황이면 "말해 줄 수 없다"고 하거나, 말을 해줄 경우에는 정확한 내용을 얘기해주는 게 상식적이기 때문이다. 연합뉴스가 2018년 9월 13일 오전 10시 7분 43초에 올린 부동산 대책을 오후에 발표한다는 예고 기사('부동산대책 오후 발표…종부세 더 올리고 1주택자 대상 확대 유력')의 작은 제목 두 번째 줄에 실제 대책에는 포함되지 않은 <1주택자 종부세 부과기준 공시가격 9억→6억 원 이상으로 확대 '저울질'>이라는 표현이 포함돼 있었다는 사실도 영향을 미쳤을 것으로 추정된다.

9·13 대책의 주요 내용은 다음과 같다.

<'9·13 주택시장 안정 대책' 주요 내용>

항 목	세부 내용
종합부동산세	* 고가주택 세율 인상(1주택자 과세표준 3억 원 초과 구간 +0.2~0.7%포인트), 3주택이상자·조정대상지역 2주택자 추가 과세(+0.1~1.2%포인트) * 세 부담 상한 상향(조정대상지역 2주택자 및 3주택 이상자 150→300%)
다주택자	* 2주택 이상 세대의 규제 지역(투기지역·투기과열지구, 조정대상지역을 통칭하는 용어) 내 주택 구입, 규제 지역 내 비거주 목적 고가주택 구입에 주택담보대출 금지 등 * 조정대상지역 일시적 2주택자, 양도세 비과세기준 강화(종전 주택 3년 내 처분→2년 내 처분)
주택임대사업자	* 투기지역·투기과열지구 내 주택을 담보로 하는 임대사업자대출에 대해 주택담보대출비율(LTV) 40% 적용, 임대업 대출 용도 외 유용 점검 강화 * 조정대상지역 주택 취득·임대 등록 시 양도세 중과(重課·부담이 많이 가게 매김)·종합부동산세 과세
주택 공급	* 수도권 공공택지 30곳 개발(30만 호), 도심 내 규제 완화(상업지역 주거비율 및 준주거지역 용적률 상향 등)를 통해 공급 확대
조세 정의	* 종합부동산세 공정시장가액비율 추가 상향조정(현 80%→연 5%씩 100%까지 인상), 공시 가격 점진적 현실화
지방 주택시장	* 미분양 관리지역 지정기준 완화(5~10여 곳 추가 전망), 특례보증 도입, 분양 물량 수급 조절 등

자료: 관련부처 합동, '주택시장 안정대책'(2018년 9월 13일), 2쪽[141]

잉크도 마르기 전에…

앞에서 서술한 것처럼 문재인 정부는 2018년 4월 9일 대통령 직속 정책기획위원회 산하에 재정개혁특별위원회(재정특위)를 만들었고, 재

---

[141] 관련 부처 합동, '주택시장 안정 대책'(보도자료, 2018년 9월 13일, http://www.moef.go.kr/nw/nes/detailNesDtaView.do?searchBbsId1=MOSFBBS_000000000028&searchNttId1=MOSF_000000000019155&menuNo=4010100, 2018년 11월 5일 검색), 2쪽.

정특위는 그해 7월 3일 '(2018년, 인용자) 상반기 재정개혁 권고안'을 확정해 정부에 제출했다.

재정특위는 권고안에서 종합부동산세(종부세) 개편안을 제시했고, '세제(稅制) 당국'인 기획재정부는 재정특위의 종부세 개편안이 최종적인 정부안으로 받아들여질까 봐 이례적으로 이른 그해 7월 6일 '종부세 개편 방안'을 발표했다.

그러나 서울 아파트 값이 급등하자 정부는 '9·13 주택시장 안정 대책'을 통해 종부세 체계를 다시 수정했다. 정부의 '종부세 개편 방안'이 발표된 지 두 달도 안 돼 다시 바뀌는, 이례적인 상황이 발생한 것이다. 속된 말로 "잉크도 마르기 전에 다시 수정한 것"이다.

아래 표에 '당초 정부안'이라고 표기된 것이 원래 기재부 안이고, '수정안'이라고 적힌 것은 정부의 수정안이다. 9·13 대책으로 종부세 개편에 따라 늘어나는 조세수입(세수)도 당초 정부안 7450억 원에서 1조 150억 원으로 늘었다. 대상 인원도 2만 6000명에서 21만 8000명으로 급증했다.

<9·13 대책에 따른 종합부동산세 변화>

과세표준 (시가)	현행	당초 정부안		수정안	
		2주택 이하	3주택 이상	일반	3주택 이상 & 조정대상지역 2주택
3억 이하 (1주택 18억 원 이하 다주택 14억 원 이하)*	0.5%	현행 유지	현행 유지	현행 유지	0.6% (+0.1%p)
3~6억 (1주택 18~23억 원 다주택 14~19억 원)				0.7% (+0.2%p)	0.9% (+0.4%p)
6~12억 (1주택 23~34억 원 다주택 19~30억 원)	0.75%	0.85% (+0.1%p)	1.15% (+0.4%p)	1.0% (+0.25%p)	1.3% (+0.55%p)

과세표준 (시가)	현행	당초 정부안		수정안	
		2주택 이하	3주택 이상	일반	3주택 이상 & 조정대상지역 2주택
12~50억 (1주택 34~102억 원 다주택 30~98억 원)	1.0%	1.2% (+0.2%p)	1.5% (+0.5%p)	1.4% (+0.4%p)	1.8% (+0.8%p)
50~94억 (1주택 102~181억 원 다주택 98~176억 원)	1.5%	1.8% (+0.3%p)	2.1% (+0.6%p)	2.0% (+0.5%p)	2.5% (+1.0%p)
94억초과 (1주택 181억 원 초과 다주택 176억 원 초과)	2.0%	2.5% (+0.5%p)	2.8% (+0.8%p)	2.7% (+0.7%p)	3.2% (+1.2%p)
세 부담 상한	150%	현행유지		150%	300%

* 1주택자 공시가격 9억 원(시가 약 13억 원) 이하, 다주택자 공시가격 6억 원(시가 약 9억 원) 이하는 과세 제외
* ( )는 현행대비 증가 세율
자료: 관련부처 합동, '주택시장 안정대책' (2018년 9월 13일), 3쪽[142]

강력한 '돈줄 죄기'의 병행(並行·둘 이상의 일을 한꺼번에 행함)

노무현 정부에서 서울 아파트 값 상승을 막지 못해 '뜨거운 맛'을 봤기 때문에 문재인 정부는 부동산 대책을 내놓을 때 세제(稅制)와 금융 대책을 함께 내놨다. 이는 김수현 전 청와대 사회수석이 노무현 정부에서 부동산 대책에 계속 실패하면서 배운 뼈아픈 교훈이었다.

이에 따라 9·13 주택시장 안정 대책에는 부동산으로 흘러가는 '돈줄'을 차단하기 위한 강력한 대책이 포함돼 있었다.

---

142 관련 부처 합동, '주택시장 안정 대책' (보도자료, 2018년 9월 13일, http://www.moef.go.kr/nw/nes/detailNesDtaView.do?searchBbsId1=MOSFBBS_000000000028&searchNttId1=MOSF_000000000019155&menuNo=4010100, 2018년 11월 5일 검색), 3쪽.

정부는 우선 주택구입 목적의 주택담보대출비율(LTV)을 강하게 조였다. 우선, 2주택 이상 보유 세대는 규제지역(투기지역·투기과열지구, 조정대상지역을 통칭하는 용어) 내 주택 신규 구입을 위한 주택담보대출을 금지했다. 정부는 'LTV=0'라는 자극적인 표현까지 써가면서 강한 정책 의지를 표시했다.

1주택 세대에 대해서도 규제 지역 내 주택 신규 구입을 위한 주택담보대출을 원칙적으로 금지했다. 단, 추가 주택 구입이 이사·부모 봉양 등 실수요이거나, 불가피한 사유로 판단되는 경우에만 예외를 인정하기로 했다.

그러나 예외를 허용할 때도 기존 주택을 최장 2년 이내에 처분(거주 변경, 결혼, 동거봉양 등의 경우)하도록 했다. 단, 무주택자인 자녀의 분가나, 타 지역에서 거주 중인 60세 이상 부모의 별거 봉양 등의 경우에는 기존 주택 보유를 인정해주기로 했다.

이와 함께 정부는 규제 지역 내 고가주택(공시가격 9억 원 초과) 구입 시에는 실제 거주 목적인 경우를 제외하고는 주택담보대출을 원칙적으로 금지했다. 단, 무주택 세대가 주택 구입 후 2년 내 전입하는 경우 등은 예외로 허용하기로 했다. 또 1주택 세대일 경우 기존 주택을 최장 2년 내에 처분하겠다는 조건을 받아들이면 예외적으로 허용하기로 했다.

정부의 정책 기조를 한 마디로 요약하면, 2주택 이상 세대나 1주택 세대가 규제 지역 내에서 주택을 신규로 구입하려고 할 경우 주택담보대출을 원칙적으로 금지하되, 1주택 세대일 경우 일부 예외를 허용하겠다는 것이었다. 규제 지역 내 고가 주택을 구입할 경우에도 '실제 거주 목적'일 경우를 제외하고는 원칙적으로 주택담보대출을 금지하겠다는 것이 정부의 의도였다.

손가락 사이의 물처럼 빠져나가는 부동산 시장의 투기(또는 투자) 세

력을 잡기 위한 정부의 '안간힘'이 느껴지는 대책이었다. 아래의 표는
이 같은 상황을 간략히 정리한 것이다.

<주택구입 목적 시 지역별 LTV·DTI>

주택가격	구 분		투기과열지구 및 투기지역		조정대상지역		조정대상지역 외(外) 수도권		기타	
			LTV	DTI	LTV	DTI	LTV	DTI	LTV	DTI
고가주택 기준 이하 주택 구입시	서민실수요자		50%	50%	70%	60%	70%	60%	70%	없음
	무주택세대		40%	40%	60%	50%	70%	60%	70%	없음
	1주택 보유 세대	원칙	0%	-	0%	-	60%	50%	60%	없음
		예외	40%	40%	60%	50%	60%	50%	60%	없음
	2주택 이상 보유 세대		0%	-	0%	-	60%	50%	60%	없음
고가주택 구입시	원 칙		0%	-	0%	-	고가주택 기준 이하 주택 구입 시 기준과 동일			
	예 외		40%	40%	60%	50%				

* 고가주택은 공시가격 9억 원 초과
** 음영부분은 이번 대책으로 변경된 사항
*** LTV=주택담보대출비율, DTI=총부채상환비율
자료: 관련부처 합동, '주택시장 안정대책'(2018년 9월 13일), 5쪽[143]

임대사업자 '된서리'와 각종 규제 강화

정부는 '9·13 주택시장 안정 대책'에서 투기지역·투기과열지구 내
에서 주택을 담보로 한 임대사업자 대출의 주택담보대출비율(LTV)을
40%로 낮췄다. 정부는 2017년 12월 다주택자를 임대사업자로 유도

---

143 관련 부처 합동, '주택시장 안정 대책'(보도자료, 2018년 9월 13일, http://www.moef.
go.kr/nw/nes/detailNesDtaView.do?searchBbsId1=MOSFBBS_000000000028&s
earchNttId1=MOSF_000000000019155&menuNo=4010100, 2018년 11월 5일 검색),
5쪽.

하겠다면서 서울 등 투기과열지구에서 주택을 살 때 임대사업자로 등록할 경우, 시중은행에서 집값의 최대 80%까지 대출을 받을 수 있도록 했다.

그러나 '임대사업자 등록이 주택담보대출 규제를 회피하기 위한 수단으로 악용된다'는 판단에 따라 임대사업자에게 준 혜택(惠澤·은혜와 덕택) 대부분을 거둬들였다.

또 임대사업자가 투기지역·투기과열지구 내 공시 가격이 9억 원이 넘는 고가 주택을 새로 구입하기 위해 주택담보대출을 신청할 경우, 주택담보대출을 완전히 금지하기로 했다. 가계 및 사업자 주택담보대출을 이미 받은 임대사업자도 투기지역 내 주택 취득 목적의 신규 주택담보대출은 금지시켰다.

그러나 새로운 임대사업자 대출 규제는 이미 건축돼 있는 주택을 담보로 대출을 받을 때만 적용된다. 주택을 새로 건축해 임대주택을 공급하는 경우에는 규제 대상에서 제외된다. 왜냐하면 새로 건축한 임대주택의 공급 확대는 임대 시장 안정에 기여할 수 있기 때문이다.

임대사업자에 대한 각종 세제 혜택도 크게 축소됐다. 임대사업을 할 '인센티브(incentive·어떤 행동을 하도록 사람을 부추기는 것을 목적으로 하는 자극)'가 거의 사라진 것이다.

이밖에 고가(실거래가 9억 원 초과) 1주택자의 경우 2년 이상 실거주한 경우에 한해 장기보유특별공제(10년 이상, 최대 80% 공제)를 해주기로 했다. 2년 미만 거주 시에는 일반 장기보유특별공제(15년 이상, 최대 30%)를 적용하기로 했다. 또 조정대상지역의 일시적 2주택 중복보유 허용 기간도 현행 3년 이내에서 2년 이내로 축소됐다.

무책임한 수도권 신규택지 자료 유출

문재인 정부는 2018년 9월 강력한 부동산 대책을 내놓겠다고 예고하면서 종합부동산세(종부세) 강화 등 수요 억제 정책뿐만 아니라 공급 확대 대책도 동시에 발표하겠다고 밝혔다. 그런데 수도권 신규 택지 후보지 관련 자료가 외부로 유출되는 불상사(不祥事·상서롭지 못한 일)가 발생했다.

신창현 더불어민주당 의원은 2018년 9월 5일 자신의 지역구인 과천이 포함된 경기도 8곳의 신규 택지 후보지 관련 자료를 공개해 큰 파문(波紋·어떤 일의 영향)을 일으켰다.

국토교통부가 2018년 10월 25일 발표한 감사 결과에 따르면, 한국토지주택공사(LH)의 경기도 신규 공공택지 후보지는 그해 8월 24일 경기도 공공택지 관련 회의에서 외부에 공유됐지만, 회의가 끝난 뒤 문건이 회수되지 않았다.

그 문건은 8월 29일 경기도시공사와 과천시 간의 회의에서 김종천 과천시장에게 전달됐다. 김 시장은 이틀 후인 8월 31일 자신의 비서 실장을 통해 문서를 찍은 사진을 신창현 의원의 휴대전화로 전송했다.

신 의원은 9월 4일 LH 담당자를 의원실로 불러 정식으로 자료를 건네받았으며, LH 담당자는 자료를 제공하면서 설명과 함께 보안을 당부한 것으로 파악됐다. 그러나 신 의원은 자료를 정식으로 입수한 바로 다음 날인 9월 5일 건네받은 자료에 포함된 정보를 보도 자료로 만들어 언론에 배포했다.

수도권 신규택지 관련 정보가 정부의 공식 발표 전에 유출될 경우 시세 차익을 노린 부동산 투기 등 많은 문제가 발생할 수 있기 때문에 이 사건은 국민에게 큰 충격을 줬다.

대규모 신도시 건설까지 포함한 '공급확대 카드'

문재인 정부는 '9·13 주택시장 안정 대책'에서 수요억제 정책을 내놓은 뒤, 2018년 9월 21일 '수도권 공급 확대 방안'을 통해 공급확대 카드도 빼들었다. 과거 노무현 정부에서 '수요 억제에만 매달리고, 공급 확대에 나서지 않는다'는 비판을 받았기 때문인지 적극적인 공급 확대 대책까지 내놓은 것이다.

특히 국토교통부는 대규모 신도시는 더 이상 조성하지 않겠다는 기존의 입장을 바꿔 '신도시 카드'까지 꺼내들었다.

이날 발표를 통해 국토부는 서울과 일산·분당 등 1기 신도시 사이에 330만㎡ 이상의 대규모 공공택지, 즉 '3기 신도시' 4~5곳을 조성하겠다고 밝혔다. 이들 신도시에서 나오는 주택 물량은 20만 호로, 2021년부터 공급될 계획이다.

국토부가 이날 발표한 계획을 좀 더 넓은 시야에서 살펴보면 다음과 같다. 국토부는 2018년 9월 21일 1차 수도권 공공택지 17곳, 3만 5000호의 주택 공급 계획을 발표했고, 앞으로 26만 5000호의 주택을 지을 수 있는 택지를 확보할 예정이라고 밝혔다.

국토부가 밝힌 향후 26만 5000호의 주택을 지을 수 있는 택지에는 서울과 1기 신도시 사이 20만 호의 주택을 공급할 수 있는 대규모 택지 4~5곳이 포함된다. 나머지 6만 5000호의 주택은 중소 규모의 택지에서 공급된다.

결국 국토부의 계획대로라면 앞으로 4~5곳의 신도시급 대규모 택지에서 나오는 20만 호를 포함, 모두 30만 호의 주택이 공급된다는 얘기다.

〈수도권 공공택지 1차 17곳, 3만 5000호 선정〉

지구명		면적 (천m²)	주택수 (호)	입지특성 등
합 계		3,112	35,242	
서울 (SH)	소계	413	10,282	
	舊성동구치소	52	1,300	• 오금역(지하철 3, 5호선 교차)과 도보 2분 거리(200m)
	개포동 재건마을	13	340	• 매봉역(지하철 3호선) 1km 거리
	비공개 9개 부지	348	8,642	• 사전절차 이행 후 서울시가 공개
경기 (LH)	소계	1,906	17,160	
	광명 하안2	593	5,400	• 광명IC (제2경인고속도로) 2.5km, 금천IC (서해안고속도로) 2.0km 거리
	의왕 청계2	265	2,560	• 인덕원역(지하철 4호선) 2.0km 거리, 국지도 57호선 연접
	성남 신촌	68	1,100	• 수서역(SRT, 3호선) 3km, 복정역 (지하철 8호선, 분당선) 1.8km 거리 • 송파C(서울 외곽고속도로) 2.0km 인접
	시흥 하중	462	3,500	• 신현역·시흥시청역(소사-원시선) 2km 거리
	의정부 우정	518	4,600	• 녹양역(지하철 1호선) 연접
인천 (인천도공)	검암 역세권	793	7,800	• 검암역(공항철도, 인천 2호선) 연접, 검바위역 (인천 2호선) 1km 거리 • 인근에 청라지구가 입지(5km 이내)

자료: 국토교통부, '수도권 주택공급 확대 방안' (2018년 9월 21일), 5쪽[144]

---

[144] 국토교통부, '수도권 주택공급 확대 방안' (보도자료, 2018년 9월 21일, http://www.molit.go.kr/USR/NEWS/m_71/dtl.jsp?lcmspage=1&id=95081364, 2018년 11월 5일 검색), 5쪽.

9·13 대책, '약발' 있을까

문재인 정부가 '9·13 주택시장 안정 대책'과 '9·21 수도권 주택공급 확대 방안'을 통해 내놓은 대책은 세제, 금융, 공급, 청약 등 주택과 관련된 사실상 모든 분야의 대책을 망라한 것이다. 실제로 9·13 대책 발표 이후 서울 집값 상승률이 낮아지고, 집값 하락을 전망하는 사람도 늘고 있다.[145]

그러나 앞으로 문재인 정부가 서울 집값을 잡을 수 있을지를 결정할 최대 변수는 '정부의 태도(態度·사물이나 사태에 대처하는 자세)'가 될 가능성이 크다는 예측이 나온다. 그동안 서울 집값을 잡지 못한 가장 큰 이유가 정부의 오락가락하는 태도 때문이었다는 분석도 있다.

왜 그럴까. 부동산을 내리 누르면 성장과 고용 등 거시경제 지표가 나빠진다. 문재인 정부는 출범 이후 "경제가 아무리 어려워져도 인위적인 부동산 경기 부양에 나서지는 않을 것"이라고 수차례 다짐해왔다.

그러나 현실 속에서 이 다짐을 지키는 것이 쉬운 일은 아니다. 문재인 정부 출범 이후 사회간접자본(SOC) 투자를 줄이고, 부동산 경기 과열을 막는 각종 정책을 펼치면서 건설 투자 관련 지표가 급전직하(急轉直下·사태, 정세 따위의 변화가 급격함)로 곤두박질치고 있다. 건설은 '고용유발계수'(10억 원의 재화를 산출할 때 직·간접적으로 창출되는 고용자 수)가 가장 큰 업종 중 하나다. 일자리를 만들어 내기 가장 쉬운 업종 가운데 하나라는 뜻이다.

'일자리 정부'를 내세운 문재인 정부 출범 이후 천문학적인 재정(예산)을 퍼붓는데도 일자리가 별로 늘지 않는 것은 최저임금의 무리한

---

145 박일한, '(2018년, 인용자) 10월 0.58%↑ 아파트 값 상승률 둔화…9·13대책 약발 받나'(헤럴드경제, 2018년 11월 5일, http://news.heraldcorp.com/view.php?ud=2018 1105000398#, 2018년 11월 5일 검색).

인상 등 잘못된 정책 탓도 있지만, SOC 투자를 줄이면서 건설·부동산 경기가 죽어버린 영향도 큰 것이 사실이다.

부동산 정책, 통합 컨트롤타워의 필요성

우리나라의 부동산 정책을 담당하는 부처는 기획재정부, 국토교통부, 행정안전부 등으로 복잡하게 나뉘어져 있다. 청와대와 대통령 직속 부동산 관련 각종 위원회까지 포함하면 담당 기관의 수는 더욱 늘어난다.

원칙적으로 경제 정책은 주무 부처를 중심으로 수립하고, 청와대와 경제 총괄 부처인 기획재정부 등은 조정 기능을 담당하는 게 맞다. 그러나 부동산 문제의 경우, 이슈가 매우 복잡하고, '부처 칸막이' 때문에 제대로 집행되지 않는 경우도 많다. 예컨대 부동산 관련 세제만 하더라도 국세인 종합부동산세(종부세)는 기재부 담당이고, 지방세인 재산세는 행안부 담당이다. 그러나 국세를 조정하려고 관련 제도를 변경하면 지방세에도 영향을 미치는 경우가 많고, 과세의 형평성(衡平性·균형이 맞는 상태) 문제도 있기 때문에 정책의 효과를 종합적으로 분석하고 대응할 필요가 있다.

이에 따라 부동산 관련 세제 분야라도 종합적인 컨트롤타워(사령탑)를 만드는 게 바람직하다는 의견이 많다. 세제의 전문성 등을 고려할 때 기재부가 중심이 돼 컨트롤타워를 맡고, 행안부와 지방자치단체가 함께 참여하는 형태가 바람직할 것으로 보인다.

더 크게 보면, 대통령을 위원장으로 하는 '부동산정책위원회(가칭)'를 만들어서 관련 부처 등이 모두 참여해 정책 결정을 하는 방안도 검토해 볼 수 있다. 이럴 경우 부동산 정책이 실패하면 대통령에게 직접 책임이 돌아간다는 리스크(위험)는 있지만, 대통령이 직접 권한과 책임을 갖고 일을 추진하면 부처 간 이견 등은 크게 줄어들 것으로 보인다.

김수현의 향후 과제 – 2대 청와대 정책실장

문재인 정부 출범 직후인 2017년 5월 14일 청와대 사회수석에 임명된 김 실장은 2018년 11월 9일 문재인 정부 2대 청와대 정책실장에 보임(補任·어떤 직에 보하여 임명함)됐다. 장하성 전 정책실장 후임이다.

세종 관가(官街)에서는 오래 전부터 "장하성 실장이 물러나면 김수현 사회수석이나 김상조 공정거래위원장이 뒤를 이을 것"이라는 말이 나왔다. 청와대 정책실장 자리가 경제와 사회 정책에 대한 폭넓은 안목과 문재인 정부 국정 철학에 대한 깊은 이해가 있어야 수행할 수 있는 자리이기 때문이다.

김 실장의 임명을 앞두고 이정우 경북대 명예 교수(노무현 정부 초대 청와대 정책실장)는 YTN라디오에 출연해 "그 분(김 실장, 인용자)은 경제학이 전공이 아니기 때문에 정책실장을 맡기에는 곤란한데요. 왜냐하면 정책실 하는 일이 3분의 2가 경제입니다. 국내 정책의 3분의 2가 경제이기 때문에 경제를 모르는 분은 정책실장을 맡기가 사실상 좀 곤란하다"고 발언해 파문(波紋·어떤 일의 영향)을 일으켰다.[146]

김 실장과 이 명예 교수는 과거 노무현 정부 청와대에서 함께 근무한 적이 있어서 친분이 두터운 것으로 알려져 있다. 그런 관계인데, 평소 언행에 상당히 신중한 이 명예 교수가 왜 그런 발언을 했는지 알 수 없다.

---

146 YTN라디오(김호성의 출발 새아침)(2018년 11월 5일, https://www.ytn.co.kr/_ln/ 0101_201811050832147987, 2018년 11월 13일 검색).

김 실장은 세간의 이런저런 평가에도 불구하고, 장하성 전 실장의 뒤를 이어 문재인 정부 2대 청와대 정책실장 자리에 올랐고, 청와대에서 우리나라 정책을 총괄하는 무거운 짐을 지게 됐다.

김수현의 향후 과제 - 부동산(1)

청와대 정책실장으로 영전한 김수현 실장의 향후 과제는 많다. 그러나 그의 최대 과제는 여전히 부동산 시장 안정일 것으로 보인다.

김 실장의 영전에 발맞춰 청와대는 그동안 사회수석실이 맡아왔던 부동산 관련 업무를 경제수석실로 이관하기로 결정했다. 그러나 별 의미는 없는 것으로 보인다. 김 실장의 뒤를 이어 사회수석이 된 김연명 중앙대 사회복지학부 교수가 부동산에 '문외한(門外漢·어떤 일에 전문적인 지식이 없거나 직접 관계가 없는 사람)'이어서 기획재정부 공무원 출신인 윤종원 경제수석 산하로 업무를 옮긴 것일 뿐, 어차피 부동산 관련 업무는 김 실장이 직접 챙길 것으로 보이기 때문이다. 청와대 정책실장 산하에는 경제수석, 일자리수석, 사회수석, 경제보좌관 등이 모두 포진해 있다.

지방 집값의 안정에도 불구하고 서울 집값의 급등세가 꺾이지 않는 것은 김 실장에게 큰 부담일 것이다. 사실 '어떤 비용을 치르더라도 서울 집값을 잡겠다'고 작심하면, 서울 집값을 잡는 일 자체는 별로 어려운 일이 아닐 것이다.

통화신용당국의 통화(금리) 정책을 통해 기준 금리를 대폭 인상하고, 부동산 금융을 완전히 틀어막고, 종합부동산세·재산세 등 부동산 보유세를 급격히 올리면 3~6개월 안에 서울 집값을 완전히 잡을 수 있을 것이다. 오히려 서울 집값 폭락을 걱정해야 할지도 모른다.

그러나 현실 세계에서 모든 정책을 부동산 시장만 보고 펼칠 수는 없다. 그렇다면 현실적인 방법을 찾을 수밖에 없다. 김순환 문화일보 부동산 전문기자는 "서울 집값을 잡기 위해서는 서울 집값을 잡는 게 아니라, 서울 이외의 지역에 대안(代案)을 많이 만드는 것이 필요하다"고 주장한다. 서울 집값을 잡기 위해서는 서울을 보는 것이 아니라, '다른 곳'을 바라봐야 한다는 얘기다.[147]

시장은 수요와 공급이라는 두 축이 적정하게 작동해야 하는데, 서울 주택 시장은 '공급 한계'라는 치명적인 약점을 갖고 있는 게 사실이다. 서울 집값을 인위적으로 잡기가 상당히 어렵다는 뜻이다.

그렇다면, 서울 근교에 서울 주택의 '대안'을 많이 만들고, 서울과 쉽게 연결될 수 있도록 교통 등 각종 인프라스트럭처(infrastructure·경제 활동의 기반을 형성하는 시설과 제도)를 대규모로 확대하는 방안을 검토할 필요가 있다.

김수현의 향후 과제 - 부동산(2)

서울 등으로 접근하는 데 별 어려움이 없다면, 소비자에게는 비싼 서울 집값을 감수하면서까지 서울에서 집을 구입하거나 전세(또는 월세)를 살 것인지, 아니면 서울 근교에 살면서 필요할 때만 서울을 방문할 것인지 선택하는 문제가 남을 것이다. 경제학적으로 본다면 '어느 편의 효용 가치가 더 큰가?'를 선택하는 문제다.

다만, 이런 논리 전개에는 한 가지 전제(前提·논리에서 추리를 할 때 결론의 기초가 되는 판단) 조건이 필요하다. '서울 집값이 앞으로도 계속 상승해 서울에 집을 사지 않은 것을 나중에 후회하는 일이 없을 것'이라는

---

147 김순환, '약발 다한 8·2 대책과 궁극의 규제'(김순환 기자의 부동산 깊이보기)(문화일보, 2018년 8월 3일, http://www.munhwa.com/news/view.html?no=2018080301033703008001, 2018년 8월 19일 검색).

204 진보 정부의 경제 권력

조건이 충족돼야 한다.

서울 집값이 오를 것이라는 '기대 심리(혹은 기대 이익)'를 꺾지 못하면, 경제학적으로 아무리 합리적인 추론을 내놔도 물거품이 된다. 1945년 해방 이후, 한국 사회에서 가장 꺾기 어려웠던 신화 가운데 하나가 바로 '서울 집값 불패 신화'였다. 서울 집값 불패 신화를 꺾지 못한다면 어떤 합리적인 대책도 결국 효과를 내기 어려울 것이다.

따라서, 서울 집값이 잡히는 시점은 경제 주체들이 합리적인 판단을 통해 서울에 집을 샀을 때 얻을 수 있을 것으로 예상되는 기대 이익 및 효용 증대와 비싼 서울 집값을 비교했을 때, 서울에 집을 사거나 전세(또는 월세)를 사는 게 별로 실익(實益·실제의 이익)이 없다고 판단하는 순간일 것이다.

경제 정책에서 "어떤 부작용을 없애기 위한 가장 좋은 정책은 그 행위를 하게 만드는 인센티브(incentive·어떤 행동을 하도록 사람을 부추기는 것을 목적으로 하는 자극) 자체를 없애는 것"이라는 말이 있다. '서울 강남 집값을 때려 잡겠다'는 식의 무식한 발상으로는 부동산 시장을 안정시키기 어렵고, 서울 강남 집을 살 동기(動機·의사 결정이나 어떤 행위의 직접적인 원인) 자체를 없앨 수 있는 정책이 필요하다는 뜻이다.

그런 측면에서 서울 집값을 잡기 위해서는 서울 이외의 지역에 대안(代案)을 많이 만드는 것이 중요하다는 주장은 상당히 설득력이 있어 보인다.

제4장

김상조

문재인 정부 초대 공정거래위원장

©문화일보

김상조 약력

출생 1962년, 경상북도 구미

〈학력〉
서울대학교 대학원 경제학 박사
서울대학교 대학원 경제학 석사
서울대학교 경제학 학사
대일고등학교

〈주요 경력〉
2017.06~	공정거래위원회 위원장
2015.02~2017.01	한국금융연구센터 소장
2006.08~2017.03	경제개혁연대 소장
2001.09~2006.08	참여연대 경제개혁센터 소장
2000.08~2001.07	영국 케임브리지대학교 경제학과 visiting scholar
2000.03~2001.02	재정경제원 금융산업발전심의회 위원
1999.04~2001.08	참여연대 재벌개혁감시단 단장
1997.08~1998.06	노사정위원회 경제개혁소위 책임전문위원
1994.03~	한성대학교 사회과학대학 무역학과 교수

〈출처: 네이버·연합인포맥스 인물정보 등〉

김상조 공정거래위원장의 별명은 '재벌 저격수' 다. 해외 언론에서도 'Chaebol Sniper(재벌 저격수)' 라고 불릴 정도이니 얼마나 유명한지 알만하다.

경북 구미에서 태어나 서울 대일고를 거쳐 서울대 경제학과에서 학사, 석사, 박사 학위를 받은 '순수 국내파' 다. 대학 교수(한성대)를 하면서 영국 케임브리지대 등에 방문연구원(Visiting Scholar) 생활을 했으나, 어차피 사고의 원형(原形)이 굳어진 상태에서 다녀온 것이므로 그가 사물과 세상을 이해하는 문제의식의 근원은 한국의 현실에 깊이 뿌리박고 있다고 봐도 무방할 것이다.

그가 세상에 이름을 떨친 것은 참여연대 재벌개혁감시단 단장, 경제개혁센터 소장, 경제개혁연대 소장 등 시민운동을 하면서 소액 주주 운동 등을 통해 재벌의 편법·불법 상속, 전(前) 근대적 지배 구조 문제 등을 현장에서 고발했기 때문이다. 특히 그는 국내 최대 기업집단인 삼성과는 '천적(天敵)' 이라고 불릴 만큼 오랫동안 대척점(對蹠點·지구 위의 한 지점에 대하여, 지구의 반대쪽에 있는 지점)에 서왔다.

그가 '재벌 저격수' 라는 극단적인 별명을 얻게 된 것도 국내 최대의 기업 집단이며, 강력한 영향력을 가진 삼성과 오랫동안 맞서는 과정에서 얻게 된 부산물(副産物)이라고 봐야 할 것이다.

김 위원장이 삼성을 포함한 기업 집단과 단순히 맞서기만 해왔다면, 나름대로 의미는 있었겠지만 크게 주목할 필요는 없는지도 모른다. 그러나 김 위원장은 삼성을 포함한 강력한 기업 집단과의 대결을 통해 얻은 현실 감각으로 무장하고 있다.

학자 출신 시민운동가의 최대 단점은 '옳다고 믿는 일' 을 주장하는 데는 능하지만, '실제로 일이 돌아가는 과정' 을 잘 모른다는 것이다. 그러나 김 위원장은 기업 집단과 정면으로 대결하고, 현실에서 끊임없이 좌절하는 과정을 통해 배운 경험을 축적하고 있다.

실제로 김 위원장이 주장하는 재벌 개혁, 금융 개혁, 노동 개혁 등에서 논리적 비약이나 현실을 모르는 황당한 주장은 많이 눈에 띄지 않는다. 재계 일각에서 그에 대해 '생각은 다르지만, 나름대로 합리적이고 의견을 교환해볼 만한 사람' 이라는 평가가 나오는 이유다. 그가 이념(理念)에 과도하게 치우치지 않고, 실사구시(實事求是)의 자세를 갖추고 있다는 것은 앞으로 그의 개혁 프로그램이 현실이 될 가능성이 그만큼 크다는 뜻이다.

김 위원장은 지금은 공정거래위원장을 맡고 있지만, 앞으로 문재인 정부에서 중요한 자리를 맡을 가능성이 크다는 분석이 많다. 문재인 정부 후반부로 갈수록 그의 개혁에 대한 유연한 생각이 필요한 분야가 늘어날 것으로 전망되기 때문이다. 그런 측면에서 김 위원장을 문재인 정부 개혁의 성공과 실패를 가늠할 수 있는 '키맨(keyman·중요 인물)'으로 분류하는 데 별로 이견(異見)이 없다.

TK(대구·경북) 출신 특수전문요원(석사 장교)

김상조 위원장은 1962년 경북 구미에서 태어났다. 서울 대일고를 졸업한 뒤, 1981년 서울대 경제학과에 입학했다. 대학을 마친 뒤 1985년 서울대 대학원 석사 과정에 진학했으며, 석사 과정을 마친 1987년 박사 과정에 등록해 1993년 8월 서울대에서 경제학 박사 학위를 받았다.

김 위원장이 학사, 석사, 박사 과정을 한 번도 쉬지 않고 이어서 할 수 있었던 것은 군대를 '석사 장교(특수전무요원)'로 마쳤기 때문으로 보인다.

전두환·노태우 대통령 시절 한시적으로 시행된 석사 장교 제도는 대학원 졸업자들이 소정의 시험에 합격하면 경북 영천에 있는 제3사관학교에서 훈련을 받고, 전방 부대 실습 등을 거쳐 6개월 후에는 예비역 소위로 임관하게 해주는 제도였다.

이들은 제3사관학교에서는 '예비역 사관후보생(예사)'이라는 명칭으로 불렸고, 군에서의 공식 명칭은 '특수전문요원'이었다. 그러나 민간에서는 대학원에서 석사 학위를 받은 사람이 장교로 복무하는 프로그램이라고 해서 '석사 장교'라는 이름으로 널리 알려졌다. 석사 장교로 복무한 인원 대부분은 국내·외 대학에서 박사 학위를 받고 대학 교수나 연구원의 길을 걸었다.

김 위원장 이력으로 볼 때, 대학원 석사 과정을 마친 뒤 박사 과정 시험에 합격한 상태에서 군 복무를 마치고 돌아와 학업을 계속한 것으로 보인다.

서울대 박사 학위 논문은 설비 자금 문제

김상조 위원장의 서울대 경제학 박사 학위 논문 제목은 '설비 자금의 동원 및 배분 체계에 관한 연구: 70~80년대 금융 부문에 대한 국가 개입의 성격 변화를 중심으로'(1993년 8월)였다.

정운찬 서울대 명예 교수(전 국무총리)가 지도 교수를 맡은 김 위원장의 박사 학위 논문은 "설비 자금의 동원 및 배분 체계에 대한 분석을 통해 한국 금융 부문의 구조 변화를 국가 산업 정책 및 자본 축적과의 관련 속에서 파악하고자 하는 것"이었다.[148]

일부에서는 재벌의 지배 구조 개혁 등을 위해 시민운동을 했다는 이유로 그의 전공을 공정 거래 관련 분야라고 생각하는 경우도 있지만, 사실 그의 본업(本業)은 금융인 셈이다. 실제로 그는 저서 등을 통해 "내 전공은 경제학 중에서도 금융"이라고 여러 번 밝히기도 했다.[149]

---

148 김상조, '설비 자금의 동원 및 분배구조에 관한 연구-70~80년대 금융 부문에 대한 국가 개입의 성격 변화를 중심으로'(1993년 8월, 서울대 대학원 경제학 박사 학위 논문), 국문 초록.
149 김상조, 『종횡무진 한국경제-재벌과 모피아의 함정에서 탈피하라』(서울: 오마이북, 2012년), 260쪽.

그의 박사 학위 논문을 보면 '관치 금융'이라는 말이 여러 번 나온다. 그가 설비 자금의 동원 및 배분 체계를 '국가 개입'의 성격 변화로 살펴보겠다는 문제의식을 갖는 순간, 관치 금융은 다루지 않을 수 없는 주제였을 것이다.[150]

김상조와 친분이 있는 인맥

서울대 경제학과 81학번인 김상조 위원장의 박사 학위 논문 참고 문헌을 보면 노무현 정부에서 공정거래위원장을 지낸 강철규 서울시립대 명예 교수(서울대 경제학과 64학번)부터 노무현 정부에서 동북아경제중심추진위원회 기획조정실장을 지낸 정태인 전 칼폴라니사회경제연구소 소장(서울대 경제학과 78학번), 문재인 정부 첫 경제수석을 지낸 홍장표 청와대 정책기획위원회 산하 소득주도성장특별위원회 위원장(서울대 경제학과 79학번) 등의 논문이 인용돼 있다. 김 위원장은 강 명예 교수와는 입학년도 차이가 크기 때문에 개인적으로 잘 알지 못할 수도 있지만, 정 전 소장, 홍 위원장 등과는 학번 차이가 크지 않기 때문에 학창 시절부터 친분이 있었을 것으로 보인다.

그는 서울대 경제학과 84학번인 강신욱 문재인 정부 2대 통계청장(한국보건사회연구원 선임연구위원), 이병희 한국노동연구원 선임연구위원, 황덕순 문재인 정부 초대 청와대 고용노동비서관(한국노동연구원 선임연구

---

150 김상조 위원장 박사 학위 논문의 제1장(서론), 각주 1번은 칼 마르크스(Karl Marx)의 '자본론'인데, 고(故) 김수행 서울대 교수가 번역한 비봉출판사 판(版)이다. 고 김 교수는 1989~2008년 서울대 경제학부 교수로 재직한 한국의 대표적인 마르크스 경제학자다. 칼 마르크스(1818~1883년)는 독일의 사상가이자 경제학자다. 엥겔스와 함께 '독일 이데올로기'에서 유물사관을 정립했고, '공산당 선언'을 발표했다. 그의 대표적인 저서 『자본론(Das Kapital)』은 사회주의 사상의 출발점으로 꼽힌다. 네이버 인물 세계사(칼 마르크스, 사회주의 사상가·경제학자)(https://terms.naver.com/entry.nhn?docId=3567328&cid=59014&categoryId=59014, 2018년 9월 2일 검색).

위원) 등과도 친분이 있을 것으로 보인다. 문재인 정부 들어 진보적인 시각을 가진 인사로 두각을 나타내고 있는 이들 '서울대 경제학과 84학번 국내파 3인방'은 김 위원장과 입학년도가 3년 밖에 차이가 나지 않고, 모두 김 위원장처럼 서울대 경제학과에서 학·석·박사 학위를 받은 '순수 국내파'다. 같은 대학, 같은 학과에서 학·석·박사 과정을 모두 마치려면 대개 10여 년 안팎의 시간이 걸리기 때문에, 서로 모르고 싶어도 모르기 어려운 관계로 추정된다.[151]

김상조는 혁명가인가?

세상 사람들이 김상조 위원장에게 갖고 있는 가장 큰 의문 중 하나가 김 위원장이 지향하는 이념 노선이 무엇인가, 하는 점일 것이다. 많은 사람들의 뇌리에 박힌 '재벌 저격수'라는 이미지는 그가 '과격한 형태의 혁명을 추구하고 있을지도 모른다'는 생각을 갖게 한다.

그러나 김 위원장이 자신의 생각을 나름대로 일관성 있게 정리한 대중 서적이라고 할 수 있는 『종횡무진 한국경제-재벌과 모피아의 함정에서 탈피하라』에는 혁명이라는 말은 거의 나오지 않는다. 나온다고 하더라고 "개혁은 혁명보다 어렵다"는 식으로 나온다.[152] 반면 개혁 또는 진보라는 말은 수도 없이 반복해서 나온다.

그가 1980년대라는 이념 지형에서, 더욱이 경제학을 전공하면서, 마르크스의 저작을 읽지 않았을 리는 없다. 실제로 그의 책에도 마르

---

151 정운찬 서울대 명예 교수는 2018년 10월 24일 필자를 포함한 일부 기획재정부 출입 기자들과의 점심 자리에서 "김상조 위원장은 학교(서울대, 인용자) 다닐 때 운동권이 아니었다"고 말했다. 김 위원장이 사회에 나와서 '재벌 저격수'라는 별명을 얻었을 만큼 시민운동을 열심히 했기 때문에 대학 시절 '골수 운동권'이었을 것이라고 생각하는 사람이 많았는데, 의외인 셈이다.
152 김상조, 『종횡무진 한국경제-재벌과 모피아의 함정에서 탈피하라』, 17쪽.

크스의 저작은 자주 인용된다. 그러나 마르크스를 읽었다고 해서 모두 마르크스주의자 또는 사회주의자(공산주의자)가 되는 것은 아니다. 그의 책에는 마르크스 못지않게 아담 스미스의 『국부론』이나 『도덕 감정론』 등도 자주 인용된다.[153]

요컨대, 김 위원장은 '혁명가'라기보다는 '개혁가'에 가까운 것으로 보인다. 그러나 그의 이념적 지향점이 무엇인지에 대해 본인이 명확히 밝힌 사례를 찾지 못했기 때문에 정확하게 기술하기는 어렵다.

김상조의 개혁과 진보(1)

김상조 위원장은 본인의 책 『종횡무진 한국 경제-재벌과 모피아의 함정에서 탈피하라』 프롤로그에 "혹시 김상조가 건설하고자 하는 이상적인 경제 모델이 무엇인지 궁금해서 이 책을 샀다면 바로 환불하기 바란다"며 "이 책에는 그런 것 없다"고 썼다. 그 자신도 많은 사람이 '김상조가 건설하고자 하는 이상적인 경제 모델'에 대해 궁금해 하고 있다는 걸 느낀다는 뜻이다. 그렇지 않다면, 책 맨 앞부분에 이런 말을 굳이 쓸 필요는 없었을 것이다. 그 자신이 밝힌 궤적을 따라 김 위원장이 생각하는 개혁과 진보가 무엇인지 살펴본다.

"물론 나는 한국 경제의 개혁과 진보를 갈구한다. 하지만 아직도 '개혁'과 '진보'가 각각 무엇을 의미하는지, 이 둘은 무엇이 같고 무엇이 다른지

---

153 아담 스미스(Adam Smith·1723~1790)는 영국의 정치경제학자·도덕철학자로 고전 경제학의 창시자다. 근대 경제학의 출발점이 된 『국부론』을 저술했다. 처음으로 경제학을 이론·역사·정책에 도입하여 체계적 과학으로 만들었다는 평가를 받는다. 경제 행위는 '보이지 않는 손'에 의해 종국적으로는 공공복지에 기여하게 된다고 생각했다. 네이버 지식백과(아담 스미스, 두산백과)(https://terms.naver.com/entry.nhn?docId=1116767&cid=40942&categoryId=40343, 2018년 11월 18일 검색).

솔직히 잘 모른다. 이 둘의 엄밀한 정의와 해석은 독자 여러분에게 맡기고, 여기서는 상식선에서 이해하고 혼용해 사용하기로 한다. 그렇게 해도 큰 무리가 없다고 판단한 이유는, 이 책의 주된 목적이 개혁과 진보의 '실체적 내용'을 밝히는 것이 아니라, 거기에 접근하는 '방법론'을 고민하는 것이기 때문이다. 따라서 내가 희망하는 개혁과 진보의 내용에 동의하지 않는 분들도 나의 방법론에 대한 고민에는 어느 정도 공감을 표시해주리라 기대한다. 이것이 내가 이 책을 쓰는 가장 중요한 동기이기도 하다."

(강조 인용자, 김상조, 『종횡무진 한국경제-재벌과 모피아의 함정에서 탈피하라』, 13쪽.)

김상조의 개혁과 진보(2)

김상조 위원장이 왜 이런 '의도적 모호성'을 갖게 됐는지에 대해서도 본인이 책에 자세히 설명한 바 있다. 필자의 해석보다는 본인의 말을 직접 인용하는 것이 좋을 것 같다.

"나아가 나는 지난 10여 년간 연구실 안의 학자로만 살지는 않았다. 오히려 활동가(activist)라고 불리는 것이 더 어울리는 생활을 해왔다. 특히 장하성 교수(문재인 정부 초대 청와대 정책실장, 인용자)의 뒤를 이어 '경제개혁연대'의 책임자로 일하면서, 이른바 '소액 주주 운동'으로 요약된 한국 내 경제 개혁 시민운동의 한 흐름을 대변해왔다.[154] 하지만 소액 주주 운동만큼 극단적으로 상반되는 평가를 받은 시민운동도 없기에, 자부심도 크지만 그 이상으로 부담감도 컸다. 보수 진영으로부터는 '사회주의적 과격단체'로, 진보 진영으로부터는 '신자유주의의 첨병'으로 평가받았다. 어떻게 이런 양립 불가능한 평가가 공존할 수 있을까? 하지만 어쩌겠는가. 이것이 한국의 현실이다. (중략) 다른 한편으로 내가 방법론에 대한 고민으로 경도된 이유는 이렇다. 역시 경제개혁연대 활동을 하면서 선한 의도로

---

154 본인 설명에 따르면, 경제개혁연대는 1996년 참여연대 내의 한 부서인 '경제민주화위원회'(위원장 장하성)로 출범해 2001년 '경제개혁센터'(소장 김상조)로 개편되었다. 2006년 이후에는 참여연대로부터 분화하여 '경제개혁연대'(소장 김상조)라는 독립 단체로 활동하고 있다. 김상조, 『종횡무진 한국경제-재벌과 모피아의 함정에서 탈피하라』, 14쪽.

시작한 일이 엉뚱한 결과나 최악의 결과를 초래하는 경우를 수도 없이 목격했다. 예를 들면, 나는 노무현 대통령의 진정성을 의심한 적이 한 번도 없지만, 그렇다고 해서 중소기업과 서민들이 노무현 정부의 경제 정책에 열광했을 거라고 생각하지는 않는다. 또한 이명박 대통령의 비즈니스 프렌들리 정책을 줄곧 비판했지만, 그렇다고 해서 대기업과 부자들이 이명박 정부의 경제 정책에 만족하고 있을 거라고 여기지도 않는다."

(강조 인용자, 김상조, 『종횡무진 한국경제-재벌과 모피아의 함정에서 탈피하라』, 14~15쪽.)

김 위원장에게 발견하는 가장 흥미로운 측면이 이런 점이다. 그는 본인 스스로 진보 세력이라는 '라벨(label·분류표)'을 붙이고, 그런 시각에서 보수 세력을 재단하려는 시도를 별로 하지 않는다. 마찬가지로 그가 개혁과 진보를 갈구하기는 하지만, 반드시 '진보=선(善)', '보수=악(惡)'이라는 식의 이분법을 갖고 있는 것 같지도 않다. 그러나 한국 사회의 현실 속에서, 이런 노선을 걸으면 현실적으로 보수와 진보 양측에서 모두 비난받을 가능성이 크다. 그 자신의 설명에 좀 더 귀를 기울여보자.

"그렇다면 제도와 정책이 '의도하지 않은 나쁜 결과'를 만들어 내는 이유는 무엇이고, 이를 최소화하려면 어떻게 해야 할까? 바로 이런 의문이 나를 점점 더 강하게 사로잡았다. 솔직히 말하면, 노무현 정부 때나 이명박 정부 때나 경제개혁연대가 하는 일은 별 차이가 없었다. 집권 세력의 정치적 성향과는 무관하게, 재벌 개혁과 금융 개혁의 원칙에 어긋나는 정책적 오류들이 반복되었기 때문이다. 보수 대통령이든 진보 대통령이든, 이제는 우리도 성공한 대통령을 가져볼 때가 되지 않았는가? 보수가 집권한다고 나라가 망하는 것은 아니듯이, 진보가 집권하면 반드시 나라가 융성한다는 보장도 없다. 즉 무엇을 하는가도 중요하지만 어떻게 하는가도 그에 못지않게 중요하다는 것을 경제개혁연대 활동을 통해 생생하게 경험할 수 있었다."

(강조 인용자, 김상조, 『종횡무진 한국경제-재벌과 모피아의 함정에서 탈피하라』, 15쪽.)

김 위원장의 진보와 개혁에 대한 유연성은 강고한 현실 인식에 바탕을 두고 있는 것으로 보인다. 진보 대통령이 하는 일이라고 해서 반드시 옳은 일은 아니고, 보수 대통령이 하는 일이라고 해서 반드시 나라를 망하게 하지도 않는다는 실용주의 또는 현실주의적 인식이 그가 도그마(dogma·교조)에 빠지지 않고 사물을 바라보게 하는 데 도움이 됐을 것이다.

물론 그 자신이 말했듯이, 김 위원장은 "한국 경제의 개혁과 진보를 갈구하는" 사람이다. '재벌 저격수'라는 별명처럼 그가 진보, 개혁 진영의 한복판에 서 있다는 뜻이기도 하다. 그러나 그가 자신의 말처럼 '진보 정권은 무조건적인 선(善)이고, 보수 정권은 무조건적인 악(惡)'이라는 식의 이분법에 빠져있다고 보기는 어렵다.

김상조의 개혁과 진보(3)

김상조 위원장은 대학 교수답게 이런 인식의 근거를 제도학파의 '경로의존성(path dependency)'과 '제도적 상호보완성(institutional complementarity)'이라는 개념으로 설명한다. 본인 표현을 빌리자면 "명색이 교수인데, 자신의 입장을 특수한 경험에만 의존해서 설명할 수는 없고, 좀 더 일반화할 수 있는 논리를 찾아본다"며 인용한 개념이다.

그에 따르면 "경로의존성이란 과거에 어떤 길을 걸어왔느냐가 현재의 선택과 미래의 결과를 좌우한다는 뜻"이라고 한다. 그가 사례로 든 것은, 서울 지하철 1호선은 좌측통행인데, 2호선 이후부터는 우측통행이라는 사실이다. 그에 따르면, 19세기 개항기에 일본은 영국의 예를 따라 좌측통행의 규칙을 채택했고, 따라서 일제 강점기에 건설된 우리나라 국철 시스템도 좌측통행이 되었다. 그 결과 국철과 연계된 지하철 1호선도 자연스럽게 좌측통행이 됐다는 것이다. 지하철 1호선이 우측통행이 아닌 좌측통행으로 고정된 것에 무슨 합리적 이유가 있는 것이 아니고, 현 상황을 변경하려면 엄청난 비용이 들기 때문에 그냥 어제 하던 대로 오늘도 그렇게 하는 것이 편하고 효율적인 경우가 많아서 그렇게 됐다는 얘기다.[155]

김 위원장에 따르면, 제도적 상호보완성이란 어느 한 제도의 성과는 다른 제도들과 얼마나 긴밀한 보완 관계를 맺고 있느냐에 따라서 결정된다는 것이다. 그가 제도적 상호보완성의 예로 드는 것이 우리나라 사외 이사 제도다. 사외 이사를 중심으로 하는 미국식 이사회 제도는 적극적인 기관 투자가와 효율적인 소송 시스템 등을 전제(前提·논리에서 추리를 할 때, 결론의 기초가 되는 판단)로 할 때만 잘 작동하는데, 우리나라는 이런 전제 조건이 결여된 상태이기 때문에 퇴직 관료와 교수들의 '용돈벌이'로 전락하면서, 총수의 결정에 형식적 정당성만 부여하는 '고무도장' 역할을 하기 십상이라는 것이다. 그는 미국식 이사회 제도에 문제가 있으니 독일식 이중 이사회 제도나 공동 결정 제도를 도입하면 잘 작동할 수 있을까, 라고 자문(自問)한 뒤 거기에도 많은 조건이 필요할 것이라고 결론을 내린다.

김 위원장은 "개혁의 이름하에 새로 도입된 제도가 실제로 어떤 성과를 낼지는 누구도 예단할 수 없다"며 "그야말로 내일을 알 수 없는 암중모색의 과정"이라고 결론짓는다.

흔히 개혁파로 분류되는 대학교수 출신은 현실을 잘 알지도 못한 채 "개혁만 하면 모든 일이 잘 될 것"이라는 착각에 빠져 있는 경우가

---

155 김상조 위원장의 말처럼 일본은 근대화를 하는 과정에서 영국에서 많은 문물을 받아들였다. 그래서 일본은 영국처럼 지금도 자동차가 왼쪽으로 다니고, 자동차 운전대(핸들)가 오른쪽에 달려 있다. 호주나 아프리카의 옛 영국 식민지도 영국의 사례를 따라 자동차가 왼쪽으로 다니고, 자동차 핸들이 오른쪽에 달려있다. 아프리카 영국 식민지의 도로 포장 방법은 아직도 영국식 도로 포장술을 그대로 사용하는 경우가 많다. 따라서 아프리카 옛 영국 식민지의 토목 공학 엔지니어들은 지금도 해외 유학 장소를 선택할 때 영국으로 결정하는 경우가 대부분이다.

많다. 실제로 개혁을 하겠다는 선의(善意)가 차라리 안하느니만 못한 결과를 가져오는 경우도 허다하다. 그래서 서양 금언(金言)에 '좋은 의도가 언제나 좋은 결과를 가져오는 것은 아니다(Good intentions don't always lead to good results.)'라는 말이 있는 것이다.

'김상조 식 현실주의' 또는 '김상조 식 유연함'은 그런 가능성을 사전에 경계하고, 신중함을 잃지 않는다는 것이다. 그런 측면에서 진보 또는 개혁을 주장하는 학자로서, 문재인 정부의 경제 관료로서 그는 귀중한 미덕(美德)을 갖추고 있다고 할 수 있다.

그의 현실주의는 "나는 지난 10여 년 동안 경제개혁연대 활동을 하는 과정에서 가끔은 신문에 대문짝만하게 실리는 일들도 했지만, 그 기사를 유심히 읽는 사람은 별로 없었다"는 자각(自覺)에서 출발한다. 그는 "반면 주식 시장과 부동산 시장에 대한 전망 기사는 대부분 끝까지 정독한다"고 말했다.

김 위원장은 "근본적인 문제에 대한 올바른 해결책만 고민한다면 유권자들이 그 진정성을 인정하고 지지하고 인내할 거라는 믿음은 완벽한 착각"이라고 단언한다.

김상조의 '모피아(Mofia) 경계론'(1)

김상조 위원장이 이런 현실주의 외에 방법론적 요소로 강조하는 게 바로 경제 관료, 특히 '모피아(Mofia)'에 대한 강한 경계심이다.[156] 그는

---

156 '모피아(Mofia)'라는 말의 출발점은 '옛 재무부(MOF·Ministry of Finance)'와 갱조직 '마피아(Mafia)'의 합성어였다. 흔히 옛 재무부 사람들의 '끈끈한 패거리 문화'를 나타내는 속어(俗語)로 쓰였다. 그런데 지금은 옛 재무부가 없어지고, 옛 재무부 업무를 기획재정부(MOEF·Ministry of Economy & Finance, 국제금융·세제 등 담당)와 금융위원회(국내 금융 담당)가 나눠서 맡고 있다. 이에 따라 현재 모피아라는 말은 옛 경제기획원과 재무부 출신, 혹은 옛 경제기획원과 재무부의 명맥을 잇는 인사들을 광범위하게 지칭하는 말로 사용되고

본인에 대해 "진보경제학자라고 불리지만, 케인스주의자라고 평가하는 사람들이 많다"며 "맞다"고 본인이 '케인스주의자'임을 시인한다.

그러나 그는 "그만큼 국가의 역할을 강조한다"면서도 "국가 개입의 현실적 수단인 관료를 신뢰하지는 않는다"고 말한다. 그가 끊임없이 관치 경제, 관치 금융을 비판하는 이유도 관료를 신뢰하지 않기 때문이라고 고백한다.[157]

김상조의 '모피아(Mofia) 경계론'(2) – 관료 도구론

김상조 위원장의 관료 경계론은 '관료는 영혼이 없다'는 흔히 말하는 명제(命題)를 부인하는 것에서 출발한다. '관료는 영혼이 없다'라는 말은 관료는 정권이 교체되면 어제까지 반대하던 정책도 오늘부터는 안면몰수하고 밀고 나가야 한다는 뜻인데, 김 위원장은 "이 말이 꼭 맞는 말 같지는 않다"라고 말한다.

그는 "관료들은 특유의 조직 논리로 무장하고 있고, 독자적인 이해 관계도 갖고 있으며, 나아가 현 상황의 변화를 원치 않는 핵심 기득권 세력이기도 하다"고 강조한다. 그의 이런 논리는 "집권 세력이 설계한 국정 철학에 맞춰 모피아가 경제 정책을 수립·집행할 것이라고 생각한다면 착각", "집권 세력은 근본적인 문제에 집중하고, 부차적인 문제는 모피아에게 일임해도 된다고 생각하면 그야 말로 완벽한 착각"이라는 주장으로 이어진다. 그는 다음과 같이 말한다.

있다. 김상조 위원장은 자신의 대중서 『종횡무진 한국경제』의 부제(副題)를 '재벌과 모피아의 함정에서 탈출하라'로 붙일 만큼 모피아에 대한 강력한 경계심을 표출한다. 김상조, 『종횡무진 한국경제-재벌과 모피아의 함정에서 탈출하라』 참조.

157 김상조, 『종횡무진 한국경제-재벌과 모피아의 함정에서 탈피하라』, 19쪽.

"국가의 역할을 강조한다는 것과 관료를 신뢰한다는 것은 결코 같은 말이 아니다. 우리가 통상 선진국이라고 부르는 나라에서는 '관료 기구의 공공성'이 이미 획득된 전제 조건이다. 그러나 21세기 한국은 저(低)개발국도 아니고 선진국도 아니다. 한국 경제는 성장이 곧 복지로 연결되는 단계를 이미 지났다. 반면, 관료 기구의 공공성은 주어진 것이 아니라 이제부터 우리가 달성해야 할 중요한 개혁 과제 중 하나다.

모피아는 유능하다. 그렇기 때문에 모피아는 개혁의 필수적 도구다. 그러나 통제받지 않는 모피아는 개혁의 최대 장애물이 될 수 있다. 특히 재계의 이해 관계와 유착된 모피아를 방치하는 것은, 보수 정권·진보 정권을 불문하고 개혁의 실패를 초래하는 지름길임을 잊지 말아야 한다. 모피아에게 정책적 주도권을 넘겨주지 않고, 모피아를 개혁의 도구로 활용할 수 있는 국정 철학과 컨트롤 타워(사령탑, 인용자)**를 확립하는 것이 성공적 개혁의 필요조건이다.**"

(강조 인용자, 김상조, 『종횡무진 한국경제-재벌과 모피아의 함정에서 탈피하라』, 20쪽.)

김상조 식 '관료 도구론'의 한계

김상조 위원장의 관료 도구론은 멀리는 김대중 정부, 가까이는 노무현 정부 출범 이후 소위 개혁파 인사들이 관료를 보는 시각을 대변하고 있다. 속된 말로 하면, '국정 철학(哲學) 또는 이념(理念)은 우리가 결정할 테니, 너희(관료)들은 시키는 대로 일(정책)이나 잘 하라'는 것이다.

그러나 어느 정권의 개혁파나 간과하는 게 있다. 국정 철학 또는 이념과 정책은 결코 동떨어진 게 아니라는 것이다. 국정 철학이나 이념과 정책은 사실 한 덩어리로 움직인다. 국정 철학 또는 이념을 아무리 정교하게 만든다고 해도, 국민이 피부로 접하는 정책에 국정 철학이나 이념이 구현되어 있지 않으면 국민은 국정 철학이나 이념을 이해할 수 없다. 만약 관료가 국정 철학과 이념이 반영되지 않은 정책을 추진할 경우 그런 국정 철학이나 이념은 현실적으로 작동할 수 없고,

국민이 체감할 수도 없다. 일부에서는 이것을 '관료의 간계(奸計·간사한 계획)'라고 부르기도 한다.[158]

2003년 봄의 교훈(教訓)(1)

필자가 해묵은 이 이슈가 나올 때마다 공무원이나 주변 동료들에게 드는 사례가 있다. 2003년 봄 노무현 정부(참여정부) 대통령직인수위원회 경제 1분과에서 있었던 일이다. 당시 인수위 경제 1분과 회의 테이블에 간사를 맡고 있던 이정우 경북대 명예 교수(노무현 정부 초대 청와대 정책실장)의 평생 지론(持論·늘 가지고 있거나 전부터 주장해 온 생각이나 이론)인 '근로징려금(EITC) 도입 방안'이 올라왔다.

그 시절 한국에서는 이름조차 생소했던 EITC는 이 명예 교수가 미하버드대 박사 학위 논문('한국의 경제 성장과 임금 불평등')을 쓸 때부터 주목했던 제도로 알려져 있다. 2003년 봄, 한국에서 경제학적 측면에서 EITC에 대해 가장 잘 알고 있던 사람이 이 명예 교수였다는 사실에 대해서는 아무도 이의를 제기하지 않는다.[159] 이에 따라 당시 인수위 출입 기자들은 '노무현 정부에서 최우선적으로 추진될 정책은 EITC일 것'이라고 굳게 믿고 있었다. 개혁파가 내세운 다른 모든 정책이 후순위로 밀리더라도 경제 1분과 간사인 이정우 명예 교수의 '필생의 지론'인 EITC는 즉시 도입될 것이라는 전망이 지배적이었다.

---

158 '관료의 간계(奸計)'라는 말은 독일의 철학자 헤겔(Georg Wilhelm Friedrich Hegel, 1770~1831년)의 '이성의 간계'라는 말을 차용해 바꾼 것이다. 헤겔 철학에서 이성의 간계라는 말은 "반이성적인 정열이 세계사를 진행하는 힘이 되지만 사실은 세계이성(世界理性)이 자신의 목적을 실현하기 위하여 이를 이용하고 있음에 불과하다는 것을 이르는 말"이라고 한다. 네이버 국어사전(이성의 간계)(https://ko.dict.naver.com/detail.nhn?docid=30533500, 2018년 9월 15일 검색).

159 노무현 정부 초대 청와대 정책실장을 맡았던 이정우 경북대 명예 교수에 대해서는 이 책 5장 참조.

회의가 시작됐다. 당시 인수위 경제 1분과에는 옛 재정경제부 세제실의 '에이스' 김기태 법인세제과장(현 김앤장 고문)이 파견돼 있었다. 말석(末席)에 앉아있던 김 과장은 그날도 평소처럼 아무 말도 하지 않은 채 묵묵히 듣고만 있었다.

2003년 봄의 교훈(敎訓)(2)

그런데 회의가 끝날 때쯤 이정우 경북대 명예 교수가 "지금까지 발언 안 하신 분들도 모두 한 말씀씩 하시지요"라고 말했다. 마침내 김기태 과장의 차례가 왔을 때, 그는 어눌한 부산 사투리로 "그럼 쪼매 설명 올리겠습니다"라고 말문을 열었다. '설명을 드린다'고 말하지 않고 '설명을 올린다'라는 표현을 쓰는 것은 옛 재정경제부(현 기획재정부) 세제실과 국세청의 관행이다. 그는 경제협력개발기구(OECD)에 근무하는 3년 동안 선진국 조세 제도를 연구하면서, 국내에 도입할 경우 발생할 수 있는 문제점, 도입 절차 및 방법 등에 대한 방대한 조사를 마친 상태였다.

김 과장은 근로장려금(EITC)의 해외 현황과 국내에 도입될 경우 다른 법률과의 충돌 가능성 등 각종 문제점, 도입을 위해 필요한 사전 작업 등에 대해 쾌도난마식으로 설명했다.[160]

김 과장의 말이 끝나자 회의장에는 정적이 흘렀다. 이 명예 교수는 "김 과장님 말씀을 들으니 EITC 도입은 중장기 과제로 넘기는 것이

---

160 김기태 김앤장 고문은 1955년생으로 부산고-서울대 경영학과를 나왔다. 행시 24회에 합격해 옛 재정경제부 '세제(稅制) 라인'에서 소득세제과장, 법인세제과장 등 핵심 보직을 두루 역임했으며, 노무현 정부에서 부동산실무기획단 부단장(국장급)으로 종합부동산세(종부세) 도입 등을 주도한 뒤 2005년 집안 사정으로 공직에서 물러나 김앤장 법률사무소로 자리를 옮겼다.

낫겠군요"라고 그 자리에서 결론을 내렸다. 인수위 정책에서 단기 과제가 아니라 중장기 과제로 분류된다는 것은 사실상 폐기될 가능성이 크다는 것을 의미했다.

그 뒤 이 명예 교수는 김 과장을 청와대로 불러 세제 업무를 맡겼다. 자신의 평생 소신을 중장기 과제로 넘기게 만든 장본인이었지만, 그가 그 분야에 매우 정통하다는 사실을 인정했기 때문이다. 결국 노무현 정부에서 EITC는 도입됐고, 오늘날까지 가장 강력한 근로 저(低)소득층 소득 보전 정책으로 활용되고 있다.

2003년 봄의 교훈(教訓)(3)

노무현 정부 인수위에서 이정우 경북대 명예 교수의 평생 소신인 근로장려금(EITC)이 중장기 과제로 넘어갔다가, 실제로 도입된 사례는 개혁파가 관료를 잘 활용하기 위해서는 관료의 장점과 단점을 꿰뚫어 볼 수 있는 능력이 있어야 한다는 사실을 보여준다.

정권이 바뀔 때마다 전문 지식도 부족하고, 어떻게 하면 관료를 움직일 수 있는지도 모르는 사람들이 '감 놔라, 배 놔라' 하는데 진심으로 따를 공무원은 없기 때문이다. 이런 교훈은 비단 관료에게만 적용되는 게 아니다. 일반 회사를 포함한 다른 조직에서도 마찬가지다.

관료를 단순히 도구로만 보면서 윽박지르다가 정책 추진이 잘 안 되면 모든 책임을 '관료 탓'으로 돌리는 것은 보수 정권이나 진보 정권이나 비슷하다. 진보 정권의 개혁파가 관료를 다룰 만한 능력이 있는지에 대한 회의론이 나오는 것도 같은 맥락이다. 개혁파 인사들이 관료를 활용할 만한 실력과 경험이 없기 때문에 관료를 제대로 활용하지도 못하고, 결국 개혁에도 성공하지 못한다는 얘기다.

국가 정책을 수립하고 집행하는 것은 여러 부처에 나뉘어 있는 법률, 시행령, 시행 규칙 등에 대한 정예한 지식과 청와대와 국회 등의 반응을 예측할 수 있는 정무적(政務的) 경험 등 다양한 자질을 필요로 한다. 경제 관료의 경우 한 정책을 수행했을 때 다른 거시경제 지표나 시장에 미칠 영향 등을 사전에 전망하는 능력도 필요하다. 그런데 민간에서 대학교수나 연구원을 한 사람들은 평소에 법령이나 거시경제, 시장에 미칠 영향이나 정무적 판단 등에 대해 고민할 기회가 적다. 국정 철학이나 이념이 있다고 해도 그것을 실현할 만한 실전(實戰) 경험이 부족하다는 얘기다.

따라서 앞으로 민간에서도 경제 관료들이 고민하는 것처럼 국정 철학이나 이념을 구현하기 위한 실무적인 방안을 구체적으로 연구하는 싱크 탱크(Think Tank)가 많이 나와야 한다. 그래야 민간인이 공직을 맡았을 때 발생할 수 있는 현실과의 괴리(乖離·서로 등져 떨어짐)가 좁혀질 것이다.[161]

김상조의 경제개혁연대

김상조 위원장이 설립을 주도한 경제개혁연대의 뿌리는 참여연대 경제민주화위원회다. 1997년 2월 참여연대 경제민주화위원회가 장하성 위원장(문재인 정부 초대 청와대 정책실장) 중심으로 출범했고, 1999년 5월 김상조 단장을 중심으로 재벌개혁감시단이 만들어졌다. 그 뒤 1999년 10월 재벌개혁감시단이 다시 경제민주화위원회로 통합됐으며, 2001년 9월에는 경제민주화위원회가 경제개혁센터로 이름이 바뀌면서 김 위원장이 소장으로 취임했다. 이때부터 김 위원장이 경제개

161 조해동, '공무원을 有能하게 만드는 법'(뉴스와 시각)(문화일보, 2014년 5월 28일, http://www.munhwa.com/news/view.html?no=2014052801033824160002, 2018년 9월 8일 검색) 참조.

혁센터 활동을 주도했고, 2006년에는 경제개혁센터가 참여연대에서 떨어져 나와 별도로 경제개혁연대가 만들어졌다.[162]

경제개혁연대의 설립 목적

경제개혁연대의 설립 목적은 김상조 위원장이 직접 쓴 창립선언문에 담겨 있다.[163] 김 위원장은 창립선언문에서 "경제개혁연대는 우리가 두 발을 딛고 서 있는 구체적 현실에서 작지만 소중한 변화를 만들어내고자 한다"며 "거대 담론의 실패 경험을 되풀이하기보다는, 구체적 성공 경험을 축적함으로써 변화의 가능성에 대한 신뢰를 확립하고, 이를 통해 결코 과거로 되돌아 갈 수 없는 근본적인 변화를 이끌어내고자 한다"고 밝혔다.[164]

창립선언문은 "한국 사회의 미래를 위해 경제개혁연대는 투명성과 책임성의 원칙에 기반한 구체적 대안을 제시하고 실천하는데 헌신하고자 한다"며 "투명성과 책임성의 원칙은 다양한 기업 구성원들의 권익을 보호하는 한편 이들이 기업의 장기적 성장에 기여하도록 유도하는 건전한 기업 지배 구조의 핵심"이라고 강조했다.

또 "한국의 기업 지배 구조와 시장경제질서에 투명성과 책임성의 원칙이 뿌리 내릴 수 있도록 실질적인 대안을 제시하고 실천할 것"이

---

162 2017년 3월에는 김우찬 소장(고려대 경영학과 교수)이 취임했다. 김 소장은 서울대 국제경제학과를 나왔으며, 미국 하버드대에서 국제금융을 전공해 정책학 박사 학위를 받았다. 행정고시 34회에 합격해 옛 재정경제부 국제금융국 사무관으로 일했으며, 미국에서 박사 학위를 받은 뒤 KDI 국제정책대학원 교수로 재직하다가 고려대 경영학과 교수로 자리를 옮겼다.

163 김상조 위원장은 경제개혁연대 창립선언문을 직접 썼다고 스스로 밝혔다. 김상조, 『종횡무진 한국경제-재벌과 모피아의 함정에서 탈피하라』, 18쪽.

164 경제개혁연대 창립선언문(2006년 8월 24일, http://www.ser.or.kr/bbs/board.php?bo_table=B02, 2018년 9월 8일 검색).

라며 "한국의 기업 지배 구조와 시장 경제 질서가 건전하게 작동하여 우리의 역할이 더 이상 필요하지 않는 그날까지 변함없는 원칙과 거침없는 행동으로 경제개혁연대는 스스로 선택한 소임을 다 해 나가겠다"고 다짐했다.

창립선언문에 나와 있는 대로 경제개혁연대가 한국의 기업 지배 구조와 시장 경제 질서의 투명성과 책임성의 원칙을 지키려고 노력하기 위해 설립된 단체라면, 경제개혁연대를 사회주의적 이상을 표출하는 단체라는 식으로 이념적으로 재단하기는 어렵다. 오히려 정상적인 자본주의 체제 또는 시장 경제 질서를 확립하겠다는 의미로 해석하는 게 실체적 진실에 근접한 해석일 것이다. 아래에 경제개혁연대 창립선언문 전문을 옮긴다.

〈경제개혁연대 창립선언문〉

"작고 소중한 성공 경험의 축적을 통해 과거로 회귀할 수 없는 변화를 만들어갑니다."

80년대를 휘감은 민주화의 열풍과 90년대 말 몰아친 경제위기의 파고를 거치며 한국 사회는 역동적 변화를 경험하고 있습니다.

자랑스러운 성공도 있었지만, 부끄러운 실패도 많았습니다.

과거의 낡은 질서로는 더 이상 21세기 한국 사회를 전망할 수 없다는 사실이 분명하지만, 이를 대체할 미래의 새로운 질서는 아직 모습을 드러내지 않고 있습니다.

이러한 과도기적 불확실성 속에서도 미래를 구상하는 다양한 논의와 시도는 계속되고 있습니다.

경제개혁연대는 우리가 두 발을 딛고 서 있는 구체적 현실에서부터 작지만 소중한 변화를 만들어내고자 합니다.

거대 담론의 실패 경험을 되풀이하기보다는, 구체적 성공 경험을 축적함으로써 변화의 가능성에 대한 신뢰를 확립하고, 이를 통해 결코 과거로 되돌아 갈 수 없는 근본적인 변화를 이끌어내고자 합니다.

한국 사회의 새로운 미래를 위해 경제개혁연대는 투명성과 책임성의 원칙에 기반한 구체적 대안을 제시하고 실천하는데 헌신하고자 합니다.

투명성과 책임성의 원칙은 다양한 기업 구성원들의 권익을 보호하는 한편 이들이

기업의 장기적 성장에 기여하도록 유도하는 건전한 기업 지배 구조의 핵심 요소입니다.

투명성과 책임성의 원칙은 경제 자원을 효율적으로 배분하고 국민 경제를 안정적으로 운용하기 위한 합리적 시장 경제 질서의 필수 요소입니다.

투명성과 책임성의 원칙은 각계각층의 사회 구성원들이 경제적 의사결정 과정에 참여하고 그 성과와 책임을 공평하게 나누는 민주적 사회 구조의 기본 요소입니다.

투명성과 책임성의 원칙이 확립되지 않는다면 어떠한 경제 모델도 사상누각에 불과합니다.

경제위기 이후 괄목할만한 성과도 있었고 새로운 대안을 모색하기 위한 여러 논의도 활발하게 전개되고 있지만, 그럼에도 불구하고 투명성과 책임성의 원칙을 온전히 갖춘 흔들림 없는 경제 질서를 만들어내기 위해 우리가 가야할 길은 여전히 멀기만 합니다.

경제개혁연대는 한국의 기업 지배 구조와 시장 경제 질서에 투명성과 책임성의 원칙이 뿌리 내릴 수 있도록 실질적인 대안을 제시하고 실천할 것입니다.

개혁의 실천적 목소리에 전문성을 담아내고 이를 기반으로 개혁의 성공 가능성을 높임으로써 지속 가능한 변화를 이끌어낼 것입니다.

한국의 기업 지배 구조와 시장 경제 질서가 건전하게 작동하여 우리의 역할이 더 이상 필요하지 않는 그날까지 변함없는 원칙과 거침없는 행동으로 경제개혁연대는 스스로 선택한 소임을 다 해 나가겠습니다.

2006. 8. 24. 경제개혁연대[165]

김상조 공정거래위원장 취임

문재인 대통령은 2017년 6월 13일 국회의 인사 청문회 과정에서 야당의 반대로 보고서 채택이 불발되자 김상조 위원장에 대한 임명을 강행했다. 야당은 김 위원장에 대한 인사 청문회 과정에서 각종 의혹

---

165 경제개혁연대 창립선언문(2006년 8월 24일, http://www.ser.or.kr/bbs/board.php?bo_table=B02, 2018년 9월 8일 검색). 경제개혁연대 창립선언문의 전재(轉載·한 군데에 이미 내었던 글을 다른 데로 옮겨 실음)를 허락해준 경제개혁연대에 감사드린다.

을 제기하면서 인사 청문 보고서 채택에 반대했다.[166]

김 위원장은 대통령으로부터 임명장을 받은 뒤 하루가 지난 2017년 6월 14일 공정거래위원장에 정식으로 취임했다. 그는 국회 인사청문회 과정에서 많은 의혹이 불거진 점을 의식해서인지 취임사에서 "제가 공정거래위원장 후보자로 지명된 이후 오늘 취임사를 하기까지 참으로 우여곡절이 많았다"고 소회(所懷·마음에 품고 있는 회포)를 내비쳤다.[167]

다시 강조된 '공정한 시장경제 질서'

김상조 위원장은 취임사에서 "'공정한 시장 경제 질서의 확립', 이것은 새 정부의 국정과제 차원을 넘어선 공정위의 존립 목적이자, 이 시대가 공정위에 부여한 책무"라며 "'공정한 시장 경제 질서의 확립'

---

166 야당이 인사 청문회 과정에서 김상조 공정거래위원장 후보자에 대해 제기한 의혹은 크게 다음과 같다. 첫째, 2004년 실제 거주하지 않는 곳에 주소를 옮겼다는 '위장 전입' 의혹이다. 둘째, 김 후보자가 1999년 목동 소재 아파트를 1억 7550만 원에 매입했다는 내역을 국회 정무위원회에 제출했으나 당시 구청에 신고된 가격은 5000만 원이었고, 2005년 아파트를 팔 때도 신고 가격이 당시 시세보다 1억 원 가량 낮아 다운계약서를 작성했다는 의혹이 있다는 것이다. 셋째, 김 후보자의 부인이 2013년 공립고 영어회화 전문 강사로 취업했는데, 토익 점수가 900점으로 901점 이상인 응모 요건에 미달했고, 지원 기간을 2주 넘긴 시점에 서류를 냈다는 의혹이다. 넷째, 김 후보자가 작성한 노사정위원회 보고서와 산업노동연구 게재 논문 내용이 같다는 '자기 표절(自己 剽竊·자신의 글이나 창작물을 스스로 베끼는 일)' 의혹이다.

김 후보자는 위장전입 문제에 대해서는 "아내의 암 치료를 위해 수술한 병원이 근처에 있어서 이사를 갔다"고 답변했다. 1999년 목동 소재 아파트 다운계약서 작성 의혹에 대해서는 "해당 계약서는 공인중개사와 법무사가 당시 관행으로 했는데, 지금 기준에는 맞지 않다"고 사과했다. 김 후보자 부인의 공립고 영어회화 전문 강사 취업과 관련해서는 "특혜를 받은 적은 없으며, 문제가 불거진 뒤 아내는 사직서를 제출했다"고 말했다. 검찰은 김 후보자 부인의 취업 건을 수사한 뒤 2018년 2월 "채용 담당 교사들이 자격 검토를 소홀히 했을 뿐 특혜를 준 것은 아니다"라며 무혐의 처분을 내렸다. 노사정위원회 보고서와 산업노동연구 게재 논문 내용이 같다는 자기 표절 의혹에 대해 김 후보자는 "노사정위 승인을 받고 학회지 요청을 받아 게재된 것"이라고 말했지만, "2000년에 쓴 글이라서 지금의 윤리 규정에 미흡한 것은 송구하다"고 밝혔다.

167 김상조 공정거래위원장 취임사(이데일리, 2017년 6월 14일, http://www.edaily.co.kr/news/read?newsId=01892566615961720&mediaCodeNo=257&OutLnkChk=Y, 2018년 9월 8일 검색).

을 위한 노력에는 일말의 주저함도 없을 것이며, 한 치의 후퇴도 없을 것임을 분명히 말씀드린다"고 강조했다.

그는 공정위 직원들에게 "경쟁법(競爭法)의 목적은 경쟁을 보호하는 것이지, 경쟁자를 보호하는 것이 아니다"라는 법언(法言)을 인용하면서 "경쟁자, 특히 경제사회적 약자를 보호해 달라"고 당부했다. 그는 "대규모 기업 집단(재벌, 인용자)의 경제력 오남용을 막고, 하도급 중소기업, 가맹점주, 대리점 사업자, 골목 상권 등 '을(乙)'의 눈물'을 닦아 달라"고 강조했다.

"업무시간 이외에는 공정위 OB(전직 직원) 등과 접촉하는 것을 자제하라!"

김상조 위원장의 취임사에서 가장 언론의 주목을 받은 것은 그가 공정위 직원들의 처신(處身·세상을 살아감에 있어 가져야 할 몸가짐이나 행동)에 대해 경고한 부분이다. 그는 "경고의 말씀도 드리겠다"면서 "국민들의 높아진 눈높이에 맞출 수 있도록 사건조사 절차나 심의의결 절차 등 업무 처리의 전 과정을 세심하게 되돌아볼 필요가 있다"고 강조했다. 그는 "필요하다면 업무 매뉴얼이나 내부 규정을 적극 개선해 나가야 한다"고 지적했다.

그는 그 뒤 "오늘은 임시방편의 차원에서 한 가지만 강조하고자 한다"며 "업무 시간 이외에는 공정위 OB(전직 직원)들이나 로펌의 변호사 등 이해 관계자들과 접촉하는 일은 최대한 자제하라"고 말했다. 그는 "불가피한 경우에는 반드시 기록을 남기라"고 강조했다.[168]

---

168 김상조 공정거래위원장 취임사(이데일리, 2017년 6월 14일, http://www.edaily.co.kr/news/read?newsId=01892566615961720&mediaCodeNo=257&OutLnkChk=Y,

그동안 공정위 내부 정보가 로펌 등에 나가 있는 전직 공정위 직원 등을 통해 새 나간다는 소문이 있었는데, 취임 첫날부터 직원들에게 강력한 경고 메시지를 보낸 것이다.

"제가 이런 것은 한 번도 안 해봤거든요"

김상조 공정거래위원장 후보자는 취임 전인 2017년 5월 18일 서울 중구 세종대로 대한상공회의소 9층에 있는 한국공정거래조정원에서 '후보자' 신분으로 첫 기자 간담회를 열었다. 위원장(장관급)으로 취임한 것도 아닌 후보자가 기자 간담회를 한다는 것 자체가 파격이었다. 경제 관료 출신이라면 "아직 인사청문회도 끝나지 않았는데, 다음에…"라고 말하면서 기자 간담회를 하지 않았을 것이다.

김 후보자는 이날 공정위 출입 기자 앞에 처음으로 서면서 "제가 이런 것은 한 번도 안 해봤거든요"라면서 "앞으로 잘 부탁드립니다"라고 말했다.[169] 그가 언급한 '한 번도 안 해본 것'은 아마 '부탁드린다'라는 말일 것이다. 평생 대학 교수로 학생을 가르치고, 시민운동하면서 '재벌 저격수' 얘기까지 들은 사람이 남에게 부탁할 일 따위는 없었을 것이다. 물론 공정위 출입 기자들에게 "앞으로 잘 부탁드린다"라고 한 얘기도 문자적 의미의 '부탁'이라기보다는, '앞으로 잘 해보자'는 의미로 해석하는 것이 옳을 것이다. 어쨌든 김 후보자가 다른 사람에게 '부탁'이라는 말을 꺼냈다는 것 자체가 이례적인 일이기는 하다는 얘기가 나왔다.

2018년 9월 8일 검색).

169 이지은, '[일문일답] "우클릭 아니다"…文의 첫 공정위원장, 김상조의 항변' (아시아경제, 2017년 5월 18일, http://view.asiae.co.kr/news/view.htm?idxno=2017051811053 582583, 2018년 9월 9일 검색).

본인도 어색, 출입기자도 어색

김상조 공정거래위원장 후보자의 첫 기자 간담회는 어색한 분위기에서 진행됐다. 기자가 질문 하나를 할 때마다 대학 강의를 방불케하는 긴 답변이 돌아왔기 때문이다. 대개 기자들은 짧은 질문과 짧은 답변을 선호한다. 그래야 제한된 시간 안에 많은 질문이 가능하기 때문이다.

하지만 진보·개혁 시민운동을 하면서 김 후보자는 누구든, 뭐든 물어보면 자신의 주장을 길고 자세하게 설명하는 게 습관이 된 것처럼 보였다. 한국의 언론 지형(地形)을 고려하면, 어떤 측면에서는 그동안 외로운 투쟁을 해온 김 후보자에게 이런 습관이 생긴 것은 이해할 수도 있는 일이었다.

김 후보자 본인도 이런 습관을 알고 있었던 것 같다. 그는 이날 "기자들이 전화할 때마다 10~20분씩 설명하는 스타일인데, 앞으로는 그렇게 답변하지 않겠다"고 말하기도 했다. 김 후보자는 자신이 그동안 이른바 '보수 언론'을 비판한 적이 많다고 생각했기 때문인지 언론 친화적인 인상을 주려고 노력하는 것처럼 보였다.

"법 집행시 4대 그룹 좀 더 엄격히 볼 것"

2017년 5월 18일 열린 김상조 공정거래위원장 후보자의 첫 기자 간담회에서 기자들이 가장 궁금하게 생각했던 것은 그가 '재벌'에 대해 어떤 말을 내놓을 지였다. 그는 기자들이 묻지 않았는데도 자문자답했다. 길고 장황한 답변이 이어졌다.

"그리고 기자 분들이 궁금해 하시는 것이 또 있다. 10대 그룹, 4대 그룹에 치중해서 재벌 개혁 정책을 펴겠다는 게 무슨 의미냐는 것이다. **간단히 말씀드리면 재벌 개혁의 큰 목표는 집중화 억제와 지배 구조 개선 두 가지 다. 대통령께 말씀을 드릴 때 이 두 가지 목표를 나눠서 별개의 수단으로 접근하는 게 필요하다고 말했다. 집중화 억제와 지배 구조 개선 두 가지에 적용되는 수단이 똑같지 않기 때문이다.** 그런데 우리나라 재벌 정책은 5조 원, 10조 원 이상으로 일괄 설정하고 규제 기준을 적용하는 방식을 해오다 보니 실제로 엄격하게 적용해야 할 상위 그룹에게는 규제 실효성이 별로 없고 하위(그룹, 인용자)에는 과잉규제가 생기는 악순환이 반복돼 엄격하게 집행이 안 됐다.

범 4대 그룹(삼성, 현대그룹 등에서 떨어져 나간 그룹을 모두 포함한 4대 그룹, 인용자) 이 30대 그룹의 3분의 2를 차지한다. 30대 그룹 전체를 대상으로 규제 기준을 만들기보다는 상위 그룹에 집중해서 법을 엄격하게 집행하는 것이 더 효과적이고 지속 가능한 개혁의 방법이라고 말씀을 드렸고, 이런 것을 대통령이 수용했다.

단, 4대 재벌만 대상으로는 법을 만들 수 없다. 10대 그룹, 4대 그룹에 집중하겠다고 말한 게 새 법을 만들어서 4대 그룹만 (과격한 말로) 때려잡겠다는 게 아니고, 현행법을 집행할 때 공정위는 광범위한 재량권을 갖고 있다. 법과 시행령에 모든 것을 세세하게 정하는 것은 바람직하지 않다. **현행법을 집행할 때 4대 그룹 사안이라면 좀 더 엄격한 기준을 갖고 판단해보겠다는 취지다.** 이 말씀을 드린 주요한 이유가 있다. 저는 정책이 효과를 발휘하려면 시장의 경제 주체들에게 일관된 메시지를 전달하는 것이 중요하다고 생각한다. 이 시그널(신호, 인용자)의 뜻은 한국 경제의 중요한 부분을 차지하고 있는 4대 그룹에 대해 '법을 어기지 마십시오. 더 나가서 한국 사회와 한국의 시장이 기대하는 부분을 잘 감안해서 판단해 달라'는 것이다."(강조, 인용자)[170]

---

170 이지은, '[일문일답] "우클릭 아니다"⋯文의 첫 공정위원장, 김상조의 항변'(아시아경제, 2017년 5월 18일, http://view.asiae.co.kr/news/view.htm?idxno=20170518110535 82583, 2018년 9월 9일 검색).

    김 위원장의 발언에는 '대통령이 수용했다'는 말을 포함해 대통령을 직접 인용한 말이 자주 나온다. 경제 관료 출신이었다면 본인이 말을 할 때 국정 최고 책임자이며, 본인에 대한 임면권(任免權·직무를 맡기고 그만두게 할 권한)을 갖고 있는 대통령을 이렇게 자주 거론하는 일은 아마 없었을 것이다. 시민운동을 한 김 위원장은 전형적인 경제 관료와는 말, 몸짓 등 커뮤니케이션 방식이 근본적으로 다르다.

취임 기자 간담회 방불케 한 후보자 간담회

    김상조 위원장은 공정거래위원장에 정식 취임하기 전인 2017년 5월 18일 후보자 신분으로 기자 긴담회를 열었지만, 어떤 질문이 나와도 답변을 기피하지 않았다.

    공정위 직제 개편에 대한 얘기도 했다. 그는 "공정위에 '기업집단국'을 신설하겠다"며 "앞으로 (과거 공정위에 있다가 없어진, 인용자) 조사국이라는 말 대신 기업집단국이라는 명칭을 쓰겠다"고 밝혔다.

    김 후보자는 공정위의 전속고발권(專屬告發權·담합 등 공정거래법 위반 사건에 대해서는 공정위의 고발이 있어야만 검찰이 수사와 기소를 할 수 있게 한 제도) 폐지에 대해서는 "현행대로 가지는 않고 더 풀겠다"며 "단, 다른 규율 수단과의 조율을 고려해 풀겠다"고 말했다.[171]

---

171 1980년 공정거래법에 공정위 전속고발권(專屬告發權)이 도입된 것은 기업 활동이 위축되는 것을 막기 위해서였다고 한다. 네이버지식백과(한경 경제용어사전, 전속고발권)(https://terms.naver.com/entry.nhn?docId=2064892&cid=50305&categoryId=50305, 2018년 9월 21일 검색).

김상조와 '일자리 대통령'

　문재인 대통령이 문재인 정부 첫 공정거래위원장으로 김상조 후보자를 지명했을 때 기자들은 '재벌 저격수'라는 별명을 얻을 만큼 개혁적인 인사이고, 대선 캠프(새로운대한민국위원회 부위원장)에서도 활동했기 때문에 그럴 수 있다고 생각하면서도 그와 문 대통령을 이어준 '연결고리'가 무엇이었을까, 라는 궁금증을 갖고 있었다.

　2017년 5월 18일 김상조 후보자의 첫 기자 간담회에서 그는 '재벌 개혁이라는 목표와 (문 대통령이 내세운) 일자리 만들기가 상충하지 않는가?'라는 질문에 아래와 같이 답했다.

> **"재벌 개혁을 위한 개혁이 아니다. 공정위의 시작이 경제민주화라면 공정위의 본령은 하도급 문제다. 대통령에게 말씀드렸는데, 정말 좋아하시더라.** 정부의 일원이 되면 (대통령께서, 인용자) **일자리 대통령이 되겠다고 하는 그 소망, 의지를 실현하는 데 기여하고 싶다. 재벌 개혁은 궁극적 목적에 가기 위한 목표이며, 재벌을 망가뜨리거나 해체하자는 것이 아니다. 재벌을 해체하자고 단 한 번도 말한 적이 없다.** 재벌 역시 한국 경제의 소중한 자산으로 발전하도록 도와드리고 유도하는 것이 중요하다. 우리나라 10대 그룹에 직접 고용된 숫자가, 전체 경제 활동 인구가 2900만 명이고 임금노동자가 1900만 명 정도인데, 10대 그룹에 최종 고용된 노동자가 100만 명이다. **10대 그룹이 발전해야 한다는 것은 너무 당연하지만, 10대 그룹의 성장만으로는 우리나라 국민 모두에게 만족스러운 소득을 제공할 수 없다. 대부분의 고용이 중견·중소기업에서 만들어지기 때문이다.**
> **일자리 대통령이 되려면 중견·중소기업, 서비스 분야에서 지금보다 더 좋은 일자리가 만들어져야 한다. 대기업들의 횡포, 불공정 하도급이나 갑질에 의해서 중견·중소기업의 경쟁력이 발전하지 못하는 문제가 있다.** 물론 이것만이 이유는 아니지만 이런 요인들을 제거함으로써 재벌 기업도 발전하면서 중소기업과 서비스업분야에서 지금보다 훨씬 더 좋은 일자리가 많이 만들어지도록 하겠다."(강조, 인용자)[172]

김 후보자의 이 말 때문에 일부 기자 사이에서 문 대통령과 김 후보자가 '공정거래 개선을 통한 일자리 창출'이라는 측면에서 의기투합한 것이 아닌가, 라는 해석이 나왔다. 문 대통령이 취임 이후 가장 강조한 게 '일자리 대통령'이었고, 대통령 업무지시 1호도 일자리위원회 설치였다.

김 후보자의 이 같은 발언은 통계에 대한 나름대로 깊은 이해에서 나온 것으로 보인다. 실제로 그는 통계를 상당히 엄격하게 해석하고, 인용하는 편이다. 그가 인용하는 통계가 사실이 아닌 것으로 드러나는 경우는 거의 없다.[173]

그는 공정거래위원장에 취임하기 전에 문재인 정부에서 일자리를 늘리기 위해서는 '재벌 개혁'보다 우리나라 고용의 대부분을 차지하는 중견·중소기업의 일자리가 늘어날 수 있도록 공정위가 제도 개선을 하는 게 더 시급한 문제라고 생각했던 것으로 보인다.

---

172 이지은, '[일문일답] "우클릭 아니다"…文의 첫 공정위원장, 김상조의 한변' (아시아경제, 2017년 5월 18일, http://view.asiae.co.kr/news/view.htm?idxno=201705181105358 2583, 2018년 9월 9일 검색).

173 김상조 위원장은 통계의 중요성을 매우 강조한다. 그는 자신의 저서, 『종횡무진 한국경제 -재벌과 모피아의 함정에서 탈피하라』에서 "통계를 알아야 속지 않는다"고까지 말했다. 그는 "'경제를 공부하고 싶은데, 어떻게 해야 됩니까?' 라는 질문을 받을 때 맨 먼저 떠오르는 대답은 '경제학원론, 미시경제학, 거시경제학 등 기초부터 차근차근 공부하십시오'이지만, 이는 동문서답임에 틀림없다"며 "한국은행과 통계청의 홈페이지에 올라오는 각종 경제통계 관련 보도 자료를 꾸준히 보고, 여유가 되면 이들 통계 자료들을 모아놓은 데이터베이스(한국은행 경제통계시스템과 통계청 국가통계포털)에 들어가 이런저런 통계를 직접 추출해보는 놀이를 즐겨보라"고 권고한다. 이런 이유 때문인지, 김 위원장의 통계 인용 등에 크게 무리가 있는 경우는 발견하기 어렵다. 김상조, 『종횡무진 한국경제-재벌과 모피아의 함정에서 탈피하라』, 21~22쪽.

"재벌 개혁은 검찰 개혁처럼 몰아치듯 할 수 없다"

김상조 공정거래위원장은 2017년 6월 14일 정부세종청사에서 취임식을 마친 후 위원장 신분으로 첫 기자 간담회를 개최하고 의미심장한 말을 했다.

그는 이날 '대통령이 임명할 때 특별히 당부한 말씀이 있으면 소개해 달라'는 기자들의 질문에 "(대통령께서) 공정거래위원장과 장하성 (청와대, 인용자) 정책실장이 잘 협의해서 평소에 연구하고 실천해 왔던 것을 일관되게 집행해 달라고 요구했다"고 소개했다. 그는 또 "(대통령께서) 그런 개혁이 기업을 옥죄는 게 아니라, 이를 통해 새로운 성장 모멘텀 (계기, 인용자)을 만들 수 있다는 것을 보여 달라는 당부가 있었다"고 말했다.

그 뒤 김 위원장은 "저는 이런 당부를 드렸다"고 덧붙였다. 대통령에게 '당부를 드린다'라는 표현을 쓰는 공직자도 매우 드물지만, 설령 대통령에게 당부를 드렸다고 해도, 그 사실을 공개 기자 간담회에서 밝히는 공직자는 더욱 드물다. 그는 다음과 같이 말했다.

> "저는 이런 당부를 (대통령께, 인용자) 드렸다. 새 정부 출범 한 달이 됐다. 국민들이 보기에는 검찰 개혁 문제가 속 시원하게 진도가 나간다는 느낌이 들지 모르지만, 재벌 개혁은 검찰 개혁처럼 할 수 없다고 했다. 기업과 관련된 일은 워낙 이해관계가 많다. 그 결과를 예측하기 어렵다. 기업을 몰아치듯이 그렇게 개혁해나갈 수 없기 때문이다.
> (여당이 과반을 차지하지 않은 국회 상황에서) 개혁 입법을 빨리 통과할 수 없다. 공정거래위원회뿐만 아니라 유관 부처와 협조 체제를 통해 정교한 조사를 하고, 합리적 방안을 만들어 서두르지 않고 일관되게, 예측 가능하게 가는 게 재벌 개혁이다. 이 부분에 관해서 대통령과 여기 계신 분(청와대 참모 등, 인용자)들이 양해를 해주시면 좋겠다. 재벌 개혁은 그렇게 하는 것이라고 말씀드렸다."[174]

재벌 개혁 후(後)순위, 갑을 관계 개혁 선(先)순위

김상조 위원장이 후보자 신분으로 2017년 5월 18일 개최한 기자 간담회와 공정거래위원장 신분으로 6월 14일 취임식 직후 열었던 기자 간담회에서 밝힌 대로 '김상조 호(號) 공정위'는 그 뒤 1년 간 재벌 개혁보다는 중소기업·소상공인의 공정한 경쟁 기회 확보에 치중했다. 재벌 개혁은 자발적인 개선 등을 촉구하는 '포지티브 캠페인'에 초점이 맞춰졌고, 제재 조치도 반드시 필요한 것에만 국한했다.

공정위가 2018년 6월 14일 김 위원장 취임 1주년을 맞아 제출한 자료를 보면, '대기업집단의 경제력 남용 방지' 부분의 제도 개선 성과는 △롯데, 대림 등 15개 기업 집단이 소유 구조·내부 거래·지배 구조 개편안 발표·추진 및 순환 출자 자발적 해소(공시 대상기업 집단 순환 출자 고리 수 2017년 282개에서 2018년 4월 41개로 감소) △공익 법인(2017년 12월~2018년 3월), 지주 회사(2018년 2~4월) 실태 조사 실시 △사익 편취·부당 내부 거래 감시를 위한 기업집단국 신설 및 사익 편취 행위 신고 포상 금제 도입 △부당 내부 거래 적발 시 친족 분리 취소 제도 도입(2018년 4월, 시행령 개정) 및 브랜드 수수료 공시 제도 도입(2018년 4월, 고시 개정) 등이다.

취임 1년간 대기업 집단의 경제력 남용 방지를 위한 법 집행 분야에서도 일감몰아주기에 대한 서면 실태 조사(45개 기업 집단)를 토대로 순차적 직권 조사를 2017년 하반기부터 실시한 것 정도가 눈에 띌 뿐이다.

---

174 김상윤, '[일문일답] 김상조 "재벌 개혁, 검찰 개혁처럼 몰아 할 수 없다"' (이데일리, 2017년 6월 14일, http://www.edaily.co.kr/news/read?newsId=02466566615961 720&mediaCodeNo=257&OutLnkChk=Y, 2018년 9월 9일 검색).

제재 조치를 내린 것도 2018년 1월 하이트진로, 4월 효성 등의 부당 지원 행위에 대한 과징금 부과 및 총수 2세 고발 등의 제재와 그해 2월 SK의 지주 회사 행위 위반에 대한 주식처분명령·과징금 부과, 3월 부영의 주식소유현황 허위 신고 고발, 공시 위반 16개사 과태료 부과 등이 전부다. 재벌 그룹이 자발적으로 한 것과 법 집행 과정에서 반드시 해야 하는 것을 제외하면 각종 실태 조사 외에는 특별히 눈에 띄는 게 없다.[175]

김상조와 4대 그룹 경영진의 만남

김상조 위원장은 2017년 6월 23일 서울 중구 세종대로 대한상공회의소에서 권오현 삼성전자 부회장, 정진행 현대자동차 사장, 하현회 (주)LG 사장, 박정호 SK텔레콤 사장 등 4대 그룹 전문 경영인들과 만났다.[176]

그는 이날 만남에서 '한 가지 아쉬움'을 토로했다. 그는 "한국 경제 전체 차원에서나 또는 개별 그룹 차원에서나 경제 환경이 급변하고 있고, 대기업 집단을 바라보는 국민의 시선도 크게 달라졌다"며 "그런

175 공정거래위원회, '(김상조 위원장) 취임 1년간 주요 추진 실적'(참고 자료)(2018년 6월 14일).
176 김상조 공정거래위원장은 취임 이후 재벌 그룹의 오너(소유주)와 직접 만난 일은 없다. 본인 표현에 따르면 '전문 경영인'과만 만났다. 2017년 6월 23일 취임 후 첫 4대 그룹 간담회에서 전문 경영인들을 만난 뒤, 11월 2일에는 5대 그룹 전문 경영인들과 만났다. 11월 2일 참석자는 삼성그룹 이상훈 사장, 현대자동차그룹 정진행 사장, SK그룹 박정호 사장, LG 그룹 하현회 사장, 롯데그룹 황각규 사장 등이었다. 4대 그룹 간담회와 비교하면, 삼성그룹의 참석자가 권오현 부회장에서 이상훈 사장으로 바뀌었고, 롯데그룹의 황각규 사장이 추가됐다. 전통적으로 공정거래위원장은 재벌그룹 오너와 직접 만나는 일이 많지는 않다. 박근혜 정부에서 대통령과 재벌 그룹 오너 간에 불미스러운 일이 있었던 것도 영향을 미쳤을 것이다. 그러나 김 위원장이 반드시 전문 경영인과만 만나겠다고 공식적으로 천명한 적은 없기 때문에 앞으로 필요할 경우 오너와 직접 만날 가능성도 배제할 수는 없다. 공정위, '공정거래위원장, 5대 그룹 전문 경영인과 기업 개혁 방안 논의'(보도 자료)(2017년 11월 2일).

데 (대기업 집단이) 사회와 시장의 기대에 미치지 못한 점이 없지 않았다고 본다"고 말했다.

그는 "대기업, 특히 소수의 상위 그룹들은 글로벌 기업으로 성장했는데, 다수 국민의 삶은 오히려 팍팍해진 것은 뭔가 큰 문제가 있다는 의미"라며 "이 모든 것이 기업의 잘못 때문이라는 주장을 하려는 것은 아니지만, 기업도 되돌아보아야 할 대목이 분명 있을 것"이라고 지적했다.

그러면서 김 위원장은 "새로운 사전규제 법률을 만들어 기업의 경영 판단에 부담을 주거나 행정력을 동원하여 기업을 제재하는 것만이 능사(能事·잘하는 일)는 아닐 것"이라며 "그렇기 때문에 공정위의 정책 내용을 설명하고, 나아가 새 정부의 정책 방향에 대한 이해를 구함으로써 기업인들 스스로 선제적인 변화의 노력을 기울여 주시고 모범적인 사례를 만들어 주십사하고 부탁드리기 위해 오늘 이 자리를 마련했다"고 강조했다.

"최대한 인내심을 가지고 자발적 변화를 기다리겠다"

김 위원장은 이날 4대 그룹 전문 경영인을 만난 자리의 모두 발언 맨 마지막에 다음과 같은 말하면서 재벌 그룹을 강하게 압박했다.

"마지막으로, 다시 한 번 말씀드립니다. **공정거래위원장으로서 저는 최대한의 인내심을 가지고 기업인들의 자발적인 변화를 기다리겠습니다.** 그 과정에서 충실히 대화하겠습니다. 다만, **한국 경제를 둘러싼 환경이 결코 녹록지 않다는 점, 우리 기업이 또 다시 변화의 기회를 놓쳐서는 안 된다는 점, 한국 경제와 우리 기업에 남겨진 시간이 많지 않다는 점을 강조**하면서, 오늘 저의 말씀을 마치도록 하겠습니다."(강조, 인용자)[177]

"재벌개혁 1차 데드라인(시한)은 (2017년) 12월, 2차 데드라인은 (2018년) 3월"

　김상조 위원장은 2017년 9월 1일 한국일보와의 인터뷰에서 "제가 생각하는 (재벌 그룹 개혁의) 1차 데드라인(시한)은 12월"이라고 밝혔다. 그는 "그때까지 상위 그룹에서 긍정적인 변화의 모습이나 의지를 보여주지 않고, 국민들 또한 '재벌들이 변하고 있구나'라고 체감하지 못한다면, 그 이후부터는 법 개정과 같은 '구조적 처방'에 나설 수밖에 없다"고 강조했다. 김 위원장의 발언은 시한을 정해주고 재계(財界)를 압박하고 있다는 시그널(신호)로 해석됐다.[178]

　2018년이 시작된 뒤에도 큰 성과가 없자 김 위원장은 재벌 개혁의 '2차 데드라인'을 2018년 3월로 미뤘다. 그는 2018년 1월 17일 세종특별자치시 아름동에 있는 6개 가맹점을 방문하고 난 뒤 기자들과 만나 "기업의 자발적인 개선 노력은 주주 총회를 거쳐야 하는 사안이 많아서 3월 주주 총회 시즌이 되면 공정위의 방향성이 결정되지 않을까 한다"며 "그를 통해 올해(2018년, 인용자) 하반기에 어떻게 할 것인지 판단할 수 있을 것"이라고 전망했다.[179] 경제계에서는 김 위원장의 이 같은 발언을 "재벌 개혁 '2차 데드라인'을 2018년 3월로 정한 것"이라고 해석했다.

177　민동훈, '[전문]김상조 공정위원장, "최대한 인내심 갖고 기업의 자발적 변화 기다릴 것"' (머니투데이, 2018년 6월 23일, http://news.mt.co.kr/mtview.php?no=2017062 314150406842&outlink=1&ref=http%3A%2F%2Fsearch.naver.com, 2018년 9월 9일 검색).

178　박준석, '[단독]김상조, "4개 그룹 개혁, 12월이 데드라인"' (한국일보, 2017년 9월 1일, http://www.hankookilbo.com/News/Read/201709010331504270, 2018년 9월 15일 검색).

179　김상윤, '김상조, "검찰서 다스 조사 협조 들어오면 들여다 볼 것"' (이데일리, 2018년 1월 17일, http://www.edaily.co.kr/news/read?newsId=03644086619078704&media CodeNo=257&OutLnkChk=Y, 2018년 9월 9일 검색).

"And still we wait to see the day begin."

2017년 12월 14일 정부세종청사 인근 식당에서 열린 공정거래위원회 출입 기자단 송년회에서 갑자기 팝송이 흘러나왔다. 김상조 위원장이 "내년(2018년, 인용자)부터 3개월간 이 노래로 컬러링을 바꿀 예정"이라며 "이 노래로 인사말을 대신하려고 한다"고 밝힌 뒤, 본인 휴대폰으로 팝송을 틀었기 때문이다.

김 위원장이 튼 곡은 영국 가수 알 스튜어트(Al Stewart)의 '베르사이유 궁전(The Palace of Versailles)'이었다. 국내에서는 전인권이 '사랑한 후에'라는 제목으로 번안(飜案·원작의 내용이나 줄거리는 그대로 두고 풍속, 인명, 지명 따위를 시대나 풍토에 맞게 바꾸어 고침)해 우리나라 국민에게도 멜로디가 익숙한 곡이다. 공정위 출입 기자들은 노래 가사 중에서 "우리는 아직도 그날이 시작되기를 기다리고 있다(And still we wait to see the day begin.)"에 주목했다. 김 위원장은 본인이 마음에 두고 있는 메시지를 컬러링을 통해 자주 표현한다고 한다. 그의 말이 이어졌다.

> "저와 공정위는 우리 사회를 바꾸고 싶습니다. 하지만 그 방법은 혁명이 아닌 진화가 돼야 합니다. 혁명으로는 하루아침에 세상을 바꿀 수 없습니다. 남은 (임기) 2년 6개월 동안 지속 가능하고 예측 가능하게 누적적으로 변화시키고 싶습니다."[180]

공정위 출입 기자들은 김 위원장이 2017년 12월을 재벌 개혁 '1차 데드라인(시한)'으로 정했지만, 별다른 성과가 없는 상황에서 재벌 그룹의 자발적 개혁의 움직임을 2018년 3월 말까지 기다리겠다는 뜻으로

---

180 김상윤, '김상조 공정위원장 컬러링엔 재벌 개혁 힌트 있다' (이데일리, 2017년 12월 15일, http://www.edaily.co.kr/news/read?newsId=01866326616158848&mediaCodeNo=257&OutLnkChk=Y, 2018년 9월 15일 검색).

해석했다. 그가 2018년 1월부터 3개월간 이 컬러링으로 바꾸겠다고 말했기 때문이다.

그는 "취임 초기에 팔 비틀어 하는 개혁은 조금만 시간이 지나면 실패하는 길로 들어선다"면서 "다시 한 번 말씀드리지만, 6개월 이내에 개혁을 완수해야 한다는 발상으로 지난 30년간 개혁에 실패했고, 저는 절대로 그렇게 하지 않을 것"이라고 강조했다. 장관급 공직자인 공정거래위원장이 출입 기자 송년회에서 팝송을 트는 감상적인 행위를 하는 것은 필자가 경제 부처를 출입한 지 20여 년 만에 처음이었다.

자발적 지배 구조 개편의 성과

공정위는 2018년 2월 5일 이례적으로 '최근 대기업 집단의 소유 지배 구조 개편 사례 계속 이어져'라는 보도참고 자료를 발표했다.[181] 공정위의 이 보도참고 자료가 이례적인 이유는 공정위가 한 일이 아니라 재벌 그룹이 한 일을 모아서 자료를 냈기 때문이다.

원래 정부는 재벌 그룹이든, 중견·중소 기업이든 기업이 한 일에 대해서는 원칙적으로 어떤 형태의 자료도 발표하지 않는 게 불문율(不文律·사람들 사이에서 암묵적으로 지켜지고 있는 규칙)이다. 기업이 잘못한 일이 있으면 정부가 조사를 하거나 제재를 할 수는 있지만, 기업이 어떤 일을 잘 했든 못 했든 그 사실을 모아서 정부가 공식 자료를 낸다는 것은 있을 수 없는 일이기 때문이다.

공정위는 보도참고 자료를 내면서 "작년 6월 (김상조 위원장의, 인용자) 재계와의 간담회 이후 (공정위는) 대기업 집단의 자발적인 소유 지배 구조

---

181 공정위, '최근 대기업 집단의 소유·지배구조 개편 사례 계속 이어져-작년 6월 재계 간담회 이후 10개 집단에서 지주 회사 체제 정비·순환 출자 해소 등 발표-공정위, 기업의 자발적 변화가 더욱 확산되도록 촉구해 나갈 계획' (보도참고 자료)(2018년 2월 5일).

개선을 일관되게 촉구해왔다"며 "최근 대기업 집단들의 소유 지배 구조개선 사례들이 이어지고 있는 것과 관련하여, 공정위는 이러한 변화의 움직임이 앞으로 더욱 확산되기를 기대하는 차원에서 최근 기업 측이 공개한 구조 개편 사례를 분석·발표한다"고 밝혔다.

공정위 자체적으로도 워낙 이례적인 일이라 기업 측이 공개한 구조 개편 사례를 분석·발표하는 이유를 보도참고 자료에 명시한 것이다.

공정위의 성과 발표

공정위는 2018년 2월 5일 '최근 대기업 집단의 소유 지배 구조 개편 사례 계속 이어져'라는 보도참고 자료를 통해 "공시 대상 기업 집단(2017년 5월 1일 및 9월 1일 지정 57개) 가운데 2017년 6월 23일 4대 그룹 정책 간담회 이후 2018년 1월 31일까지 소유·지배 구조 개편안을 발표하거나 추진한 곳은 10개 집단으로 파악됐다"고 밝혔다. 아래의 표는 공정위가 파악한 재벌 그룹 소유·지배 구조 개편 일정이다.

〈공정위가 파악한 재벌 그룹 구조 개편 일정〉

유형	해당 집단	세부내용	일정
소유 구조 개선	롯데	순환 출자 해소	'18.4월까지
		4개 회사 분할 합병 후 지주 회사로 전환	'17.10.
	현대중공업	순환 출자 해소	'18. 상반기 내
	대림	순환 출자 해소	'18. 1/4분기 내
	효성	㈜효성을 인적 분할 후 지주 회사로 전환	'18년 내
	엘지	체제 밖 계열 회사(엘지상사)를 지주 회사 체제 내 편입	'17.11.
	에스케이	체제 밖 계열 회사(SK케미칼)를 지주 회사로 전환	'17.12.
	씨제이	공동 손자 회사(대한통운)를 단독 손자 회사로 전환	'18. 1/4분기 내
	엘에스	체제 밖 계열 회사(가온전선)를 지주 회사 체제 내 편입	'18.1.
		체제 밖 계열 회사(예스코)를 지주 회사로 전환	'18.4월까지

유형	해당 집단	세부내용	일정
내부 거래 개선	대림	사익 편취 규제 대상 회사의 총수 일가 지분 해소	'18. 상반기 내
		사익 편취 규제 대상 2개사의 내부 거래 중단	'18. 상반기 내
	태광	사익 편취 규제 대상 4개사의 총수 일가 지분 처분	'16.12.~'17.12.
		사익 편취 규제 대상 회사의 총수 일가 지분 추가 해소*	'18년 내
지배 구조 개선	에스케이	SK이노베이션, SK(주) 전자 투표제 도입	'17.11, 12.
	현대차	4개 회사에 순차적으로 사외 이사 주주 추천 제도 도입	'18년~'20년

* 티시스를 인적 분할하여 사업부문 지분을 태광산업 등에 증여.
** 음영은 완료된 사항임.
자료: 공정위, '최근 대기업 집단의 소유·지배 구조 개편 사례 계속 이어져'(보도참고 자료, 2018년 2월 5일).

재벌 개혁의 핵심, 삼성과 현대차

공정위의 재벌 개혁에 대한 성과 발표가 있었지만, 시장은 삼성그룹과 현대자동차그룹의 움직임을 주시하고 있었다. 한국 재계 서열 1, 2위를 차지하고 있는 두 그룹이 움직이지 않는 한, 국민이 재벌 개혁을 체감하기는 어렵기 때문이다.

진보 진영에서는 재벌 개혁의 성과가 없다는 불만의 목소리도 터져 나오기 시작했다. 김상조 위원장은 진보와 보수 양 진영으로부터 모두 비판을 받고 있었다. 심지어 김 위원장에게는 '친정' 같은 경제개혁 연대도 문재인 정부의 경제 민주화 정책에 대해 혹평을 쏟아 내고 있었다.

현대자동차그룹의 지배 구조 개편 방안(1)

현대차그룹은 2018년 3월 28일 "정몽구 현대차그룹 회장, 정의선 현대차 부회장(현재는 현대차그룹 총괄 수석부회장, 인용자) 등 대주주와 그룹사

간 지분 매입·매각을 통해 기존 순환 출자 고리를 모두 끊겠다"고 발표했다.

이를 위해 현대모비스는 이날 이사회를 열고 모듈·애프터서비스(AS)부품 사업을 인적 분할하기로 의결했다. 분할된 사업부는 현대글로비스에 흡수 합병될 예정이었다. 현대모비스와 현대글로비스의 분할·합병 비율은 순(純)자산 가치 기준에 따라 0.61 대 1로 결정됐다. 비상장 상태인 현대모비스에서 분할된 사업 부문과 상장사인 현대글로비스의 합병 비율은 전문 회계 법인이 자본시장법에 준거해 본질 가치와 기준 주가를 반영해 산정했다는 게 현대차그룹의 설명이었다.

현대모비스와 현대글로비스는 2018년 5월 29일 각각 임시 주주총회에서 분할·합병에 대한 승인 여부를 결정할 예정이었다. 그 뒤 7월 말 이후 정몽구 회장, 정의선 총괄 수석부회장과 계열사 간 지분 거래를 통해 순환 출자 고리를 모두 끊을 계획이었다.

현대자동차그룹의 지배 구조 개편 방안(2)

현대차그룹의 순환출자 고리는 '기아차→현대모비스→현대차→기아차', '기아차→현대제철→현대모비스→현대차→기아차', '현대차→현대글로비스→현대모비스→현대차', '현대차→현대제철→현대모비스→현대차' 등 4개가 남아있다.[182]

정몽구 회장과 정의선 총괄 수석부회장은 약 4조 5000억 원(2018년 3월 27일 종가 기준)을 들여 기아차, 현대제철, 현대글로비스가 보유하고 있는 존속 현대모비스 지분 전부를 매입하기로 했다. 매입 비용 마련을

---

182 공정거래위원회, 2017년 주식소유현황 공개(붙임 8-2017년 순환 출자 변동, 1주 이상, 1% 이상)(보도 자료, 2017년 11월 30일).

위해 이들 부자는 현대글로비스 지분을 기아차에 매각하는 등 계열사 지분을 적극적으로 처분할 계획이었다. 지배구조 개편 전후 현대차그룹의 지배구조의 변화는 아래와 같이 정리될 것으로 전망됐다.

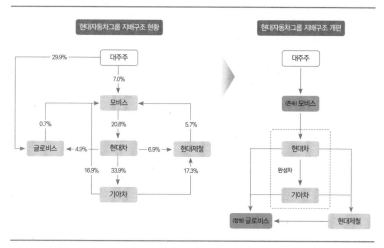

자료: 현대자동차그룹, '출자구조 재편 추진' (보도자료)(2018년 3월 28일).[183]

현대자동차그룹 지배 구조 개편 방안의 좌초

그러나 현대차그룹이 2018년 3월 발표한 지배 구조 개편 방안은 해외 헤지펀드 등의 강력한 반대에 부딪혔다. 지배 구조 개편 방안이 발표된 뒤 2개월여 동안 미국계 행동주의 헤지펀드 '엘리엇'을 포함한 많은 해외 주주들이 반대 의사를 밝힌 것이다. 현대차그룹은 한때 엘리엇과 표 대결 가능성을 내비치기도 했지만, 글로벌 양대 의결권 자

---

183 현대자동차그룹, '출자구조 재편 추진' (보도자료)(2018년 3월 28일, https://blog.hm
gjournal.com/MediaCenter/News/Press-Releases/hmg-reorganization-180328.blg,
2018년 11월 18일 검색).

문사인 ISS와 글라스루이스까지 반대 입장을 밝히자 현대모비스와 현대글로비스의 분할·합병을 위한 주주 총회를 불과 일주일가량 앞두고 전격 취소했다.[184]

엘리엇 등 헤지펀드가 분할·합병에 반대한 가장 큰 이유는 분할·합병 비율 때문이다. 정확하게는 엘리엇 등은 분할·합병 비율이 정의선 총괄 수석부회장에게 유리하게 설정됐다고 주장했다. 현대차그룹은 존속 현대모비스와 분할 현대모비스를 순자산 기준으로 79 대 21로 나누고, 분할 현대모비스와 현대글로비스의 합병 비율을 6대 4로 산출했다.

그러나 엘리엇 등은 알짜 사업부인 모듈·애프터서비스(AS)부품 사업부의 가치를 너무 낮게 잡아서 분할 현대모비스의 가치가 지(低)평가됐다고 주장했다. 분할 현대모비스의 가치가 낮게 평가되고, 현대글로비스의 가치가 높게 설정될수록 현대글로비스 지분을 많이 가진 정의선 총괄 수석부회장에게 유리하다는 것이다.[185]

ISS는 이익 대비 기업 가치를 동종 기업들과 비교하면, 분할 현대모비스와 현대글로비스 간 합병 비율은 7 대 3이 돼야 한다고 주장한 것으로 알려졌다.[186]

---

184 의결권 자문사는 기업의 주주 총회 안건을 분석해 대형 기관 투자가에게 의견을 제시하는 역할을 한다. ISS(Institutional Shareholder Services)는 미국 금융사 모건스탠리 캐피털 인터내셔널의 자회사로 세계 최대 규모의 의결권 자문사 중 하나다. 전 세계 주요 기업들의 주주 총회 안건을 분석한 후 1700여 개 대형 기관 투자가에게 유료로 찬반 형식의 의견을 제시한다. 글라스 루이스(Glass Lewis)도 세계적으로 유명한 의결권 자문사이며, 온타리오교사연금계획이사회(Ontario Teachers' Pension Plan Board)와 알버타투자경영회사(Alberta Investment Management Corp.) 자회사다. 네이버 지식백과(ISS), (시사상식사전, 박문각, https://terms.naver.com/entry.nhn?docId=2851919&cid=43667&categoryId=43667); 글라스 루이스 인터넷 홈페이지(http://www.glasslewis.com/company-overview/) 참조.(2018년 9월 22일 검색)

185 정의선 현대차 총괄 수석부회장은 2017년 5월 1일 기준 현대글로비스 지분을 23.3% 보유하고 있다. 공정거래위원회, 2017년 주식소유현황 공개(붙임 5-2017년 기업집단 소유지분도)(보도자료, 2017년 11월 30일).

이런 사안은 매우 복잡하지만, 결국 엘리엇 등은 현대모비스와 현대글로비스의 분할·합병 과정에서 자신들에게 유리하게 분할·합병 비율이 설정되지 않았다고 보고 반대 의사를 밝힌 것으로 볼 수 있다. 현대차그룹은 현대모비스 등의 해외 주주 비율이 매우 큰 상태에서 어설프게 주주 총회를 개최했다가 부결되면 리스크(위험)가 매우 크다고 보고 전격적으로 주주 총회를 취소했으며, 현재 대안(代案)을 모색하고 있는 것으로 알려졌다.

김상조, "그룹과 시장에서 결정할 사안"

현대차그룹의 지배 구조 개편 방안이 좌초된 것은 김상조 위원장에게는 상당히 아쉬운 일이었을 것이다. 그는 공정거래위원장에 취임한 직후부터 "현대차그룹의 지배 구조 개선이 필요하다"고 여러 차례 강조해왔다. 2017년 9월 1일 한국일보와의 인터뷰에서는 현대차그룹을 향해 "지금 아무런 결정도 하지 않은 채 시간만 낭비하다가는 삼성과 같은 꼴이 날 것"이라며 "너무 오래 기다릴 수 없다는 메시지를 이미 몇 차례 반복했다"고까지 말했다.[187]

김 위원장은 현대차그룹의 지배 구조 개편 방안 발표 직후 "올바른 의사 결정으로 긍정적"이라고 호평하기도 했는데, 결국 일이 틀어진 것이다. 그러나 그는 현직 장관급 공무원 신분이었다. 현대차그룹이 추진하던 일이 틀어졌다고 해서 함부로 발언할 수는 없었다. 결국 그

186 강광우·조민규, '[시그널의 지배구조 대해부 ②현대차]시장 설득 가능한 '플랜B' 올해 안 발표…모비스 중시 틀은 변하지 않아' (서울경제, 2018년 9월 5일, http://www.sedaily.com/NewsView/1S4IP0W8TP, 2018년 9월 15일 검색).

187 박준석, '[단독]김상조, "4개 그룹 개혁, 12월이 데드라인"' (한국일보, 2017년 9월 1일, http://www.hankookilbo.com/News/Read/201709010331504270, 2018년 9월 15일 검색).

는 현대차그룹의 지배 구조 개편 방안이 좌초한 뒤 "지배 구조 개편 방안은 그룹과 시장에서 결정하는 사안"이라고 원론적인 발언을 하면서 선을 그을 수밖에 없었다.

난제(難題·해결하기 어려운 문제나 일) 중의 난제 삼성그룹 지배 구조 개편

삼성그룹의 전면적인 지배 구조 개편은 당분간 한국 경제에서 아주 풀기 어려운 난제가 될 것으로 보인다. 일반적으로 지배 구조 개편은 오너(소유주)의 지배력 약화에 따른 경영권 불안을 야기할 수 있기 때문에 쉽지 않은 일인데, 삼성그룹의 경우 금융산업구조개선법(금산법), 공정서래법 개정안, 국회에 계류 중인 보험업법 개정안, 2019년 7월 도입 예정인 금융 계열사 통합 감독제도(모범 규준) 등까지 복잡하게 얽혀 있다.

삼성그룹 지배 구조 개선의 핵심에도 역시 '돈 문제'가 있다. 삼성생명의 삼성전자 지분 등을 처분하는데 천문학적인 자금이 필요한 데, 현실적으로 이재용 삼성전자 부회장의 지배력을 유지하면서 지배 구조를 깔끔하게 정리할 수 있는 마땅한 방안을 찾기가 쉽지 않은 것이다.

이에 따라 삼성그룹이 본격적으로 지배 구조를 개편하기 위해서는 상당한 시일이 필요할 뿐 아니라, 매우 복잡하고 정교한 계산을 해야 할 것으로 전망된다. '최순실 국정 농단 사건' 등의 여파로 삼성그룹 지배 구조 개편 과정에서 정부가 법규 해석 등에 조금이라도 오해를 살 만한 행동을 할 수 없다는 점도 부담이다.

김상조 위원장은 2017년 9월 1일 한국일보 인터뷰에서 현대차그룹의 지배 구조 개편을 촉구하면서 "삼성이 그렇게 시간만 보내다가 어느 날 갑자기 총수(이건희 회장, 인용자)가 병원에 실려 가면서, 참모들을 중심으로 급작스레 일(경영권 승계 등)을 진행하다가 결국 이(재용, 인용자) 부회장이 감옥에 가게 됐다"고 혹평한 바 있다.

한편 삼성그룹은 2018년 9월 21일 삼성전기와 삼성화재가 보유한 삼성물산 지분 2.61%와 1.37% 등 3.98%를 '블록딜(시간외 대량매매)' 방식으로 매각했다. 2018년 들어 4월 삼성SDI의 삼성물산 보유 지분 2.1%, 5월 삼성생명 및 삼성화재 보유 삼성전자 지분 0.42%에 이은 세 번째 보유 지분 처분이다. 이에 따라 삼성그룹의 순환 출자 고리는 모두 끊어졌다.[188]

진보 진영의 문재인 정부 비판(1)

진보 진영은 2018년이 시작된 뒤 재벌 개혁 성과가 부족하다며 김상조 위원장을 비판하기 시작했다. 김 위원장의 '친정'과도 같은 경제개혁연대는 2018년 4월 '그룹별 지배구조 개선안의 내용 및 향후 과제-소유 구조 개편을 중심으로'라는 보고서를 통해 "새 정부(문재인 정부, 인용자) 출범 후 15개 대기업 집단이 소유·지배 구조 개선안을 마련해 발표한 것 자체만으로 이미 상당한 효과를 거둔 것으로 볼 수 있으나, 그 한계도 분명히 드러냈다"고 평가했다.[189]

경제개혁연대는 "각 그룹별 지배 구조 개선안은 그동안 문제로 지

---

188 이상훈, '[시그널의 지배구조 대해부 ①삼성]고르디우스 매듭 풀기의 난제…핵심은 생명의 전자 지분 처분'(서울경제, 2018년 8월 29일, http://signal.sedaily.com/NewsView/1S3JQ8UKJC, 2018년 9월 15일 검색); 박준석, '[단독]김상조, "4개 그룹 개혁, 12월이 데드라인"'(한국일보, 2017년 9월 1일, http://www.hankookilbo.com/News/Read/201709010331504270, 2018년 9월 15일 검색); 한민수, '[초점]삼성그룹 순환출자 완전해소…부각될 생명·물산'(한국경제, 2019년 9월 21일, https://m.news.naver.com/read.nhn?aid=0004015745&oid=015&sid1=101, 2018년 9월 22일 검색) 참조.
189 강정민, '그룹별 지배구조 개선안의 내용 및 향후 과제-소유구조 개편을 중심으로'(2018년 4월 10일, http://www.ser.or.kr/bbs/board.php?bo_table=B21&wr_id=20257, 2018년 9월 15일 검색), 2쪽.

적된 사항에 대한 최소한의 조치만을 담고 있으며, 실제 소유·지배 구조의 획기적 개선이라고 할 만한 내용은 찾아보기 어렵다"며 "삼성을 포함해 상당 수 그룹은 개선안을 마련하지 못했는데, 이는 소유·지배 구조 개선 의지가 부족한 것으로 볼 수 있다"고 꼬집었다.

경제개혁연대는 "공정위는 지금까지 발표된 개선안을 점검하여 바람직한 지배 구조 개선 방안을 제시하고 지속적인 점검을 통해 재벌의 지배 구조 개선이라는 실질적 성과를 내야 한다"고 주문했다.

진보 진영의 문재인 정부 비판(2)

경제개혁연대의 자매 연구 기관인 경제개혁연구소는 2017년 12월 12일 '문재인 대통령 경제민주화 정책 수행 평가와 시사점(I) - 경제 민주화 10대 분야 공약을 중심으로'라는 보고서를 통해 문재인 정부 1년차 경제민주화 정책에 대한 점수로 100점 만점에 10.5점을 줬다.[190]

특히 경제개혁연구소는 '재벌경제력 집중 억제와 지배구조개혁'(배점 20.0점), '총수 일가 전횡 방지'(배점 8.0점) 등의 분야에서는 0점을 줬다. 김상조 위원장이 설립한 단체(경제개혁연대)이거나, 설립한 단체의 자매 연구 기관(경제개혁연구소)이라는 점을 감안하면, 김 위원장으로서는 서운 하게 느껴질 수 있을 만큼 가혹한 점수였다.

---

190 위평량, '문재인 대통령 경제민주화 정책 수행 평가와 시사점(I)-경제민주화 10대 분야 공약을 중심으로'(ERRI 경제개혁리포트 2017-12호, 2017년 12월 12일, http://erri.or.kr/ bbs/board.php?bo_table=B11&wr_id=311, 2018년 9월 15일 검색), 29쪽.

진보 지식인 323명 '개혁 촉구'

진보 지식인들로 구성된 '지식인 선언 네트워크'는 2018년 7월 18일 서울 마포 경의선 공유지 기린캐슬에서 기자회견을 열고 '문재인 정부의 담대한 사회경제 개혁을 촉구하는 지식인 선언'을 발표했다. 이들은 "'기회는 평등하게, 과정은 공정하게, 결과는 정의롭게'를 외치며 출범한 문재인 정부가 최근 사회 경제 개혁을 포기하고 과거 회귀적인 행보를 보인다"며 "사회·경제 개혁의 실패는 민심 이반과 개혁 동력의 상실로 이어지고, 이는 문재인 정부의 실패로 귀결될 가능성이 크다"고 밝혔다.

이들은 또 "문재인 정부의 성공을 바라며 웬만한 잘못에 대해서는 양해해 왔지만, 문재인 정부가 중대한 기로에 서 있다고 판단해 '촛불 정부'의 소임을 다하기를 촉구하는 선언을 발표하게 됐다"고 강조했다.

지식인 선언 네트워크는 소득주도성장·혁신성장·공정경제 정책의 과감한 실현, 재벌 체제 적폐 청산, 정규직 채용 원칙 등 실현, 후퇴한 종합부동산세(종부세) 개편안 즉시 폐기, 정부의 반개혁적 흐름 주도 인물 교체 등을 요구했다. 이날 선언에는 김상조 위원장과 친한 전성인 홍익대 교수 등 323명이 참여했다.[191]

---

191 최현준, '진보 지식인 323명 "문재인 정부, 사회경제 개혁 포기 우려"'(한겨레신문, 2018년 7월 18일, http://www.hani.co.kr/arti/economy/economy_general/853753. html, 2018년 9월 15일 검색). 진보 지식인 중에서도 전성인 홍익대 경제학과 교수의 비판이 김상조 위원장에게는 아픈 대목일 것이다. 전 교수는 1959년 생으로 서울대 경제학과를 나와 미국 MIT대학원에서 경제학 박사 학위를 받았다. 김 위원장 등과 함께 한국 경제학계에서 손꼽히는 '행동주의자(activist)'로 꼽히며, 진보·개혁 인사로 분류된다. 전 교수는 꽤 오래 전부터 "김동연(문재인 정부 초대, 인용자) 부총리 겸 기획재정부 장관, 최종구 금융위원장은 국민이 문재인 정부에 요구하는 개혁 입법과 맞지 않는 인물"이라며 "경질해야 한다"고 주장해왔다. 그는 "(6·13) 지방 선거 끝나자마자 경질했어야 했는데, 이미 실기한 측면이 있다"고 말했다. 김종일·김윤주, '전성인, "경제팀, 김동연·최종구부터 경질해야…"'(시사저널, 2018년 8월 24일, 1506호, http://www.sisajournal.com/journal/article/177107, 2018년 9월 23일 검색).

김상조, "진보 진영 개혁 조급증·경직성 탓 개혁 실패 우려"(1)

김상조 위원장은 진보 매체인 한겨레신문과 공정거래위원장 취임 2년차 인터뷰를 통해 진보 진영의 문재인 정권 비판에 대해 "진보 진영의 개혁 조급증·경직성 때문에 오히려 문재인 정부의 개혁이 실패할 수 있다"며 강하게 반박했다.[192]

그는 "과거 참여정부(노무현 정부, 인용자) 시절 여당이 국회 과반 의석을 차지하고도 개혁에 실패했다는 평가를 받았다"며 "그에 대해 정부도 반성해야 하지만, 시민 사회도 반성이 필요하다"고 밝혔다.

그는 "시민 사회의 문제의식은 1987년 민주화 때 형성된 게 많은데, 30년이 흐른 21세기에도 달라지지 않았다"며 "더구나 과거 보수 정부를 비판할 때와 같은 시각으로 현 정부를 평가하고 비판하면 어느 정부도 성공하기 어렵다"고 강조했다.

김 위원장은 "소득주도성장·혁신성장·공정경제라는 세 바퀴가 같은 속도로 돌아가야 경제민주화에 성공할 수 있다"며 "소득주도성장은 최저임금 인상만으로 이룰 수 없고, 혁신성장이 필요하다"고 강조했다. 그는 "현 정부 지지자들은 소득주도성장은 반기지만, 혁신성장은 반대가 많은데, 그 반대 논리가 지금도 유효한지 살펴봐야 한다"고 말했다.

---

192 곽정수, '김상조, "진보진영 조급증·경직성 탓 개혁 실패 우려"' (취임 2년차 공정거래위원장 인터뷰)(한겨레신문, 2018년 7월 5일, http://www.hani.co.kr/arti/economy/economy_general/852069.html, 2018년 9월 15일 검색).

김상조, "진보 진영 개혁 조급증·경직성 탓 개혁 실패 우려"(2)

김상조 위원장은 한겨레신문과의 인터뷰에서 진보 진영의 '금기어(禁忌語)'에 가까운 규제 개혁에 대해서도 적극 찬성 입장을 밝혔다. 그는 "규제 개혁에 반대한다면 혁신성장은 한 걸음도 나아갈 수 없다"며 "빅데이터 관련 개인정보 보호 완화, 핀테크(인터넷 은행) 관련 은산(銀産·은행 자본과 산업 자본) 분리 완화, 서비스산업발전기본법 처리 등이 대표적"이라고 강조했다.

그는 '공직을 맡은 뒤 생각이 변한 것이냐'는 질문에 "'어공('어쩌다 공무원'의 준말)'이 되고난 뒤의 생각이 아니고, 15년간 시민운동 경험에서 나온 것"이라며 "2012년 총선과 대선 때도 보수·진보 진영 간 대화보다 진보 진영 내부의 건전한 토론 문화를 만드는 게 더 중요하다고 강조했다"고 말했다. 그는 "참여 정부(노무현 정부, 인용자)의 개혁 실패를 반복하지 않아야 한다"며 "문재인 정부의 개혁 실패는 모두에게 불행"이라고 단언했다.

김 위원장이 한겨레신문 인터뷰에서 밝힌 입장은 그가 자신의 저서 『종횡무진 한국경제-재벌과 모피아의 함정에서 탈피하라』에서 밝혔던 현실주의자 또는 실용주의자로서의 소신과 일맥상통한다. 따라서 그의 논리에 변화가 있는 것으로는 보이지 않는다.

그의 진보 진영에 대한 비판은 그가 그동안 주장해온 것과 나름대로 논리적으로 일관된 구조를 갖추고 있다.

김 위원장이 한겨레신문 인터뷰에서 밝힌 입장은 경제 관료 출신인 김동연 문재인 정부 초대 부총리 겸 기획재정부 장관의 경제 인식과도 별로 차이가 없다.[193]

---

193 김동연 문재인 정부 초대 부총리 겸 기획재정부 장관에 대해서는 이 책 1장을 참조.

김 위원장의 한겨레신문 인터뷰는 한국의 이념 지형에서는 참으로 드물게, 현재 공직을 맡고 있기는 하지만 진보 개혁 시민 단체에서 오랫동안 활동한 인사가 진보 매체와 인터뷰하면서 진보 진영을 신랄하게 비판한 사례였다.

공정거래법 전면 개편의 이유(1)

김상조 위원장은 공정거래위원장에 취임한 뒤 여러 차례 "법을 고쳐서 개혁을 하자는 법률 만능주의는 지속가능성을 고려하지 않은 것"이라며 "국회의원 총선거나 대통령 선거에서 (진보 진영이, 인용자) 지면 바로 뒤집어질 수 있다"고 강조해왔다. 그는 "천천히 가더라도 지속가능한 방법을 찾아야 한다"며 "공정위가 지난 1년간 현행법 하의 엄격한 법 집행, 그것으로 담을 수 없는 분야는 재벌의 자율적 개혁 유도, 그것으로도 미흡한 부분은 법·제도 개정이라는 세 가지 개혁 추진 방법을 결합하는 것도 바로 이 때문"이라고 말했다.[194]

김 위원장이 2018년 공정거래법 전면 개편에 나선 것에 대해 진보를 표방하는 일부 매체에서 "김 위원장이 대기업의 '셀프 개혁'을 기다리는 사이 문재인 대통령의 지지율은 하락했고, 그래서 김 위원장도 느긋하게 재벌의 '자발적 개선'을 기다릴 수만은 없게 돼서 공정거래법 전면 개편에 나선 것"이라는 취지의 분석을 하는 경우도 있었다.[195]

---

194 이 말은 김상조 위원장이 공정거래위원장 취임 후 여러 차례 반복해온 것이기는 한데, 한겨레신문과의 인터뷰에서 평소보다 좀 더 적나라하게 나온 것으로 보인다. 진보 진영의 비판에 반박하는 과정에서 '속마음'이 좀 더 진솔하게 나온 게 아닌가 짐작된다. 곽정수, '김상조, "진보진영 조급증·경직성 탓 개혁 실패 우려"'(취임 2년차 공정거래위원장 인터뷰)(한겨레신문, 2018년 7월 5일, http://www.hani.co.kr/arti/economy/economy_general/852069. html, 2018년 9월 15일 검색) 참조.

195 예컨대 다음 기사를 참조. 반기웅, '김상조 공정거래위원장은 정말 변했나'(경향신문, 2018년 9월 8일, http://news.khan.co.kr/kh_news/khan_art_view.html?artid=2018

그러나 필자는 이 같은 분석에 동의하지 않는다. 본인이 밝힌 것처럼, 김 위원장이 취임 후 1년간 ①현행법 하의 엄격한 법 집행 ②그것으로 담을 수 없는 분야는 재벌의 자율적 개혁 유도 ③그것으로도 미흡한 부분은 법·제도 개선이라는 세 가지 개혁 추진 방법을 써온 것은 사실이다.

하지만 시민운동을 수십 년 해왔고, 삼성이나 현대차그룹의 소유 및 지배 구조 문제를 누구보다 잘 아는 김 위원장이 현행법하의 엄격한 법 집행이나 재벌의 자율적 개혁 유도로 모든 문제가 해결될 것이라고 나이브하게(순진하게) 생각했을 가능성은 별로 크지 않아 보인다.

더욱이 공정거래법은 38년 동안 전면 개정되지 않으면서 법 체계적으로도 시대의 흐름과 맞지 않는 부분이 상당히 많아졌다. 따라서 필자는 재벌 개혁이 성과를 냈든 못 냈든(성과가 있었는지 없었는지를 판단하는 기준은 사람마다 다를 수 있다), 김 위원장이 공정거래법 전면 개정에 나섰을 것으로 본다.

필자는 또 공정거래법을 어떤 방식으로 개정한다고 하더라도 재벌 개혁 등 공정 경제 달성을 위한 수많은 과제를 한꺼번에 달성할 수 있을 것이라고는 생각하지 않는다.

공정거래법 전면 개편의 이유(2)

공정거래법은 1980년 제정 이래 필요한 사항을 그때그때 27회나 부분 수정해옴에 따라 법 규정·체계상의 정합성 측면에서 문제가 있었다. 또 과거 고도 성장기·산업화 시대의 규제 틀로는 변화된 경제 여건과 4차 산업혁명 시대의 경제 현상을 효과적으로 규율하는 데 한

09081651001&code=940100, 2018년 9월 16일 검색).

계가 있다는 사실이 꾸준히 지적돼 왔다.

특히 기존 규제의 한계로 기업의 편법적 지배력 확대 수단이 새롭게 출현하거나, 법의 사각지대(loophole)를 악용해 규제를 회피하는 사례도 발생했다. 공정위의 조사·심의 과정에서 투명성·공정성 제고와 피심인(被審人·심사를 받는 사람)의 절차적 권리 보장을 요구하는 목소리도 그동안 꾸준히 제기돼 왔다.[196]

부산한 공정위, 토론회 등 잇따라 개최

공정위는 2018년 3월 공정거래법 전면 개편을 위해 '공정거래법 전면개편 특별위원회'(특위)를 구성했다. 민관 공동위원장은 유진수 숙명여대 교수와 지철호 공정위 부위원장이 맡았고, 외부 전문가 21명 등을 포함해 모두 23명으로 구성됐다. 효율적인 논의를 위해 특위 산하에 경쟁법제, 기업집단법제, 절차법제 등에 대한 3개 분과위원회를 구성했다.

특위는 2018년 3월 16일 첫 회의 이후 2차례의 전체회의와 21차례의 분과회의를 통해 2018년 7월 27일 '공정거래법 전면개편 방안 최종 보고서'를 확정해 공정위에 권고했다.

공정위는 특위 주관 2차례 공개 토론회(2018년 6월 28일, 7월 6일) 외에도 국회 주관 2차례 토론회(7월 9일 최운열·김한표·채이배 의원, 7월 18일 김종석 의원), 대한상공회의소 주관 토론회(7월 24~25일), 학계 주관 세미나[6월 15일 경쟁법학회, 6월 18~19일 산업조직학회·고려대 ICR(혁신·경쟁·규제법센터)], 공정위 주관 간담회(7월 17일 로펌 간담회, 7월 25~26일 언론간담회) 등을 개최했다.

---

196 공정위, '공정거래법, 38년 만에 전면 개편'(보도 자료)(2018년 8월 24일), 3쪽.

공정거래법 전면 개편은 38년 만에 처음으로 진행됐기 때문에 내용이 방대하다. 핵심 이슈별로 살펴보고, 마지막에 특위 안과 공정위 입법예고안의 다른 점을 간단히 표로 검토하겠다.

공정위 입법예고안(1) - 전속고발권(專屬告發權)

공정위의 전속고발권은 공정거래법 관련 사건에 대해서는 공정위의 고발이 있어야만 검찰의 공소제기(기소)가 가능하도록 한 제도를 말한다. 고발권이 남용돼 기업 활동이 위축되는 것을 막기 위해 1980년 도입됐다.[197]

'공정거래법 전면개편 특별위원회'(특위)가 2018년 7월 27일 공정위에 제시한 권고안에서는 '보완·유지(5표)' 의견이 '선별 폐지(4표)'보다 1표 많았지만, 표 차이는 미미했다.

김상조 위원장은 2018년 8월 24일 공정거래법 전면 개편 사전브리핑에서 "(가격담합·입찰담합 등 위법성이 중대하고, 소비자 피해가 큰) '경성담합(硬性談合)'에 대해 전속고발권을 폐지하는 것으로 관계 부처, 특히 법무부와 합의했다"고 밝혔다.[198]

공정위는 2018년 1월 26일 업무계획을 통해 "유통 3법(가맹·유통·대리점)과 표시광고법에서 전속고발제 전면 폐지 및 하도급법에서 부분 폐지(기술유용 행위)하겠다"는 방침을 이미 밝힌 적도 있었다. 따라서 전속고발권 폐지는 공정위와 법무부 간에 아주 오랫동안 논쟁해온 '해묵은

---

197 네이버 지식백과(매일경제용어사전), '전속고발권'(https://terms.naver.com/entry.nhn?docId=5672923&cid=43659&categoryId=43659, 2018년 9월 16일 검색).

198 민동훈, '[전문]김상조 공정위원장 공정거래법 전면개정 사전 브리핑'(2018년 8월 26일, http://news.mt.co.kr/mtview.php?no=2018082415533919526, 2018년 9월 16일 검색).

과제'이기는 했지만, 2018년 상황에서는 일찍 어느 정도 합의가 된 것으로 보인다.

공정위 입법예고안(2) – 금융보험사 의결권 제한

'공정거래법 전면개편 특별위원회'(특위)는 권고안을 통해 "현행 특수 관계인 합산 15% 한도에 추가하여, 금융·보험사만의 의결권 행사 한도를 5%로 제한하는데 의견이 수렴됐다"면서 "현행 15% 한도 내에서 예외적 의결권 행사가 허용되는 사유 중 계열사 간 합병·영업 양도는 제외해야 한다는 의견이 다수였다"고 밝혔다.

그러나 공정위는 현행 특수 관계인 합계 15% 한도에 추가해 금융·보험사만의 한도 5%를 신설하는 방안을 "규제 효과가 크지 않고, 규제 강화 논란만 확산한다"며 받아들이지 않았다. 그러나 공정위는 "현행 예외적 의결권 행사 허용 사유 중에서 계열사 간 합병·영업 양도는 제외해야 한다"는 특위의 권고는 받아들였다.

김상조 위원장은 2018년 8월 24일 공정거래법 전면 개편 사전브리핑에서 특위의 '금융·보험사 의결권 행사 한도 5% 신설 제안'을 받아들이지 않은 이유에 대해 "이에 해당하는 사례가 사실상 딱 1개사밖에 없다"며 "'예외적 사례를 규율하기 위해 일반법인 공정거래법에 너무 과도한 규제를 두는 것이 과연 바람직한가?'에 대한 고민 끝에 이번에 도입하지 않기로 했다"고 밝혔다.[199]

김 위원장이 말한 '딱 1개사'는 삼성생명이었다. 법 체계적으로 보면 김 위원장의 생각은 상식적으로 받아들여질 만한 것이었다. 그러나

---

199 민동훈, '[전문]김상조 공정위원장 공정거래법 전면개정 사전 브리핑'(2018년 8월 26일, http://news.mt.co.kr/mtview.php?no=2018082415533919526, 2018년 9월 16일 검색).

그의 이 같은 결정은 진보 진영에서 두고두고 비판받는 '불씨'가 됐다. "공정위의 입법 예고안이 특위 안보다 규제 강도가 낮아졌다"는 것이다.[200]

진보와 보수 양측으로부터 공격받아

김상조 위원장은 2018년 8월 24일 공정거래법 전면 개편 사전브리핑에서 앞으로 나올 공정거래법 입법예고안에 대한 진보, 보수 진영의 반응을 예상이라도 한 듯한 발언을 내놨다.

그는 "아마도 이 입법 예고안이 발표되면 40일간의 의견 수렴 기간 중에 한편으로는 '너무 거칠다, 기업을 옥죈다'는 비판이 있을 수 있겠고, 또 한편으로는 '이렇게 해서 공정경제·경제 민주화의 시대적 사명을 수행할 수 있겠느냐, 너무 약하다'라고 하는, 전혀 상반된 두 가지 비판이 제기될 것이라고 저희들은 생각합니다"라고 말했다.

그는 "그럼에도 불구하고 공정위는 예를 들어 표현하자면, 선거 한 번 치른 후에 뒤바뀔 수 있는 개혁이라면 그것은 지속가능하지 않은 길이라고 생각하고, 그리고 그 길로 가면 실패한다고 저는 판단합니다"라고 덧붙였다.

김 위원장의 예측은 맞았다. 공정위의 공정거래법 입법예고안에 대해 진보 진영은 "개혁이 후퇴했다"고 비판했고, 보수 진영은 "전속고발권 부분 폐지와 일감 몰아주기 규제 강화 등으로 기업 경영 환경의 불확실성이 높아졌다"고 불만을 표시했다. 아래 표는 공정거래법 전면 개편안에 대한 특위 권고안과 공정위 입법예고안을 비교한 것이다.

200 반기웅, '김상조 공정거래위원장은 정말 변했나'(경향신문, 2018년 9월 8일, http://news.khan.co.kr/kh_news/khan_art_view.html?artid=201809081651001&code=940100, 2018년 9월 16일 검색).

〈공정거래법 전면 개편안: 특위 권고안 및 공정위 입법예고안 비교〉

	주요과제	특위 권고안	공정위 입법예고안
경쟁 법제	형벌정비	• 기업결합, 일부 불공정거래행위*, 사업자단체 금지행위 형벌 폐지 * 갑질근절 관련 거래상지위남용 등은 존치	• **특위안 수용**
	전속고발제 개편	• 보완·유지 의견이 선별폐지(경성담합) 의견보다 근소하게 많았음	○ **경성담합에서 폐지**
	정보교환 행위 규율	• 정보교환행위를 담합 규제(제19조)로 포섭·규율할 수 있는 3가지 방안을 병렬적으로 제시 - ①합의 유형으로 추가, ②추정 조항 개편, 또는 ③유럽연합(EU) 처럼 동조적 행위 개념 도입	• **특위안 일부수용** - ①합의유형으로 추가, ②추정조항 개편(사업자 간 외형상 일치가 존재하고, 이에 필요한 정보를 교환한 경우에는 사업자 간 합의가 있는 것으로 법률상 추정, 인용자) * "동조적 행위"는 의미의 불명확성 등으로 입법시 노라 가능성이 커서 제외
	기업결합 신고기준	• 피취득회사 매출액(또는 자산총액)이 현행 신고 기준인 300억 원에 미달 하더라도 거래금액(인수가액)이 큰 경우에는 신고의무 부과	• **특위안 수용** * 구체적 거래금액 기준은 시행령에 규정
	불공정거래 행위 개편	• (재판매가격유지행위) 정의조항 정비, 위법성 요건으로 합리의 원칙 적용 및 불공정거래 유형으로 통합	• **특위안 수용**
		• (분류체계 정비) 다수안 없이 다양한 의견제시	• 불공정거래·시장지배 남용 규제체계 개편은 보다 심도 있는 논의·연구 필요 - 금번 입법에서 제외하여 **장기 과제로 추진**
	시장지배력 남용 행위 개편	• (추정조항 개편)3사 이하 점유율 합계 75%기준(CR3)은 공동의 시장 지배력 개념 도입, 1사 추정기준 (CR1)은 50%→40%로 인하 • (분류체계 정비) 위반유형을 현행 한정적 열거→예시적 열거로 개편	
절차 법제	처분시효	• 처분시효 기준을 현행 최장 12년*에서 7년으로 단축 * 위반행위 종료일로부터 7년 또는 조사개시일로부터 5년→ 최장 12년까지 조사·처분 가능	• **특위안 수정수용** - 7년으로 단축하되, 담합사건은 현행 기준(최장 12년) 유지* * 국제카르텔 등 장기 소요사건 처리 감안
	심의단계 현장조사 금지	• 피심인 방어권 보장을 위해 심의 단계에서 현장조사 금지 * 현행은 제한 없음	• **특위안 수정수용** - 심의단계에서 현장조사는 원칙 금지하되, 위원회가 필요성을 인정하는 경우 예외적 허용

주요과제		특위 권고안	공정위 입법예고안
	피심인의 자료 열람·복사 요구권	• 조사과정에서 수집된 자료 전체를 목록화하고, 피심인이 열람·복사 요구시 영업비밀을 제외하고는 제공하도록 의무 부과	• 심의에 제출된 자료에 대해서만 제공의무 부과(단 영업비밀, 자진신고 자료 등은 제외) * 조사과정에서 수집된 자료라 하더라도 심의에 제출되지 않은 자료는 제외
	위원회 구성의 독립성 강화	• 비상임위원의 전원 상임화는 찬반의견으로 나뉘었으나, 전원 상임위원화 보다는 현행 제도보완이 다수 의견 * 현행은 상임3인, 비상임 4인 포함 총 9인으로 구성	• 비상임 4인을 전원 상임위원화 하고, 직능단체 추천제* 도입 * 대한변협, 대한상의, 중기중앙회, 소비자단체협의회 각 1인 추천
법집행 체계 개선 TF	사인의 금지청구제	• (도입범위) 불공정거래행위 vs 모든 위반행위 - 원고적격(법률상 이익이 있는자), 청구내용(침해행위 금지 및 예방), 담보제공 등 규정	• **TF안 수정수용** **- 불공정거래행위에 우선 도입**하며, 원고적격, 청구내용, 담보제공은 TF안 수용
	손배소시 자료제출 명령제 도입	• 손해배상 소송 시 영업비밀이라도 손해의 증명·손해액 산정에 필요시 법원이 당사자에게 자료제출 의무를 부과하는 규정 신설	• **TF안 수정수용** **- 담합, 불공정거래행위에 대해 우선 도입** - 단, 리니언시 자료는 제출대상에서 제외
	과징금 부과 상한	• 과징금 부과 상한을 2배 상향 * 담합 10%→20%, 시장지배력 남용 3%→6%, 불공정거래행위 2%→4%	• TF안 수용
기업 집단 법제	기업집단 지정기준	• 상호출자기업집단 기준을 현행 10조원→ 명목 국내총생산(GDP)의 0.5%로 변경 *공시집단은 현행 5조원 기준 유지	• **특위안 수용** * 규제혼란을 최소화하기 위해 명목 국내총생산(GDP) 0.5%가 10조 원을 초과하는 해의 다음해부터 시행
	해외계열사 공시	• 국내계열사에 직·간접 출자한 해외계열사 주식소유(주주 및 출자)와 순환출자 현황 공시 의무를 동일인에게 부과 • 총수일가가 20% 이상 지분 보유한 해외계열사 및 그 자회사 현황 공시의무를 동일인에게 부과	• **특위안 수용** • **특위안 수정수용** - 공시대상을 총수일가가 20% 이상 지분 보유 해외계열사로 한정(**자회사는 제외**)
	사익편취 규제 대상	• (국내계열사) 현행 총수일가 지분 상장 30%, 비상장 20% 회사 → 상장·비상장 모두 20% 회사 및 이들 회사의 자회사(50% 초과 지분 보유)까지 확대	• (국내계열사) **특위안 수용** - 지분율 조정 등을 통한 규제회피의 사각지대 해소를 위해 적용대상 확대 필요

주요과제	특위 권고안	공정위 입법예고안
	• (해외계열사) 현재는 규제가 없으나, 국내계열사와 기준과 동일하게 상장·비상장 모두 20% 회사 및 이들 회사의 자회사까지 확대	• (해외계열사) 규제 미도입 - 집행(역외적용 등)이 쉽지 않은 만큼 해외계열사 공시제도 도입을 통해 현황 파악주력
기존 순환출자 규제	• 현행은 신규 순환출자만 규제하나, 기존 순환출자도 의결권 제한방식*으로 규제신설 * 순환출자 고리를 완성시킨 계열사가 소유하고 있는 계열출자에 대한 의결권 제한	• 특위안 수정수용 - 법 시행후 새롭게 상호출자기업집단으로 지정되는 기업집단에 한정하여 적용 * 현재 상호출자기업집단은 대부분 자발적으로 순환출자를 해소하여 규제 미적용
금융보험사 의결권 제한제도	• 현행 특수관계인 합산 15% 한도에 추가하여 금융·보험사만의 한도 5% 신설 • 현행 예외적 의결권 행사 허용사유* 중 악용우려가 있는 '계열사간 합병·영업양도는 제외 * ①임원 선임 ②정관변경 ③다른 회사(계열사·비계열사 모두 포함)로의 합병·영업양도	• 현행 유지(금융·보험사만의 5% 한도 미도입) - 규제효과가 크지 않고 규제강화 논란만 확산 • 특위안 수용 - 계열사간 합병은 적대적 인수·합병(M&A) 방어와 관련이 없고, 오히려 사익편취 위험이 가장 높은 유형(불합리한 합병비율 찬성 등 문제)
공익법인	• 상호출자기업집단 소속 공익법인의 의결권행사를 현행 금융보험사 의결권 제한과 동일한 방식*으로 제한하는 규제 신설 * 원칙 금지, 임원선임 등 예외적 경우 특수관계인과 합산 15%까지 의결권 행사 가능	• 특위안 단계적 수용 - 특수관계인과 합산 15% 한도 규정은 2년간 시행 유예 후 3년에 걸쳐 5%씩 단계적 행사한도 축소(30%→25%→20%→15%)
지주회사 규제	• (지분율 상향) 현행 20%(비상장 40%)→ 30%(비상장 50%)로 상향은 공감대 형성 - 단, 적용대상은 신규 설립·전환 지주회사만 우선 적용하는 안과 모든 지주회사에 적용하되 유예기간을 부여하는 안으로 나뉨 • (부채비율 요건) 부채비율 요건을 200%→100%로 강화하는 안과 현행유지안으로 나뉨	• 규제 강도가 낮은 특위안 수용 - 지분율을 상향하되, 적용대상을 신규 설립·전환 지주회사로 한정 * 기존 지주회사는 익금불산입률 조정(2018년 세법개정안 반영 예정)을 통한 자발적 상향 유도[201] • 현행 유지 - 규제 강화 실익이 크지 않은 점을 고려
	• (벤처지주회사) 벤처기업의 M&A 저변 확대를 위해 공정거래법상 벤처지주회사제도를 활성화하자는 것이 다수 의견	• 벤처지주회사 설립요건 완화(자산총액 요건 5천억→3백억) 및 행위제한 규제 대폭 완화(비계열사 주식취득 한도 5%룰 적용 배제 등)

자료: 공정거래위원회[202]

김상조의 말실수

김상조 위원장은 공정거래위원장으로 공직을 맡은 후 너무 길게 설명하는 버릇 등 나쁜 습관을 고치기 위해 많은 노력을 기울여왔다. 그러나 공정거래위원장에 취임한 뒤 그는 말실수로 여러 차례 곤욕을 치렀다.

가장 대표적으로 그는 2017년 11월 2일 5대 그룹 대표들과 만난 뒤 확대경제관계장관회의에서 "재벌들을 혼내주고 왔다"고 발언해 구설(口舌·시비하거나 헐뜯는 말)에 올랐다. 김동연 당시 부총리 겸 기획재정부 장관이 "여기서 그런 말씀 하시면 안 된다"고 지적했을 정도다. 아무리 농담이라고 해도, 대기업 정책을 집행하는 수장(首長)으로서 절대 해서는 안 될 말을 했다는 따가운 질책을 받았고, 결국 국회 예산결산특별위원회에 출석해 공식 사과했다.

2017년 7월 취임 이후 첫 기자 간담회에서는 "나쁜 짓은 금융위원회가 더 많이 하는데, 욕은 공정거래위원회가 더 먹는다"는 발언을 해 즉각 사과했다. 언론 인터뷰에서 이해진 전 네이버 의장을 고(故) 스티브 잡스 애플 창업자와 비교하면서 자질을 문제 삼았다가 역시 바로 사과했다.

말실수는 공무원 생활을 하지 않고 자유롭게 살던 사람이 갑자기 공직을 맡게 되면 누구나 조금씩 하는데, 김 위원장의 경우는 다른

---

201 익금불산입(益金不算入)이란 기업회계상 뚜렷한 수익임에도 불구하고 법인세법상 과세소득의 산출에 있어서 익금에 산입하지 않는 것을 말한다. 법인세법상 익금(益金)이란 자본 또는 출자의 납입 및 법인세법 제17조 및 제18조에서 규정하는 익금불산입항목(益金不算入項目)을 제외하고, 그 법인의 순자산(純資産)을 증가시키는 거래에 의하여 생긴 수익을 뜻한다. 네이버 지식백과(익금불산입, 두산백과)(https://terms.naver.com/entry.nhn?docId=1135901&cid=40942&categoryId=31715, 2018년 11월 18일 검색).

202 공정위, '공정거래법, 38년 만에 전면 개편-〈붙임1: 특위 권고안 및 공정위 입법예고안 비교〉'(보도자료, 2018년 8월 24일).

사람보다 많은 편이었다. 김 위원장이 앞으로 공정거래위원장 외에 다른 공직을 맡게 된다면 가장 주의해야 할 것 가운데 하나가 말이라는 얘기가 나온다.

김상조의 미래(1)

김상조 위원장은 여러 언론 인터뷰에서 본인이 공정거래위원장 임기(3년)를 모두 마칠 수 있을 것처럼 말했다.[203] 김 위원장은 취임 직후 임기 3년간 해야 할 일을 단기·중기·장기 세 단계로 나눠 제시하곤 했다.

김 위원장은 취임 첫 해인 2017년에는 불공정 관행 개선을 위한 현행법의 엄격한 집행에 집중했고, 2018년에는 공정거래법 전면 개정안에 매진했다. 그는 2018년 9월 2일 연합뉴스와의 인터뷰에서 "공정위 차원을 넘어 여러 부처와 법이 관련된 구체적 이슈를 범정부 차원에서 같이 검토하는 것이 3년차 계획"이라며 "그중 하나가 공기업 문제"라고 밝혔다.

그는 "공기업도 사기업과 마찬가지로 공정거래법 규율대상인 사업자에 해당하므로 법 위반 혐의가 포착되면 엄정하게 조사·제재할 것"이라고 강조했다.

---

203 예컨대, 2017년 12월 14일 정부세종청사 인근 식당에서 열린 공정거래위원회 출입기자단 송년회에서 김 위원장은 "저와 공정위는 우리 사회를 바꾸고 싶습니다"라며 "하지만 그 방법은 혁명이 아닌 진화가 돼야 하며, 남은 (임기, 인용자) 2년 6개월 동안 지속가능하고 예측 가능하게 누적적으로 변화시키고 싶습니다"라고 말했다. 김상윤, '김상조 공정위원장 컬러링엔 재벌 개혁 힌트 있다'(이데일리, 2017년 12월 15일, http://www.edaily.co.kr/news/read?newsId=01866326616158848&mediaCodeNo=257&OutLnkChk=Y, 2018년 9월 15일 검색).

김상조의 미래(2)

그러나 1996년 3월 장관급으로 격상된 공정거래위원장 중에서 3년 임기를 다 채운 사람은 극히 드물다. 제10대 전윤철 위원장(1997년 3월 6일~2000년 8월 6일)이 3년 이상 재임했고, 12대 강철규 위원장(2003년 3월 10일~2006년 3월 9일)이 3년 임기를 채웠다. 가장 최근에 재직한 18대 정재찬 위원장(2014년 12월~2017년 6월 13일)은 재임 기간은 3년이 안되지만, 박근혜 대통령의 탄핵으로 2017년 5월 문재인 정부가 출범한 '특별한 경우'라는 사실을 염두에 두면 사실상 임기를 다 마친 것으로 볼 수도 있다.

어쨌든 과거의 사례를 보면, 공정거래위원장이 3년 임기를 다 채우는 사례가 그렇게 많았던 것은 아니다. 물론 김대중 전 대통령이나 노무현 전 대통령 시절, 전윤철 위원장이나 강철규 위원장이 3년 이상 재임하거나 3년 임기를 채웠지만, 반드시 그런 규칙이 적용된다고 보기는 어렵다.

사람을 함부로 바꾸는 것을 좋아하지 않는 문재인 대통령의 스타일을 고려할 때 김 위원장이 공정거래위원장으로 3년 임기를 다 채울 가능성을 완전히 배제할 수는 없다. 그러나 앞으로 문재인 정부에서 경제팀 교체가 있을 경우 김 위원장이 중용될 가능성이 크다는 의견도 많다.

사실 공정거래위원장이라는 자리는 경제부총리, 청와대 정책실장 등에 비해 상대적으로 주목을 덜 받는 자리이기 때문에 조용히 개혁 작업을 펼치기가 상대적으로 수월하다. 그런 측면에서 김 위원장은 "운이 좋다"는 평가도 나온다. 그러나 김 위원장이 공정거래위원장으로서 나름대로의 일정을 짜고, 개혁 작업을 잘 수행해왔다는 평가가 나올수록 향후 개각에서 그가 자리를 옮길 가능성도 그만큼 커질 것이다.

세종 관가(官街)에서는 "김 위원장이 움직일 경우 청와대 정책실장이나 금융위원장 등 옮길 수 있는 곳은 많다"는 말이 나오지만, 인사는 예측하기 어렵다. 다만, 김 위원장 본인이 믿는 것처럼 공정거래위원장에 3년을 꽉 채워서 머물기는 쉽지 않을 것이라는 게 관가의 지배적인 관측이다.

제5장

이정우

경북대 명예 교수(노무현 정부 청와대 정책실장·정책기획위원장)

ⓒ한국장학재단

이정우 약력

출생 1950년, 대구광역시

〈학력〉

하버드대학교 대학원 경제학 박사
서울대학교 대학원 경제학 석사
서울대학교 경제학 학사
경북고등학교

〈주요 경력〉

2018.8~	현재 한국장학재단 이사장
2015.9~	현재 경북내학교 명예 교수
2013~2016	한국미래발전연구원 이사장
2004.7~2005.4	청와대 빈부격차차별시정위원회 위원장
2004.1~2005.8	청와대 정책기획위원회 위원장 겸 정책특보
2003~2004	한국경제발전학회 회장
2003.2~2004.1	청와대 정책실장
2002.12~2003.2	대통령직인수위원회 경제 1분과 간사
2001.5~2003.2	청와대 정책기획위원회 위원
1977.6~2015.8	경북대학교 경제통상학부 교수

〈출처: 네이버·연합인포맥스 인물정보 등〉

이정우 경북대 명예 교수(노무현 정부 청와대 정책실장·정책기획위원장)는 노무현 정부 경제 철학의 '정신적 지주' 역할을 한 인물이다. 노무현 정부 말 한·미 자유무역협정(FTA) 체결을 두고 정부 입장에 반대하기도 했지만, 이 명예 교수를 제외한 다른 어떤 사람도 이런 평가에 합당한 사람은 없다. 노무현 정부의 경제 정책이 성공했다고 평가하든 실패했다고 평가하든 자유지만, 노무현 정부 경제 정책의 공과(功過)를 따지려면 '이정우'라는 사람은 반드시 한 번은 거쳐 가야 하는 일종의 리트머스 시험지 같은 존재다.

2002년 12월 이정우 명예 교수가 노무현 정부 대통령직인수위원회(인수위) 경제 1분과(경제 정책·금융·세제 등 담당) 간사로 임명됐을 때 중앙 무대에서 이 명예 교수를 아는 사람은 별로 없었다.

그러나 이 명예 교수가 노무현 대통령 당선자의 '최고 경제브레인'이라는 사실이 알려지면서 언론계와 관계, 재계 등에서 '이정우 연구' 붐이 일었다. '이정우'를 연구하지 않고서는 향후 경제 정책 예측이 불가능하고, 경제 정책 방향을 파악하지 못하면 언론 보도나 정부의 정책 수립, 재계의 사업 계획 수립 등이 사실상 불가능했기 때문이다. 당시 이 명예 교수는 서울을 중심으로 한 중앙 무대에서는 그만큼 이질적인 존재였다.

이 명예 교수가 노무현 정부 공식 조직 내에 머문 시간은 그리 길지 않았다. 청와대 정책실장(장관급)으로 일한 기간은 1년이 채 못 됐고, 그 뒤에는 정책기획위원장(장관급)으로 사실상 2선으로 물러났다.

그러나 이 명예 교수가 노무현 정부 경제 철학에 미친 영향은 컸다. 오늘날 저(低)소득 근로가구의 소득 보전을 위해 큰 역할을 하고 있는 근로장려금(EITC·Earned Income Tax Credit)을 도입한 것도 그랬고, 노무현 정부가 끝나고 보수 정권이 출범한 뒤 노무현 정부의 경제 철학을 모아 책으로 펴낸 것도 그랬다.

이 명예 교수의 경제 철학은 노무현 정부뿐만 아니라 오늘날 문재인 정부의 경제 정책의 근저(根底·사물의 뿌리나 밑바탕이 되는 기초)에도 면면히 살아서 이어지고 있다.

학현 사단

이정우 명예 교수는 '학현(學峴·변형윤 서울대 명예 교수의 아호) 사단'으로 분류된다. 노무현 정부 대통령직인수위원회(인수위)에는 이 명예 교수뿐만 아니라 김대환 경제 2분과 간사(인하대 명예 교수), 정태인 경제 1분과 인수위원 등 학현 사단으로 분류되는 인물이 많았다.

그러나 인수위나 노무현 정부 경제 정책 라인의 '개혁파'와 학현 사단을 조직적으로 연결시키려는 시도는 다소 무리한 것으로 보인다.[204]

변형윤 명예 교수의 감화를 받은 학현 사단은 현실 참여 성향이 강해 노무현 정부에 많이 참가하기는 했지만, 개인적 차원일 뿐 조직적으로 참가한 것은 아니었다.

이정우 명예 교수는 학현 사단 내에서도 분배 성향이 강한 사람으로 분류되며, 이런 성향은 경제 정책을 수립하는 과정에서 확연하게 드러난다.

분배론자

이정우 명예 교수는 흔히 '분배론자'로 불린다. 사실 한국경제사를 통틀어 봐도 1960년대 '경제개발 5개년 계획'이 시작된 뒤 이 명예 교수만한 분배론자를 찾기는 쉽지 않다. 그만큼 우리 사회는 수십 년 동안 '개발론자(혹은 발전론자)'가 득세하는 사회였고, '분배론자'는 찾아

---

204 필자는 노무현 정부 경제 정책 라인의 '개혁파'라는 말을 기존 관료 집단이 아니면서 분배에 대한 강조, 재벌에 대한 강한 개혁 의지, 강력한 부동산 가격 억제 정책 등을 주장하면서 노무현 정부의 경제 정책 수립에 참여한 사람들을 폭넓게 아우르는 말로 사용한다. 이들 대부분은 시민 단체에서 활동한 전력이 있으며, 일부는 김대중(DJ) 정부에서 정책 결정 과정에 참여하기도 했다. 노무현 정부 내에서 개혁파로 흔히 분류된 인물은 이 명예 교수를 필두로 이동걸 문재인 정부 초대 한국산업은행 회장(노무현 정부 금융감독위원회 부위원장), 정태인 노무현 정부 청와대 국민경제비서관, 김대환 인하대 명예 교수(노무현 정부 노동부장관) 등이다.

보기 힘들었다.

학자가 사회에 대해 가진 문제의식(problematic consciousness)이나 공부를 계속하게 된 이유는 대개 박사 학위 논문을 보면 알 수 있다. 개인에게 박사 학위 논문은 젊은 날의 고민과 문제의식을 집대성해 놓은 일종의 '결정판' 같은 것이기 때문이다.

이 명예 교수의 미 하버드대 박사 학위 논문 제목은 '한국의 경제 발전과 임금 불평등(Economic Development and Wage Inequality in South Korea)'이다. 더 이상 설명할 필요도 없이 박사 학위 논문 제목 자체가 젊은 날 '이정우'의 문제의식을 고스란히 드러내고 있다.

이 명예 교수의 연구 업적을 한 번 살펴보기만 해도 그의 관심은 분명히 드러난다.[205] 그는 우리나라의 급격한 경제 성장이 불러온 임금(또는 소득) 불평등에 주목한 뒤, 경제 위기가 소득 불균형에 미친 영향, 자본 이득과 소득 불평등의 문제, 도시 빈곤층 문제, 한국 제조업의 산업 간 임금 구조 분석, 노사 관계 등으로 관심 영역을 넓혀왔다.

한국 경제와 소득 불평등의 문제를 연구하는 과정에서 얻은 소득 분배론에 대한 일반론적인 연구 성과는 이 명예 교수의 대표작으로 꼽히는 『소득분배론』(한국방송통신대학교, 1991년)으로 귀결됐다.[206]

---

205 이 장 맨 뒤에 첨부된 이정우 명예 교수의 전체 연구업적 참조.(2018년 11월 20일 기준)

206 이정우 명예 교수의 『소득분배론』은 1991년 한국방송통신대학교에서 교재로 출판된 뒤, 1997년 비봉출판사에서 일반인들도 구입할 수 있게 출판됐다. 둘은 같은 책이다. 그 뒤 이 명예 교수는 2010년 후마니타스출판사에서 기존의 『소득분배론』을 개명(改名·이름을 고침) 및 증보(增補·책이나 글 따위에서 부족한 내용을 더 보태어 채움)해서 『불평등의 경제학』이라는 이름으로 다시 출판했다. 이 명예 교수의 주저(主著·주가 되는 저서)로는 『소득분배론』(후일 『불평등의 경제학』으로 개명)과 『약자를 위한 경제학』(고양: 개마고원, 2014) 등이 있다.

"나는 분배주의자가 아니라 경제발전론자"

여러 학자들이 모여 『한국경제론』(변형윤 편저)을 쓸 때도 이 명예 교수는 '소득 분배' 부분을 썼다.[207] 경제학자들끼리 모여 글을 쓸 때도 특정 분야를 주저 없이 떼 줄 정도면 그 분야를 그의 전공 분야라고 얘기하는 것도 무리는 아닐 것이다.

이 명예 교수의 주장을 살펴봐도 그를 '분배론자'라고 부르는 게 크게 틀린 말은 아닐 것이다. 그러나 이 명예 교수는 인수위와 청와대에서 근무하면서 "나는 분배주의자가 아니라 경제발전론자"라고 얘기한 경우도 많았다.[208]

이는 노무현 정부 들어 워낙 '분배냐, 성장이냐'를 양분법적으로 도식화하면서 이 명예 교수를 공격하는 사람들이 많았기 때문으로 풀이된다. 사실 이 명예 교수의 주장도 엄밀한 의미에서는 분배를 위해 성장을 하지 말자는 게 아니라, 분배를 통해 진정한 의미의 성장을 하자는 것이기 때문이다.

> "우리가 40년간 성장지상주의에 경도되어 오로지 성장만을 위해 매진해 오는 바람에 소홀히 한 측면이 적지 않다. 과거에는 주로 자유, 인권, 환경, 물가, 균형 발전 등의 가치가 무시되었다면 최근에 와서는 분배가 주로 논의된다.
>
> 보수적 인사들은 항상 성상과 분배의 상충을 전제로 하여 주장을 펴는데, 이 전제 자체가 진리가 아니다. 참여정부(노무현 정부, 인용자)를 가리켜 분배주의, 심지어 좌파라고 공격하는 사람들은 성장지상주의의 열렬한 신봉자들인데, 이들의 주장은 너무나 극단적이어서 합리성을 찾아보기 어렵다.

---

207 이정우, '소득분배', 변형윤 편저, 『한국경제론』제3판(서울: 유풍출판사, 1995).
208 현승윤, '노무현 브레인 탐구(1)-이정우 인수위 경제1분과 간사,' 한국경제신문(2003년 1월 8일).

얼마든지 성장과 분배가 양립, 동행할 수 있음이 최근 연구에서 속속 밝혀지고 있다. 특히나 지금처럼 양극화가 우리 사회를 위협하고 있는 상황에서 분배를 무시하고 성장만으로 양극화를 해결할 수 있다는 일각의 사고방식은 옳지 않고, 위험하기조차 하다."

('시장맹신주의와 성장지상주의를 극복하자' 청와대 브리핑 2006년 3월 30일)[209]

이런 측면에서 "오히려 지금이야말로 40년 성장지상주의를 반성하고 제대로 된 나라를 만들어 가야 할 때"라는 게 이 명예 교수의 주장이다. 그러면 그가 이상적으로 생각하는, 분배가 잘 되고 불평등이 덜한 나라는 어디일까? 그는 "지금의 북유럽을 우리가 추구해야 할 이상적인 모델로 보고 있다"고 밝혔다.[210]

근로장려금(EITC)

이정우 명예 교수가 언론에 처음 노출된 것은 2003년 1월 22일 인수위와 옛 재정경제부(재경부)가 '국정과제 합동 토론회' 보고 자료를 통해 근로장려금(EITC)을 도입키로 했다는 발표를 할 때였다.

그 전까지 인수위 경제 1분과 간사라는 중책을 맡고 있었지만, 이 명예 교수는 단 한 번도 정부서울청사 별관 1층에 마련된 브리핑실로 내려와 마이크를 잡지 않았다.

이미 옛 재경부 세제실과 기자들 사이에는 '근로장려금의 시행이 인수위 경제 1분과의 실세 중의 실세인 이정우 간사의 확고한 소신'이

209 이정우, '시장맹신주의와 성장지상주의를 극복하자' (청와대 브리핑, 2006년 3월 30일, https://news.naver.com/main/read.nhn?mode=LSD&mid=sec&sid1=123&oid=154&aid=0000000053, 2018년 11월 17일 검색).

210 이정우·이창곤 외, 『복지국가를 꿈꾸다』(서울: 후마니타스, 2017), 483쪽. 이 책은 불평등 문제를 평생 천착한 이정우 명예 교수의 정년 퇴임을 기려 각계 인사들이 상재(上梓·책 따위를 출판하기 위하여 인쇄에 부침)한 헌정 문집이라고 한다.

라는 얘기가 파다하게 퍼진 상태였다.

근로장려금 제도가 얼마나 낯설었는가 하면 우리나라 말로 용어조차 제대로 번역돼 있지 않아 이 신문은 이렇게, 저 신문은 저렇게 보도하는 형편이었다.[211]

이 명예 교수는 이를 '근로소득세액공제'로 번역하는 게 좋겠다는 의견을 피력했다. 이 분야를 전공한 우리나라 최고의 전문가가 '근로소득세액공제'로 번역하는 게 좋겠다는데 이의를 다는 사람은 없었다.

그 뒤 모든 매체가 EITC를 근로소득세액공제로 번역해 사용했다. 그러나 정부는 2006년 최종적으로 EITC 관련 법안을 국회에 제출하는 과정에서 '근로장려세제'로 이름을 바꾸었다. 이에 따라 이 명예 교수의 용어는 끝까지 생명력을 유지하지 못했다. 요즘에는 근로장려세제를 통해 주는 돈을 강조해서인지 '근로장려금'이라고 부르는 경우가 많다.

공식적으로 브리핑룸에 한 번도 오지 않던 이 명예 교수가 처음으로 마이크를 잡고 기자들에게 설명한 게 근로장려금이었다는 사실은 시사하는 바가 크다. 왜냐하면 근로장려금은 '이정우식 분배 경제학'의

---

211 당시 문화일보는 정치부에서 인수위에 파견 나와 있던 조용우 씨(동아일보를 거쳐 문재인 정부 초대 청와대 국정기록비서관)의 특종 보도로 국내 언론사 중 최초로 근로장려금(EITC)을 보도했다. 그러나 EITC라는 말을 처음 들어본 조 씨는 경제부에서 인수위에 파견 나와 있던 필자에게 EITC의 적절한 한글 번역이 무엇인지 의뢰해왔다. 그러나 솔직히 말해, 필자도 EITC라는 말을 그 전에 들어본 적이 없었다. 그래서 해외 자료도 찾아보고, 해외 세제에 밝은 이 사람, 저 사람에게 귀동냥한 뒤 고민 고민하다가 EITC의 우리 말 번역으로 '저(低)소득층 소득보전제'라는 말을 작명(作名)해줬다. 이 용어는 실제로 문화일보에 EITC가 처음으로 단독 보도될 때 사용됐다. 이처럼 언론에서 EITC라는 용어가 여러 가지 우리나라 말로 보도되자 이정우 명예 교수가 인수위에 들어온 뒤 처음으로 브리핑실에 나와 마이크를 잡고 "EITC의 번역을 '근로소득세액공제'로 하는 게 좋겠다"면서 교통정리에 나섰다. 그러나 최근에는 정부가 지원금을 주고 있다는 사실을 강조하기 위해서인지 근로소득세액공제가 아니라 근로장려금으로 주로 쓰인다. 이 책에서도 독자의 혼란을 피하기 위해 정부가 사용하고 있는 근로장려금으로 번역한다. 돌이켜 보면, 필자가 번역한 '저소득층 소득보전제'라는 말은 크게 신통한 번역이 아니었음이 입증된 셈이다. 조해동, '저소득층 소득보전제 도입 배경'(문화일보, 2003년 1월 22일, http://www.munhwa.com/news/view.html?no=2003012201010 524160002, 2018년 9월 26일 검색) 참조.

핵심이었기 때문이다.

솔직히 말해 노무현 정부가 끝나 가던 2006년 근로장려금이 우여 곡절 끝에 시행된 것도 이 명예 교수가 정부의 핵심 경제 브레인이 아니었으면 불가능한 일이었을 것이다.

그만큼 이 명예 교수는 근로장려금에 강한 애착을 가지고 있었고, 그가 애착을 가지고 있다는 것은 온 세상이 다 알고 있었다. 이에 따라 우리나라에서 세제에 관한 한 최고라는 옛 재경부 세제실 공무원에게 조차 생소한 용어였던 근로장려금은 결국 국가 정책으로 최종 확정 됐다.

옛 재경부가 국회에 제출한 방안에 따르면 근로장려금이란 일을 해도 빈곤에서 벗어나지 못하는 저소득 가구에 현금을 지원하는 복지 제도다. 당시 근로장려금을 받으려면 △근로 소득이 있는 가구 △부부합산 총소득(근로, 사업, 금융 소득) 연간 1700만 원 이하 △무주택자 △만 18세 미만인 자녀 2명 이상 부양 △땅, 자동차 등 일반 재산 가액 1억 원 이하 등 5가지 조건을 동시에 충족해야 했다.

실핏줄과 바둑

이 명예 교수의 트레이드마크는 '실핏줄'과 '바둑'이다. 이 두 가지 는 어떤 측면에서 '이정우'란 사람을 가장 잘 나타내주는 신체적·문화 적 '아이콘(icon)'이다.

이 명예 교수는 눈이 약하다. 그래서 문서를 많이 보면 눈의 실핏줄 이 터진다. 인수위 시절이나 대통령 정책실장 시절, 그를 가장 괴롭힌 것은 방대한 양의 문서와 약한 눈이었다.

인수위 경제 1분과 간사나 대통령 정책실장이라는 직책은 방대한 양의 자료를 읽고 판단해야 하는 자리다. 더구나 대통령이 언제, 어떤 사안에 대해서 물어볼지 모르기 때문에 정해진 시간 내에 반드시 일정 분량을 소화해야 한다.

더욱이 이 명예 교수는 인수위 초기 대구에서 서울로 올라와 호텔에서 지내면서 잠을 제대로 자지 못했다. 가뜩이나 약한 눈의 실핏줄이 견뎌낼 리 만무했다. 이 명예 교수는 실핏줄이 터지면 눈 전체가 벌겋게 물들어 남에게 보이기 민망해하곤 했다.

이 명예 교수의 특기는 바둑이다. 이 명예 교수는 아마 5단의, 자타가 공인하는 아마 최정상급 바둑 실력을 자랑한다.

노무현 정부 인수위 경제 1분과에는 바둑 실력이 출중한 고수(高手)들이 많았다. 이 명예 교수와 함께 아마 5단의 실력을 갖춘 '절정 고수'만 해도 김기태 옛 재정경제부(재경부) 법인세제과장(재경부 부동산실무기획단 부단장 역임, 현 법무법인 김앤장 고문), 전군표 전 서울지방국세청 조사3국장(국세청장 역임) 등 3명이나 됐다.

이에 따라 한때 '인수위 경제 1분과배(盃) 바둑 대회'를 개최하는 게 어떠냐는 얘기도 나왔다. 그러나 이 명예 교수를 비롯한 '개혁파'와 김진표 당시 인수위 부위원장(노무현 정부 경제부총리·교육부총리 및 열린우리당 의원 역임, 현 더불어민주당 의원) 등 '관료파' 사이의 대결 구도가 강화되면서 흐지부지되고 말았다.

일설에 의하면 이 명예 교수는 조훈현 9단(전 국수)과의 지도 다면기에서 세 점을 깔고 이긴 걸 '가문의 영광'으로 생각할 만큼 바둑을 좋아한다고 한다.[212]

당시 인수위 경제 1분과 행정관으로 근무한 김기태 옛 재경부 법인세제과장도 윤기현 9단(전 국수)에게 정선(定先)으로 이긴 적이 있을 만큼 경제 관료 중에서는 자타가 공인하는 고수 중의 고수였다.

---

212 배성규, '노무현의 사람들 〈14〉 이정우' (한국일보 2003년 3월 18일).

전군표 전 서울지방국세청 조사3국장도 나름대로 바둑이라면 자다가도 벌떡 일어날 만큼 좋아했다고 하니 3명이 일합을 겨루었으면 볼 만한 경기가 됐을 텐데 아쉬움이 남는다.[213]

유연성

이 명예 교수는 대부분의 경우 원칙과 고집으로 똘똘 뭉쳐있지만 어떤 때는 다른 사람들이 깜짝 놀랄 만한 유연성을 보여주기도 한다.

그는 인수위 경제 1분과 간사로 경제 정책, 금융·세제, 동북아경제 중심국가 추진 방안 등을 총괄했지만 세제는 혼자서 전담했다. 그러다 보니 자연스럽게 옛 재정경제부(재경부) 세제실 출신인 김기태 행정관(전 재경부 법인세제과장)과 업무에 대해 논의하는 일이 잦았다.

그는 논의 과정에서 분명한 근거를 대고 반대 의견을 밝히면 아무리 자신이 굳게 믿는 소신이라고 해도 바로 받아들이는 유연성을 발휘해 주위를 놀라게 했다. 당시 김기태 행정관이 전하는 일화 한 토막.

---

213 전군표 전 국세청장은 1954년 강원 삼척시 출신으로 강릉고-경북대 행정학과를 나왔으며, 행정고시 20회에 합격해 공직 생활을 시작했다. 전 전 청장은 노무현 정부 인수위 이후 서울지방국세청 조사 1국장, 국세청 조사국장, 국세청 차장을 거쳐 2006년 7월 16대 국세청장에 취임했다. 그러나 그는 정상곤 전 부산지방국세청장이 경남 지역 건설업자로부터 세무조사 무마 청탁과 함께 받은 뇌물의 일부를 받은 혐의로 2007년 11월 구속되면서 '사상 첫 현직 국세청장 뇌물혐의 구속'이라는 불명예를 안았다. 노무현 정부 출범 이후 첫 국세청장(14대)은 외부인(옛 재정경제부 세제실장) 출신인 이용섭 씨(2018년 10월 현재 광주광역시장)였고, 국세청장을 마친 뒤 청와대 혁신관리수석으로 영전했다. 그러나 이 전 청장의 뒤를 이은 국세청 출신 이주성 전 청장(15대), 전군표 전 청장(16대), 한상률 전 청장(17대) 등이 잇달아 불명예 퇴진하면서 국세청의 청렴도에 대한 큰 의구심을 국민에게 남겼다. 네이버 인물 검색(전군표)(https://people.search.naver.com/search.naver?where=nexearch&query=%EC%A0%84%EA%B5%B0%ED%91%9C&sm=tab_etc&ie=utf8&key=PeopleService&os=110668, 2018년 9월 29일 검색); 김진영, '국세청장 수난이대(受難二代)' (조세일보, 2018년 5월 23일, http://www.joseilbo.com/news/htmls/2018/05/20180523353489.html, 2018년 9월 29일 검색); 유일지, '[세리포트]국세청장으로 가는 길' (세정일보, 2018년 9월 21일, http://www.sejungilbo.com/news/articleView.html?idxno=13990, 2018년 10월 5일 검색) 등 참조.

2003년 초 이 명예 교수의 소신으로 알려진 근로장려금(EITC)을 포함한 세제 분야의 정책을 논의하기 위한 회의가 인수위 경제 1분과와 옛 재경부 세제실 간에 열렸다.

인수위에서는 이 명예 교수와 김기태 당시 행정관 등이 참석했고, 옛 재경부에서는 최경수 당시 세제실장을 포함한 간부 대부분이 참가했다.

근로장려금이 안건으로 제기됐지만, 모두 이 명예 교수의 '지론'임을 알고 있는 터라 별다른 이견 없이 통과되는 분위기였다.

그런데 갑자기 이 명예 교수가 참석한 사람 중 직급이 상대적으로 낮아 의견을 말하지 않은 사람들에게 모두 한마디씩 하라고 권했다.

이렇게 되자 김 전 행정관도 입을 뗐다. 김 전 행정관은 프랑스 파리에 있는 경제협력개발기구(OECD)에 파견 나갔을 때 3년 동안 골프 한 번 치지 않고 선진국 세제를 연구한 사람으로 유명했다.

김 전 행정관은 선진국 세제를 연구하는 과정에서 근로장려금의 장·단점과 한국에 도입했을 경우 다른 법률과의 충돌 가능성 등의 문제점에 대한 연구를 이미 마친 상태였다.

"그라믄 쪼매 설명 올리겠습니다."

김기태 전 행정관이 특유의 부산 사투리를 섞어가며 설명을 시작했다. 해외의 근로장려금 도입 과정과 취지, 한국에 적용했을 경우 예상되는 법률 상호간의 충돌 가능성 등 각종 문제점에 대한 것이었다.

김 전 행정관의 발언은 이 명예 교수를 깜짝 놀라게 했다. 이 명예 교수는 학문적인 측면에서는 근로장려금에 대해 해박한 지식을 갖고 있었지만, 학계에 몸담고 있었기 때문에 우리나라에서 현재 시행되고 있는 관련 법률과의 충돌 가능성 등에 대해서는 미처 생각하지 못했기 때문이다.

국내에 도입될 경우 관련 법률과의 충돌 가능성 등에 대해서는 옛 재정경제부(재경부) 세제실에서 사무관부터 시작해 소득세제과장, 법인세제과장 등 요직을 두루 거친 '엘리트 중의 엘리트'인 김 전 행정관이 더 밝은 게 정상이었다.

어쨌든 당시 노무현 대통령의 최고 경제 브레인으로 손꼽히던 이 명예 교수의 지론인 근로장려금을 도입했을 경우 발생할 가능성이 있는 문제점이 조목조목 지적됐다.

김 전 행정관의 설명을 경청하던 이 명예 교수가 마지막으로 한 마디를 내뱉었다. "김 과장님(김 전 행정관의 직전 보직이 옛 재경부 법인세제과장이었기 때문에 이 명예 교수는 김 행정관을 이렇게 호칭했다고 한다, 인용자)의 자세한 설명을 듣고 보니, 당장 도입할 경우 부작용이 많겠군요. 근로소득세액공제(근로장려금, 인용자) 도입은 중·장기 과제로 돌립시다."

이렇게 해서 김 전 행정관의 설명 한 번에 이 명예 교수의 평생 지론인 근로장려금 도입은 중·장기 과제로 넘어갔다.

말이 좋아 중·장기 과제지, 일단 인수위에서 중·장기 과제로 넘어갈 경우 실행에 옮겨진다는 보장이 전혀 없었다. 중·장기 과제로 넘어가면 십중팔구 폐기 처분될 가능성이 높다는 것을 알면서도, 이 명예 교수는 김 전 행정관의 논리적인 설명 한 번에 자신의 평생 소신인 근로장려금 도입을 중·장기 과제로 돌려버린 것이다.

김 전 행정관은 "이를 지켜보던 모든 사람이 깜짝 놀랐다"고 회상했다. 논리적으로 근거를 제시하면서 설득하면 아무리 강한 소신이라고 해도 바로 고집을 꺾는 이 명예 교수의 성격을 잘 보여주는 사례다.

원칙과 신의

그러나 전체적으로 이 명예 교수는 유연함보다는 원칙과 고집으로 더 유명한 사람이다. 가끔은 '21세기에 어떻게 저런 사람이 있나?', 하는 생각이 들 정도다.

'원칙주의자 이정우'의 면모는 그가 재직할 학교를 선택하는 과정을 살펴보면 쉽게 짐작할 수 있다.

미국 하버드대에서 박사 학위를 받고 돌아온 이 명예 교수는 모교인 서울대에서 교수 생활을 하고 싶어 했다고 한다. 그러나 서울대에서 자리를 잡지 못한 이 명예 교수에게 경북대(대구 소재)에서 교수직 제안이 들어왔다고 한다. 이 명예 교수는 고심 끝에 이 제의를 수락하고 고향인 대구로 낙향했다고 한다.

그러나 주변 사람들의 얘기에 의하면, 이 명예 교수가 경북대 교수로 자리를 잡은 뒤 얼마 되지 않아 서울대로부터 "교수로 임용할 테니 올라오라"는 제의가 있었다고 한다.

이런 경우 대부분 '경북대에는 미안하지만 모교에서 불러 어쩔 수 없다'며 보따리를 싸는 게 상례(常例·보통 있는 일)다. 다른 곳도 아니고 모교에서 교수로 부른다고 하면, 현재 재직하고 있는 학교에서도 양해하는 게 관행이다.

그러나 이 명예 교수는 "내가 어려울 때 손을 내밀어준 경북대와의 신의를 저버릴 수 없다"며 서울대행을 거절했다고 한다. 이 명예 교수가 얼마나 고지식하게 원칙과 신의를 따지는 사람인지 잘 보여주는 대목이다.

이밖에도 이 명예 교수가 이익보다 원칙과 신의를 중시한 일화는 숱하다. 그러나 더 이상 얘기할 필요는 없을 듯하다. 공부하는 사람에게 가장 큰 꿈일 수 있는 '모교 교수' 자리를 신의 때문에 거절한 사람이

다른 일처리를 어떻게 했을지는 묻지 않아도 알만한 일이기 때문이다.

글 솜씨

이 명예 교수는 현안이 터질 때마다 '글로 승부하는' 경우가 유독 많았던, 노무현 정부 내에서 가장 글을 잘 쓰는 사람 중 하나였다. 사실 '노무현 정부 내에서'라는 단서 조항을 붙이지 않아도, 한국 사회에서 이 명예 교수만큼 글을 잘 쓰는 사람을 찾기란 쉽지 않다. 글의 논리적인 구조, 단어와 문장, 비유의 적확성과 적절함, 비(非)전문가들도 이해할 수 있도록 어려운 사안을 쉽게 풀어내는 능력 등 문사(文士)로서 그의 자질은 가히 최고 수준이다.

그러나 현실적으로 노무현 정부 청와대 정책실장과 정책기획위원장을 하면서 이 명예 교수는 글을 많이 쓰지는 못했다. 청와대 정책실장이나 정책기획위원장 자리는 경제뿐만 아니라 정치, 사회, 문화 등 우리나라의 모든 현안을 파악하고, 필요할 경우 대통령에게 보고해야 하는 자리다. 현실적으로 글을 쓸 시간을 내기 어려울 수밖에 없었을 것이다.

그러나 이 명예 교수는 대통령 정책기획위원장을 끝으로 현직에서 물러나 경북대로 돌아간 뒤, 몇 편의 글을 통해 노무현 정부의 경제 철학의 근간을 간결하게 정리했다.

그중 가장 정리가 잘된 것 중 하나가 2006년 3월 30일 자 청와대 브리핑에 게재된 '시장맹신주의와 성장지상주의를 극복하자'라는 글이다. 이 글은 언론에서 반(反)시장주의적이라는 비판을 자주 받아온 노무현 정부의 경제 운용 방향이 사실은 반시장주의가 아니라고 밝히면서, 외환 위기 이후 우리나라에 팽배해온 '시장맹신주의' 또는 '사이비 시장주의'를 강하게 비판하고 있다. 또 박정희 시대 이후 우리 사회에 널리 퍼져있는 '성장지상주의'를 비판하면서, 이에 대한 대안으로 분배론을 제시하고 있다.

노무현 정부의 경제 철학을 이 글만큼 효과적으로 설명하고 있는 글은 찾기 어렵다는 평가가 많았던 글이다. 글의 품위라는 측면에서도 깔끔하고 정돈돼 있다.

우리 사회에 이 명예 교수보다 화려하게 글을 쓸 수 있는 사람은 많겠지만, 자신과 뜻을 달리하는 사람들을 비판하기 위해 쓴, 학자의 글로 치자면 '잡문(雜文)'에 속하는 글에 이 정도의 논리를 담을 수 있는 사람은 별로 많지 않을 것이다. 그의 글은 시간이 흘러 문재인 정부가 출범한 지금 읽어봐도, 별로 고치지 않고 그대로 출간해도 논리적으로 별 지장이 없을 정도다.

<시장맹신주의와 성장지상주의를 극복하자>

(청와대브리핑, 2006년 3월 30일)

이정우 경북대 경제통상학부 교수

한국 경제를 논할 때 다른 나라에서 찾아보기 어려운 두 가지 극단적 사고방식이 우리 주위에 깊이 뿌리를 내리고 있다. 하나는 시장맹신주의인데, 이것은 외환 위기 이후 약 10년의 역사를 가진다. 재계, 언론은 물론이고 학계, 심지어 시장과 대척의 위치에 있는 관료들 사이에서도 이 사고 방식은 널리 퍼져 있다. 또 하나는 성장지상 주의라고 부를 수 있는 바 이는 40년의 역사를 가지고 있다. 이 역시 시장맹신주의 와 겹치는 광범위한 지지층을 갖고 있으며, 일반 국민들도 부지불식간에 이 사상에 경도되어 있다.

이제 이 두 가지 극단적 사고방식이 과연 옳은가, 과연 세계 보편적 사고방식이라 할 수 있는가 하는 문제를 근본적으로 재검토할 단계라고 생각한다. 이제는 우리도 극단적 사고를 버리고, 보다 균형 잡힌 생각을 가질 필요가 있다는 것이 아래 글의 주요 내용이다.

1. 시장맹신주의

참여정부(노무현 정부, 인용자)가 출범한지 3년이 지난 지금까지도 그 경제 철학이 反시장주의라는 주장이 끊임없이 제기되고 있다. 이는 전적으로 오해인데, 이런 오

해는 시장 경제를 좁은 의미로 해석하는 데서 유래하는 것으로 보인다. 어느 나라든 경제 체제는 기본적으로 자원의 배분, 재화·서비스의 생산, 소득의 분배 및 사회의 재생산 등의 기능을 담당하는데, 이 중 시장이 어느 기능을 어떻게, 얼마만큼 담당하고 있느냐는 나라에 따라 정도의 차이가 있다.

모든 나라에서 정부와 시장이 역할을 분담하고 있는데, 경제 전체에서 그 둘 사이의 비율, 그리고 몇몇 구체적 영역에서의 역할 분담의 차이는 그 사회의 요구와 가치관에 따라 다르다. 그러나 그 비율의 차이에도 불구하고 자본주의체제를 유지하는 한 시장 경제라는 기본적 원리는 엄연히 살아 있다.

시장 경제는 자본주의체제의 기본원리

예를 들어 미국에서는 의료 서비스의 많은 부분을 민간 기업이 담당하지만, 영국에서는 국가가 거의 전적으로 담당한다. 그럼에도 영국이 反시장 경제라는 주장을 찾아볼 수 없다. 오히려 '영미형 자본주의'라는, 즉 영국과 미국을 한데 뭉뚱그려 시장을 중시하는 대표적 국가로 영국을 꼽고 있다.

사회주의 체제가 붕괴한 지금 지구상의 어느 곳에도 시장을 완전히 배척하거나 모든 것을 시장에 의존해 해결하는 국가는 없다고 해도 과언이 아니다. 시장 경제는 일의적으로 정의되지 않으며, 매우 다양한 유형을 갖고 있다. 미국형과 유럽형이 다르고, 일본형이 또 다르다. 유럽형이라고 해서 다 같은 것도 아니어서 북유럽형과 독일 등의 대륙형, 남유럽형이 각각 서로 다른 유형의 제도와 경제 운용 원리를 채택하고 있다. 사회주의에서 전환한 중국, 러시아, 동유럽도 불완전하나마 새로운 형태의 시장 경제를 실험하고 있다. 각국은 금융시스템, 산업-금융관계, 정부 개입의 정도, 노사 관계, 기술혁신시스템 등에서 역사적 경험이나 사회경제 환경에 따라 다양한 형태의 제도를 발전시키고 있지만 시장 경제를 근간으로 한다는 점에서는 본질적 차이가 없다.

다양한 유형 있을 뿐 본질적 차이 없어

흔히 시장 경제의 전형으로 언급되는 미국은 ESOP(Employee Stock Ownership Plan)라는 노동자의 소유참여 제도를 통해 성공한 수많은 기업의 사례를 보여주고 있다. 미국의 초우량 기업들에서 노동자가 경영에 적극 참가하니 미국은 시장 경제가 아니라고 주장할 수는 없다. 결국 네덜란드나 스웨덴, 독일 같은 나라들이 채택하고 있는 경제 체제는 '非시장 경제' 또는 '反시장 경제'가 아니라 '사회적' 시장 경제 또는 '조정된' 시장 경제이고, 미국은 그와 다른 '주주 중심형' 시장 경제, 혹은 '자유' 시장 경제를 운영하고 있을 뿐이다. 시장 경제적 요소, 비시장적 요소가 혼재된 정도에서만 차이가 있을 뿐 근간이 시장 경제라는 것은 의심의 여지가 없다.

그럼에도 불구하고 참여정부가 마치 시장 경제를 부정하고 있는 것처럼 생각하는 일부 극단적 사고의 소유자들 때문에 소모적인 논란이 거듭 일어나고 국민을 불안하게 만드니 답답하기 짝이 없는 노릇이다. 더구나 그와 같은 뿌리 없는 주장을 언론뿐 아니라 일부 학자들도 제기한다는 사실은 학계로서 깊이 반성할 필요가 있다.

사실을 말한다면 오히려 참여정부는 시장 경제의 발전을 위해 노력하고 있다. 과거 개발독재 시절의 유산이라 할 수 있는 관치 경제, 관치 금융의 폐단을 극복하는 것이 참여정부의 중요한 목표 중 하나다. 국민의 정부가 내세웠던 국정목표가 '민주주의와 시장 경제의 병행 발전'이었는데, 참여정부는 이 정신을 그대로 계승, 발전시켜 나가고 있다.

한국 경제 과도한 시장 의존이 문제

투명하고 공정한 시장 질서를 구축하려는 시장 개혁이나 중소기업을 육성하는 일은 공업화 과정의 부작용으로 왜곡되었던 시장 질서를 바로잡는 작업의 일환이다. 오랜 기간 국가주도적 경제 운용에 익숙해져 있던 경제 주체들의 사고방식이 아직 충분히 바뀌지 않고 때로는 구시대를 동경하고, 때로는 원칙에 어긋난 국가의 개입과 지원을 바라고 있으나 이제 우리의 경제 체제는 확실히 시장 경제 원리를 따르지 않으면 안 된다.

다만 한국의 시장 경제는 다른 나라에 비해 정부의 역할, 혹은 공공 영역이 협소한 특징이 발견된다. 특히 노동, 복지, 보육, 교육, 보건의료 등 공공 서비스 분야 등 공공의 영역이 다른 선진국에 비해 월등히 협소하다. 이 분야에서 일하는 사람의 숫자가 전체 취업자에서 차지하는 비중이 한국의 경우 5%인데, 스웨덴은 30%나 된다. 스웨덴은 워낙 사민주의 모델이니 한국과 비교하기 어렵다 치고, 우리나라의 많은 사람들이 시장 모델의 모범으로 간주하고 있는 미국의 예를 보면 이 비율이 15%나 된다.214 한국에서 과도한 시장 의존이 어느 정도인지를 짐작할 수 있다. 취업자의 10% 정도가 다른 나라에 비해 부족하여 공공 서비스가 취약하고 불편한 반면 우리나라의 영세 자영업 부문에는 다른 나라에 비해 10% 이상의 과잉 인력이 몰려 있다. 이들 자영업자들은 과당 경쟁으로 수익을 올릴 수 없고 겨우 생존을 위한 치열한 경쟁에 내몰리고 있는데, 장기적으로는 이들 과잉 인력이 부족한 공공 서비스 분야로 이전할 때 우리의 고용 구조도 정상적이 될 것이다. 이것은 장기적 인력수급 계획과 철저한 준비를 필요로 한다.

과도한 '미국형 주주 중심 모델' 반성 필요

특히 1997년 이후 IMF(국제통화기금, 인용자)의 권고에 따라 우리가 급속한 구조조정과 위기 해소를 위해 노력하는 과정에서 지나치게 미국형 주주 중심 모델을 도입한 게 아닌가 반성할 여지가 있다. 주주 중심 모델은 매년 열리는 주주 총회에서 기업 가치를 평가하여 실적이 나쁜 경영진은 사정 봐주지 않고 도태시키는 적자생존, 무한경쟁을 특징으로 하는 바 이런 상황에서 경영자들은 장기적 관점에서 투자를 생각할 여유를 가질 수 없는 한계가 있다. 이 점이 독일, 일본 등 소위 관계형 자본주의와의 차이다.

한국 경제가 오래(랫, 인용자)동안 세계 최고의 투자율을 자랑해온 것도 어떻게 보면 장기적 관점에서 모험 투자를 가능케 한 관계형 자본주의 모델을 채택하고 있었기 때문에 가능하다 하겠는데, 최근 몇 년간은 그런 모델이 급속히 쇠퇴하면서 그 자리를 영미형 단기 실적주의가 채워가는 것으로 보인다. 그러므로 현재의 저투자, 저성장 기조의 일부 원인이(을, 인용자) 이런 현상에서 찾을 수 있을 것이며, 우리가 시장맹신주의를 경계해야 하는 또 하나의 이유가 된다.

기업-노조 단기 실적주의 폐단 극복을

단기 실적주의의 폐단은 기업뿐 아니라 노동계에서도 발견된다. 노조 지도자들도 자신의 임기 중에 어떤 성과를 내기를 바라며 행동하는데, 그 결과는 임금 인상의 극대화, 고용 조정에 대한 극단적 저항으로 나타나는 경향이 있다. 노조의 경우에도 기업과 상생하며 장기적 관점에서 고용과 임금을 극대화한다는 여유 있는 사고방식을 찾아보기 어렵다.

노사 쌍방이 단기 실적주의의 함정에 빠진 결과는 국민경제의 건전한 발전을 위해 바람직하지 않은 결과를 가져온다. 각자는 주어진 조건 속에서 최선의 전략을 구사하고 있으나 그 결과의 합계는 오히려 최악에 가까운 역설적인 결과, 즉 '죄수의 딜레마(Prisoners' dilemma)'와 같은 상황이 벌어지고 있는 것이다. 이런 한계를 극복하고 상생의 길(win-win)로 가기 위해서도 우리가 지나친 시장주의의 함정에 빠지지 않는 주의가 요망된다. 특히 노사 문제를 해결하기 위한 사회 협약의 필요성에 대한 논의가 무성한데, 이런 모델은 시장맹신주의의 틀을 벗어나는 넓은 시야를 요구한다.

2. 성장지상주의

또 하나 한국 경제를 둘러싼 논쟁에서 단골 메뉴로 등장하는 것이 최근의 저성장 기조에 대한 비판, 혹은 참여정부가 지나치게 정치에 몰입하여 성장 잠재력을 훼손했다는 비판이다. 그들이 제출하는 정치 몰입의 증거는 의외로 박약한데, 기껏 과거사 정리, 사학법 등 정부가 오래 밀린 숙제를 당연히 한 데 대한 엉뚱한 시비걸기의 성격이 강하다.

역대 정부는 항상 경제 성장의 극대화를 국정의 기본 목표로 내걸었고, 지금까지 한국의 성장률은 국제적으로 아주 높은 편이다. 세계 전체의 경제 성장률이 1970년대, 1980년대, 1990년대 각각 7.3%, 4.0%, 2.5%인데, 우리의 경제 성적표는 박정희 정권 9.1%, 전두환 정권 8.7%, 노태우 정권 8.3%, 김영삼 정권 7.1%, 김대중 정권 4.2%이다. 즉, 지금까지 한국의 경제 성장률은 항상 세계의 평균을 웃돌았다. 초기일수록 성장률이 높았고, 뒤로 갈수록 성장률이 떨어진 것은 경제 성장에서 발생하는 일종의 자연스런 현상으로서 한국뿐만 아니라 세계 공통의 현상이다. 학계와 언론은 걸핏하면 '경제 위기' 운운하며 비관론을 양산해 냈지만 한국 경제의 실적은 그런 비관론을 비웃어왔다.

저성장은 벤처·카드·부동산 거품 여파

참여정부 들어서 성장률이 낮은 것은 사실이다. 그러나 이는 지난 정부의 거품 경제 후유증을 치유하는 과정에서 발생하는 것이지 참여정부 자체의 경제 실책 때문이라고는 보기 어렵다. 혹자는 이제 참여정부도 3년이 지났으니 남 탓 할 때가 아니라고 하지만 한 번 생긴 거대한 세 개의 거품-벤처, 카드, 부동산-이 꺼지는 데는 수삼 년이 걸리니 아직도 그 후유증은 끝나지 않은 것이 사실이다. 외환 위기 이후 한국 경제의 전개 과정을 보면 아무리 어려워도 정부가 단기주의의 함정에 빠져 경제의 기초를 흔드는 일을 해서는 안 된다는 중요한 교훈을 우리에게 준다. 이는 결코 책임 미루기가 아니고 사실의 문제다. 만일 이런 인식이 틀렸다면 그 증거를 제시해주기 바란다.

물론 참여정부의 경제 정책이 다 옳았다는 건 아니고, 여러 가지 실책과 시행착오가 있었다. 그러나 큰 그림에서 경제의 흐름을 볼 때 참여정부는 선거에서 연전연패하면서도 단기적 실적에 연연하지 않고, 장기적 국가 경쟁력 배양에 힘써왔다. 그런 점에서 역대 정부에 비해 비교적 인기영합주의에 초연했다고 볼 수 있는데, 이런 참여정부를 가리켜 장기성장률을 훼손했다, 그것도 정치 논리에 매몰되어 그렇다 운운하는 것은 별로 설득력이 없다.

역대 정권이 성장률 극대화에 매진해왔고, 조금만 성장률이 떨어져도 장관을 문책하면서 성장률 제고를 독려해왔기 때문에 우리나라의 경제 성장률은 높고, 우리나라 사람들의 성장률에 대한 감각 역시 대단히 기준이 높다. 조금만 성장률이 낮아져도 참지를 못하는 것이다. 이런 조급성 때문에 '경제 위기', '국정 파탄' 같은 극단적 표현이 우리에게는 조금도 낯설지 않다. 그러나 솔직히 말해서 외국의 관찰자들은 한국 경제의 '위기론'을 좀처럼 이해하기 어려울 것이다.

'선 성장-후 분배 철학' 이젠 폐기해야

우리가 40년간 성장지상주의에 경도되어 오로지 성장만을 위해 매진해 오는 바람에 소홀히 한 측면이 적지 않다. 과거에는 주로 자유, 인권, 환경, 물가, 균형 발전 등의 가치가 무시되었다면 최근에 와서는 분배가 주로 논의된다. 보수적 인사들은 항상 성장과 분배의 상충을 전제로 하여 주장을 펴는데, 이 전제 자체가 진리가 아니다. 참여정부를 가리켜 분배주의, 심지어 좌파라고 공격하는 사람들은 성장지상주의의 열렬한 신봉자들인데, 이들의 주장은 너무나 극단적이어서 합리성을 찾아보기 어렵다. 얼마든지 성장과 분배가 양립, 동행할 수 있음이 최근 연구에서 속속 밝혀지고 있다. 특히나 지금처럼 양극화가 우리 사회를 위협하고 있는 상황에서 분배를 무시하고 성장만으로 양극화를 해결할 수 있다는 일각의 사고방식은 옳지 않고, 위험하기조차 하다.

오히려 지금이야말로 40년 성장지상주의를 반성하고, 제대로 된 나라를 만들어 가야 할 때다. 우리가 선진국이라 부르는 나라들이 보편적으로 존중하는 중요한 가치들-인권, 자유, 환경, 복지, 평등, 연대 등-을 우리도 이제는 소중히 여기면서 시간이 지나면 성장만으로 이 모든 문제가 해결될 것이라는 막연한 낙관이 얼마나 근거 없는 것인가를 밝혀야 한다.

40년 우리 머리를 지배해온 '선성장 후분배'의 철학을 이제는 폐기하자. 분배와 성장이 같이 가야 한다는 것, 분배를 통한 성장이 얼마든지 가능하다는 세계 보편적 인식을 우리도 이제는 가질 때가 아닌가. 언제까지 성장에만 매달려 인류 보편의 가치들을 뒷마당에 방치할 것인가? 양극화가 날로 심해지는 한국의 상황은 결코 많은 여유를 주지 않는다.[215]

빈부 격차와 부동산

"빈부 격차는 주로 빈곤층의 부채 증가와 부유층의 부동산 소유 증가로 인해 급속히 확대됐다. 가장 효과적인 분배 정의의 실현과 빈곤 퇴치 방안은 바로 경기 변동을 완만하게 하고, 건전한 경제를 유지하며, 더 많은 일자리를 창출하는 것이다."

(이정우, 2002년 10월 4~5일 국제학술대회에서)[216]

이 글은 이정우 명예 교수가 노무현 정부에서 달성하기 위해 노력했던 부동산 문제가 빈부 격차와 어떻게 연결되는지를 잘 보여준다. 한국 사회에서 빈부 격차가 늘어나는 이유는 빈곤층의 부채 증가 때문이기도 하지만 부유층의 부동산 소유 증가 때문이기도 하다는 것이다.

따라서 빈부 격차와 부유층의 부동산 소유 증가의 문제는 직접적으로 연결된다. 이 명예 교수의 전공 분야인 소득 분배론과 부동산 문제

---

214 사회민주주의(社會民主主義·social democracy)란 '생산수단의 사회적(공적) 소유와 사회적(공적) 관리에 의한 사회의 개조를 민주주의적인 방법을 통해서 실현하려고 하는 주장 또는 운동을 총칭하는 것'이다. 네이버 지식백과(사회민주주의, 두산백과)(https://terms.naver.com/entry.nhn?docId=1108195&cid=40942&categoryId=31645, 2018년 11월 20일 검색).

215 이정우, '시장맹신주의와 성장지상주의를 극복하자'(청와대 브리핑, 2006년 3월 30일, https://news.naver.com/main/read.nhn?mode=LSD&mid=sec&sid1=123&oid=154&aid=0000000053, 2018년 11월 17일 검색). 이 글의 전재(轉載·한 군데에 이미 내었던 글을 다른 데로 옮겨 실음)를 허락해 준 이정우 경북대 명예 교수에게 감사드린다.

216 현승윤 '노무현 브레인 탐구(1) - 이정우 인수위 경제 1분과 간사, 한국경제신문(2003년 1월 8일).

가 이 명예 교수의 사유 속에서는 사실상 한 뿌리에서 출발하고 있다는 얘기다.

이 명예 교수도 노무현 정부 인수위 시절 시청 앞에 있는 P호텔에서의 생활이 지겨워 주말이면 서울대에 재학 중이던 딸들이 사는 자취집으로 향하곤 했다.[217]

"집값이 너무 비싸…"

대통령직 인수위원회의 지방 출신 인수위원들이 "서울 집값이 하도 비싸서 장관 시켜줘도 못 하겠다"고 푸념하고 있다.

현재 장관 하마평에 거론되는 인수위원들은 혹시라도 장관에 임명될 경우 이사를 해야 하기 때문에 은밀히 서울 집값을 알아보고는 깜짝 놀랐다. 지방에 있는 자신들의 아파트를 팔아도 서울에 있는 아파트 전세조차 구하기 어려웠기 때문이다.

부산 출신의 허성관 경제 1분과 인수위원(동아대 교수)은 "서울 집값을 알아봤더니 부산의 36평 아파트를 팔아도 서울에서 15평 아파트 전세밖에 구할 수 없더라"며 하소연했다.

현재 지방 출신 인수위원 중 경제 1분과의 이정우 간사·허성관 위원, 정무 분과의 박범계 위원, 기획조정 분과의 성경륭 위원, 사회문화여성 분과의 권기홍 간사 등 5명은 서울 시내 P호텔에서 한 달이 넘도록 타향살이를 하고 있는 처지다.

일부 인수위원은 호텔과 대학을 다니는 아들의 '원룸' 등을 오가며 생활하다 보니 '사는 게 말이 아닌' 형편이다. 사정이 이렇다보니 지방 출신 인수위원들 대부분이 잠조차 제대로 자지 못해 눈에 실핏줄이 터지는 등 건강상의 문제도 호소하고 있다.

지방 출신 인수위원들이 "서울 집값이 비싼 줄은 알았지만 이렇게까지 비싼 줄은 몰랐다"며 혀를 내두르고 있는 것으로 알려지자 인수위 주변에서는 앞으로 이들이 경제부처 장관에 임명될 경우 '체험'을 바탕으로 한 강력한 부동산 안정 대책을 추진하지 않겠느냐는 얘기도 나오고 있다.

조해동 기자 haedong@munhwa.com[218]

---

217 필자의 기억이 정확하다면 이정우 명예 교수의 딸들도 이 명예 교수를 닮아서인지 공부를 잘해 인수위 시절 큰 딸은 서울대 법대에, 둘째 딸은 서울대 미대에 각각 다니고 있었다. 이 명예 교수의 딸들에 대해 알게 된 것도 인수위 시절 주말에 이 명예 교수의 휴대 전화로 우연히 통화를 하다가 "어디시냐?"고 물었더니 "주말이라 딸들 집에 와있다"고 해서 알게 된 것이다.

양극화 담론

노무현 정부가 집권 후반기에 경제 분야 최대 화두(話頭)로 던진 '양극화' 담론도 사실상 이 명예 교수의 정신적인 후원을 받은 작품이라고 봐야 한다.

이 명예 교수는 2005년 『시민과 세계』(제7호)에 '양극화냐 동반 성장이냐?'는 글을 싣고, 양극화 화두에 대한 극복 방안으로 동반 성장론을 제시한 적이 있다.

이 명예 교수의 동반 성장론은 당시 청와대 홈페이지에서 쉽게 찾아볼 수 있던 '분배와 성장은 동행(同行)'(청와대브리핑, 2005년 8월 10일)이라는 글을 통해서도 확인할 수 있다. 오늘날의 분배 우선주의와 성장 우선주의 논쟁의 주요 쟁점을 대부분 포함하고 있는 이 명예 교수의 글을 그대로 옮긴다.

분배와 성장은 동행(同行)

이정우 전 (청와대)정책기획위원장

지난 2일 두 해가 넘는 공직 생활을 접고 대학 교수로 복귀한 이정우 전 대통령 자문 정책기획위원장이 '분배와 성장은 동행(同行)'이라는 제하의 글을 청와대 브리핑에 보내왔다.

이 전 위원장은 이 기고문에서 소위 '성장과 분배 논쟁'에서 참여정부(노무현 정부, 인용자)에 쏟아진 비판을 △분배에 치중하여 성장의 발목을 잡고 있다 △참여정부 때문에 분배, 빈곤이 악화됐다 △참여정부는 성장, 분배라는 두 마리의 토끼를 다 놓쳤다 등 세 가지로 분류하고 이런 주장의 문제점을 조목조목 따지고 있다.

경북대 교수로 재직하던 2002년 대선 당시 노무현 후보의 경제 정책 자문을 맡았던

---

218 조해동, '지방 출신 인수위원들의 집값 하소연'(문화일보, 2003년 2월 13일, http://www.munhwa.com/news/view.html?no=2003021301030324160020, 2018년 11월 20일 검색).

이 전 위원장은 16대 대통령직인수위에서 경제 1분과 간사로 활동한 데 이어 초대 청와대 정책실장, 정책기획위원장 겸 정책특보를 지내며 참여정부의 정책 기조를 유지하고, 중장기 국정 과제의 틀을 만드는 데 중심 역할을 해왔다.

이 전 위원장은 특히 부작용이 불가피한 단기 경기 부양에 의존하지 않으면서 거품으로 허약해진 경제 체질을 개선하고, 혁신 체제 구축을 통해 장기적인 국가 발전의 토대를 마련하기 위한 정책을 수립하는 데 노력했다.

2003년 부동산 세제 강화와 분양권 전매 금지 확대 및 주택거래신고제 도입 등을 골자로 하는 '10·29 부동산 대책'을 입안하는데도 역할을 했다.

건국 이후 최초라 할 만한 '빈곤아동대책'이나 '일을 통한 빈곤 탈출' 정책 등 양극화 극복 및 동반 성장 전략도 대통령 자문 빈부격차·차별시정위원장을 겸직하던 당시의 결과물이다.(청와대 브리핑 편집자 주, 인용자)

1. 서론

지난 2년 반 동안 성장이냐 분배냐 하며 수시로 고요한 호수에 돌을 던지는 사람들이 있다. 이른바 성장/분배를 둘러싼 논쟁 아닌 논쟁에서 지금까지 참여정부에 쏟아진 비판은 대체로 세 가지다. 1)분배에 치중하여 성장의 발목을 잡고 있다. 2)참여정부 때문에 분배, 빈곤이 악화되었다. 3)참여정부는 성장, 분배라는 두 마리의 토끼를 다 놓쳤다. 이 글에서는 이 세 가지 주장이 얼마나 근거가 있는지를 조목조목 검토해보고 실제로 분배와 성장의 관계를 보는 정확한 관점을 제시하고자 한다.

결론부터 말하자면 이 세 가지 주장은 하나같이 근거가 희박하다. 억지가 통하면 진실이 죽는 법. 진실은 무엇인가? 분배가 잘 돼야 성장도 잘 된다. 이 명제는 최근 10년간의 경제학 연구로 밝혀진 새로운 사실이다. 이 점을 모르고 타성적 비판을 일삼는 일부 언론과 경제학자들은 이제 낡은 노래를 접을 때가 됐다.

오히려 참여정부는 사회 정책에 배전의 노력을 하고 있지만 아직은 불충분하기 때문에 서민들이 겪는 경제적 고통이 크며, 성장에도 불리한 영향을 미치고 있는 것으로 보는 것이 정확한 진단이다. 심각한 양극화의 진행을 막기 위해서도, 성장을 촉진하기 위해서도 앞으로 보다 적극적인 사회 정책이 요구된다.

케인즈조차 좌파로 몰려

보수 진영에서는 걸핏하면 참여정부를 '분배주의', 혹은 나아가 '좌파'라고 부르지만 이는 가당찮은 일이다. 참여정부는 성장을 중시하지만 분배도 무시해서는 안 된다는 인식을 갖고 있다. 성장과 분배는 같이 갈 수 있고, 같이 가야 한다는 관점은 경제학적으로 지극히 온당한 입장이다. 그러나 40년간 성장지상주의가 우리의 사고방식을 지배하다 보니 이런 온당한 생각조차 비방의 대상이 되고 있는 게 오늘 우리 언론계/학계의 현주소다. 그만큼 우리 사회의 사상적 스펙트럼이 심하게 보수 쪽으로 편향돼 있다는 증거다.

1930년대 세계 대공황기에 자본주의가 위기에 빠졌을 때 자본주의의 구원 투수였던 케인즈조차 한때 좌파로 몰린 적이 있을 정도로 좌파, 우파의 개념은 연기처럼 묘연한 것이다. 연암 박지원은 "이 세상에 까마귀만큼 검은 것도 없지만 빛이 비치면 황색, 녹색, 또는 비취색으로도 보인다. 물건에는 일정한 빛깔이 없는데, 내가 먼저 눈과 마음으로 정해버리고 만다"고 하면서 주관적 독단주의를 경계하였다. 우리도 이제는 좀 성숙한 사회로 발돋움해야 하지 않을까. 성장은 물론 중요하다. 또한 분배도 필요하며, 성장을 위해서 분배가 도움이 된다는 주장은 지극히 온당하다. 성장과 분배는 동행하는 것이다. 그런 관점에서 참여정부는 '동반 성장' 정책을 추진하고 있다.

2. 분배가 성장의 발목을 잡고 있다?

참여정부가 분배에 치중한 나머지 저성장을 가져왔다는 주장이 지난 2년 반 동안 언론의 단골 메뉴로 등장하고 있다. 그러나 한마디로 말해서 이 주장은 전혀 근거가 없다. 이유는 두 가지다. 첫째, 참여정부는 분배에 충분히 주력하지 못했기 때문이다. 둘째, 분배가 성장의 발목을 잡는다는 주장 자체가 틀린 이야기다.

참여정부가 분배에 주력했다기보다는 오히려 분배에 충분히 신경을 쓰지 못했기 때문에 이처럼 불황이 오래 가고, 서민들의 고통이 크다고 보는 것이 정확한 진단일 것이다. 실제로 선진국에서는 불경기가 계속되면 각종 사회 보장 지출이 자동적으로 증가하여 경기 회복을 앞당기는 역할은(을, 인용자) 하는데-이를 경제의 자동안정장치(automatic stabilizers)라고 부른다-우리나라의 재정에는 그런 기능이 미약하다.

다 알다시피 우리나라는 40년간 성장지상주의가 지배해온 나라다. 겨우 복지의 기본 틀이나마 완성한 게 '국민의 정부'의 업적이고, 그것도 1998년 경제 위기를 맞아 미증유의 대량 실업과 경제 양극화가 사회적 위기 수준에 도달하면서 가능하였다. '국민의 정부'가 가장 잘 한 것으로 국민의 평가를 받는 게 바로 남북 화해와 복지기반 마련이라는 데는 별로 이견이 없다. 참여정부는 국민의 정부가 잘한 정책의 기조를 계승하려고 노력하고 있지만 아직 그 성과가 충분하다고는 할 수 없다.

정부 예산 중 복지 예산의 증가 속도가 평균보다 빠르다는 점을 들어 참여정부가 분배에 주력한다고 주장하는 사람이 있지만 그것은 국민연금 등의 수혜자의 자연 증가에 기인하는 것이 주된 원인이며, 정부의 적극적 의지에 의한 복지 지출의 증가는 그다지 크지 않다. 실제로 후자로 인한 복지 지출의 증가율은 전체 예산의 평균 증가율보다 높지 않으므로 참여정부가 분배, 복지에 치중해왔다고 하는 세간의 평가는 성립하기 어렵고, 따라서 분배주의 운운하는 주장도 근거가 없다.

한국의 복지 지출 여전히 낮은 수준

숫자를 보자. 한국의 복지 지출은 늘었다고 하지만 아직 GDP 대비 10%에 미달인데, 선진국이 1만 불 소득 수준일 때 이 값이 평균 15%였다는 점과 비교하면 한국의 복지 지출은 여전히 낮은 수준에 머물고 있음을 알 수 있다. 한국은 OECD 회원국 중 사회 예산이 경제 예산보다 적은 희귀한 예에 속한다. 오죽하면 OECD 사무총장 도널드 존스턴씨는 우리나라에 올 때마다 제발 한국은 사회 안전망을 갖추어 달라고 역설하겠는가? 참고로 말하자면 존스턴씨는 복지계 출신 인사가 아니고 캐나다 재무장관을 지낸 사람이다.

둘째로 분배가 성장의 발목을 잡는다는 이야기는 신물이 날 정도로 많이 들어 왔지만 실은 이론적, 실증적 근거가 없다는 점을 이제는 국민들도 좀 알아야 할 것 같다. 근거 없는 주장이 국민을 오도해 온지가 너무 오래 되었다. 진실은 이렇다. 한때 경제학 교과서에서 분배와 성장은 상충하는 것처럼 가르칠 때가 있었다. 분배가 불평등할수록 저축, 투자가 높고, 성장이 빠르다는 가설이다. 그러나 이 가설은 정설이 아니고, 실증 연구를 통해 그 타당성이 충분히 뒷받침된 적이 없다. 오히려 최근 10년간 이 문제를 다룬 수많은 실증 연구는 압도적으로 그 반대의 사실이 진실임을 보여주고 있다. 즉, 분배가 잘 된 나라일수록 성장이 빠르다는 것이다.

이들 연구는 비교적 최근에 나온 것이기 때문에 경제학자들 중에도 이 사실을 모르는 사람이 많다. 일부 경제학자들이 습관적으로 참여정부를 공격하는 것까지는 좋지만, 분배 때문에 성장이 안 된다는 비난을 애창곡으로 부르고 있으니 이는 "최근 10년간의 연구를 나는 본 적이 없소"라고 스스로 실토하는 것과 다를 바 없다. 19세기 말 경제학자 알프레드 마샬은 경제학도가 지녀야 할 태도로서 '차가운 두뇌와 따뜻한 심장'을 요구하였다. 그러나 우리나라에는 따뜻한 두뇌와 차가운 심장을 가진 경제학자들이 더러 있어서 걱정이다.

3. 참여정부 때문에 분배, 빈곤이 악화됐다?

최근 몇 년간 소득 분배, 빈곤 통계를 들면서 참여정부 이후 양극화가 더 심해지고, 서민들 살기가 더 어려워졌다는 비판이 제기되고 있다. 그러나 한 가지 지적할 것은 이 비판과 앞의 비판-분배가 성장의 발목을 잡는다-은 양립할 수가 없다는 점이다. 만일 참여정부가 진짜로 분배와 복지에 과도한 지출을 하여 성장을 훼손할 정도였다면 이렇게 분배, 빈곤이 악화하지는 않았을 것이다. 그런데 보수 언론/학계는 양립할 수 없는 두 가지 비판을 편리한대로 꺼내서 오늘은 이것, 내일은 저것, 마치 조자룡 헌 칼 쓰듯 한다. 비판은 좋다. 그러나 모순된 두 가지 비판을 해서는 안 된다.

어느 쪽이 진실인가? 앞서 말했듯이 참여정부는 분배, 복지에 충분히 주력하지를 못했다. 그 결과 분배 악화, 빈곤 증가를 막지 못하여 가난한 사람들의 살림살이는 어렵기 짝이 없고, 그들의 애절한 사연이 우리를 울린다. 이는 정부가 반성할 점이다.

물론 중산층, 서민에 애정을 가진 참여정부로서 이 문제에 손을 놓고 있었던 것은 결코 아니다. 참여정부는 건국 후 최초의 빈곤 아동 대책, 보육 지원의 획기적 개선, 일을 통한 빈곤 탈출 정책, 임대 주택 확대를 비롯한 부동산 대책, 복지 전달 체계의 확충 등 저소득층의 삶을 개선하기 위해 많은 노력을 해온 게 사실이고, 이는 장차 제대로 평가받을 날이 올 것이다. 그러나 이런 노력에도 불구하고 거대한 양극화의 추세를 막기에는 역부족이었다. 그러니 참여정부의 정책 '때문에' 분배가 나빠진 게 아니고, 참여정부의 정책에도 '불구하고' 분배가 나빠졌다고 하는 것이 정확한 표현이다.

4. 성장과 분배 둘 다 놓쳤다?

또 어떤 사람은 참여정부를 비판하기를 성장과 분배의 두 마리 토끼를 잡는다고 약속해놓고 둘 다 놓쳤다고 한다. 위에서 말했듯이 참여정부는 성장과 분배가 동행하는 것이며, 분배가 잘 되면 성장에도 도움이 된다는 인식을 갖고 있다. 이런 철학은 과거 정부에서 볼 수 없었던 것이며, 지극히 온당한 자세. 참여정부는 그런 정책 방향을 잡고 노력해온 것이지 둘 다 잡겠다고 큰소리친 적이 없다. 참여정부가 약속하지도 않은 것을 내밀면서 약속을 안 지켰다고 하는 것은 무리다.

2003년 이후 성장률이 연속해서 잠재 성장률 5%에 미달하고 있는 것은 사실이며, 올해 역시 경제 성적이 좋지 않은 것도 사실이다. 그러나 이것이 참여정부의 경제 정책의 실패 때문이라고 속단해서는 안 된다. 2002년 우리 경제는 7%라는 높은 성장을 자랑했는데, 지나서 생각하니 그건 거품이었다. 우리 경제는 지난 정부 때 일어났던 벤처 거품, 카드 거품, 부동산 거품이라는 세 개의 큰 거품이 꺼지는 과정에 있다. 그 과정에서 필연적으로 발생하는 불경기와 국민이 겪는 고통은 거품의 대가라고 해야 할 것이다. 비극적인 것은 책임이 없는 애꿎은 서민들이 가장 큰 고통을 겪고 있다는 사실이다. 참여정부는 이 점에서 대단히 곤혹스런 입장에 서 있다. 서민들이 당장 살기가 어려우니 무슨 말로도 위로하기 어렵고, 다른 업적을 내세워도 공허하게 들릴 뿐이다.

거품 꺼지면서 서민들이 가장 큰 고통

IMF는 작년 말 한국 경제에서 소비가 올해부터 살아나서 내수회복이 시작될 것이라고 예측하였다. 그 근거는 세계 각국의 가계 대출 거품을 분석했을 때, 대체로 2년 정도면 거품이 꺼진다는 데서 찾았다. 그러나 한국은 다른 나라와는 차이가 있다는 점에 유의할 필요가 있다. 길거리 카드 발행 등 가계 대출이 2002년 한 해 동안 무려 90조 원이나 증가하는 등 엄청난 가계 대출 거품이 일어났던 것 이외에 우리는 두 개의 거품이 더 있었다는 점을 간과해서는 안 된다. 그러니 2년이면 거품이 사라지고 경제가 본궤도에 오를 거라는 일반론도 2000년대 한국 경제의 특수 상황에는 적용되기 어렵다.

이렇게 말하면 지난 정부에 책임을 넘긴다고 비난하는 사람이 있겠지만 이건 책임 문제 이전에 사실 확인의 문제다. 현실을 있는 그대로 분석해야지 비로소 정확한 경기 예측과 정확한 대책이 나올 수 있기 때문이다. 이렇게 큰 세 개의 거품이 일어났다 동시에 꺼진 나라가 있는지, 그 경우 거품이 꺼지고 경제가 살아나는 데는 어느 정도 시간이 소요되는지, 이런 점에 대한 본격적 분석을 본 적이 없다. 추경이 필요한지 어떤지 하는 모든 경기 논쟁도 이 분석에 바탕을 두어야 하므로 거시 경제학자들의 정확한 분석과 진단이 나와야 할 때다.

5. 참여정부의 성장 정책

참여정부가 성장 잠재력 배양에 소홀해서 저성장을 가져왔다고 흔히 비판하지만, 참여정부 3년간의 저성장은 거품이 꺼지는 현상을 빼놓고는 이해하기 어렵다. 역발산기개세(力拔山氣蓋世·힘은 산을 뽑을 만하고 기운은 세상을 덮을 만함, 인용자)의 항우가 오더라도 이 상황에서는 손쓰기가 어려울 것이다. 실제로 참여정부가 성장 잠재력을 훼손했다는 비방은 근거가 없으며, 과거 어느 정부 못지않게 개혁과 성장 잠재력 배양을 위해 노력해왔다. 오히려 참여정부는 내수 불황에도 불구하고 부작용이 있는 단기적, 인위적 경기 부양 정책의 유혹을 뿌리치고 줄기차게 장기적 성장 잠재력 배양에 매달려 왔다고 해도 과언이 아니다.

2003년 G7 회의에서 선언한 바와 같이 지속적 성장을 위해서는 개혁이 필수불가결이다. 개혁 없는 성장은 몇 발짝 못 간다. 참여정부는 부동산 투기의 근절, 부패의 척결에 앞장서 왔다. 이런 불로 소득을 배제하는 것은 지대추구사회(rent-seeking society)를 극복케 하여 사람들의 관심과 에너지를 생산적 활동으로 돌림으로써 경제 성장에 결정적으로 기여할 것이다. 부패방지위원회가 국가청렴위원회라는 이름으로 바꿔 달고 전방위로 부패 청산에 노력하고 있다. 부패만 줄이더라도 성장률을 0.5%포인트 높인다는 실증 연구도 있다.

특히 부동산 투기에서 발생하는 불로 소득의 규모는 가히 천문학적이며, 그로 인해 사람들의 근로 의욕, 창의적 노력이 얼마나 저해되는가를 생각해본다면 부동산 대책이 얼마나 성장에 기여할지를 짐작할 수 있다. 또한 부동산 대책은 저소득층의 생활 조건 개선, 빈부 격차 축소에도 결정적 요인이니 부동산 대책은 성장과 분배를 동시에 개선하는 중요한 정책이다.

부동산 문제, 부동심이 성공 요체

혹자는 참여정부의 부동산 대책이 실패했다고 단언하는데, 이는 오진이다. 참여정부는 과거 어느 정부보다 적극적이고 근본적인 부동산 대책-보유세 강화, 임대 주택 확대 등-을 내놓았지만 그것 '때문에'가 아니라 '그럼에도 불구하고' 투기 잡는 데 힘이 부족했던 것으로 보아야 한다. 또 혹자는 참여정부의 부동산 대책이 시장 원리에 어긋난다고 하지만 그것만큼 틀린 말도 찾기 어렵다. 투기가 활개를 치면 시장은 죽는다. 시장이 제대로 작동하도록 만들기 위해서도 투기 근절책은 반드시 필요하다.

지금 정부가 8월 말까지 보다 근본적인 부동산 대책을 준비 중이다. 과거 정부가 끊임없이 투기 세력과 일본에서 보는 이른바 '건설족(建設族)'에 휘둘리면서 온탕, 냉탕을 오락가락한 실패의 역사가 있으니 부동산(不動産) 문제라면 부동심(不動心)

이 성공의 요체다. 다행히 지금은 이 문제에 대한 정부의 의지가 차돌처럼 단단하니 해방 후 처음으로 이 고질병을 근본적으로 치유해내지 않을까 국민들의 기대가 자못 크다.

앞으로 세계 경쟁에서 인간 자본의 질이 승부를 가른다는 것은 이제 상식이다. 참여정부는 교육 혁신과 직업 훈련 강화, 인재 양성 분야에도 남다른 노력을 기울여 왔다. 그밖에 중소기업 대책, 대기업/중소기업 상생 협력, 벤처 활성화 대책, 차세대 성장 동력 사업, 국가 혁신 체계, 균형 발전 정책 등 참여정부가 성장 잠재력 배양을 위해 쏟은 노력은 세계 어느 정부에 비해서도 손색이 없다고 본다. 그러니 참여정부가 분배에만 치중하여 성장 잠재력 배양을 소홀히 했다는 비난은 전혀 근거를 찾을 수 없다.

6. 분배 악화의 진단과 처방

최근 분배가 악화된 것도 위에서 말한 바와 같이 참여정부의 분배 정책이 나름대로 노력한다고 했으나 양극화 추세를 막기에는 다소 불충분하였던 것이라고 보는 것이 정확하다. 실제로 우리나라의 양극화 현상은 어제, 오늘의 일이 아니라 1990년대 중반에 이미 시작하였고, 1998년 경제 위기와 더불어 더욱 악화된 현상이다. 이 문제는 앞으로 정부가 적극적 의지를 가지고 대처하지 않으면 장차 무한한 고통을 안겨줄 사회적 질병이라는 점에 유의하지 않으면 안 된다.

양극화의 원인은 무엇인가? 우리보다 훨씬 앞서 양극화를 경험한 미국에서 교훈을 얻을 수 있다. 미국은 1970년대 후반부터 소위 '거대한 U턴'이 일어나면서 빈부 격차가 악화되기를 4반세기를 넘어서고 있다. 이 시기 동안 미국은 선진국 중 비교적 고성장을 이루고, 일자리도 많이 만들어 '일자리 만드는 기계'라는 부러운 별명을 얻기도 했지만 이 시기에 급속히 진행된 양극화 추세를 막지 못해서 '두 개의 미국'(The Two Americas)이라는 또 하나의 뼈아픈 별명을 동시에 갖게 됐다.

미국의 양극화 경험 우리에게 큰 교훈

미국 경제학계는 지난 10년 동안 양극화 문제를 갖고 고민해왔는데, 대체로 그 원인에 대해서는 세계화로 인한 일자리 상실, 정보화와 지식기반 사회의 도래로 인한 정보 격차, 학력 간 소득 격차의 확대, 그리고 낮은 최저임금과 노조의 쇠퇴 등 제도적 요인도 가세한 것으로 보고 있다. 이들 세 가지 요인-세계화, 정보화, 제도적 요인-은 한국에도 판박이처럼 그대로 적용될 수 있다는 사실에 주의할 필요가 있다.

그런데 양극화 추세가 세계 공통 현상은 아니다. 이 두려운 불청객은 유럽에서는 별로 보이지 않고, 주로 영미형 국가에서 출몰한다. 한국은 복지에 관한 한 영미형 국가 대열에서도 맨 뒤에 서있는 나라임이 분명할진대 미국의 경험은 우리에게 경종을 울리기에 충분하다. 미국 정도의 경제 활력과 생산성 향상, 복지 제도를 갖고도 양극화를 막기에 역부족이었다면 한국이 취할 방향은 명백하다. 지금보다 사회 통합을 강화하고 복지에 신경을 써야 한다. 그럼에도 양극화의 물결을 막을 수 있을지는 장담할 수 없다.

세계 최고로 높은 비정규직 비율에서 보듯이 우리나라에서 양극화 현상은 이미 사회 전반에 어두운 그림자를 던지고 있다. 그런데 어떠한가? 이처럼 분배, 복지를 위험시하고 반대하는 사회적 분위기 속에서 제대로 된 사회 통합, 차별 시정, 복지 정책이 과연 가능할 것인지? 이것이 우리 사회가 풀어야 할 가장 큰 숙제다. 단연코 말하건대 현재 보수적 언론과 학계가 보여주는 반(反)복지, 성장주의, 시장 만능의 좁은 시야로는 이 문제의 해결은 기대하기 어렵다.

이제는 정부와 전문가들, 시민 단체, 노동 단체, 재계가 이 문제를 직시하고, 토론과 사회적 대화를 통해 '동반 성장'의 길을 모색하지 않으면 안 된다. 그런 의미에서 최근 악화된 노정 관계는 큰 걱정이 아닐 수 없다. 양대 노총은 하루 빨리 사회적 대화의 장으로 돌아오지 않으면 안 되고, 정부도 그것을 위해 적극 나서지 않으면 안 된다. 네덜란드 모델, 아일랜드 모델, 혹은 또 다른 어떤 모델이 옳은지는 토론이 필요하다. 그러나 한때 경제 위기에 빠졌다가 사회 협약을 통해 기적처럼 성공을 이룬 나라들이 우리에게 주는 교훈은 결코 가벼이 넘길 일이 아니다. 지금 우리에게 남은 시간이 그리 많지 않다.

7. 결론

사회적 지출이 증가할수록 경제 성장이 높다는 실증 연구가 속속 나타나고 있다. 경제학자들 사이에서는 분배가 양호한 경제일수록 성장률이 높다는 사실, 재분배 정책을 통해 경제 성장을 촉진할 수 있는 가능성이 있다는 사실에 대한 인식이 넓어지고 있다. 특히 인적 자원에 대한 사회적 지출은 분배를 개선시킬 뿐 아니라 성장에도 크게 기여한다. 우리나라에서 태부족한 사회적 지출을 늘려가서 공공 영역-교육, 노동, 보건, 보육, 복지 등-을 확대하는 것이 우리나라가 선진국으로 가는 지름길이다. 따라서 시장 만능 주의를 경계하면서 '관치는 줄이되 공공을 확대' 하는 슬기가 필요하다.

공자가 말하기를 "적은 것을 걱정하지 말고 고르지 못한 것을 걱정하라"(不患寡而患不均)고 하였다. 많고 적음은 성장의 문제이고, 고르지 못함은 분배 문제라고 볼 수 있으므로 현대적으로 해석한다면 공자는 성장보다는 분배를 강조한 셈이다. 그렇다고 누가 공자를 분배주의자라고 하겠는가?

진실은 간단하다. 성장과 분배는 동전의 앞뒷면처럼 함께 가는 것이다. 최성수의 히트곡 〈동행〉의 가사가 생각난다. "누가 나와 같이 함께 따뜻한 동행이 될까?" 성장은 분배와 同行하는 것이다. 분배를 버리고 가는 성장은 십리도 못 가서 발병 난다.

'관치는 줄이되 공공을 확대' 하는 슬기 필요

그러나 이런 상식이 한국에서는 여전히 통하지 않는다는 사실이 안타깝다. 분배와 복지를 반대하고 성장만을 고집하는 사람들을 보면 마치 거대한 빙벽 앞에 서 있는 느낌을 받는다. 참여정부는 나름대로 이 빙벽에 맞서 때로는 깨고, 때로는 녹이려고 노력해왔다. 이 빙벽은 여간 두꺼운 게 아니지만 우공이산(愚公移山·어리석은 사람이 산을 옮김, 인용자)의 정신으로 노력하면 언젠가는 녹아내릴 때가 올 것이다.

우리 역사상 미증유의 3년간의 내수 불황, 거품이 꺼지는 과정에서 지금 서민들의 고통은 더할 나위 없이 크다. 이럴 때 사회 안전망이 제대로 되어 있다면 서민들의 살림이 조금이라도 나아지고, 저소득층의 소비를 진작시켜 경기 회복도 앞당길 것이다. 뿐만 아니라 장기적으로 구조 조정도 용이하게 하여 경제 개혁과 성장에 도움을 줄 것이다. 그러니 이제는 분배, 복지를 낭비적인 것, 성장의 발목을 잡는 존재로 치부(置簿·마음속으로 그렇다고 여김, 인용자)하는 고정 관념을 버리고, 보다 균형 있게 세상을 바라보자. 선진국 진입은 단순히 1인당 소득의 증가에 의해 이루어지는 게 아니다. 그것은 사고의 다양성과 포용이 있어야 가능하다.

개혁, 성장, 분배는 결코 따로 노는 게 아니고 함께 굴러가는 세발자전거와 같다. 2003년 G7 정상 회의는 "개혁 없이는 성장도 없다"고 선언하였다. 우리나라 보수 진영은 40년째 똑같은 노래만 튼다. "성장 없이는 분배도 없다"고. 그러나 그 레코드의 뒷면에 있는 "분배 없이는 성장도 없다"는 노래도 이제 좀 들어볼 때가 됐다. 분배와 성장은 동행이지 결코 따로 가는 게 아니다. 이것이 참여정부가 추진하고 있는 '동반 성장' 정책의 핵심이다.[219]

21세기의 사림(士林)

경북 대구 출신인 이 명예 교수는 본인을 조선 시대 영남(嶺南) 지방 등에서 활동했던 '사림(士林)'과 동일시하는 경향이 없지 않은 것 같다.[220] 실제로 필자가 봐도 이 명예 교수의 캐릭터(소설이나 연극 따위에

---

219 이정우, '분배와 성장은 동행'(https://news.naver.com/main/read.nhn?mode=LSD &mid=sec&sid1=117&oid=078&aid=0000017197, 2018년 9월 29일 검색). 이 명예 교수의 이 글은 현재 '청와대 브리핑' 원문과 동일한 형태로는 인터넷에서 찾을 수 없다. 위의 인터넷 링크는 청와대 브리핑의 '편집자 주'를 제외한 원문을 담고 있다. 이 글의 전재(轉載· 한 군데에 이미 내었던 글을 다른 데로 옮겨 실음)를 허락해 준 이정우 경북대 명예 교수에게 감사드린다.

220 영남(嶺南) 지방은 직역하면 '조령(鳥嶺·새재)의 남쪽'이라는 뜻이다. 즉, 경상북도 문경의 새재(鳥嶺)를 경계로 남쪽에 있는 땅을 '영의 남쪽'이라는 의미로 영남(嶺南)이라 했다. 그 범위는 옛날의 경상도, 오늘의 부산과 대구 등의 광역시와 경상남·북도를 포함한다. 다시 말하면 소백산맥 이남의 낙동강 수계에 걸친 범위를 말한다. 네이버 지식백과(영남, 땅 이름

등장하는 인물, 또는 작품 내용 속에서 드러나는 인물의 개성과 이미지)와 가장 유사한 것은 조선 시대의 사림이다.

다만 이 명예 교수는 옛 사림파처럼 자신의 주장에만 얽매이지 않는 유연함이 있는데다가 해외 유학을 거쳐 국제적인 사정에 정통하다는 게 다른 점이다. 이 명예 교수가 자신을 어떻게 생각하는지에 대해서는 아래의 글을 통해 간접적으로 추론해볼 수 있다.

> "참여정부에 몸담았던 사람으로서 조심스럽지만, 학자적 양심에 따라 얘기할 수밖에 없다. 조선 시대 선비들은 끊임없이 조정을 비판했다. '제 목을 치십시오'라며 목숨 걸고 임금에게 상소하지 않았느냐. 비판하는 참모가 진정한 참모. 비판이야말로 참여정부를 살리고 대통령을 돕는 길이다. (중략) 참여정부에는 강철규 (노무현 정부 공정거래위원장, 인용자), 허성관 (노무현 정부 행정자치부 장관, 인용자) 등 사림파가 많았다."[221]

딱히 본인을 '사림'으로 동일시하지는 않았지만, 전체적인 문맥으로 살펴보면 본인도 강철규 전 공정거래위원장, 허성관 전 행정자치부 장관과 같은 사림파로 생각하고 있다는 게 느껴진다.

이 명예 교수의 캐릭터를 이렇게 원칙과 신의를 중시하는 세계로 이끈 것은 영남대 법대 교수를 지낸 아버지를 비롯해 형님도 누나도 형수님도 모두 교수인 집안 분위기도 크게 작용한 것으로 보인다.[222]

점의 미학)(https://terms.naver.com/entry.nhn?docId=2190241&cid=51073&categoryId=51073, 2018년 11월 20일 검색).
221 전병역, '참여정부에 참여한 5인의 고백-이정우 전 청와대 정책실장' (경향신문, 2006년 9월 25일).
222 배성규, '노무현의 사람들 〈14〉-이정우' (한국일보, 2003년 3월 18일).

휴대폰과 천생(天生) 선비

2003년 초 인수위 기자들 사이에는 "이정우 경제 1분과 간사가 최근에야 태어나서 처음으로 휴대폰을 갖게 됐다더라"라는 소문이 돈 적이 있다. 대부분의 취재를 전화로 하는 기자들에게 이 소식은 '청천벽력(靑天霹靂·맑게 갠 하늘에서 치는 날벼락)'이나 다름없었다.

이 얘기는 "취재가 거의 안 될 것"이라는 사실을 암시하는 것과 마찬가지였기 때문이다. 실제로도 이 명예 교수의 휴대폰은 본인이야 나름대로 성실하게 받았다고 주장할는지 모르지만, 취재 기자의 입장에서는 '터질 때보다 터지지 않을 때'가 더 많았다. 사실 이것조차 좋게 표현한 것이고, '거의 대부분 터지지 않았다'고 표현하는 게 정확할 것이다.

본인에게 물어보지 않아 인수위 시절 휴대폰을 처음 갖게 됐다는 말의 진위(眞僞)는 가릴 길이 없지만, 전체적인 분위기로 짐작하기에는 맞는 게 아닌가 싶다. 당시에도 '그 사람 최근에야 휴대폰 처음 가졌다더라!'라는 소문이 나는 것은 엽기적인 일로 받아들여졌다.

휴대폰 에피소드에서 보듯 이 명예 교수는 요즘 세상 사람 같지 않은 면이 많다. 이 명예 교수에게 가장 알맞은 말을 고르라고 한다면, '타고난 선비'다. 불의에 타협하지 않고 한평생 학자(學者)로서 양심을 지키며 세상의 부귀와 명예를 탐하지 않는 선비, 그게 그에게 가장 어울리는 말이다.

그러나 어떤 측면에서는 '천생 선비'라는 그의 장점이 참여정부 경제 분야 '개혁파 수장(首長)'으로 역할을 하기에는 단점으로 작용한 것도 사실이다. 그는 '그런 역할을 하기에는 너무 인격이 고매(高邁·인격이나 품성, 학식, 재질 따위가 높고 빼어남)하다'는 얘기다.

이에 따라, 앞으로 이 명예 교수가 '외곽의 참모(參謀)'로는 몰라도

'정책 결정자'로서 또 다시 현실에 참여할 지에 대해서는 회의적인 시각이 많다.

이정우 류(流)의 한계(1)

이미 여러 차례 서술했듯이 이정우 명예 교수는 학문적으로 매우 뛰어나고, 인격의 고매함은 한국에서 유례를 찾기 어려울 정도다. 훌륭한 학자, 존경받는 선생이 가져야 할 모든 자질을 두루 갖췄다는 점에 대해 이견이 없다.

그러나 이 명예 교수가 훌륭한 경제 관료가 될 수 있을지에 대해서는 의문을 표시하는 사람이 많다. 경제 관료는 근본적으로 시장(市場)을 예측하고, 다룰 수 있는 능력이 있어야 한다. 경제 정책의 성패가 시장에 달려있기 때문이다.

시장에는 훌륭한 인격자만 있는 게 아니다. 양아치(품행이 천박하고 못된 짓을 일삼는 사람을 속되게 이르는 말)도 있고, 건달(乾達·하는 일 없이 빈둥빈둥 놀거나 게으름을 부리는 짓, 또는 그런 사람)도 있고, 온갖 종류의 사람이 섞여 있다. 최고위 경제 관료는 그런저런 사람들을 움직여 목표를 달성할 수 있는 힘이 있어야 한다.

이정우 류(流)의 한계(2)

이정우 명예 교수가 얘기하는 것처럼 한국 경제는 수십 년간 '성장지상주의'를 추구해온 게 맞다. 그 과정에서 분배나 복지 등의 중요성이 상대적으로 간과돼 온 것도 사실이다. 그 얘기는 곧 우리나라에서 그토록 오랫동안 강고하게 형성돼 온 성장지상주의를 바꾸기 위해서는 매우 현실적이고, 구체적인 전략(戰略)과 전술(戰術)이 필요하다는 뜻이다.

현실적으로 '진보 대통령'이 선거에서 당선됐다고 해도, 개혁과 진보적인 경제 정책을 펴는 것은 결코 쉬운 일이 아니다. 진보 대통령이든, 보수 대통령이든 경제 정책을 펼친 결과가 좋은 시장 지표로 확인되지 않을 경우 인기 없는 정책을 계속 펼칠 수는 없기 때문이다.

대통령은 '정치인'이다. 진보 대통령이든, 보수 대통령이든 정치인은 본질적으로 국민에게 인기 없는 정책을 무한대로 지속할 수 없다. 대통령 지지율이 나날이 추락하는 상황에서 "이게 옳은 노선이니 인기가 있든 없든 계속 추진해야 한다"고 말하는 것은 좋게 말하면 순진한 것이고, 나쁘게 말하면 헛된 일이다.

훌륭한 개혁가는 자신이 생각하는 이상(理想)을 현실화할 수 있는 전략과 전술이 있어야 한다. 그래야, 그리고 그럴 때만 개혁이 좌초하지 않고 결실(結實)을 맺을 수 있기 때문이다.

노무현 정부 출범 초기 경제 분야 개혁 세력의 좌장(座長)으로서 이 명예 교수의 역할을 긍정적으로 평가하는 사람이 많지만, 외부뿐만 아니라 개혁 세력 내부에서조차 다소 실망스럽게 느낀 경우가 있다면 그의 능력이나 인격 부족 때문이 아니라 현실 감각 부족 때문일 가능성이 크다. 그런 측면에서 이 명예 교수는 어쩌면 현실 속에서 개혁을 직접 이끌기보다는 외부에서 개혁 세력을 측면 지원하는 게 더 어울릴지도 모르겠다.

보론(補論) 문재인 정부 출범 이후

문재인 정부 출범 이후 이정우 명예 교수는 문 대통령에게 "경제인문사회연구회(경사연) 이사장직을 맡아 달라"는 제의를 받았다고 한다. 그러나 이 명예 교수는 결국 이 제의를 사양했다.

경제인문사회연구회는 '정부출연연구기관 등의 설립·운영 및 육성에 관한 법률'에 의해 설립된 국무총리 산하 공공 기관으로, 설립 목적이 "경제·인문사회 분야의 정부출연연구기관을 지원·육성하고 체계적으로 관리함으로써 국가의 연구사업정책 지원 및 지식산업발전에 이바지 한다"라고 명시돼 있다. 다른 말로 하자면, 경제·인문사회 분야의 정부 출연 연구기관을 총괄적으로 관리하는 일을 하는 곳이다.

많은 사람들이 이 명예 교수의 성격에도 잘 맞는다고 판단해 수락할 것을 권유했지만, 본인이 끝까지 사양했다고 한다. 어쩌면 노무현 정부에서 청와대 정책실장 등으로 일하면서 겪은 경험이 이 명예 교수가 문재인 정부에서 어떤 직책이든 함부로 맡지 못하도록 한 게 아니냐는 해석도 나온다.

결국 이 명예 교수는 2018년 8월 경제인문사회연구회 이사장보다도 '훨씬 조용한' 한국장학재단 이사장직을 맡았다. 한국장학재단은 학자금대출 및 장학 사업 등을 하는 기관으로 본사가 이 명예 교수의 고향인 대구에 있다.

※ 이정우 경북대 명예 교수(노무현 정부 청와대 정책실장)는 연구 업적만 살펴봐도, 관심 분야가 무엇인지, 어떤 일을 해왔는지, 어떤 성품인지가 드러난다. 책에 특정인의 연구 업적을 옮겨 싣는 것은 매우 이례적인 일이지만, 이 명예 교수의 경우 연구 업적이 그를 가장 잘 드러내는 소재(素材·가공하지 않은 본디 그대로의 재료)라고 판단해 전재(轉載·한 군데에 이미 내었던 글을 다른 데로 옮겨 실음)한다. 자료를 제공하고, 전재를 허락해 준 이정우 경북대 명예 교수에게 감사드린다.

이정우 경북대 명예 교수 전체 연구 업적

- "케인즈 실업이론의 재해석: R.W.Clower와 A.Leijonhufvud의 소론을 중심으로" 『경제논집』(서울대 경제연구소), 1974. 9.
- "케인즈이론에 있어서 불확실성의 의의에 대하여"『경제논집』(서울대 경제연구소), 1975. 3.
- "Economic Development and Wage Inequality in South Korea", 미국 하버드 대학 박사학위 논문, 1983.
- "한국의 임금분배의 추이, 1967-1981"『경제학연구』(한국경제학회) 31집, 1983. 12.
- "한국임금불평등의 국제비교"『한국국제경제학회논문집』1983. 12.
- "한국제조업의 산업간 임금구조의 분석"『경상대학논집』(경북대학교), 1984.12.
- "한국의 경제발전과 임금구조: 역U자 가설의 응용"『노동경제논집』1984. 9.
- "Human Capital and Wage Determination in South Korea"『경제경영연구』(경북대학교), 1985.
- "체화된 기술진보에 관한 소고"『경상대학논집』(경북대학교), 1985.
- "왜 학력이 높으면 소득이 높을까?"『경상대학논집』(경북대학교), 1985.
- "국민생활의 명암"『한국경제의 이해』비봉출판사, 1987.
- "소득분배, 노사관계와 중산층의 의식"『민족지성』, 1987. 10.
- "한국주부의 가사노동의 경제적 가치"『대한가정학회지』(최보가, 최명숙 공저), 1987. 12.
- "Economic Development and Wage Distribution in South Korea" *Korean Social Science Journal*, 1987.
- "소득분배" 변형윤(편저)『한국경제론』, 유풍출판사, 1989.
- "빈곤의 개념과 한국의 빈곤선"『경상논집』(경북대학교), 1989. 12.

- 『도시빈곤층 대책에 관한 연구』(임창호 등 공저), 국토개발연구원, 1989.
- "임금불평등의 한일비교" 교또대학-경북대 심포지움 〈한일자본주의의 비교〉, 1989.
- "임금과 물가의 불균형, 심화하는 노동자 생활의 궁핍"『사회와 사상』, 1990. 5.
- "한국의 생활보호정책 재검토"『사회보장연구』제6권, 1990. 12(안병근 공저).
- "노동조합이 소득분배에 미치는 영향"『노동경제논집』제13권, 1990. 12(남상섭 공저).
- "신모형에 의한 1990년 최저생계비 추정"(조우현 공저) 한국노총, 1991. 2.
- 『소득분배론』한국방송통신대학교, 1991.
- "임금과 근로자 생활"(조우현 공저)『노동경제논집』제14권, 1991. 12.
- "한국의 노동자 상태에 대한 일고찰" 노동문제연구소(편),『한국의 노동문제』, 비봉출판사, 1991.
- "한국의 부, 자본이득과 소득불평등"『경제논집』(서울대학교 경제연구소 창립 30주년 기념호), 1991. 9.
- "근로소득과 분배적 정의"『철학과 현실』, 1992 봄.
- "불로소득, 불평등과 경제위기"『사상』, 1992 봄.
- "비교적 관점에서 본 한국의 노동자생활"『한국노동자의 생활실태』, 한국노총, 1992.
- "분배의 불평등과 경제민주화"『한국의 경제민주화』, 비봉출판사, 1992.
- "한국의 경제적 불평등: 진단과 처방"『한국사회의 민주적 변혁과 정책대안』, 학단협, 1992.
- "한국 제조업에서의 시장집중, 노동조합과 임금"『산업관계연구』제3권, 1993. 6.
- 『저소득층의 생활안정과 자립대책』(권순원, 김매경 공저), 한국개발연구원, 1994.
- "한국 노동조합이 임금분배에 미치는 영향"(남상섭 공저)『경제학연구』제42집 제3호, 1994. 2.
- "서민생활" 한국사회경제학회(편)『한국경제론강의』한울아카데미, 1994.
- "소득분배" 변형윤 편저『한국경제론』제3판, 유풍출판사, 1995.
- "Comparing the Economic Effects of Labor Unions: Korea vs USA" COPE Annual Symposium, 1995.
- "소득분배의 쟁점"『한국경제: 쟁점과 전망』(박현채 선생 추모논집), 지식산업사, 1995.
- "유고슬라비아의 노동자 자주관리"『세계의 노동자 경영참가』창작과 비평사, 1995.
- "대구시 공공부조정책의 검토"『시정연구』(대구시), 제15호, 1995. 12.
- "발전과 분배: 逆U論爭의 顚末"『경제발전연구』(경제발전학회) 제1권, 1995. 12.

- "국제비교를 통해서 본 한국의 빈곤정책"『국제경제연구』(한국국제경제학회) 1권 2호, 1995. 12.
- 『소득분배론』제2판, 한국방송통신대학교, 1996. 2.
- "노동자가 본 한국사회의 불평등구조"『사람과 일터』, 1996. 4.
- "한국의 지역 간 경제력 격차"『환경과 사회』, 1996 여름.
- "A Comparison of Regional Economic Disparity: Japan vs. Korea" 1996. 10.
- "대구시 직업훈련정책의 검토"『시정연구』(대구시) 제16호, 1996. 12.
- "한국의 노동조합과 경영참가" 서울사회경제연구소 제3회 심포지움, 1997. 2.
- *Strains of Economic Growth,* Harvard Institute for International Development, 1997(co-authored with Ezra Vogel et al).
- "새로운 '삶의 질' 지표의 모색" 대구사회연구소 제5회 심포지움, 1997. 5.
- "Korea's Worker Participation in International Perspective" COPE International 8th Annual Congress, Lodz, Poland, Jul. 1997.
- "한국의 지역 간 경제력 격차: 장기추세와 한일비교"『경제발전연구』, 1997. 12.
- "대구시의 삶의 질에 대한 소고"『시정연구』 17호, 1997. 12.
- "한국의 분배문제: 현황, 문제점과 정책방향"『KDI정책연구』 20권 1/2호, 1998 (황성현 공저).
- "한국경제와 쿠즈넷츠의 역U가설"『사회과학논평』 16호, 1998.
- "대구시의 실업정책 검토"『시정연구』 18호, 1998. 12.
- *Combating Poverty: The Korean Experience*, UNDP, 1998(김상균 등 6인 공저).
- 『자치시대 새로운 삶의 질 지표의 모색』집문당, 1998(김규원 등 4인 공저).
- "미국의 하위계급논쟁"『경제논집』, 1999. 3.
- "사이버 경제의 세계화와 삶의 질"『사이버경제와 삶의 질』, 아산사회복지재단, 2000.
- "남북 경제협력과 북한의 체제전환"『평화연구』(경북대 평화문제연구소) 25집, 2000, pp.51-72.
- "The Problem of Income Distribution and Related Policy Issues in Korea" (co-authored with Whang, Seong-Hyeon)in Kenneth L. Judd and Young Ki Lee(eds), *An Agenda for Economic Reform in Korea: International Perspectives*, Hoover Institution Press, 2000.
- "교육개혁, 무엇이 잘못되었나?"『창작과 비평』2001, 111호, 봄, pp. 307-326.
- "한국의 부의 불평등 추계"『경제발전연구』 2001. 6월, 7권 1호, pp. 1-28(이성림 공저).

- "한국 가계자산 불평등의 최근 추이" 『노동정책연구』 창간호, 2001.7월, pp. 39-51 (이성림 공저).
- "경제위기와 빈부격차: 1997년 위기 전후의 소득분배와 빈곤" 『국제경제연구』 2001. 8월, 7권 2호, pp. 79-109(이성림 공저).
- "Economic Crisis and Income Disparity" (Lee, Seonglim co-authored) *Korea Focus*, 9/5, Sep-Oct 2001, pp. 138-148.
- "민주주의, 성장과 분배" 『세계정치경제』, 세계경제연구소, 제8호, 2001 pp.15-44.
- 『한국사회문제』 한국방송통신대학교, 2002. 1.(한균자 등 14인 공저).
- "성차별 완화 정책의 기본 방향" 『정책포럼』 30호, 2002, 봄, pp. 86-126.
- "The Financial Crisis and Economic Inequality in Korea" *Korea Journal*, vol 42, no 1, Spring 2002 pp. 178-203.
- "개항기 조선에 대한 일본의 경제침탈" 『경상논집』(경북대 경상대), 2002. 6.
- 『헨리 조지: 100년 만에 다시 보다』(김윤상 등 10인 공저), 경북대 출판부, 2002. 12.
- "민주주의와 경제발전" 『정책포럼』 33호, 2002 겨울, 2002.12.30, pp. 4-39.
- "한국의 경제발전 50년" 『경제학연구』 2003.2.13 (한국경제학회 50주년 기념호) pp. 351-409.
- "개발독재와 빈부격차" 이병천(편), 『개발독재와 박정희시대』 창작과 비평사, 2003. 11.1., pp. 213-243, 439.
- "Income, Consumption and Poverty" in a Special Issue of *Social Indicators Research*, The Quality of Korean Life: Comparative and Dynamic Perspectives, vol 62 + 63, 2003, pp. 197-209(SCI ISSN 0303-8300).
- "Social Impact of the Crisis" in Duck-Koo Chung and Barry J. Eichengreen (eds), *The Korean Economy beyond the Crisis*, Edward Elgar, 2004.
- "민주주의와 경제발전" 『경제개혁의 길: 경제개혁정책의 국제비교』 서울사회경제연구소(편), 한울아카데미, 2004.
- "참여정부의 비전과 정책과제" 『한국경제의 분석』, 제10권 제3호, 2004.12.31, pp. 1-37.
- 『한국사회의 불평등과 공정성 의식의 변화』(석현호 등 6인 공저), 성균관대학교 출판부, 2005. 2. 25, pp. 322.
- "양극화냐 동반성장이냐?" 『시민과 세계』(참여연구소), 제7호, 2005, pp. 109-127.
- "Roadmap of Social Solidarity" *Korea Policy Review*(Kennedy School, Harvard University) vol 1, 2005, pp. 73-85.

- "한국경제의 미래와 도전: 참여정부의 국가경쟁력 강화 전략" 『경제학연구』(한국경제학회) 53집 4호, 2005년 12월, pp. 279-311.
- "누구를 위한 경제 성장이었나?: 박정희 체제의 공과" 『기억과 전망』(민주화운동기념사업회) 13호, 2005 겨울, pp. 58-78.
- "한국의 발전모델과 시장경제" 『새로운 성장동력과 균형발전』 이승훈 등 5인 공저, 나남출판, 2006.
- "한국 부동산문제의 진단: 토지공개념 접근방법" 『응용경제연구』(응용경제학회) 9권 2호, 2007. 9., pp. 5-40.
- "세계화, 한미FTA와 한국의 발전전략" 학술단체협의회(편) 『한미FTA와 한국의 선택』 한울아카데미, 2007. 10. 8.
- "Trade, Investment, and Governance" *Kyoto Economic Review*, 2007. 12.
- 『우리는 무엇을 할 것인가』 7인 공저, 프레시안 북, 2008. 2. 29.
- "세계화, 불평등과 복지국가" 『사회경제평론』(사회경제학회) 제30호, 2008. 5., pp. 157-190.
- "성장만능주의는 왜 우리를 불행하게 하는가?" 『내일을 여는 역사』 34권, 2008년 겨울, pp. 60-66.
- "한국경제의 현황과 노무현 정부의 경제정책" 서승·이강국(편) 『한미FTA와 한국경제의 위기』 日本 晃洋書房(교토), 2009.2.20.
- 『위기의 부동산: 시장만능주의를 넘어서』 10인 공저, 후마니타스, 서울, 2009.4.23.
- "한국의 경제위기, 민주주의와 시장만능주의" 『역사비평』 87권, 2009년 여름, pp. 18-49.
- "빈곤과 사회적 배제의 정치경제학" 『황해문화』 64호, 2009.9.1., pp. 18-38.
- 『행복경제 디자인』, 6인 공저, 바로세움, 서울, 2009.11.20.
- 『불평등의 경제학』 후마니타스, 2010.3.2.
- 『노무현이 꿈꾼 나라』, 39인 공저, 동녘, 2010. 4.
- "노무현의 경제정책" 『10명의 사람이 노무현을 말하다』, 오마이북, 2010. 5. 13.
- "선진화가 국가 목표가 될 수 있는가?" 『내일을 여는 역사』 39호, 2010. 6. 10.
- 『진보와 보수, 미래를 논하다』(16인 공저), 도서출판 밈, 2010. 11. 8.
- "한국의 저복지: 실상과 배경" 『경제발전연구』 16권 1호, 2010년 12.
- 『광장에서 길을 묻다』, 동녘, 24인 공저, 337p, 2011. 3. 1.
- 『대한민국 복지: 7가지 거짓과 진실』, 두리미디어, 2011.8.20.
- 『박정희의 맨얼굴: 8인의 학자, 박정희 경제성장 신화를 지우다』(8인 공저), 시사인 북, 2011. 10.19.

- 『경제민주화: 분배친화적 성장』(8인 공저), 모티브북, 2012. 10. 15.
- "경제민주화의 과제"『내일을 여는 역사』제 50호, 2013. 봄, 2013. 3. 1.
- "포용적 성장, 복지국가와 사회적 대화" 이종오·조흥식(편),『어떤 복지국가인가?』한울, 2013. 11. 6., pp. 66-94.
- "경세제민의 길을 고민하는 경제학" 김창현·정용재·최병택(엮음),『지식의 풍경』, Humanist, 7인 공저 2014. 2. 24., pp. 47-74.
- 『약자를 위한 경제학』, 개마고원, 2014. 2. 28.
- 『희망, 살아 있는 자의 의무』, 궁리, 2014. 6. 23.
- 『풍요한 빈곤의 시대』, 민음사, 5인 공저, 2014. 8. 18.
- 『왜 자본은 일하는 자보다 더 많이 버는가?』시대의창, 10인 공저, 2014. 11. 15.
- "피케티 현상, 어떻게 해석해야 하나"『한국경제포럼』, 2014. 10. 30.
- "배제에서 나눔으로: 한국경제 패러다임의 전환"『나눔의 사회과학』임현진, 손열(편) 11인 공저, 진인진, 2014. 12. 19.
- "성장이냐, 복지냐?"『내일을 여는 역사』58호, 2015. 3.
- "경제성장을 보는 새로운 관점"『노사공포럼』, 2015. 4. 30.
- 『이따위 불평등』, 25인 공저, 북바이북, 2015. 5. 22.
- 『불평등 한국, 복지국가를 꿈꾸다』, 후마니타스, 29인 공저, 2015.6.25.
- 『경국제민의 길』, 굿플러스 커뮤니케이션즈, 6인 공저, 2015.8.27.
- 『비정상경제회담』, 8인 공저, 옥당, 2016.3.21.
- 『복지와 사상』, 한울아카데미, 10인 공저, 2016.8.25.
- "성장지상주의를 넘어 포용의 경제로"『황해문화』93호, 2016 겨울.
- 『한국 민주주의의 미래와 과제』이삼열, 이정우, 강원택 등 15인 공저, 한울아카데미, 2017. 10.
- 『노조간부라면 알아야 할 한국경제 특강』, 김유선 등 7인 공저, 레디앙, 2017.11.
- 『헨리 조지와 지대개혁』, 김윤상 등 9인 공저, 경북대출판부, 2018. 5.

〈자료 제공: 이정우 경북대 명예 교수(2018년 11월 20일 기준)〉

제6장

이 동 걸

한국산업은행 회장(노무현 정부 금융감독위원회 부위원장)

ⓒ한국산업은행

출생 1953년, 경상북도 안동

〈학력〉
예일대학교 대학원 경제학 박사
서울대학교 경제학 학사
경기고등학교

〈주요 경력〉

2017.09~	한국산업은행 회장
2013~2017	동국대학교 경영대학 초빙 교수
2009~2013	한림대학교 재무금융학과 객원 교수
2007~2009	한국금융연구원 원장
2004~2007	한국금융연구원 선임연구위원
2003~2004	금융감독위원회 부위원장 겸 증권선물위원회 위원장
2000~2003	한국금융연구원 선임연구위원
1999	대통령자문 정책기획위원, 한국개발연구원 연구위원
1998~1999	대통령비서실 행정관
1997	금융개혁위원회 전문위원
1994~1998	산업연구원 연구위원

〈출처: 네이버·연합인포맥스 인물정보 등〉

이동걸 한국산업은행 회장(노무현 정부 금융감독위원회 부위원장)은 노무현 정부의 재벌 및 금융 개혁 '그랜드 디자인(큰 그림)'을 설계한 '아키텍트(건축가)'다. 특히 이 회장의 개혁 작업은 사사건건 삼성그룹과 부딪혀 삼성에게는 '저승사자'나 다름없었던 인물이다.

이 회장이 노무현 정부에서 추구했던 금융 및 재벌 개혁이 성공했는지에 대해서는 의문을 제기하는 사람이 많을 것이다. 그러나 이는 노무현 정부 내부에서조차 재벌 및 금융 개혁에 대한 컨센서스(consensus·합의)가 부족했던 것이 주된 요인이었다.

노무현 대통령의 정치 참모들은 정권 출범 초기부터 정치·사회 분야에서는 적극적인 개혁을 추진하는 대신 경제는 안정적으로 운용하겠다는 노선을 선택했다. 이 과정에서 일부 참모는 삼성그룹과 상호 협력을 위한 '빅딜(큰 거래)'을 맺기도 했다.

반면 이 회장을 포함한 경제 개혁파들은 '실질적으로 우리나라의 유일한 재벌인 삼성을 제외하고는 금융 및 재벌 개혁이 불가능하다'며 금융 및 재벌 개혁을 지속적으로 추진했다.

노무현 정부 내에서 금융 및 재벌 개혁에 대해 정치 참모와 경제 참모들이 상반된 전략을 추구하고 있었던 점은 가뜩이나 지난(至難)할 수밖에 없었던 금융 및 재벌 개혁을 더욱 어렵게 만드는 요인으로 작용했다.

세간(世間)에서는 이 회장을 사회주의자로 잘못 알고 있는 사람들도 있다. 그러나 실제로 이 회장은 사회주의와는 거리가 멀어도 한참 먼 사람이다. 심지어 유럽식 자본주의(혹은 사회민주주의)를 선호하는 사람이라고 보기도 어렵다.

오히려 그는 철저하게 미국식 금융과 산업의 분리를 지향하는, 그런 측면에서 매우 래디컬한(근본주의적인) 개혁을 추구하는 사람이다.[223]

노무현 정부에서 시간이 지날수록 개혁파의 입지가 줄어들면서 이 회장도 옛 금융감독위원회(금감위) 부위원장 임기조차 채우지 못한 채 중도 하차하고 말았지만, '이동걸'을 빼놓고 노무현 정부 금융 개혁을 이야기한다는 것은 불가능하다.

그만큼 그는 노무현 정부 금융 및 재벌 개혁에 관한 '알파와 오메가(시작과 끝)'의 위치를 점하고 있었고, 문재인 정부 출범 이후 산업은행 회장을 맡고 있지만, 앞으로 금융 관련 다른 중요 직책을 맡을 가능성도 배제할 수 없다.

개혁, 그 지난(至難)한 길(1)

이동걸 산업은행 회장은 노무현 정부 대통령직인수위원회 경제 1분과에 소속된 인수위원 중에서 유일하게 청와대에 근무해본 경험이 있는 사람이었다.[224]

이 회장은 1998년 김대중(DJ) 정부가 들어섰을 때 청와대 경제수석실과 정책기획수석실에서 행정관으로 근무했다. 개혁파로 알려진 김태동 전 청와대 경제수석(후일 정책기획수석)과 함께 금융 개혁의 실무 작업을 맡았던 것이다.

그러나 그는 1년 남짓한 청와대 근무를 끝으로 한국개발연구원(KDI) 연구 위원으로 떠났다. DJ정부에서 더 이상 개혁을 기대하기 어렵다고 생각했기 때문이다.

그래서 이 회장은 노무현 정부 인수위 시절 "내가 DJ정부에서 해봐서 아는데 개혁이라는 게 어느 정부나 초기에는 해보겠다고 달려들지만 끝까지 지속하는 것은 아주 어려운 일"이라고 습관처럼 말하곤 했다.

---

223 우리나라에서는 '래디컬(radical)'을 '과격한'이라고 번역하는 경우가 많지만, 영어의 '래디컬'이라는 말은 라틴어 어근 '라디칼리스(radicalis)' 즉, '뿌리가 있는(having root)'에서 온 말로 단순히 과격하다는 의미보다는 '근원(根源)으로 돌아가는(of or going to the root or origin)'의 의미를 담고 있다. Dictionary.com(radical, https://www.dictionary.com/browse/radical, 2018년 9월 29일 검색).

224 당시 인수위 경제 분야의 핵심 과제들은 대부분 경제 1분과(이정우 간사, 이동걸·허성관·정태인 인수위원)에 속해 있었다. 경제 1분과는 거시경제, 금융, 재정, 세제 등 경제의 거의 모든 부분을 포괄하고 있었다. 반면 김대환 인하대 명예 교수가 간사를 맡았던 경제 2분과(박준경·박기영·정명채 인수위원)는 동북아경제중심국가 건설, 건설 및 부동산, 과학 기술 등을 담당하고 있었다. 그러나 인수위 후기로 갈수록 동북아경제중심국가 건설도 정태인 인수위원이 주로 맡게 되면서 경제 2분과에서 경제 1분과로 무게 중심이 이동했다.
　실질적으로 인수위 시절 경제 2분과에서 한 일은 김수현 전문 위원(노무현 정부 청와대 사회정책비서관·국민경제비서관, 문재인 정부 초대 청와대 사회수석·정책실장, 이 책 3장 참조) 등이 추진한 아파트 후분양제, 최저가낙찰제 확대 실시 등이 핵심이었다. 박기영 인수위원(노무현 정부 청와대 정보과학기술 보좌관)은 인수위 시절에는 특별한 활동을 보이지 않았지만, 황우석 전 서울대 교수 논문 조작 사태가 벌어질 당시 청와대 정보과학기술 보좌관으로 재직해 언론의 집중적인 취재 대상이 됐다.

그는 사실 인수위 시절부터 노무현 정부의 개혁이 용두사미(龍頭蛇尾·용의 머리와 뱀의 꼬리라는 뜻으로, 처음은 왕성하나 끝이 부진한 현상을 이르는 말)로 끝날 가능성이 있다는 것을 알고 있었던 몇 안 되는 사람 중 한 명이었다. 그러나 그는 1998년에 이어 2003년에도, 두 번째로 그 길에 뛰어들었다.

개혁, 그 지난(至難)한 길(2)

어떤 정부에서나 개혁파로 분류되는 세력 중에는 학자 출신이 많다. 개혁이라는 말 자체가 갖는 의미를 생각해보면, 지금까지와는 다른, 어떤 새로운 생각을 가진 사람이라야 개혁 세력이라고 부를 수 있을 것이다.

현실 사회에서 기존의 생각과는 다른, 새로운 아이디어를 키울 수 있는 곳은 많지 않다. 따라서 동·서양을 막론하고 개혁 세력은 학문 또는 연구 분야에 종사하는 경우가 많다. 개혁이나 혁명을 논할 때 자주 나오는 서양의 '인텔리겐차(Intelligentia)'라는 말도 '지식 계급, 학자 또는 연구원'이라는 뜻이다.

그러나 현실적으로 민간에서 학자 또는 연구원 생활을 하다가 공직 사회로 들어와 개혁을 추진해보면, 개혁이 얼마나 어려운 과제인지 알게 된다. 왜냐하면, 개혁이란 새로운 과제를 찾아 새로운 방식으로 일한다는 것을 의미하기 때문이다. 따라서 기존에 당연하게 받아들여지던 모든 것들을 원점에서 다시 검토해야 한다. 일이 많아질 수밖에 없다.

개혁, 그 지난(至難)한 길(3)

개혁 세력이 겪는 또 다른 어려움은 '네트워크(network)'가 없다는 점이다. 정통 관료들은 사무관 시절부터 수십 년간 쌓아온 인간관계가 정부 내에는 물론, 외부에도 촘촘하게 짜여있다. 필요할 때는 언제, 어떤 주제에 대해서든 전문적인 조언을 들을 수 있는 자원(resource)이 곳곳에 포진해 있다는 얘기다.

그러나 개혁 세력은 대부분 그렇지 못하다. 그동안 쌓아온 네트워크는 대부분 민간에 있기 때문에 공무를 수행하는 데 직접적인 도움이 되기 어려운 경우가 많다. 학문적으로는 몰라도 공직에 들어가 실무를 하는 데는 큰 도움이 되지 않는다는 얘기다.

학연·지연 등으로 연결된 친구나 선·후배가 있지만 개혁을 하겠다면서 기존 조직에 있는 친구나 선·후배에게 도움을 청하는 게 쉽지만은 않은 일이다.

특히 노무현 정부에서처럼 개혁 세력과 기존 세력이 적대적인 관계를 형성할 경우에는 기존 조직의 친구나 선·후배에게 도움을 요청하는 것은 사실상 불가능해진다.

언론도 마찬가지다. 경제 관료들의 경우 경제 분야를 담당하는 기자들과 짧게는 몇 년, 간부급 기자들과는 길게는 십 년 이상 교분을 쌓아온 경우가 많다. 서로 능력이나 인품, 자질, 경력은 물론이고 소소한 가정사까지 아는 경우도 있다.

그러나 개혁 세력들은 언론과 부딪혀 본 적이 거의 없는 사람들이 대부분이다. 기껏해야 교수나 연구원 생활을 하면서 논문 발표할 때나 잠시 기자들과 접촉하지만, 그나마도 대부분 주최 측에서 알아서 하기 때문에 기자와 직접 접촉하는 경우는 드물다.

개혁파와 관료, 그리고 언론(1)

일반적으로 대학 교수나 연구원의 말이 언론에 대서특필(大書特筆·특별히 두드러지게 보이도록 글자를 크게 쓴다는 뜻으로, 신문 따위의 출판물에서 어떤 기사에 큰 비중을 두어 다룸)되는 경우는 많지 않다. 기사화됐다고 하더라도 짧은 인용에 그치고, '개인 의견'일 뿐이므로 발언 내용이 사후에 심각한 문제가 되는 일도 사실상 없다.

그러나 공직자가 되고, 특히 '개혁 세력'이라는 '라벨(label·분류표)'까지 붙으면 상황이 완전히 달라진다. 공직자의 생각은 실제 정책으로 가시화할 가능성이 크기 때문에 기존 정책과 다른 새로운 의견을 밝히면 크게 보도된다.

따라서 개혁 세력으로 분류되는 사람들은 언론에 대해 불편해하는 경우가 많다. 언론을 상대해본 경험이 별로 없는데다, 말 한마디 잘못하면 상사로부터 크게 질책을 받기 때문이다. 일이 몇 배로 늘어난 것도 기자들과 만날 시간을 내기 어렵게 한다. 그래서 정권 초기에 개혁 세력들은 기자들과 잘 어울리려고 하지 않는 경우가 많다.

개혁파와 관료, 그리고 언론(2)

개혁 세력에 대한 취재가 봉쇄되면 기자들은 관료에게 정보를 의존할 수밖에 없다. 관료를 통해 개혁 세력의 동향을 파악하는 것이다. 권력의 움직임을 알고 싶어 하는 게 언론의 속성이다. 이럴 경우 개혁 세력이 하고 있는 일에 대한 관료의 '해석(解釋)'도 당연히 함께 이전(移轉)된다.

이런 과정을 거쳐 관료로부터 취재된 내용이 기사화되기도 한다. 신뢰할 만한 내용이고, 주변 취재를 통해 내용이 검증되면 기사를 안 쓰는 게 오히려 이상한 일이다. 이런 일이 발생하면 개혁 세력은 '기자들은 기존 관료 세력과 유착돼 있다'고 생각하는 경향이 짙어진다. 안 그래도 별로 친하지 않은 개혁 세력과 언론의 거리는 더욱 멀어진다.

사실 개혁을 표방하는 어느 정권에서나 되풀이되곤 하는 이런 과정은 어떤 측면에서는 이해할 수 있는 일이다. 그러나 이 같은 네트워크의 부재(不在)는 개혁 세력의 개혁이 성공하기 어렵게 만드는 중요한 요인 중 하나로 작용한다.

개혁이 성공하기 위해서는 무엇보다도 개혁의 내용을 국민에게 정확히 알리고, 그를 통해 국민의 지지를 꾸준히 받는 게 중요한데 개혁 세력과 국민 간의 '연결 고리'가 끊어지고, 결과적으로 개혁 세력이 고립되는 상황이 발생하기 때문이다.

인수위 경제 1분과

새롭게 등장한 개혁파들에 대한 취재 과정이 험난하기는 노무현 정부에서도 마찬가지였다. 경제 기자들의 취재는 참여정부 인수위 경제 1분과에 집중됐다.

당시 인수위 경제 1분과는 인수위에 참여하면서 휴대폰을 처음 장만했다는 설(說)이 나돌았던 이정우 경북대 명예 교수(노무현 정부 초대 청와대 정책실장·정책기획위원장) 뿐만 아니라 이동걸·허성관·정태인 인수위원 등 취재가 어려운 사람들로 구성돼 있었다.

그나마 전화 통화가 된다고 하더라도 "알지 못 한다"거나 "현시점에서는 뭐라고 드릴 말씀이 없다"는 답변이 대부분이었다.

심지어 다른 언론이 특종이라고 보도한 사안이 사실인지 아닌지 확인하기 위해 연락을 해도 전화 통화가 안 되는 경우가 대부분이었고, 요행히 통화가 된다고 해도 "맞다" 또는 "아니다"라는 속 시원한 대답을 듣기는 어려웠다.

사실 인수위 단계에서는 정책 결정 체계가 확립되지 않은 상태이기 때문에 확인해주고 싶어도 그렇게 하기 어려운 경우도 많았을 것이다.

그러나 남이 쓴 기사가 사실인지 아닌지조차 확인할 수 없는 상황이 되면 현장에 나와 있는 취재 기자들도 '내가 지금 여기서 뭐하나?'라는 자괴감에 빠질 수밖에 없게 된다. 회사(언론사)에서도 '저 친구는 저기서 뭐하나?'라는 사실상의 질책을 듣게 된다.[225]

그러다보면 자연스럽게 개혁 세력에 대해 불편한 마음이 생기고, 관계는 점점 멀어지게 된다.

인수위 흡연실에서

노무현 정부 인수위에서 기자가 유일하게 취재원을 만날 수 있는 장소는 흡연실이었다. 흡연자는 담배를 안 피우기 어려운데다, 인수위 사무실이 있던 정부서울청사 별관은 사무실 내 흡연이 엄격히 금지돼 있었기 때문에 인수위원들도 담배를 피우려면 흡연실을 찾지 않을 수 없었다.

---

225 취재 기자가 가장 듣기 싫어하는 말이 '물을 먹는다'라는 얘기다. '물을 먹는다'라는 말은 언론계에서 오랫동안 사용돼온 속어(俗語·통속적으로 쓰는 저속한 말)인데, 다른 기자가 특종(단독 기사)을 쓸 동안 해당 사안을 몰라 보도를 하지 못한 것을 뜻한다. 매일 신문이나 방송, 통신에 기사를 쓰는 취재 기자는 '매일 시험을 치고, 매일 성적표를 받는 직업'이다. 매일 시험을 친 결과가 '낙제'로 판명된 가장 대표적인 사례가 다른 회사 기자가 특종(단독 기사)을 할 동안 해당 사실을 모르고 있다가 '물을 먹는' 경우다. 그러나 다른 회사 기사가 특종을 했더라도, 사안이 매우 중요하다고 판단되면 해당 사실을 뒤늦게라도 보도하지 않을 수 없다. 취재 기자들 사이에서 속된 말로 '(다른 회사 기사를) 베낀다'라는 말로 표현하는 이 일을 할 때 기자들은 가장 자존심이 상하고, 스트레스를 많이 받는다. 그런데, 속된 말로 '베껴야 할지, 무시해야 할지를 결정하기 위해' 전화를 했는데, 이 전화조차 받지 않고 기피하면, 가뜩이나 자존심이 상한 상황에서 취재 기자들은 극심한 스트레스를 받게 된다. 이 같은 사실은 취재 경쟁이 치열한 분야의 기자들을 상대하거나 옆에서 지켜본 극히 일부의 사람만 알고, 대부분의 국민은 잘 알지 못한다.

당시 인수위 경제 1분과에는 이동걸·허성관·정태인 인수위원 등 3명이 흡연자로 흡연자가 다수였고, 이정우 간사만 비흡연자였다.[226]

이에 따라 취재 기자들은 좁다란 흡연실과 흡연실 앞 복도를 가득 메운 채 인수위원들이 담배 피우러 나오기만 기다렸다.

인수위원들은 한번 담배를 피우러 나오면 기자들에게 둘러싸여 20~30분씩 붙잡혀있기 일쑤였고, 인수위원이 아닌 직원들은 기자들로 흡연실이 꽉 차서 흡연실 한쪽 귀퉁이에서 담배를 피우자마자 쏜살같이 사무실로 돌아가곤 했다.

당시 이정우 간사의 경우 화장실 갈 때 쫓아가면서 몇 마디 물어보는 게 취재의 전부였다. 어떤 남자 기자들은 이 전 간사가 화장실로 들어가면 화장실까지 쫓아가 취재하기도 했다. 화장실에서 볼 일 보는 사람을 상대로 뭔가를 물어보는 것은 물어보는 사람에게도 고역(苦役·몹시 힘들고 고된 일)이지만, 질문을 받는 사람에게도 고역이기는 마찬가지였다.

당시 취재 기자들의 모습이 얼마나 진풍경이었는지, 공중파 방송에서 인수위 기자들이 취재하는 모습을 방송에 내보냈을 정도였다. 그래서 기자들 사이에서는 '인수위에서 취재가 허용된 곳은 흡연실, 화장실, 그리고 브리핑실 뿐'이라는 자조적인 얘기까지 나돌았다.[227]

---

226 이동걸 당시 인수위원(문재인 정부 초대 산업은행 회장)은 그 뒤 건강에 문제가 생겨 오랫동안 좋아하던 담배를 완전히 끊었다.

227 물론 인수위가 처음부터 기자들의 사무실 출입을 막았던 것은 아니다. 출범 초기에는 김대중 정부 청와대 취재 시스템을 본떠 하루 1~2차례 사무실을 개방하고 분과 간사가 기자들의 질문에 답하는 시간을 마련했다. 그러나 일부 간사의 답변 내용이 언론에 보도되는 과정에서 발언 당사자가 "나는 그런 발언을 한 적이 없다", "내 발언의 취지가 왜곡됐다" 등의 주장을 하면서 며칠 지나지 않아 모든 사무실 출입이 원천 봉쇄됐다. 노무현 정부의 사무실 출입 금지는 정부가 공식적으로 출범한 뒤 단계적으로 모든 부처에 확대 실시됐다. 노무현 정부에서 실시된 기자의 사무실 출입정지에는 언론, 특히 노무현 정부 핵심 인사들이 '보수 언론'이라고 부르는 매체에 대한 '뿌리 깊은 반감(反感)과 적개심(敵愾心·적에 대해 느끼는 분노와 증오)'이 크게 작용했다.

정부서울청사 앞 허름한 한정식집

인수위가 출범한 지 한 달이 되도록 이동걸 전 위원은 4층 흡연실과 복도에서 기자들과 몇 마디 하는 것을 빼고는 일절 기자들과 만나지 않았다.

그러던 중 2003년 1월 22일 '이동걸 인수위원이 각 언론사 경제담당 기자들과 점심이나 한번 했으면 한다'는 얘기가 돌았다.

물론 공식적인 자리는 아니었고, 일부 기자들이 이 전 위원과 얘기를 하면서 "한시 조직인 인수위의 존속(存續·어떤 대상이 그대로 있거나 어떤 현상이 계속됨) 기간도 절반 가까이 지났으니 점심이나 한 번 하자"고 제의한 것을 이 전 위원이 받아들여 성사된 자리였다.

기자 중에서 누구를 부를 것이냐, 또는 따로 준비된 연락망 따위란 애초부터 없었다. 그러나 경제 분야, 특히 옛 재정경제부(재경부)에서 정책을 오래 담당한 기자들은 대부분 서로 아는 관계였기 때문에 알음알음으로 10여 명의 기자들이 정부서울청사 앞 허름한 한정식 집 방에 자리를 잡고 앉았다.[228]

이 전 위원이 점심 자리에 앉자마자 기자들의 질문이 쏟아졌다. 인수위가 출범한 뒤 한 번도 제대로 질문할 시간을 갖지 못했기 때문이다. 질문 순서는 따로 정하지 않았지만 대부분 돌아가면서 한 가지씩 질문을 했고, 필자에게도 질문할 수 있는 순서가 돌아왔다. 필자로서는 이날 점심이 이 전 위원을 사실상 처음으로 만난 자리였다.

---

228 당시 인수위 취재를 하겠다고 등록한 기자들을 모두 합치면 수백 명에 달했기 때문에 모든 기자들을 부른다는 것은 현실적으로 불가능했다. 또 인수위 취재 기자 대부분은 정치부 소속이었기 때문에 경제 관련 기사는 거의 쓰지도 않았고, 관심도 없는 경우가 대부분이었다. 이런 사정 때문에 매일 인수위로 출근해 기사를 쓰는 기자 중에서 경제를 담당하는 기자들만 추려서 자리를 함께 하게 된 것이다.

세 번의 같은 질문

"현재 상황을 살펴보면, 은행 등 제1금융권은 감독 시스템이 어느 정도 자리를 잡은 것 같은데, 제2금융권이 문제인 것 같습니다. 어떤 생각을 갖고 계시는지요?"

필자가 이동걸 전 위원에게 물었다. 그러나 돌아온 대답은 "글쎄, 그 문제도 우리가 살펴봐야겠지요"라는 지극히 원론적인 얘기뿐이었다.

질문이 한 순배 돌고 필자의 차례가 다시 왔을 때, 필자는 조금 전에 했던 질문을 약간 다른 형식으로 다시 했다. 그러나 답변은 역시 원론적인 수준에 머물렀다.

1시간으로 예정된 점심시간 대부분이 흘러가고 식사를 거의 마칠 무렵 필자에게 마지막으로 질문할 수 있는 기회가 주어졌다. 필자는 금융 분야 전문 용어를 조금 더 많이 써가면서 세 번째도 똑같은 질문을 던졌다.

필자가 똑같은 질문을 세 번이나 연달아 한 것은 인수위를 출입하면서 금융 개혁의 최대 화두가 제2금융권 개혁일 것이라고 내심 짐작하고 있었기 때문이다. 금융 개혁을 말할 때, '제2금융권 개혁'이라는 일반적인 수사어(修辭語)는 사실 '삼성 문제'를 돌려 말하는 것이나 다름없었다.

삼성이 삼성생명, 삼성증권 등 수많은 금융 계열사를 통해 우리나라의 제2금융권을 실질적으로 장악하고 있는 재벌 그룹(대규모 기업 집단)이라는 것에 대해서는 논란의 여지가 없었기 때문이다. 삼성의 제2금융권 회사, 특히 삼성생명은 삼성 지배구조의 핵심축(軸) 가운데 하나였다.

필자는 그에게 돌려서 "삼성 문제를 금융 개혁 혹은 재벌 개혁의 관점에서 어떻게 처리하려고 하느냐?"는 동일한 질문을 세 번에 걸쳐 던지고 있었던 것이다.

마침내 입을 열다

필자가 이동걸 전 위원에게 똑같은 질문을 세 번에 걸쳐 한 것은 취재의 '큰 그림'을 그리는 게 급선무였기 때문이다. 노무현 정부 금융 개혁의 큰 그림을 파악하기 위해서는 인수위 경제 1분과에서 금융을 담당하던 이 전 위원의 마음속에 감춰진 금융 및 재벌 개혁의 핵심이 무엇인지 아는 게 매우 중요했다. 핵심 아이디어와 생각을 알아두면, 나머지는 사안에 따라 핵심 아이디어와 생각을 현안에 대입(代入·어떤 것을 대신하여 다른 것을 넣음)하는 방식으로 추정할 수 있기 때문이다.

필자로서는 이 전 위원의 큰 그림에 대한 감을 잡아야 그날 점심 자리가 의미가 있는 것이었고, 향후 노무현 정부의 경제 정책이 지향 하는 방향에 대해 나름대로 해설과 전망을 할 수 있는 상황이었다.

그러나 필자 역시 제2금융권 개혁이 핵심일 것이라고 감을 잡은 지는 꽤 오래됐지만, 자세한 내용과 방법론을 알지 못해 혼자서 끙끙 앓던 중이었다.

세 번씩이나 똑같은 질문을 하자 이 전 위원은 그날 처음으로 인사 한(그전에도 전화 통화를 하거나 흡연실 등에서 얼굴을 본 적은 있었지만, 공식적으로 명함을 건네고 인사를 한 것은 이때가 처음이었다. 사실 이때까지 필자와 이 전 위원은 잘 모르는 사이였다) 필자의 얼굴을 처음으로 힐끗 쳐다봤다.

그러더니 이 전 위원은 무언가 결심을 한 듯 "그러시면 제가 말씀 을 좀 드리지요"라며 입을 떼기 시작했다. 이 전 위원이 생각하는 금융 및 재벌 개혁 구상이 처음으로 세상에 모습을 드러내는 순간이 었다.

"보따리 싸들고 집에 가게 될 지도 모릅니다."

이동걸 전 위원의 이날 발언은 상당히 충격적이었고, 이 전 위원이 "내가 이렇게 얘기했다고 신문에 나가면 보따리 싸들고 집에 가게 될 지도 모른다"는 농담까지 할 정도였다.

그가 이날 밝힌 금융 개혁 방안은 '대주주(大株主) 자격 유지 제도 (Dynamic fit and proper)'와 관련된 내용이 핵심이었다. 물론 이 같은 생각의 근저(根底)에는 '산업 자본(재벌 그룹)의 금융 자본 지배를 철저히 차단해야 한다'는 생각이 깔려 있었다.

그는 산업 자본(재벌 그룹)이 보험·증권·카드회사 등 제2금융권으로 처음 진출할 때(제1금융권인 은행은 은행법상 재벌의 소유한도 제한으로 이미 막혀있음) 는 대주주의 자격에 대한 제한이 있는데, 기존 금융 회사의 경우에는 자격 제한이 없는 것이 문제라는 인식을 갖고 있었다.

예컨대 한화그룹이 대한생명을 인수한 것은 한화그룹이 여러 가지 측면에서 자격이 없음에도 불구하고 '법의 맹점(盲點·미처 생각이 미치지 못한, 모순되는 점이나 틈)' 때문에 인수가 가능했다는 게 그의 생각이었다.

따라서 그는 "제2금융권 금융 회사 대주주는 금융 회사를 인수한 뒤에도 대주주의 자격 요건을 지속적으로 유지해야 한다"고 주장했다.

다른 말로 하자면, 보험·증권·카드 등 제2금융권 금융 회사를 인수한 뒤에도 재무 구조가 부실해지거나 부당 내부 거래 등이 적발되면 대주주의 자격을 박탈할 수 있도록 관련 법률을 고쳐야한다는 얘기였다.

삼성, 현대, LG, 한화 등 현실적으로 제2금융권 금융 회사를 갖고 있지 않은 재벌 그룹사가 없는 상황에서 이 전 위원의 이 같은 말은 상당히 강성(强性) 발언으로 받아들여졌다.

그는 또 제2금융권 금융 회사가 대주주에게 제공할 수 있는 여신 한도도 엄격하게 제한하는 방안을 검토해야 한다고 주장했다.

가장 강한 것은 언제나 맨 끝에 온다

그러나 여기서 끝이 아니었다. 이동걸 전 위원은 "제2금융권 금융 회사 대주주에 대한 감독을 강화하기 위해 제2금융권 금융 회사를 갖고 있는 재벌 그룹사에 대해서는 '대주주와 전 계열사(all affiliates)'에 대해 (금융 감독 당국이) 검사를 해야 한다"고 주장했다.

금융 회사 대주주가 부실해지면 대주주는 어떻게 해서든지 여기저기서 자금을 끌어 모으려고 할 것이고, 그 과정에서 재벌 그룹사의 계열사인 금융 회사도 부실화할 수밖에 없기 때문에 그렇게 할 필요가 있다는 것이었다.

따라서 재벌 그룹 계열사에 제2금융권 금융 회사가 포함돼 있을 경우에는 최대 주주뿐만 아니라 그룹 계열사 전체의 자본 흐름을 추적해야 한다는 뜻이었다. 그래서 대주주의 자본 흐름과 현금 흐름이 문제가 없다는 것을 확인했을 때만 해당 금융 회사가 위험해지지 않을 것이라고 안심할 수 있다는 얘기였다.

듣기에 따라서는 등골이 오싹한 얘기다. 제2금융권 금융 회사를 갖고 있는 재벌 그룹사는 해당 금융 회사뿐만 아니라 전 계열사의 자본 흐름과 현금 흐름을 금융 감독 당국에 고스란히 다 공개해야 한다는 뜻이었기 때문이다.

이럴 경우 금융 감독 당국이 사실상 우리나라의 거의 모든 재벌 그룹사의 자본 흐름과 현금 흐름을 손바닥 들여다보듯 알 수 있게 된다. 따라서 우리나라의 어떤 재벌 그룹도 정부, 특히 금융 감독 당국의 뜻을 거부하기가 어려워진다.

"금감원 규정만 개정하면 즉시 시행 가능"

특히 이동걸 전 위원은 "대주주 자격유지제도 도입이나 대주주에 대한 여신공여 한도 강화는 법률 개정 사항이지만, 대주주에 대한 검사 및 감독 강화는 금융감독원(금감원) 규정만 개정하면 즉각 시행할 수 있다"고 강조했다.

금감원을 장악해 관련 규정만 개정하면 즉시 우리나라 재벌 그룹사 대부분의 자본 흐름과 현금 흐름을 손바닥 들여다보듯 파악할 수 있다는 뜻이었다.

그는 "금융 감독만 똑바로 하면 재벌 개혁은 저절로 된다"고 말했다. 기자들은 처음에는 그게 무슨 의미인지 알지 못했다. 그러나 이날 이후 이 전 위원의 말이 무엇을 의미하는지 정확하게 이해하게 됐다. 그에게 금융 개혁과 재벌(또는 기업) 개혁이란 '한 가지 이야기의 두 가지 다른 표현'에 불과했던 것이다.

이 전 위원 얘기 가운데 현실적으로 가장 충격적인 부분은 "대주주에 대한 검사 및 감독 강화는 금감원 규정만 개정하면 즉각 시행할 수 있다"는 것이었다. 법을 개정하기 위해 국회로 법안을 넘기면 '많은 손을 타는 게' 상례(常例·보통 있는 일)다. 재벌 그룹의 국회의원 등 정치권에 대한 로비 때문에 실행이 쉽지 않다는 뜻이다.

그러나 금감원 감독 규정만 개정하면 실행할 수 있다면, 현실적으로 대통령과 금감원장 2명만 뜻을 모으면 재벌 그룹의 자본 흐름과 현금 흐름을 거의 실시간으로 들여다보는 것을 '즉시 시행'하는 게 가능하다는 얘기가 된다. 당시 대통령 당선자는 우리 역사에서 가장 진보적으로 평가받았던 노무현 당선자였다. 이 전 위원이 그리는 '그림'이 실제로 현실 속에서는 작동하지 않을 것이라고 생각할 만한 근거가 별로 없었다. 그는 '아주 센 얘기'를 하고 있었던 것이다.

"하도 센 이야기를 들어 정신이 얼얼하다."

이동걸 전 위원과의 점심을 마치고 나오면서 기자들은 "하도 센 얘기를 들어서 정신이 얼얼하다"고 입을 모았다. 기자들은 점심 때 들은 얘기지만 기사는 다음날 아침부터 쓰기로 했다. 필자가 재직하고 있는 문화일보가 석간(夕刊)신문인 점을 고려해 매우 이례적으로 조간(朝刊)신문보다 먼저 쓸 수 있도록 배려해주겠다는 뜻이었다. 이 전 위원의 답변을 이끌어낸 질문을 필자가 세 번이나 했다는 점이 감안된 결정이었다. 동료 기자들의 배려심에 감사의 마음이 절로 들었다.

사실 필자도 이 전 위원의 얘기를 듣고 깜짝 놀랐다. 내용 때문에 놀라기도 했지만, 평소 이 전 위원이 말을 많이 하지 않는 사람이었기 때문에 얘기를 꺼내도 힌트만 조금 주고 그칠 것으로 예상했는데, 막상 말을 시작하자 말릴 겨를조차 없이 한꺼번에 모든 것을 쏟아냈기 때문이다. 솔직히 필자는 점심 자리에서 조금 힌트만 얻은 뒤 조간 기자들이 퇴근하고 난 후 밤에 보강 취재를 해서 다음날 아침 기사를 쓸 생각이었다.

어쨌든 이날 점심 자리에 참석한 기자들의 선의(善意) 덕분에 다음날 아침 문화일보를 비롯한 석간신문부터 기사를 쓰기는 했지만, 얘기를 들으면서 내용이 너무 강한데다, 이 전 위원이 갑자기 모든 것을 쏟아내는 바람에 필자도 많이 놀랐던 기억이 난다.

새롭게 등장한 용어, '핵심 관계자'

노무현 정부 인수위 출입 기자들은 전에 없던, 새로운 형태의 수사법(修辭法)을 하나 개발해 냈다. 딱히 누가 고안한 것은 아니고, 마땅한 용어가 없어 고민하다가 '집단 창작'을 통해 만들어낸 표현이었다.

전통적으로 기자들은 실명을 밝히기 곤란할 때 '관계자'라는 표현을 쓴다. '기획재정부(기재부) 관계자', '공정거래위원회(공정위) 관계자' 하는 식이다.

필자 개인적으로는 정부 부처의 경우 1급 이상(장관, 차관, 차관보 등 1급 공직자)일 경우에는 '고위 관계자'라는 표현을 사용하고, 국장급 이하일 경우에는 '관계자'라는 표현을 사용하는 것을 원칙으로 하고 있다.

물론 아주 드물지만 예외도 있다. 예컨대 특정 기관의 국장은 다른 부처의 1급이나 차관보다도 더 강한 영향력을 갖고 있는 경우가 있기 때문이다. 그러나 필자는 위에서 제시한 규칙을 스스로 만들고, 가급적 지키기 위해 노력해왔다.

불가피하게 기사에서는 익명의 취재원을 인용하더라도, 독자가 익명의 취재원의 위치나 영향력 등에 대해 어느 정도는 짐작할 수 있도록 해주는 게 귀중한 시간을 내 신문을 사고, 읽어주는 독자에 대한 최소한의 '도리(道理)'라고 생각했기 때문이다.

그러나 참여정부 인수위 기사에서는 전에는 볼 수 없었던 '핵심 관계자'라는 표현이 등장하기 시작했다.

인수위에는 인수위 간사나 인수위원 뿐만 아니라 정부에서 파견 나온 전문 위원(이사관 또는 부이사관, 국장급)과 행정관(서기관, 과장급), 민간에서 충원된 전문 위원과 행정관 등이 뒤섞여 있었다.

따라서 이들 모두가 '인수위 관계자'라고 지칭될 수 있는 상황이었다. 반면 인수위의 경우 간사는 몰라도 인수위원들은 기존 언론의 제작 관행으로는 '고위 관계자'라고 지칭되기는 어려운 사람들이었다. 그러나 영향력으로만 따지자면 인수위원들의 '힘'은 웬만한 부처의 차관보다도 강한 게 현실이었다.

'핵심 관계자' vs. '고위 관계자'

이런 현실 속에서 고민하던 기자들은 '핵심 관계자'라는 새로운 용어를 개발해냈다. '고위 관계자'라고 할 때 '고위'라는 말은 직급이 높다는 말이다. 그러나 핵심 관계자라고 할 때 '핵심'은 직급이 높다는 의미가 아니라, 하는 일이 중요하거나 영향력이 크다는 뜻이다.

따라서 인수위원들을 고위 관계자라고 지칭하는 것은 적절치 않지만, 핵심 관계자라고 지칭하는 데는 아무런 문제가 없었다. 이런 정황을 고려할 때 인수위 기사에서 핵심 관계자라는 표현이 나오면 대개 인수위원이거나 그에 준하는 위치에 있는 사람을 지칭하는 것이라고 봐도 크게 틀리지 않았다.

예컨대 경제 1분과의 경우 인수위원은 이동걸·허성관·정태인 위원 등 3명이 있었고, 이들은 각각 전공 분야가 나뉘어 있었으므로 내용을 살펴보면 익명이기는 하지만 누가 얘기한 것인지 짐작하는 게 별로 어려운 일은 아니었다.

인수위 출입 기자들은 그런 식으로, 매우 간접적인 형식을 동원해 자신이 쓴 기사의 취재원이 누구인지 다른 기자들과 독자들이 짐작할 수 있는 단서(端緖·문제를 해결하는 방향의 첫 부분)를 남겨놓았던 것이다.

인수위 vs. 전경련

노무현 정부 인수위가 출범한 직후인 2003년 1월 10일 미국 뉴욕 타임스는 '선거 후 한국 기업 안심시키기(After the Election, Reassuring Korean Business)'라는 기사에서 "김석중 전국경제인연합회 상무가 '(노무현 정부의) 대통령직인수위원회는 경제 정책에 있어서 대단히 위험할 수 있다. 그들은 경제 체제의 급격한 변화를 원한다. 그들의 목표는 사회주의적(socialist)이다'라고 말했다"고 보도해 큰 파문을 일으켰다.

이 일은 김 전 상무가 "사회주의적이라는 말을 한 적이 없다"고 주장하고, 김 전 상무와 전경련이 기사를 쓴 돈 커크 기자와 뉴욕타임스에 정정 보도를 요청하면서 유야무야됐다.

그러나 김 전 상무는 당시 뉴욕타임스에 실린 인수위의 경제 정책을 비판하는 내용 대부분이 자신이 한 말이라는 사실은 시인했으며, 오직 한 가지 '사회주의적'이라는 말만 하지 않았다고 주장했다.

지금까지도 김 전 상무가 정말 '사회주의적'이라는 말을 했는지, 안 했는지는 밝혀지지 않았다. 그러나 전경련에 소속돼 있던 김 전 상무가 인수위의 경제 정책에 내해 대단히 비판적인 입장을 밝힌 것은 틀림없는 사실이었다.

그렇다면 김 전 상무가 비판한 '인수위의 경제 정책'은 누가 입안한 것이었을까? 그가 뉴욕타임스 기사를 통해 거론한 경제 정책 대부분은 재벌 정책과 금융 정책에 대한 것이었다.

답은 명확했다. 허성관 전 위원과 일부 겹치는 부분이 있기는 하지만, 거의 대부분 이동걸 전 위원의 업무 영역이다.

따라서 진위(眞僞) 여부가 가려지지 않았지만, 김 전 상무가 만약 인수위의 경제 정책에 대해 '사회주의적'이라는 말을 했다면, 그 말은 이동걸 전 위원의 정책이 사회주의적이라는 뜻이다. 그렇다면, 이 전 위원은 정말 사회주의자일까?

이동걸은 사회주의자?

결론부터 말하면 이동걸 전 위원을 사회주의자라고 말하는 사람들은 이 전 위원을 모르거나 사회주의가 뭔지 모르거나, 둘 중 하나다.

이 전 위원을 잘 아는 사람들은 오히려 "그의 사고방식을 곰곰 살펴보면 참으로 뼛속까지 미국식 자본주의를 '제대로' 하자는 사람이라는 것을 알게 된다"고 말하는 경우가 많다.

인수위 시절 이 전 위원이 주장한 것들 중에서 '가장 세다'는 평가를 받는 "제2금융권 금융 회사를 소유하고 있는 재벌 그룹사에 대해서는 대주주에 대한 감독을 강화하기 위해 해당 금융 회사뿐만 아니라 전 계열사의 자본 흐름과 현금 흐름을 검사해야한다"는 주장을 예로 들어보자.

이 전 위원이 이 주장을 뒷받침할 때 자주 예로 들었던 사례는 당시 국내에도 들어와 있던 GE캐피탈(GE Capital)이었다.

GE캐피탈은 미국에서 가장 유명한 기업 중 하나인 GE(제너럴 일렉트릭)의 자회사다. 우리나라에서는 GE그룹을 이름 때문에 전기·전자회사로 생각하는 사람들이 많지만 실제로는 매출액의 절반 이상을 금융·보험 분야에서 획득하는 금융 그룹이기도 했다.

GE캐피탈의 사례

이동걸 전 위원에 따르면 오래 전 GE캐피탈이 미국의 지방에 있는 아주 조그마한 은행을 인수하려고 시도했던 적이 있다고 한다. 그런데 미 연방준비제도이사회(FRB·연준) 검사반이 들이닥쳐서 GE캐피탈뿐만 아니라 초거대 기업인 GE그룹의 현금 흐름 전체를 점검하겠다고 달려들었다고 한다.

조그만 은행 하나를 인수하기 위해 GE그룹 전체의 현금 흐름을 금융 감독 당국에 지속적으로 감시당하는 것을 도저히 참을 수 없었던 GE캐피탈은 한 달여 만에 은행 인수를 포기하겠다는 선언을 하고 물러났다는 것이다.

산업 자본(재벌 그룹)이 금융 자본을 보유하게 되면 산업 자본의 자금 사정이 나빠질 경우 계열 금융 회사로부터 자금을 무분별하게 차입할 가능성이 있기 때문에 금융 회사뿐만 아니라 전체 계열사의 자본 흐름 및 현금 흐름을 미리 파악해야 한다는 게 미국 금융 감독 당국의 일관된 주장이었다고 한다. 그래야 금융 회사가 부실화해서 금융 시스템 전체가 위험해질 가능성을 사전에 차단할 수 있다는 것이다.

물론 이 전 위원이 GE캐피탈에서 예로 든 것은 제1금융권에 속한 은행이고, 우리나라에서도 현재 은행은 재벌 그룹사의 소유가 불가능하도록 법적으로 규제를 받고 있다.

그러나 이 전 위원은 제2금융권에 속하는 보험·증권·카드사 등을 소유하고 있는 재벌 그룹사에 대해서도 대주주에 대한 감독권을 강화해야 한다고 주장했다. 어떤 측면에서는 미국보다 더욱 철저하게 금융과 산업을 분리할 것을 주장한 것이다.

하지만 이 전 위원의 주장을 논리적으로 분석해 보면 그 어느 곳에서도 사회주의 비슷한 냄새조차 나지 않는다. 오히려 "참 철저히 미국적인 방식으로 금융과 산업을 분리하려고 하는구나!"라는 생각이 굳어질 뿐이다.

이 전 위원이 '강성 인물'이라는 세간의 평가는 맞는 말일 것이다. 그러나 '사회주의적'이라든가 '이념 성향이 자본주의가 아닌 것 같다'는 주장은 사실과 거리가 멀다.

개인적으로 만나서 사적인 얘기를 들어봐도 마찬가지다. 이 전 위원이 사회주의자라는 항간의 소문은 잘 알지 못하면서 '딱지붙이기'를 좋아하는 사람들이 만들어낸 허구(虛構)일 뿐이다.

'삼성 저격수'

삼성그룹은 우리나라 최고, 최대의 대규모 기업 집단(재벌)이다. 옛 현대그룹마저 분리된 마당에 삼성그룹은 '한국의 유일무이한 재벌 그룹'이라고 해도 과언이 아니다. 소련이 붕괴된 뒤 미국이 '유일무이한 초강대국(the only superpower)'이라는 말을 들었듯이, 삼성이 한국 재계에서 차지하는 위치는 그야 말로 독보적이고, 갈수록 지배력이 강해지고 있다.

필자가 다른 재벌 그룹이 들으면 기분이 나쁠 수도 있는 이런 말을 하는 이유는 외환 위기를 겪으면서 우리나라의 대표적인 재벌 그룹이 대부분 해체되고, 옛 현대그룹마저 분리된 상황에서 '고전적인 의미의 재벌'은 사실상 삼성밖에 남지 않았다고 생각하기 때문이다.

그러나 이 전 위원은 2003년 3월부터 2004년 8월까지 옛 금융감독위원회(금감위) 부위원장(차관급)으로 근무하면서 삼성그룹과 사사건건 맞서 세상의 관심을 모았다. 그는 옛 금감위 부위원장 시절 삼성생명의 회계처리 문제를 최초로 제기해 삼성그룹에 개전(開戰)을 선포했다.

옛 금감위 부위원장에서 물러난 뒤에도 삼성에버랜드, 삼성카드, 삼성전자, 삼성생명 등이 연루돼 있는 금융 산업의 구조 개선에 관한 법률(금산법) 개정안을 둘러싸고 삼성그룹과 2차전을 치렀다.

옛 재정경제부(재경부)가 자본시장통합법을 제출했을 때도 한국금융연구원이 발간하는 '주간 금융브리프'(15권 21호, 2006년 5월 29일)에 게재한 글을 통해 옛 재경부와 삼성에 대한 비판 공세를 늦추지 않았다.

따라서 이 전 위원은 '노무현 정부에서 삼성을 가장 끈질기게 괴롭힌 관료'로 역사에 남을 가능성이 크다.[229] 사실 노무현 정부 내내

---

229 경제 관료 중에서 유일하게 노무현 정부의 이동걸 전 금감위 부위원장과 필적할 만한 사람은 문재인 정부의 김상조 공정거래위원장 정도일 것이다. 장하성 문재인 정부 초대 청와대

'삼성과 이동걸'은 눈에 띄게, 또 눈에 띄지 않게 하루도 빠짐없이 전쟁을 벌여왔다.

그러나 이 위원이 삼성그룹에 특별히 사감(私感)을 갖고 있는 것은 아니었다. 그보다는 옛 현대그룹까지 완전히 해체된 마당에 금융 개혁 및 재벌 개혁의 초점을 삼성에 맞출 수밖에 없었던 것이 '삼성 저격수'라는 별명을 갖게 한 것으로 보인다.

개인 차원의 감정 때문이 아니라 삼성그룹이 우리나라 재계에서 차지하는 위치가 그만큼 절대적이라는 걸 반증하는 의미가 강하다는 얘기다. 또 앞으로도 삼성이 한국 재계에서 차지하는 절대적인 위치가 변하지 않는 한 누가 한국의 재벌 및 금융 개혁을 추진하더라도 삼성이라는 '큰 산'을 넘지 않고는 개혁이 사실싱 불가능하나는 점을 시사하는 것이다.

삼성 vs. 이동걸① – 삼성생명 문제

한국 금융사에서 '삼성생명 문제'는 상장(上場)을 둘러싼 갈등에서 시작된다.

삼성생명 상장 문제는 어제 오늘의 일이 아니다. 1990년 처음 상장 계획을 세웠으나 주식 시장 상황이 나쁘다는 이유로 미뤄졌으며, 2000년 12월 상장 차익을 보험 계약자에게도 나눠주는 문제에 대해 이해 당사자들이 첨예하게 대립하면서 다시 상장이 무산됐다.

그 뒤 노무현 정부가 출범할 때까지 삼성생명 상장은 계속 지연돼

정책실장은 취임 이후 소득주도성장에 집중하느라, 삼성 등 재벌그룹에 대한 정책을 펼칠 겨를이 없었다. 김상조 위원장은 2018년 12월 현재 여전히 공정거래위원장을 맡고 있기 때문에 그의 재벌 정책의 공과(功過·공로와 과실)에 대한 전반적인 평가를 하기에는 아직 이르다. 김 위원장에 대해서는 이 책 4장을 참조.

왔으며, 이에 따라 교보생명 등 다른 생명보험사들도 상장이 계속 미뤄지는 상황이었다.

삼성생명 상장 문제는 노무현 정부가 출범하기 전에 인수위에서 이미 검토된 사안이었다. 인수위에서 생명보험사 상장 문제는 이동걸 전 위원과 허성관 전 위원이 주로 담당했다.

필자 개인적으로도 인수위에 파견 나가서 처음 쓴 기사가 생명보험사 상장 문제였다.[230]

인수위가 출범한 직후인 2003년 1월 15일 허성관 당시 경제 1분과 인수위원은 기자들에게 "생명보험사 상장 이익에 대해서는 세계적인 추세도 주주와 보험 계약자가 이익을 나누는 것"이라며 "생명보험사는 '주식회사'지만, 보험 계약자도 주주의 자격이 있는 '상호 회사'의 성격도 있으므로 상장 차익도 주주와 보험 계약자 모두 가질 권리가 있다"고 말했다.

그러나 그는 일부에서 제기되고 있는 생명보험사 상장 차익을 주식으로 배당하는 방식에 대해서는 반대 입장을 분명히 했다.

그는 "일부에서 제기하고 있는 주식 배당 방식으로 주주와 보험 계약자에게 이익을 나눠주기 위해서는 상법을 개정해야 하기 때문에 현실적으로 불가능하다"며 "생명보험사가 상장될 경우 주주와 보험 계약자에게 현금 배당을 할 수밖에 없다"고 말했다.

생명보험사 상장 문제에 대해 인수위가 법률적인 검토까지 끝냈다는 사실을 시사하는 대목이다.

이와 관련, 필자는 정부 고위 관계자에게 생명보험사 상장 가능성에 대해 다시 확인하는 절차를 거쳤다. 그는 "생명보험사 상장 문제는

---

230 '삼성 등 生保社 연내 상장' (문화일보, 2003년 1월 16일). 그러나 삼성생명 등 생명보험사는 2010년까지 장기간 상장되지 못하면서 이 기사는 결과적으로 오보(誤報)가 됐다.

올해(2003년) 내로 해결되지 않으면 생보사의 자산재평가 과정에서 발생한 법인세 면제 기간을 다시 연장하기 위해 법률을 개정해야 한다"며 "인수위 논의를 거친 뒤 올해(2003년) 상반기에 공청회 등 의견 수렴 절차를 거쳐 연내에 상장 방안을 확정하는 형식을 띠게 될 가능성이 크다"고 말했다.

그러나 노무현 정부가 출범하고 이정재 금융감독위원장-이동걸 금융감독위원회 부위원장 체제로 금융 감독 라인이 꾸려진 뒤에도 생명보험사 상장 문제는 해결될 기미를 보이지 않고 차일피일 미뤄져만 갔다.[231]

이동걸의 '폭탄 발언' – 삼성생명 회계 처리 문제

이동걸 전 인수위원이 옛 금융감독위원회(금감위) 부위원장으로 취임한 지 1년이 지난 2004년 3월까지 삼성생명 상장 문제는 해결의 실마리를 찾지 못하고 있었다.

이 전 위원이 그의 뜻대로 삼성생명 상장 문제를 처리하지 못한 것에는 이 전 위원이 금융감독위원장이 아니라 금감위 부위원장에 임명됐다는 사실이 크게 영향을 미쳤다. 현실적으로 '부(副)'자를 달게 되면 기관장의 눈치도 봐야 하고 일을 하기 어려워지기 때문이다.

이에 따라 이 전 부위원장의 운신의 폭이 좁은 상황에서 시간은 흘러갔다. 재임 1년이 넘으면서 이 전 부위원장도 초조해지기 시작했다.

---

231 삼성생명은 2010년 상장됐다. 그러나 보험계약자 몫은 없었다. 대신 삼성생명 등 22개 생명보험사는 2007년 4월 6일 "앞으로 20년 동안 22개 생명보험사가 참여해 1조 5000억 원 규모의 공익 기금을 마련하겠다"고 밝혔다. 참으로 동양적인(또는 한국적인) 해결책(solution) 이 나온 셈이다. 그런데, 그 공익 기금도 제대로 출연이 안 되고 있다는 지적이 나온다. 이순혁, '생보사들, 사회공헌 약관은 헌신짝' (한겨레신문, 2018년 8월 12일, http://www.hani.co.kr/arti/economy/finance/857286.html, 2018년 9월 30일 검색) 참조.

개혁파의 선두 주자로 금감위에 들어온 지 1년이 넘었지만, 성과라고 내세울 만한 게 별로 없었기 때문이다.

마침내 이 전 부위원장은 2004년 3월 5일 기자들과 점심 식사를 하면서 "삼성생명이 계약자 계정에 포함돼야 할 3조~4조 원가량의 투자 유가 증권 평가이익을 자본 계정에 잘못 계상했다"고 '폭탄 발언'을 했다. 계약자 계정으로 들어가야 할 이익이 자본 계정에 포함돼 주주 몫으로 배분됐다는 주장이었다.

사례(事例)로 분석해도 여전히 복잡

복잡하니까 조금 쉬운 예를 들어보자. 예컨대 A보험사가 2001년 100억 원을 투자한 투자 유가 증권이 2002년 말 200억 원, 2003년 말 300억 원이 됐다고 가정하자.

그럴 경우 2003년에 '당기(當期) 개념'을 적용하면 2003년도 결산 때 투자 유가 증권 평가 이익은 100억 원(2003년 말 300억 원-2002년 말 200억 원)이다. 또 2002년에도 100억 원의 투자 유가 증권 평가 이익 (2002년 말 200억 원-2001년 말 100억 원)이 발생하게 돼 모두 200억 원의 투자 유가 증권 평가 이익이 발생한다.

반면 '누적(累積) 개념'을 적용하면 2003년도 결산 때 투자 유가 증권 평가 이익은 200억 원(2003년 말 300억 원-2001년 말 100억 원)이 된다. 따라서 2001년 말과 2003년 말 사이 투자 유가 증권 평가 이익은 200억 원으로 동일하다.

투자 유가 증권 평가 이익이 같으니까 계약자 몫과 주주 몫은 같을까? 전혀 그렇지 않다. 투자 유가 증권 평가 이익을 계약자 몫과 주주 몫으로 '나누는 방식'이 달라지기 때문이다.

투자 유가 증권 평가 이익은 '당해 회계 연도에 발생한 평가 이익'을

'계약자 지분'과 '주주 지분'의 비율에 따라 각각 '계약자 지분 조정 계정'과 '자본 조정 계정'에 구분해 계상(計上·예산 편성에 넣음)하도록 돼 있다.

그런데 과거에는 유배당(有配當) 보험(고객에게 배당을 나눠주는 보험으로 유배당 보험이 많으면 많을수록, 투자 유가 증권 평가 이익 중 계약자의 몫이 늘어난다)이 많았던 반면, 최근에는 유배당 보험이 줄고 무배당 보험이 많아졌다.

따라서 당기 개념을 사용해 유배당 보험이 조금이라도 많았던 '과거 시점'을 기준으로 계약자 몫과 주주 몫을 나누고, 이를 모두 더해 계약자 몫의 합계와 주주 몫의 합계를 계산하는 방식을 취할 경우 전체 계약자 몫도 당연히 증가한다.

반면 당기(當期) 개념을 적용하지 않고 누적(累積) 개념을 적용하면, 현시점의 유배당 보험과 무배당 보험의 비율에 근거해 과거 전체의 계약자 몫과 주주 몫을 한꺼번에 나눠버리게 된다.

이렇게 되면 현재는 유배당 보험이 거의 없기 때문에 계약자 몫은 크게 줄어들고, 주주 몫이 대폭 늘어난다.

삼성생명이 '누적 개념'을 적용해 투자 유가 증권 평가 이익을 배분하면서 주주의 몫을 지나치게 크게 반영(과대 계상)했다는 이 전 부위원장의 말은 바로 바로 이런 내용을 지적하는 것이었다.

그런데 이런 회계 방식의 차이에 따라 계약자 몫이 늘어나는 액수가 무려 3조~4조 원에 달한다는 게 당시 이 전 부위원장의 계산이었다.

삼성생명의 계약자 수가 워낙 많고, 오랫동안 상장이 미뤄지다 보니 회계 처리 방식에 따라 계약자 몫과 주주 몫이 이렇게까지 차이가 나게 된 것이다.

소급(遡及) 적용, 할 것이냐 말 것이냐?

사실 대통령직인수위원회를 거쳐 옛 금융감독위원회(금감위)를 출입하고 있던 필자가 보기에는 이동걸 금감위 전 부위원장의 주장에 별로 새로운 것은 없었다.

인수위 시절부터 경제 1분과의 이동걸·허성관 전 위원은 △생명보험사는 주식회사 성격뿐만 아니라 '계(契)'처럼 상호 회사의 성격도 갖고 있기 때문에 주주뿐만 아니라 보험계약자도 상장에 따른 이익을 나눠가질 권리가 있으며 △주주와 보험계약자에게 상장에 따른 이익을 나눠줄 경우 '현금 배당'이 바람직하다고 결론을 내린 상태였다.

특히 인수위는 "결국 배당 비율을 둘러싸고 주주, 보험계약자 등 이해당사자들이 첨예하게 대립할 것"이라는 점까지 예상하고 있었다.[232]

결국 새로운 것은 이 전 부위원장이 내놓은 새로운 회계 처리 방식 정도였다. 하지만 이 전 부위원장이 제시한 회계 처리 방식도 교보생명이 이미 시행하고 있는 것이었다.

그러나 현실적으로 회계 처리 방식 변경의 파급 효과는 엄청났다. 이 전 부위원장이 제시한 회계 처리 방식을 따를 경우 삼성생명은 '자본 조정 계정(주주 몫)'에 계상돼 있던 3조~4조 원이라는 큰 돈을 '계약자 지분 조정 계정(계약자 몫)'으로 옮겨야 했다.

삼성생명이 이렇게 회계 처리를 한 것에는 감독 규정이 미비한 것도 원인으로 작용했다. 당시 보험업감독규정에 투자 유가 증권 평가손익 처리 기준이 명확하게 규정돼 있지 않았기 때문이다. 금융 감독 당국이 삼성생명이 이렇게 회계 처리를 하도록 방조한 측면이 있다는 얘기다.[233]

---

232 조해동, '삼성 등 生保社 연내 상장'(문화일보, 2003년 1월 16일).

이에 따라 이 전 부위원장은 2004년 3월 5일 기자들과 만나 "조속한 시일 내에 보험업감독규정 개정안을 금감위에 상정할 계획"이라고 밝혔다.

그러나 금감위에서 보험업감독규정을 개정한다고 하더라도 모든 문제가 해결되는 것은 아니었다. 법률적인 측면에서 가장 심각한 문제인 '소급(遡及) 적용을 할 것이냐, 말 것이냐?'는 문제가 남아있었기 때문이다.[234]

---

233 당시 보험업감독규정은 "(유가증권 등, 인용자) 장기투자자산 평가손익(評價損益)은 당해연도 총손익(보험손익+투자손익+기타손익) 기준에 의해 계약자와 주주에게 배분되고, (유가증권 등, 인용자) 장기투자자산 처분손익(處分損益)은 당해연도 배당·무배당보험 책임준비금 기준으로 계약자와 주주에게 배분된다"고 규정했다. 당시 금융감독위원회(금감위)와 금융감독원은 "장기투자자산 평가손익의 처리 기준은 처분손익 기준과 상이하여 재무제표 작성의 일관성이 저하되는 측면이 있으며, 특히 평가손익에 대한 당기 개념과 누적 개념이 규정상 분명하지 않아 회사가 임의적으로 해석하여 적용함에 따라 계약자 지분으로 표기될 일부 이익이 주주 지분에 표기되는 경우가 발생했다"고 밝혔다. 금융감독위원회 보험감독과·금융감독원 보험감독국 경영지도팀, '배당보험 이익배분 관련 간담회 논의 사항'(보도참고 자료)(2004년 3월 5일, http://www.fsc.go.kr/info/ntc_news_view.jsp?bbsid=BBS0030&page=1&sch1=subject&sword=&r_url=&menu=7210100&no=7004, 2018년 11월 24일 검색).
　　책임준비금이란 "보험회사가 계약자에 대한 보험금을 지급하기 위해 보험료의 일정액을 직립하는 돈"을 말한다. 책임준비금은 보험회사의 손익에 직접적인 영향을 주기 때문에 매 결산기마다 계약 종류별로 책임준비금을 산출하도록 법률로 정하고 있다. 네이버 지식백과(책임준비금, 매일경제)(https://terms.naver.com/entry.nhn?docId=10182&cid=43659&categoryId=43659, 2018년 11월 24일 검색).

234 소급(遡及)이란 "과거에까지 거슬러 올라가서 미치게 함"이라는 뜻이다. 법률에는 '소급입법(遡及立法)의 금지(禁止)'라는 대원칙이 있다. 소급 입법을 금지하는 것은 특정 행위를 할 때는 불법이 아니었음에도 불구하고, 사후에 만들어진 법을 이용해 법이 만들어지기 이전의 행위까지 불법으로 처벌하는 일을 막기 위해서다. 우리나라 헌법 제13조 제1항은 "모든 국민은 행위 시의 법률에 의하여 범죄를 구성하지 아니하는 행위로 소추되지 아니하며, 동일한 범죄에 대하여 거듭 처벌받지 아니한다"고 규정하고 있다. 또 제13조 제2항에는 "모든 국민은 소급 입법에 의하여 참정권의 제한을 받거나 재산권을 박탈당하지 아니한다"고 명시돼 있다. 네이버 지식백과(소급입법의 금지, 법률용어사전)(https://terms.naver.com/entry.nhn?docId=3657847&cid=42131&categoryId=42131, 2018년 11월 24일 검색).

"도둑이 물건을 훔친 것을 주인이 몰랐다고 해서 물건을 주인에게 돌려주지 않아도 되는가?"

소급 입법의 문제가 제기되자 이동걸 전 부위원장은 2004년 5월 8일 서울대에서 열린 금융연구회 월례포럼에서 '참여정부(노무현 정부, 인용자)의 금융감독 정책'이라는 제목의 강연을 하면서 "예컨대 도둑이 물건을 훔친 것을 주인이 몰랐다고 해서 주인에게 돌려주지 않아도 된다는 주장은 성립되지 않는다"고 말했다.

그는 "공익성과 공정·합리성이 인정될 경우에는 소급 적용이 가능하다는 헌법소원, 대법원 판례도 있다"고 주장했다.

전문적인 용어로는, 생명보험사의 투자 유가 증권 회계 처리 문제는 아직 종결된 사실관계가 아닌 '부진정소급효(不眞正遡及效)'에 해당하기 때문에, 소급 적용을 한다고 하더라도 소급 입법 금지의 원칙에 위반되지 않는다는 것이다.[235]

또 위법 행위로부터 기대되는 이익은 보호할 가치가 없고, 위법 행위자는 당연히 법 개정을 예상했어야 하며, 생명보험사에 대한 시정 명령은 위법 상태를 원상 회복시켜 경제력 남용을 방지한다는 헌법 제119조에 합치되는 명령으로 공익성이 매우 크기 때문에 신뢰보호 원칙에도 위배되지 않는다는 것이다.[236]

---

[235] 소급(遡及)에는 진정소급과 부진정소급이 있는데, 진정소급은 새로운 법률 시행 전에 완결된 사실에 대한 소급을 말하며, 부진정소급은 새로운 법률 시행 전에 발생했으나 새로운 법률 시행 시점까지 아직 완결되지 않은 사실에 대한 소급을 뜻한다. 네이버 지식백과(소급과 세금지, 영화조세통람)(https://terms.naver.com/entry.nhn?docId=46946&cid=42095&categoryId=42095, 2018년 10월 6일 검색).

[236] 그러나 당시 현성수 국회 재정경제위원회 수석전문위원에 따르면 헌법재판소는 부진정소급입법의 위헌성 여부와 관련해 부천시 담배자동판매기 설치조례 제4조 등의 위헌확인(92헌마264)에서는 합헌이라고 판시한 반면, 조세감면규제법 부칙 제13조 등의 위헌소원(94헌바12)에서는 위헌이라고 판시하는 등 개별 구체적 사안에 따라 그 위헌 여부를 달리 정하고 있다고 한다. 따라서 이동걸 전 부위원장이 주장하는 생명보험사의 투자 유가 증권 회계 처리

이 전 부위원장은 대학(서울대 경제학과)과 대학원(미 예일대 경제학 박사)에서 경제학을 전공했지만, 이때는 법률가를 방불케 할 만큼 소급 입법의 문제를 판례까지 찾아가며 정교하게 검토했다. 소급 입법 가능 여부가 그만큼 핵심 쟁점이었기 때문이다.

'왕따'된 이동걸

이동걸 전 부위원장이 삼성생명의 투자 유가 증권 평가 이익 처리 방식에 대해 문제제기는 했지만, 본인이 속한 옛 금융감독위원회(금감위)와 금융감독원(금감원)의 전폭적인 지지조차 얻지 못하고 있었다.

예컨대, 금감위와 금감원은 2004년 3월 5일 '배당보험 이익배분 관련 간담회 논의 사항(보도참고 자료)'을 내놓으면서 "계약자 보호와 관련하여 이동걸 금감위 부위원장은 보험회사 장기투자자산의 처분이익 배분 기준이 『당해연도』 책임준비금 기준으로 배분되고 있어 최근 무배당 상품 판매가 크게 증가하고 있다는 점을 감안할 때 처분 시점이 늦어질 경우, 계약자 지분이 감소할 소지가 있음을 지적하고 조속히 개선 방안을 마련하도록 하였습니다"라고 밝혔다.

이날 금감위와 금감원의 보도참고 자료는 지시자(指示者·지시한 사람)로 이동걸 당시 금감위 부위원장의 이름을 명시해 마지 당시 금융감독위원장이나 금융감독위원, 금감원 등은 이에 대해 동의하지 않는 듯한 뉘앙스를 풍겼다.[237]

문제는 헌재의 판례 중 합헌이라고 판시한 판례와 동일하게 판단해야 한다는 주장으로 이해하면 될 것으로 보인다. 소급 입법의 문제는 이 전 부위원장이 직·간접적으로 관여한 또 다른 큰 사건, 즉 금융 산업의 구조 개선에 관한 법률(금산법) 개정안에서도 핵심 이슈로 제기된다. 현성수 재정경제위원회 수석전문위원, '금융산업의 구조 개선에 관한 법률 일부 개정 법률안(심상정 의원 대표발의) 검토 보고'(2005년 11월).

237 금융감독위원회 보험감독과·금융감독원 보험감독국 경영지도팀, '배당보험 이익배분 관련

20여 년 동안 정부 부처를 취재해 온 필자의 경험으로는, 정부가 언론 매체에 배포한 공식 자료(보도자료, 보도참고 자료, 설명자료 등)에 부기관장(옛 금감위의 경우 부위원장)을 지시자로 명시한 사례는 이게 유일했다.

그즈음 금감위와 금감원 주변에서는 "삼성과 금감위(금감원)가 모두 한편인데, 이동걸 부위원장 혼자서 '헛힘(보람 없이 쓰는 힘)' 쓰고 있다"는 얘기가 파다했다. 이 전 부위원장이 듣지 않는 곳에서 "이동걸은 또라이"라는 말도 공공연히 돌았다. 그는 완전히 고립된 상황이었다.

이동걸의 '예고된 완패(完敗)'

옛 금융감독위원회(금감위)는 2004년 6월 11일 회의를 열고 "생명보험사의 유가증권 등 장기투자자산 평가손익(評價損益) 처리 기준을 '평가년도(=당해연도, 인용자) 총손익 기준'에서 처분손익(處分損益) 처리 기준과 같은 '평가년도 평균 책임준비금 기준'으로 바꾼다"고 밝혔다. 이럴 경우 2004년 3월 말 기준으로 7조 7000억 원 수준이었던 삼성생명 유가증권 평가 이익 중에서 계약자 몫이 1조 원에서 4조 3000억 원으로 늘어나게 될 것으로 추정됐다.

그러나 금감위와 금융감독원은 유가증권 등 장기투자자산 처분손익을 배분하는 기준은 '당해년도 책임준비금 기준'으로 유지했다. 당초 금감위와 금감원은 처분손익 배분 기준을 '당해년도 책임준비금 기준'에서 '(유가증권 등 장기투자자산) 보유기간 평균 책임준비금'으로 바꾸는

간담회 논의 사항'(보도참고 자료)(2004년 3월 5일, http://www.fsc.go.kr/info/ntc_news_view.jsp?bbsid=BBS0030&page=1&sch1=subject&sword=&r_url=&menu=7210100&no=7004, 2018년 11월 24일 검색). 이 보도참고 자료의 작성 방식이 상당히 이례적이라는 사실에 대해서는 박기수, '이동걸 부위원장, 삼성생명 공격인가'(연합인포맥스, 2004년 3월 6일, https://news.naver.com/main/read.nhn?mode=LSD&mid=sec&sid1=001&oid=013&aid=0000030672, 2018년 11월 24일 검색) 참조.

방법을 검토했지만, 소급 입법(遡及立法·어떤 법을 만들기 이전의 일까지 거슬러 올라가서 적용할 수 있게 법을 제정하는 일) 등의 우려가 있다며 바꾸지 않기로 한 것이다.

대신 금감위와 금감원은 "앞으로 생명보험사의 유배당 상품과 무배당 상품에서 생긴 손익을 별도로 회계 처리하는 '구분 계리(區分 計理·일정한 기준에 따라 나누어 계산해서 정리함)'를 도입하겠다"고 밝혔다.

생명보험사의 유가증권 등 장기투자자산 평가손익(評價損益) 처리 기준을 바꿔 계약자 몫이 늘어나게 하고, 유배당 상품과 무배당 상품에서 생긴 손익을 별도로 회계 처리하는 구분 계리의 도입이 의미가 없다고는 할 수 없지만, 처분손익 배분 기준이 바뀌지 않는 한 계약자가 실제로 받을 수 있는 몫에는 사실상 아무런 변화가 없었다. "이동걸 전 부위원장이 패배(敗北)했다"는 평가가 나오는 이유다.

삼성생명 투자 유가 증권 평가손익과 처분손익 배분 기준 변경이 큰 소득 없이 끝날 때쯤 이 전 부위원장은 물러날 준비를 하고 있었다. 2004년 8월 3일 이정재 당시 금융감독위원장이 물러난 뒤, 8월 27일 이 전 부위원장도 청와대에 사의를 표명했다. 그가 실제로 교체된 것은 그해 9월 1일이었다.

삼성 vs. 이동걸② - 금산법

삼성그룹과 이동걸 전 금융감독위원회(금감위) 부위원장이 두 번째로 정면충돌하게 되는 금융 산업의 구조 개선에 관한 법률(금산법)을 삼성이 위반하게 된 사연은 1998~1999년까지 거슬러 올라간다.

1997년 3월에 새로 만들어진 금산법 24조는 재벌계열 금융사가 다른 회사의 의결권이 있는 주식을 20% 이상 확보하거나, 다른 회사의 의결권이 있는 주식을 5% 이상 소유하면서 해당 회사를 사실상 지배(최대 주주)할 경우 금감위의 사전 승인을 받도록 규정하고 있었다.

그런데 삼성카드는 1998년 12월 계열 분리를 위해 중앙일보사로부터 삼성에버랜드 주식 17.1%를 취득했다. 삼성카드는 1999년 4월에도 삼성에버랜드 주식 8.5%를 추가로 취득, 삼성에버랜드 주식을 모두 25.6% 보유하게 됐다. 하지만 삼성카드는 금감위의 사전 승인을 받지 않았다.

삼성생명도 삼성전자 주식 7.23%를 보유해 삼성전자 주식을 5% 이상 보유한 최대주주가 됐음에도 금감위의 사전 승인을 받지 않았다. 물론 삼성생명의 경우 금산법 24조가 만들어진 1997년 3월 이전에 주식을 취득했기 때문에 삼성카드와 사정이 조금 다르기는 하다.[238]

그러나 법 규정을 위반한 것은 엄연한 사실이다. 삼성카드는 계열사인 삼성에버랜드 주식을 25.6%나 보유하면서도 법에 규정된 금감위의 사전 승인을 받지 않았고, 삼성생명도 삼성전자 주식을 5% 이상 보유한 최대 주주임에도 금감위의 사전 승인을 받지 않은 것이 명백했다.

이런 경우 '법대로' 처리하면 문제될 것이 없다. 그런데 문제는 법 자체에 문제가 있었다는 점이다.

당시 금산법에는 삼성카드나 삼성생명처럼 금산법을 위반했을 경우에도 벌칙과 과태료 부과 등만 가능했을 뿐, 위법 상태를 실질적으로 해소할 수 있는 처분 명령 등의 시정조치 수단이 없었다.

금산법에 따르면, 금산법 24조를 위반했을 경우 1년 이하의 징역 또는 1000만 원 이하의 벌금에 처하거나, 2000만 원 이하의 과태료를 부과하도록 규정하고 있었다.

---

238 삼성생명은 삼성전자 주식을 취득할 당시에는 8.24%를 보유했지만, 지분율이 줄어 당시에는 7.23%를 보유하고 있었다. 이에 따라 이 글에서는 삼성생명이 보유한 삼성전자 주식을 7.23%를 기준으로 서술한다.

그러나 현실적으로 해당 금융 회사가 벌금이나 과태료의 부담을 감수한 채 금감위의 승인을 받지 않고 주식을 계속 소유할 경우(현실적으로 이런 일로 징역을 구형하거나 선고하는 예는 거의 없다), 법 위반 상태를 실질적으로 해소할 만한 강제적인 법적 수단이 없었다. 한 마디로 법에 '구멍'이 숭숭 뚫려 있었고, 삼성은 그것을 최대한 이용하고 있었다.[239]

개혁파, 금산법 개정을 위해 '전력투구'

금융감독원은 2004년 삼성카드와 삼성생명의 금융 산업의 구조 개선에 관한 법률(금산법) 위반 사실을 뒤늦게 적발했음에도 불구하고

---

239 우리나라 금융 관련 법령에서 이런 맹점(盲點·미처 생각이 미치지 못한, 모순되는 점이나 틈)이 발견되는 경우는 흔했다. 금융 시장은 급변하고 있는데 금융 관련 법률과 규정을 만드는 옛 재정경제부(재경부)와 금융감독위원회(금감위) 공무원들이 시대의 흐름을 따라가지 못했기 때문이다.

예컨대 삼성생명의 투자 유가 증권 회계 처리 문제는 법 체계와 감독 규정의 문제로 접근할 경우 금감위의 보험업법감독규정이 현실을 반영하지 못해 발생한 문제로 볼 수 있다.

또 삼성카드 등의 금융 산업의 구조 개선에 관한 법률(금산법) 위반 문제도 법에 시정 조치를 위한 실질적인 규정이 전혀 없는, 법 자체에 심각한 '구멍'이 나 있는 상태에서 금융당국이 문제를 적극적으로 해결하려고 하지도 않고 몇 년 동안이나 방치하다가 결국 곪아터진 것이다.

이외에도 삼성에버랜드가 보유한 삼성생명 주식의 가치가 상당 기간 동안 전체 자산의 50%가 넘어 삼성에버랜드가 법률적으로는 '금융지주회사(주식 보유를 통해 은행이나 증권사, 보험사 등과 같은 금융회사를 자회사로 소유하고 경영하는 회사)'가 되는 황당한 상황이 발생했는데도 당시 금융지주회사법에는 이런 상황을 사전에 방지할 수 있는 규정노 없었고, 사후에 시정할 방법도 전무했다.

공교롭게도 금융 관련 법률의 '맹점'들을 이용한 게 모두 삼성 계열사라는 게 눈길을 끈다. 우연의 일치인지, 삼성 계열사 임직원이 머리가 좋아 법의 맹점을 교묘하게 이용하는데 일가견이 있는 것인지는 불분명하다.

그러나 삼성 계열사들이 금융 관련 법률을 위반하거나 법률의 미비점을 교묘히 이용하는 사례가 잇따르면서 노무현 정부 개혁파와 삼성그룹은 계속 충돌하게 됐다.

옛 재정경제부는 노무현 정부가 들어선 뒤 뒤늦게 허점투성이인 금산법과 금융지주회사법 개정안을 제출했지만, 후술하는 것처럼 금산법 개정안을 둘러싸고 시민단체 및 노무현 정부 내 개혁파와 한바탕 대혼전(大混戰)을 벌이게 된다. 더욱이 여당과 야당이 이전투구(泥田鬪狗)를 벌이는 국회로 법률이 넘어간 뒤 법률안 개정의 취지가 무엇인지조차 헷갈리는 상황이 벌어지게 되고, 금산법 개정안의 경우 2006년 12월까지 국회를 통과하지 못한 채 표류하게 된다. 조해동, '금융감독 규정 구멍 숭숭'(문화일보, 2004년 5월 3일, http://www.munhwa.com/news/view.html?no=2004050301011124160002, 2018년 9월 30일 검색).

2005년이 되도록 아무런 조치를 취하지 않고 있었다.

결국 노무현 정부 개혁파들이 다시 한 번 움직였다. 이번에도 금융 문제이니 만큼 이동걸 전 금융감독위원회(금감위) 부위원장이 선봉에 나섰다.

이 전 부위원장은 삼성생명 투자 유가 증권 평가 이익에 대한 회계 처리 문제를 제기한 뒤 이정재 금융감독위원장이 물러나고 윤증현 씨가 새 금융감독위원장이 되자 2004년 9월 금감위 부위원장에서 물러났고, 그해 11월 '친정'인 한국금융연구원 선임연구위원으로 복귀해 있었다.[240]

240 윤증현 전 기획재정부 장관은 우리나라 '모피아(Mofia)'를 대표하는 사람 중 한 명이라고 부를 만한 사람이다. 모피아는 '옛 재무부(MOF·Ministry of Finance)'와 갱조직 '마피아(Mafia)'의 합성어로, 옛 재무부 사람들의 '끈끈한 패거리 문화'를 나타내는 속어(俗語)다. 윤 전 장관은 1946년 경남 마산 출생으로 마산중-서울고-서울대 법대-미국 위스콘신대학원을 졸업했다. 그는 옛 재무부에서 은행과장·금융정책과장, 증권국장·금융국장, 세제실장 등을 거쳐 1997년 외환 위기 당시에는 금융정책실장(1급)을 맡고 있었다. 이에 따라 외환 위기 당시 장·차관급을 제외한 '외환 위기 주범' 중 한 명으로 몰려 어려움을 겪었다. 그는 1998년 지금은 없어진 세무대 학장(1급)으로 자리를 옮겼다가, 1999년 아시아개발은행(ADB) 이사로 나가서 2004년까지 5년 가까이 '유배(流配·죄인을 귀양 보냄)' 비슷한 시기를 보내야 했다. 그러나 윤 전 장관은 노무현 정부 시절이던 2004년 이정재 씨의 뒤를 이어 옛 금융감독위원장 겸 금융감독원장으로 화려하게 컴백했다. 그가 외환 위기의 주범 중 한 명이라는 '주홍글씨'에도 불구하고 귀환할 수 있었던 것은 노무현 전 대통령과 각별한 인연이 있었기 때문으로 알려졌다. 윤 전 장관은 이수성 전 국무총리의 매제(妹弟)인데, 이 전 총리의 동생인 고(故) 이수인 전 의원(1941~2000년, 영남대 정외과 교수 역임)을 통해 꼬마 민주당 시절 이 전 의원과 절친했던 노무현 전 대통령과 인연을 맺은 것으로 전해졌다. 윤 전 장관과 이 전 총리, 이 전 의원 등 3명은 모두 서울고를 나온 동문(同門)이다. 윤 전 장관은 노무현 정부에서 금융감독위원장을 역임한 뒤 이명박 전 대통령 당선 후 대통령직인수위원회 경제 1분과 자문 위원을 거쳐 2009~2011년 기획재정부 장관을 지냈다. '따거(大哥·큰 형님)'라는 별명처럼 통이 크고, 성품이 호방하다. 자신보다 위치가 낮다고 해서 사람을 함부로 대하지 않으며, 정(情)이 깊고 윗사람에게도 할 말은 하는 남자다운 성격이다. 노 전 대통령과의 인연이라는 '운'도 작용한 게 사실이지만, 본인의 능력과 인품이 있었기 때문에 외환 위기의 주범 가운데 한 명이라는 멍에에도 불구하고 옛 금융감독위원장과 기획재정부 장관을 지낼 수 있었다는 게 대체적인 평이다. 윤 전 장관 본인에 대해서는 실력이나 인품 등 나무랄 데가 없다는 평가가 많다. 다만, 윤 전 장관이 표상(表象·어떤 일이 의식에서 나타남)하는 옛 재무부의 관치 금융이나, 그의 개인적인 잘못만은 아니겠지만 외환 위기를 겪으면서 적나라하게 드러난 관치 금융의 폐해 등에 대해서는 오늘날 비판적인 시각을 가진 사람이 늘고 있다.

이 전 부위원장은 공직에서 물러난 지 반년이 넘도록 대외 활동을 삼가고 한국금융연구원에 칩거하고 있었다. 그러나 그는 2005년 3월 부터 금융연구원이 발간하는 '주간 금융브리프'에 3번에 걸쳐 금산법 개정안과 관련된 글을 잇달아 발표했다.

후일 나올 '자본시장통합법(자통법) 3부작'과 함께 '금산법 3부작'으로 불릴 만한 이 글을 통해 이 전 부위원장은 금산법 개정안에 대한 삼성과 옛 재정경제부, 금감위의 입장을 정면으로 비판한다. '삼성 대(對) 이동걸'의 2차전이 본격적으로 시작된 것이다.

이동걸의 금산법 공격

이동걸 전 부위원장은 2005년 3월 주간 금융브리프(14권 11호)에 '금융 기관을 이용한 경제력 집중: 문제점 및 개선 방안'이라는 글을 통해 "작년에는 일부 재벌계열 금융사가 금융 산업의 구조 개선에 관한 법률(금산법)에서 규정한 한도를 초과해 비금융 계열사에 출자한 사실이 적발되었으나 이에 대한 시정 조치가 아직까지 나오지 않고 있어 금융 시장의 왜곡을 시정하려는 정부의 의지가 퇴조한 것이 아닌가 하는 우려마저 든다"고 주장했다.

이 전 부위원장이 말한 일부 재벌계열 금융사는 당연히 삼성 계열사, 즉 삼성카드와 삼성생명을 뜻하는 것이었다.

그 뒤 2005년 6월에는 주간 금융브리프(14권 25호)에 '금융 선진화의 전제 조건: 법치 금융의 확립'을 통해 다시 한번 금산법 24조 위반 사례 등 삼성이 금융 분야에서 법률을 위반하거나 회계 처리를 잘못한 사례를 집중적으로 제기했다.

마지막으로 2005년 7월 이 전 부위원장은 주간 금융브리프(14권 29호)에 '금산법 제24조 위반 건에 대한 법·경제적 분석'이라는 글을 싣고 삼성 계열사의 금산법 24조 위반을 정면으로 다뤘다.

이 전 부위원장은 "(삼성 계열사의, 인용자) 금산법 제24조 위반 건에 대한 사후적 처분 명령은 법·경제적으로 아무 문제가 없으며, 이는 법치금융(法治 金融)의 확립을 위해 국가가 행해야 할 의무"라고 강조했다.

이 전 부위원장의 소위 '금산법 3부작'은 향후 제기될 금산법 개정 논쟁에서 삼성 계열사의 금산법 위반 건을 사후적으로 용인(容認)하려는 시도를 정면으로 논박하는 이론적 근거가 된다.

실제로 이 전 부위원장이 글을 쓴 뒤 당시 박영선 당시 열린우리당 의원 등을 통해 삼성그룹을 압박하는 형태의 금산법 개정안이 국회에서 잇따라 발의됐으며, 금산법 개정을 둘러싸고 국회에서 뜨거운 논쟁이 벌어졌다.

이정우 정책기획위원장, 대통령에게 보고서 제출 시도

이정우 당시 청와대 정책기획위원장(장관급, 노무현 정부 초대 청와대 정책실장)도 움직이기 시작했다. 이 전 위원장은 2005년 7월 5일 옛 재정경제부(재경부)의 금융 산업의 구조 개선에 관한 법률(금산법) 개정안이 기습적으로 국무회의에 상정되기 한 달 전쯤 금산법 개정안과 다른 경제 현안 한 가지를 포함한 2가지 안건에 대한 보고서를 청와대 부속실장을 통해 대통령에게 전달하려고 시도했다. 금산법 개정안 문제가 불거지기 전에 대통령에게 핵심 쟁점에 대해 보고하려는 의도였다.

당시 청와대에는 모든 문서를 전산망을 통해 열람하고 결제할 수 있는 시스템이 완벽하게 갖춰져 있었다. 그러나 이 전 위원장은 전산망을 통해 대통령에게 보고할 경우 불필요하게 많은 사람들이 보고서를 열람할 가능성이 있다는 점을 우려한 것으로 알려졌다.

보지 말아야 할 사람들이 보고서를 볼 경우, 보고서의 내용이 외부로 흘러나갈 가능성도 있었다. 그래서 이 전 위원장은 부속실장을 통해 보고서를 직접 대통령에게 올리는 방식을 선택했다.[241]

그러나 부속실장을 통해 보고서가 대통령에게 올라가는 과정에서 문제가 발생해 보고서가 실제로 대통령에게 전달되지는 못했다. 이에 따라 이 전 위원장과 노무현 정부 내 개혁파의 의사가 대통령에게 전달되지 못한 상태에서 옛 재경부가 만든 금산법 개정안이 그해 7월 5일 국무회의에 기습적으로 상정되게 된다.[242]

정부의 금산법 개정안

정부가 2005년 7월 5일 국무회의에 상정한 금융 산업의 구조 개선에 관한 법률(금산법) 개정안 중에서 이정우 전 위원장을 깜짝 놀라게한 것은 부칙이었다. 2004년 11월 입법 예고 당시에는 없던 내용일뿐만 아니라, 사전에 이 전 위원장 등은 전혀 알지 못했던 내용이었기때문이다. 쉽게 말해 본문만으로 입법 예고를 한 뒤 국무회의에 상정할 때 부칙을 끼워 넣는 '꼼수'를 쓴 것이다.

그러나 다른 사람이 이에 대해 이의(異義)를 제기하는 것도 어렵다. 왜냐하면 입법 예고라는 게 각계의 이해 당사자 및 전문가들의 의견을듣는 절차이기 때문에 "입법 예고를 해보니까 이 같은 의견을 표명하

---

241 이정우 당시 청와대 정책기획위원장이 청와대 전산망을 피해 보고서를 직접 올렸다는 것 자체가 이 전 위원장이 청와대 내부 인사들을 100% 믿지는 못하고 있었다는 사실을 보여준다. 후술(後述)하겠지만, 실제로 집권 세력 핵심에도 삼성그룹에 우호적인 세력이 일부 있었던 것으로 알려지고 있으며, 이 같은 사실은 추후 정태인 전 청와대 국민경제비서관 등의 폭로로 세상에 널리 알려지게 된다.

242 아직까지도 어떤 이유 때문에 청와대 부속실장에게 전달된 이정우 전 정책기획위원장의 보고서가 대통령에게 전해지지 않았는지는 불분명하다. 노무현 정부 개혁파들을 '전달 과정상의 실수'로 생각하고 있는 것으로 보이지만, '보이지 않는 손'이 작동한 게 아닌지는 여전히 알 수 없다. 이 부분에 대해서는 좀 더 시간이 흘러야 진실이 드러날 것으로 보인다.

는 기관과 개인이 많아 반영했다"고 하면 그 뿐이기 때문이다.

문제의 부칙에 따르면 삼성생명은 삼성전자 지분(7.23%)을 그대로 보유하면서 의결권까지 행사할 수 있고, 삼성카드는 삼성에버랜드 지분(25.6%) 중 5% 초과분의 의결권은 행사할 수 없지만, 주식처분명령이나 임원 문책, 이행강제금 부과 등의 제재는 피할 수 있게 돼 있었다.

이는 '법 개정 이전의 위법 상태에 대해 경과 규정을 명확히 해야 한다'는 옛 금융감독위원회(금감위)의 건의와 법제처의 의견에 따라 옛 재정경제부(재경부)가 넣은 것으로 전해졌지만, 정확하게 어떤 과정을 거쳐서 들어갔는지는 알려지지 않았다.[243]

이와 관련, 재경부는 "삼성생명의 경우 금산법 24조가 신설(1997년 3월)되기 이전에 주식을 합법적으로 취득했기 때문에 문제가 될 수 없고, 삼성카드도 금산법 24조 위반에 따른 제재 규정이 신설(2000년 1월)되기 이전에 취득한 주식이어서 새 제재 조항을 적용할 수 없다는 게 대부분의 전문가들의 견해"라는 입장을 취했다.

즉, 과거의 적법 행위에 대해 새 법을 만들어 위법 상태로 규정하고 제재하는 것은 소급 입법(遡及立法·어떤 법을 만들기 이전의 일까지 거슬러 올라가서 적용할 수 있게 법을 제정하는 일)이라는 것이다. 이동걸 전 위원이 가장 우려하던 '소급 입법 금지'의 논리가 재경부 안이 국무회의에 상정되기 직전 갑자기 전면으로 급부상한 것이다.[244] 다음 박스에 당시 정부가 제출한 금산법 개정안 주요 내용을 소개한다.

---

243 특별취재팀, '삼성 앞에만 서면 '금간위원회'?' (한겨레신문, 2005년 9월 23일).
244 특별취재팀, '삼성 앞에만 서면 '금간위원회'?' (한겨레신문, 2005년 9월 23일).

정부가 2005년 7월 5일 국무회의에 상정, 7월 15일 국회에 제출한 금융 산업의 구조 개선에 관한 법률(금산법) 개정안 24조와 부칙은 국회 홈페이지('금융 산업의 구조 개선에 관한 법률 일부개정법률안', 의안번호 2248, http://likms.assembly.go.kr/bill/billDetail.do?billId=031242, 2018년 10월 1일 검색)에 자세히 나와 있다. 아래에는 옛 재정경제부(재경부) 안 중에서 금산법 24조와 부칙만을 소개한다. (인용자)

〈금산법 제24조〉*①②③항은 기존과 동일, 나머지는 모두 신설

① 금융기관 및 그 금융기관과 같은 기업집단에 속하는 금융기관(이하 '동일계열 금융기관'이라 한다)은 다음 각 호의 1의 행위를 하고자 할 때에는 대통령령이 정하는 기준에 따라 미리 금융감독위원회의 승인을 얻어야 한다. 다만, 당해 금융기관의 설립 근거가 되는 법률에 의하여 인가·승인 등을 얻은 경우에는 그러하지 아니하다.

  1. 다른 회사의 의결권 있는 발행주식 총수의 100분의 20 이상을 소유하게 되는 경우
  2. 다른 회사의 의결권 있는 발행주식 총수의 100분의 5 이상을 소유하고 동일계열 금융기관 또는 동일계열 금융기관이 속하는 기업집단이 당해 회사를 사실상 지배하는 것으로 인정되는 경우로서 대통령령이 정하는 경우

② 제1항에서 '기업집단'이라 함은 「독점규제 및 공정거래에 관한 법률」 제2조제2호의 규정에 의한 기업집단을 말한다.

③ 금융감독위원회는 제1항의 규정에 의한 승인을 함에 있어서는 당해 주식소유가 관련 시장에서의 경쟁을 실질적으로 제한하는지의 여부에 대하여 미리 공정거래위원회와 협의하여야 한다. 제1항 단서의 규정에 의하여 인가·승인등을 하는 경우에도 또한 같다.

④ 제1항의 규정에 불구하고 다른 주주의 감자(減資) 등 대통령령이 정하는 부득이한 사유로 제1항 각 호의 규정에 해당하게 된 동일계열 금융기관은 그 사유가 발생한 날부터 대통령령이 정하는 기간 내에 금융감독위원회에 승인을 신청하여야 한다. 이 경우 금융감독위원회는 제1항의 기준에 따라 승인여부를 결정하여야 한다.

⑤ 금융감독위원회는 동일계열 금융기관에 대하여 주식소유의 한도를 정하여 제1항 및 제4항의 규정에 따른 승인을 할 수 있다. 이 경우 동일계열 금융기관이 그 승인을 얻은 한도를 초과하여 주식을 소유하고자 하는 경우에는 다시 금융감독위원회의 승인을 얻어야 한다.

⑥ 금융감독위원회는 제1항·제4항 및 제5항의 규정에 의한 승인을 하지 아니하는 경우에는 대통령령이 정하는 기간 내에 신청인에게 그 사유를 명시하여 통지하여야 한다.

⑦ 동일계열 금융기관은 제1항·제4항 및 제5항의 규정에 따라 금융감독위원회의 승인을 얻을 때까지 제1항 각 호의 규정에 따른 주식소유 한도(제5항 전단의 규

정에 따라 금융감독위원회가 주식소유한도를 정한 경우에는 그 주식소유 비율)를 초과하여 소유하고 있는 다른 회사의 주식에 대하여는 의결권을 행사할 수 없다.
⑧ 제1항 각 호의 발행주식의 범위 및 주식소유비율의 산정방법은 금융감독위원회가 정하여 고시한다.

제24조의2(시정조치) 금융감독위원회는 동일계열 금융기관이 제24조제1항·제4항 또는 제5항의 규정을 위반하여 금융감독위원회의 승인을 얻지 아니하고 다른 회사의 주식을 소유한 경우에는 그 동일계열 금융기관에 대하여 다음 각 호의 어느 하나에 해당하는 조치를 할 수 있다.
1. 법 위반상태를 시정하기 위한 계획의 제출 요구 또는 그 계획의 수정 요구
2. 동일계열 금융기관에 대한 주의 또는 경고
3. 위반행위에 관련된 임원·직원에 대한 주의·경고 또는 문책의 요구
4. 위반행위에 관련된 임원의 해임권고 또는 직무정지의 요구
5. 소유한도를 초과하는 주식의 전부 또는 일부의 처분명령

제24조의3(이행강제금) ①금융감독위원회는 제24조의2제5호의 규정에 따라 주식처분명령을 받은 동일계열 금융기관이 그 정한 기간 내에 그 명령을 이행하지 아니한 때에는 매 1일당 그 처분하여야 하는 주식의 장부가액에 1만분의 3을 곱한 금액을 초과하지 아니하는 범위 안에서 이행강제금을 부과할 수 있다.
② 이행강제금은 주식처분명령에서 정한 이행기간의 종료일의 다음날부터 주식처 명령을 이행하는 날까지의 기간에 대하여 이를 징수한다.
③ 금융감독위원회는 이행강제금을 징수함에 있어서 주식처분명령에서 정한 이행기간의 종료일부터 기산하여 매 90일이 경과하는 날을 기준으로 하여 이행강제금을 징수한다.
④ 이행강제금의 부과 및 징수 등에 관하여는 「금융지주회사법」 제65조 내지 제69조의 규정을 준용한다. 이 경우 "과징금"은 각각 "이행강제금"으로, "과징금 납부의무자"는 각각 "이행강제금 납부의무자"로 본다.

〈부칙〉
제1조(시행일) 이 법은 공포 후 3월이 경과한 날부터 시행한다.
제2조(다른 회사의 주식취득시 사후승인에 관한 경과조치) 이 법 시행 당시 제24조제4항의 개정규정에 의한 부득이한 사유로 제24조제1항 각 호의 규정에 의한 주식소유한도를 초과하여 다른 회사의 주식을 소유하고 있는 동일계열 금융기관은 이 법 시행일부터 대통령령이 정하는 기간 안에 금융감독위원회에 승인을 신청하여야 한다.
제3조(다른 회사의 주식소유한도에 관한 경과조치) ①이 법 시행 전에 동일계열 금융기관이 제24조제1항의 규정에 따라 금융감독위원회의 승인을 얻은 경우에는 금융감독위원회가 동일계열 금융기관에 대하여 그 승인한 주식소유비율을 제24조제5항 전단의 개정규정에 의한 주식소유의 한도로 정한 것으로 본다.

② 제1항의 규정에 불구하고 이 법 시행 당시 동일계열 금융기관이 금융감독위원회로부터 승인을 얻은 주식소유비율보다 그 동일계열 금융기관이 소유하고 있는 다른 회사의 주식소유비율이 높아진 경우에는 금융감독위원회가 그 높아진 주식소유비율을 제24조제5항 전단의 개정규정에 의한 주식소유의 한도로 정한 것으로 본다.

제4조(의결권제한에 대한 특례) ① 이 법 시행 당시 제24조제1항의 규정을 위반하여 금융감독위원회의 승인을 얻지 아니하고 다른 회사의 주식을 소유하고 있는 동일계열 금융기관은 이 법 시행일부터 대통령령이 정하는 기간 안에 금융감독위원회에 승인을 신청할 수 있다. 이 경우 금융감독위원회의 승인을 얻을 때까지 제24조제1항 각 호의 규정에 따른 주식소유한도를 초과하여 소유하고 있는 다른 회사의 주식에 대하여는 의결권을 행사할 수 없다.

② 제24조제7항의 개정규정을 적용함에 있어서 법률 제5257호 금융산업의구조개선에관한법률개정법률 시행 당시 동일계열 금융기관이 소유하고 있는 다른 회사의 주식의 비율이 제24조제1항에서 규정하고 있는 주식소유 한도를 초과한 경우에는 "제1항 각 호의 규정에 따른 주식소유한도"를 "동법 시행 당시의 주식소유비율"로 본다.

제5조(시정조치 등에 관한 경과조치) 이 법 시행 당시 제24조제1항의 규정을 위반하여 금융감독위원회의 승인을 얻지 아니하고 다른 회사의 주식을 소유하고 있는 동일계열 금융기관에 대하여는 제24조의2 및 제24조의3의 개정규정을 적용하지 아니한다.

제6조(벌칙 및 과태료에 관한 경과조치) 이 법 시행 전의 행위에 대한 벌칙 및 과태료의 적용에 있어서는 종전의 규정에 의한다. 다만, 제24조제4항의 개정규정에 의한 부득이한 사유로 금융감독위원회의 승인 없이 다른 회사의 주식을 소유하고 있는 동일계열 금융기관이 부칙 제2조의 규정에 따라 대통령령이 정하는 기간 내에 승인을 신청한 경우에는 벌칙 또는 과태료를 부과하지 아니한다.

이정우 위원장, 대통령에게 독대(獨對)를 요청

관련자들의 증언을 종합하면, 정부의 금융 산업의 구조 개선에 관한 법률(금산법) 개정안이 국무회의에 상정되던 2005년 7월 5일 오전 7시쯤 이정우 당시 청와대 정책기획위원장은 노무현 전 대통령의 집무실 앞에서 무작정 대통령을 기다리고 있었다.

사전에 아무런 약속도 없었다. 드디어 대통령이 집무실 앞에 모습을 드러냈다. 이 전 위원장은 독대(獨對)를 요청했다. 국가 비상사태가 아니라면 설명하기 어려운 일이었다. 그러나 대통령은 이 전 위원장의 독대를 허용했다. 이 전 위원장은 노 전 대통령에게 조금 후 열릴 국무회의에 상정될, 옛 재정경제부(재경부)가 만든 금산법 개정안의 문제점에 대해 조목조목 설명했다.

노 전 대통령은 이 전 위원장의 설명을 들은 뒤 "국무회의 시작 직전인데 이제 와서 날더러 어떻게 하란 말이냐"며 짜증을 냈다. 아마 이 전 위원장이 노 전 대통령에게 짜증 섞인 질책을 들은 것은 이때가 처음이었을 것이다.

국무회의가 불과 두어 시간 남은 상황에서 장관급 인사인 청와대 정책기획위원장이 경제 정책의 '수장(首長) 부처'인 재경부가 올린 법률안의 문제점을 지적하고 있으니, 대통령의 짜증과 질책도 이해할 수는 있는 일이었다.

대통령의 임기응변

마침내 국무회의가 열렸다. 국무회의가 열리면 국무위원들은 대통령과 함께 테이블에 앉지만, 대통령 자문 정책기획위원장은 테이블에 앉지 못하고 뒤에 놓인 의자에 앉는다. 대통령 자문 정책기획위원장은 국무위원이 아니기 때문이다. 그래서 의견을 자유롭게 개진하는 것도 쉽지 않다. 관례적으로 대통령이나 국무위원의 요청이 있을 때나 가능한 일이다.

이날 국무회의에서 금융 산업의 구조 개선에 관한 법률(금산법) 개정안은 일단 원안 통과됐다. 이를 지켜본 이 전 위원장은 완전히 포기한 상태였다고 한다.

그런데 노 전 대통령이 한덕수 당시 부총리 겸 재정경제부 장관(경제부총리)의 보고가 끝나자 "금산법 개정안이 요새 논란이 많다면서요?"라고 물었다. 한 부총리는 대통령의 의중이 무엇인지 파악하지 못해 머뭇거렸다. 그러자 노 전 대통령은 윤증현 전 금융감독위원장에게 "그러면 금융감독위원장님이 좀 설명해 주시겠어요?"라고 다시 물었다고 한다. 그러나 윤 전 위원장도 정부와 시민 단체 간의 입장 차이 등에 대해 정확히 설명하지 못했다고 한다.

그러자 노 전 대통령은 마지막으로 "그러면 이정우 위원장님께서 좀 설명해 주시죠"라고 말문을 돌렸다. 대통령이 이 전 위원장에게 발언할 기회를 만들어준 것이다. 이에 이 전 위원장이 자리에서 일어나 정부가 제출한 금산법 개정안 중 논란이 되고 있는 부분에 대해 설명하기 시작했다.

금산법 개정안, 국무회의 '조건부 통과'

이렇게 되자 정부안을 제출한 옛 재정경제부(재경부)를 대표하는 한덕수 전 부총리 겸 재경부 장관과 대통령을 정책 분야에서 자문하는 최고위직 인사 중 한 명인 이정우 전 청와대 정책기획위원장이 정면으로 대립하는 모양새가 됐다.

일종의 통과 의례 성격이 강한 국무회의에서 우리나라 최대 재벌 기업인 삼성의 안위(安危)에 엄청난 영향을 미치는 법률 개정안을 둘러싸고 두 가지 상반되는 의견이 정면으로 충돌한 것이다.[245]

---

245 일반적으로 정부의 법률안 제정이나 개정은 다음과 같은 절차를 거친다. 우선 해당 부처에서 법률안을 만들어 입법 예고를 한다. 그렇게 하면 관련 부처나 이해 당사자들이 입법 예고안에 대한 의견을 제출한다. 해당 부처는 입법 예고안에 대한 의견과 관계 부처들의 의견을 종합해 반영한 뒤 법제처 심사를 거친다. 법제처 심사는 특정 사안에 대해 검토하는 것이라기

사태가 이렇게 진행되자 당시 '실세 총리'라고 불렸던 이해찬 국무총리가 중재에 나섰다. 이 과정에서 재경부가 제출한 금융 산업의 구조 개선에 관한 법률(금산법) 개정안을 일단 보류하고 좀 더 논의를 한 뒤 재상정하는 방안도 논의됐다.

그러나 우리나라 헌정 사상 국무회의에 상정된 의안을 통과시키지 않은 적은 한 번도 없었다는 의견이 힘을 얻었다. 헌정 사상 한 번도 없었던 일을 하는 것은 부담이 크다는 얘기였다.

결국 이 전 총리가 일단 국무회의는 통과시키고, 국회에 가서 충분한 토론을 하자고 중재안을 냈다. 어차피 국회에서 가면 다시 논의를 하게 될 것이고, 필요하면 수정하면 되지 않느냐는 얘기였다.

이 같은 우여곡절을 겪은 뒤 재경부의 금산법 개정안은 국무회의를 통과했으며, 그 해 7월 15일 국회에 접수됐다.

이정우 위원장의 사퇴

그러나 이날 국무회의에서 옛 재정경제부(재경부)가 제출한 금융 산업의 구조 개선에 관한 법률(금산법) 개정안이 통과된 것은 이정우 전 청와대 정책기획위원장의 사퇴를 예고한 것이었다.

평생을 학자로 살아왔고, 명리(名利·명예와 이익)를 탐해 처신하는 것을 극도로 싫어하는, 경상도의 선비 중의 선비인 이정우 전 위원장이 대통령에게 독대까지 요청해 문제점을 지적했는데도 금산법 개정안이

보다는 법 체계 상의 문제가 없는지 점검하는 과정이다. 그 뒤 차관회의를 통해 부처 간 이견 조정 등을 최종적으로 마무리하고, 국무회의에 상정하게 된다. 따라서 국무회의에 상정되는 법안은 이미 관계 부처 간 조율이 끝났다고 봐야 한다. 관계 부처 간 조율이 끝나지 않으면 국무회의 상정 자체를 늦추고, 지속적으로 협의하는 게 관례다. 따라서 국무회의에서 다른 의견들이 제시돼 논쟁이 벌어진다는 것은 일반적인 관행으로는 상상하기 어려운 일이다. 하지만 이 같은 일이 2005년 7월 5일 대통령이 주재하는 국무회의 석상에서 실제로 벌어졌다.

국무회의에서 원안 통과된 순간, 이 전 위원장의 사퇴는 불을 보듯 자명(自明)한 것이었다.[246]

대구의 학자 집안에서 태어나 평생 학자의 길을 걸어온 이 전 위원장이 이런 상황에서 더 자리에 남아있으리라고 기대하는 것 자체가 무리였다.[247]

이 전 위원장이 물러나기 전 인수위 경제 1분과에서 한솥밥을 먹은 이동걸 전 금감위 부위원장·허성관 전 행정자치부 장관·정태인 전 청와대 국민경제비서관을 만나 상의하는 과정을 거친 것[248]은 자신의 진퇴(進退)를 결정하기 전에 개혁에 대해 함께 고민해 온 사람들에 대한 일종의 '예의(禮儀)'를 갖춘 것으로 보인다.

금산법의 표류

이날 국무회의에서 정부의 금융 산업의 구조 개선에 관한 법률(금산법) 개정안이 국회로 넘어간 것은 결국 금산법 개정안의 미래가 개혁파의 의견과는 상당히 동떨어진 방향으로 처리될 것이라는 사실을 암시하고 있었다.

---

246 이정우 전 위원장은 후일 "재경부가 금융산업구조개선법(금산법, 인용자) 개정안을 통상의 사전 논의도 생략한 채 지난해(2005년) 7월 국무회의에 바로 상정하려 한 적이 있다"며 "나도 국무회의 전날 밤에야 이런 사실을 알고 다음날 아침 회의 석상에서 다급히 제동을 걸어야 했다"고 공개했다. 이 전 위원장이 이날의 일을 언론에 공개하고, 점잖은 성격에 이 정도로 언급했다는 것은 당시의 '놀람'과 '분노'가 얼마나 대단했는지 보여준다. 전병역, 'FTA는 미 체질 강요…돌이키지 못할 실책'(경향신문, 2006년 9월 25일).

247 이정우 전 위원장은 '참모'에 대해 아래와 같이 말했다. "조선시대 선비들은 끊임없이 조정을 비판했다. '제 목을 치십시오'라며 목숨 걸고 임금한테 상소하지 않았느냐. 비판하는 참모가 진정한 참모다. 비판이야말로 참여정부(노무현 정부, 인용자)를 살리고 대통령을 돕는 길이다." 전병역, '등 뒤에서 화살…敵은 내부에 있었다-참여정부에 참여한 5인의 고백(이정우 전 청와대 정책실장)'(경향신문, 2006년 9월 25일).

248 장경순, '이동걸, 이정우 퇴진은 정부 차원 개혁 마무리 의미'(데일리 서프라이즈, 2005년 7월 22일).

2005년 7월이라는 시점은 이미 참여정부의 '레임덕(lame duck·'절름 발이 오리'라는 뜻으로 임기 만료를 앞둔 정부나 공직자의 정책 결정이 뒤뚱거리는 오리걸음 처럼 일관성이 없음을 뜻하는 말)' 현상이 나타나기 시작하던 때였다.

당시 여당인 열린우리당의 박영선 의원 등이 개혁적인 내용의 금산 법 개정안을 내놓았지만, 한계를 극복하기란 애초부터 어려웠다. 심상 정 의원 등 민주노동당 의원과 일부 열린우리당 의원들이 고군분투했 지만 역부족이었다.

결국 표류하던 금산법 개정안은 정부안과 박영선 의원안, 심상정 의원안 등을 수정·통합해 국회 재정경제위원장이 대안(代案·어떤 안을 대 신하는 안)을 제출하는 것으로 결론 났다. 국회 재정경제위원장이 제안 한 금산법 일부 개정법률안(대안)은 2006년 12월 22일 본회의에서 원 안 가결됐다.

주요 내용은 금산법 제24조가 신설된 1997년 3월 이후 삼성카드가 취득한 삼성에버랜드 주식 25.6% 중에서 5% 초과분(20.6%)에 대해서 는 즉시 의결권을 제한하고, 5년 내에 자발적으로 처분하도록 한다는 것이었다.

또 금산법 24조 신설 이전에 취득한 삼성생명의 삼성전자 주식 7.23% 가운데 5% 초과분에 대해서는 지분 소유는 허용하되, 2년 유 예 후 의결권을 제한하도록 했다. 그러나 2년 후 의결권 제한도 금산 법에 의한 것이 아니라 공정거래법에 따르기로 했다.

이에 대해 참여연대 등 시민 단체들이 "이럴 바에는 금산법을 개 정할 이유가 없다"며 "삼성에 굴복한 것"이라며 잇따라 비판하고 나 섰다.[249] 그러나 노무현 정부는 이미 그런 목소리를 귀담아 듣기에는

---

249 김상조 당시 참여연대 경제개혁센터 소장(한성대 교수, 문재인 정부 초대 공정거래위원
장, 이 책 4장 참조)은 2006년 2월 27일 국회 재정경제위원회가 정부안을 일부 수정해 이
같은 내용의 금융 산업의 구조 개선에 관한 법률(금산법) 개정안을 처리한 직후 CBS 라디오의

너무 먼 길을 와버린 상태였다.

노무현 정부의 뜨거운 감자, 삼성그룹

삼성그룹은 노무현 정부 임기 내내 '뜨거운 감자'였다. 사실상 노무현 정부의 경제 정책의 역사는 삼성에 대한 정책의 역사라고해도 과언이 아닐 정도였다.

전술(前述·앞에서 이미 진술하거나 논술함)한 것처럼 삼성이 노무현 정부 경제 정책의 핵으로 등장한 특별한 이유가 있는 것은 아니었다. 옛 현대 그룹이 공중 분해된 상태에서 삼성그룹은 '사실상 유일한 재벌'로 인시됐고, 금융 정책이나 재벌 정책도 자연스럽게 삼성에 초점을 맞출 수밖에 없었다.

이런 이유로 인수위 시절부터 '개혁파' 경제 참모들은 삼성에 대한 스탠스(입장)를 정하기 위해 부심(腐心·어떤 문제를 해결하기 위한 방안을 생각해 내느라고 몹시 애씀)했다. 그러나 현실적으로 삼성의 상징성이 워낙 컸기 때문에 삼성그룹을 개혁하지 않고는 노무현 정부가 개혁 정부라는 것을 국민들에게 납득시키는 것은 불가능하다는 결론에 도달한 것으로 보인다.

'시사자키 오늘과 내일'에 출연해 "아무런 효과도 없는 개정"이라며 "참담한 심정"이라고 말했다. 특히 그는 개정안에 찬성표를 던진 박영선 당시 열린우리당 의원에 대해서도 "매우 실망스럽다"며 "열린우리당이 삼성으로부터 결코 자유롭지 못하다는 것을 보여준 것"이라고 평가했다. 2006년 12월 22일 국회 본회의 찬반 토론에서 임종인 열린우리당 의원은 "개정안은 사실상 삼성의 불법 상태를 해소해 주기 위한 삼성을 위한 법"이라며 "의미도 없고 실효성도 없는 법"이라고 반대 의사를 밝혔다. 심상정 민주노동당 의원 역시 "개정안은 삼성 맞춤형 법으로 둔갑돼 상정됐다"며 "삼성을 위한 꼼수에 불과하다"고 강하게 비판했다. 김현미, '김상조, "박영선 의원마저 삼성에 굴복, 참담하다"'(데일리 서프라이즈, 2006년 2월 28일); 김익태, '금산법, 국회 통과..삼성지배구조 변화(종합)'(머니투데이, 2006년 12월 22일, http://news.mt.co.kr/mtview.php?no=2006122222303300367&outlink=1&ref=http%3A%2F%2Fsearch.naver.com, 2018년 10월 1일 검색) 등 참조.

결국 노무현 정부 내 개혁파들은 인수위 시절부터 '삼성 개혁'에 적극적으로 나서기로 뜻을 모았고, 삼성이 저항하면 할수록 개혁 정책의 초점은 삼성그룹에 맞춰졌다.

그러나 나중에 알려진 사실이지만, 노무현 정부의 모든 세력이 삼성그룹 개혁에 적극적인 것은 아니었다. 핵심 세력 중에서 일부는 정권 출범 초부터 삼성그룹과 모종의 '협력 관계'를 구축하고 있었다.

대통령 최측근 L의원의 역할

노무현 정부와 삼성그룹과의 관계를 얘기할 때 반드시 언급해야 하는 이름이 있다. 노무현 전 대통령의 측근 중의 측근으로 꼽히는 L의원이다.

노무현 정부가 출범한 지 1년쯤 지났을 때부터 "대통령의 최측근인 L의원이 노무현 정부 출범 초기부터 삼성그룹과 협력 관계를 맺었다"는 소문이 경제계에 파다했다.

그러나 이런 소문이 난지 몇 년이 지나도록 이를 공개 석상에서 언급한 사람은 없었다. 수면 아래에서만 소문이 파다했던 것이다. 그만큼 권력이란 게 무서운 것이었다.

하지만 2006년 초 정태인 전 청와대 국민경제비서관은 언론과의 인터뷰에서 이 같은 사실을 처음으로 밝혀 관심을 모았다. 그가 청와대에서 나와 반(反)자유무역협정(FTA)의 '선봉장' 역할을 하던 때였다.

그는 인터넷 매체 '레디앙(www.redian.org)'과의 인터뷰에서 "현 정부가 재정경제부(재경부)와 삼성에 둘러싸여 있다는 말은?"이라는 질문에 아래와 같이 답변했다.

"L의원이 재경부하고 삼성하고 착 달라붙어서 그런 분위기를 주도했어요. 대통령 최측근이 그런 짓을 한 거예요. 사실 386(30대, 80년대 학번, 1960년대에 출생한 운동권 출신 인사들을 지칭하던 말, 인용자)들이 운동을 했고 정의감은 있지만 아는 것이 많지 않고 전문성도 없어요. 국회 안 오면 딱히 갈 데가 없어요. 그래서 관료하고 당료하고 사이좋게 지내지 않으면 안돼요. 안 그러면 자기들 목이 날아가니까.

전문성 있는 사람들은 소신 있게 얘기하고 그만두면 되는데 이 친구들은 전문성이 없으니까 재경부에서 만들어주는 쌈박한 보고서에 그냥 넘어가는 거죠, 아는 게 없으니까, 자기 생각이 없으면 그 논리에 빠지게 되어 있으니까."250

정태인 전 비서관의 말처럼 L의원은 한때 '노무현 정부의 아키텍트(설계자)'라는 말을 듣기도 한, 대통령의 측근 중의 측근이었다. 여러 관계자의 증언을 종합하면, L의원은 노무현 정부 출범 초부터 삼성그

---

250 정제혁, '재경부-삼성에 포위된 현 정부가 사회안전망 확보? 안 될 겁니다' [정태인 전 청와대 비서관 인터뷰③]마지막 개혁파 이정우(인터넷 매체 레디앙, 2006년 4월 5일, http://www.redian.org/archive/11911, 2018년 10월 7일 검색). 윤석규 전 열린우리당 원내기획실장도 노무현 전 대통령과 삼성그룹과의 관계에 대해 공개한 적이 있다. 윤 전 실장은 "처음으로 노무현 (대통령, 인용자) 후보와 삼성과의 관계에 대해 들은 것은 캠프 내부 멤버들의 입을 통해서다"라며 "이학수 삼성 부회장이 노 후보와 부산상고 선후배고, 초선 의원 시절부터 도움을 받았단다"라고 밝혔다. 그는 "두 사람(이학수 삼성 부회장과 노 후보)의 관계가 더욱 돈독해진 것은 국민의 정부(김대중 정부, 인용자) 시절 노무현 후보가 민주당 동남특위 위원장으로 활약할 당시, 삼성자동차 처리 문제에 나섰을 때였다"며 "어쨌든 청산(淸算·법인이 파산이나 해산에 의하여 활동을 정지하고 재산 관계를 정리하는 일) 이외에는 답이 없다던 삼성자동차를 르노에 넘기는 과정에서 노무현 후보가 비중 있는 역할을 했고, 삼성 쪽 파트너였던 이학수 부회장과 매우 긴밀한 교류가 있었다고 한다"고 썼다.
    윤 전 실장은 "삼성과 노무현 캠프의 밀착 관계에 대해 더 강한 확신을 갖게 된 것은 노무현 후보가 민주당 정식 후보가 된 직후였다"며 "2002년 5월 어느 날 이광재 씨(2018년 11월 25일 현재 재단법인 '여시재' 원장, 인용자)는 삼성경제연구소에서 출간한 『국가전략의 대전환』이라는 책을 들고 다니며 소개했다"고 밝혔다. 그는 "이광재 씨는 엘리트 관료 몇 사람의 명단을 거론하면서 '이런 사람들하고 일을 해야 한다' 는 취지의 말을 하고 다녔다"며 "다는 기억하지 못하지만 참여정부(노무현 정부, 인용자) 초대 경제팀의 핵심인 김진표, 박봉흠, 최종찬, 윤진식 등의 이름이 들어있었던 것은 분명하다"고 기술했다. 윤석규, "'노무현의 불행은 삼성에서 비롯됐다"-[삼성을 생각한다]내가 지켜본 노무현-삼성 관계'(프레시안, 2010년 3월 17일, http://www.pressian.com/news/article.html?no=99872#09T0, 2018년 10월 1일 검색) 참조.

룹과 '빅딜(큰 거래)'을 한 것으로 보인다.

당시 L의원은 삼성그룹 내에서 오너(당시 이건희 회장)의 의중을 내변힐 수 있을 만한 최고위급 임원을 극비리에 만나 '참여정부(노무현 정부)와 삼성그룹은 국정 운영을 위해 적극 협력한다'는 데 합의한 것으로 알려졌다.

당시 L의원은 정치·사회 분야에서 강도 높은 개혁을 추진하기 위해서는 경제가 안정돼야 하는데, 이를 위해서는 삼성그룹의 협조가 필수적이라고 판단한 것으로 전해졌다.

노무현 정부가 들어서면서 불안해하던 삼성과 정치에 대해서는 나름대로 식견(識見)이 있었지만 경제에 대해서는 사실상 문외한이나 다름없었던 청와대 386들의 이해관계가 맞아떨어진 결과였다.

어쩌면 당시 386들은 감성적으로는 삼성을 싫어하면서도 삼성이 도와주면 그것만으로도 경제는 잘 돌아갈 것이라는 아주 나이브(순진)한 생각을 했는지도 모른다. L의원이 삼성그룹과 협력 관계를 맺은 배후에 노 전 대통령이 있었는지는 아직 확인된 적이 없다.

적(敵)은 내부에 있다

노무현 정부에서 삼성도 스스로 든 '보험('정치권력으로부터 지켜줄 것이라고 믿은 방패막이'라는 뜻)'이 잘못된 것은 아닐까, 하고 헷갈린 때도 있었을 것이다. 그러나 삼성그룹은 마지막 순간까지 한 번도 스스로 든 '보험'에 대한 신뢰를 완전히 버린 적은 없었던 것으로 보인다.

필자가 아는 한, 삼성그룹은 노무현 정부에서 여러 번의 고비를 맞으면서도 단 한 번도 '경제 개혁파'와 직접 대화를 시도한 적이 없다. 이것은 결국 믿음이 다소 흔들렸던 적은 있지만, 삼성은 경제 개혁파 외에 '다른 어떤 굳건한 동아줄'에 대한 확고한 믿음을 갖고 있었다는

사실을 반증한다.[251]

정확히 이런 맥락에서인지는 확인되지 않았지만, 이정우 전 청와대 정책기획위원장은 한 언론과의 인터뷰에서 다음과 같은 말을 한 적이 있다.

"등 뒤에서 오는 화살이 눈앞에 보이는 보수의 화살보다 더 무섭다. 조· 중·동의 생트집은 다 반박이 가능하지만 등 뒤의 화살은 더 깊이 박힌다. 적은 내부에 있다. 말하자면 '브루투스 너마저…'라는 것이다."[252]

필자는 이정우 전 위원장의 이 말을 '이정우 식(式) 극도의 완곡어법을 동원한' 노무현 정부 내부의 분열을 암시하는 것으로 해석한다. 다른 말로 하사면 노무현 정부의 금융 및 재벌 개혁은 처음부터 한계가

---

251 정치권력이 바뀔 때마다 삼성이 정치권력과 '연관 고리(커넥션)'를 찾는 방식을 한 번 살펴보는 것도 재미있을 것이다. 노무현 정부 이후 삼성의 움직임을 살펴보면, 상식적인 얘기이기는 하지만, 삼성은 정치권력의 정점(頂點), 즉 대통령과 직접 연결하는 방식을 상당히 선호하는 것으로 보인다. 이명박·박근혜 정부 등 보수 정부에서는 대통령이 주요 재벌 그룹 총수들과 회동하는 자리가 많았으므로, 굳이 연관 고리를 찾으려고 특별히 노력하지 않아도 기본적인 틀은 갖춰져 있었다. 예컨대, '최순실 국정 농단 사건' 재판 과정에서 드러난 것처럼 박근혜 전 대통령은 재벌 그룹 총수들과 가끔씩 회동을 가졌다. 문제는 대통령이 재벌 그룹 총수와 직접 만날 기회가 별로 없는 진보 정권에서 발생한다. 노무현 정부에서 대통령의 측근 중의 측근인 L의원과 삼성그룹에서 오너(당시 이건희 회장)의 의중을 대변할 만한 최고위급 임원이 극비리에 만나 국정 운영에 협력한다는 내용에 합의한 것도 양측 최고위 인사 간의 일종의 '직접 만남'이라고 볼 수 있다. 어차피 양측 최고위 인사가 직접 만나기는 어려운 상황에서 L의원과 삼성 측 최고위급 임원은 양측 최고 의사결정권자의 뜻을 대신 전달하는 '대리인(代理人)'이라고 볼 수도 있기 때문이다. 이에 따라 삼성으로서는 사실상 정치권력의 정점에 있는 권력자의 '약속'을 받은 상태였기 때문에, 이동걸 전 금융감독위원회(금감위) 부위원장 등 노무현 정부 내 경제 개혁파들과 접촉할 필요성을 별로 느끼지 못했던 것으로 보인다.
문재인 정부에서도 이재용 삼성전자 부회장이 2018년 7월 9일 인도 뉴델리 인근의 노이다 공단에서 열린 삼성전자 신공장 준공식장에서 문재인 대통령을 만나기 전에는 김동연 전 부총리 겸 기획재정부 장관의 삼성 현장 방문이 성사되지 않았다. 이 부회장이 인도에서 문 대통령을 만나고 한 달여 후인 2018년 8월 6일 마침내 김 전 부총리는 경기 평택시 고덕면 삼성전자 평택캠퍼스를 방문해 이 부회장을 만났다. 김 전 부총리의 삼성전자 평택캠퍼스 방문에 대해서는 이 책 1장을 참조.
252 전병역, '등 뒤에서 화살…敵은 내부에 있었다-참여정부에 참여한 5인의 고백(이정우 전 청와대 정책실장)'(경향신문, 2006년 9월 25일).

있었다는 얘기다.[253]

노무현 정부의 개혁파들은 정권이 출범한 2003년 초부터 권력에서 완전히 물러나게 되는 2005년 7월(이정우 전 청와대 정책기획위원장의 사퇴 시점)까지 2년 반 남짓한 기간 동안 권력 내부의 이런 '보이지 않는 손(invisible hand)'과 끊임없이 투쟁하게 된다.

하지만 이들이 싸운 대상이 과연 삼성그룹이었는지, 아니면 이런 '보이지 않는 손'이었는지 정확하게 파악하기 위해서는 아직도 더 많은 시간이 필요한 것으로 보인다.

삼성 vs. 이동걸③ - 자본시장통합법

금융 산업의 구조 개선에 관한 법률(금산법) 개정안이 국회로 넘어간 뒤 이동걸 전 부위원장은 자본시장통합법(자통법) 제정을 둘러싸고 옛 재정경제부(재경부) 및 삼성그룹과 다시 맞붙었다.

한국금융연구원으로 돌아간 이 전 부위원장은 2006년 3월 20일

---

253 그러나 노무현 정부 내 개혁파는 흥미롭게도 노무현 정부 경제 개혁의 한계를 솔직하게 인정하면서 "국민의 정부(김대중 정부, 인용자)에 비해서는 오래 갔다"고 공통적으로 평가한다. 이는 어떤 측면에서는 국민의 정부에 참여했던 이동걸 전 금융감독위원회(금감위) 부위원장을 비롯, 노무현 정부의 경제개혁파들이 자신들의 활동을 비교하는 '준거(準據·사물의 정도나 성격 따위를 알기 위한 근거나 기준)'로 국민의 정부에 참여했던 개혁파들을 암암리에 상정하고 있었다는 사실을 시사하고 있다.

이와 관련, 이정우 경북대 명예 교수는 "국민의 정부에서는 김태동, 윤원배 등 소수의 학자 출신이 들어갔으나, 1년도 못가서 관료에게 주도권을 넘겼다"며 "국민의 정부에 비해서 (노무현 정부 경제 개혁파들은, 인용자) 꽤 오래갔다"고 평가했다. 정태인 전 청와대 국민경제비서관도 "재정경제부(재경부)가 1년 안에 우리(노무현 정부 경제 개혁파, 인용자)를 다 쫓아내려 했죠. 2년은 잘 버틴 겁니다"라고 말했다. 이정우 명예 교수와 정태인 전 비서관의 말은 각각 다음 글을 참조. 전병역, '등 뒤에서 화살…敵은 내부에 있었다-참여정부에 참여한 5인의 고백(이정우 전 청와대 정책실장)' (경향신문, 2006년 9월 25일); 정제혁, '재경부-삼성에 포위된 현 정부가 사회안전망 확보? 안될 겁니다' [정태인 전 청와대 비서관 인터뷰③]마지막 개혁파 이정우(인터넷 매체 레디앙, 2006년 4월 5일, http://www.redian.org/archive/11911, 2018년 10월 7일 검색).

금융연구원이 발간하는 주간 금융브리프를 통해 다시 포문을 열었다. 그는 이 주간지 15권 12호에 '금융 정책의 투명성 및 신뢰성 제고'라는 글을 싣고 '재경부-삼성 커넥션' 의혹을 제기했다.

이 전 부위원장은 "방카슈랑스(은행 창구에서 보험 상품을 판매하는 것) 시행 일정 재조정, 금산법 제24조 개정안, 자본시장통합법안 등을 보면 객관적이고 투명한 논의가 결여된 채, 정부가 특정 업종 및 특정 기업 또는 특정 기업 집단의 이해를 지나치게 대변하는 양상을 보여 정책의 객관성과 신뢰성을 저해하고 있다"며 "밀실 정치 시대를 연상케 하는 정책 추진 행태가 반복되면서 재경부가 공평무사한 중립적 금융 정책 당국으로서의 신뢰성을 상실하고 있다"고 주장했다.

특히 그는 자본시장통합법에 대해 "법을 준비하는 과정에서 금융 관련 유관 부처마저 (협의 대상에서, 인용자) 배제한 것으로 알려져 정책 당국을 바라보는 일반 국민의 걱정을 더하고 있다"며 "금융 감독 관련 부처가 정책 준비 과정에서 배제되면서 카드 사태의 재현이 우려된다"고 밝혔다.

그 뒤 그는 주간 금융브리프에 3회(15권 19호, 20호, 21호)에 걸친 소위 '자본시장통합법(자통법) 3부작'을 실으면서 자본시장통합법의 문제점을 조목조목 지적했다.

특히 이 전 부위원장은 2006년 5월 29일 발간된 '자본시장통합법 (3): 종합 평가'를 통해 "표면상의 이유와는 달리 자본시장통합법에 '숨은 의도'가 있다거나, 정권의 통제력이 약화된 틈을 타 특정 대기업 집단이나 특정업계의 '소원 수리(訴願受理·하소연하여 바로잡아 주기를 바라는 일을 처리함)'를 위해 자본시장통합법이 이용되고 있다는 의구심이 제기되고 있다"고 주장했다.

금융계 사람들은 모두 이 전 부위원장이 말하는 특정 대기업 집단이 '삼성'이라는 사실을 알고 있었다. 세계적인 투자 은행(Investment Bank·

IB)을 만들겠다는 의도로 제정된 자본시장통합법의 최대 수혜자가 삼성증권, 삼성생명 등 삼성그룹 계열사라는 얘기가 공공연하게 떠도는 상황이었다.[254]

이 전 부위원장은 한 걸음 더 나아가 "만약 이것이 사실이라면 현 정부의 '레임덕(lame duck· '절름발이 오리' 라는 뜻으로 임기 만료를 앞둔 정부나 공직자의 정책 결정이 뒤뚱거리는 오리걸음처럼 일관성이 없음을 뜻하는 말) 현상'은 이를 계기로 가속화할 것으로 우려된다"고까지 썼다.

비록 '현 정부의 레임덕'이라는 간접적인 화법(話法)을 쓰고 있기는 하지만, 이 전 부위원장의 글에서 처음으로 노무현 전 대통령과 참여정부(노무현 정부)에 대한 분노가 느껴지는 대목이었다.

이때쯤에는 이 전 부위원장을 비롯한 노무현 정부 경제 개혁파들이 노 전 대통령에게 갖고 있던 최소한의 신뢰마저 거의 바닥을 드러냈다고 생각해도 무리는 아닐 것이다.

(필자 주: 아래 글은 이동걸 전 한국금융연구원 선임연구위원이 금융연구원이 발간하는 주간 금융브리프(14권 11호)에 기고한 것이다. 이 글은 이 전 선임연구위원이 생각하는 금융 산업의 구조 개선에 관한 법률(금산법)의 문제점과 개선 방안뿐만 아니라 이 전 선임연구위원이 갖고 있는 금융과 산업의 분리에 관한 '기본적인 생각'을 엿볼 수 있게 한다. 일반 독자가 이해하기 쉽도록 전문 용어를 가급적 배제한 글이라는 것도 장점이다. 그의 생각을 이해하는데 도움이 될 것으로 보여 전문을 게재한다.)

금융기관을 이용한 경제력 집중: 문제점 및 개선 방안

이동걸(한국금융연구원 선임연구위원)

(요약) 금융이 발전함에 따라 산업 자본과 금융 자본의 결합에 따른 이점은 감소하는 반면 문제점은 더욱 커진다. 우리나라의 경우는 산업이 금융을, 그리고 금융이 다시 산업을 지배하는 지배권 확장의 증폭이라는 특수한 양상을 보여 문제는 더욱 심각하다. 즉, 기업 집단의 순환적 소유·지배의 연결 고리에서 금융 기관이 핵심 역할을 할 경우 기업 집단의 이익과 금융 기관 고객의 이익이 충돌하는 이해 상충의

---

254 박현, "'자본시장통합법에 숨은 의도" 공방'(한겨레신문, 2006년 5월 30일).

문제가 심각해진다. 작년 일부 기업 집단 소속 금융사가 금산법 제24조상의 한도를 초과하여 비금융 계열사에 출자한 사례가 적발되었으나, 이에 대한 감독 당국의 시정 조치가 늦어지고 있다.

감독 당국은 위법 행위자의 사법 처벌과 함께 시정 명령을 내려야 하며, 시정하지 않을 경우 감독상 및 인허가상의 각종 불이익을 주어야 한다. 위법 상태를 유지한다는 것은 금융 기관이 건전하게 운영되지 않고 있다는 증거이고, 이는 적격성에서 결격 사유가 되기 때문이다. 또한, 제도적 개선 방안으로 첫째, 금산법 제24조를 개정하여 금융 기관의 계열사 주식 소유 한도를 대폭 낮추고, 둘째, 법상 한도를 초과한 주식에 대한 의결권 행사 정지, 처분 명령권 및 이행 강제금 제도를 도입해야 한다.

참여정부(노무현 정부, 인용자)는 출범과 함께 산업 자본의 금융지배에 따른 시장 왜곡 시정을 주요 국정 과제의 하나로 추진하고 있다. 모니터링 대상(기업)과 모니터링 주체(금융 기관) 간에 형성되는 지배권의 연결 고리는 금융 시장의 기업규율 기능을 약화시켜 공정한 금융 시장 질서 확립을 저해하기 때문이다.

그러나 재계의 강력한 반발에 부딪혀 정책 추진이 다소 지지부진한 양상을 보이고 있다. 더욱이 작년에는 일부 재벌 계열 금융사가 「금융 산업의 구조 개선에 관한 법률(금산법)」에서 규정한 한도를 초과하여 비금융 계열사에 출자한 사실이 적발되었으나 이에 대한 시정 조치가 아직까지 나오지 않고 있어 금융 시장의 왜곡을 시정하려는 정부의 의지가 퇴조한 것이 아닌가 하는 우려마저 든다. 이에 본고에서는 동법의 내용과 문제점을 검토하고 개선 방안을 제시해보고자 한다.

산업 자본과 금융 자본의 결합에 대한 논쟁

산업 자본과 금융 자본이 상호 소유·지배할 경우의 장단점에 대해서는 이미 국내외에서 많은 연구와 논쟁이 있었고, 대부분의 논점은 이미 정리되었다. 각자의 입장에 따라 아직 이에 대한 견해를 달리 할 수는 있겠지만, 적어도 금융 시장의 발전에 비례하여 산업 자본과 금융 자본의 결합에 따른 이점(利點·이로운 점, 인용자)은 점차 감소하는 반면 문제점은 더욱 커진다는 데에는 대부분의 학자들이 동의하고 있다.

금융 시장이 충분히 발달되지 않은 단계에서는 산업 자본과 금융 자본이 소유·지배를 통해 특수거래 관계를 형성함으로써 기업에 필요한 자금을 원활히 조달할 수 있다는, 즉 금융 거래 비용을 최소화할 수 있다는 장점이 있다. 좀 더 구체적으로 설명하면, 산업 자본과 금융 자본이 결합할 때 발생하는 제반 문제점에도 불구하고 시장이 충분히 발달하지 않은 초기 단계에서는 정보의 부재로 인해 자금의 효율적 중개·배분이 이루어지지 않기 때문에 산업과 금융의 결합으로 인한 비용보다는 거래 비용 감소라는 편익이 클 수 있다는 것이다.

그러나 금융 시장이 발전하면서 금융 기관의 기업 정보 수집, 분석 및 평가 능력이 제고되면(즉, 금융거래비용이 낮아지면) 금융 자금의 내부 거래는 시장을 통한 자금 거래로 대체된다. 이 때 산업 자본과 금융 자본간의 결합으로 인한 특수내부거래

관계는 기업 정보의 효율적이고 공정한 수집·분석·평가를 저해함으로써 오히려 금융 시장의 기능을 손상시키고 금융 산업의 발전에 걸림돌이 된다.

이러한 논의는 전통적으로 산업의 금융 지배, 또는 금융의 산업 지배를 상정한 경우로서 외국의 이론적, 경험적 논쟁은 주로 이에 국한되어 있다. 그러나 우리의 경우는 이에 더하여 산업이 금융을 지배하고 그 금융을 통해 다시 산업을 지배하는 지배권 확장의 증폭이라는 특수한 양상을 보이고 있어 더욱 심각한 문제를 야기하고 있다.

금융 기관을 이용한 경제력 집중의 문제점

금융 기관은 고객의 자산을 맡아 관리·운영·증식하는 기관으로서, 고객을 위해 일하는 기관이다. 따라서 금융 기관이 고객의 자산으로 주식에 투자할 때는 당연히 합리적 자산 운용이라는 관점에서 이루어져야 한다. 그러나 금융 기관이 소속 기업 집단의 이익을 위해 계열사 지분을 소유한다면 이러한 결정이 공정하고 합리적으로 이루어질 수 없고, 따라서 고객과 기업 집단 간에 이해 상충의 문제가 야기되지 않을 수 없다. 즉 금융 기관은 고객 이익의 희생 위에 기업 집단의 이익을 추구하게 된다.

기업 집단의 순환적 소유·지배 구조의 연결 고리에서 금융 기관이 핵심적인 한 축을 이루고 있을 경우 금융 기관의 견제 기능은 실종되고 이해 상충의 문제는 심각해지게 된다. 왜냐하면 금융 기관은 어떤 비용을 치르더라도 기업 집단의 순환적 소유·지배 구조의 연결 고리를 지키는 역할을 해야 하기 때문이다.

금융 기관에게 있어서 고객의 이익 보호는 기업 집단의 이익 보호에 밀려 부차적인 위치로 떨어지게 된다. 실제로 작년 모 생보사의 투자 유가 증권 평가 손익 배분 문제에서 이 문제가 극명하게 나타난 바 있다.

이해 상충의 문제는 금융 기관의 안전성과 건전성을 저해함으로써 금융 기관 고객의 자산을 위협할 뿐만 아니라, 더 나아가서는 금융 시스템의 안전성마저 위태롭게 할 우려가 있다. 또한 이해 상충 행위는 그 정의상 금융 기관이 제 기능을 성실히 수행하지 않는 것을 의미하며, 따라서 금융 기관에 의한 기업의 견제 즉, 시장 규율 기능도 기대할 수 없게 된다. 그리고 시장 규율이 확립되지 않는 곳에서는 금융과 산업이 상호 공존하며 건전하게 발전하기도 어렵고, 그러면 시장 경제도 발달하기 어렵다. 이해 상충 행위가 근절되지 않고서 진정한 시장 경제는 확립될 수 없다.

선진국의 금융 감독 당국은 금융 기관의 이러한 행위를 엄정히 금지하고 있을 뿐 아니라 심한 경우에는 배임 등 민·형사상의 책임도 철저히 추궁하고 있다. 그러나 우리나라의 경우 이러한 일이 제2금융권에서 일상적으로 있어 왔고, 감독 당국도 이에 대한 적극적인 시정 노력을 보이지 않아 왔다. 다만, 「금융 산업의 구조 개선에 관한 법률」 제24조에 의거하여 최소한의 억제에 그치고 있는 실정이다.

「금융 산업의 구조 개선에 관한 법률」(약칭, 금산법) 제24조

금산법은 금융 기관을 이용한 기업 결합을 제한하기 위해 제24조에서 금융 기관이 비금융 계열사의 주식을 소유할 수 있는 한도를 설정하고 있다. 구체적으로 보면,

금융 기관 및 그 금융 기관과 같은 기업 집단에 속하는 금융 기관(동일계열 금융 기관)은 (i) 다른 회사의 의결권 있는 발행 주식 총수의 20% 이상을 소유하게 되는 경우, 또는 (ii) 동일 계열 금융 기관 또는 동일 계열 금융 기관이 속하는 기업 집단이 사실상 지배하는 회사의 의결권 있는 발행주식 총수의 5%이상을 소유하게 되는 경우 금융감독위원회의 승인을 얻어야 하도록 하고 있다. 또한 동 시행령 제6조는 금융감독위원회가 법 제24조의 규정에 의해 승인할 수 있는 기준으로 "당해 주식 소유가 금융 기관이 아닌 다른 회사를 사실상 지배하기 위한 것이 아니어야" 함을 명시적으로 규정하고 있다. 즉, 기업 집단에 속한 금융 기관은 단독으로 또는 다른 계열 금융 기관과 합해서 어떤 경우에도 다른 회사의 지분을 20%이상 소유할 수 없을 뿐 아니라, 다른 비금융 계열사 간의 지분소유관계로 인해 기업 집단에 소속된 것으로 간주되는 회사(계열 회사)에 대해서는 5%이상의 지분을 소유할 수 없도록 규정되어 있다. 그러나 당해 주식 소유가 금융 기관의 업무와 직접적인 관련이 있거나(예를 들면, 다른 금융 기관, 추심 회사 등), 또는 효율적 업무 수행을 위해 필요한 사업을 영위하는 회사(예를 들면, 정보·전산처리업무를 위탁 운영하는 회사 등)의 경우에는 허용된다.

금산법 제24조의 위반 사례: 문제점과 해결책

언론 보도에 의하면 작년에 모 거대 재벌 그룹을 포함한 수 개의 기업 집단이 금산법 제24조를 위반한 사례가 적발된 것으로 알려졌다. 그러나 아직 이에 대한 시정 조치나 제재 조치가 발표되지 않아 궁금증을 자아내고 있다. 추측컨대 경영권 세습 구도에 대한 위협을 우려한 그 재벌 그룹이 극력 반발하고 있고, 감독 당국으로서는 입법 불비(立法不備·법률이 갖춰져 있지 아니함, 인용자)로 인해 구체적인 시정 조치를 강제할 수 없다는 어려움에 봉착해 있기 때문이 아닌가 한다.

금산법은 제27조에서 금융 기관의 임원 등이 제24조의 규정을 위반한 때에는 "1년 이하의 징역 또는 1000만 원 이하의 벌금에 처한다"고만 규정하고 있을 뿐, 그 외에 시정을 강제할 수 있는 다른 수단을 규정하지 않고 있다.

이러한 입법불비 사항은 법 개정을 통해 조속히 시정되어야 하겠지만, 그렇다고 하여 법이 개정될 때까지 금융 감독 당국이 아무 조치를 취하지 않는다면 그 또한 임무 해태(懈怠·게으름, 인용자)에 해당할 것이다. 감독 당국은 제27조의 규정을 적극적으로 해석해서 이를 시정토록 노력해야 할 것이다.

제27조의 처벌 규정이 위법 당시의 행위자에 대한 1회성 처벌로서 위법 행위의 결과 또는 상태에 대해 면죄부를 주려는 것이 아니라면, 제24조의 위법 행위는 그 '행위'를 할 때만 위법이 되는 것이 아니라 그러한 "위법 상태를 시정하지 않고 유지하는 행위"도 당연히 위법 행위로 해석하는 것이 타당할 뿐 아니라 입법 취지에도 부합한다. 그렇다면 금산법에 이를 시정할 수 있는 명령 수단이 없다 하더라도 제27조의 처벌 규정을 적극 활용하여 이를 시정토록 노력해야만 한다. 감독 당국이 이를 시정하려고 할 때 취할 수 있는 조치는 다음과 같다.

첫째, 감독 당국은 처음 위법 행위자에 대해 사법 당국의 처벌을 받도록 함과 아울러 일정기간 내에(예를 들면, 6개월 내에) 이러한 위법 상태를 시정토록 회사에 명령을 발한다. 그리고 그 기간 내에 회사가 이를 스스로 시정하지 않을 경우 (위법 상태를 유지하고 있는 것도 위법 행위이므로) 다시 그 책임자를 사법 당국에 고발하여 간다면 충분히 시정할 수 있을 것이다.

둘째, 위법 행위를 시정하지 않을 경우 감독 당국은 그 금융 기관에 각종 인허가상의 불이익 또는 검사 평가시의 불이익을 주어야 한다. 왜냐하면 위법 상태의 지속은 금융 기관이 건전하게 경영되지 않고 있다는 증거이며, 적격성에서 결격 사유로 인정될 수 있기 때문이다.

제도적 개선 방안

우리나라 금융산업의 건전한 발전을 위해서는 금융 기관의 이해 상충 행위를 철저히 근절해야 하고, 이는 감독 당국의 가장 기본적인 임무이다. 이를 위해 필자는 다음과 같은 제도적 개선 방안을 제안한다.

첫째, 금산법 제24조를 개정하여 금융 기관의 계열사 주식 소유 허용 한도를 대폭 낮추어야 한다. 원칙적으로 말하면 금융 기관의 계열사 주식 소유는 완전히 금지시키는 것이 바람직하다. 그러나 지금까지의 관행을 전적으로 무시할 수 없고 또한 재벌 그룹에게 적응할 시간을 주어 스스로 소유·지배 구조를 개선할 수 있도록 하는 것이 부작용을 최소화하는 방법이기도 하다. 따라서 금융 기관의 계열사 주식 소유 한도는 일정 기간마다 현행 5% → 3% → 1%로 단계적으로 줄이는 방법이 무난할 것으로 생각된다.

둘째, 제24조의 규정을 위반한 경우 시정 조치를 강제할 수 있는 수단을 법제화해야 한다. 이를 위해 제24조의 한도를 초과한 주식에 대해서는 즉시 의결권 행사를 금지해야 하고, 일정 기간 내에 처분을 명할 수 있는 처분명령권과 더불어 이행 강제금 부과 제도를 실시할 필요가 있다.

셋째, 개별 금융법에 금융 기관의 이해 상충 행위를 금지하는 규정과 함께 각종 제도적 장치를 도입해야 한다.

출처: 한국금융연구원, 주간 금융브리프(14권11호)[255]

---

255 이동걸, '금융기관을 이용한 경제력 집중: 문제점 및 개선 방안' (주간 금융브리프 14권 11호, http://www.kif.re.kr/kif2/publication/redirectviewpage.aspx?isresult=1&nodeid=75&controlno=10038, 2018년 10월 1일 검색). 단, 한국금융연구원의 자료를 보기 위해서는 무료 회원 가입을 해야 한다. 이 글의 전재(轉載·한 군데에 이미 내었던 글을 다른 데로 옮겨 실음)를 허락해 준 이동걸 한국산업은행 회장에게 감사드린다.

문재인 정부 첫 산업은행 회장

이동걸 전 금감위 부위원장은 문재인 정부 출범 이후인 2017년 9월 한국산업은행 회장에 취임했다. 금융위원회는 임명 제청 당시 "경제·금융 분야에서 깊이 있는 연구를 해왔으며, 전문성과 경험을 바탕으로 산업은행의 과제인 기업 구조 조정을 원활히 추진할 적임자"라고 밝혔다. 간단히 말해서, 이 회장의 최대 과제가 기업 구조 조정이라는 뜻이다.

이 회장은 취임사를 통해 "국가 경제와 대상 기업에 최신이 되는 판단 기준과 엄정한 원칙 아래 투명한 절차에 따라 구조 조정을 진행해야 한다"며 "4차 산업혁명과 관련한 신성장 분야의 육성, 창업 활성화와 일자리 창출, 산업 구조 재편을 통한 전통 산업의 경쟁력 강화 등 정부의 국정 과제가 속도감 있게 이행될 수 있도록 국가 대표 정책 금융 기관으로서 역량을 집중해야 한다"고 강조했다. 기업 구조 조정과 함께 4차 산업혁명 등과 관련한 신성장 분야 육성까지 2가지 과제를 동시에 추진하겠다는 의미였다.

"현 정부와 철학은 공유하지만 맹목적 충성은 아니다."

이동걸 회장은 2017년 10월 23일 국회 국정 감사에서 "대한민국 대표 정책 금융 기관의 수장으로서 맡은 바 소임을 충실히 하겠다"며 "현 정부와 철학은 공유하지만, 맹목적 충성은 아니다"라고 말했다.[256]

---

256 이규연, '[Who Is?]이동걸 KDB산업은행 회장'(BUSINESS POST, 2018년 6월 14일,

이 말은 이 회장의 현재 입장을 가장 적확하게 표현해주는 것으로 보인다. 김대중 정부, 노무현 정부에서 일해 온 이 회장이 문재인 정부와 철학을 공유하고 있을 것이라는 사실에 대해서는 의심할 여지가 없다. 그러나 노무현 정부에서 개혁을 추진하다가 "등 뒤에서 오는 화살"[257]까지 맞은 경험이 있는 이 회장이 어느 정부든 '맹목적 충성'을 할 것이라고 예상하기는 어렵다. 또 원칙적으로 어느 정부든 맹목적 충성은 하지 않는 게 옳은 일이다.

이 회장이 이런 자세를 갖고 있었기 때문에 다른 사람의 눈치를 보지 않고 기업 구조 조정을 나름대로 원칙과 소신에 따라 밀어붙일 수 있었던 것으로 보인다.

"청와대도 금호타이어 부도 못 막아."

이동걸 회장은 금호타이어의 중국 더블스타 매각 협상 막바지에 노동조합이 반발하자 2018년 3월 28일 서울 여의도 산업은행 본점에서 긴급 기자 간담회를 열고 "다음 주 월요일(4월 2일) 어음 만기가 도래해 부도 처리가 되면 청와대도 못 막고 아무도 못 막는다"며 "그때부터는

---

http://www.businesspost.co.kr/BP?command=article_view&num=85578, 2018년 10월 3일 검색).

257 이 말은 정확히는 이동걸 회장이 한 말이 아니라, 이정우 노무현 정부 첫 청와대 정책실장이 언론 인터뷰에서 한 말이다. 그러나 이정우 전 실장에게 '등 뒤에서 오는 화살'은 이 회장에게도 마찬가지였을 것으로 추정된다. 전병역, '등 뒤에서 화살…敵은 내부에 있었다-참여정부에 참여한 5인의 고백(이정우 전 청와대 정책실장)'(경향신문, 2006년 9월 25일). 이 회장도 유사한 말을 한 적이 있다. 그는 "(내가) 2004년 봄 금융감독위원회 부위원장으로 일할 때, 삼성생명의 변칙회계 문제를 다뤘는데 언론, 관료, 심지어 청와대까지 적으로 돌아섰다"며 "결국 (금감위) 부위원장을 그만뒀다"고 말했다. 곽정수, '양극화 중병에 거꾸로 정책…경제위기 또 올 수 있다'(한겨레신문, 2016년 4월 11일, http://www.hani.co.kr/arti/economy/economy_general/739254.html#csidx748d4796574c3eb8c28eb43746b4702, 2018년 10월 3일 검색).

법률적 절차에 따라 움직이는 것"이라고 '최후통첩'을 했다.

그는 "사실 채권단, 주주 입장에서 기업 매각을 할 때 노조 동의는 자본주의 사회에서 있을 수 없다"며 "우리가 노조 동의를 받으려는 것은 노조의 실체를 인정하고 회사 정상화에 노조도 동참하라는 취지"라고 압박했다.

우리나라 역사상 국책은행장이 '청와대'를 들먹이면서 뭔가를 막을 수 있네, 없네 운운한 것은 아마 이게 처음이었을 것이다. '이동걸'이라는 사람이 산업은행 회장을 맡고 있다는 사실을 청와대도 알고, 금호타이어 노조원들도 알고 있으니까 가능한 일이었다.

이 회장 성격으로 볼 때, 어음 만기가 돌아와 부도 처리가 되고 나면 정말로 법정관리에 집어넣고도 남을 사람이라는 사실을 이해 관계자들이 아니까 가능한 일이기도 했다. 결국 그는 금호타이어 노조의 합의를 이끌어내는 데 성공했다.

기업 구조 조정의 성과는 좀 더 지켜봐야…

이 회장은 산업은행 회장에 취임한 뒤 1년 동안 금호타이어, STX·성동조선해양, 한국GM 등의 기업 구조 조정 때문에 다른 일에 신경 쓸 여유가 없었다.

그가 내세운 원칙은 하나였다. '독자 생존'. 일부 언론에서 이것을 이 회장의 '구조 조정 철학'이라고 거창하게 얘기하는 경우도 있지만, 사실 독자 생존할 가능성이 없는 기업에 국민 세금을 투입한다는 것은 근본적으로 말이 안 되는 얘기다. 독자 생존을 못하면 국내·외 구매자에게 매각을 하든가, 그마저도 안 되면 청산(淸算·법인이 파산이나 해산에 의하여 활동을 정지하고 재산 관계를 정리하는 일)하는 게 국민 경제 전체를 위해 옳은 일이다. 그는 매우 상식적인 얘기를 한 것이다.

그러나 한국 기업 구조 조정 역사에서 가장 큰 문제점은 '상식'이 잘 지켜지지 않아왔다는 사실이다. 정치권력이 개입해서, 노동조합이 반대해서, 지역 민심이 흉흉해서 등 온갖 이유로 기업의 생사(生死)가 엇갈리면서 기업 구조 조정이 원칙을 잃고 비틀거린 사례가 비일비재하다.

이 회장이 산업은행 회장에 취임한 뒤 나름대로 우직스럽게 '원칙'을 지킨 덕에 기업 구조 조정의 성적표는 대체로 무난하다는 평가가 많다. 그러나 한국GM 등의 경우 "구조 조정 원칙이 후퇴하고, 우리나라가 실속을 못 차린 것 아니냐"는 비판도 나오고 있다.[258]

향후 과제, 남북 경제 협력

이동걸 회장은 평양에서 열린 제3차 남북 정상 회담(2018년 9월 18~20일)에 금융권 인사로는 유일하게 참석해 문재인 대통령과 함께 방북했다.

이번 방북으로 이 회장과 한국산업은행은 앞으로 남북 경협과 관련한 개발 금융을 총괄할 것으로 전망된다. 산업은행이 향후 남북 경제 협력(경협)과 북한 개발 금융의 총괄 조정 역할을 맡는다는 뜻이다.

산업은행은 영문 이름 'Korea Development Bank(KDB)'처럼 한국 경제의 개발 연대를 이끌어온 은행이다. 한국수출입은행 등도 일부 역할을 했지만 산업은행과는 '체급'이 다르고, 수출입은행은 해외 개

---

258 한국산업은행 노동조합도 이동걸 회장 취임 1주년을 맞아 비교적 후한 점수를 줬다고 한다. 김대업 금융산업노조 산업은행 지부장은 언론 인터뷰에서 "이 회장이 취임 후 1년 동안 구조 조정의 원칙과 소신을 지킨 것으로 평가한다"면서 "앞으로도 공공성을 강화하고, 정책 금융 본연의 역할로 산업은행의 정체성과 위상을 정립해야 할 것"이라고 말했다. 백만호, '산은 노조, 평양행 이동걸 회장에 화답'(내일신문, 2018년 9월 21일, http://www.naeil.com/news_view/?id_art=289517, 2018년 10월 3일 검색).

발 등 특화된 임무를 갖고 있다고 봐야 한다.

이와 관련, 이 회장은 2018년 9월 11일 취임 1주년 기자 간담회에서 "(남북 경협은) 크고, 넓고, 위험해 한두 개 금융 기관이 할 수 없고, 그러는 게 바람직하지도 않다"고 말했다.

그러면서 그는 "산업은행을 비롯해 수출입은행, 기업은행, 일반 기업, 외국 기관과 국제 금융 그룹까지 남북 경협에 힘을 합쳐야 효과를 내고 리스크(위험)를 분산할 수 있다"고 강조했다.

그러나 남북 경협은 미국과 유엔(UN)의 대북 제재가 풀려야 본격적으로 추진될 수 있다. 이에 따라 남북 경협의 본격화 여부는 외교·안보 측면에서 북한에 대한 제재가 풀리는 과정 등에 따라 유동적일 것으로 전망된다.

이동걸의 미래

이동걸 한국산업은행 회장은 2018년 9월 11일 산업은행 본점에서 열린 취임 1주년 기자 간담회에서 "지난 1년 간 착실하게 당면 과제를 추진해나가면서 열심히 노력해왔다고 생각한다"며 "남은 2년 동안도 주어진 임무를 능력껏 마치려고 한다"고 말했다.

이 회장의 말로 미뤄보면, 그는 자신이 3년인 산업은행 회장 임기를 마칠 것이라고 가정하고 있는 듯하다. 그러나 외환 위기 이후 우리나라 산업은행 회장 중에서 임기(3년)를 모두 마친 사람은 별로 많지 않다.

특히 이 회장의 경우 향후 문재인 정부가 "경제 정책 운용을 위한 전문가 풀(pool·운용가능인력)이 부족하다"고 생각할 경우 언제든지 차출될 가능성이 있다.

그는 이론뿐만 아니라 공직 생활 경험이 많기 때문에 언제, 어디라도 투입이 가능하다. 특히 전공이 금융이고, 김대중·노무현·문재인 정부 등 3개 정부에서 금융 관련 업무를 해왔기 때문에 앞으로 문재인 정부에서 다른 자리로 옮기더라도 금융 관련 직책일 가능성이 크다는 의견이 지배적이다.

[ ]

제7장

정 태 인

노무현 정부 청와대 국민경제비서관

ⓒ문화일보

정태인 약력

출생 1960년, 서울

〈학력〉
서울대학교 대학원 경제학 박사 과정 수료
서울대학교 경제학 학사
숭문고등학교

〈주요 경력〉

2015~2018	칼폴라니사회경제연구소장
2005	청와대 국민경제비서관(1급), 국민경제자문회의 사무차장
2004	대통령 직속 동북아시대위원회 기획조정실장
2003	대통령 직속 동북아경제중심추진위원회 기획조정실장(1급)
2002	대통령직인수위원회 경제1분과 인수위원
2002	KBS라디오 '경제전망대' 진행
2001	MBC라디오 'MBC 초대석' 진행
2000	CBS 시사쟈키 '오늘과 내일' 진행
1999	한국학술진흥재단 전문 위원
1999	월간 '말' 편집기획위원
1992~1999	홍익대·조선대 경제학과 강사
1985~1988	한국기독교사회문제연구원 연구간사

〈출처: 네이버·연합인포맥스 인물정보 등〉

정태인 노무현 정부 청와대 국민경제비서관은 참여정부(노무현 정부) 경제 브레인 (brain·인재) 중 가장 튀고, 재미있는 인물이다. 경제학이나 관련 학문을 전공한 사람 대부분이 차분하고 약간 수줍은 성격이지만, 정 전 비서관은 진지한 학자 같은 풍모(風貌·사람의 겉모양과 얼굴 모양을 함께 이르는 말)를 보이다가도, 어느 순간 배우처럼 활기 있고 박력이 넘친다.

대화를 할 때 남들이 말하기를 꺼리는 사안에 대해서도 주저 없이 나설 뿐 아니라, 자신과 다른 주장을 가진 사람들을 비판할 때는 원색적인 표현도 불사한다.

그는 노무현 정부 경제 개혁파 3인방, 즉 '이정우·이동걸·정태인' 중에서 가장 나이가 어리고, 상대적으로 학문 세계와 거리가 있는 인물이다. 대신 세상의 이런저런 풍파(風波·살아가는 데서 생기는 고통이나 곤란 따위)를 많이 겪어 선비풍(風)인 이정우 경북대 명예 교수나 이동걸 전 금융감독위원회 부위원장(문재인 정부 초대 한국산업은행 회장)보다 세상사의 이치에 밝은 장점이 있다.

이런 점 때문에 정 전 비서관은 노무현 정부 개혁파 3인방의, 일종의 '전위대(前衛隊·군에서 부대가 이동할 때 본대의 맨 앞에서 경계·수색 임무와 진로를 방해하는 장애물을 제거하는 임무를 맡은 부대)' 역할을 해왔다.

본인 스스로 밝힌 '진짜 직업'이 방송사 디제이(DJ)일 만큼 언론 매체에 대해서도 나름대로 일가견을 갖고 있다.

실제로 그는 노무현 정부 청와대에서 나와 열렬한 반(反) 자유무역협정(FTA) 운동가로 활동하면서 기존의 활자 매체나 방송 매체가 아니라 다양한 인터넷 매체를 활용하는 노련함을 보였다.

이런 점을 종합적으로 고려할 때, 정 전 비서관은 참모나 관료의 역할에는 크게 어울리지 않는 사람이다. 그보다는 '활동가' 또는 '대중운동가'로서 국민을 상대로 직접 자신의 주장을 펴는 게 훨씬 자연스럽다.

그의 이런 특징은 노무현 정부 출범 초기에는 정부의 이념과 색깔을 알리는 데 기여했다. 그러나 그보다는 그가 청와대에서 나와 반 FTA 전선의 선봉장으로 활동할 때 더욱 빛을 발한 것도 부인할 수 없는 사실이다.

경제 정책을 둘러싸고 노무현 정부 내에서 치열한 갈등이 있었다는 사실을 처음으로 공개한 것도 그였다.

돌이켜보면 그는 '햄릿형 우유부단함'보다는 '돈키호테적 저돌성'을 무기로 노무현 정부 개혁 작업의 최전선에 섰던 인물이다. 그러나 그는 노무현 정부의 개혁 칼날이 무뎌지자마자 누구보다도 앞장서서 '애정 어린 비판'을 거침없이 쏟아냈다.

환상의 3인방

흔히 노무현 정부 대통령직인수위원회(인수위) 경제 1분과에서 인연을 맺은 이정우 경북대 명예 교수(노무현 정부 초대 청와대 정책실장·정책기획위원장), 이동걸 문재인 정부 초대 한국산업은행 회장(노무현 정부 초대 금융감독위원회 부위원장), 정태인 노무현 정부 청와대 국민경제비서관을 '참여정부(노무현 정부) 경제 개혁파 3인방'이라고 부른다.

인수위 경제 1분과에는 허성관 노무현 정부 해양수산부·행정자치부 장관(2018년 11월 현재 롯데장학재단 이사장)도 있었지만, 인수위가 끝난 뒤에는 비(非)경제 부처의 장(長)을 주로 맡았기 때문에 경제 정책에 큰 영향을 미치지는 않았다.

노무현 정부 경제 개혁파 3인방 중에서 이정우 경북대 명예 교수는 '장형(長兄)'의 이미지를 물씬 풍기는 인물이다. 태어난 곳도 대구인 데다 성품이나 스타일 모두 '맏이' 노릇에 어울린다.

이동걸 회장은 금융 분야 전문가로 김대중 정부에서 일해 본 경험을 바탕으로 이론과 실무를 겸비했다는 평가를 받고 있다.

정태인 전 비서관은 서울대에서 경제학 박사 과정을 수료하기는 했지만, 세 명 중에서 유일하게 박사 학위가 없는 대신 현실 세계에 가장 근접해 있다는 장점을 갖고 있다. 정 전 비서관은 말도 잘해 인수위 시절 개혁파의 의견을 기자들에게 전하는 '대변인' 역할을 자처하기도 했다. 3인방 간에 나름대로 역할 분담이 잘돼 있었던 것이다.

전공 분야도 마찬가지다. 이정우 명예 교수는 거시경제와 세제 등을 전문 분야로 하고 있고, 이동걸 회장은 미시 분야인 금융, 정태인 전 비서관은 동북아경제 중심국가 실현 방안 등을 나눠 맡았다.

정태인 전 비서관은 박사?

정태인 전 비서관의 학력에 대해 오래전 일부 인물정보서비스에서 '1993년 서울대 대학원 경제학 박사'라고 표기하는 등 혼선이 있는 것 같아 학력 부분을 명확히 정리하는 게 좋을 것 같다.

정 전 비서관은 대통령직인수위원회(인수위) 시절 기자들과 만나 이런 저런 얘기를 하다가 본인의 신상에 대해서도 자세히 밝힌 적이 있다.

정 전 비서관 스스로 밝힌 자신의 이력에 따르면 "과정을 다 마치고 논문을 완성하는 등 모든 준비를 끝내고 마지막 한 가지 행정 절차만 남긴 상태에서 박사 과정을 그만뒀다"고 한다.

정 전 비서관은 "(박사 학위를 받기 위해 마지막 행정 절차를 마칠) 그 돈으로 술 사먹었다"며 "나를 잘 모르는 사람들이 내게 '정 박사'라고 부르는 경우가 있는데 그것은 사실이 아니다"라고 본인 입으로 말했다.

필자가 정 전 비서관에게 이 얘기를 들은 것이 2003년 초이기 때문에 자세한 내용은 기억할 수 없지만, 필자의 기억이 정확하다면 정운찬 전 서울대 총장이 지도 교수 중 한 명으로 참여했으며, 박사 학위를 받기 위해 준비한 논문은 '산업 클러스터'와 관련된 것이라고 말했던 것으로 기억한다.259

---

259 클러스터(Cluster)란 기업과 대학 연구소가 밀집된 형태로 조성된 대규모 도시로, 대기업과 중소기업의 분업, 산학 협동 등이 유기적으로 이뤄질 수 있도록 조성된 첨단 과학 단지를 말한다. 정부나 기업의 프로젝트를 기업과 대학 연구소 등이 공동 수행함으로써 효율적인 연구개발(R&D) 성과를 얻을 수 있다. 대표적인 클러스터가 세계 정보기술(IT)의 메카인 미국의 실리콘밸리다. 미국뿐만 아니라 북유럽의 강소국(强小國) 등에도 많은 클러스터가 조성돼 있다.

두주불사(斗酒不辭·'말술도 사양하지 않는다' 라는 뜻으로 술을 잘 먹음을 이르는 말)

　요즘은 어떤지 모르겠지만, 노무현 정부 대통령직인수위원회(인수위) 시절만 해도 정태인 전 위원은 술을 상당히 즐기는 편이었다.

　2003년 1월 27일 오후 3시 40분쯤 인수위 사무실이 있던 정부서울청사 별관 4층 흡연실에서는 여느 때처럼 기자들과 정태인 전 위원이 경제와 관련된 이런저런 얘기를 나누고 있었다.

　당시는 인수위 존립 시한을 절반 정도 넘긴 시점으로, 옛 재정경제부(재경부) 출신 '관료파'와 정 전 위원을 포함한 '개혁파' 간의 갈등이 불거지기 시작하던 때였다.

　대화 중에 갑자기 정 전 위원이 "술이나 한잔 하러 가자"고 말했다. 그러나 기자들은 저녁 시간이 되면 같이 술 한잔 하자는 얘기로 알아들었다. 조간(朝刊)신문 기자들은 아직 기사 마감도 못 한 상황이었다.

　기자들이 "그럼 몇 시쯤 어디서 만날까요?"라고 물었다. 그러자 정 전 위원은 "몇 시는 무슨 몇 시? 갈려면 지금 가야지. 나중에 할 거면 난 안 해"라고 단호하게 말했다.

　갑자기 조간 기자들의 움직임이 부산해졌다. 회사에 있는 데스크(부장이나 팀장)에게 보고하고, 대낮이지만 브리핑실(주요 사안에 대해 당국자 등에게 브리핑을 받고, 컴퓨터로 기사를 송고하는 공간)을 이탈하는 것에 대한 허가가 필요했기 때문이다.

　당시는 경제 1분과 인수위원이 현안에 대해 입을 열면 무조건 신문 1면에 대서특필(大書特筆·특별히 두드러지게 보이도록 글자를 크게 쓴다는 뜻으로, 신문 따위의 출판물에서 어떤 기사에 큰 비중을 두어 다룸)하던 시기였다. 모든 언론의 관심이 인수위에 집중돼 있었기 때문이다.

　특히 인수위 경제 1분과 위원들은 평소 말을 안 하기로 소문나 있었기 때문에 많은 언론사 데스크들이 가장 바쁘고 중요한 '마감 시간'이었지만 인수위 출입 기자들이 브리핑실을 벗어나는 것을 허용했다.

인수위가 있던 정부서울청사 별관 밖을 나가니 아직 훤한 대낮이라 술집을 찾기에는 민망한 시간이었지만, 정 전 위원과 기자들은 근처의 허름한 식당으로 갔다.

낮술

오후 4시밖에 안 된 시간이라 정 전 위원과 기자들 외에 손님은 아무도 없었다. 정 전 위원 주위로 기자들이 빙 둘러앉은 뒤 두어 가지 안주를 시켜놓고 소주를 한 잔씩 돌렸다.

이날 술자리는 워낙 즉흥적으로 만들어졌기 때문에 이런 자리가 있다는 사실을 모르고 있다가 뒤늦게 합류한 기자들도 많았다. 그래서 오후 7시가 넘어서자 기자만 10명 넘게 참가한 큰 모임이 됐다. 경제 1분과 인수위원이 기자들과 처음으로 함께 한 술자리였다.

정 전 위원은 이날 술자리에서 인천 송도를 '동북아의 연구·개발 (R&D) 허브(Hub·중심이 되는 곳)'로 육성할 계획이라는 사실을 처음으로 밝혔고, 이 같은 사실은 다음날 대부분의 신문 1면에 '대통령직인수위원회(인수위) 관계자' 발언으로 대대적으로 보도됐다.[260]

논개론(論)

2003년 1월 대통령직인수위원회(인수위)에서는 '개혁파'와 '관료파'의 갈등이 절정을 향해 치닫고 있었다.

---

260 조해동, "인천 송도 'IT 밸리' 전환…종합특구 포기, 삼성·현대·서울대 연구시설 이전" (문화일보, 2003년 1월 28일).

개혁파란 인수위 경제 1분과의 이정우 간사(경북대 명예 교수)를 필두로 이동걸·허성관·정태인 인수위원 등을 일컫는 말이었고, 관료파란 옛 재정경제부(재경부) 출신인 김진표 당시 인수위 부위원장과 인수위에 파견돼 있던 관료 출신들을 지칭하는 것이었다.

당시 개혁파들이 가장 두려워한 것은 정치인 출신인 임채정 인수위 원장을 제외할 경우, 경제 분야 인사 중에서 최고위직인 인수위 부위원장을 맡고 있던 김진표 부위원장이 노무현 정부 경제 분야의 실권을 움켜쥐고 좌지우지하는 것이었다.[261]

이때는 노무현 정부에서 역대 정부에 있던 청와대 경제수석 자리를 없앤다는 데 합의가 이뤄진 상태였고, 노무현 정부 들어 신설된 청와대 정책실장에 대한 논의는 아직 본격화하기 전이었다.

청와대 정책실장이 새로 만들어질 것이라는 사실을 배제한 상태에서 경제수석이 없어질 것이라고 가정하면, 가장 중요한 자리는 청와대 정책기획수석이 된다. 역대 정부의 정책수석과 경제수석을 합쳐놓은 '실세 중의 실세'가 될 것이라는 게 눈에 뻔히 보이는 상황이었다.

이런 상황에서 대통령 정책기획수석의 가장 유력한 후보가 김진표 당시 부위원장이었으니, 개혁파들이 긴장하고 견제하는 것도 무리는 아니었다.

상황이 이렇게 돌아가자 정태인 전 위원은 2003년 1월 말 '논개론'을 펼쳐 기자들을 놀라게 했다.

그는 "예전에 캠프(노무현 대통령 후보 캠프)에 있던 사람들과 얘기를 하

---

261 김진표 당시 대통령직인수위원회(인수위) 부위원장은 1947년 경기 수원시에서 태어났으며, 경복고·서울대 법대를 나왔다. 행정고시 13회에 합격해 옛 재정경제부(재경부) 세제실장(1급)·차관, 국무조정실장(장관급)을 거쳐, 노무현 정부 초대 부총리 겸 재정경제부 장관(경제부총리)과 부총리 겸 교육인적자원부 장관(교육부총리)을 지냈다. 경기 수원시 지역에서 국회의원 선거에 출마해 17~20대 네 번 연속 당선됐으며, 민주통합당 원내 대표를 역임했다. 문재인 정부에서는 대통령직인수위원회가 없는 상태에서 만들어진 국정기획자문위원회 위원장(2017년 5~7월)을 지냈다.

면서 정책기획수석에 누가 되겠느냐고 얘기해보니 다들 '대안이 없지 않느냐(김진표 당시 부위원장 외에 대안이 없지 않느냐는 뜻)'고 하더라"고 말했다.

그러면서 그는 "나하고 내기를 하자, 김진표 부위원장이 정책기획수석이 되나, 안 되나?"라며 "내가 논개처럼 같이 물러나는 한이 있어도 김진표 씨가 정책기획수석이 되는 일은 없게 하겠다"고 강조했다.

그래서 필자가 정 전 위원에게 농담 삼아 "논개는 아무나 하는 게 아니지 않느냐. 논개가 될 만한 미색(美色·여자의 아리따운 용모)과 재능을 갖춰야 가능한 것 아니냐. 그럴 만 하시냐?"고 묻자, 정 전 위원은 "좋은 지적이다. 미모(美貌·아름다운 얼굴 모습)가 문제긴 문제다"라며 크게 웃었다.

필자가 농담처럼 한 얘기는 '산화(散花·꽃다운 목숨이 전장 등에서 죽음)'를 하려면 '급(級·등급)'이 비슷해야 하는데 그게 쉽게 잘 되겠느냐는 얘기였는데, 정 전 위원이 그 말을 알아듣고 웃음을 터트린 것이다.

그러나 어쨌든 이 얘기는 인수위가 끝날 무렵에는 개혁파와 관료파 모두 최후의 승부는 '인사'에 달려있다고 생각하고 있었다는 점을 반증해 주는 대목이다.

'추잡한 자리 싸움'이나 '사욕(私慾)'으로 비칠 수 있기 때문에 양측 모두 입 밖에 내놓기는 꺼렸지만, 핵심은 인사였다.

따라서 개혁파 중에서도 누군가 인사 문제에 '총대(원래 '총열을 장치한 전체의 나무'라는 뜻이지만, '아무도 나서서 맡기를 꺼리는 공동의 일을 대표로 맡다'라는 뜻의 속된 표현으로도 사용된다)'를 메고 나서야 했다. 그럴 때 논개론을 앞세우고 그 역할을 자임(自任)한 사람이 바로 정 전 위원이었다. 그런 측면에서 정 전 위원을 당시 개혁파의 '행동대장' 또는 '대변인'이라고 불러도 크게 잘못된 것은 아닐 것이다.

정운찬 전 서울대 총장 '역할론'?

정태인 전 위원은 개혁파와 관료파 간의 인사를 둘러싼 치열한 '암투(暗鬪)'에 대해 설명하면서 "내가 직접 노무현 대통령 당선자에게 인사 얘기를 하지는 못했지만, 정운찬 서울대 총장[노무현 정부 대통령직인수위원회(인수위) 시절에는 정운찬 서울대 명예 교수가 총장을 맡고 있었다, 인용자]을 통해 간접적으로 얘기했다"고 말했다.[262]

정 전 위원은 "정운찬 서울대 총장은 노무현 당선자에게 '정책기획수석(정책실장 신설이 확정되기 이전 상황임, 인용자), 경제부총리, 금융감독위원장(현재는 금융위원장, 인용자), 가능하면 공정거래위원장까지 같은 사람(개혁적인 인사, 인용자)으로 인선해 주셔야 개혁이 가능하다. 안 그러면 관료들 사이에 포위돼, 개혁적인 인사 1~2명이 들어가서는 아무 일도 안 된다'고 건의한 것으로 알고 있다"고 전했다.

물론 오늘날까지도 정 전 총장이 실제로 이런 말을 노무현 대통령 당선자에게 했는지는 확인되지 않고 있다. 필자가 얘기하는 것은 인수위 시절 정태인 전 위원이 이런 말을 했다는 얘기다.

사실 노무현 정부 인수위 시절 정운찬 전 총장은 경제부총리 후보로도 1~2순위에 오르내렸다.

그러나 그는 김대중(DJ) 정부 시절부터 청와대나 옛 재정경제부(재경부), 한국은행 주변에 머물며 정책이나 현실에 대한 조언을 계속했지

---

262 전술했듯이 정태인 전 위원은 박사 학위만 받지 않았을 뿐 서울대에서 박사 과정을 수료하고 논문 작성 등 학위 취득에 필요한 모든 과정을 마쳤다. 그가 1978년 서울대 경제학과에 입학한 뒤 박사 과정을 수료한 게 1993년이므로 이때까지만 따진다고 해도 정 전 위원이 서울대 경제학과 주변에 머문 시간이 무려 15년이나 된다. 그러나 실제로 정 전 위원은 박사 학위 논문도 쓰고 사실상 논문까지 통과했기 때문에 박사 과정 수료 후의 기간까지 포함하면 서울대 경제학과 근처에서 20년 가까이 머물렀다고 볼 수도 있을 것이다. 또 정 전 위원이 준비한 박사 학위 논문에 정운찬 전 서울대 총장이 직·간접적으로 관여한 것으로 알려져 있다. 따라서 정 전 위원은 정 전 총장과 공적인 관계뿐만 아니라 사적으로도 잘 아는 관계였던 것으로 추정된다.

만, "직접 한번 해보라"고 권유하면 언제나 '겸양지덕(謙讓之德·겸손한 태도로 남에게 양보하거나 사양하는 아름다운 마음씨나 행동)'을 발휘하는 모양새를 취해왔다.

그래서 당시 인수위 경제담당 기자 중에서 정 전 총장이 실제로 노무현 정부가 제의한 직책을 맡을 것이라고 생각하는 사람은 별로 많지 않았다. 그는 그만큼 '이것저것 많이 재는' 스타일이었다.

다만 정 전 총장의 스타일을 잘 알지 못하는 사람들을 중심으로 인수위 내부에서도 마지막까지 그를 데려오려고 욕심내는 사람들이 많았고, 기자들도 '보험 드는 심정으로' 그의 이름을 계속 하마평(下馬評·관리의 이동, 임명 등에 관한 세간의 풍설)에 썼다. '만에 하나의 경우'에 대비해야 했기 때문이다.

이런 이유로 정 전 총장은 노무현 정부 초대 경제부총리가 발표되기 직전까지도 경제부총리 후보로 신문에 줄곧 이름이 오르내렸다.

하지만 그는 '예상대로' 끝까지 경제부총리 등 공직에 대한 제의를 수락하지 않았다. 그가 당시 '학문의 전당'인 대학의 총장직을 맡고 있었으므로 곧바로 관계에 진출하는 것이 별로 바람직하지 않다는 일부의 지적이 있기는 했다.

그러나 정운찬 전 총장이 경제 현안에 대해 어떤 생각을 갖고 있느냐는 김대중(DJ) 정부에서뿐만 아니라 노무현 정부에서도 여러 사람의 관심사였고, 무대 뒷면에서 상당한 영향력을 행사하는 변수로 작용하기도 했다.

무디스의 국가신용등급 전망 하향

노무현 정부 대통령직인수위원회(인수위) 활동이 거의 끝나가던 2003년 2월 11일, 세계 3대 신용평가사 중 하나인 무디스(Moody's)가 우리나라 국가신용등급 전망을 '긍정적(positive)'에서 '부정적(negative)'으로 2단계나 하향 조정했다.[263]

그러나 인수위 경제 1분과 인수위원들은 이 같은 사실을 옛 재정경제부(재경부)가 공식 발표할 때까지 전혀 모르고 있었다.

실제로 이날 인수위에서 무디스의 국가신용등급 전망 하향 조정 사실을 알고 있었던 사람은 극소수였으며, 임채정 인수위원장을 비롯한 대부분의 사람들은 이 같은 사실을 까맣게 모르고 있었다.

그러나 김진표 당시 인수위 부위원장은 인수위에 파견된 옛 재경부 라인이 가동되면서 무디스의 국가신용등급 전망 하향 조정 사실을 알고 있었으며, 노무현 대통령 당선자에게 이 같은 상황을 처음 보고한 것도 그였다.

사태가 이렇게 돌아가자, 인수위 경제 1분과 '개혁파' 위원들의 분노가 하늘을 찌를 듯했다. 가뜩이나 사이가 좋지 않은 옛 재경부가 자신들을 '왕따'시키고 있다고 생각한 것이다.

극단적인 용어도 동원됐으며, 옛 재경부에 경위 파악을 요구하고, 만약 옛 재경부 출신들이 의도적으로 인수위원들에게 이 같은 사실을 알리지 않았다는 사실이 밝혀질 경우 "(인수위에 파견된 옛 재경부 실무자의) 옷을 벗기겠다('어떤 직책을 더 이상 유지하지 못하게 만들겠다'는 뜻의 비속어)"는 말까지 나왔다. 일촉즉발(一觸卽發·조금만 건드려도 폭발할 것 같은 몹시 위급한 상태)

---

263 국가신용등급은 '국가신용등급'과 '전망' 등 2가지로 구성된다. 무디스를 기준으로 할 때 전망에는 '긍정적(positive)', '안정적(stable)', '부정적(negative)' 등 3가지가 있다. 긍정적인 전망은 향후 국가신용등급이 높아질 가능성이 크다는 뜻이며, 부정적인 전망은 앞으로 국가신용등급이 낮아질 가능성이 크다는 의미다. 2018년 6월 18일 현재, 무디스가 제시한 우리나라 국가신용등급은 'Aa2(등급 전망 안정적)'다. 무디스 기준으로 국가신용등급 'Aa2' 는 맨 위에서 세 번째 단계다. 가장 좋은 국가신용등급은 'Aaa'이고, 그 다음이 'Aa1', 'Aa2' 등의 순이다. 기획재정부, '국제신용평가기관 무디스(Moody's), 우리나라 국가신용등급을 Aa2(안정적)로 유지'(2018년 6월 18일, http://www.moef.go.kr/nw/nes/detail NesDtaView.do?searchBbsId1=MOSFBBS_000000000028&searchNttId1=MOSF_000000000017752&menuNo=4010100#, 2018년 11월 3일 검색).

이라는 말이 실감 나는 상황이었다.

이날 무디스의 국가신용등급 전망 하향 조정 소식은 오전 11시 30분쯤 옛 재경부에서 인수위로 파견 나와 있던 실무자를 통해 김진표 당시 부위원장에게 보고됐고, 김 부위원장은 즉시 노무현 대통령 당선자에게 보고했다.

그러나 추후 진상 조사 결과, 당시 인수위에 파견돼 있던 옛 재경부 실무자는 김진표 부위원장에게 연락한 직후 청와대에 있던 이정우 경제 1분과 간사에게도 연락한 것으로 드러났다.

다만, 이 전 간사는 연락을 받은 직후 청와대에서 열린 회의에 참석하느라 경제 1분과 인수위원들에게 이 소식을 전하지 못했던 것이다.

결국 이 일은 '해프닝'으로 끝났고, 중간에서 연락을 담당했던 옛 재경부 실무자는 "하마터면 큰일 날 뻔했다"며 가슴을 쓸어내렸다. 당시 옛 재경부 실무자는 노대래 전 공정거래위원장이었다.[264]

그러나 이 일은 인수위 내에서 개혁파와 관료파 간의 불신(不信)의 골이 얼마나 깊은지 잘 보여주는 사례였다.[265]

---

264 노대래 전 공정거래위원장은 서울고-서울대 법대를 나왔으며, 행정고시 23회에 합격해 공직을 시작했다. 옛 재정경제부(재경부) 정책조정국장·차관보, 조달청장을 거쳐 박근혜 정부에서 공정거래위원장(장관급)을 지냈다.

265 무디스의 국가신용등급 전망 하향을 둘러싼 사건은 결국 '해프닝'으로 끝났지만, 이정우 당시 인수위 경제 1분과 간사의 행동이 상식적으로 쉽게 납득되는 것은 아니었다. 대통령직을 인수·인계하는 중요한 시기에 세계 3대 신용평가사 중 하나인 무디스가 국가신용등급 전망을 하향 조정했다는 소식을 들었으면, 우선 대통령 당선자에게 보고할 생각부터 하는 것이 상식이다. 김진표 당시 인수위 부위원장이 당선자에게 보고했다는 설명을 들었다고 하더라도 인수위 경제 1분과에서 금융을 담당하던 이동걸 인수위원(문재인 정부 초대 한국산업은행 회장) 등에게 연락해 향후 영향 및 대책 등에 대해 검토하라는 지시를 내리는 게 정상적인 일처리였을 것이다.

어쩌면 이 전 간사가 그런 대책 마련은 정책을 실제로 담당하는 옛 재정경제부의 몫이라고 생각했을 수도 있고, 그에게 말 못할 사정이 있었는지도 모른다. 그러나 대책의 집행은 정부 부처가 하더라도, 차기 정부의 '얼개'를 그리는 인수위에서 정부 관계자 등을 불러 영향과 대응 방안 등을 함께 검토하는 것이 자연스러운 일이었을 것이다.

그러나 이 전 간사는 어떤 이유에서인지 인수위 내에서 '뜻을 함께 했던' 경제 1분과 인수위원들에게조차 연락하지 않고 청와대 회의에 들어가 버렸다. 청와대 회의가 얼마나 화급

최저가낙찰제

정태인 전 인수위원은 술을 마시면 말을 많이 하는 편이었다. 그래서 그의 말을 잘 듣다 보면 뜻밖의 횡재를 하는 경우가 있었다.

필자가 대통령직인수위원회(인수위)에서 최저가낙찰제를 확대하는 방안을 검토하고 있다는 사실을 알게 된 것도 정 전 위원을 통해서였다.

앞서 밝힌 적이 있는 2003년 1월 27일 인수위 출입 기자들과의 첫 술자리에서 정 전 위원은 지나가는 말처럼 "참여정부(노무현 정부, 인용자) 부동산 정책의 핵심은 두 가지야"라면서 "하나는 후분양제이고, 다른 하나는 최저가낙찰제 확대 실시야"라고 말했다.[266]

당시 다른 기자들은 무심코 지나쳐버렸지만 필자는 이 말을 기억해뒀다가 다음날 저녁, 다른 기자들이 모두 퇴근한 뒤 추가 취재에 나섰다.

최저가낙찰제란 관급(官給·관청에서 금품 등을 줌) 공사를 발주할 때 경쟁입찰을 통해 가장 낮은 금액을 써낸 건설 회사가 낙찰을 받을 수 있도록 하는 제도다.

필자는 먼저 최저가낙찰제를 담당하고 있던 옛 재정경제부(재경부) 실무자에게 전화를 걸었다. 그랬더니 "경제정의실천시민연합(경실련)에

(火急·매우 급함)을 다투는 것이었는지, 얼마만큼 중요한 것이었는지는 모르겠지만 '간(感)이 떨어지는 행동'이라는 비판은 면하기 어려운 것 같다.

　　특히 당시는 인수위 내부에서 '개혁파'와 '관료파'의 갈등이 정점에 달했던 시기라는 점을 고려하면 이 전 간사의 행동은 현실을 잘 모르는 행동이라고 해석할 수밖에 없다. 결국 학자나 연구원 출신의 상황에 대한 판단 부족이 노무현 정부에서 개혁파가 관료파에게 밀리는 중요한 요인 중 하나였는지도 모른다.

266　아파트 후분양제에 대해서는 필자가 2003년 1월 17일 이미 단독 보도한 적이 있었다. 조해동, '인수위 아파트 후분양 추진'(문화일보, 2003년 1월 17일). 당시 문화일보가 아파트 후분양제를 단독 보도하게 된 경위를 보면, 인수위가 후분양제를 검토하고 있다는 사실을 처음 간파한 것은 필자였지만, 취재는 정치부에서 대통령직인수위원회(인수위)에 파견 나와 있던 조용우 씨(동아일보를 거쳐 문재인 정부 초대 청와대 국정기록비서관)가 인수위에 근무하던 지인(知人)을 통해 사실상 다 했다. 그의 이름도 마땅히 바이라인(신문·잡지 등에 필자의 이름을 적는 줄)에 포함돼야 했지만, 사정이 생겨 들어가지 못한 점이 아쉽다. 조 씨는 필자가 만난 기자 중에서 최상급에 속할 정도로 뛰어난 취재력과 비상한 기억력을 가진 기자였다.

서 인수위에 그런 내용을 건의했나 보더라"며 "그런데 이 건을 기획예
산처(과거 예산 편성을 담당하던 부처로 2018년 현재 기획재정부에 통합됨, 인용자)에서
인수위 경제 1분과에 파견 나가 있는 반장식 전문 위원(국장급)에게 맡
겼나 본데, 반 국장한테 매일 쪼여서('닦달당해서'의 비속어, 인용자) 죽겠다"
는 답변이 돌아왔다.[267]

뜻밖의 수확이었다. 노무현 정부 인수위의 경제 정책 중에서는 시민
단체가 건의한 게 많았다. 최저가낙찰제 확대 실시도 그 중 하나였다.

시민 단체의 힘

당초 옛 재정경제부(재경부)는 최저가낙찰제를 확대, 적용하는 것에
대해 부정적인 입장을 갖고 있었다. 그러나 경제정의실천시민연합(경
실련)이 대통령직인수위원회(인수위)에 최저가낙찰제를 확대 실시하는
방안을 건의하면서 인수위가 이를 받아들인 상태였다. 옛 재경부가
인수위에 시달릴 수밖에 없는 상황이었다.

인수위가 최저가낙찰제 적용 대상을 넓히려고 한 가장 큰 이유는
순수하게 이론적으로만 보면 최저가낙찰제가 시장 경제 원칙에 가장
부합하는 제도였기 때문이다.

그러나 최저가낙찰제를 적용할 경우 발생할 수 있는 건설 회사의
덤핑 입찰 등에 따른 부실시공 우려 때문에 옛 재경부는 확대 실시를
망설이고 있었다.

당시 최저가낙찰제는 1000억 원 이상 관급 공사에 대해서만 적용되
고 있었는데, 인수위는 적용 대상 금액을 낮추는 방안을 검토 중이었다.

---

267 반장식 당시 인수위 전문위원은 덕수상고-국제대 법학과를 나왔으며, 행정고시 21회에
합격해 공직을 시작했다. 옛 기획예산처 예산총괄심의관·재정운용실장·차관 등을 지냈으며,
문재인 정부 초대 청와대 일자리수석을 역임했다.

이를 위해 인수위는 최저가낙찰제를 실시하되 입찰 가격이 지나치게 낮을 경우 실제로 시공이 가능한지를 점검하는 '저가심사제'를 보완함으로써 부실 시공 등의 부작용을 방지하려고 했다.[268]

노무현 정부 인수위에서 나온 건설 관련 두 가지 대책, 즉 '아파트 후분양제'와 '최저가낙찰제 확대 실시' 아이디어는 모두 경실련 등 시민 단체에서 나온 것이다. 당시 인수위에 미친 시민 단체의 영향력이 얼마나 셌는지 보여주는 대목이다.

"공정위 고위 관계자 A가 조선일보에 약점이 잡혔어!"

정태인 전 인수위원은 2003년 1월 27일 대통령직인수위원회(인수위) 출입 기자들과의 술자리에서 "최근 공정거래위원회가 언론사에 부과했던 과징금을 한꺼번에 탕감해준 것은 공정위 고위 관계자 A가 조선일보에 약점을 잡혔기 때문"이라고 말했다.

공정위가 언론사에 부과한 과징금은 김대중(DJ) 정부 시절인 2001년 2월 12일~4월 20일까지 13개 언론사를 대상으로 실시한 불공정거래행위와 부당내부거래 실태조사 결과 부과된 것이었다.

2001년 6월 언론사에 부과된 과징금은 모두 242억 원이었으며 회사별 과징금 규모는 동아일보가 62억 원으로 가장 많았고, 그 뒤를 이어 조선일보 34억 원, 문화일보 29억 원, 중앙일보 25억 원 등이었다.

그러나 공정위는 2002년 12월 30일 참여정부가 시작되기 직전 15개 언론사에 대한 과징금 182억 원을 전격 취소해 주위를 놀라게 했다.

특히 공정위의 이 같은 조치는 '강력한 언론 개혁'을 예고하고 있었던 노무현 대통령 당선자의 생각과도 정면으로 배치된다는 해석이 많았다.

---

268 조해동, '관급공사 최저낙찰제 확대'(문화일보, 2003년 1월 29일).

결국 사태는 당시 인수위 경제 1분과 이정우 간사와 정태인 위원이 노 당선자의 지시를 받아 공정위에 대한 현장 조사를 실시한 뒤 인수위 차원에서 진상을 파악하는 데 한계가 있다고 판단해 감사원 특감까지 요청하는 것으로 확대됐다.

공정위가 언론사에 부과했던 과징금을 취소한 게 정 전 위원 말처럼 공정위 고위 관계자 A가 조선일보에 약점을 잡혔기 때문인지, 아닌지는 아직까지 밝혀진 적이 없다.

"K더러 나한테 연락하라고 해!"

필자가 정태인 전 인수위원이 말한 공정위의 언론사 과징금 탕감과 공정위 고위 관계자 A에 얽힌 얘기를 꺼낸 이유는 그가 나름대로 언론계에 발이 넓다는 얘기를 하기 위해서다.

그는 2003년 1월 28일 대통령직인수위원회(인수위) 출입 기자들을 만난 자리에서 한겨레신문 기자를 보더니 "K(당시 한겨레신문 차장)더러 나한테 연락하라고 해"라며 "혹시 시간 괜찮으면 한번 (인수위로) 들어오라고 해"라고 말했다.

당시는 정 전 위원이 특정 언론사 기자에게 자신이 알고 있는 정보를 미리 일러주면, 나머지 기자들은 고스란히 '물을 먹을 수밖에 없는'('다른 회사에 특종을 빼앗긴다'는 의미로 언론사에서 자주 쓰는 비속어) 상황이었기 때문에 필자가 정 전 위원에게 "무엇 때문에 그러시냐?"고 물었다.

정 전 위원은 "K가 뭘 하나 문 것 같은데('물다'라는 말은 '정보를 획득하다'라는 뜻의 비속어) 확인을 좀 해보고 싶어서 그래"라고 말했다.

그 순간 필자는 정 전 위원과 한겨레신문 K 기자가 단순한 취재원과 기자 이상의, '서로 정보를 주고받는' 관계라는 느낌을 받았다. 정 전 위원은 그 자리에 있던 기자들에게 한 마디 덧붙이기도 했다. "K처럼 뭘 하나 물고 오란 말이야!"

어이가 없는 말이었다. 정 전 위원이 인수위에서 '핵심 중의 핵심'인
것은 사실이지만, 기자가 자신의 정보원도 아닌데 뭘 물어 오라, 말라
고 말하는 것은 아무리 농담이라도 심한 얘기였다.

정 전 위원의 이 같은, '다소 오버하는' 행동은 인수위 시절 내내
비교적 자주 관찰됐는데, 운동권 시절 직업이나 신분에 관계없이 '동
지적 관계'로 맺어진 인간 관계에서 하던 행동을 사회에 나와서도 그
대로 하는 것처럼 비쳐졌다.

필자 개인적으로는 노무현 정부 초기 상당수 '386(30대, 80년대 학번,
1960년대에 출생한 운동권 출신 인사를 지칭하던 말)'들이 '기자(記者)'와 '동지(同
志)'를 혼동하는 혼란을 겪은 게 아닌가, 라는 생각을 갖고 있다. 실제
로 기자 중에서 '386'이면서 과거 운동권 출신인 사람도 많았기 때문
에 이들의 혼란이 이해할 만한 여지가 없는 것은 아니었다.

그러나 과거 운동권에 속했던 '386'이라고 하더라도, 기자는 사회
에서 만난 사람인데 가끔씩 상대방이 기자라는 사실을 완전히 잊은
듯한 모습이 목격되기도 했다.

필자 개인적으로는 노무현 정부에 참여한 '386'들의 이 같은 혼란
이 결과적으로 노무현 정부의 대(對)언론 관계를 악화시킨 요인 중 하
나라는 생각을 갖고 있다.

어쨌든 정 전 위원은 나름대로 라디오 프로그램 진행 등 방송인으로
활발하게 활동해 언론의 생리를 나름대로 파악하고 있었고, 서울대
운동권 출신을 중심으로 언론계에도 꽤 많은 네트워크를 갖고 있었던
것으로 보인다.[269]

---

269 실제로 정태인 전 위원은 대통령직인수위원회(인수위) 출입 기자들과의 식사 자리에서
현직 언론인들의 이름을 거명하며 친분(親分)이 있다고 얘기하곤 했다.

동북아경제 중심국가 실현 방안

한때 노무현 정부 경제 정책의 '트레이드마크(trademark· '한 제조업자의 재화와 타 제조업자의 재화를 구별시켜 주는 기장 또는 로고'라는 뜻에서 출발해 '어떤 사람이나 사물의 특징'을 뜻하는 말로도 쓰임)'처럼 여겨졌던 동북아경제 중심국가 실현 방안의 기본 개념은 사실 김대중(DJ) 정부 시절 만들어졌다.

김대중 정부 마지막 해인 2002년 7월 국책연구기관인 한국개발연구원(KDI)은 '동북아 비즈니스 중심국가 실현을 위한 기본 청사진'이라는 방대한 자료를 옛 재정경제부(재경부) 출입 기자들에게 배포했다.

그러나 정권 마지막 해에, 이미 '레임덕(lame duck· '절름발이 오리'라는 뜻으로 임기 만료를 앞둔 정부나 공직자의 정책 결정이 뒤뚱거리는 오리걸음처럼 일관성이 없음을 뜻하는 말)'이 시작된 상황에서 이를 눈여겨보는 기자는 거의 없었다. 언론으로부터 "정권 말에 장밋빛 청사진을 남발한다"는 비판을 받았을 뿐이다.

따라서 당시만 하더라도 동북아 비즈니스 중심국가 실현 방안이 노무현 정부 대통령직인수위원회(인수위)에서 부활하리라고 예상한 사람은 거의 없었다.

그러나 한국 경제의 미래에 대한 비전을 애타게 찾던 인수위원들에게 우리나라에서 가장 권위 있는 연구 기관 중 하나인 KDI가 마련해 놓은 이 방대한 청사진을 외면하는 것도 쉽지 않은 일이었을 것이다. 왜냐하면 이처럼 장기적인 비전을 갖고 준비된 보고서는 국내에서 찾아보기 어려웠기 때문이다.

물론 노무현 정부 인수위 출범 초기부터 KDI의 동북아 비즈니스 중심국가 보고서가 주목받은 것은 아니었다. 노무현 정부 출범 이후 새로운 경제 마스터플랜을 찾는 과정에서 KDI의 연구 보고서가 눈에 띈 것으로 보인다.

사실 어느 정부든 인수위란 기껏해야 2개월 남짓 존재하는 한시적인 조직이다. 그러나 그 짧은 시간에 해야 할 일은 참으로 방대하다. 모든 정부 업무를 넘겨받아야 하며, 새롭게 출범하는 정부가 나아갈 비전도 내놔야 한다. 현실적으로 사실상 불가능에 가까운 일이다.

따라서 참조할 만한 좋은 자료가 없는지 여기저기 뒤져보고 각종 아이디어를 수집하는 것은 인수위의 기본 업무에 속한다. 아무리 머리가 좋은 사람이라고 하더라도 2개월 남짓한 기간 동안 정치, 경제, 사회, 문화 등 모든 분야의 비전을 만들어낼 수는 없기 때문이다.

KDI의 야심찬 청사진

박정희 대통령 시절 우리나라 경제 발전 계획 수립의 산파역을 담당했던 한국개발연구원(KDI)이 수십 명의 연구 인력을 투입해 1년여에 걸쳐 만든 '동북아 비즈니스 중심국가 실현을 위한 기본 청사진'(2002년 4월 4일 발표)은 10년, 20년 후를 내다보는 원대한 프로젝트였다.

KDI의 청사진에 따르면 송도 신도시, 영종도, 김포 매립지 등 수도권 3개 지역 4000만 평을 경제특별구역(경제특구)으로 지정하고, 경제특구에 설립되는 외국 기업들은 정부로부터 각종 지원을 받도록 예정돼 있었다.

또 외국인들이 생활에 불편함을 겪지 않도록 전용 주거 단지, 병원, 약국, 카지노 등을 짓고, 한글과 영어를 공용어로 사용할 예정이었다.

이에 따라 인천 국제공항을 중심으로 수도권 서부 5개 지역을 △영종도-항공 물류 및 관광·레저 단지 △송도 신도시-국제 업무·지식 기반 산업 중심지 △김포 매립지-화훼 수출 단지, 위락·주거 및 국제 금융 업무 지역 △서울 마포구 상암동(DMC)-정보·디지털미디어 산업 단지 △고양-관광·숙박 및 국제 전시 단지로 특화해 2020년까지 3단계로 나눠 개발할 예정이었다.

실로 KDI가 박정희 대통령 시절 누렸던 '과거의 영광'을 재현한 듯한 야심찬, 미래 한국에 대한 '장밋빛 청사진'이었다.

'EPB-KDI 복합체'의 재가동(1)

한국개발연구원(KDI)이 내놓은 '동북아 비즈니스 중심국가 실현을 위한 기본 청사진'은 이론적인 측면에서 보자면 철저하게 경제 발전론에 기반을 두고 있었다.

김대중(DJ) 정부 말년에 정부에서 이 같은 생각을 갖고 있던 사람들은 옛 경제기획원(EPB·Economic Planning Board) 인맥이었다.

돌이켜보면 1960년대 이후 우리나라의 경제 발전 계획은 모두 옛 경제기획원의 핵심 관료들이 '기획'하고, 미국 대학에서 경제학이나 경영학으로 '세례(洗禮·원래 '기독교에서 입교하는 사람들에게 죄악을 씻는 표시로 행하는 의식'이라는 뜻으로, '어떤 사건이나 현상으로 받는 영향이나 단련 또는 타격' 등의 의미로도 쓰임)'를 받은 KDI 박사들이 '연구'를 통해 이론적인 기반과 방법론을 책임지는, 일종의 협업 체제로 진행돼 왔다.

이들이야말로 '경제 개발 5개년 계획'으로 대표되는 한국 경제의 근대화에 가장 혁혁한 공로를 세운 '선봉장'이라고 부를 만한 집단이었다.

'EPB-KDI 복합체'의 재가동(2)

옛 경제기획원(EPB)의 핵심 분야는 '기획'과 '예산 편성' 등 2가지로 나뉘어진다. 그러나 옛 경제기획원이 해체되면서 이들 두 분야 중에서 '기획'은 옛 재정경제부(재경부) 경제 정책 라인(2018년 현재는 기획재정부 경제 정책 라인)으로 이어졌고, '예산 편성'은 한때 기획예산처(존속 기간 1999년

5월~2008년 2월)라는 독자적인 정부 부처로 떨어져 나갔다가 이명박 정부가 출범한 2008년 2월 기획재정부로 재통합됐다.

한국 경제 발전사에서 경제 개발 계획을 담당해온 것은 옛 경제기획원 관료 중에서도 특히 '기획' 분야 공무원들이었다.

이들과 KDI 박사들이 생산해 낸 경제 발전 계획은 '박정희'라는 개발 독재 시대의 매우 강력하고, 권위주의적인 대통령의 절대적인 후원을 등에 업고 초고속으로 실행됐다.

이것이 과거 한국 경제의 발전 전략을 수립하는 전형적인 유형이었다. 그런데 김대중(DJ) 정부 말년에 'EPB(옛 경제기획원)-KDI(한국개발연구원) 복합체(EPB-KDI Complex)'가 다시 한번 과거를 연상시키는 형태로 가동됐고 그 결과가 바로 2002년 4월 4일 옛 재경부 출입 기자들에게 뿌려진, 책 한 권 분량의 방대한 보고서 '동북아비즈니스 중심국가 실현을 위한 기본 청사진'이었다.[270]

EPB-KDI 복합체의 문제의식

'EPB(옛 경제기획원)-KDI(한국개발연구원) 복합체(EPB-KDI Complex)'는 김대중(DJ) 정부 말기 한국 경제의 미래를 내다보면서 심각한 위기감을 느꼈다. 이들이 당시 느꼈던 문제의식(problematic consciousness)은 "한국은 더 이상 제조업만으로 먹고 살 수 없다"는 절박한 것이었다.

한국의 경제 성장, 다른 말로 하면 한국의 제조업을 오늘날까지 이

---

[270] 필자가 여기서 사용한 'EPB-KDI Complex'라는 말은 미국 컬럼비아대 자그디쉬 바그와티(Jagdish N. Bhagwati) 교수가 그의 논문에서 '월스트리트-미 재무부-국제통화기금(IMF) 복합체(Wall Street-Treasury-IMF Complex)'라는 표현을 사용한 데서 아이디어를 차용한 것이다. 원문은 다음을 참조. Jagdish Bhagwati,(1998) 'The Capital Myth: The Difference between Trade in Widgets and Dollars,' Foreign Affairs 77(3): 7-12.

끌어왔다고 볼 수 있는 이들은 이 시기에 "더 이상 제조업만으로는 안 된다. 그렇다면 대안은 무엇인가?"를 깊이 고민했다.

이들은 서구 선진국의 발전 경로 등을 깊이 있게 연구하고, 한국의 현 상황을 나름대로 분석한 뒤 "이제는 서비스업을 발전시키는 길밖에 없다"는 결론에 도달했다.

그렇다면 서비스업에서는 '초보 수준'을 벗어나지 못하고 있는 한국에서 서비스업을 발전시킬 수 있는 방안은 무엇일까? 결국 다른 나라에 비해 훨씬 유리한 조건을 제공하는 '경제특구'를 만들어 외국 기업을 끌어들이고, 이들을 통해 국내 서비스산업의 질을 업그레이드할 수밖에 없다는 게 결론이었다.

세부 실천 방안 등은 KDI 용역의 형태로 발주됐지만, 사실상 용역을 주기 전에 용역안의 결론도 '밑그림'으로 같이 제시됐다고 봐야 한다.

KDI의 용역 안이 나오면 용역 안을 토대로 장·단점을 분석하고 관계 기관과 이해 집단의 의견을 들은 뒤, 정치 상황(국회 등)을 고려해 대통령을 설득하고 '최종 정부안'을 만든다. 이게 우리나라에서 가장 똑똑한 집단이라는 'EPB-KDI 복합체'가 일하는 방식이었다.

그 뒤 언론 등 여론을 설득하는 과정을 거쳐 국회에서 용역 안을 현실화할 수 있는 각종 법안을 통과시키고, 관련 기관 및 지방 자치단체 등과 세부 협의를 거치면 현장에서 정책을 실제로 추진할 수 있게 된다. 정책 실행을 위한 예산 편성권은 어차피 EPB(옛 경제기획원)가 갖고 있었기 때문에, 여기까지만 진행되면, 그 다음부터는 일사천리(-瀉千里·강물이 빨리 흘러 천 리를 간다는 뜻으로, 어떤 일이 거침없이 빨리 진행됨을 이르는 말)로 일이 추진될 수밖에 없다.

이게 중국이 등장하기 전까지 2차 세계대전 이후 세계에서 가장 빨리 성장했다는 신화(神話)를 써온 한국 경제가 초(超)스피드로 작동하는 방식이었다.

옛 재정경제부 경제정책국의 발주(1)

한국개발연구원(KDI) 용역안을 발주한 옛 재정경제부(재경부) 경제정책국에 근무하는 관료나 KDI 박사들은 대부분 미국에서 공부한 사람들이다.

옛 경제기획원(EPB)부터 맥이 이어지는 경제 관료들은 국비(國費)로 대부분 미국에서 경제 분야 석사 학위를 받았으며, 일부는 자신의 비용을 보태 박사 학위까지 취득했다.

사실 우리나라 경제 관료의 양대 산맥이라고 할 수 있는 옛 경제기획원과 재무부 관료(노무현 정부 당시에는 재경부 금융정책국과 금융감독위원회로 이어지는 금융 인맥) 중에서 학구적인 열의는 옛 경제기획원 출신이 재무부 출신을 압도했다.

그래서 옛 경제기획원 출신들은 우리나라에서 가장 먼저 미국 유학을 떠난 부류에 속하며, 박정희 대통령 시절 "똑똑하다"는 대통령의 칭찬을 한 몸에 받으며 전문 관료로 성장해왔다.

KDI 박사들도 대부분이 미국에서 경제학 또는 경영학 박사 학위를 받은 사람들이다. 이들 중 일부는 대학으로 자리를 옮겼지만, 대학으로 옮긴 뒤에도 옛 재경부의 연구 용역을 수행하거나, 수많은 관변(官邊·정부나 관청 쪽 또는 그 系統) 심의 기구 등에 위원이나 위원장으로 선임돼 관계를 이어갔다.

따라서 옛 경제기획원의 맥을 잇는 관료 출신이나 KDI 박사들이 내놓은 용역 안이 미국식이며, 근본적으로 자유주의적이고, 경제 발전론의 관점을 강하게 반영하는 것은 사실 자연스러운 일이었다.

옛 재정경제부 경제정책국의 발주(2) - 박병원 류(流)

한국개발연구원(KDI)에 옛 재정경제부(재경부)가 용역을 발주할 때 경제정책국장이 박병원 전 재경부 차관이었다. 박 전 차관은 전설처럼 전해지는 일화(逸話)가 많은 사람이다.

그는 1952년 부산에서 태어났으며, 경기고-서울대 법대를 나와 행정고시 17회에 합격해 공직 생활을 시작했다. 옛 경제기획원(EPB)에서 '기획'과 '예산 편성'이라는 양대 분야의 핵심 보직을 두루 거친, 우리나라에서 몇 안 되는 사람 중 하나다.

철저한 실사구시의 학문적 관심으로 대학원 석사 학위만 3개를 받았다. 서울대 법대 대학원 국제법 석사, 한국과학기술원(KAIST) 산업공학 석사, 미국 워싱턴대 대학원 경제학 석사 학위를 보유하고 있다.

본인이 원했으면 국내 대학이든, 해외 대학이든 박사 학위를 받는 게 별로 어렵지는 않았을 텐데, 필자는 그가 박사 학위를 못 받은 것을 아쉬워하는 것을 한 번도 들은 적이 없다.

필자가 능력이 부족해 확인해 본 적은 없지만, 박 전 차관은 5~6개 외국어를 하는 것으로 알려져 있다. 영국 런던에 있는 유럽부흥개발은행(EBRD) 이사를 할 때는 선생을 집으로 불러 러시아어 개인 교습을 받은 뒤 EBRD 이사를 그만 둘 때 '고별 연설(farewell speech)'을 러시아어로 해서 기립 박수를 받았다는 얘기가 있다. 꽃 등 다방면에 조예가 깊어 '우리나라에서 가장 박식(博識)한 사람 중 하나'라는 별칭을 달고 다닌다.

정책적으로 보자면, 박 전 차관은 필자가 만난 사람 중에서 가장 강력하게 '일자리 확대를 위해 서비스업 발전이 필요하다'고 주장하는 사람이다. 논란이 있었지만, 전국의 골프장 관련 규제를 대폭 완화한 것도 그였다.

그런 박 전 차관이 국장을 맡고 있던 옛 재경부 경제정책국의 '주문'을 받은 KDI의 용역 결과가 어떻게 나왔을지는 대충 예상할 수 있는 일이었다.[271]

인수위 초기에는 주목 못 받아

노무현 정부 대통령직인수위원회(인수위) 출범 초기에는 한국개발연구원(KDI)의 동북아 비즈니스 중심국가 보고서는 크게 각광받지 못했다.

옛 재정경제부(재경부)의 의뢰로 개발연대(開發年代·경제 개발을 최우선 정책으로 내세우던 시기)를 주도한 대표적인 국책연구기관인 KDI가 만든 기획안이었기 때문에 개혁과 분배를 중시하는 인수위원들로서는 선뜻 받아들이기 어려웠을 것이다.

특히 당시 이정우 경제 1분과 간사(미 하버드대 경제학 박사)나 이동걸 인수위원(미 예일대 경제학 박사)과 달리 순수하게 국내에서만 공부한 정태인 위원에게는 더더욱 KDI의 용역 안을 그대로 받아들이기는 쉽지 않았을 것이다.

그러나 인수위가 출범한 뒤 시간이 흐를수록 '큰 구상'에 대한 요구가 커지게 됐고, 현실적으로 새로운 기획안을 만들 시간이 턱없이 부족한 상황에서 KDI가 만들어놓은 '마스터플랜'을 참고하는 것은 어떤 측면에서는 불가피한 일이었다.

따라서 옛 재경부의 의뢰로 KDI 박사 수십 명이 달라붙어 만든 '관료

---

271 박병원 전 차관은 노무현 정부에서 옛 재정경제부(재경부) 1차관을 지낸 뒤, 우리금융지주 회장으로 자리를 옮겼다. 이명박 정부에서는 청와대 경제수석을 역임했으며, 공직에서 물러난 뒤 전국은행연합회 회장을 맡으면서 평소 소신대로 서비스산업총연합회를 만들어 초대 회장에 취임했다. 2015년 2월부터 2018년 3월까지는 한국경영자총협회(경총) 회장을 맡았다.

주의적이고, 성장지향적이며, 외국 기업 투자 유치에 초점이 맞춰진'
동북아 비지니스 중심국가 실현 방안을 수정하는 것은 불가피했다.

옛 재경부와 KDI가 만든 방안의 지향점과 인수위를 포함한 노무현
정부의 지향점이 상당히 달랐기 때문이다. 인수위에서 재경부와 KDI
의 방안을 노무현 정부의 출범 취지에 맞게 수정하는 역할을 담당한
사람이 정태인 전 위원이었다.

인수위의 동북아경제 중심국가 실현 방안

정태인 전 인수위원이 업무를 맡으면서부터 옛 재정경제부(재경부)와
한국개발연구원(KDI)이 원래 만들었던 동북아 비지니스 중심국가 실현
방안은 상당한 수정을 거치게 된다.

우선 대통령직인수위원회(인수위)의 방안은 동북아경제 중심국가 실
현 방안의 핵심 추진 세력을 외국 기업에서 삼성·LG·SK 등 국내 기업
으로 바꿨다. 이는 외국 기업의 투자 유치를 통해 동북아경제 중심국
가 건설을 추진하려고 했던 옛 재경부와 KDI의 원안(原案)에서 상당히
벗어난 것이었다.

인수위는 또 인천 송도 경제 자유 지역을 정보기술(IT) 관련 연구개
발(R&D) 거점으로 만들어야 한다고 주장했다. 옛 재경부와 KDI의 당
초 아이디어는 IT 관련 기술뿐만 아니라 금융, 물류 중심지 등을 동시
에 추진한다는 것이었다.

양측은 세제·금융 등 각종 지원책에 대해서도 입장이 엇갈렸다. 인
수위는 외국 기업만 세금 감면 혜택을 줄 경우 국내 기업이 역(逆)차별
을 받게 되기 때문에 외국 기업에 과도한 특혜를 주는 것은 바람직하
지 않다고 주장했다.

인수위판(版) 동북아경제 중심국가 실현 방안에는 서울대 대학원에

서 '산업 클러스터'를 전공해 박사 과정을 마친 정 전 위원의 학문적인 백그라운드(배경)가 암암리에 작용하고 있었다.[272]

옛 재경부와 KDI와 달리 정 전 위원은 동북아경제 중심국가 실현 방안을 전체적으로 산업 정책 중심으로 수정하려고 했다.

정 전 위원이 2003년 1월 27일 인수위 기자들과 처음으로 함께 한 술자리에서 동북아경제 중심국가 실현 방안을 털어놓으며 "인천 송도 지역을 미국의 실리콘밸리와 유사한 동북아 연구개발(R&D) 중심 지역으로 육성하겠다"고 밝힌 것도 이 같은 배경에서 나온 말이었다.

서비스 산업에서 정보기술(IT) 산업으로 전환

노무현 정부 대통령직인수위원회(인수위)가 새로운 형태의 동북아경제 중심국가 실현 방안을 구상하면서, 정태인 전 위원 등 인수위 동북아경제 중심국가 건설 태스크포스(T/F)팀은 2003년 1월 28일 서울 중구 태평로2가 프라자호텔에서 이학수 삼성 구조조정본부장, 강유식 LG구조조정본부 부회장, 민충식 SK구조조정본부 상무, 정순원 현대·기아자동차 기획총괄본부장, 김종선 한진그룹 구조조정위원회 사장 등 5대 그룹 구조조정본부장과 만나게 된다.

이들의 만남은 동북아경제 중심국가 실현 방안의 중심축이 외국 기업의 국내 투자 확대에서 삼성·LG·SK 등 국내 재벌 그룹사의 연구개발(R&D)로 옮아갔다는 사실을 알리는 '신호탄'이었다.

---

272 클러스터(Cluster)란 기업과 대학 연구소가 밀집된 형태로 조성된 대규모 도시로, 대기업과 중소기업의 분업, 산학 협동 등이 유기적으로 이뤄질 수 있도록 조성된 첨단 과학 단지를 말한다. 정부나 기업의 프로젝트를 기업과 대학 연구소 등이 공동 수행함으로써 효율적인 연구개발(R&D) 성과를 얻을 수 있다. 대표적인 클러스터가 세계 정보기술(IT)의 메카인 미국의 실리콘밸리다. 미국뿐만 아니라 북유럽의 강소국(强小國) 등에도 많은 클러스터가 조성돼 있다.

당시 인수위 동북아경제 중심국가 건설 T/F팀은 김대환 경제 2분과 간사(인하대 명예 교수), 정태인 인수위원, 산업자원부에서 파견 나온 이현재 수석 전문 위원 등으로 구성돼 있었다.

정 전 위원은 이와 관련, "삼성그룹 기흥연구소, 현대 경기도 마북리연구소 등 국내 주요 기업의 핵심 연구 시설은 물론, 서울대 공대 연구 시설 등 국내 최고의 정보기술(IT) 관련 연구 시설을 유치할 계획"이라며 강한 자신감을 보였다.

인수위의 이 같은 방안은 옛 재정경제부(재경부)와 KDI의 당초 생각과는 상당히 다른 것이었다. 당초 옛 재경부와 KDI는 우리나라가 앞으로 '먹고 살기' 위해서는 서비스 산업을 육성시켜야 한다고 생각했으며, 이런 생각에 따라 금융·교육·의료 등 각종 서비스 산업을 중심으로 동북아경제 중심국가 실현 방안을 구상했다.

그러나 인수위는 이를 정보기술 산업 중심으로 궤도를 완전히 수정하면서 외국 기업의 투자 유치보다는 국내 기업의 정보기술 관련 연구 시설을 집중시켜 미국의 실리콘밸리 같은 산업클러스터로 만들려고 했던 것이다.

정 전 위원은 "외국 기업가나 외교관 등과 논의한 결과, 세금 감면 등의 혜택을 준다고 해도 홍콩·싱가포르 등에 있는 금융 회사 등 서비스 기업이 우리나라로 본사를 옮겨올 가능성은 매우 낮다는 결론에 도달했다"며 "홍콩·싱가포르 등 소규모 도시 국가의 개발 모델을 우리나라에 직접 적용하는 것 자체가 무리"라고 말했다.

인수위와 옛 재정경제부의 충돌

대통령직인수위원회(인수위)와 옛 재정경제부(재경부)의 동북아경제 중심국가 실현 방안은 기본 개념, 추진 전략, 세부 방안 등에서 상당한 차이를 드러냈다.

이에 따라 동북아경제 중심국가 실현 방안은 인수위 개혁파와 옛 재경부 공무원들이 경제 정책의 주도권을 놓고 벌이는 논쟁의 핵심 소재로 급부상했다.

누가 동북아경제 중심국가 실현 방안의 주도권을 차지하느냐에 따라 향후 경제 정책의 '색깔'이 완전히 바뀔 게 분명했기 때문이다.

인수위는 경제특구의 혜택을 축소하되, 지역을 확대하는 방안을 선호했다.273 반면 옛 재경부는 경제특구의 혜택을 축소할 경우 경제특구로서 의미가 사실상 없어져버린다면서 혜택을 줄여서는 안 된다는 입장을 보였다.

옛 재경부 공무원들은 "당초 안에 포함돼 있던 혜택을 줄여버리면 외국 기업 유치는 불가능하다"고 주장했다.

그러나 당시 정태인 전 위원 등 인수위 관계자들은 "외국 기업에 그런 특혜를 줄 필요가 뭐가 있느냐?"며 "국내 기업을 중심으로 경제특구를 꾸려가야 한다"고 정면으로 맞섰다.

인수위와 옛 재정경제부 및 KDI 안의 절충

옛 재정경제부(재경부) 및 한국개발연구원(KDI) 안과 대통령직인수위원회(인수위) 안이 팽팽히 맞섰지만, 노무현 정부에서 실제로 추진된 동북아경제 중심국가 실현 방안은 두 가지 안의, 일종의 '합작품' 성격이 강했다.

인수위와 옛 재경부가 동북아경제 중심국가 실현 방안에 대해 주도

---

273 이에 따라 당시 대통령직인수위원회(인수위) 경제 2분과(간사 김대환)의 노무현 대통령 당선자 보고 문건에는 '경제특구 확대'라는 문구가 지속적으로 나온다. 조해동, '인수위, 경제특구 확대 검토'(문화일보, 2003년 1월 20일).

권 다툼을 벌이는 과정에서 처음에는 인수위가 압승을 거둔 것처럼 보였지만, 시간이 지나면서 금융 등 다른 서비스 분야도 추가됐기 때문이다.

그러나 인수위 안과 옛 재경부 및 KDI 안이 절충되는 과정이 순탄했던 것은 아니다.

인수위 개혁파와 옛 재경부가 동북아경제 중심국가 실현 방안을 둘러싸고 벌인 갈등이 가장 첨예하게 드러난 것이 2003년 2월 4일 노무현 대통령 당선자가 참석한 가운데 인천 국제공항에서 열린 '동북아경제 중심국가 건설 방안 국정 토론회'였다.

이날 행사의 가장 큰 문제는 인수위 안과 옛 재경부 및 KDI 안 중어느 것을 대통령 당선자에게 보고하느냐, 라는 것이었다.

결국 이날 행사에서는 김대환 인수위 경제 2분과 간사가 인수위 안을 간략히 보고하고 서울시장, 인천시장, 경기도지사가 각각 자신의 지역과 관련된 내용을 발표하는 것으로 최종 정리가 됐다.

동북아경제 중심국가 건설 국정 토론회의 부제도 '수도권의 비전과 역할'로 축소돼 동북아경제 중심국가 실현 방안이 아니라 동북아경제 중심국가 건설의 소주제에 불과한 '수도권 발전 방향'에 대한 토론회로 위상이 축소된 인상을 풍겼다.

어쨌든 이날 행사장에서는 발표자가 김대환 당시 인수위 경제 2분과 간사였고, 발표된 방안도 인수위 안이었으므로 인수위가 옛 재경부에 '판정승'을 거뒀다고 할만하다.

그러나 노무현 정부가 출범하면서 동북아 금융 허브 추진 전략 등이 동시에 진행되면서, 옛 재경부 및 KDI의 아이디어도 실제로는 인수위 안과 동시에 추진되게 된다.

대통령 직속 동북아경제중심추진위원회 기획조정실장

정태인 전 인수위원이 대통령직인수위원회(인수위)가 끝나고 맡은 직책은 대통령 직속 동북아경제중심추진위원회[위원장 배순훈 한국과학기술원(KAIST) 테크노경영대학원 초빙 교수·전 정보통신부 장관] 기획조정실장이었다.

동북아경제중심추진위원회 2인자 자리였지만, 배순훈 위원장이 인수위에도 참여하지 않은 '명망가(名望家·명망이 높은 사람)'라는 점을 고려하면 동북아경제중심추진위원회는 사실상 정 전 실장이 주도하고 있었다.

당시 동북아경제중심추진위원회 조직은 정태인 실장이 총괄조정 역할을 맡았으며, 산하에 △총괄제도개혁분과(분과위원장 유종일 KDI 국제정책대학원 교수) △물류중심분과(분과위원장 이재희 유니레버코리아 회장) △외국인투자유치분과(분과위원장 양수길 한국태평양경제협력위원회 부회장) △국제혁신체제분과(분과위원장 한민구 서울대 공대 학장) △남북대외협력분과(분과위원장 안충영 대외경제정책연구원장) 등을 두고 있었다.

이때만 해도 동북아경제 중심국가 실현 방안은 구체적인 형태를 갖춰가는 것처럼 보였다.

그러나 당시 배순훈 동북아경제중심추진위원장의 뒤를 이은 문정인 동북아시대위원장(연세대 명예특임 교수)과 정태인 청와대 국민경제비서관(정 씨는 동북아경제중심추진위원회 기획조정실장을 지낸 뒤 청와대 국민경제비서관으로 자리를 옮겼다)이 EKI(행담도개발㈜)를 지원한다는 정부지원의향서를 허위로 작성한 혐의(허위공문서 작성)와 도로공사 직원에게 EKI에 담보를 제공하라고 강요한 혐의(직권 남용) 등으로 2005년 2월 검찰에 기소되면서 난관에 봉착하게 된다.

2006년 2월 법원에서 무죄판결을 받기는 했지만, 이 사건을 계기로 동북아경제 중심국가 실현 방안 추진은 사실상 중단됐다.[274]

정태인과 행담도개발㈜ 관련 의혹(1)

행담도란 충남 당진군 서해대교 중간에 위치한 섬이다. 한국도로공사는 행담도를 개발하기 위해 1999년 싱가포르의 투자 회사인 ECON으로부터 외자를 유치했다.

ECON은 1975년 설립된 싱가포르 소재 건설 전문 기업인 ECON Corporation Ltd의 지주 회사로 아시아·태평양 지역의 건설 및 인프라 구축 사업을 하고 있었다.

ECON은 500억 원의 예산이 드는 행담도 개발 1단계 사업에 100억 원을 투자했고, 나머지 400억 원은 옛 조흥은행에서 대출을 받았다. 1단계 사업은 행담도 휴게소를 건설하는 사업으로 2001년 완료됐다.

그러나 행담도 주변을 매립해 관광 시설을 개발하는 2단계 사업 추진 과정에서 ECON은 싱가포르에서 자금 압박으로 부도가 났다. 이 무렵 ECON은 자회사인 EKI를 설립해 행담도 개발 사업을 총괄하도록 했다.

그런데 EKI는 당시 싱가포르에서 주로 활동하고 있던 국제 금융 에이전트 김재복 씨 소유의 회사인 JJK가 지분의 58%, ECON이 지분의 42%를 보유하고 있었다.[275]

---

274 고나무, '행담도 의혹 문정인·정태인씨 무죄 판결' (한겨레신문, 2006년 2월 6일, http://www.hani.co.kr/arti/society/society_general/100294.html#csidx82beba37ceee7f48a9e9769cb0acab2, 2018년 11월 3일 검색).

275 당시 김재복 행담도개발㈜ 대표는 싱가포르 고위층과 친분이 두터운 국제 금융 에이전트로 알려져 있었다. 그는 1990년대 중반 싱가포르에 정착해 국제 금융 에이전트로 일하면서 싱가포르 고위 인사들과 교류했고, 이를 바탕으로 싱가포르 투자청의 한국 투자를 총괄 대행하는 역할을 맡은 것으로 알려지고 있다. 김 전 대표는 2001년 9월 행담도 개발 사업과 인연을 맺은 것으로 전해졌다. 이 사업에 뛰어든 싱가포르계 ECON이 사업 현황 파악과 당시 현대건설과의 공사비 분쟁 해결을 위해 김 전 대표를 감사로 한국에 보낸 것으로 알려졌다. 그 뒤 김 씨는 JJK라는 회사를 설립하고, ECON의 자회사로 행담도개발㈜ 지분 90%를 갖고 있는 EKI 지분 58%를 사들였다. 결국 김 전 대표가 JJK, EKI, 행담도개발㈜ 등 3개사를 모두 사실상 지배하게 된 것이다. 성홍식, '행담도개발㈜ 김재복 대표는 어떤 사람' (내일신문, 2005년 5월

따라서 EKI는 김재복 씨 소유의 회사가 최대 주주이므로, 사실상 김재복씨의 영향력 아래에 있다고 할 수 있다.

그런데 행담도 개발 사업의 운영 주체는 1999년 설립된 행담도개발㈜이다. 직원은 38명이며, 총자본금은 100억 원이었다. 행담도개발㈜ 지분의 90%는 EKI가 보유하고 있고 나머지 10%는 도로공사가 갖고 있었다.

따라서 행담도개발㈜은 지분의 90%를 가진 EKI의 지배를 받고 있었고, EKI는 김재복 씨 소유 회사인 JJK가 지배하고 있으므로, 행담도개발은 결국에는 김재복 씨가 지배하고 있는 회사가 된다.[276]

성태인과 행담도개발㈜ 관련 의혹(2)

정태인 전 청와대 국민경제비서관의 설명에 따르면, 동북아시대위원회가 EKI와 접촉하게 된 것은 2004년 EKI가 3억 달러짜리 프로젝트 파이낸싱(사업 계획을 제시한 뒤 투자할 의향이 있는 사람들에게 채권을 발행해 자금을 모으는 방식)을 하는 과정에서였다.

2004년 9월 초 EKI는 프로젝트 파이낸싱을 유치하려고 하는데 정부지원의향서(LOS·Letter of Support)가 필요하다고 동북아시대위원회에 요청했다.

이에 대해 당시 외자 유치 총괄 기구였던 동북아시대위원회는 EKI는 40% 가까운 지분을 ECON이 소유한, 외국인투자촉진법상 외국인

25일, https://news.naver.com/main/read.nhn?mode=LSD&mid=sec&sid1=100&oid=086&aid=0000019494, 2018년 11월 3일 검색); 최재영, '[행담도 의혹]김재복 씨, 투자 전문? 기업사냥꾼?'(경향신문, 2005년 5월 25일, http://news.khan.co.kr/kh_news/khan_art_view.html?artid=200505251817421&code=910100, 2018년 11월 3일 검색).
276 송용창, 'EKI는 어떤 회사'(한국일보, 2005년 5월 24일).

412 진보 정부의 경제 권력

투자 기업(외투기업)이었으므로 해주지 않을 이유가 없었다고 정 전 비서관은 주장했다.

정 전 비서관은 또 도로공사 직원에게 "EKI에 담보를 제공하라"고 강요한 혐의(직권 남용)에 대해서도 청사 출입기록 등을 통해 모두 사실이 아닌 것으로 결론이 났다고 밝혔다.

법원에서 무죄 판결이 나면서, 한때 노무현 전 대통령까지 연루된 권력형 비리 사건이라는 의혹까지 받았던 이 사건은 결국 '해프닝'으로 끝났다.[277]

동북아경제 중심국가 실현 방안의 종착역(終着驛)

그러나 행담도 개발사업 의혹이 동북아경제 중심국가 실현 방안 추진에 미친 영향은 엄청났다. 정태인 전 청와대 국민경제비서관이 공직에서 물러나고, 동북아경제중심추진위원회의 조직과 기능이 크게 바뀌면서 노무현 정부의 동북아경제 중심국가 실현 방안이 사실상 종언(終焉)을 고했다.

동북아경제중심추진위원회도 동북아시대위원회로 이름을 바꾼 뒤 금융 물류 중심 전략과 관련된 업무는 국민경제자문회의에 넘겨주게 된다.

조직은 이름을 바꿔 살아남았지만, 노무현 정부의 동북아경제 중심국가 실현 방안은 이 시점에서 사실상 끝난 것이나 다름없었다.

어떤 측면에서는 노무현 전 대통령이 정권 말에 갑자기 한·미 자유무역협정(FTA)을 국정 핵심 과제로 들고 나온 것도 동북아경제 중심국

---

277 '행담도, 봉이 김선달에게 놀아난 아마추어라고요?' ('CBS 시사자키 오늘과 내일'의 정태인 전 대통령 국민경제비서관 인터뷰) (CBS 노컷뉴스, 2006년 2월 8일, http://www.nocutnews.co.kr/news/122601, 2018년 11월 3일 검색).

가 실현 방안 중단과 관련이 있다.

만약 동북아경제 중심국가 실현 방안이 살아남은 상태였다면 한·미 FTA든, 한·일 FTA든, 아니면 그 밖의 다른 어떤 FTA라도 '동북아경제 중심국가 실현 방안'의 틀 안에서 논의됐을 것이다.

따라서 당연히 그 업무는 정태인 전 비서관이 맡았을 것이다. 그랬다면 노무현 정부 말기 한·미 FTA가 국정의 핵심 추진 과제로 부상하는 일은 없었을 가능성이 크다. 왜냐하면 정 전 비서관이 한·미 FTA 추진에 강력한 반대 의사를 갖고 있었기 때문이다.

행담도 개발 의혹으로 동북아경제 중심국가 실현 방안이 사실상 폐기되면서, 김현종 통상교섭본부장을 비롯한 당시 외교통상부 공무원과 한덕수 전 재정경제부(재경부) 장관 등 '개방파'의 논리가 득세하게 되고, 이 같은 개방파의 논리가 노무현 전 대통령의 '정치적 결단'과 맞물리면서 한·미 FTA 전격 추진으로 이어진 측면이 있다.

대통령직인수위원회(인수위)와 옛 재경부가 동북아경제 중심국가 실현 방안을 둘러싸고 정면으로 충돌한 것을 고려하면, 노무현 정부가 출범한 뒤 동북아경제 중심국가 실현 방안은 생각만큼 주목을 받지 못했다.

이는 어떤 측면에서는 동북아경제 중심국가 실현 방안이 경제 정책의 핵심 이슈로 등장하기에는 너무 광범위하고 추상적이었기 때문이기도 하다. 노무현 정부 출범 뒤 긴급한 결정을 내려야 하는 현안들이 속출하면서 자연스럽게 관심권 밖으로 밀린 것이다.

그러나 동북아경제 중심국가 실현방안이 최종적으로 '무덤 속으로' 들어가게 된 가장 결정적인 이유는 정 전 비서관 등이 연루됐다는 설(說)이 제기된 행담도 개발 의혹이 불거졌기 때문이며, 추후 무죄 판결을 받았지만 동북아경제 중심국가 실현 방안은 다시는 '옛 영화'를 회복하지 못했다.

격렬한 반(反) FTA 전사로 변신

청와대를 나온 뒤 정태인 전 비서관은 반(反) 자유무역협정(FTA) 전선의 '화신(化身·추상적인 특징이 구체화 또는 유형화된 것)'으로 변신한다. 그동안 행정부에 근무하느라 하지 못했던 말을 한꺼번에 쏟아내기 시작한 것이다.

이와 관련, 진보적인 한 인터넷 매체는 정 전 비서관에 대해 "전국을 돌면서 한·미 FTA 관련 200여 차례의 강의를 '운동'처럼 하고 다녔다"고 표현했다.[278]

실로 맞는 말이다. 그는 한·미 FTA에 찬성하는 학자들과 수차례에 걸친 '맞짱 토론', '끝장 토론' 등을 통해 반(反) 한·미 FTA 전선 최선봉에 서서 싸웠다.

처음에는 노무현 전 대통령의 한·미 FTA 추진 결정에 대해서만 반대하는 모습을 보였지만, 2007년 초 노 전 대통령이 '대한민국, 진보는 달라져야 합니다'라는 글을 통해 '유연한 진보'를 주창하자 이에 대해서도 정면으로 비판하면서 노 전 대통령과 전체적으로 거리를 두는 모습을 보였다.

정태인 전 비서관은 청와대나 정부에 있는 것보다는 민간에 나와서 다양한 저술이나 토론 등을 통해 활발한 활동을 펼치는 게 더 자연스럽다. 실제로 그의 달란트(재능)도 '행정가'나 '참모'보다는 '운동가' 또는 '활동가' 쪽이 훨씬 많은 것 같다.

어떻게 보면 노무현 정부 청와대에서 활동한 기간이 정 전 비서관에게는 좀 답답했을 수도 있다는 뜻이다.

---

278 '유연한 진보는 없다'(인터넷 매체 레디앙, 2007년 2월 21일 08:37, http://www.redian.org/archive/16642, 2018년 11월 28일 검색)에 첨부돼 있는 레디앙 편집자 주.

"정 선배는 참 순수한 사람입니다."

필자는 행담도 의혹이 한창 불거지던 2005년 봄 정태인 전 비서관이 나온 서울대 경제학과 출신의 한 기자와 우연히 그에 대해 얘기를 나눈 적이 있다.

그 기자는 "최근 학교(서울대)를 방문해 정 전 비서관이 대학을 다닐 때 같이 활동했던 사람들에게 그에 대해서 얘기를 들을 기회가 있었다"며 "당시 같이 활동했던 사람들은 정 전 비서관에 대해 이구동성으로 '참 순수한 사람'이라고 말하더라"고 했다.

그러면서 그들은 "정 전 비서관이 행담도 프로젝트를 추진하는 과정에서 혹시 좀 심하게 한 일이 있다면, 그것은 성 전 비서관이 너무나 순수하고, 순수하니까 그만큼 열정적이었기 때문일 것"이라고 얘기하더라는 것이다.

그들은 한결같이 "정 전 비서관이 무슨 돈을 받거나 권력형 비리를 저지를 사람은 절대 못 된다"며 행담도 사건을 권력형 비리로 보는 시각에 대해서는 "절대 아닐 것"이라고 말하더라는 것이다.

그 얘기를 듣고 필자는 정말 정 전 비서관을 잘 설명해주는 얘기이구나, 하는 생각을 한 적이 있다.

정 전 비서관이 가끔 술자리에서 다른 사람이 민망할 만큼 식설적인 화법으로 말하거나, 육두문자(肉頭文字·저속하고 품격이 낮은 말이나 이야기)에 가까운 격렬한 용어로 다른 사람들을 비판하는 것도 생각해 보면 그 나이의 다른 사람들은 도저히 갖기 어려운 순수함을 갖고 있기 때문이 아닐까, 하는 생각도 든다.

그토록 오랫동인 대학을 다녀서 박사 학위를 받기 위한 과정을 사실상 모두 마쳤음에도 불구하고, 행정적인 절차 하나를 남겨놓고 "(박사학위를 받을) 그 돈으로 술 먹었다"고 얘기하는 것도 '과도한 순수함'을 빼놓고는 이해하기 어렵다.

어쨌든 한 가지는 분명한 것 같다. 정 전 비서관이 행정부를 나오면서 한국 사회는 매우 호전적인 논객(論客) 하나를 얻었다.

보론(補論) 현실 참여 경제평론가의 길

정태인 전 비서관은 노무현 정부가 끝난 뒤 2008년 진보신당의 이명박 정부 대항 서민지킴이운동본부장 등 정치권과 관련된 여러 활동을 하면서도 꾸준히 경제 평론을 해왔다. 2017년 5월 치러진 제19대 대통령선거에서는 심상정 정의당 후보를 지원하는 캠프 멘토단장을 맡기도 했다. 그는 심 후보 캠프에서 경제 공약 개발 등을 담당한 것으로 알려졌다.

정 전 비서관은 2015년에는 칼폴라니사회경제연구소장에 취임해 2018년 건강상의 이유로 물러날 때까지 활발한 활동을 펼쳤다.[279]

---

279 칼 폴라니(Karl Polanyi, 1886~1964)는 오스트리아 출신의 미국 사회 철학자다. 1886년 10월 25일 오스트리아 빈에서 출생했고, 헝가리 부다페스트대에서 법학과 철학을 전공했다. 1908년 헝가리 지식인 그룹인 갈릴레이 서클(Galilei Circle)을 형성하여 헝가리 혁명에 주도적 역할을 했다. 영국으로 이주했다가 전통적인 신분 계급에 억압된 노동자의 현실과 시장 사회에 대한 혐오감을 갖게 됐다. 1940년 미국으로 이주하여 버몬트의 베닝톤 대학에서 객원 교수로 강의했고, 이때 그의 대표적인 저서인 '거대한 전환(The Great Transformation, 1945)'을 저술했다. 네이버 지식백과(칼 폴라니, 두산백과)(https://terms.naver.com/entry.nhn?docId=1336628&cid=40942&categoryId=34290, 2018년 11월 3일 검색). 정태인 전 비서관이 칼폴라니사회경제연구소장에서 사직한 공지문에 대해서는 다음을 참조. 칼폴라니사회경제연구소, '[공지]정태인 소장 사직의 건'(2018년 6월 27일, http://www.kpia.re.kr/?p=13573, 2018년 11월 3일 검색).

제8장

이 헌 재

노무현 정부 2대 부총리 겸 재정경제부 장관

ⓒ문화일보

이헌재 약력

출생 1944년, 중국 상하이(上海)

〈학력〉

하버드대학교 경영대학원 최고경영자과정(AMP) 수료
보스턴대학교 대학원 경제학과 석사
서울대학교 법학 학사
경기고등학교

〈주요 경력〉

2016.8~	여시재 이사장
2006~2010	코레이(KorEI) 상임고문
2005~2006.2	김앤장 비상임고문
2004~2005	부총리 겸 재정경제부 장관
2001	중소기업협동조합 중소기업경영전략위원회 위원장
2000.1~2000.8	재정경제부 장관
1999~2000	금융감독원장
1998	은행감독원장·증권감독원장
1998.3~2000.1	금융감독위원장
1985	한국신용평가㈜ 대표이사 사장
1984	대우반도체㈜ 대표이사 전무
1982	㈜대우 상무
1978	재무부 재정금융심의관(부이사관)
1974	재무부 금융정책과장
1973	청와대 경제비서실
1969	재무부 사무관
1968	제6회 행정고시 합격

〈출처: 네이버·연합인포맥스 인물정보 등〉

이헌재 전 부총리 겸 재정경제부 장관은 우리나라 경제 관료 중에서 '문제적 인물'이라고 부를 만한 몇 안 되는 사람 중 하나다. 화려한 경력 등 외양만으로 얘기하는 것이 아니다. 그는 긍정적이든 부정적이든 외환 위기를 극복하는 과정에서 한국 경제의 한복판에 있었다.

현재의 한국 경제는 외환 위기의 유산(遺産·앞 세대가 물려준 사물 또는 문화)을 극복해야 한다는 큰 과제를 안고 있다. 외환 위기의 유산을 극복한다는 것은 '이헌재'와 '이헌재가 남긴 과제'를 넘어선다는 것과 사실상 동의어(同義語)다. 그만큼 '이헌재'가 한국 경제에 끼친 영향이 크다는 뜻이고, '이헌재라는 거대한 벽'을 넘어서기가 쉽지 않다는 뜻이다.

이헌재 전 부총리를 과연 '노무현 정부의 경제 브레인(brain·인재)'이라고 볼 수 있느냐에 대해서도 논란의 여지가 있다. 사실 이 전 부총리의 캐릭터(성격)를 고려하면 노무현 정부와 잘 어울리는 인물이라고 얘기하기는 어렵기 때문이다.

특히 노무현 정부가 한국 경제사에서 확보하고 있는 경제적 측면에서 나름의 역사적 의의, 즉 맹목적인 개발주의 또는 발전주의에 대한 반성(反省)이나 반(反)관치(官治·정부와 시장과의 관계에서 정부 개입의 필요성을 강조하는 주장)에 대한 지향성 등을 고려하면 더욱 그렇다.

이 전 부총리는 노무현 정부 2대 경제부총리를 지냈기 때문에 형식 논리상으로는 노무현 정부의 경제 브레인이라고 불러도 틀린 말이 아니다.

그러나 노무현 정부가 경제 분야에서 달성하고자 했던 개혁이 이 전 부총리가 외환 위기를 극복하는 과정에서 한국 경제에 길게 드리운 그림자에서 벗어나려는 것이었다는 측면을 고려하면, 그가 노무현 정부 2대 부총리 겸 재정경제부 장관에 임명된 것은 일종의 '아이러니(예상 밖의 결과가 빚은 모순이나 부조화)'였다.

노무현 정부와 '코드'가 잘 맞지 않는 이 전 부총리를 경제부총리에 기용했다가 심각한 불협화음을 빚은 일은 노무현 대통령 참모진의 경제 분야 인사에 대한 이해가 얼마나 일천(日淺·시작한 뒤로 날짜가 얼마 되지 않아 수준이 낮음)했는지를 보여주는 것이기도 하다.

노무현 정부의 핵심 참모들은 김진표 전 부총리 겸 재정경제부 장관이 물러난 뒤 경제 운용의 중핵(中核)을 형성할 만한 사람을 찾기 어려워지자 이 전 부총리의 노련함을 높이 사서 그를 후임 경제부총리에 임명했지만, 이는 과거 정부와 노무현 정부의 차별성을 희석(稀釋·용액에 물이나 용매를 더해 묽게 함)시켰을 뿐만 아니라 청와대 등에 포진한 '386(30대, 80년대 학번, 1960년대에 출생한 운동권 출신 인사들을 지칭하던 말)'과의 갈등으로 현실적인 성과를 거두지도 못함으로써 명분과 실리를 모두 놓친 인사라는 평가를 받았다.

풍운아(風雲兒)

한국 경제가 발전하는 과정에서 숱한 기인이사(奇人異士·성격이나 말, 행동 따위가 보통 사람과 다르거나 비범한 사람)들이 있었지만, 이헌재 전 부총리만큼 파란만장한 인생을 산 사람은 별로 없을 것이다.

이 전 부총리는 1944년 중국 상하이(上海)에서 태어났다. 2004년 3월 본인이 옛 재정경제부(재경부) 출입 기자들에게 밝힌 바에 따르면, 그의 아버지는 일제 강점기 상하이 임시 정부에서 청년부장 겸 재정부 차장(현재의 차관급)을 지냈다.

아버지가 임시 정부 재정부 차장을 지내고, 아들이 부총리 겸 재경부 장관을 지냈으니 부전자전(父傳子傳)의 명문가인 셈이다.[280]

이 전 부총리는 또 자신이 호남 출신으로 널리 알려져 있지만, 사실은

---

280 김용석, '李부총리 "아버지가 臨政 청년부장"'(경향신문, 2004년 3월 16일, https://news.naver.com/main/read.nhn?mode=LSD&mid=sec&sid1=001&oid=032&aid=0000057937, 2018년 10월 16일 검색). 이헌재 전 부총리의 개인사에 대해서는 2004년 3월쯤 옛 재정경제부(재경부) 출입 기자들에게 본인이 한 발언과 그의 회고록『위기를 쏘다-이헌재가 전하는 대한민국 위기 극복 매뉴얼』(서울: 중앙북스, 2012)을 광범위하게 참조했다.

조상 대대로 서울에서 살다가 조선 말기에 정쟁(政爭·정치와 관련된 주장에 관한 싸움)에 휘말려 중국으로 피신을 가는 바람에 상하이에서 태어났다고 밝혔다.

이 전 부총리의 설명에 따르면 그가 중국으로 건너간 이유는 "할아버지가 민갑완 여사의 신변을 걱정해 가족 모두를 데리고 중국으로 도망치듯 떠났기 때문"이라고 말했다.

민갑완 여사는 대한제국의 황위 계승 예정자였던 영친왕(英親王)과 약혼을 했으나, 일제가 일본 왕가의 여인인 이방자 여사와 영친왕을 혼인시키기 위해 강제로 파혼시킨 비운의 주인공이다.[281] 일제로부터 고난을 겪었던 민갑완 여사는 이 전 부총리 아버지의 고종사촌 누나이며, 이 전 부총리에게는 당고모(堂姑母) 또는 종고모(從姑母)가 된다고 한다.[282]

이 전 부총리의 할아버지와 아버지는 상하이에서 사업을 했다고 한다. 본인 주장에 따르면, 그의 할아버지는 독립운동을 재정적으로 지원하다가 일본 의사에게 독살됐다는 기록이 남아 있다. 이 전 부총리는 2004년 3월쯤 기자들과 만나 "할아버지는 영국 주재 공사관의 참사관(參事官·공사의 아래, 일등 서기관의 위인 외무 공무원의 대외 직명의 하나)을 지냈다"고 말했다.

이 전 부총리의 아버지는 상하이에 살면서 임시 정부 청년부장 겸 재정부 차장 등을 지냈으며, 해방 직전인 1944년 이 전 부총리를 낳았다고 한다. 이 전 부총리 가족은 해방이 되던 1945년 말, 마지막 귀국

---

281 영친왕(英親王)은 고종의 일곱째 아들로 1907년 형인 순종이 즉위한 뒤 황태자가 되었고, 1926년 순종이 죽은 뒤에는 순종의 지위를 계승했다. 1907년 일본으로 건너가 일본 왕족과 정략 결혼을 했으며, 일본 왕족으로 대우를 받으면서 일본군 장성을 지냈다. 네이버 지식백과 (영친왕, 두산백과)(https://terms.naver.com/entry.nhn?docId=1127457&cid=40942 &categoryId=33383, 2018년 10월 16일 검색).

282 이헌재, 『위기를 쏘다-이헌재가 전하는 대한민국 위기 극복 매뉴얼』, 360쪽.

선으로 우리나라로 돌아왔다.

이 전 부총리는 본인의 가계는 조선 말 우리나라에 천주교를 들여오는 데 앞장선 오래된 천주교 집안이라고 소개했다. 조선 정조 시대 천주교를 도입하는데 주도적인 역할을 한 이가환 등 남인이 집안의 선조이며, 조부의 사촌인 이도마 신부가 우리나라 천주교 초대 부주교에 오르는 등 집안에 수녀와 신부가 많다고 한다.

집안이 단순히 좋을 뿐만 아니라 국제적이며, 해방 한해 전에 태어나 마지막 귀국선을 타고 상하이에서 국내로 돌아온 과정 등 태어날 때부터 시대의 풍운아다운 면모를 과시한다.[283]

타고난 수재(秀才) 중의 수재

이헌재 전 부총리는 공부라면 타고난 '수재 중의 수재'였다. 그가 경기중에 입학한 것은 국민학교(지금은 초등학교) 6학년 때 선생님이 그의 어머니에게 "얘는 성적이 들쑥날쑥하니 경기·서울중을 빼고 그 아래로 가는 게 안전하다"고 말했기 때문이라고 한다. 그 말을 들은 뒤 '순전히 오기'로 공부를 시작해 경기중을 들어갔다고 한다.[284]

자신의 설명에 따르면, 그는 "모범생은 아니었고, 사실은 정반대에 가까웠다"고 하며, "책 읽는 걸 좋아하긴 했지만 그만큼 운동도 좋아했고, 친구들과 전국을 안 다녀본 곳이 없다"고 한다.

283 김용석, '李부총리 "아버지가 臨政 청년부장"' (경향신문, 2004년 3월 16일, https://news.naver.com/main/read.nhn?mode=LSD&mid=sec&sid1=001&oid=032&aid=0000057937, 2018년 10월 16일 검색).

284 이헌재, 『위기를 쏘다-이헌재가 전하는 대한민국 위기 극복 매뉴얼』, 352~353쪽. 그 자신의 설명에 따르면, "(경기중, 인용자) 1학년 때 4반 반장을 한 걸 보니, 4등으로 입학한 모양"이라고 한다. 당시 경기중과 서울중은 전국에서 공부 잘 하는 학생들이 몰리던 명문 중학교였다.

그러나 그는 경기고를 수석 졸업하고, 대입 학력고사에서 전국 1등을 했다. 그리고 서울대 법대에 입학했고, 행정고시를 5개월 준비해서 수석 합격했다고 한다.[285]

그의 설명을 요약하면, 경기중(4등 입학)-경기고 수석 졸업-대입 학력고사 전국 1등-서울대 법대 졸업-행정고시 준비 5개월 만에 수석 합격, 이렇게 요약된다. 간단히 말해, '수석 또는 1등 인생'을 살았던 셈이다. 그런데 공부만 좋아하는 샌님은 아니고, 운동도 좋아해 친구들과 전국에 안다녀본 곳이 없을 만큼 활동적이고 의협심도 있었다는 것이다.

중국의 무협지[고대 중국에서 의협(義俠)을 행하는 무사들의 이야기를 그린 대중 소설의 한 분야]나 무협 영화(무협지에 나올 법한 이야기를 토대로 만든 영화)에 나오는 영웅(英雄)의 일대기를 보는듯한 착각이 들 정도다.

추억의 'KS(경기고-서울대) 마크'

시험을 봐서 고등학교를 들어가던 시절, 전국에서 공부를 상당히 잘한다는 학생은 경기고에 대거 몰려들었다. 따라서 경기고 출신이라는 말은 '전국적으로 따져도 상당히 공부를 잘한 사람'이라고 인정을

---

285 이헌재, 『위기를 쏘다-이헌재가 전하는 대한민국 위기 극복 매뉴얼』, 355~359쪽. 요즘은 행정고시라고 하지 않고, 국가공무원 5급 공개경쟁채용시험이라고 부른다. 현재 국가공무원 5급 공개경쟁채용시험에는 5급(행정), 5급(기술), 외교관후보자가 있다. 5급(행정)의 직렬에는 행정직(일반행정·인사조직·법무행정·재경·국제통상·교육행정), 사회복지직(사회복지), 교정직(교정), 검찰직(검찰), 출입국관리(출입국관리) 등이 있다. 5급(기술) 직렬에는 공업직, 농업직, 임업직, 해양수산직 등이 있다. 외교관후보자 시험에 합격한 사람은 과거 외무고시 합격생과는 달리 외교관 임용이 보장되지는 않으며, 합격자는 국립외교원에서 1년 간 연수를 거친 후 최종 임용 여부를 통보받는다. 자세한 내용은 인사혁신처, '2018년도 국가공무원 공개경쟁채용시험 등 계획 공고' (2018년 1월 1일, https://www.gosi.kr/cop/bbs/selectBoard Article.do?bbsId=BBSMSTR_000000000131&nttId=3323, 2018년 12월 1일 검색) 등 참고.

받는 것과 마찬가지였다.

특히 이헌재 전 부총리의 사례처럼 경기고 졸업생들이 대거 서울대에 진학하면서 과거 한국 사회에는 'KS(경기고-서울대) 마크'라는 말이 회자(膾炙·회와 구운 고기라는 뜻으로, 칭찬을 받으며 사람의 입에 자주 오르내린다는 의미) 됐다. 물품 등에 한국 표준(KS·Korean Standards)을 획득하면 주는 'KS 마크'처럼 '국가가 공인한 공부 잘하는 사람'이라는 의미로 세간(世間· 세상과 같은 말)에서 부르던 말이었다.

KS(경기고-서울대) 마크 중에서도 경기고-서울대 법대를 나온 사람은 '인재 중의 인재'로 치부(置簿·마음속으로 그렇다고 여김)되곤 했다. 지금은 없어졌지만, 서울대 법대 학부 과정은 우리나라에서 가장 대학 입학 시험 성적이 좋은 사람들이 들어갔기 때문이다.

1948년 대한민국 정부 수립 이후 고등학교 평준화 조치가 단행될 때까지 오랜 시절 'KS(경기고-서울대) 마크'는 한국의 공부 잘하는 인재를 대표하는 말로 통용됐다. 자연스럽게 정치·경제·사회·문화 등 모든 분야에서 KS 출신이 두각을 나타냈고, 한국 사회의 발전에 크게 기여 했다.[286]

---

286 앞 장에서도 서술한 적이 있지만, 한국 사회에서 경기고 출신이 엄청난 영향력을 행사한 것은 일본 제국주의(일제·日帝) 식민 시대의 잔재(殘滓·쓰고 남은 찌꺼기)라는 지적이 있다. 일제 시절 경성제일고보(京城第一高普·경기고의 전신), 경성제이고보(京城第二高普·경복고의 선신) 등으로 고등학교를 1, 2, 3등의 숫자로 줄을 세웠던 전통이 오랫동안 유지돼 왔다는 얘기다. 이런 식의 성적 순 줄 세우기의 결과로, 일제 시대에도 가장 우수한 인재로 분류된 사람이 경성제일고보(경기고의 전신)-경성제대 법학부(서울대 법대의 전신)를 나온 사람이었고, 이들 중 일부는 일본으로 유학해 도쿄대(東京大) 등 일본의 대학을 졸업하기도 했다.
　　경제 부처에 한정해서 보더라도, 우리나라 일본에는 유독 장관 중에서 서울대 법대나 도쿄대 법대를 나온 사람이 많다. 이런 일이 발생하는 배경에는 여러 가지 요인이 작용했겠지만, 전공보다는 성적이 좋은 대학과 학과(법대 우선)의 우월성에 높은 점수를 주던 전통이 영향을 끼친 점을 부인할 수 없다. 실제로 과거 우리나라 재무부나 경제기획원과 이들 기관의 뒤를 이은 재정경제원(재경원), 재정경제부(재경부), 기획재정부(기재부) 등에서 서울대 법대 출신 장관이 재직자의 비중에 비해 월등하게 많은 것은 통계로도 입증된다.
　　서울대 법대 출신 경제 부처 장관이 같은 부처에 근무하던 서울대 법대 출신 후배 공무원이 일을 잘 못하자 아무런 질책을 하지 않다가 "(서울대) 법대 출신이 왜 그래?"라는 단 한 마디를 했다는 얘기는 오늘날까지 전해지는 일화다. 서울대 법대를 나온 장관이 당시 서울대

천재(天才)들의 집합소?

경제 부처에서도 행정고시 성적이 가장 좋은 사람들이 모였던 옛 재무부·경제기획원과 이들 기관의 뒤를 이은 재정경제원(재경원), 재정경제부(재경부), 기획재정부(기재부·현재의 명칭)에는 유독 '천재(天才·선천적으로 타고난 뛰어난 재능을 가진 사람)'라고 불렸던 사람이 많다.

하기야 옛날에는 재무부나 경제기획원에 배정받기 위해서는 고시 성적이 최상위여야 했고, 행정고시 전체 수석(首席)과 차석(次席), 행정고시 재경직(財經職) 수석과 차석 합격자가 옛 재무부나 경제기획원 또는 이들 기관의 뒤를 이은 재경원, 재경부, 기재부 등에 모여 있는 경우가 많았다.

수석이나 차석 합격자가 아니라고 하더라도, 우리나라에서 공부 잘하기로는 손가락에 꼽힐 만한 사람들이었음에 틀림없다.

그렇게 공부를 잘한 사람들만 모아놓다 보니, 뭔가 특별해 보이려는 욕망도 그만큼 강했던 것으로 보인다. 또 그런 특별해 보이려는 욕망이 천재니 뭐니 하는 형태로 표출된 것으로 짐작된다.

실제로 옛 재무부와 경제기획원의 뒤를 잇는 경제부처에서는 경기고뿐만 아니라 전국의 웬만한 명문 고등학교, 심지어 고등학교 평준화 이후에 졸업한 고등학교에 대해서도 'ㅇㅇ고 ×대 천재'라는 말이 돌아다니곤 했다.

대부분 천재 운운하는 얘기는 본인이 말하고 다니는 경우는 없고,

법대를 나온 후배 공무원에게 한 가장 심한 질책이 저 말이었다고 한다.
　　다만 시간이 흐르면서, 또 고등학교 평준화 등의 영향으로 요즘에는 고등학교나 대학, 또 대학 전공에서 법대 우선주의 등이 점점 옅어지는 추세다. 특히 법학전문대학원(로스쿨) 제도가 도입되면서, 법학전문대학원이 개설된 학교에서는 학부(대학) 과정 법학과는 더 이상 신입생을 받지 않고 있다. 서울대도 2018년에 학부 과정 법학과를 완전히 폐지했다고 한다. 유기림, '서울대 법대 2018년 폐지…120년 역사 끝나'(뉴스1, 2012년 12월 13일, http://news1.kr/articles/?933691, 2018년 10월 9일 검색) 등 참고.

천재라고 불리는 사람과 같은 고등학교나 대학을 나온 후배 등 주변에 있는 사람들이 퍼뜨리는 경우가 많다.

그런 말을 퍼뜨리는 이유는 본인이 그렇게 믿어서이기도 하겠지만, 자신과 관계있는 사람이 천재라고 얘기함으로써 그 사람과 학연 등 인연이 있는 자신도 그와 비슷한 급(級)으로 인정받고 싶다는 욕망 때문으로 보인다.

경기고 3대 천재(天才), 재무부 3대 천재(天才)?

과장하기를 좋아하는 호사가(好事家·남의 일에 특히 흥미를 갖고 말하기를 좋아하는 사람)들의 말을 빌면, 이헌재 전 부총리는 경기고가 배출한 '3대 천재(天才)' 중 하나라고 한다.

그런데 이 전 부총리 외에 나머지 2명의 천재에 대해서는 사람마다 다르게 말해 정설(定說)이 따로 없다.(가끔은 이 전 부총리를 빼고 '경기고 3대 천재'를 이야기하는 사람도 있다.)

이 전 부총리는 또 '옛 재무부가 낳은 3대 천재'라는 소리를 듣기도 하는데, 논자(論者)에 따라 다르지만 일설에 따르면 이헌재 전 부총리와 김중웅 전 현대경제연구원 회장(전 재무부 금융정책과장), 이한구 전 새누리당 원내대표 등이라고 하는데, 동의하지 않는 사람도 많을 것이다.(어쩌면 동의하는 사람보다 동의하지 않는 사람이 더 많을지도 모르겠다.)[287]

이 중에서 이 전 부총리와 김 회장은 경기고-서울대 법대를 거쳐 재무부 금융정책과장을 지낸 경력이 똑같다. 이 같은 사실은 옛날 고등학교를 시험 봐서 들어가던 시절 경기고를 나와 서울대 법대를 졸업하고, 행정고시에 합격해 '재무부의 꽃'이라는 금융정책과장을 젊은

---

287 최준영, '취재후기(김중웅 현대경제연구원 회장)'(문화일보, 2006년 11월 30일).

나이에 맡으면 대개 '천재' 소리를 들을 가능성이 크다는 것을 보여
준다.[288]

이한구 전 원내대표(행정고시 7회)는 경북고-서울대 경영학과를 거친
점이 다르지만, 옛 재무부에서 이재과장(理財課長·금융정책과장의 전신)을 했
다는 사실은 같다.

법대로 진학한 이유

이헌재 전 부총리는 고등학교를 다닐 때 수학을 상당히 잘했다고
한다. 본인 입으로도 "고등학교(경기고, 인용자) 때 수학을 잘해 (대학을 들어
갈 때) 물리학과를 갈까 생각도 했다"고 밝힌 적도 있다. 그는 경제 문제
도 수학 문제를 풀던 방식을 원용해 해결하곤 했다고 말했다. 그는
훗날 경제부총리가 돼서 "수학 문제를 풀다가 안 풀리면 고민을 많이
했는데 수학 선생님이 복잡한 문제를 풀다가 안 되면 처음으로 다시
돌아가서 시작하라고 했다"며 "시장 경제도 이해관계가 충돌하고 어
려울수록 단순한 원칙으로 돌아가서 차분히, 당장은 안 되더라도 그
방향으로 노력할 필요가 있다"고 말했다.[289]

수학을 잘했던 이 전 부총리가 경기고에서 문과(文科)를 택한 것은
"판검사가 돼라"는 어머니 때문이었다고 한다. 그래서인지 이 전 부총

---

288 김중웅 전 현대경제연구원 회장은 1941년 서울에서 태어났으며, 경기고와 서울대 법대
를 졸업했다. 1975년 미국 클라크대에서 경제학 박사 학위를 받았다. 김 전 회장은 옛 재무부
에서 금융정책과장을 역임하는 등 승승장구(乘勝長驅·싸움에 이긴 여세를 타서 계속 몰아침)
했지만, 김정렴 전 청와대 비서실장의 사위라는 이유로 신군부가 등장한 이후 타의로 관복(官服·
관리의 제복)을 벗었다고 한다. 최준영, '新군부때 재무부 떠나 學·언론계·기업 거쳐 신인본
자본주의 전파'(문화일보, 2006년 11월 30일, http://www.munhwa.com/news/view.
html?no=2006113001032624053002, 2018년 12월 1일 검색).

289 박동석, '시장경제론의 원조는 고교 수학선생님'(이데일리, 2004년 7월 23일, https://
news.naver.com/main/read.nhn?mode=LSD&mid=sec&sid1=102&oid=018&aid=0
000184910, 2018년 10월 20일 검색).

리는 서울대 법대로 진학했다. 하지만 이 전 부총리는 판검사가 되지 않고 행정고시를 봐서 행정부 공무원의 길을 걸었다.[290]

상상을 초월한 출세가도
(出世街道·사회적으로 높은 지위에 오르거나 유명해지는 데 막힘이 없다는 뜻)

1968년 행정고시 6회에 합격해 옛 재무부에 들어온 이헌재 전 부총리가 걸어온 길은 과거 '엘리트 경제관료'가 얼마나 빨리 출세할 수 있는지를 보여주는 대표적인 사례로 기록될 만하다.

그는 1969년 재무부 기획관리실 근무를 시작으로, 1970년에는 이재국(理財局·'재물을 다스리는 국'이라는 의미)으로 자리를 옮겼다. 그 뒤 1973년 5월 중화학공업추진위원회 기획단 파견 근무를 거쳐 1974년에는 '옛 재무부의 꽃'이라는 재무부 금융정책과장이 됐다. 옛 재무부에 들어간 지 불과 5년 만에 가장 잘 나간다는 금융정책과장이 된 것이다.

요즘에는 금융위원회에 들어간 뒤 적어도 15년은 돼야 금융정책과장을 꿈꿔볼까 말까 하다.[291] 한국 경제가 무서운 기세로 성장하던 1970년대니까 가능했던 일이기도 하지만, 이 전 부총리가 얼마나 조직에서 인정받았는지 알 수 있다. 그는 나이 서른에 우리나라 금융계를 쥐락펴락하는 금융정책과장을 4년이나 한 뒤 재무부 재정금융심

---

290 이헌재, 『위기를 쏘다·이헌재가 전하는 대한민국 위기 극복 매뉴얼』, 354쪽.

291 옛 재무부, 재무부와 경제기획원이 합쳐져 탄생한 재정경제원(재경원) 및 재정경제부(재경부) 시절까지는 국내 금융 정책 업무를 이들 기관이 담당했다. 그러나 2008년 이명박(MB) 정부가 출범하면서 옛 금융감독위원회(금감위)의 금융 감독 정책 기능과 옛 재경부의 국내 금융에 대한 정책 기능(공적자금관리위원회와 금융정보분석원 포함)을 통합해 금융위원회(금융위)를 만들었다. 이때부터 국내 금융에 대한 감독 및 정책 기능은 금융위가 담당하고 있다. 다만, 국제 금융 정책 기능은 옛 재경부의 뒤를 이은 기획재정부(기재부)에 남았다. 금융위 인터넷 홈페이지(http://www.fsc.go.kr/about/fsc_info.jsp?menu=7130100, 2018년 10월 20일 검색) 참조.

의관(국장급)으로 승진한다.

옛 재무부 금융정책과장

옛 재무부 금융정책과장을 오늘날 금융위원회 금융정책과장과 직접 비교하는 것은 무리(無理·도리나 이치에 맞지 않거나 정도에서 지나치게 벗어남)한 일이다. 과거에는 민간 금융의 발전 정도가 상대적으로 매우 낮았고, 관(官)의 영향력은 지금과는 비교할 수도 없을 정도로 컸다.

옛 재무부 금융정책과장은 통화 관리와 금융 시장에 대한 정책 결정을 실무적으로 총괄하는 자리였다. 당시에는 중앙은행인 한국은행이 아직 자리를 잡지 못한 상태였기 때문에 옛 재무부 금융정책과가 사실상 중앙은행 역할까지 하는 상황이었다.[292]

옛 재무부 금융정책과 통화담당 사무관(통화 계장)이 시중 은행이 기업에 대출할 수 있는 자금의 한도를 결정해 통보했다고 하니까, 기업이 돈(자금)이 없어 쩔쩔매던 그 시절에 위세가 얼마나 대단했을지 미루어 짐작할 만 하다.

일개 사무관의 영향력이 그 정도였는데, 총괄하는 금융정책과장의 영향력이야 말할 필요도 없을 것이다. 그런데 이 전 부총리는 그 자리를 옛 재무부 입부(入部·부처에 들어감) 단 5년 만에 따낸 것이다.

---

292 중앙은행은 한 나라 통화 제도의 중심이 되며 은행 제도의 정점(頂點·맨 꼭대기의 점)을 구성하는 은행이다. 중앙은행은 독점적으로 은행권(銀行券·bank note·은행이 발행하는 지폐)을 발행하고, 시중 은행의 지급준비금(支給準備金·시중 은행이 예금 등을 내주지 못하는 일이 없도록 예금 등의 일부를 중앙은행에 맡겨둔 것) 예탁을 받으며, 국고의 출납을 다루고, 금융 정책을 시행하고 있기 때문에 발권(發券·은행권 등을 발행함) 은행, 은행의 은행, 정부의 은행, 금융정책수행 은행이라고도 한다. 우리나라의 한국은행, 미국의 연방준비제도이사회(FRB·Federal Reserve Board of Governors), 영국의 영국은행(BOE·Bank of England), 일본의 일본은행 등이 대표적이다. 네이버 지식백과(중앙은행, 두산백과)(https://terms.naver.com/entry.nhn?docId=1143673&cid=40942&categoryId=31829, 2018년 10월 20일 검색) 등 참조.

이 전 부총리는 나이 서른에 이미 우리나라 금융계 전체를 한눈에 살펴볼 수 있는 극히 드문 자리 중 하나를 차지하고 있었던 것이다.

출세의 비밀

이헌재 전 부총리는 처음부터 출세할 가능성이 매우 컸다. 경기고-서울대 법대라는 남들이 부러워할 만한 학력에 행정고시 수석 합격이라는 검증된 실력을 갖추고 있었기 때문이다.[293]

이 전 부총리가 옛 재무부에서 첫 보직으로 받은 기획관리실 기획담당 사무관이라는 자리 자체가 나쁘지 않은 곳이었다. 그의 설명에 따르면, 옛 재무부 기획관리관실 사무관이 된 1969년, 남덕우 당시 재무부 장관이 그를 불러 글씨를 쓴 뒤 "이 자료를 좀 정리해보지"라고 얘기했다고 한다. 종이에는 '인플레이션 갭(Inflation Gap)과 디플레이션 갭(Deflation Gap)'이라고 쓰여 있었다고 한다.[294]

---

[293] 그러나 '행정고시 수석 합격자'라고 해서 모든 사람이 옛 재무부나 경제기획원에서 처음부터 잘 풀린 것은 아니다. 예컨대 윤용로 옛 금융감독위원회(금감위) 부위원장은 1955년, 충남 예산 출신으로 서울 중앙고-외대 영어과를 나와 행정고시 21회에 수석 합격했다. 그러나 옛 재무부에 배치된 뒤 국고국과 경제협력국 등에서 오래 근무했다. '재무부의 꽃'이라는 이재국에서 근무하는 게 쉽게 성사되지 않았던 것이다. 본인이 오래 전 기자들에게 한 말을 옮기면, 그는 "사표를 써야 하나 고민했을 정도"로 부심(腐心·마음을 쓰고 애씀)했다고 한다. 그러나 그는 우여곡절 끝에 재무부에 들어간 지 10여 년만인 1989년 이재국(理財局) 은행과 사무관이 됐고, 여러 보직을 거쳐 옛 금감위 부위원장(차관급)까지 지냈다. 공직에서 물러난 뒤에는 기업은행장, 외환은행장 등 요직(要職·중요한 직책이나 지위)을 두루 지냈다.

[294] 이헌재, 『위기를 쏘다-이헌재가 전하는 대한민국 위기 극복 매뉴얼』, 361쪽. 후진국에는 대개 기초 통계가 없다. 반대로 얘기하면 제대로 된 통계가 있으면 그 나라는 이미 후진국이 아니라는 얘기다. 통계의 수준이 그 나라의 수준을 보여 준다는 뜻이다. 1960년대 우리나라도 예외는 아니었다. 제대로 된 기초 통계조차 찾기 어려웠다. 당시 남덕우 재무부 장관이 대부분의 사람이 잘 이해조차 하지 못하는 '인플레이션 갭(Inflation Gap)과 디플레이션 갭(Deflation Gap)'이라는 숙제를 이 전 부총리에게 내줄 수 있었던 것은 그가 그 시절만 해도 별로 많지 않았던 미국 유학파(오클라호마주립대 경제학 박사)였기 때문에 가능한 일이었을 것이다. 당시 남 장관은 이 전 부총리에게 과제를 내주기 전에 머릿속에 이미 답을 갖고 있었을 것으로 추정되지만, 마땅한 통계를 찾기 어려우니까 새로 들어온 유능한 사무관에게 자료를 정리해보라고 맡긴 것으로 짐작된다.

민간의 전체 생산량(공급)을 초과하는 지출(수요)이 인플레이션 갭인데, 당시에는 통계가 없어서 이 전 부총리가 일일이 수작업으로 통계를 뽑았고, 그의 통계를 토대로 당시 남 장관은 박정희 대통령에게 업무 보고를 하면서 "재정 안정을 기해야겠다"고 말했다는 것이다. 신임 사무관이 만든 통계를 기초로 장관이 대통령 보고를 했다는 의미다. 지금도 마찬가지지만, 옛날에는 특히 공무원이 빨리 출세하려면 대통령과 관련된 일에서 뛰어난 성과를 내는 게 매우 중요했다.

부(副)장관

이헌재 전 부총리는 옛 재무부 금융정책과장을 할 때 '부(副)장관'이라고 불렸다고 한다. 그 자신의 설명에 따르면 "장관 다음으로 힘이 세다는 의미의 비아냥('비아냥거림'이 표준어, 인용자)"이었다고 한다.

그러나 공무원 조직의 생리(生理·생물체의 생물학적 기능과 작용 또는 그 원리)상 저런 별명이 붙는 이유는 '부러움 반, 질투 반'의 감정이 섞여 있기 때문이다. 물론 저 정도로 '센 별명'이 붙은 것으로 봐서, 이 전 부총리가 남들의 부러움이나 질투 따위를 얼마나 의식하지 않고 앞만 보고 달렸는지 짐작할 수 있다. 그 자신도 "(옛 재무부에서, 인용자) 10년의 짧은 공직 시절, 나는 잘 나갔다"며 "신나게 일했다"고 회고했다.[295]

그러나 그는 이 시절에 외톨이가 됐다며 다소 후회하는 듯한 회고를 남기기도 했다. 본인의 말을 그대로 옮긴다.

"그러는 사이 외톨이가 됐다. 평범한 공무원 모임, 그 흔한 부부 동반 모임 한번 못했다. 차근차근 단계를 밟아 승진하지 못한 탓이다. 동기들도

---

[295] 이헌재, 『위기를 쏘다-이헌재가 전하는 대한민국 위기 극복 매뉴얼』, 360쪽.

선배들도 나를 편하게 대하지 않았다. 눈치 채지 못하는 사이에 적이 늘었다. 율산그룹 부도 사태 때 집중 포화를 맞은 건 그래서였을 것이다. 1978년 12월, 김용환 장관이 물러나면서 내 편은 아무도 남지 않았다."296

예상치 못한 낙마(落馬·말에서 떨어짐)

이헌재 전 부총리는 1969년 옛 재무부에 사무관으로 들어간 뒤 4년 만인 1973년 서기관으로 승진하고, 5년 만인 1974년 금융정책과장으로 발탁됐다. 그 뒤 입부(入部·부처에 들어감) 9년 만인 1978년에는 국장급인 재정금융심의관(부이사관)으로 승진해 이재국(理財局)과 기획국, 세성·외환을 총괄하게 된다.

그 상태로 계속 승진했다면 이 전 부총리는 30대 말이나 40대 초 장관 승진이 유력한 상황이었다. 그러나 이 전 부총리는 예상치 못한 일로 옛 재무부를 떠나게 된다.

이헌재 전 부총리가 공직에서 물러난 이유는 정확히는 알려지지 않았다.

다만, 시중에 가장 많이 유포돼 있는 설(說)은 이 전 부총리가 1970년대 재계에 혜성처럼 등장했다가 사라진 율산그룹을 도운 사실이 드러나 '옷을 벗었다'('공직을 그만뒀나'는 말의 속에)는 얘기다.

신선호 당시 율산그룹 회장은 이 전 부총리와 경기고-서울법대 동기동창일 뿐 아니라 행정고시(6회)에도 같은 시기에 합격해 옛 재무부에서 함께 근무했던 '절친한 친구' 신명호 씨의 친동생이었다.297

---

296 이헌재, 『위기를 쏘다-이헌재가 전하는 대한민국 위기 극복 매뉴얼』, 363쪽. 이헌재 전 부총리가 재무부 입부(入部·부처에 들어감) 10년 만에 공무원 생활을 그만두는 과정과 율산그룹에 대해서는 뒤에 서술한다.

297 연합인포맥스 인물정보에 따르면 신명호 씨는 1944년생으로 경기고-서울대 법대를 나

시중에 유포된 설에 의하면 이 전 부총리가 신명호 전 HSBC은행 서울지점 회장의 동생이자 경기고 후배인 신선호 씨가 이끄는 율산그룹이 금융 기관으로부터 대출을 받기 쉽게 도와주는 등 편의를 제공한 혐의가 드러나 옷을 벗었다는 것이다.[298]

또 다른 설에 의하면 당시 박정희 대통령이 김종필 국무총리를 제거하는 과정에서 재무부 장관이던 김용환 씨가 같이 물러나게 됐는데, 이 과정에서 김용환 장관의 최측근으로 분류되던 이 전 부총리까지 함께 물러나게 됐다는 것이다.[299]

그러나 이 전 부총리가 '율산 사건'이 직접적인 원인이 돼 공직에서 물러났다는 게 정설이다.

왔고, 1968년 행정고시 6회에 합격해 1969년 옛 재무부 사무관으로 공직을 시작했다. 이헌재 전 부총리와 출생년도, 고등학교(경기고), 대학교(서울대 법대), 행정고시 기수(6회), 옛 재무부 사무관으로 근무를 시작한 시점(1969년)이 모두 똑같다.

신명호 씨는 이 전 부총리가 1979년 공직을 떠난 뒤에도 재무부에 계속 근무했으며, 세계은행(World Bank) 이사 자문관, 주(駐)프랑스대사관 재무관, 재무부 관세국장·국제금융국장, 민주자유당 재무전문위원, 세무대학장 등을 지냈다. 그는 1994년 옛 재정경제원(재경원) 제2차관보(1급)를 끝으로 공직에서 물러났다.

공직에서 물러난 뒤에도 그는 1996년부터 1998년까지 옛 한국주택은행장을 역임했으며, 필리핀 마닐라에 본부를 두고 있는 아시아개발은행(ADB) 부총재로 5년(1998~2003년) 동안 근무했다.

그는 국내에 돌아온 뒤 법무법인 태평양 고문 등으로 활동하다가, 2005년 HSBC은행 서울지점 회장과 상임고문(2009~2013년)을 지냈다. 2013년 ㈜부영 고문으로 취임한 뒤, 2018년에는 경영총괄 회장 직무대행을 맡았다.

신명호 씨도 이 전 부총리 못지않게 뛰어난 재무 관료였던 것으로 알려져 있다. 옛 재무부 출신 일부 관료는 김대중(DJ) 정부 시절에도 필자가 옛 재정경제부(재경부) 장관 후보로 어떤 사람이 좋으냐고 물으면 "아시아개발은행(ADB) 부총재로 나가 있는 신명호 씨가 똑똑하기는 한데…"라며 은근히 추천할 정도였다.

298 연합인포맥스 인물정보에 따르면 신선호 전 율산그룹 회장은 이헌재 전 부총리나 그의 형 신명호 전 HSBC은행 서울지점 회장과 마찬가지로 경기고를 졸업했다. 1966년 경기고를 졸업한 신 전 회장은 서울대 응용수학과를 나왔다. 주변 사람들의 전언(傳言·전하는 말)에 따르면 신선호 씨도 형인 신명호 씨 못지않게 '똑똑한 사람'으로 알려졌고, 율산그룹이 부도난 뒤 오랫동안 은인자중(隱忍自重·마음속으로 참고 견디며 몸가짐을 조심함)하다가 외환 위기 직후인 1998년 서울종합터미널㈜ 대표이사 회장으로 경영에 복귀했다. 현재 서울 서초구 신반포로에 있는 ㈜신세계센트럴시티 회장으로 재직하고 있다.

299 박종인, "[인생=역전]이헌재의 꿈은 무엇일까?(하)"(머니투데이, 2004년 4월 1일).

갑작스런 낙마, 본인의 설명(1)

인재가 많았던 옛 재무부 역사를 돌이켜 봐도 유례를 찾기 힘들 만큼 빠른 출세가도(出世街道)를 달렸던 이헌재 전 부총리가 왜 공직에서 물러났는지에 대해서는 본인의 설명을 충실히 반영해 주는 게 좋을 것 같다. 그러나 이 전 부총리의 회고록에도 그가 공직을 떠난 과정이 자세히 서술돼 있지는 않다. 다만 '율산 사태' 때문이라는 것은 본인도 시인하고 있다.[300]

"그해(1979년) 4월 율산그룹이 무너졌다. 그 여파가 나에게까지 미쳤다. 율산 사태의 주무 과장이었다는 이유였다. 징계위원회도 없던 시절이었다. 몇 개월간 '책임지고 사표를 내라'는 압력에 시달렸다. 나를 아끼던 김용환 장관은 이미 연말에 물러난 뒤였다. 내 편은 아무도 없었다. **그들은 내 주변을 뒤졌다. 율산에 특혜 대출을 해줬다, 어머니가 하는 고속버스터미널의 매점이 특혜 분양이다, 구설(口舌·시비하거나 헐뜯는 말, 인용자)에 올랐다. 하지만 어떤 것도 나오지 않자 무조건 책임지고 사표를 내라고 압박했다. '조직을 위해 사표를 내주면 안 되겠느냐.' 결국 총무과장이 내게 부탁하듯 말했다. 9월에 사표를 냈다.**"(강조, 인용자)[301]

---

300 필자가 이 책을 처음 쓰기 시작했던 2003~2004년만 해도 이헌재 전 부총리 개인에 대한 정보는 그가 옛 재정경제부(재경부) 출입 기자들과의 간담회 등에서 간헐적(間歇的·일정한 시간 간격을 두고 되풀이되는)으로 내놓은 것 외에는 없었다. 그러나 그 뒤 이 전 부총리가 중앙일보에 회고록을 연재하고, 책으로 펴냄으로써 '이헌재가 생각하는 이헌재'에 대한 정보를 수집하기가 훨씬 수월해졌다. 이미 앞에서도 밝힌 적이 있지만, 이 장(이헌재 노무현 정부 2대 부총리 겸 재정경제부 장관)을 쓰기 위해 필자는 이헌재, 『위기를 쏘다-이헌재가 전하는 대한민국 위기 극복 매뉴얼』을 광범위하게 참고했다.

301 이헌재, 『위기를 쏘다-이헌재가 전하는 대한민국 위기 극복 매뉴얼』, 366쪽.

갑작스런 낙마, 본인의 설명(2)

이헌재 전 부총리의 글을 읽어보면, 옛 재무부가 이 전 부총리에게 사표를 강요한 것은 "율산 사태의 주무 과장이었기 때문"이라고 한다. 그러나 민간 그룹이 부도났다고 해서 해당 그룹에 직접 자금을 빌려준 은행 직원도 아니고, 금융 정책을 담당하는 옛 재무부 금융정책과장에게 사표까지 내라고 강요했다는 것은 아무리 옛날이라고 해도 이해하기 어렵다. 그러면 민간 그룹에서 부도가 날 때마다 금융 정책을 담당하는 과장이 사표를 내야 한다는 말인가.

이 전 부총리의 글을 보면, 누군지는 알 수 없지만 '그들이' 이 전 부총리의 주변을 뒤졌고, "율산에 특혜 대출을 해줬다, 어머니가 하는 고속버스터미널의 매점이 특혜 분양이다"라는 구설에 올랐다는 것이다. 그러나 "아무것도 나오지 않자 무조건 책임지고 사표를 내라고 압박했다"는 것이고, "(조직을 담당하는, 인용자) 총무과장이 '조직을 위해 사표를 내주면 안 되겠느냐'라고 말했다"는 이유로 이 전 부총리는 사표를 냈다는 것이다.

그러나 이 전 부총리의 설명에는 '끊어진 매듭(missing link)'이 많은 것으로 보인다. 이해가 잘 안 되는 대목이 여러 가지이기 때문이다.

무엇보다도 의협심이 강한 이 전 부총리가 '아무 것도 나오지 않은 구설(口舌·시비하거나 헐뜯는 말)' 때문에 사표를 냈다는 사실이 쉽게 믿어지지 않는다. 본인이 아무런 잘못한 일이 없는데 총무과장이 '조직을 위해 사표를 내주면 안 되겠느냐'라고 말했다고 사표를 낸다는 것도 이해하기 어렵고, 이 전 부총리의 스타일에도 어울리지 않는다.[302]

---

302 이헌재 전 부총리는 본인의 회고록에서 "엉뚱한 사건에 몇 번 휘말린 탓에 고등학교(경기고) 졸업장이 없다"고 밝힌 적이 있다. 그의 설명을 그대로 옮기면 다음과 같다.

"고3 때 친구가 심한 체벌을 받는 걸 보고 문제를 삼은 적이 있다. 학생 인권 운운 하며 필자가 보기에는, 이 전 부총리가 회고록을 쓰는 단계에서조차 밝히기 어려운 속사정이 있는 것이 아닌가, 하는 느낌이 들기도 한다. 그러나 이 전 부총리는 해임되거나 징계를 받은 게 아니라 본인이 사표를 냈으므로 본인이 밝히지 않는 한, 앞으로도 사태의 전말(顚末·일의 처음부터 끝까지의 양상)이 명명백백하게 드러나기는 어려워 보인다.

율산 인맥의 복귀(復歸)(1)

이헌재 전 부총리 얘기를 하면서 빼놓을 수 없는 것은 1970년 율산 사태로 물러났던 인물들이 노무현 정부에서 화려하게 복귀했다는 사실이다.

물론 이 전 부총리의 경우, 노무현 정부가 아니라 김대중 정부 시절 옛 금융감독위원장과 재정경제부(재경부) 장관을 지냈으므로, 그때 이미 본인의 명예를 회복했다.

그러나 그렇지 않은 사람도 있었다. 예컨대, 율산그룹과 관련 있는 정문수 인하대 국제통상학과 명예 교수는 노무현 정부가 들어선 뒤인 2005~2006년 청와대 경제보좌관으로 임명되면서 관가에 화려하게

심각하게 항의를 했고, 내가 주동이 돼 반 아이들이 수업을 거부했다. 돌이켜보면 어렸고, 유치했다. 하지만 당시 나의 정의감으로는 선생님의 행동이 부당하다고 느꼈다. 이후에도 몇 차례 선생님들 눈 밖에 날 일이 생겼다. 그래서일까. 졸업식 예행연습을 하는데 졸업생 대표로도, 우등상 수상자로도 나는 호명되지 않았다. 성질 좀 부린다는 녀석들이 웅성대기 시작했다. '왜 헌재가 수석 졸업인데 우등상 하나 없냐'는 것이었다. 난 잠자코 있다가 자리를 떴다. 나중에 이 녀석들이 '선생 나오라'며 난리를 피우는 통에 일이 커졌다."(이헌재, 『위기를 쏘다-이헌재가 전하는 대한민국 위기 극복 매뉴얼』, 355쪽.)

위의 사례에서 보듯이 의협심(義俠心·남의 어려움을 돕거나 억울함을 풀어주기 위해 자신을 희생하는 의로운 마음)이 남다른 이 전 부총리가 본인은 아무런 잘못이 없는데, 총무과장이 '조직을 위해 사표를 내주면 안 되겠느냐'라고 말했다고 사표를 냈다는 것은 별로 설득력이 없다. 오히려 향후 후배들이 이런 부당한 일을 겪지 않도록 끝까지 항의하고 버티는 게 진정으로 조직을 위한 길이고, 그게 이 전 부총리의 성격과도 어울리는 행동 아니었을까.

복귀했다.

네이버 인물정보에 따르면, 정 전 보좌관도 이헌재 전 부총리나 신
명호·신선호 형제와 마찬가지로 경기고(1967년 졸업)를 나왔으며, 이 전
부총리와 신명호 전 HSBC은행 서울지점 회장처럼 서울대 법대(1971
년 졸업) 출신이다.[303]

대학을 마친 뒤 1970년 행정고시 8회에 합격해 옛 경제기획원(EPB)
사무관을 거쳐 1975년부터 1977년까지 보건사회부 연금기획과장을
지냈다.

그 뒤 그는 공직에서 물러나 1977년부터 1979년까지 율산실업㈜
이사를 맡으며 본격적인 '율산 맨'으로 활약했으며, 1979년 율산그룹
이 부도난 뒤 미국으로 유학을 떠났다. 그는 미국 미시간대에서 경제
법과 통상법을 전공해 1984년 법학 박사 학위를 받았다.

박사 학위를 취득한 뒤 그는 아시아개발은행(ADB)에서 1989년까지
5년간 법률자문역을 맡았으며, 1994년부터 인하대 교수(현재는 명예 교
수)로 일해 왔다.[304]

율산 인맥의 복귀(復歸)(2)

신선호 율산그룹 창업자의 친형인 신명호 전 HSBC은행 서울지점
회장이 '뛰어난 관료'라는 안팎의 평가에도 불구하고 주택은행장을 한
뒤 필리핀 마닐라에 본부를 두고 있는 아시아개발은행(ADB) 부총재로

---

303 앞에서도 언급했지만, 신명호 씨는 이헌재 전 부총리와 경기고-서울법대 동기 동창일
뿐만 아니라 행정고시(6회)에도 같은 시기에 합격해 옛 재무부에서 함께 근무했던 '절친한
친구'였다. 신선호 전 율산그룹 회장은 신명호 씨의 친동생이었다.

304 네이버 인물정보(정문수)(https://people.search.naver.com/search.naver?where=
nexearch&query=%EC%A0%95%EB%AC%B8%EC%88%98&sm=tab_etc&ie=utf
8&key=PeopleService&os=124380, 2018년 10월 21일 검색).

5년씩이나 나가있어야 했던 배경에도 '율산 사건'이 암암리에 영향을 미친 것으로 보인다.

신 전 회장은 아시아개발은행 부총재를 마치고 국내에 들어온 뒤에도 상당 기간 법무법인 고문 등으로 외부 활동을 거의 하지 않다가, 노무현 정부가 출범한 뒤인 2005년 11월 HSBC은행 서울지점 회장, 상임고문 등을 맡았다. 그 뒤 2013년에는 ㈜부영 고문으로 자리를 옮겼고, 2018년에는 경영총괄 회장 직무대행에 올랐다.

율산그룹의 '주역' 신선호 씨는 서울 서초구 신반포로에 있는 ㈜신세계센트럴시티 회장으로 활동하고 있다.

신명호·신선호 씨의 출신지는 모두 전남 고흥으로 기록돼 있다. 이에 따라 일부에서는 이들이 호남 출신이라는 점이 인생 여정에 영향을 미쳤다는 해석을 내놓기도 한다.

미국 유학

이헌재 전 부총리는 1979년 옛 재무부 재정금융심의관(부이사관)을 끝으로 공직에서 물러난 뒤, 한국개발연구원(KDI) 초청 연구 위원으로 잠깐 머물다가 1980년 미국 보스턴대 대학원으로 유학을 떠났다.

그는 보스턴대 대학원에서 경제학 석사 학위를 받고, 1982년 하버드대 경영대학원 최고경영자과정(AMP·Advanced Management Program)을 마쳤다. 이 전 부총리는 당시에도 보스턴대와 하버드대가 있는 미국 동부의 아름다운 도시 보스턴에서 친구, 후배 등을 집으로 초청해 식사하기를 즐기는 등 활발하게 활동했던 것으로 알려지고 있다.

이 전 부총리는 보스턴대에서 경제학 박사 학위를 받을 생각을 갖고 있었다. 본인 말로는 "한 과목만 마치고, 논문을 쓰면 박사 학위를 받게 되는데, 때려치웠다"고 한다.[305]

그가 보스턴대 대학원 유학 비용을 어떻게 조달했는지는 알 수 없다. 다만, 하버드대 경영대학원 최고경영자과정에 입학하기 위한 추천은 김우중 당시 대우그룹 회장이 해줬고, 14주에 2만 5000달러 정도였던 비용도 김 전 회장이 대줬다고 본인이 밝힌 바 있다.[306]

박사 과정을 그만둔 이유

이헌재 전 부총리 자신의 설명에 따르면, 이 전 부총리가 보스턴대에서 박사 학위를 받겠다는 계획을 포기하게 된 계기는 김우중 전 대우그룹 회장과의 만남 때문이었다.

1982년 여름, 이 전 부총리는 김 전 회장과 뉴욕에서 만났는데, 당시 김 전 회장은 "나랑 같이 다니면서 세상을 보면 어떻겠는가"라고 제안했다고 한다. 그 뒤 이 전 부총리는 보스턴으로 돌아와 고민하다가, 김 전 회장에게 전화를 걸어 "회장님, 세상을 보고 싶습니다"라고 말했다고 한다. 앞에서 서술한 것처럼, "한 과목만 마치고 논문을 쓰면 박사 학위를 받게 되는 상황에서 (박사 과정을, 인용자) 때려치우기로" 한 것이다.

미국 유학에서 돌아온 이 전 부총리는 경기고 선배인 김우중 전 회장이 이끌던 대우그룹에서 일하게 된다. 1982년 ㈜대우 상무를 거쳐 1984년에는 대우반도체㈜ 대표이사 전무로 대우의 반도체 사업을 진두지휘하게 된다.

그러나 1985년 대우가 반도체사업을 접자 대우와 결별하고 한국신용평가㈜ 초대 사장으로 부임해 1991년까지 당시만 해도 한국 사회

---

305 이헌재, 『위기를 쏘다-이헌재가 전하는 대한민국 위기 극복 매뉴얼』, 235쪽.
306 이헌재, 『위기를 쏘다-이헌재가 전하는 대한민국 위기 극복 매뉴얼』, 232쪽.

에서 생소하던 신용평가업을 알리는데 힘을 쏟았다.

1991년부터 1996년까지 6년간은 증권관리위원회 상임 위원으로 활동했다. 증권관리위원회는 주식시장의 불법 거래 등을 조사하고 조치를 내렸던 기관으로, 증권감독원 소속 합의제 기관이었다. 증권관리위원회는 1999년 1월 은행감독원·증권감독원·보험감독원·신용관리기금 등 4개 기관이 금융감독원(금감원)으로 통합되면서 폐지됐다.

증권관리위원회는 한국은행 총재, 옛 한국증권거래소 이사장, 옛 재정경제부(재경부) 차관, 옛 재경부 장관의 제청에 의해 대통령이 임명하는 6명의 위원(3명은 상임 위원)으로 구성됐으며, 위원장은 상임 위원 중에서 대통령이 임명했다.

이 전 부총리는 증권관리위원회 상임 위원도 그만둔 뒤에는 한국조세연구원 자문 위원에 적을 걸어두고 외환 위기가 발발한 1997년 12월까지 별로 바쁘지 않은 시간을 보냈다.

산사(山寺)와 술

이헌재 전 부총리는 옛 재정경제부(재경부) 장관으로 재직하던 2000년 출입 기자들에게 옛 재무부를 갑작스럽게 떠난 뒤 전국의 유명 사찰(寺刹·절) 중에 가보지 않은 곳이 없을 정도로 많은 절을 방문했다고 회고한 적이 있다.

이 전 부총리는 수재로 태어나 경기고-서울대 법대-행정고시 수석 합격 등 인생에서 실패를 모르고 살았다. 1979년 옛 재무부를 갑자기 떠나게 된 게 그가 인생에서 맞이한 첫 번째 '불의의 일격'이었을 것이다.

사람이란 좋은 일보다 나쁜 일을 겪을 때 어떻게 대처하느냐에 따라 '그릇의 크기'가 결정된다. 이 전 부총리라고 해서 잘 나가던 옛 재무부 금융정책과장에서 물러났을 때 가슴 속에 맺힌 것이 없지는 않았을 것이다.

그러나 그는 그 시기에 미국 유학을 통해 지식을 재충전했고, 국내에 들어와서는 전국의 사찰을 찾아다니며 가슴 속에 맺힌 아쉬움을 달랬다. 그래서 한때는 이 전 부총리가 전국 유명 사찰의 주지(住持·한 절을 주관하는 승려) 중에 모르는 사람이 없다는 말도 나돌았다.

이 전 부총리가 또 하나 즐긴 것은 술이었다. 친한 사람들을 만나면 폭탄주를 즐겨 마신다는 이 전 부총리는 소문난 주당(酒黨·술을 즐기며 잘 마시는 무리)이었다. 그는 술을 통해 여러 종류의 사람들을 접하면서 후일 '이헌재 사단'이라고 일컬어지는 사람들을 포함해 다양한 인맥군(人脈群·정계, 재계, 학계 따위에서 형성된 사람들의 유대 관계의 무리)을 만든 것으로 보인다.

이헌재 전 부총리의 술에 얽힌 일화는 많다. 2005년 머니투데이의 박무 전 대표가 별세했을 당시 이 전 부총리가 쓴 추도사(追悼辭)를 보면 이 전 부총리가 얼마나 술과 사람을 좋아했는지 알 수 있다. 필자가 이 전 부총리의 술에 얽힌 얘기를 하는 것보다는 그의 글을 한번 읽는 게 독자들의 이해에 훨씬 도움이 될 것이다.

이 전 부총리는 박무 전 대표 빈소에 2차례에 걸쳐 문상을 했는데, 두 번째 문상을 할 때는 고인의 영전에 소주를 한 잔 권한 뒤 자신도 한 잔 벌컥 들이킨 뒤 오열했다고 한다.[송기용, '빈소 두 번 찾은 이 부총리 끝내 오열' (머니투데이, 2005년 1월 9일).]

[李부총리 추도사]武公! 훌훌 털고 가시오

[머니투데이 2005-01-06 19:30]

武公! 결국 가셨구려. 病魔와 싸우느라 얼마나 고생하셨소.

지난 10월 내 사무실에서 삼십여 분 짧게 지낸 시간이 이승에서 마지막이 되었습니다. 내가 公의 푸석한 얼굴을 걱정하니 몸은 견딜만하니 너무 걱정 말라며 해결해야 할 업무를 진지하게 이야기하던 모습이 눈에 선합니다. 生을 끝내기 전에 못다 처리한 일들을 상의하려고 오셨던 것 같아서 가슴이 아픕니다.

돌이켜보면, 夕陽酒로 시작한 公과 나의 관계는 벌써 30년이 훌쩍 넘습니다. 우리 처음 만남이 생각납니다. 70년대 초 나는 재무부 사무관이었고, 公은 한국일보 기자로서 재무부 출입을 막 시작하던 때였지요. 그때 公은 정식 출입 기자가 아닌 보조로서 기자실 근처에는 얼씬도 못하고, 내 옆자리에서 시간을 보내다가 가끔씩 기사를 훔쳐(?)가고는 했어요.

오후 5시경이면 당시 재무부 廳舍(지금 文光部) 뒤의 '海心'에서 만나 소주 한 병을 물컵에 나눠 빈속에 털어 넣곤 '석양주'라고 浩氣 부리던 때가 새삼 그립습니다. 석양주는 빈속에 마셔야 제격이라며 목구멍을 거쳐 뱃속까지 내려가는 독한 술의 짜릿짜릿한 맛을 느껴야 한다면서 흐뭇해하던 얼굴이 떠오릅니다. 난 아직 그때 익힌 나쁜 버릇(?)을 버리지 못해 가까운 이들과 같이 할 때면 公의 생각으로 그 이야기를 하곤 합니다.

武公! 80년대 중반 내가 해외 떠돌이를 끝내고 귀국했을 때 '巨木'에서 몇 순배 폭탄주를 돌리며 하던 말이 "李선배나 나나 건강해야지요. 최소한 술로 잘못되면 사람들이 얼마나 비웃겠소. 그 꼴 싫어서라도 건강하게 오래 삽시다"던 말이 생각납니다. 안타까운 죽음 앞에 公이 술 아닌 다른 원인으로 가신 것을 그나마 다행이라 여기는 내 자신이 얼마나 바보스러운지 모르겠습니다.

金監委長(금융감독위원장, 인용자) 시절 公은 나를 두 번 찾아왔습니다. 몸담고 있던 신문사의 재무 구조 건전화 계획을 들고 와서 당당하게 주장하던 모습, 公의 정직함, 누구에게도 굽히지 않는 당당함, 그러면서도 오만하지 않았던 모습을 기억합니다. 또 머니투데이의 설립 계획을 들고 왔을 때 밝고 신나하던 모습, 公의 인정과 배려는 곁에 많은 사람들이 따르게 했습니다. 그런 후배들과 같이 만든 신문사가 반듯하게 자라고 있습니다.

武公! 이대로 가시기에는 서운하겠지만, 어찌 보면 公은 행복한 삶을 살았는지 모릅니다. 이장규, 변용식과 송희영 등 公을 따르던 후배들이 언론계에서 얼마나 잘하고 있소. 또 신영무 변호사와 公이 중심이 되어 만든 나라발전연구회가 국가의 정치 사회 발전을 위해 나름으로 기능을 하고 있습니다. 남들이 오래 살아도 못한 일들을 다 하고 떠나니 기왕에 가시는 길 훌훌 털고 가시오.

사실 나하고는 일 년차 아래라고 시쳇말로 기어오르지 말라면서 일부러 얄궂게 대해도 다 받아들여주던 公의 넓었던 마음을 어찌 갚아야 할지, 기회도 주지 않고 떠나는 것이 못내 아쉽습니다.

武公! 눈물이 앞을 가려 더 이상 글이 써지지 않는군요. 내 公의 영전에 석양주 한 잔 바치리다. 외로이 가시는 길에 한 잔 털어 넣고 편히 떠나시오. 어이고, 어이고 나는 哭을 하면서 떠나보내리다.

2005년 1월 6일 아침 李 憲 宰
이헌재 부총리 겸 재정경제부 장관[307]

'이헌재 사단(師團)'의 형성

이헌재 전 부총리는 옛 재무부에서 나와 민간인 시절에 인연을 맺은 사람들을 토대로 경제 관료로는 처음으로 "'이헌재 사단(師團·군대 편제의 하나로 군단의 아래, 연대의 위)'을 형성했다"는 얘기를 들었다.

전에도 특정 경제 관료와 친한 사람들을 'OOO 계보(系譜·학풍이나 사조 따위가 계승돼온 연속성)' 또는 'XXX 파(派)'라고 부른 적은 있지만, 경제 관료의 인맥에 '사단'이라는 표현이 붙은 것은 확실히 이 전 부총리와 가까운 사람들이 처음이었다.

그만큼 이헌재 사단은 공무원뿐만 아니라 은행, 증권, 보험, 신용평가업계 등 경제 관련 다양한 분야에 걸쳐 포진해 있었고, 인맥의 폭과 깊이에서 과거 'OOO계' 따위와는 수준을 달리했다.

재계·신용평가업·증권 등을 두루 섭렵(涉獵)

어떻게 보면, 이헌재 전 부총리가 옛 재무부를 그만둔 게 '사람 장사'라는 측면에서는 '실(失)'보다 '득(得)'이었다고 볼 수도 있다. 그가 재무부에만 계속 있었다면 경험하지 못했을 많은 종류의 사람들을 접해볼 수 있었기 때문이다.

이 전 부총리는 옛 재무부를 떠난 뒤 재계(㈜대우 상무 및 대우반도체㈜ 대표이사 전무)를 경험했고, 신용평가업(한국신용평가㈜ 초대 사장), 증권(증권관리위원회 상임 위원) 등을 두루 섭렵(涉獵·물을 건너 찾아다닌다는 뜻으로, 온갖 책을 널리

---

307 '武公! 훌훌 털고 가시오'(머니투데이, 2005년 1월 6일, https://news.naver.com/main/read.nhn?mode=LSD&mid=sec&sid1=101&oid=008&aid=0000493939, 2018년 10월 21일 검색). 이 글의 전재(轉載·한 군데에 이미 내었던 글을 다른 데로 옮겨 실음)를 허락해 준 머니투데이에 감사드린다.

읽거나 여기저기 찾아다니며 온갖 일을 경험함을 이르는 말)했다. 미국 유학 시절 새로운 관점에서 시장 경제(市場經濟)를 살펴볼 수 있는 기회도 있었다.

이런 다양한 경험이 그가 새로운 시각으로 세상을 이해하고, 옛 재무부에서 경험한 금융과 경제를 더욱 깊이 있게 이해할 수 있도록 도와줬을 것이다.[308]

'이헌재 사단'의 뿌리

이헌재 전 부총리는 옛 재무부를 그만두고 은행, 증권, 보험, 신용평가사 등에 머물면서 자신과 호흡이 잘 맞는 인물을 만날 수 있는 기회를 얻었다.

외환 위기 직후인 1997년 12월 그가 제1대 금융감독위원장에 취임해 환란(換亂·외환 때문에 겪은 큰 어려움)을 성공적으로 수습할 수 있었던 것도 필요한 인물에 대한 탐색이 미리 돼 있지 않았다면 불가능했을 것이다.

---

308 예컨대 이헌재 전 부총리는 미국 보스턴에서의 생활과 하버드대 최고경영자과정(AMP·Advanced Management Program)을 수강하면서 느낀 점을 다음과 같이 밝혔다. "첫 번째는 국가관의 변화다. 그때까지 난 철저한 국가주의자였다. 나라에 충성하고, 국가에 봉사하는 것이 당연한 사명이라고 배우고 믿었다. 대학생 때는 치열하게 시위도 했지만, 다 국가가 잘돼야 한다는 사명감에서였다. 그래서 시위하다 공무원으로 180도 전환하는 데도 망설임이나 거리낌이 없었다. 국가에 봉사하기는 마찬가지라는 생각이었다. '국가가 있어야 국민이 있다'는 것이 그때까지 내 생각이었다. 그런데 보스턴은 달랐다. 그곳에선 '국민이 국가를 만든다'고 생각했다. 국가보다 개인이 앞섰다. 개인주의가 당연하게 받아들여졌다. 사생활 침해는 용납하지 않았다. 그런데 또 한편으로 한국인보다 더 공동체 중심적인 것 같기도 했다. 애국심이 투철했고, '자율'이나 '책임 의식'을 강조했다. '이렇게 생각하며 사는 사람들도 있구나. 내가 품고 살았던 국가주의란 건 지구 한쪽 끝 작은 나라의 집단 망상 같은 걸로 보일 수도 있겠구나.' [중략] 또 하나의 충격은 '시장의 발견'이다. 박정희 정권에서 공무원을 지낸 나는 사회를 움직이는 것은 정부라 생각했다. 미국에서, 특히 (미국 하버드대, 인용자) AMP를 수강하며 보니 그게 아니었다. '정부란 건 사회를 움직이는 힘의 10분의 1도 아니구나.' 내겐 큰 발견이었다. 당시엔 '시장 경제'라는 단어가 유행하지 않았다. '경영'이라는 말도 국내에선 별로 쓰이지 않을 때였다."(이헌재, 『위기를 쏘다·이헌재가 전하는 대한민국 위기 극복 매뉴얼』, 232~234쪽).

외환 위기 이후 공무원에 대한 불신이 극도로 팽배한 상태에서 공무원만으로 구조 조정을 성공적으로 수행하기는 힘들었을 것이다. 더욱이 국제통화기금(IMF)이 일거수일투족을 감시하는 상황에서 이 전 부총리가 미리 눈여겨 봐둔 민간 전문가의 참여와 도움을 받지 못했다면 구조 조정 작업은 매우 지난(至難·지극히 어려움)한 길을 걷게 됐을 것이다.

'이헌재 사단'의 분류

이헌재 사단은 은행뿐만 아니라 증권, 보험, 신용평가사 등에 이르기까지 방대하게 퍼져 있었다. 이헌재 사단이 유독 관심을 끄는 것은 이헌재 전 부총리의 '독특한 사람 보는 눈' 때문이다. 일을 같이해보지 않은 사람은 잘 인정하지 않는 그의 인사 스타일은 김대중(DJ) 정부 시절 금융감독위원장과 재정경제부(재경부) 장관, 노무현 정부 시절 부총리 겸 재경부 장관(경제부총리)을 역임하는 내내 관철됐다는 게 전문가들의 평가다.[309]

이 전 부총리의 직·간접적 영향권 내에 있었던 사람들은 하도 많아 일일이 열거하기도 쉽지 않다.

그러나 편의상 이헌재 사단을 분류해 본다면 인연의 고리를 따라 경기고 인맥, 재경부 금융정책국(옛 재무부 이재국)·금융감독위원회(금감위) 인맥, 금융감독원(금감원) 인맥, 민간 기업 및 개인적 인연을 통한 인맥 등으로 나눠볼 수 있다.

물론 이들 중 상당수가 여러 가지 인연으로 이 전 부총리와 관계를 맺고 있기 때문에 한가지 카테고리(범주·範疇·같은 성질을 가진 부류나 범위)에

---

309 김병수, '(고침)이헌재 사단 앞날에도 먹구름이…' (이데일리, 2005년 3월 7일, https://news.naver.com/main/read.nhn?mode=LSD&mid=sec&sid1=101&oid=018&aid=0000257454, 2018년 10월 21일 검색).

만 포함되지 않는 인사가 많다.

　인연을 맺게 된 계기가 아니라 업종별로 분류한다면 은행, 증권, 보험, 신용정보, 연구소, 학계 등으로 세분화하는 것도 가능할 것이다.

<　'이헌재 사단' 계보도＞

이헌재 (경기고·서울대 법대)
전 금융감독위원장 겸 금융감독원장, 전 재정경제부 장관(김대중 정부), 전 부총리 겸 재정경제부 장관(노무현 정부) 전 김앤장 법률사무소 고문, 전 한국신용평가㈜ 사장, 전 ㈜대우 상무

경기고 인맥	재정경제부 금융정책국, 금융감독위원회 감독정책국 인맥	금융감독원 인맥	민간기업 및 개인적 인연 등을 통한 인맥
• 변양호 선 새성경제부 금융정책국장(전 보고인베스트먼트 대표) • 김석동 이명박 정부 금융위원장 • 정문수 노무현 정부 청와대 경제보좌관(전 외환은행 이사회 의장)	• 변양호 전 재정경제부 금융정책국장 • 김석동 이명박 정부 금융위원장	• 김영재 칸서스자산 운용 회장(전 금융감독원 부원장보) • 이성남 전 금융통화위원 (전 금융감독원 부원장보) • 정기홍 전 서울보증보험 사장(전 금융감독원 부원장)	• 김재록 전 CLSA인베스트 스글로벌 회장 • 이강원 전 한국투자공사 (KIC) 사장·전 외환은행장 • 오호수 전 한국증권업협 회장 • 박해춘 전 LG카드· 서울보증보험 사장 • 서근우 전 하나은행 부행장 • 이성규 전 하나금융지주 부사장 • 최동수 전 국민은행 부행장 • 최범수 전 한국개인신용 부사장 • 박종수 전 우리투자증권 사장 • 이덕훈 전 금융통화위원· 우리은행장 • 강정원 전 국민은행장 • 황영기 전 우리금융지주 회장 • 하영구 전 한국씨티은행장

경기고 인맥

경기고 인맥에는 변양호 전 재정경제부(재경부) 금융정책국장, 김석동 이명박 정부 금융위원장, 정문수 노무현 정부 청와대 경제보좌관 등이 포함된다. 이들은 모두 서울대를 나왔기 때문에 경기고 인맥으로 부를 수도 있지만, 'KS(경기고-서울대) 인맥'이라고 분류할 수도 있다.

이들 중 변양호 전 재경부 금융정책국장이나 김석동 이명박 정부 금융위원장은 옛 재경부나 금융감독위원회(금감위) 등에서 함께 일했기 때문에 '옛 재무부 인맥'으로 나눌 수도 있다.

경기고 인맥은 옛 재무부 이재국(理財局)의 핵심을 오랫동안 장악해 왔다. 따라서 옛 재무부 이재국과 재경부 금융정책국 인사들은 대부분이 전 부총리와 관계가 있다고 봐야 한다.

사실 옛 재무부 출신들은 '재무부 출신'이라는 사실 하나만으로도 엄청난 유대감을 갖고 있어 '모피아(Mofia)'라는 별명까지 갖고 있는 것으로 유명하다.[310] 그런 상황에서, 학맥(경기고)까지 통할 경우 대상자 모두를 '범(汎)이헌재 계열'로 봐도 무방하다.

그러나 이렇게 분류할 경우 숫자가 너무 많아지기 때문에 그중에서도 특히 유대감이 높은 사람만 이헌재 사단으로 묶는다.

---

310 '모피아(Mofia)'라는 말의 출발점은 '옛 재무부(MOF·Ministry of Finance)'와 갱조직 '마피아(Mafia)'의 합성어였다. 흔히 옛 재무부 사람들의 '끈끈한 패거리 문화'를 나타내는 속어(俗語)로 쓰였다. 그런데 요즘에는 옛 재무부가 없어지고, 옛 재무부 업무를 기획재정부(MOEF·Ministry of Economy & Finance, 국제금융·세제 등 담당)와 금융위원회(국내 금융 담당)가 나눠서 맡고 있다. 이에 따라 현재 모피아라는 말은 옛 경제기획원과 재무부 출신, 혹은 옛 경제기획원과 재무부의 명맥을 잇는 인사들을 광범위하게 지칭하는 말로 사용된다.

금융 정책 라인의 '경기고 마피아'

역대 재정경제부(재경부) 금융정책국의 핵심 사무관(특히 금융정책과 사무관)들과 금융정책과장, 금융정책국장을 역임한 인사들의 학력을 보면 상당수가 경기고 인맥이라는 사실을 알 수 있다.

이들은 대부분 서울대를 나와 '경기고-서울대'의 이른바 'KS 마크'를 달게 되는 경우가 대부분이지만, 재경부에는 서울대 출신이 워낙 많아 변별력(辨別力·사물의 옳고 그름이나 좋고 나쁨을 가리는 능력)이 없기 때문에 고등학교가 더 중시되는 경우가 많다.

옛 재경부 금융정책국장들의 이력을 통해 이 같은 사실이 맞는지 한번 점검해보자.

노무현 정부에서 금융정책국장을 역임한 변양호(2001년 4월~2004년 1월, 경기고-서울대 무역학과, 행정고시 19회), 김석동(2004년 1월~2005년 2월, 경기고-서울대 경영학과, 행시 23회), 임영록(2005년 2월~2006년 11월, 경기고-서울대 국어교육과, 행시 20회), 임승태(2006년 11월~2008년 2월, 경기고-외국어대 경제학과, 행시 23회) 씨 등 4명은 모두 경기고 출신이었다. 단 한 명의 예외도 없었다.

사무관 시절부터 '경기고 우선주의'

옛 재정경제부(재경부) 금융정책국상 후보에 오르려면 대개 금융정책국의 총괄 과인 금융정책과 주무 사무관(또는 서기관)을 거치거나 금융정책과장을 지내야 한다. 그런데 사무관(또는 서기관) 시절부터 경기고 출신들이 옛 재경부 금융정책국을 장악하고 있었으니 금융정책국장 후보도 자연스럽게 경기고 출신이 거론될 수밖에 없다.

따라서 옛 재경부 금융정책국은 사무관, 과장 시절부터 '경기고'가 막강한 영향력을 행사하고, 그것이 결국 옛 재경부 금융정책국장과 금융감독위원회(금감위) 감독정책1국장, 재경부 차관보와 금감위 사무처장(1급), 재경부 차관과 금감위 부위원장(차관급), 부총리 겸 재경부 장관과 금융감독위원장 등 금융 분야의 핵심 요직을 경기고가 장악할 수 있도록 해주는 '첫 번째 고리' 역할을 했다.

고등학교 평준화 이후에는 옛 재경부 금융정책국에도 비(非)경기고 출신들이 늘었다. 그러나 우리나라 금융정책 라인에서 경기고의 영향력이 완전히 사라질 때까지는 아직도 상당한 시간이 걸릴 것으로 보인다.

금융감독원 인맥

금융감독원(금감원) 인맥에는 김영재 칸서스자산운용 회장(전 금감원 부원장보), 이성남 전 금융통화위원(금통위원·전 금감원 부원장보), 정기홍 전 서울보증보험 대표이사(전 금감원 부원장) 등이 대표적인 '이헌재 사단'이다.

이들은 이헌재 전 부총리와 인연을 맺은 뒤 승승장구(乘勝長驅·싸움에 이긴 여세를 타서 계속 몰아침)했으며, 노무현 정부 말기부터 이 전 부총리의 영향력이 퇴조하면서 금융계에서 역할이 축소됐다.

대표적인 사례가 이 전 부총리가 증권관리위원회 상임 위원으로 재직하던 시절 홍보실 차장으로 일했던 김영재 씨의 경우다. 그는 당시 인연을 바탕으로 1998년 금융감독위원회(금감위)와 금감원이 출범한 뒤 '공무원 몫'이었던 금감위 대변인 자리를 맡는 행운을 누렸다.

씨티은행 출신인 이성남 전 금통위원도 이 전 부총리와 인연을 맺은 뒤 금감원 검사총괄실장을 거쳐 부원장보까지 오른 '신데렐라'로 분류된다. 그는 금감원을 나온 뒤에도 국민은행 상근감사에 이어 우리나라 통화 정책을 결정하는 최고 의결기구인 한국은행 금융통화위원회 위원까지 지냈다.

금감원 부원장을 지낸 정기홍 전 서울보증보험 대표이사도 대표적인 '이헌재 인맥'으로 분류된다. 그는 금감원을 나온 뒤에도 이 전 부총리의 영향권 안에 있던 서울보증보험 사장 자리를, 역시 '이헌재 사단'으로 분류되던 박해춘 씨로부터 넘겨받았다.

금융감독위원회-금융감독원, 외부와 내부의 연결고리

이헌재 전 부총리는 옛 금융감독위원회(금감위)와 금융감독원(금감원)을 외부에서 알았던 인사들을 기용하는 '통로'로 이용했다. 김영재 씨나 정기홍 씨처럼 원래 금감원에 근무하고 있던 사람도 있었지만, 외환 위기 직후 이 전 부총리가 당시 금융감독위원장 겸 금융감독원장을 맡으면서 이성남 전 금융통화위원(금통위원) 등 많은 외부 인사들을 끌어들였던 것이다.

사실 외부 인사들을 옛 재정경제부(재경부)나 금감위 등 공무원 조직으로 곧바로 끌어들이는 것은 전례가 매우 드물기 때문에 쉽지 않은 일이었다. 그러나 외환 위기 직후 국가 위기라는 상황 논리가 작용한 데다, 금감원의 경우 '반관반민(半官半民)' 조직이어서 외부 인사 기용에 큰 어려움이 없었다.

또 외환 위기 이후 이 전 부총리가 금융 분야에서 사실상 전권을 행사했다는 점도 외부 인사 기용이 가능하도록 한 배경으로 작용했다.

이런 여러 조건이 맞아떨어지면서 금감위와 금감원은 '이헌재 사단'이 자랄 수 있는 '훌륭한 토양'을 제공했다. 이헌재 사단은 금감원을 거친 뒤 다시 외부 요직으로 '금의환향(錦衣還鄉·비단옷을 입고 고향에 돌아온다는 뜻으로, 출세를 하여 고향에 돌아가거나 돌아옴을 비유적으로 이르는 말)'하면서 해당 분야에서 이 전 부총리를 측면 지원했다.

외부에서 내부를 거쳐 다시 외부로

이헌재 전 부총리가 금융감독원장을 맡으면서 불러들인 외부 인사는 매우 많다.

서근우 전 하나은행 부행장(광주 인성고-서울대 사회교육과-서울대 경제학 박사)은 이 전 부총리가 한국신용평가 사장으로 재직하던 시절에 인연을 맺은 뒤, 1999년 이 전 부총리가 금융감독위원장 겸 금융감독원장이 되자 금융감독위원회(금감위) 구조개혁기획단에 합류해 이 전 부총리를 보좌했다.

그는 금감위를 나온 뒤 한국금융연구원에 재직하다가 2005년 하나은행 부행장으로 변신했다.

이성규 전 하나금융지주 부사장(서울사대부고-서울대 경영학과-연세대 경영학 박사)도 한국신용평가 시절부터 이 전 부총리와 호흡을 맞췄다. 이 전 부사장은 1998~2000년 금융감독원(금감원) 기업구조조정위원회 사무국장으로 재직하면서 '우리나라 최고의 기업구조조정 전문가'로 이름을 날렸다.

그는 그 뒤에도 기업구조조정투자회사(CRV) 설립추진위원회 사무국장을 거쳐 국민은행 워크아웃·영업지원그룹 부행장을 맡았다. 이 전 부총리의 사촌동생인 이윤재 전 청와대 비서관이 대표로 있는 '코레이[KorEI(Korean Enterprise Institute)]'의 최고지식책임자(CKO)로 재직하기도 했다. 그는 2004년 『발상의 전환, 이기는 게임-이헌재 식 경영철학』(열매출판사)라는 책을 펴내기도 했다.[311]

---

[311] '이헌재'라는 이름이 제목에 들어있는 드문 책이지만, 이 책이 딱히 이헌재 전 부총리와 관계 있는 책이라고 보기는 어렵다. 이성규 전 부사장이 책 앞에서 쓴 '李憲宰, 그 분에 대한 기억'이라는 6쪽 짜리 글을 제외하면, 나머지는 사실 이 전 부총리와 거의 관계가 없기 때문이다. 이 전 부사장 말처럼 이 책은 "'이헌재'라는 브랜드를 제목으로 삼은 것"에 가깝다. 이성규, 『발상의 전환, 이기는 게임-이헌재식 경영철학』(열매출판사, 2004년), 4~9쪽.

최범수 전 한국개인신용 부사장(경남고-서울대 경제학과-미 예일대 경제학 박사)도 한국개발연구원(KDI) 연구 위원으로 재직하다가, 이 전 부총리가 1998년 금융감독위원장 겸 금융감독원장이 되자 자문관으로 활동했다. 그 뒤 국민은행 부행장으로 활동하다가, 2005년 한국개인신용 부사장으로 자리를 옮겼다.

'이헌재 사단'의 '우먼 파워'로는 이미 설명한 이성남 전 금융통화위원(금통위원) 외에 최명희 전 외환은행 감사(경기여고-연세대 영문과)도 포함된다. 이 전 위원과 최 전 감사는 모두 경기여고 출신으로 대학에서 영문학(이 전 위원-이화여대 영문과, 최 전 감사-연세대 영문과)을 전공한 뒤 씨티은행에 근무했다는 공통점이 있다.

외부 인맥의 대부(代父), 오호수

'이헌재 사단'에 속하는 인물 중에는 계속 외부에 머물면서 이헌재 전 부총리를 간접 지원한 사람도 있다. 대표적인 인물이 이 전 부총리의 죽마고우(竹馬故友 · '대말을 타고 놀던 벗'이란 뜻으로 어렸을 때부터 같이 놀며 친하게 지내온 벗)로 알려진 오호수 전 한국증권업협회 회장이다.

이 전 부총리와 오 전 회장이 어떤 계기로 친해지게 됐는지는 확실치 않다. 한때 금융계에서 이 전 부총리와 오 전 회장이 광주서중 동문이라는 얘기도 나돌았지만, 이 전 부총리는 광주서중이 아니라 경기중을 나왔다.

따라서 광주서중-경복고-연세대 법학과를 나온 오 전 회장과 이 전 부총리가 중학교 이후 학맥으로 연결되지는 않는 게 분명해 보인다.

그러나 오 전 회장이 대학을 마친 뒤 제일은행에 잠깐 다니다가 그만둔 뒤 대우증권에 오래 근무했고, 소문난 '마당발'임을 고려할 때 일찍 공무원 생활을 그만두고 ㈜대우 상무, 대우반도체㈜ 대표이사

전무 등을 역임한 이 전 부총리와 만날 수 있는 기회는 많았을 것이다.

증권가에서는 이 전 부총리가 마땅한 직업이 없던 시절에도 술을 먹다가 술값이 떨어지면 오 전 회장에게 전화해서 "술값 좀 계산하라"고 할 수 있을 만큼 막역한 사이였던 것으로 알려져 있다.

실제로 오 전 회장은 황영기 전 우리금융지주 회장 등 오늘날 '이헌재 사단'으로 분류되는 많은 인물을 이 전 부총리에게 소개한 인물로 전해졌다.

또 금융권에 몇 없는 이 전 부총리의 '친구'(오 전 회장과 이 전 부총리는 1944년생 동갑이다)로 이 전 부총리가 금융계에 막강한 영향력을 행사할 때는 이 전 부총리에게 '선(線)'을 대고 싶은 사람들이 오 전 회장 주변을 맴돈다는 얘기도 많았다.

그 밖의 외부 인맥들(1)

'이헌재 사단'에는 경기고 등 학맥이나 옛 재정경제부(재경부)·금융감독위원회(금감위) 인맥, 금융감독원(금감원) 인맥 등에 속하지 않고 지속적으로 외부에만 있었던 사람들도 많다.

어떤 측면에서는 경기고 후배나 모피아[Mofia· '옛 재무부(MOF·Ministry of Finance)'와 갱조직 '마피아(Mafia)'의 합성어] 인맥, 금감원 인맥보다 외부에 있던 인사들이 더 많았다고 볼 수도 있다.

또 외부에 있는 인사들이 많았기 때문에 이 전 부총리의 이름 뒤에 군대식 용어를 붙인 '이헌재 사단'이라는 말이 성립할 수 있었고, 그만큼 전무후무한 영향력도 행사할 수 있었다.

사실 이 전 부총리 이전에도 경기고 후배나 모피아 인맥 등을 통해 나름대로 계보(系譜)를 형성한 옛 재무부 인사들은 많았다. 앞에서 서술했듯이 옛 재무부 이재국(현 금융위원회 금융정책국)에는 유독 경기고 출신이 많았기 때문이다.

그러나 이 전 부총리처럼 경기고와 옛 재무부 인맥을 꿰뚫으면서 광범위한 외부 인사까지 포괄하는 인맥을 형성한 사람은 없었다.

아마 이 전 부총리의 외부 인맥 중에서 가장 재미있는 사람이 김재록 전 CLSA인베스투스글로벌 회장일 것이다.

과거 언론사 인물정보에 따르면 김 전 회장은 1957년 3월 7일(음력) 전남 영광에서 태어났으며, 경북 구미에 있는 금오공고를 나와 외국어대 영어과-미국 스탠퍼드대 경영대학원(경영학 석사)을 졸업했다고 돼 있다.

그러나 그는 외국어대 동창회 명부에 이름이 올라있지 않을 뿐 아니라, 2005년 11월 작성된 미국 스탠퍼드대 재한국동문록에도 등재돼 있지 않아 학력이 허위라는 주장이 나왔다.

나이도 외부에는 1957년생으로 알려져 있었지만 금융 기관 대출이 이뤄지도록 도와주고 사례금을 받은 혐의(특정경제가중처벌법상 알선수재) 등으로 검찰에 구속될 당시 영장에 쓰인 나이는 1960년생으로 돼 있었다고 한다. 과거 시골에서 흔했던, 신생아가 태어나고 몇 년이 지난 후에 호적에 올리는 관행 때문으로 보이기는 하지만 정확한 사실은 알 수 없다.[312]

김재록, '이헌재 사단'의 마당쇠(1)

김재록 씨가 외국어대 영어과-미국 스탠퍼드대 경영대학원(경영학 석사)을 졸업했다는 것은 사실이 아닌 것으로 보인다.[313]

---

312 임석훈·손철, '[김재록 파문 전방위 확산]김재록 그는 누구인가?' (서울경제, 2006년 3월 28일, https://news.naver.com/main/read.nhn?mode=LSD&mid=sec&sid1=101&oid= 011&aid=0000125770, 2018년 10월 24일 검색).

김 씨는 공고를 졸업한 뒤 ㈜화인광고, ㈜한화기획, ㈜세계일류여행사 등의 회사를 설립했으나, 큰 회사는 아니었던 것으로 전해졌다.

전남 영광 출신인 그는 그 뒤 정치권으로 무대를 옮겨 1995년 이한동 의원 정책총괄팀장 등을 지냈으며, 1997년에는 김대중 후보 전략기획특별보좌관(특보)로 활동하면서 정치권 인사들과 친분을 쌓은 것으로 알려지고 있다.

이런 저런 인연을 바탕으로 김 씨는 1997년 미국계 컨설팅업체인 아더 앤더슨 한국법인 지사장을 지냈다. 김 씨가 아더 앤더슨에 근무하던 때는 외환 위기 직후였기 때문에 금융 및 기업구조조정과 기업인수·합병(M&A) 컨설팅 물량이 쏟아지던 때였다. 아더 앤더슨 한국법인은 이런 컨설팅 물량을 대규모로 따내면서 한국에서 급격하게 사세(社勢·회사의 사업이 뻗어나가는 기세)를 확대하고 있었다.

김재록, '이헌재 사단'의 마당쇠(2)

아더 앤더슨 한국법인(아더 앤더슨 코리아)은 2000년 기업 금융 컨설팅 본부를 아더 앤더슨 GCF(Global Corporate Finance)로 분리시켰다. 이 사업부는 부실 채권의 가치 평가, 기업의 자산 부채 실사, 인수·합병(M&A) 등 기업 금융을 주로 담당한 것으로 알려지고 있다.

당시 대표이사는 이수성 전 총리의 동생인 이수억 씨가 맡았고, 김 씨는 영업담당 부회장을 맡아 옛 대우그룹 관련 회사들을 중심으로

---

313 2018년 10월 28일 기준으로 네이버 인물정보를 찾아보면 김재록 씨는 1960년생이고, 학력은 금오공고로만 나와 있다. 네이버 인물정보(김재록)(https://people.search.naver.com/search.naver?where=nexearch&query=%EA%B9%80%EC%9E%AC%EB%A1%9D&sm=tab_etc&ie=utf8&key=PeopleService&os=122270, 2018년 10월 28일 검색).

구조조정관련 거래(딜·Deal)를 본격적으로 따내기 시작한다.

김 씨가 활동할 당시 아더 앤더슨이 따낸 주요 계약은 쌍용자동차 구조조정 컨설팅, 경남기업 매각, 대우조선 워크아웃(기업개선작업) 자문, 대한화재 매각, 대우자동차판매 건설부문 매각, 대우종합기계 구조조정 등 매우 많았다.

한국이나 미국에서 공인회계사(CPA) 등 변변한 금융 관련 자격증을 딴 것도 없던 김 씨를 아더 앤더슨이 고용한 것은 당시 한국에서 쏟아지던 부실기업 관련 일감을 김 씨가 따오기를 기대했기 때문으로 해석된다.

김 씨가 속해 있던 글로벌기업금융 파트도 아더 앤더슨의 여러 사업부 중 하나로 계속 존속하는 조직이리기보다는 필요할 때 만들어지고, 일감이 없으면 사라지는 특수사업부 성격이 강했던 것으로 보인다.

어쨌든 외국계 회사에 대한 선망이 극에 달했던 외환 위기 직후의 상황에서 '아더 앤더슨 한국법인 지사장', '아더 앤더슨 GCF 부회장' 등의 명함을 갖게 되면서 김 씨는 금융계 곳곳에 얼굴을 내밀 수 있게 된다.

아더 앤더슨은 고위 경제 관료와 은행 간부 자녀들의 집합소?

재미있는 일은 2001년을 전후해 고위 경제 관료와 은행 간부들의 자녀가 대거 아더 앤더슨에 취업하거나 인턴사원으로 근무했다는 점이다.

고(故) 강봉균 전 재정경제부(재경부) 장관(당시 한국개발연구원 원장)의 딸, 김진표 전 부총리 겸 재경부 장관(당시 재경부 차관)의 아들, 정건용 당시 한국산업은행 총재(경기고-서울대 법대, 행정고시 14회)의 아들이 근무했으며, 진념 당시 부총리 겸 재경부 장관의 아들도 인턴사원으로 근무했다.

고위 관료 출신 중에 아더 앤더슨에 자리를 잡은 경우도 많다. 옛 금융감독위원장 출신인 이용근 씨, 김대중 전 대통령의 처조카인 이형택 당시 예금보험공사 전무, 당시 여당이었던 민주당 제2정책조정위원장을 지낸 강운태 전 의원, 팽동준 전 예금보험공사 이사, 백용호 전 공적자금관리위원회 매각심사소위원회 위원(이명박 정부 공정거래위원장·국세청장) 등이 아더 앤더슨 한국법인의 총회장 또는 고문 등으로 이름을 올렸다.

이들은 후일 김재록 씨가 은행 대출 등을 알선해 주고 돈을 받은 혐의로 검찰의 조사를 받게 되자 "아들이나 딸이 근무한 것은 사실이지만 나하고는 아무런 관계가 없다"거나 "총회장이나 고문으로 일한 것은 사실이지만, 로비와는 무관하다"고 주장했다. 그러나 이들이 가진 지위를 고려할 때 결코 바람직한 일이라고 얘기할 수 없다는 것은 분명하다.[314]

〈아더 앤더슨 근무 고위직 인사 자녀 및 본인(취업 내역, 인용자)〉 (2002년 1월 기준)

근무자	근무처	당사자의 해명
강봉균 당시 한국개발연구원(KDI) 원장 딸	당시 아더 앤더슨 GCF (한국법인의 기업 인수·합병 등 담당부서)	"미국회계사 자격을 가진 딸이 정상적으로 입사했을 뿐이다."
정건용 당시 한국산업은행 총재 아들		"아들이 잠시 근무했지만 나한테 부탁한 것은 한 건도 없다."
김진표 당시 재정경제부 차관 아들		"미국회계사 자격을 가진 아들이 자원해서 입사했다."
진념 당시 부총리 겸 재정경제부 장관 아들		"아들이 대학 다닐 때 방학에 잠깐 인턴으로 일했다."
김대중 전 대통령 처조카 이형택 씨	당시 아더 앤더슨 GCF 고문	연락 안 됨
이용근 전 금융감독위원장	당시 아더 앤더슨 GCF 상임고문	〃
강운태 당시 민주당 제2정책조정위원장	당시 아더 앤더슨 GCF 회장	"총회장으로 일한 적이 있지만 김재록씨 로비와는 무관하다."
팽동준 전 예금보험공사 이사	당시 아더 앤더슨 GCF 고문	연락 안 됨
백용호 전 공적자금관리위원회 매각심사소위원회 위원	당시 아더 앤더슨 GCF 고문	"내 능력으로 정상적으로 입사했을 뿐이다."

자료: 최경운, '컨설팅사, 아더 앤더슨은 김재록 인맥의 창고?-당시 고위관료 아들·딸들 줄줄이 채용' (조선일보, 2006년 3월 27일).

---

314 민임동기, '검찰 수사가 향하는 지점은?' (2006년 3월 27일, 미디어오늘); 최경운, '컨설팅사, 아더 앤더슨은 김재록 인맥의 창고?-당시 고위관료 아들·딸들 줄줄이 채용' (조선일보, 2006년 3월 27일) 참조.

'김재록 게이트'의 실상

검찰은 김재록 씨를 3번 기소했다. 2006년 3월 첫 번째 기소 당시 혐의 내용은 부실기업 인수 및 대출 로비 등을 알선해 주고 쇼핑몰 업체 관계자들에게 14억 500만 원을 받았다는 것이었다. 검찰은 그 뒤 추가 조사를 통해 크라운제과 화의(和議·파산을 예방할 목적으로 채무 정리에 관해 채권자와 채무자 사이에 맺는 강제 계약) 조기 종결을 알선해 준 대가로 1억 원을 받은 사실을 밝혀냈다.

2006년 7월에는 C&그룹과 세원텔레콤 대출 알선 대가로 13억 4000만 원을 받았고, 정건용 전 한국산업은행 총재와 진념 전 부총리 겸 재정경제부(재경부) 장관에게 김재록 씨가 돈을 줬다는 조사 결과가 발표됐다.

그중에서 정 전 산업은행 총재의 경우 2001년 12월 아더 앤더슨 한국법인 소속이던 김 씨가 산업은행이 발주하는 컨설팅 업무를 수주 하게 해 달라는 청탁과 함께 미화 1만 달러를 건넸다는 혐의를 받아 불구속 기소됐다.

그러나 진 전 부총리의 경우 내사 종결 처리됐다. 김 씨가 2002년 4월 하순 당시 지방 자치 단체장 선거에 출마했던 진 전 부총리에게 1억 원을 건넨 것은 맞지만, 공소 시효가 지났고 대가성도 없어 내사 종결했다는 것이 검찰의 설명이었다.

그러나 2007년 1월 16일 법원(서울중앙지법 형사합의23부 문용선 부장판사) 의 최종 판단은 달랐다. 법원은 김 씨가 정건용 전 산업은행 총재에게 돈 등을 제공한 혐의 등에 대해서 무죄를 선고했다.

다만 법원은 김 씨가 부실기업 인수 청탁 및 대출 알선과 관련해 업체 다섯 곳에서 27억여 원을 받은 혐의에 대해서는 유죄를 인정해 징역 2년에 집행유예 3년, 추징금 26억 7300만 원을 선고했다.[315]

결과적으로 2006년 3월부터 금융계를 뒤흔든 '초대형 거물 브로커'라는 의혹을 받은 김 씨 사건은 용두사미로 끝나고 말았다.

판사의 훈계(1)

재미있는 일은 2007년 1월 16일 서울중앙지법 형사합의23부 문용선 부장판사가 김재록 씨에 대한 선고 공판을 하면서 "김 씨가 (검찰) 수사 단계에서 마치 불법을 자행하며 돌아다닌 '악질 브로커'로 알려진 것은 유감"이라는 취지의 발언을 했다는 것이다.

문 부장판사는 또 "수사 단계에서 인권이 침해됐다"며 "재판도 하기 전에 피고인(김 씨)의 피의 사실이 상세히 알려지면서 (김 씨는) '악질의 죄인'이고 당연히 유죄 처벌을 받아야 하는 것인 양 알려졌던 사실이 있다"고 지적했다.

---

315 서동욱, '김재록, 초강력 금융뇌관? 오발탄 가닥'(머니투데이, 2006년 7월 21일, http://news.mt.co.kr/mtview.php?no=2006072116242070558&outlink=1&ref=http%3A%2F%2Fsearch.naver.com, 2018년 10월 24일 검색); 김태규, '검찰, "김재록 금융·영어 실력에 탄복"'(한겨레신문, 2006년 3월 31일, http://www.hani.co.kr/arti/society/society_general/112388.html); 박성우, '"김재록 씨 악질 브로커 아닌 새 기법 도입한 금융전문가" 판사가 법정서 검찰 비판'(중앙일보, 2007년 1월 17일, https://news.joins.com/article/2568221, 2018년 12월 2일 검색).

〈김재록씨 혐의에 대한 법원 판단〉

검찰 기소 내용	법원 판단
은행 대출 알선해 주고 3억 원 수수	유죄
은행 사모펀드 투자 알선하고 10억 4000만 원 수수	유죄
채무 감면 청탁받은 업체에서 1억 원 수수	유죄
은행 대출 대가로 13억 원 수수	유죄
신동아화재 인수 돕는 대가로 1억 5000만 원 수수	무죄
대출 알선 약속과 함께 대출 자금의 2%를 받기로 약정	무죄
정건용 전 산업은행 총재에게 돈과 사무실 제공	무죄

자료: 박성우, '"김재록씨 악질 브로커 아닌 새 기법 도입한 금융전문가" 판사가 법정서 검찰 비판'(중앙일보, 2007년 1월 17일, https://news.joins.com/article/2568221, 2018년 12월 2일 검색).

그는 한 걸음 더 나아가 "(김 씨는) 악질 거물 브로커가 절대 아니고, 오히려 금융 전문가로서 새로운 금융 기법을 도입해 우리나라의 경제 회생에 기여한 점이 인정된다"고 강조했다.

또 "김 씨는 악질의 죄인이 아닐 수도 있고, 선처 받을 만한 사정이 드러날 수도 있는데도 한 번 피고인이 입은 명예의 손실, 고통·치욕, 사회에서 입은 상처는 설사 재판에서 무죄 판결이 난다 해도 보상받거나 치유될 수 없는 것"이라고 설명했다.

판사의 훈계(2)

'판결로 말한다'는 판사가 피의자를 감싸는 듯한 발언을 한 것은 상당히 이례적인 일이다. 문용선 부장판사는 왜 이런 얘기를 하게 된 걸까?

이유야 많겠지만 무엇보다도 김 씨가 생각보다 높은 수준의 '전문 지식'을 갖추고 있었다는 게 가장 크게 작용했던 것으로 보인다.

대학과 대학원 학력이 의심스럽다고 하더라도 김 씨가 가진 금융 분야에 대한 나름대로 뛰어난 실력만큼은 부인하기 어려웠다는 뜻이다.

사실 김 씨가 실력이 없었다면 행정고시 성적이 상위 10등 안에 들지 못하면 들어가기 어렵다는 옛 재무부(현 금융위원회)에서도 '엘리트 중의 엘리트'로 평가받아온 이헌재 전 부총리가 그를 상대해줬을 가능성은 거의 없다고 봐도 무방하다.

유독 엘리트주의가 심한 이 전 부총리가 상대를 해주고 일을 상의했다는 것은 김 씨가 나름대로 실력과 장점이 있었기 때문이며, 이 전 부총리의 '안목'을 충족시킬 정도의 사람이라면 판사나 검사가 보기에도 상당한 실력파로 비쳐지는 게 정상이다.

무엇보다도 김 씨는 법원 근처에서 흔히 볼 수 있는 '사기꾼'이나

'잡범(雜犯)'과는 근본적으로 수준이 다른 인물이라는 사실을 검찰이 간과했던 것으로 보인다. 김 씨의 행적이 검찰 주장과 달리 옳았다거나 김 씨가 대단한 사람이었다는 뜻이 아니다. 검찰이 김 씨를 흔히 보는 사기꾼이나 잡범 다루듯이 해서는 수사가 성공하기 어려웠을 것이라는 의미다.

그 밖의 외부 인맥들(2)

강정원 전 국민은행장, 하영구 전 한국씨티은행장, 황영기 전 우리금융지주 회장 등도 이헌재 전 부총리와 인연이 깊은 '이헌재 사단'으로 분류된다.

1950년 서울생인 강 전 행장은 이 전 부총리와 경기고 동창이다. 특히 강 전 행장이 1999년 도이체방크 한국 대표로 일하던 시절, 그를 서울은행장으로 전격 발탁한 사람이 이 전 부총리라는 게 정설이다.

이 전 부총리가 초대 금융감독위원장과 재정경제부(재경부) 장관으로 활동하면서 서울은행 해외 매각을 추진할 때, 이 전 부총리가 한국신용평가 사장으로 재직할 때 신용평가담당 본부장을 지냈던 최동수 전 삼성증권 상무가 강 전 행장을 서울은행장에 추천한 것으로 알려졌다.[316]

하영구 전 한국씨티은행장도 이 전 부총리나 강 전 행장과 마찬가지로 경기고 출신이며, 강 전 행장과 하 전 행장은 씨티은행 선후배이기도 하다.

강 전 행장과 함께 뱅커스트러스트(BT) 서울지점에서 한솥밥을 먹으

---

316 김현동, '이헌재-강정원-황영기-이성규…그들만의 스토리' (이데일리, 2004년 10월 11일, https://news.naver.com/main/read.nhn?mode=LSD&mid=sec&sid1=101&oid=018&aid=0000210627, 2018년 10월 25일 검색).

면서 BT 한국 대표 자리를 놓고 치열한 후계 경쟁을 벌였던 황영기 전 우리금융지주 회장도 이헌재 사단으로 분류된다.

서울고-서울대 무역학과를 나온 황 전 회장은 1989년 삼성그룹으로 자리를 옮겨 삼성전자 상무, 삼성증권 사장 등을 거치면서 초고속 승진을 거듭했으며, 그 뒤 우리금융지주 회장 겸 우리은행장으로 발탁됐다.

이밖에도 경기고와 서울대 무역학과를 나와 1970년 외환은행에 입행한 뒤 우리투자증권 사장을 역임한 박종수 씨, 박해춘 전 우리은행장 등도 이헌재 사단으로 분류된다.[317]

'이헌재 사단을 위한 변명'(1)

이헌재 전 부총리는 회고록 한 절(節·글의 내용을 여러 단락으로 서술할 때의 한 단락)에 '이헌재 사단을 위한 변명'이라는 제목을 달았다. 예상한 것처럼, 그는 이헌재 사단의 존재를 근본적으로 부인했다. 그의 주장을 직접 반영해주는 게 공평한 일일 것이다.

"사단이라니, 어불성설이다. 정부에서 10년, 다시 정부를 떠나 20년. 정처 없이 살았다. 인맥을 만들 시간도 없었다. '이헌재의 사람'이라고 불릴 이를 어떻게 키웠겠는가. 왜 이런 말이 나왔는지는 짐작된다. 외환 위기 당시, 인적 쇄신이 불가피했다. 기왕 있던 사람 입장에선 새로 들어온 사람들이 곱게 보였을 리가 없다. '이헌재와 특수 관계'라고 몰아붙이고 싶었을 수도 있다. 특히 구조조정을 위해 내가 쓴 젊은 학자들에 대해 저항감이 있었을 것이다. 그래서 내 주변 이들을 '이헌재 사단'이라 묶어 부른 게 아닐까."[318]

---

317 박해춘 전 우리은행장은 1948년 충남 금산 출생으로, 대전고-연세대 수학과를 나왔다. 서울보증보험 사장, LG카드 사장, 우리은행장, 국민연금공단 이사장 등을 지냈다.

'이헌재 사단을 위한 변명'(2)

이헌재 전 부총리는 '이헌재 사단'에 대해 몇 가지 이유를 대면서 반론을 제기했다. 우선 그는 "검증된 사람을 썼다"며 "친한 사람을 쓴 게 아니다"라고 말했다. 그는 "지연·학연도 따지지 않았다"고 강조했다.

> "나는 항상 사람들을 관찰한다. 그리고 '이런 데 쓰면 좋겠다'며 머릿속에 저장한다. 인재 창고라 할까. 지금도 웬만한 조직을 만들라고 하면 몇 시간 안에 사람 배치를 끝낼 수 있다. 그 속엔 스쳐가듯 만난 사람도 있을 것이다. 가끔 내가 '파격 발탁을 한다'는 얘기가 나오는데, 대부분 '머릿속 인재 창고'에 저장됐던 사람들이다. 예를 들면 고(故) 오호근 전 기업구조조정위원장이 그랬다. (중략) 연배로 보나 자존심으로 보나 나를 사단장으로 모실 사람이 아니다. 그런 사람도 사단 멤버로 거론되곤 했으니, 엉터리다.
> 일면식 없는 사람도 갖다 썼다. 김기홍 금융감독원 부원장보 같은 이가 대표적이다. 보험에 밝다기에 얼굴도 보지 않고 썼다. 1998년 한빛은행을 맡겼던 김진만 전 행장이나 서울보증보험 대표로 발탁했던 박해춘도 마찬가지다. 금융감독위원장이 되기 전에는 본 적이 없는 사람들이다."[319]

그러면서 그는 "아끼는 후배는 분명히 있다"며 "하지만 내가 공직에 있을 동안만이다"라고 말했다. 그는 "공직을 떠나고 나면 내 주변 이들은 언제나 뿔뿔이 흩어졌다"며 "공무원은 언제나 맨몸으로 부임하고 맨몸으로 떠난다"고 강조했다.

---

318 이헌재, 『위기를 쏘다-이헌재가 전하는 대한민국 위기 극복 매뉴얼』, 369~370쪽.
319 이헌재, 『위기를 쏘다-이헌재가 전하는 대한민국 위기 극복 매뉴얼』, 370쪽.

'이헌재 사단을 위한 변명'(3)

이헌재 전 부총리 자신의 설명에 따르면, 그가 김대중(DJ) 정권에서 금융감독위원장을 맡으면서 데려온 이는 딱 두 명, 한국신용평가에서 함께 일했던 서근우 전 하나은행 부행장과 이성규 전 하나금융지주 부사장뿐이었다. 그는 "나머지는 모두 국책 연구소 학자 아니면 공무원이었다"며 "내가 데려올 수도, 데려갈 수도 없는 이들"이라고 강조했다.

이 전 부총리는 "한국개발연구원(KDI, 인용자) 출신의 최범수, 증권감독원 출신으로 대변인을 시켰던 김영재도 사단 멤버로 자주 꼽힌다"며 "(그러나, 인용자) 이들을 포함한 누구도 공직을 그만두며 함께 나온 적이 없다"고 설명했다.

이 전 부총리는 자신을 '모피아(Mofia)의 대부'라고 부르는 것에 대해서도 사실이 아니라고 부인했다.[320]

> "가끔은 나를 '모피아(MOFIA·재무부와 마피아의 합성어)의 대부(代父·영세나 견진 성사를 받을 때 신앙의 증인으로 세우는 종교상의 남자 후견인, 인용자)'라고 부르는 이도 있다. 공무원의 속성을 몰라도 한참 모르니 나오는 얘기다. 고위 공무원 사회는 어느 조직보다 경쟁이 치열하다. 한번 삐끗하면 그걸로 끝이다. 강에 배 지나가듯 흔적도 없이 사라진다. 1970년대 말에 그렇게 재무부를 떠난 나다. 어떻게 후배들에게 대부 노릇을 할 수 있었겠는가."[321]

---

320 '모피아(Mofia)'라는 말의 출발점은 '옛 재무부(MOF·Ministry of Finance)'와 갱조직 '마피아(Mafia)'의 합성어였다. 흔히 옛 재무부 사람들의 '끈끈한 패거리 문화'를 나타내는 속어(俗語)로 쓰였다. 그런데 요즘에는 옛 재무부가 없어지고, 옛 재무부 업무를 기획재정부(MOEF·Ministry of Economy & Finance, 국제금융·세제 등 담당)와 금융위원회(국내 금융 담당)가 나눠서 맡고 있다. 이에 따라 현재 모피아라는 말은 옛 경제기획원과 재무부 출신, 혹은 옛 경제기획원과 재무부의 명맥을 잇는 인사들을 광범위하게 지칭하는 말로 사용된다.

321 이헌재, 『위기를 쏘다-이헌재가 전하는 대한민국 위기 극복 매뉴얼』, 371쪽.

이 전 부총리 자신의 주장을 충실히 옮기기는 했지만, 그렇다고 해서 필자가 '이헌재 사단'의 실체가 없었다고 믿는 것은 아니다. 이 전 부총리가 자신에 대해 '나는 모피아의 대부가 아니다'라는 취지로 말했지만, 필자는 개인적으로 그 주장도 설득력이 있다고 받아들이지 않는다. 그가 대부였는지 아닌지는 모르겠지만, 그가 강력하게 모피아를 규합했던 옛 재무부 출신 중 한 명이었던 것은 분명하다.

외환 위기와 이헌재, 이 책의 한계(限界)

이 책은 이헌재 전 부총리가 1997년 외환 위기를 맞아 진행한 5개 은행 통·폐합이나 대우 패망사(敗亡史) 등 수많은 사건에 대해 세부 내용을 다루지 않는다. 정확히 말하자면, 다룰 수도 없고, 다룰 능력도 없다. 하나하나의 사건 자체가 책 한 권 분량이 넘는 복잡한 과정을 거쳐서 진행된 일이고, 필자가 그 과정을 자세히 다룰 만큼 사안에 정통하지도 못하다.

이 글에서는 '인간 이헌재'가 외환 위기라는, 당시 유행했던 말로 '단군(檀君·우리 민족이 나라의 조상으로 받드는 태초의 임금, 단군왕검) 이래 최대의 위기'를 맞아 공직의 전면에 등장하고, 다시 사라지는 과정을 사람을 중심으로 축약(縮約·줄여서 간략하게 함)적으로 다루려고 한다.[322]

---

322 우리나라 외환 위기의 전개 과정에 대해서는 당시 정책 결정 라인에 있던 사람이 쓴 책이나, 그들의 목소리를 담은 책이 나와 있다. 그러나 우리나라의 외환위기의 원인, 전개, 의미 등에 대한 종합적인 평가는 아직도 좀 더 시간이 흐른 뒤에나 가능할 것으로 보인다. 이규성, 『한국의 외환위기-발생, 극복, 그 이후(제3판)』(서울: 박영사, 2015); 육성으로 듣는 경제기적 편찬위원회(이계민·홍은주), 『코리안 미러클4: 외환위기의 파고를 넘어』(파주: 나남, 2016) 등 참조.

시대(時代)가 이헌재를 부르다(1)

　너무 오래된 기억이기는 하지만, 필자가 '이헌재'라는 이름을 처음 접한 것은 1998년 초였다. 1997년 12월 우리나라가 국제통화기금 (IMF)으로부터 구제금융을 받은 직후였다. 당시 신문사 지방판 데스크 (영남·호남·제주 등 지방 관련 지면의 편집을 담당하는 사람)를 맡고 있던 필자는 우연히 정치부 정보 보고(일선 기자가 언론사에 정보가 될 만한 내용을 올리는 글)를 읽었는데, 거기에 "이헌재라는 사람이 진의종 전 총리의 사위인데, 일을 잘한다는 평가를 받고 있다"는 내용이 적혀있었다. 그래서 필자에게 이헌재 전 부총리에 대한 첫인상은 '진의종 전 총리 사위'로 오랫동안 남아있었다.

　이 전 부총리 자신의 말을 빌면 '관직(官職)을 떠난 지 20여 년'이 흐른 1997년 12월, 그는 어떻게 공직에 복귀할 수 있었을까?

　우선, 그가 경기고-서울대 법대 졸업, 행정고시 수석 합격, 옛 재무부 입부(入部·부처에 들어감) 5년 만에 '재무부의 꽃'으로 불렸던 금융정책과장을 한 경력 등 속된 말로 '스펙(영어 specification에서 온 말로 학력 등 각종 조건을 더한 것을 일컫는 속어)'이 좋았기 때문이다.

　진의종 전 국무총리의 사위라는 사실이 영향을 미쳤다는 점도 부인할 수 없다. 그가 별달리 내세울 만한 변변한 직업도 없이 김대중 전 대통령 당선 직후 비상경제대책위원회 기획단장을 할 때 많은 기자들에게 그는 '진의종 전 총리의 사위'로 널리 알려졌다. 이 전 부총리는 그의 장인을 언급하는 것을 좋아하지 않았을 수도 있지만, 사실은 사실이다.

시대(時代)가 이헌재를 부르다(2)

그러나 필자는 이헌재 전 부총리가 공직에 되돌아오게 된 중요한 이유는 그가 오랫동안 강하게 원했기 때문이라고 본다. 그 자신이 펴낸 회고록(『위기를 쏘다-이헌재가 전하는 대한민국 위기 극복 매뉴얼』)을 보면 곳곳에 공직으로 돌아가고 싶었던 이 전 부총리의 '꿈'을 담은 표현이 반복해서 나온다. 그는 10년 공직 생활 후 20여 년의 민간인 생활을 하면서 끊임없이 공직으로 돌아갈 기회를 엿보고 있었던 것이다.

이 전 부총리는 공직에 돌아가고 싶은 꿈을 이루기 위해 1997년 대통령 선거에서 이회창 캠프 일을 도왔다.[323] 그러나 덜컥 김대중 후보가 당선된 것이다. 속된 말로 '줄을 잘못 선' 것이다. 그때의 심경을 그는 아래와 같이 표현했다.

"그해 겨울, 정말 DJ(김대중 전 대통령, 인용자)가 당선됐다. 설송(이 전 부총리가 알고 지내던 스님, 인용자)의 예언은 까맣게 잊고 있었다. '이제 접자. 나랏일에 대한 미련은 접자.' 아직 마음 한구석에 공직에 대한 미련이 남아 있었던 듯하다. 잘 나가던 재무부 관료에서 어느 날 급전직하, 공직에의 꿈을 접었던 아픔 때문이리라. 이회창 캠프 일을 도운 것도 그래서였을 것이다. 하지만 이젠 지쳤다. 마침 내게 손짓을 보내던 외국계 금융사도 있었다. 두 아이를 유학 보낸 터라 돈이 필요하기도 했다. '접자. 다시는 생각하지 말고 돈을 벌자.' 포기하고 나니 마음이 편했다. 그러나 항상 운명은 예기치 않은 순간에 찾아온다고 했던가."(강조, 인용자)[324]

---

323 이헌재 전 부총리는 회고록에서 이회창 캠프 일을 돕게 된 이유에 대해 "조순 전 신한국당 총재와의 인연"을 꼽고 있다. 그러나 사실 따지고 보면 이회창 씨도 경기고-서울대 법대를 나와 이 전 부총리와 학맥(學脈·같은 학교를 졸업한 사람들 사이의 유대 관계)이 있다. 이헌재, 『위기를 쏘다-이헌재가 전하는 대한민국 위기 극복 매뉴얼』, 37쪽.
324 이헌재, 『위기를 쏘다-이헌재가 전하는 대한민국 위기 극복 매뉴얼』, 41~42쪽.

필자가 보기에는, 그가 공직으로 돌아갈 수 있었던 가장 큰 이유는 그가 공직으로 돌아가기를 수십 년 동안 간절히 원했기 때문이다. 그는 공직을 떠나있으면서도 마음속으로 끊임없이 공직 주변을 서성거렸던 것으로 보인다.

시대(時代)가 이헌재를 부르다(3)

이헌재 전 부총리는 공직으로 돌아가고 싶은 꿈뿐만 아니라 '연결고리'도 갖고 있었다. 옛 재무부 금융정책과장 시절 장관으로 인연을 맺었던 김용환 전 재무부 장관이 김대중 대통령 당선 직후 꾸려진 비상경제대책위원회(비대위) 위원장을 맡았기 때문이다.[325]

김용환 전 장관은 1997년 대통령 선거에서 '이회창 캠프'에서 일했던 이 전 부총리에게 "비대위 와서 일 좀 해야겠네"라고 얘기하면서 불렀다. 그렇게 그는 그 전까지 한 번도 생각해본 적 없었던 김대중(DJ) 정부 속으로 들어갔다.

그는 추후 회고록에서 이것을 '운명(運命)'이라고 불렀지만, 만약 그것이 운명이었다면 그것은 이 전 부총리가 만든 운명이었다고 보는 게 옳을 것이다.[326] 운명을 받아들일 모든 준비를 갖춘 사람이 그토록 오랫동안 노력해왔으니, 운명조차 피해가기 어려웠는지도 모른다.

---

325 고(故) 김용환 씨는 1932년 충남 보령 출신으로 공주고-서울대 법대를 나왔다. 청와대 경제수석, 재무부 장관, 자유민주연합 수석부총재 등을 지냈다. 이헌재 전 부총리가 "내 관료 인생의 멘토"라고 부르는 인물이다. 이헌재, 『위기를 쏘다-이헌재가 전하는 대한민국 위기 극복 매뉴얼』, 45쪽.

326 이헌재 전 부총리 자신은 회고록에서 "그럼 1997년 끝자락, 나를 DJ(김대중 전 대통령, 인용자) 정권으로 데려간 것은 무엇이었을까. 그것이 운명이라고 오래 생각해왔다"고 썼다. 이헌재, 『위기를 쏘다-이헌재가 전하는 대한민국 위기 극복 매뉴얼』, 40쪽.

시대(時代)가 이헌재를 부르다(4)

필자가 위에서 제시한 모든 요인(要因)에도 불구하고, 1997년 12월이라는 시점에 이헌재 전 부총리를 공직으로 불러들인 또 다른 요인이 있었던 것으로 보인다. 좀 거창하게 헤겔식으로 말하자면, 일종의 시대정신(時代精神·한 시대의 사회 전체를 지배하는 정신) 같은 게 있었다는 뜻이다.327

1997년 12월 우리나라가 외환 위기를 맞은 시점에서 그동안 우리나라의 금융을 쥐락펴락해온 기존 재무관료 집단은 모두 '죄인(罪人)'이었다. 금융 후진국이었던 우리나라 금융은 옛 재무부, 외환 위기 직전에는 옛 재정경제원(재경원)이 완전히 장악하고 있었다. 외환 위기의 원인 상당 부분을 재무 관료들에게 묻지 않을 수 없는 이유다.328

이에 따라 1997년 12월 그동안 한국 금융을 좌지우지해온 기존 재무 관료들은 '외환 위기의 주범(主犯)'이라는 낙인(烙印·다시 씻기 어려운 불명예스럽고 욕된 판정이나 평판을 이르는 말)이 찍힌 채 뿔뿔이 흩어진 상태였다. 민간 금융 회사 근무자들도 대부분 막대한 기업 부실(不實)을 떠안고

---

327 독일의 철학자 헤겔(Georg Wilhelm Friedrich Hegel, 1770~1831년)은 '시대정신 (時代精神·Zeitgeist)'을 역사의 과정과 결부시켜 개개의 인간 정신을 넘어선 보편적 정신 세계가 역사 속에서 자기를 전개시켜 나가는 각 과정에서 취하는 형태로 봤다고 한다. 네이버 지식백과(시대정신, 두산백과)(https://terms.naver.com/entry.nhn?docld=1117909&cid= 40942&categoryld=31500, 2018년 10월 26일 검색).

328 외환 위기를 맞은 1997년 12월 옛 재정경제원(재경원)의 라인업(진용·陣容·한 단체를 이루는 구성원의 짜임새)은 다음과 같다. 부총리 겸 재경원 장관은 강경식 씨(부총리 재직 기간 1997년 3~11월, 행정고시 8회, 부산고-서울대 법대-미국 시러큐스대 행정학 석사)였고, 차관은 강만수 씨(차관 재직 기간 1997년 3월~1998년 3월, 행정고시 8회, 경남고-서울대 법대, 미국 뉴욕대 경제학 석사)였다. 당시 금융 정책 라인은 윤증현 금융정책실장(1급, 행정고시 10회, 서울고-서울대 법대-미국 위스콘신대 공공정책·행정학 석사)-원봉희 금융총괄심의관 [국장급, 행정고시 9회, 동래고-성균관대 상학과-미국 일리노이대 경영대학원 및 아메리칸대 법학박사(JD)]-김규복 금융정책과장(행정고시 15회, 경기고-서울대 법대-미국 펜실베이니아 대 경영학 석사)-김광수 금융정책과 주무 서기관(행정고시 27회, 광주일고-서울대 경제학과-프랑스 파리국립행정대학원 국제경제학) 등이었다. 이들은 정도의 차이는 있었지만, 모두 '외환 위기의 주범(主犯)'이라는 지탄을 받으며 오랫동안 고초를 겪어야 했다.

파산했거나, 파산 일보직전이었다. 우리나라 금융 권력에 '거대한 공백
(空白·vacuum)'이 발생한 것이다.

시대(時代)가 이헌재를 부르다(5)

외환 위기를 맞은 한국 경제가 새로운 '금융 사령탑'으로 원하는
인재는 몇 가지 조건을 갖춰야 했다. 첫째, 외환 위기에 도의적이든,
실질적이든 책임이 없어야 했다. 그런 측면에서 외환 위기 당시에 옛
재정경제원(재경원) 등에서 근무한 공무원은 모두 대상자에서 배제될
수밖에 없었다.

둘째, 외환 위기에 대한 책임은 없지만, 정부가 해야 할 일과 하지
말아야 할 일에 대해서는 손바닥 들여다보듯이 잘 알고 있어야 했다.
외환 위기나 금융 위기, 경제 위기를 맞았을 때만큼 정부의 역할이
중요한 시기는 없다.[329] 더욱이 당시는 1997년 대통령 선거로 YS(김영삼)

---

329 대부분의 경제 관련 글에서 외환 위기, 금융 위기, 경제 위기 등의 용어가 뒤섞여서 사용
된다. 그러나 용어를 엄밀히 정의하자면, 외환 위기는 "대외 경상수지의 적자 확대와 단기유동
성 부족 등으로 대외 거래에 필요한 외환을 확보하지 못해 국가 경제가 치명적인 타격을 입는
현상"을 뜻한다고 한다. 영어로는 대개 'currency crisis(통화 위기)'라고 표현한다. 금융
위기라는 말은 외환뿐만 아니라 주식, 채권 등 다양한 금융 분야로 위기가 확산됐을 때 사용한다.
영어로는 대개 'financial crisis'라고 한다. 경제 위기는 외환 위기나 금융 위기가 금융 부문
을 넘어서 거시경제 등에 폭넓게 영향을 미쳤을 경우 사용한다. 영어로는 'economic crisis'
라고 표현하는 경우가 많다. 포괄 범위로 보자면 경제 위기가 가장 넓고, 그 다음이 금융 위기
이며, 가장 범위가 좁은 게 외환 위기다. 그러나 실제로는 외환 위기가 오면 주가 폭락 등
금융 위기가 오고, 성장률이 급락하는 등 경제 위기로 이어지는 경우가 대부분이다. 그런 이유
때문에 현실 속에서는 외환 위기, 금융 위기, 경제 위기란 표현이 혼용되는 경우가 많다. 우리
나라에서 1997년에 일어난 외환 위기도 금융 위기이기도 했고, 동시에 경제 위기이기도 했다.
다만, 위기를 촉발시킨 원인이 외환이었기 때문에 지금도 국내에서는 '외환 위기' 또는 '국제
통화기금(IMF) 위기'라는 말로 불린다.(이와 관련, IMF는 한국에서 외환 위기를 'IMF 위기'
라고 더 이상 부르지 말 것을 요청하기도 했다. IMF에 대해 부정적인 이미지를 강화시킨다고
생각하기 때문으로 추정된다. 사실 IMF는 위기를 초래한 원인과는 관련이 없으며, 우리나라에
서 위기가 발생하자 구제 금융 등을 제공했을 뿐이다. 물론 IMF가 구제 금융의 대가로 우리나
라에 혹독한 '이행 조건(conditionality)'을 강요한 것은 사실이지만, 우리나라에서 흔히 사용
되는 IMF 위기라는 말은 IMF 입장에서는 상당히 듣기 거북한 용어로 느낄 수 있는 측면이

정부에서 DJ(김대중) 정부로 넘어가는 과도기였다.

당시 기업의 부실을 떠안은 민간 금융 회사들도 대부분 파산했거나, 파산 일보 직전이었다. 부실 금융의 책임이 있는 경영진이 금융 구조 조정의 '칼자루'를 잡을 수는 없는 일이었다.

우리나라 외환 위기는 기업의 과도한 부채 등 부실 경영에서 촉발(觸發·닿거나 부딪쳐 폭발함 또는 그렇게 폭발시킴)된 측면이 강했고, 기업에 과도한 자금을 빌려준 금융 회사도 줄줄이 부실화했다.

따라서 금융 구조 조정과 함께 부실 기업에 대한 기업 구조 조정에도 당장 착수해야 하는 상황이었다. 금융 구조 조정을 하는 과정에서 기업 구조 조정을 동시에 진행해야 거시경제의 안정을 도모할 수 있는 위급한 상황이었다.

이런 상황이었기 때문에 당시 금융감독위원장 겸 금융감독원장은 거시경제·금융정책·세제 등을 총괄하던 재정경제부(재경부) 장관보다 실질적인 힘이 더 셌다.

구조 조정의 전도사, 용병 소방대장, 야생마(재벌) 조련사…

이헌재 전 부총리는 외환 위기 발발 직후 1997년 12월부터 1998년 2월까지 비상경제대책위원회 기획단장으로 일하면서 위기 진화를 위한 '큰 틀'을 짰다. 그 뒤에는 금융감독위원장 겸 금융감독원장으로서

많다.) 1997~1998년 우리나라를 비롯한 동아시아 국가들에서 일어났던 위기를 서구에서는 '아시아 금융위기(Asian Financial Crisis)'라고 부르는 경우가 많다. 2008년 미국의 서브프라임 모기지(비우량 주택 담보 대출) 부실로 촉발된 세계적인 금융 불안은 '글로벌 금융위기(Global Financial Crisis)'라고 흔히 불린다. 네이버 지식사전(외환 위기, 두산백과) (https://terms.naver.com/entry.nhn?docId=1167931&cid=40942&categoryId=31825, 2018년 10월 26일 검색); 네이버 지식사전(위키백과, 경제위기)(https://ko.wikipedia.org/wiki/%EA%B2%BD%EC%A0%9C%EC%9C%84%EA%B8%B0, 2018년 10월 26일 검색) 등 참조.

외환 위기를 일선에서 진화(鎭火·불이 난 것을 끔)했다.

그 과정에서 '구조 조정의 전도사', '용병 소방대장', '야생마(재벌) 조련사' 등 많은 별명을 얻었다. 이 전 부총리에게 좋은 별명이 많았다는 것은 그가 언론과 그만큼 우호적인 관계였다는 뜻이다. 한때 언론계에는 '이헌재 팬클럽'이라고 부를 만한 사람들이 많았다.

그는 은행 등 금융 구조 조정 뿐만 아니라 기업 구조 조정도 사실상 주도했다. 어떤 측면에서 그 시절에는 이 전 부총리가 '경제 대통령'이나 다름없었다. 경기·동화·대동·동남·충청은행 등 5개 은행을 퇴출시켰고, "5대 그룹 개혁은 야생마 길들이기와 같다"는 말로 기업을 휘어잡았다. 이 전 부총리는 무소불위(無所不爲·못할 일이 없음)라는 말이 나올 정도로 주저함이 없었다. 그러나 그는 권력 내부에서는 '고독한 외톨이'였다.

2년 반 동안 대통령 독대는 단 한 번

이헌재 전 부총리 본인이 밝힌 바에 따르면 그가 금융감독위원장과 재정경제부(재경부) 장관으로 일한 2년 반 동안, 김대중(DJ) 대통령을 독대(獨對)한 것은 단 한 번뿐이었다고 한다.[330] 그것도 2000년 7월 초, "장관직을 그만두겠다"고 사의를 밝힌 뒤에야 겨우 성사됐다.[331]

관가(官街)에서는 "제왕적 대통령중심제에서 모든 권력은 대통령과의 거리(距離)에서 나온다"는 말이 있다. 관가에서는 마오쩌둥(毛澤東)의

---

330 독대(獨對)라는 말은 일반인들은 거의 쓰지 않는데, 아직도 공직 사회에서는 널리 쓰인다. 독대를 사전에서 찾아보면 "벼슬아치가 다른 사람 없이 혼자 임금을 대하여 정치에 관한 의견을 아뢰던 일"이라고 나온다. 여기서 핵심은 '다른 사람 없이'라는 말이고, 공무원이 대통령과 독대할 경우 대개 대통령이 그 사람을 크게 신임한다는 뜻으로 해석된다. 네이버 국어사전(독대, https://ko.dict.naver.com/detail.nhn?docid=9952400, 2018년 6월 30일 검색).

331 이헌재, 『위기를 쏘다-이헌재가 전하는 대한민국 위기 극복 매뉴얼』, 68~69쪽.

"권력은 총구(銃口·총구멍)에서 나온다"는 말 만큼이나 유명한 말이다.[332]

　과거 사례를 살펴봐도, 대통령과 독대(獨對)를 하지 못하고, 거리를 좁히지 못한 고위 공무원이 그 자리를 오래 지킨 경우는 별로 없었다. 이 전 부총리가 재경부 장관을 하던 2000년, 옛 재경부 출입 기자들에게도 "DJ(김대중 전 대통령)가 이헌재 장관과 독대하지 않는다"는 것은 공공연한 비밀이었다.

'동지'가 아닌 '기술자'

　이헌재 전 부총리 본인이 밝힌 바에 따르면, 그는 김대중 전 대통령에게 '동지(同志·목적이나 뜻이 서로 같음 또는 그런 사람)'가 아니라 '기술자(技術者)'로 발탁된 사람이었다. 다른 말로 하자면, 외환 위기처럼 상황이 매우 절박하지만 않았으면 절대 쓰지 않았을 사람이라는 뜻이다.

　이 전 부총리가 김대중 전 대통령과 처음 만난 것은 1998년 2월 초 서울 여의도 63빌딩 중국집에서 비상경제대책위원회 위원들과 점심을 먹는 자리에서였다고 한다. 당시 김용환 비상경제대책위원장이 기획단장인 이 전 부총리를 데려갔다고 한다.

　김 전 대통령의 첫 번째 얘기는 "얘기 많이 들었습니다. 일을 아주 잘한다고. 수고 많았어요"였고, 두 번째 얘기는 "진의종 전 총리 사위라죠. 진 총리하고는 예전에 같이 고생을 많이 했어요"였다고 한다.

332　마오쩌둥(毛澤東, 1893~1976년)은 중국 공산주의 이론가·군인·정치가다. 1931년 이후 중국공산당(中国共产党)의 지도자였으며, 1949~59년 중화인민공화국 국가주석(国家主席)을 역임했고, 국가주석을 사퇴한 이후에는 사망할 때까지 당주석을 맡았다. 네이버 지식백과(마오쩌둥, 중국시사문화사전)(https://terms.naver.com/entry.nhn?docId=907236&cid=62061&categoryId=62061, 2018년 10월 27일 검색).

이 전 부총리는 회고록에서 이 일화를 전하면서 자신의 장인인 진의종 전 총리에 대해 '전북 고창 출신으로 5공 때 총리를 지냄'이라는 소개 글을 달았다. 대한민국 정부 수립 이후 처음으로 '호남 대통령'이 탄생한 그 시절, 많은 사람에게 '출신지(出身地)'는 매우 중요한 요소였다.[333]

나는 금융감독위원장, 기는 재정경제부 장관

많은 사람들에게 이헌재 전 부총리의 금융감독위원장 시절에 대해서는 기억나는 게 많지만, 재정경제부(재경부) 장관(1차 재경부 장관) 시절에 대해서는 생각나는 게 별로 없다. 김대중 정부의 세 번째 재경부 장관(이 시절에는 재경부 장관이 부총리를 겸임하지 않았다)이었던 그가 재임한 기간은 2000년 1~8월, 불과 7개월이었다.

그에 대한 김대중 전 대통령이나 권력 핵심부의 협조는 1999년 말 이미 거의 사라진 상태였다. 실제로 이 전 부총리는 1999년 말 한광옥 당시 청와대 비서실장에게 사의를 표했다. 그는 "지금 돌아보면 그때 떠났어야 했다"며 "이미 경제의 계절은 끝나고 정치의 계절이 시작되

---

333 출신지(出身地)는 태어난 곳을 뜻하는 출생지(出生地)와는 다소 다른 개념으로, 관가에서는 아직도 통용된다. 출신지는 태어난 장소뿐만 아니라, 주로 자라고 교육받은 곳 등을 종합적으로 고려한 개념이다. 예컨대, 어떤 사람이 A지역에서 태어난 뒤 1개월 만에 B지역으로 옮겨가서 학교도 거기서 나오고 20년 이상 살았다고 하자. 이럴 경우 이 사람의 출생지는 A지역이지만, 실제로 애착을 갖는 곳은 B지역일 수 있다. 그러나 출신지는 딱 정해진 '공식(公式)'이 없기 때문에 본인이 주장하는 곳으로 대부분 결정된다. 그러다보니 예컨대 영남 정권에서 호남 정권으로 바뀔 경우, 공무원 중에서 출신지를 변경하는 사람이 나타나기도 했다. 현재 정부는 공식적으로는 출신지를 인사 기록에서 관리하지 않는다. 그러나 비공식적으로는 여전히 출신지를 관리하고 있고, 요즘도 청와대 등에서 장·차관 인사 등을 발표할 때 출신지 또는 출생지를 담은 프로필(개인의 신상명세와 경력 등에 대한 내용을 기록한 것)을 함께 공개하는 경우가 많다. 물론 인사를 하면서 특정 지역에 편중되지 않도록 하기 위해서 출신지 관리가 필요한 경우가 있다. 그러나 우리나라의 경우 '지역 차별이 심하다'는 얘기가 너무나 오랫동안 심각한 사회 문제가 돼 왔기 때문에 출신지가 인사의 주요 변수가 되는 것은 바람직하지 않다.

고 있었던 것"이라고 회상했다.[334]

2000년 과천 관가(官街·당시에는 옛 재경부가 경기 과천시에 있었다)에는 "이기호 청와대 경제수석이 이헌재 재경부 장관이 김대중 대통령과 독대하는 것을 막고 있다"는 소문이 파다했다.

대통령이 밀어주지 않는다는 소문이 파다한 상황에서 재경부 장관에게 힘이 실릴 리 없었다. 실제로 이 전 부총리의 회고록에도 이 시절에 대해서는 한·일 통화스와프(currency swap·비상시에 자국의 통화를 맡기고 정해진 환율로 상대국에서 외화를 차입할 수 있도록 사전에 약속하는 것)를 체결할 뻔했으나 전국금융산업노동조합(금융노조)의 파업 때문에 성사되지 못했던 일 외에는 별다른 언급이 없다.[335]

부총리 겸 재정경제부 장관에 취임하다

이헌재 전 부총리는 2004년 2월부터 2005년 3월까지 노무현 정부에서 부총리 겸 재정경제부(재경부) 장관으로 일했다. 김대중 정부 시절 1차 재경부 장관(2000년 1~8월) 이후 두 번째 재경부 장관으로 취임한 것이다.

---

334 이헌재, 『위기를 쏘다-이헌재가 전하는 대한민국 위기 극복 매뉴얼』, 295~296쪽.
335 통화스와프의 첫 번째 의미는 말 그대로 '통화를 교환(swap)한다'는 것으로, 서로 다른 통화를 미리 약정된 환율에 따라 일정한 시점에 상호 교환하는 외환 거래를 말한다. 기업은 물론 국가도 환율과 금리 변동에 따른 리스크(risk·위험)를 헤지(hedge·회피)하거나 외화 유동성을 확충하기 위해 사용한다. 예를 들어 한국과 중국 간에 통화스와프 계약이 체결돼 있으면, 한·중 양국은 필요할 때 자국 통화를 상대방 중앙은행에 맡기고 그에 상응하는 외화를 빌려 쓸 수 있다.
　　통화스와프의 두 번째 의미는 '두 차입자(借入者·돈 빌린 사람)가 서로 다른 통화로 빌린 자금의 원리금(元利金·원금과 이자) 상환을 서로 바꿔 이행하기로 하는 약정 거래'를 뜻한다. 다른 말로 하면, 일정 통화로 차입한 자금을 다른 통화 차입으로 대체하는 거래로, 외환 리스크(risk·위험)의 헤징(hedging·회피) 등을 위해 이용된다. 국내 통화스와프 시장에선 주로 한국 원화 자금과 미 달러화 자금이 교환된다. 네이버 지식백과(통화스와프·currency swap, 한경 경제용어사전)(https://terms.naver.com/entry.nhn?docId=2078836&cid=42107&categoryId=42107, 2018년 10월 27일 검색).

노무현 정부 시절에는 재경부 장관이 부총리를 겸하고 있었기 때문에 공식적인 직함이 '부총리 겸 재경부 장관'으로 바뀌었을 뿐 하는 일은 같았다.

그때까지 대한민국 정부 수립(1948년) 이후 가장 개혁적인 정부로 불렸던 노무현 정부가 왜 이헌재 전 재경부 장관을 다시 경제부총리로 임명했는지는 지금까지도 '미스터리(mystery·수수께끼)'다.[336]

노무현 정부는 왜?(1)

이헌재 전 부총리의 회고록에는 당시 정찬용 청와대 인사수석과 노무현 대통령이 직접 나서서 이 전 부총리에게 부총리 겸 재정경제부(재경부) 장관을 맡아달라고 요청했다고 나와 있다. 그래서 이 전 부총리도 부총리직을 수락했다는 얘기다. 맞는 말일 것이다.[337]

이 책에서 미스터리라고 말하는 것은, 이 전 부총리가 밝힌 노 전 대통령과 정 전 수석이 요청했다는 것을 부인하는 게 아니라, '노 전 대통령은 왜 이 전 부총리에게 경제부총리를 맡아달라고 했을까?'라는 부분에 대한 궁금증이 여전하다는 뜻이다.

---

336 노무현 정부 당시 부총리는 2명 있었다. 교육인적자원부 장관이 겸직하는 부총리와 재정경제부(재경부) 장관이 겸직하는 부총리였다. 교육인적자원부 장관이 겸직하는 부총리의 공식 직함은 '부총리 겸 교육인적자원부 장관'이었고, 이를 세간(世間·세상과 같은 말)에서는 '교육부총리'라고 줄여서 불렀다. 재경부 장관이 겸직하는 부총리의 공식 명칭은 '부총리 겸 재정경제부 장관'이었고, 이를 세간에서는 '경제부총리'라고 약칭(略稱·정식 명칭을 간략히 줄여 이름)했다. 문재인 정부에서도 유사하게 부총리가 2명 있다. '부총리 겸 교육부 장관'은 '사회부총리'라고 줄여서 부르고, '부총리 겸 기획재정부(기재부) 장관'은 '경제부총리'라고 약칭한다. 사회부총리는 사회관계장관회의를, 경제부총리는 경제관계장관회의를 각각 주재한다. 경제 분야와 사회 분야에 부총리를 둔 주된 목적은 정부 부처 간에 정책에 대한 이견(異見·다른 의견)이 있을 경우 조율하기 쉽게 하기 위한 것이다.

337 이헌재, 『위기를 쏘다-이헌재가 전하는 대한민국 위기 극복 매뉴얼』, 307~311쪽.

좀 더 구체적으로 말하자면, 이 전 부총리가 경제부총리를 맡은 뒤 몇 달이 지나지 않아 드러난 것처럼 당시 청와대 등에 포진해 있던 386(30대, 80년대 학번, 1960년대에 출생한 운동권 출신 인사들을 지칭하던 말) 인사들과 이 전 부총리는 성향으로 볼 때 잘 맞지 않는 사람들인데, 386 인사들과 386 인사들의 건의를 받은 노 전 대통령은 왜 이 전 부총리를 경제부총리로 임명하려고 했는지 의문이라는 뜻이다.[338]

노무현 정부는 왜?(2)

필자가 듣기로는, 사상 초유의 노무현 전 대통령 탄핵 가능성이 거론되는 시점에 청와대 등에 포진해 있던 386(30대, 80년대 학번, 1960년대에 출생한 운동권 출신 인사들을 지칭하던 말)들은 "경제는 안정적인 사람에게 맡기고, 우리는 탄핵 정국 등 정치·사회 문제에 집중하자"는 판단을 내렸다고 한다. 이런 판단이 당시 이헌재 전 부총리를 선택한 주요 원인이었다는 뜻이다.

실제로 이 전 부총리가 취임(2004년 2월)한 지 한 달 정도 지난 2004년 3월 노 전 대통령에 대한 탄핵안이 국회에서 가결됐다.

당시 필자는 "노무현 정부가 조만간 '뜻'도 잃고, '낙(樂)'도 잃겠구나"라는 생각을 했던 것으로 기억한다. 국민이 노 전 대통령을 선택한 것은 개혁이라는 '뜻'을 세워달라는 것인데, 이 전 부총리를 선택하면

---

[338] 이헌재 전 부총리가 임명되기 직전 필자도 청와대 등에 포진해 있던 386(30대, 80년대 학번, 1960년대에 출생한 운동권 출신 인사들을 지칭하던 말)들과 친한 언론계 사람으로부터 "차기 경제부총리로 이헌재 전 장관을 임명하려고 한다는데, 어떻게 생각하느냐?"는 질문을 받은 적이 있다. 청와대에서 차기 경제부총리로 이헌재 씨를 임명하는 방안을 검토하면서 나름대로 '평판 조회(reputation check)'를 했던 것으로 추측된다. 당시 청와대 등에 포진해 있던 386들은 기존 경제계 인사들을 믿지 않아 평판 조회도 학생 운동을 함께 한 사람 등을 중심으로 진행한 것으로 알려지고 있다.

서 앞으로 개혁을 전면에 내세우기는 쉽지 않을 것이라는 생각이 들었기 때문이다.

필자가 '낙(樂)'도 잃을 것이라고 생각한 것은 이 전 부총리가 임명되더라도 성장률 등 '경제 성적표'가 갑자기 개선되기는 어렵다고 생각했기 때문이다.

속된 말로, 배가 고프면 개혁을 한다는 이상(뜻)이라도 있어야 국민이 버틸 수 있고, 개혁을 다소 양보한다면 배(낙·樂)라도 불러야 국민이 참고 정부를 지지할 것인데, 둘 다 잃을 가능성이 크다고 판단했던 것으로 기억한다.

386의 한계(限界)

이런 요인 외에 당시 노무현 정부 청와대 등에 포진한 386(30대, 80년대 학번, 1960년대에 출생한 운동권 출신 인사들을 지칭하던 말) 인사들의 인물에 대한 판단 미숙 등도 이헌재 전 부총리의 임명 배경으로 작용한 것으로 보인다.

당시 386 인사들이 자신들이 권력을 장악했다고 해서 이 전 부총리가 호락호락하게 그들의 말을 들을 것이라고 생각했다면 엄청난 '오판(誤判·그릇된 판단)'을 한 것이다. 이 전 부총리를 조금만 연구했더라도 그런 사실은 금방 알 수 있었을 텐데, 인간에 대한 연구가 부실하다는 사실이 여실히 드러나는 대목이다.

노무현 정부 당시 사실인지는 알 수 없으나 "청와대에 근무하는 386 인사들의 전(前) 직장 중 가장 많은 게 비디오가게 주인"이라는 말이 나돈 적이 있다. 학생 운동을 하다가 감옥에 갔다 오고, 전과자라서 대기업 등에 취직하기는 어려운 상황에서 결혼을 하고 아이가 생기니까 급한 대로 선택한 직업이 비디오가게 주인 같은 자영업자라는 얘기였다.

당시 마타도어(matador·상대편을 중상모략하거나 그 내부를 교란하기 위한 정치인의 흑색선전)가 하도 유행했기 때문에 사실이 아닌 것으로 보이지만, 그런 소문이 돌 만큼 치밀한 사전 준비 없이 권력의 핵심으로 부상한 386 인사들의 실력이 기대에 크게 못 미쳤던 것도 사실이다.[339]

"386, 경제 못 배웠다."

이헌재 전 부총리와 노무현 정부 청와대 등에 포진해 있던 386(30대, 80년대 학번, 1960년대에 출생한 운동권 출신 인사들을 지칭하던 말)들이 충돌하기까지는 그리 오랜 시간이 걸리지 않았다.

이 전 부총리는 2004년 7월 14일 서울 중구 장충동 신라호텔에서 열린 한국여성경영자총협회 주최 강연에서 "386세대가 정치적 암흑기에 저항 운동을 하느라 경제하는 법을 제대로 배우지 못했다"며 "이들이 이제 우리 사회의 주력이 됐지만 생산성을 키울 수 있는 교육과 능력을 갖지 못해 어려움을 겪고 있다"고 지적했다. 소위 '경제 못 배운 386' 발언이다.[340]

이 전 부총리는 회고록을 통해 "그 자리에 기자가 있다는 걸 몰랐다"며 "알았다면 더 다듬어 말했을 것"이라고 밝혔다. 그는 "다만 그 발언은 공격이 아니었다"며 "진실에서 우러난 것이었다"고 주장

---

339 마타도어(matador)라는 말은 "근거없는 사실을 조작해 상대편을 중상모략하거나 그 내부를 교란시키기 위해 하는 흑색선전(黑色宣傳)"이라는 뜻으로 정치권에서 널리 쓰이는 말이라고 한다. 마지막에 소의 정수리를 찔러 죽이는 투우사(bullfighter)를 뜻하는 스페인어 Matador(마따도르)에서 유래했다. 독일에서 성행하는 스카트(skat·3명이 32장의 패를 가지고 노는 카드 놀이)에서 으뜸패, 미국의 지대공(地對空) 미사일 이름 중 하나이기도 하다. 네이버 지식백과(마타도어, 매일경제·매경닷컴)(https://terms.naver.com/entry.nhn?docId=13978&cid=43659&categoryId=43659, 2018년 10월 27일 검색).

340 고기정, '이헌재 부총리, "386세대가 경제 몰라 성장 한계"'(동아일보, 2004년 7월 14일, https://news.naver.com/main/read.nhn?mode=LSD&mid=sec&sid1=101&oid=020&aid=0000250223, 2018년 10월 27일 검색).

했다.[341]

386 인사들은 강력히 반발했다. 일부는 "부총리가 그렇게 경제를 잘 아는데 나라 경제는 왜 이러냐"며 이 전 부총리를 강력히 비판했다. 이 전 부총리의 '경제 못 배운 386' 발언 이후 이 전 부총리가 국민은행에 자문 활동을 하고 보수(자문료)를 받은 사실이 갑자기 언론에 공개되기도 했다.

국민은행 자문료 논란

이헌재 전 부총리의 국민은행 자문료 논란이 언론에서 불거져 나온 것은 2004년 7월 17일이었다. 이 전 부총리의 소위 '경제 못 배운 386' 발언 뒤 딱 3일만이었다.

국민은행 자문료 의혹이 불거진 2004년 7월 17일 이 전 부총리는 연합뉴스와의 전화통화에서 "재정경제부(재경부, 인용자)를 떠난 지 2년 정도 지난 상황이었고 세금도 다 냈다"면서 "(고문을 맡은 게) 못할 짓을 한 겁니까"라고 반문했다.

그는 "2002년 말 전후부터 올해(2004년, 인용자) 2월 입각 직전까지 자문료를 받았다"고 시인했다.[342]

사실(事實) 관계에 대해서는 본인이 맞는다고 이미 시인했고, 해당 행위가 법률 위반인지 또는 도덕적으로 비난받을 소지(素地·본디의 바탕)가 있는 행위인지가 논란의 대상이었다.

---

341 이헌재, 『위기를 쏘다-이헌재가 전하는 대한민국 위기 극복 매뉴얼』, 320쪽.

342 경수현, '이헌재 부총리 야인시절 국민은행 자문 논란' (연합뉴스, 2004년 7월 17일, https://news.naver.com/main/read.nhn?mode=LSD&mid=sec&sid1=101&oid=001&aid=0000705424, 2018년 11월 29일 검색); 경수현, '이헌재 부총리 일문일답' (2004년 7월 17일, https://news.naver.com/main/read.nhn?mode=LSD&mid=sec&sid1=101&oid=001&aid=0000705425, 2018년 11월 29일 검색).

이헌재의 반론(反論), 언론을 만나다

국민은행 자문료 문제까지 불거져 나오자 이헌재 전 부총리는 2004년 7월 19일 저녁 서울 용산구 한남동 자택 앞으로 찾아온 기자들을 만나 그동안 쌓아둔 말을 쏟아냈다.

386(30대, 80년대 학번, 1960년대에 출생한 운동권 출신 인사들을 지칭하던 말)들과 이 전 부총리 간의 '전면전(全面戰)'을 방불게 하는 상황이었다. 시중에서는 이미 이 전 부총리의 '사임설(辭任說)'이 돌고 있었다.

언론은 이 전 부총리의 '입'을 좇고 있었다. 이 전 부총리의 성격상, 자존심상 기자들이 물으면 질문을 회피하지 않을 사람이라는 걸 알고 있었기 때문이다. 그는 언론의 생리(生理·생물체의 생물학적 기능과 작용 또는 그 원리)를 아는 사람이었고, 어떤 의미에서는 언론을 통해 뜬 사람이었다.

"홍보로 승부한다."

이헌재 전 부총리의 회고록의 한 절(節·글의 내용을 여러 단락으로 서술할 때의 한 단락)의 제목은 '기자 100명이 도와준 구조조정'이다. 아래는 옛 금융감독위원회(금감위) 시절 있었던 일에 대한 그 자신의 글을 그대로 옮긴 것이다.

> "'홍보로 승부한다.' 금융감독위원장을 맡자마자 세운 전략이다. 금감위에 대변인직을 신설한 것도, 김영재를 그 자리에 앉히며 '개혁에서 가장 중요한 건 대국민 홍보'라고 당부한 것도 그래서였다.[343] (중략) **정책 발표**

---

343 김영재 칸서스자산운용 회장은 이헌재 전 부총리가 증권관리위원회 상임 위원으로 재직하던 시절 홍보실 차장으로 근무했다. 김 회장은 당시 인연을 바탕으로 1998년 옛 금융감독위

시간도 전략이다. 금감위의 중대 발표는 대부분 오후 6시에 나왔다. 기자들의 항의가 빗발쳤다. '이 시간에 발표를 하면 기사를 언제 쓰라는 겁니까.' 조간 신문사 초판 마감이 보통 오후 6시다. 방송국은 8시, 9시 뉴스가 코앞인 시간이다.

급기야 대변인 김영재가 내게 대들었다. '못해먹겠습니다. 기자들이 어찌나 난리를 치는지. 발표 시간을 앞당겨주십시오.' **개의치 않았다. 마감이 중요한 게 아니다. 효과가 중요하다. 국민에게 긴박감이 전해져야 한다. 아침에 발표한 뉴스는 금세**(지금 바로·'금시에'가 줄어든 말로 구어체에서 많이 사용된다, 인용자) **낡아버린다. 그날 저녁 뉴스나 다음날 아침 신문에 실리면 긴장감이 없다. 미국 시각까지 고려했다.**"(강조, 인용자)[344]

언론을 조금이라도 이해하는 사람은 이 전 부총리의 말이 얼마나 살인한 것인지 쉽게 알 수 있을 것이다.

흔히 기자는 '우리나라에서 가장 일찍 죽는 직업'이라고 불린다. 실제로 각종 조사에서 기자는 가장 단명(短命·목숨이 짧음)하는 직업에서 3위 밖으로 벗어난 적이 없다.

그런 기자의 스트레스 가운데 가장 큰 것 중 하나가 '마감 스트레스'다. 신문이든 방송이든 언론은 무슨 일이 있어도 마감 시간을 지켜야 한다. 그런데 이 전 부총리는 "개의치 않았다. 마감이 중요한 게 아니다. 효과가 중요하다"며 의도적으로 옛 금감위의 중대 발표를 대부분 오후 6시에 배치했다고 밝히고 있다. 조간 신문사 초판 마감 시간을 포함해 언론사 내부 사정을 저 정도로 잘 아는 사람도 우리나라 공무원 역사상 별로 없었을 것이다. 인간 '이헌재'는 자신의 목표를 달성하기 위해서는 저렇게 노회(老獪·경험이 많고 교활함)한 사람이었다.

원회(금감위)와 금융감독원(금감원)이 출범한 뒤 원래 '공무원 몫'이었던 금감위 대변인을 맡았다. 그는 2004년 칸서스자산운용을 설립했다.

344 이헌재, 『위기를 쏘다·이헌재가 전하는 대한민국 위기 극복 매뉴얼』, 82~83쪽.

"금감위의 초기 구조조정은 150명이 했다."

이헌재 전 부총리가 언론을 얼마나 잘 이해하고, 활용했는지를 보여주는 또 다른 일화(逸話·세상에 널리 알려지지 아니한 흥미 있는 이야기) 한 토막. 역시 그의 회고록에서 스스로 밝힌 옛 금융감독위원회(금감위) 시절 얘기다.

"당시 기자들에게 느낀 내 감정을 최범수 신한금융지주 부사장이 정확히 표현해 여기 옮긴다. 그는 당시 금감위 구조개혁기획단의 멤버였다.[345] '금감위의 초기 구조조정은 150명이 했다. 구조개혁기획단 50명과 출입기자 100명이다. 기자 대부분이 금감위에 우호적이었다. 회사와 데스크의 핀잔을 받으면서도 금감위의 논리를 옹호해줬다. 구국의 일념이었다.' 어떠한 정권도 모든 정책이 다 나쁘지는 않다. 그러나 정책의 좋은 내용이 국민들에게 고스란히 전달되는 경우는 많지 않다. 오히려 정치권의 싸움에 악용되면서 정책의 핵심이 왜곡되는 경우가 대부분이다. 왜 그럴까. 여론을 장악하지 못해서다. 정책은 바둑과 다르다. 바둑은 반집 차이로도 이길 수 있다. 정책은 아니다. 5.5 대 4.5는커녕 반대 세력이 20%만 돼도 잘 굴러가기 어렵다. 반론의 여지를 남기지 않는 정도까지 국민을 설득해야 했다. 이를 위해 필사적으로 언론에 매달렸다. 정치적 배경도 없고, DJ(김대중 전 대통령, 인용자)의 신임도 100퍼센트 받지 못하던 나다. 유일한 우군은 언론이었다."(강조, 인용자)[346]

---

345 최범수 전 한국개인신용 부사장(경남고-서울대 경제학과-미 예일대 경제학 박사)은 한국개발연구원(KDI) 연구 위원으로 재직하다가 이헌재 전 부총리가 1998년 금융감독위원장 겸 금융감독원장이 되자 자문관으로 활동했다. 그 뒤 국민은행 부행장과 한국개인신용 부사장 등을 역임했다. 옛 금융감독위원회(금감위) 구조개혁기획단은 이 전 부총리가 1998년 4월 구조조정 업무를 위해 만든 1년짜리 태스크포스(TF)팀이었다. 이헌재, 『위기를 쏘다-이헌재가 전하는 대한민국 위기 극복 매뉴얼』, 87~88쪽.
346 이헌재, 『위기를 쏘다-이헌재가 전하는 대한민국 위기 극복 매뉴얼』, 84~85쪽.

30여 분 간 거절한 뒤 시작된 인터뷰

기자들이 2004년 7월 19일 서울 용산구 한남동에 있던 이헌재 전 부총리의 자택을 찾았을 때는 저녁이었다. 이날 이 전 부총리는 30여 분 간 피곤하다는 이유로 인터뷰를 거절하다가 기자들을 만났다.

진녹색 개량 한복을 입은 이 전 부총리는 인터뷰를 거절할 때와는 달리 막상 기자들을 만나자 할 말이 매우 많은 듯했다고 한다. 이날 인터뷰는 자정을 넘겨 2시간 가까이 이어졌다. 일부 기자들은 이 전 부총리의 직설적인 말이 이어지자 "'이렇게까지 나가도 되나' 싶을 정도까지 나아갔다"고 묘사할 정도였다.[347]

이날 인터뷰에 대해 이 전 부총리는 "나 역시 화가 잔뜩 났다. 정책을 놓고 논쟁을 벌이는 건 언제든 받아준다. 하지만 뒤에서 공격하는 건 못 참는다. (2004년, 인용자) 7월 19일 저녁 한남동 집 앞으로 찾아온 기자들을 작심하고 만났다"고 회고했다.[348]

"취임 전 검증 과정에서 이미 문제가 없다고 확인받은 사안"

2004년 7월 19일 저녁 자택 인터뷰에서 이헌재 전 부총리는 국민은행 자문료 문제에 대해 적극적으로 해명했다.

"내가 (김대중 정부, 인용자) 재정경제부(재경부, 인용자) 장관을 그만둔 게 2000년 8월 7일인데 그때부터 국민은행에서 오라고 했어. 그러나 문제가 있을 수 있다는 법률 자문을 받고 아예 잊어버렸지. 그러다 2년 후인 2002년

---

347 박수진·안재석, '[사임說 나돈 이헌재 부총리 인터뷰] "시장경제 할 수 있을지 점차 회의"' (한국경제, 2004년 7월 20일, https://news.naver.com/main/read.nhn?mode=LSD& mid=sec&sid1=101&oid=015&aid=0000727593, 2018년 10월 27일 검색).

348 이헌재, 『위기를 쏘다-이헌재가 전하는 대한민국 위기 극복 매뉴얼』, 321~322쪽.

7월께인가 당시 최범수 국민은행 기획담당 부행장이 자문역을 청하길래 법률적으로 문제없음을 확인한 후 수락했어. 최 부행장이 있을 때는 물어오는 것도 많았는데 2003년 8월인가 최 부행장이 그만 둔 후론 연락이 거의 없더라고."[349]

이 전 부총리의 말이 끝나고 기자들이 공식적인 위촉장이 있느냐고 물었다. 그는 "기자들은 (공무원에게) 물어볼 때 문서로 해?"라고 반문했다고 한다.

그는 회고록에서 "(국민은행에서 자문료를 받은 것에 대해서는) 취임 전 검증 과정에서 이미 문제가 없다고 확인받은 사안"이라고 주장했다.[350]

"여의도 쪽은 아니야."

이헌재 전 부총리의 국민은행 자문료 자체도 문제였지만, 사실 그것보다 심각한 문제는 누가, 어떤 목적을 갖고 국민은행 자문료 문제를 그런 미묘한 시점에 언론에 흘렸느냐는 것이었다.

2004년 7월 19일 저녁 자택 인터뷰에서 기자들이 '금융감독원(금감원)이나 국민은행 등에서 이런 정보를 언론에 흘렸다는 얘기가 있다'고 묻자, 이 전 부총리는 확신에 찬 목소리로 "여의도 쪽은 아니야"라고 말했다고 한다.

이 전 부총리가 파문의 진원지(震源地·사건이나 소동 따위를 일으킨 근원이 되

349 박수진·안재석, '[사임說 나돈 이헌재 부총리 인터뷰] "시장경제 할 수 있을지 점차 회의"' (한국경제, 2004년 7월 20일, https://news.naver.com/main/read.nhn?mode=LSD& mid=sec&sid1=101&oid=015&aid=0000727593, 2018년 10월 27일 검색).

350 박수진·안재석, '[사임說 나돈 이헌재 부총리 인터뷰] "시장경제 할 수 있을지 점차 회의"' (한국경제, 2004년 7월 20일, https://news.naver.com/main/read.nhn?mode=LSD& mid=sec&sid1=101&oid=015&aid=0000727593, 2018년 10월 27일 검색); 이헌재, 『위기를 쏘다-이헌재가 전하는 대한민국 위기 극복 매뉴얼』, 321쪽.

는 곳을 비유적으로 이르는 말)에 대해 금감원이나 국민은행이 있는 여의도 쪽이 아니라고 말하면서 일이 더욱 커졌다. 진원지가 청와대임을 우회적으로 시사한 것으로 해석됐기 때문이다.[351]

이날 자택에서 이 전 부총리를 만났던 일부 기자들은 당시 '그러면 한수(漢水·'한강'과 같은 말) 이북(청와대 지칭)인가요'라는 기자의 질문에 이 전 부총리가 즉답을 피했다고 보도했다.[352]

이 전 부총리는 이날 '아파트 분양원가 공개', '공직자 주식 백지신탁 제도', 노무현 정부의 언론 정책 등에 대해서도 반대 입장을 밝혔다.

아파트 분양원가 공개는 건설업체가 아파트 등의 공동주택을 공급할 때 공사원가를 공개하도록 하는 제도를 말한다. 공직자 주식 백지신탁(公職者株式白紙信託) 제도는 공직자가 직무 관련 주식을 보유한 경우 이를 매각하거나, 본인 소유의 주식이라고 하더라도 마음대로 사고팔거나 주주로서의 권리를 행사할 수 없도록 백지신탁(白紙信託·Blind Trust)하도록 함으로써 공무수행 중에 특정 기업과 사적 이익이 충돌할 가능성을 방지하는 제도다.

그러면서 그는 "시장 경제를 할 수 있을지 회의가 든다"고 말했다. 은근히 논쟁의 구도를 '시장경제(이 전 부총리)'와 '반(反)시장 경제[청와대 386(30대, 80년대 학번, 1960년대에 출생한 운동권 출신 인사들을 지칭하던 말)]'로 몰고 가려는 의도를 내비친 것이다.

---

351 이승선, '이헌재, 여권 386(30대, 80년대 학번, 1960년대에 출생한 운동권 출신 인사들을 지칭하던 말, 인용자)과 전면전 선언'(2004년 7월 21일, https://news.naver.com/main/read.nhn?mode=LSD&mid=sec&sid1=101&oid=002&aid=0000012114, 2018년 11월 29일 검색).

352 박수진·안재석, '[사임說 나돈 이헌재 부총리 인터뷰] "시장경제 할 수 있을지 점차 회의"'(한국경제, 2004년 7월 20일, https://news.naver.com/main/read.nhn?mode=LSD&mid=sec&sid1=101&oid=015&aid=0000727593, 2018년 10월 27일 검색).

"그만둘 때가 되면 얘기해줄게 걱정 마."

그러나 이헌재 전 부총리는 사표를 내지는 않겠다는 뜻을 분명히 했다. 그는 "열불이 나기로 생각하면 지금이라도 당장 그만 두고 싶어"라면서도 "하지만 지금은 (때가, 인용자) 아니야"라고 말했다.

> "도덕성을 의심받고 있는데 이런 중책을 맡고 있어야 하는지 내 스스로 많이 생각해 봤어. 한 때는 그런(사표를 쓰는) 생각도 안한 게 아니야. 열불 이 나기로 생각하면 지금이라도 당장 그만 두고 싶어. 하지만 감정대로 행동할 수 없잖아. 내가 어린애인가. 그만둘 때가 되면 당신들에게 분명 히 얘기해줄게 걱정 마. 그러나 지금은 아니야."[353]

이날 저녁 자택 인터뷰는 자정을 30분 넘겨 끝났다고 한다. 이 전 부총리는 이날 인터뷰에서도 뛰어난 언론 감각을 보여줬다. 그의 마지 막 말, "그만둘 때가 되면 당신들에게 분명히 얘기해줄게 걱정 마"라 는 얘기는 언론의 생리(生理·생물체의 생물학적 기능과 작용 또는 그 원리)를 모르 는 사람은 절대 할 수 없는 말이었다. 그 시점에서 기자가 이 전 부총 리 때문에 가장 크게 '물을 먹을 수 있는' 기사는 '이헌재, 청와대에 사의 표명'이었다.[354]

이 전 부총리는 국민은행 자문료 논란에도 불구하고 청와대에 사의 를 표명하지 않았다. 그가 사표를 낸 것은 2005년 3월 부인의 부동산

---

353 박수진·안재석, '[사임說 나돈 이헌재 부총리 인터뷰] "시장경제 할 수 있을지 점차 회의"' (한국경제, 2004년 7월 20일, https://news.naver.com/main/read.nhn?mode=LSD& mid=sec&sid1=101&oid=015&aid=0000727593, 2018년 10월 27일 검색).

354 취재 기자가 가장 듣기 싫어하는 말이 '물을 먹는다'라는 얘기다. '물을 먹는다'라는 말은 언론계에서 오랫동안 사용돼온 속어(俗語·통속적으로 쓰는 저속한 말)인데, 다른 기자가 특종(단독 기사)을 쓸 동안 해당 사안을 몰라 보도를 하지 못한 것을 뜻한다. 매일 신문이나 방송, 통신에 기사를 쓰는 취재 기자는 '매일 시험을 치고, 매일 성적표를 받는 직업'이다. 매일 시험을 친 결과가 '낙제'로 판명된 가장 대표적인 사례가 다른 회사 기자가 특종(단독 기사)을 쓸 동안 해당 사실을 모르고 있다가 '물을 먹는' 경우다.

투기 의혹이 제기된 직후였다.[355]

두 번 모두 후회한 장관직(職)

이헌재 전 부총리의 회고에 따르면, 그는 2005년 3월 경제부총리를 그만두겠다고 사표를 낸 뒤, 그에게 경제부총리를 받아들이라고 독촉(督促·어떤 일이나 행동을 빨리하라고 재촉함)한 정찬용 당시 청와대 인사수석과 술을 마셨다고 한다. 그는 "그러게 안 한다는 걸 왜 그리 채근해서 사람 망신을 시켰느냐"고 웃으며 말했다고 한다.

이 전 부총리는 "그때 부총리직을 수락하지 않는 게 좋았을 걸 하는 생각을 할 때가 있다"며 "386(30대, 80년대 학번, 1960년대에 출생한 운동권 출신 인사들을 지칭하던 말)들과 갈등이 불거지던 (2004년, 인용자) 7월에 그냥 박차고 나올 걸, 하고 생각할 때도 있다"고 밝혔다.

물론 이 전 부총리는 "후회하느냐고 묻는다면 그건 아니다"라며 "운명론자에겐 후회 같은 게 없다. 그저 그때 내가 그 자리에 있게 돼 있었던 것일 테니 말이다"라고 덧붙였다.[356]

이 전 부총리는 첫 번째 재정경제부(재경부, 인용자) 장관(2000년 1~8월)을 수락한 것에 대해서도 후회 비슷한 감정을 내비친 적이 있다. 그는 "지금 돌아보면 그때(금융감독위원장에서 물러났던 1999년 말~2000년 1월 무렵, 인용자) 떠났어야 했다. 이미 경제의 계절은 끝나고 정치의 계절이 시작되고 있었던 것이다"라고 썼다.[357]

---

355 윤근영·이승관, '〈초점〉부동산 투기 의혹으로 좌초한 이헌재' (연합뉴스, 2005년 3월 7일, https://news.naver.com/main/read.nhn?mode=LSD&mid=sec&sid1=101&oid =001&aid=0000933392, 2018년 11월 29일 검색).

356 이헌재, 『위기를 쏘다-이헌재가 전하는 대한민국 위기 극복 매뉴얼』, 311쪽.

357 이헌재, 『위기를 쏘다-이헌재가 전하는 대한민국 위기 극복 매뉴얼』, 296쪽.

이헌재 여시재(與時齋) 이사장

이헌재 전 부총리는 현재 여시재(與時齋)라는 공익법인 이사장으로 재직하고 있다. 여시재 홈페이지(https://www.yeosijae.org/)에 따르면, 여시재는 "국가미래전략을 위한 싱크탱크로 통일한국과 동북아의 미래 변화를 위한 정책을 개발하고, 세계를 이끌어 나갈 인재를 양성하기 위해 2015년 12월, 조창걸 한샘 명예회장이 출연해 설립된 공익법인"이라고 한다.

여시재는 '시대와 함께 하는 집', '시대를 어깨에 짊어진다'라는 뜻으로, "시대와 함께 가면(與時偕行) 이롭지 않은 것이 없다"고 했던 주역(周易·유교의 경전 중 3경의 하나인 역경)의 풀이에서 비롯되었다고 한다. 영문명 'Future Consensus Institute'는 동시대인의 지혜와 협력을 통해 미래를 만든다는 뜻이라고 한다.

여시재는 현재 이헌재 전 부총리가 이사장을 맡고 있고, 이사로 정창영 전 연세대 총장, 홍석현 전 중앙일보·JTBC 회장, 김도연 포항공과대 총장, 안대희 전 대법관, 박병엽 전 팬택 대표이사 부회장, 김범수 카카오 이사회 의장 등이 참여하고 있다. 현재 원장은 노무현 정부 청와대 국정상황실장을 역임한 '책사(策士)' 이광재 씨가 맡고 있다.

여시재가 현재 무엇을 하고 있고, 앞으로 무엇을 하려고 하는지에 대해서는 정확히 알려진 게 없다. 다만, 이 전 부총리가 한때 안철수 대통령 선거 후보를 위해 자문을 해줬고, 현재 여시재에 관여하고 있는 사람 중에서 과거에 정치권에 몸담았거나, 정치적 지향성이 있다는 얘기를 듣는 인사들이 있기 때문에 시간이 좀 지나면, 여시재와 정치권의 '연결 고리'가 드러날 것이라는 전망도 나온다.

이헌재, 보수 또는 진보?

이헌재 전 부총리는 보수나 진보, 어느 한 편에 서 있다고 얘기하기 어려운 사람이다. 그는 스스로를 '적극적 시장주의자'라고 밝히고 있지만, 그가 '관치(官治)주의자(정부와 시장과의 관계에서 정부 개입의 필요성을 강하게 주장하는 사람)'인지, '시장주의자(정부와 시장과의 관계에서 시장 우선주의를 강하게 주장하는 사람)'인지에 대해서도 논란의 여지가 있다.[358] 우선, 그 자신의 주장을 살펴보자.

> **"우선 보수와 진보라는 두 개념만 놓고 보면 나는 어느 쪽에 속한다고 말할 자신이 없다.** 한때는 스스로를 개혁 보수라고 생각한 적도 있으나, 개혁 보수의 개념을 정리하다 보니 쉽지 않은 문제가 발견됐다. 개혁 보수는 '보수(保守)를 보수(補修)한다'는 것인데, 보수를 보수한다고 정의하니 앞의 보수가 무엇인지가 애매했다. 지켜야 할 가치와 문화와 전통이 있어야 하는데, 우리나라의 경우 그것이 무엇인지 잘 모르겠다는 생각이 들었다. 역사적으로 치면 우리는 유교의 전통을 물려받은 나라이다. 그렇다면 우리가 지켜야 할 가치가 과연 예(禮)와 효(孝)인가? (중략) 사실 좌와 우, 진보와 보수, 시장과 국가, 사유와 공유, 경쟁과 규제 등 어느 것 하나 이분법으로 쉽게 구분 짓고 나눠질 수 있는 것은 없다. 더 심각한 문제는 이와 같은 극단적인 이분법적 사고가 우리 사회의 중간 지대를 아예 없애고 있다는 사실이다. 국가는 중산층이 많아야 튼튼해지지만, 이념적으로는 좌도 우도 아닌 중노가 많아야 사회가 건강해진다."
> (강조, 인용자)[359]

---

358 우리말 어법으로는, 이헌재 전 부총리가 쓰는 '시장주의자'라는 말도 잘 쓰이지 않지만, '관치(官治)주의자'라는 말은 실제로 사용되는 용례(用例)가 거의 없다. 이 글에서는 시장주의자에 반대되는 개념으로 '관치주의자'라는 말을 실험적으로 사용한다. 그러나 관치를 강하게 주장하는 사람을 '관치(官治)의 화신(化身·추상적인 특징이 구체화 또는 유형화된 것)'이라고 쓰는 사례는 흔하다.

359 이헌재, 『경제는 정치다[이헌재의 경제특강]』(서울: 로도스, 2012), 170~171쪽.

이 전 부총리가 관치주의자인지, 시장주의자인지에 대해서도 논란의 여지가 많다. 그 자신도 이런 점을 잘 알고 있다. 역시 그 자신의 글을 옮겨보자.

"김대중 정부 때의 일이다. 어떤 자리에서 공격적 질문을 받은 적이 있다. '도대체 당신은 왜 좌파 정부에서 일하느냐. 정체가 뭐냐?' 하는 질문이었다. 자못 당황스러웠다. 그래서 잠시 생각하다 그 자리에서 '나는 시장주의자다. 그것도 적극적 시장주의자다'라고 대답했다. 나 스스로를 규정하는 적극적 시장주의라는 말은 이때 만들어졌다. 내 생각을 완전하게 표현했다고는 생각되지 않으나 아직까지는 더 나은 표현을 찾지 못했다. 적극적 시장주의는 시장에 많은 것을 맡기되 문제가 발생하면 선제적으로 개입해야 한다는 입장이다. (중략) 적극적 시장주의자의 '적극적'이라는 표현에는 '선제적'이라는 의미도 포함된다. 때로는 이것 때문에 오해를 받기도 한다. '선제적'이라는 것에 주목하면서 '관치의 화신'이라고 부르는 사람도 있다. 반면 시장을 비교적 잘 이해하는 시장주의자라고 보는 사람도 있다."(강조, 인용자)[360]

이 전 부총리 자신도 말했다시피 그는 보수나 진보의 틀에 집어넣기는 어려운 사람이다. 그 자신이 외환 위기 직후 금융감독위원장 등을 역임하면서 '시장'이라는 말을 많이 강조해서 그가 마치 대단한 시장주의자인 것처럼 생각하는 사람도 있지만, 그가 스스로 말한 것처럼 그가 말하는 '적극적 시장주의'라는 말은 '관치(官治)'로 해석될 여지도 매우 큰 말이다. 그를 시장을 중시하는 '시장주의자'만으로 보기는 어렵다는 뜻이다.

---

360 이헌재, 『경제는 정치다[이헌재의 경제특강]』, 165~168쪽.

이헌재의 부인할 수 없는 공로

(功勞·일을 마치거나 목적을 이루는 데 들인 노력과 수고)

이헌재 전 부총리는 호불호(好不好·좋음과 좋지 않음)가 크게 엇갈리는 사람이다. 좋아하는 사람은 매우 좋아하지만, 싫어하는 사람도 많다. 그 스스로도 말했지만, 지향하는 노선이 보수인지 진보인지도 불분명하다. 또 그가 자신이 주장하는 것처럼 '적극적 시장주의자'인지, '관치의 화신'인지에 대해서도 논란이 분분하다.

그러나 그에 대해서 적어도 한 가지는 인정해야 할 것 같다. 그가 시장주의자인지 관치의 화신인지는 불분명하지만, 적어도 과거와 같은 관치를 하는 사람은 아니라는 것이다.

확실히 1998년 외환 위기를 이헌재 당시 금융감독위원장 주도로 극복하는 과정에서 우리나라의 금융 정책은 큰 변화를 겪었다.

사실 외환 위기 이전 옛 재무부의 관치 금융(官治金融)이 매우 직접적이고, 조야(粗野·천하고 상스럽다)한 형태였다면, 외환 위기를 겪으면서 많이 세련되게 바뀐 것이 사실이다.

이에 대해 '관치 금융에서 시장주의로의 전환'이라고 부르는 사람도 있을 것이고, '조잡한 관치 금융에서 세련된 관치 금융으로의 전환'이라고 부르는 사람도 있을 것이다. 그것을 무엇이라고 부르든 자유지만, 그것의 일차적인 공로가 이 전 부총리에게 있다는 사실은 누구도 부인할 수 없을 것이다.

이헌재와 그의 시대 – 현재와 미래(1)[361]

이헌재 전 부총리는 우리나라 경제사의 한 획을 그은 인물이다. 한국 경제는 '외환 위기 이전'과 '외환 위기 이후'로 나눌 수 있다고 본다. 외환 위기를 기점으로 한국 경제는 거시경제 운용, 국내 금융, 국제 금융 등 모든 분야에서 돌이킬 수 없는 근본적인 변화를 겪었다.

한국 경제를 외환 위기 이전과 이후로 나눌 수 있도록 하는 데 가장 크게 공헌한 사람이 바로 이 전 부총리다. 그런 의미에서 그는 한국 경제가 현재 마주보고 있는 '거대한 벽'이다.

이 전 부총리가 외환 위기를 수습하는 과정에서 취했던 각종 조치들은 당시로서는 매우 선진적인 것이었다. 틀에 박힌 '관치 금융'을 하던 옛 재무부 스타일의 일처리와는 차원과 수준이 달랐다. 그런 의미에서 당시의 '이헌재 스타일'은 '새로운 스탠더드(기준)'가 돼 오늘날까지 큰 뼈대가 이어지고 있다.

이헌재와 그의 시대 – 현재와 미래(2)

현재 우리나라 헌법이 1987년 '6월 민주화 운동'의 결과로 탄생한 것이듯, 현재 한국의 경제 체제는 외환 위기를 극복하는 과정에서 만들어진 새로운 시스템을 포함하고 있다.

1987년 6월 민주화 운동의 결과로 만들어진 현행 헌법은 소위 '1987년 체제'를 담고 있고, 현행 헌법에 포함된 1987년 체제의 한계를 극복하기 위해 현재 개헌(改憲·헌법을 고침) 논의가 한창이다.

---

361 이 절(節·글의 내용을 여러 단락으로 서술할 때의 한 단락)의 제목은 김윤식, 『이광수와 그의 시대』(서울: 한길사, 1986년)에서 아이디어를 따온 것이다.

마찬가지로 경제 분야에서 1997년 외환 위기를 계기로 만들어진 '1997년 체제'는 현 시점의 한국 경제가 극복해야 할 그 무엇이다. 다른 말로 하자면, 외환 위기를 계기로 형성된, 이헌재 전 부총리를 중심으로 한 정책 결정자들이 만들어놓은 시스템을 이제는 극복할 때가 됐다는 뜻이다.

한국 경제가 지향할 새로운 체제가 무엇이 돼야 할지에 대해서는 국민 모두가 함께 선택해야 한다.

이 전 부총리도 한때 안철수 대통령 선거 후보를 위해 자문을 해주는가 하면, 경제뿐만 아니라 정치·사회·문화 등 다양한 문제에 대한 해결책(솔루션)을 모색하는 공익법인 여시재 이사장을 맡는 등 다양한 활동을 펼치고 있다. 그가 자신이 주축이 돼 만든 '1997년(외환 위기) 체제'를 극복하고, 또 다시 새로운 경제 시스템을 만들어낼 수 있을지 지켜볼 일이다.